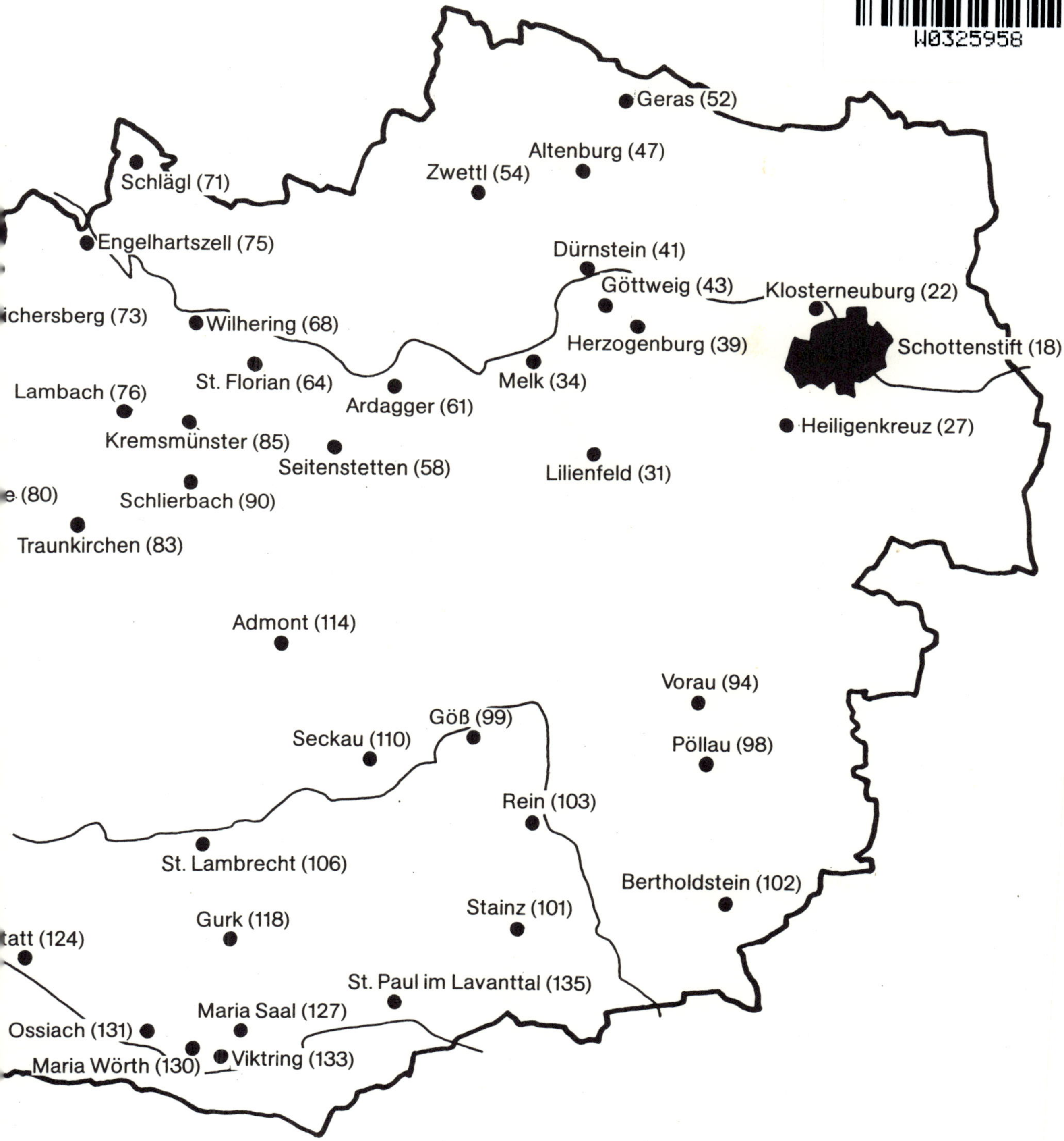

Geras (52)
Altenburg (47)
Zwettl (54)
Schlägl (71)
Engelhartszell (75)
Dürnstein (41)
Göttweig (43)
Klosterneuburg (22)
ichersberg (73)
Wilhering (68)
Herzogenburg (39)
Schottenstift (18)
Lambach (76)
St. Florian (64)
Melk (34)
Ardagger (61)
Kremsmünster (85)
Heiligenkreuz (27)
Seitenstetten (58)
Lilienfeld (31)
e (80)
Schlierbach (90)
Traunkirchen (83)
Admont (114)
Vorau (94)
Göß (99)
Seckau (110)
Pöllau (98)
Rein (103)
St. Lambrecht (106)
Bertholdstein (102)
Stainz (101)
Gurk (118)
tatt (124)
St. Paul im Lavanttal (135)
Maria Saal (127)
Ossiach (131)
Viktring (133)
Maria Wörth (130)

Von Stift zu Stift in Österreich

Gerhard Stenzel

Von Stift zu Stift

in Österreich

Mit Flugbildaufnahmen von Lothar Beckel

Verlag Kremayr & Scheriau · Wien

Die Bilder auf dem Schutzumschlag zeigen Stift Melk, Niederösterreich (Vorderseite), und die Vierungskuppel der Melker Stiftskirche (Rückseite). Das Bild gegenüber der Titelseite zeigt einen Ausschnitt (Propst Heinrich als Stifter) vom Margaretenfenster, 13. Jh., der ehemaligen Stiftskirche von Ardagger, Niederösterreich.

Die Flugbildaufnahmen von Dr. Lothar Beckel wurden vom BMfLV mit Zl. 13080/468-1, 6/77 freigegeben.

Gesamtherstellung: Wiener Verlag, Wien
ISBN 3 218 00298 2

Inhalt

Worte zum Buch

Von STIFT ZU STIFT dokumentiert Österreichs berühmte Klosterpaläste, die noch bestehenden großen und die weniger bekannten, längst aufgehobenen kleineren Mönchs- und Nonnensiedlungen der alten Orden. Beschreibungen ihrer Sehenswürdigkeiten, Darstellungen von Ereignissen, Vorkommnissen und Details aus den Klosterchroniken werden durch historische, kunst- und kulturgeschichtliche, auch wirtschaftliche Daten ergänzt. In seinem zweiten Teil gibt das Buch eine Übersicht über etwa 450 den Stiften einverleibten oder von ihnen betreuten Pfarr-, Filial- und Wallfahrtskirchen. Fast jedes bestehende Stift Österreichs ist von einem Kranz zum Teil noch romanischer, gotischer und spätgotischer, barockisierter oder neugotisch ausgestatteter Landkirchen umgeben; es sind meist idyllisch gelegene Wanderziele, die uns zu Vorstellungen von der Größe der einstigen Stiftsherrschaften und zu oft interessanten Einblicken in kultur- und kunsthistorische Zusammenhänge verhelfen.

Was Stifte eigentlich sind

Als kunstgeschichtlich bedeutende und denkmalgeschützte Objekte stehen die Stiftsbauten erst seit ein paar Jahrzehnten im Blickpunkt der Öffentlichkeit. Bevor sie Kaiser Josef II. im 18. Jh. zu Seelsorgestationen degradierte, als Schlösser verkaufen, als Kasernen oder Magazine verwenden ließ, waren die Stifte Mittelpunkt geistlicher Territorien — einige von ihnen in der Größe von Fürstentümern —, kirchlich-politische, kulturell-wirtschaftliche Zentren des Reiches, der Bistümer und der Kronländer.

Historisch gesehen, bezeichnet man als Stifte die mit einer Grundherrschaft und Privilegien ausgestatteten, zur juristischen Person erhobenen kirchlichen Körperschaften; es sind dies die Klöster der alten Orden, der Benediktiner und ihrer Abzweigungen, der Zisterzienser, der Augustiner-Chorherren, der Prämonstratenser und Kollegiate. In Erweiterung des Begriffes wurden auch das Domkapitel und das Bistum Stift bzw. »Hochstift«, das Salzburger Erzbistum »Erzstift« genannt.

Klöster, Konvente und Äbte waren im Mittelalter durch »Stiftungen« zu Grundherren geworden. Eine Anzahl von Stiftsoberen saß als kaiserliche Prälaten im Fürstenrang in den Landtagen und beeinflußte zuzeiten die Reichs- und Landespolitik nachhaltiger als Bischöfe und Herzöge. Bis 1848 anerkannte die Monarchie die Stifte als selbständige Territorien unter geistlicher Oberherrschaft.

Seit der Reformation werden als Stift und Stiftung auch grundbesitzlose Körperschaften, säkularisierte Klöster und sonstige für Unterricht, Erziehung oder Caritas bestimmte Institutionen bezeichnet. In Österreich blieb der Name jedoch vornehmlich den Klöstern der alten Orden vorbehalten, die nach der Grundablöse von 1848 noch im Besitz von Land und Boden, Pfarreien, Wirtschaften, Unternehmungen und sonstigen Gebäuden geblieben sind.

Von ihrer ursprünglichen Funktion als Mönchs- und Nonnensiedlungen her besehen, stellen sich uns die Stiftsbauten in ihrer architektonischen Gestaltung und Ausstattung, mit ihren Sammlungen, Bibliotheken und kostbaren sakralen Objekten als imposante kulturelle Leistungen dar. In diesen Kloster- und Stiftsbauten — es sind Schatzhäuser einer Bildsymbolik, die immer wieder von neuem enträtselt werden will — begegnen wir dem Religiösen, dem Numinosen als einer von jeder wirtschaftlichen Vorstellung, von Zahl und Quantität unabhängigen Macht; finden sich Werke als reiner Ausdruck der Teilhabe des Menschen an der unsichtbaren Kirche aller Begnadeten, der lebenden und der verstorbenen.

Darüber hinaus sind Stifte für uns heute wirtschaftlich fundierte kirchliche Institutionen, die sich der Seelsorge, der Erziehung und Bildung widmen, sich durch Angebote — Exerzitien, Einkehr, Kurse, »Hobbys« — an die verstörte Wohlstandsgesellschaft dienstbar und nützlich zu machen versuchen.

Was Stifte wirklich waren

Um zu erfassen, was Klöster und Stifte ursprünglich darstellten, ist eine Korrektur unserer noch der Romantik verpflichteten oder von der modernen Psychologie her bestimmten Religions- und Frömmigkeitsvorstellungen notwendig. Es ist müßig, die mittelalterliche Mönchs- und Klosterkultur aus unserem sozial und humanitär orientierten Blickwinkel anzuvisieren. Religion, Kirchen- und Ordenswesen, Stiftsherrschaft und Stiftsbesitz standen durch über eineinhalb Jahrtausende unter für uns Heutige nicht mehr so ohne weiteres rekonstruierbaren Vorzeichen.

In ihren ersten Jahrhunderten dienten klösterliche Gemeinschaften ausschließlich dazu, um Religiosen — allein dem Glauben verpflichteten Männern und Frauen — zur Vervollkommnung ihres Lebens im Sinne der christlichen Heilslehre, in der Nachfolgeschaft der Apostel und der Urgemeinden zu verhelfen. Christianisierungs-, Mis-

sionierungs- und Bildungszentren wurden Klöster und Stifte erst mit der Zeit. Noch im Hoch- und im Spätmittelalter war vielen Klosterkonventen die Seelsorge in den dem Stift einverleibten Pfarreien verboten.
Pfarren und Pfarrbesitz stellten für Klöster und Stifte durch Jahrhunderte hindurch nichts anderes dar als zur Existenzsicherung notwendige Einnahmsquellen. Keine Pfarr-, Filial- und Wallfahrtskirche im Mittel- und Nachmittelalter, kein Altar, kein geistliches Amt, keine sakrale Handlung, die nicht mit Gebühren und materiellem Gewinn verbunden gewesen wären. So nachdrücklich Kirchenobere, Visitatoren und Reformer zu allen Zeiten bemüht waren, dem Gelübde der Armut neue Geltung zu verschaffen, die Gottes- und Nächstenliebe als unverrückbare oberste Ziele jedes Klosterlebens predigten, wurden dennoch alle Gelübde, Erlässe und Gesetze notwendigerweise verändert und modifiziert angewendet, vielfach ebenso bedenkenlos umgangen. So erklärten die Gründungsmönche von Zwettl schon bestehende Bauernhöfe und Dorfgemeinschaften mit Mühlen und Stallungen kurzerhand zu »Grangien«, zu Eigenbetrieben, gegen das ausdrückliche Gebot ihres Generalkapitels, nach dem Zisterzienserklöster nur von dem leben, mit dem wirtschaften durften, was sie sich mit eigener Hände Arbeit errichtet hatten. Dieselben Mönche strengster Observanz — im 12. und 13. Jahrhundert fast ausschließlich von adeliger Geburt — ließen die schweren Arbeiten von Konversen verrichten, das waren Laienbrüder, die, obwohl an die Gelübde gebunden, unter keinen Umständen Mönche werden konnten, in eigenen Trakten leben mußten und wie Parias behandelt wurden.
Im Wissen um den sündigen, immer fehlbaren Menschen zogen Kirchen- und Klosterbehörden Verstöße gegen die Gelübde, gegen Regeln, Gebote und Gesetze immer ins Kalkül. Um so nachdrücklicher drangen sie jedoch auf Reue, Buße und Einsicht, auf immer wieder vorzunehmende Korrekturen, erzwangen Gegenmaßnahmen und Reformen. Der Niedergang der Klosterkultur, das Ende der Stifte alter Observanz war gekommen, als es den Orden an der Fähigkeit mangelte, die notwendigen Selbstkorrekturen aus eigener Kraft in Gang zu setzen. Seit die Klöster des 17. und 18. Jahrhunderts, während sie sich prunkvoll entfalteten und an der Stelle der einfachen Mönchssiedlungen vom Zweck der Klöster her besehen völlig überflüssige Paläste errichteten, immer mehr zu Pfründnerheimen und selbstgefälligen Nutznießern bestehender Machtverhältnisse degradierten. Schon während der Reformation, spätestens seit der Französischen Revolution, in Österreich seit Maria Theresias und ihres Sohnes Josef Zeiten, wurden die klösterlichen Männer- und Frauengemeinschaften, die ein heiligmäßiges bequemes Leben führen wollten, von dem sich neu formierenden Staat her besehen, in Frage gestellt. Staat und Gesellschaft wollten ein zweckfreies, nur beschauliches Klosterleben ohne sichtbare Ansätze zu Selbstreform und Einkehr nicht mehr dulden.

Eremiten, Mönche und Orden

Vorläufer des abendländischen Mönchtums sind die altchristlichen Einsiedler, die Anachoreten Ägyptens, Syriens und Kleinasiens. Ob man den alttestamentarischen Elias oder Johannes den Täufer schon als Eremiten bezeichnen soll, ist umstritten. Als erster Einsiedler, auch als »Vater aller Mönche« wird für gewöhnlich Antonius aus Heraklea in Ägypten († 360) bezeichnet. Der Sohn vornehmer christlicher Kopten zog in die Wüste, um mit seinen inneren Dämonen fertig zu werden. Zu seiner Zeit entstanden im Natrontal, ungefähr 100 km westlich des heutigen Kairo, erste Mönchssiedlungen. Die Monachoi — die Einsamlebenden — hausten in Einzelzellen, am »Sonntag« fanden sie sich zu Gottesdiensten, an bestimmten Tagen zu gemeinsamem Mahl zusammen. Ihre Tracht war die Melote, ein mit einem Gürtel umschlossener Fellmantel.
Etwa um 320 hatte Pachomius aus Ägypten in der oberen Thebais im Orte Tabennisi auf göttliche Weisung hin ein erstes Kloster gegründet. Seine Klosterregel ist uns von Hieronymus in lateinischer Übersetzung überliefert. Bald darauf, um die Mitte des 4. Jh., entstanden auch in anderen Gebieten des Römischen Reiches Mönchssiedlungen, vor allem in Syrien und in Kleinasien, in Armenien und Paphlagonien. Nach 360 erschienen die Schriften des Mönches Basilius, des späteren Bischofs von Kappadozien. Seine Mönchsregeln wurden für die gesamte griechische Kirche verbindlich. Die Entwicklung des frühen Mönchtums im lateinischen Bereich ist mit dem Namen der beiden Kirchenväter Hieronymus und Augustinus, mit dem Klostergründer Johannes Cassian und dem Ordensgründer Benedikt von Nursia verbunden.
Hieronymus, 340/50—420, wurde nach Reisen in Syrien Sekretär des Papstes Damasus und lebte dann in einem palästinensischen Kloster, das Gönner ihm errichtet hatten. In zahlreichen Schriften und Briefen entwarf der gebürtige

Dalmatiner eine Theorie des Mönchtums und Klosterwesens. Der Mönch, der einzelne, ahmt das Apostelleben nach und strebt im Zeichen der Jungfräulichkeit Mariens nach Vollkommenheit.

Augustinus, 354—430, Sohn eines heidnischen Numidiers, wurde nach langen Irrwegen Christ und Mönch. Als Bewunderer des Antonius gründete er in seinem Elternhaus in Thagaste eine klösterliche Gemeinschaft, als Bischof in Hippo Regius ein Priesterkloster. Nach seiner Vorstellung ist die vita communis nicht nur eine Gemeinschaft einzelner, die Mönche bilden vielmehr auch eine Gemeinschaft mit Christus. Es sind viele Körper, aber »eine Seele und ein Herz«. Von Augustinus sind zwei Klosterregeln überliefert, die man heute für authentisch hält.

Johannes Cassian, 360—430/35, wird vielfach als der eigentliche Vermittler zwischen dem griechischen und dem lateinischen Mönchtum angesehen. Um 415 gründete er in Marseille ein Männer- und ein Frauenkloster. Für ihn ist der Mönch der eigentliche Christ. Mönchtum versteht er als Vorschule für die christliche Vollendung: das Einsiedlerleben, die Anachorese.

Benedikt von Nursia, 480—543, in der italienischen Provinz Umbrien geboren, durch die Sittenlosigkeit seiner Kommilitonen aus Rom vertrieben, hatte sich in einer Höhle bei Subiaco im Aniotal in den Sabinerbergen als Einsiedler eingerichtet, bevor er 529 auf dem Monte Cassino ein Kloster und den nach ihm benannten Orden begründete, und seine Schwester Scholastika ein Nonnenkloster errichtete. In Subiaco war zwischen 523 und 526 seine Klosterregel in 73 Kapiteln entstanden. Es waren Gedanken und Grundsätze, die schon Antonius, Pachomius, Basilius, Hieronymus, Augustinus und Cassian ausgesprochen hatten. Doch stellt die Urregel des abendländischen Mönchtums ein persönliches, in sich geschlossenes Werk und Bekenntnis des Heiligen dar.

Benedikt versteht den Mönch als einen Soldaten Christi, Kloster und Orden als Schulen für den geistlichen Kriegsdienst. Im Vorwort zu seiner Regel wendet sich der Klostergründer an »jeden, der dem Eigenwillen entsagen und die starken und herrlichen Waffen des Gehorsams ergreifen will, dem wahren König Kriegsdienste zu leisten ... Wir wollen eine Schule für den Dienst am Herrn gründen. Wir beabsichtigen, bei dieser Gründung nichts Hartes, nichts Schweres anzuordnen«.

Benedikt von Nursia sieht das Kloster auch als große Familiengemeinschaft mit einem Abbas, einem Vater, einem Abt an der Spitze. Dieser Abt »... zeige mehr durch sein Beispiel als durch Worte, was gut und heilig ist ... Er soll im Kloster niemanden bevorzugen ... ob Sklave oder Freigeborener, in Christo sind wir alle eins, unter dem einen Herrn tragen wir die gleiche Last des Kriegsdienstes; bei Gott gibt es kein Ansehen der Person ... Als Lehrer halte sich der Abt immer an das Beispiel der Apostel: Weise zurecht, ermutige, strafe! ... Kennt er doch das Schriftwort: Der Tod wird durch Worte nicht gebessert. Und das andere: Schlage deinen Sohn mit der Rute, und du rettest ihn vor dem Tod.«

Im Kapitel über den Gehorsam heißt es in dieser Regel: »Die höchste Stufe der Demut ist der Gehorsam ohne Zögern ... Schmal ist der Weg, der zum Leben führt ... Die zum ewigen Leben voranschreiten, leben nicht nach eigenem Gutdünken, folgen nicht ihrer Lust und Laune, sie leben nach dem Entscheid und dem Befehl eines anderen ...« Im Kapitel von der Ehrfurcht steht zu lesen: »Wir sollen wissen, daß wir nicht durch die vielen Worte, sondern durch die Reinheit des Herzens und die Tränen der Zerknirschung Erhörung finden ... Deshalb soll das Gebet kurz und rein sein, es sei denn, es werde durch den Antrieb und die Eingebung der göttlichen Gnade verlängert!«

Über das Maß von Speise und Trank und über die tägliche Arbeit heißt es bei Benedikt: »Zwei gekochte Gerichte sollen für alle Brüder genügen; ist noch Obst oder frisches Gemüse zu haben, so kann man noch ein drittes hinzugeben ... eine Hemine Wein (0,27 Liter) sollte für jeden Tag reichen. Wem Gott aber die Kraft gibt, sich davon zu enthalten, der wisse, daß er einen besonderen Lohn empfangen wird ...« — »Müßiggang ist der Feind der Seele. Deshalb sollen sich die Brüder zu bestimmten Zeiten mit Handarbeit, zu bestimmten Stunden dagegen mit heiliger Lesung beschäftigen.«

Die Benediktiner (O.S.B.)

Als 577 die Langobarden das Kloster Monte Cassino zerstört hatten und die Mönche Benedikts nach Rom geflohen waren, wurde die Regula Sancti Benedicti in Italien, bald auch in Spanien bekannt. Im Jahre 600 erhielt der Orden von Gregor dem Großen, dem ersten Benediktiner auf dem Papstthron, den Auftrag, die Angelsachsen zu missionieren. Von England aus, über Bonifazius, kam das Benediktinertum in das Frankenreich, bald auch in den alemannischen und baierischen Bereich.

Als der große Ungarnsturm in der ersten Hälfte des 10. Jh. die frühen Klostergründungen vernichtete, gerieten die alten monastischen Ideale in Vergessenheit. Der Neubeginn und die Wiederaufrichtung der kirchlichen Institutionen nach der Schlacht auf dem Lechfeld (955) standen im Zeichen zweier Erneuerungsbewegungen im Mönchtum. Die vom lothringischen Kloster Gorze bei Metz ausgehenden Reformen setzten sich im 10. und 11. Jh. in etwa 70 Abteien durch. Der Konvent von Gorze, in strenger Askese nach der Benediktinerregel lebend, anerkannte das Mönchskloster als Teilbereich der bestehenden Reichsordnung. Klöster wurden als Institutionen verstanden, die im Einvernehmen mit den Bischöfen, mit Königen, Kaisern und Fürsten das Land missionierten, es urbar machen halfen und kultivierten. Dafür sollten weltliche Vögte

Kloster und Klosterbesitz vor Übergriffen schützen. Gegen Klostergründungen des Adels und fromme Stiftungen hatten die Reformer von Gorze nichts einzuwenden. Man unterstützte solche guten Werke nach Kräften. Die Reformen von Gorze beeinflußten um 980 von Regensburg her das Salzburger Erzstift St. Peter; nach 1013 bekannte sich, von Niederaltaich her inspiriert, Kremsmünster in diesem Sinne. Als »Junggorzer Reform« hielten solche Anschauungen nach 1050, zu Zeiten der miteinander befreundeten Bischöfe und späteren Heiligen Altmann, Gebhard und Adalbero, in den Klöstern Admont, Lambach und Melk Einzug.

Um 910 war im burgundischen Kloster Cluny, im Departement Sâone-et-Loire, jene Reformbewegung entstanden, die im 11. bis 14. Jh. an die 3000 Klöster beeinflußte und für zwei Jahrhunderte das europäische Klosterleben nachhaltig bestimmte. Dieses westfränkisch-französisch orientierte Mönchtum drängte auf völlige Loslösung der Klöster aus jeder weltlichen Machtkonstellation und auf ein streng zentralistisch geordnetes Klosterwesen. Alle Ordensinstitutionen sollten dem Heiligen Stuhl unterstellt werden. Das Mönchsleben sollte von Gebet und feierlichem Gottesdienst getragen sein, sich dem Spirituellen zuwenden, den dialektischen Auseinandersetzungen mit den Glaubensinhalten. Cluny negierte die Selbständigkeit, die brüderlich-familiär im benediktinischen Sinn geordnete Klostergemeinschaft ebenso wie die handwerkliche Arbeit als wesentlichen Bestandteil des mönchischen Lebens.

Über Frutturia in Piemont, St. Blasien im Schwarzwald, Hirsau und Siegburg bei Köln drang der Geist von Cluny nach 1100 in Österreich ein. Er verbreitete sich von Garsten, auch von Seitenstetten und St. Lambrecht, nach 1115 vor allem von Admont her — man sprach von einer religio Admuntina — in fast allen österreichischen Abteien.

Doch zeigten sich im 11./12. Jh. in den Klöstern der schwarzberockten Brüder des Benedikt von Nursia trotz Gorze und Cluny bedenkliche Verfallserscheinungen. Neue Orden traten auf den Plan, das Mönchtum im Namen der regula Sancti Benedicti zu erneuern, Zisterzienser und Kartäuser, Kamaldulenser, Olivetaner. Auch die armenischen Mechitaristen, inzwischen längst verschwundene Wilhelmiten, Ambrosianer und Coelestiner waren Abspaltungen vom Ordo Sancti Benedicti.

Die Zisterzienser (S.O.Cist.)

Gegen das wohlhabend gewordene Benediktinertum und den Verfall der mönchischen Ideale, gegen die Spiritualisierung des Klosterwesens durch Cluny gewendet, gründete Abt Robert von Molesme im Jahre 1098 im französischen Citeaux nächst Dijon ein Reformkloster. Als sich den Mönchen von Citeaux-Cistercium der burgundische Adelige Bernhard mit einer Anzahl von Gesinnungsgenossen anschloß und als Bernhard von Clairvaux ihr Stimmführer und Gesetzgeber geworden war, stand das europäische Mönchtum — über ein Jahrhundert lang — im Banne der grauen (später weißgekleideten) Mönche und ihrer Klostergründungen. In einer Carta Caritatis hatten sie sich unverrückbare Ziele gesetzt: ein einfaches Leben zwischen Gebet und Arbeit; Verbot jedes Einkommens, das nicht mit eigenen Händen erwirtschaftet war; das Kloster eine selbständige Gemeinschaft im benediktinischen Sinn, in dem die Väteräbte über die Tochtergründungen wachten. Alle Zisterzienserklöster waren einem Generalkapitel, einer obersten Aufsichtsbehörde unterstellt, die durch Gesetze und Erlässe für die einheitliche Befolgung der Benediktinerregel verantwortlich war. In eigenen Büchern wurden die »Zisterziensergewohnheiten« festgehalten. Nach ihnen sollte überall gelebt und gesiedelt werden. So einfach und schmucklos wie dieses Mönchsleben sollten auch die Bauten des Ordens sein. Überall sollte nach einer Vorschrift gebaut, im gleichen Geist gebetet, gearbeitet und gefeiert werden. »Wir wollen in *einer* Liebe, unter *einer* Regel und nach einheitlichem Brauchtum leben«, hieß der Leitsatz der Zisterzienser.

Die Kartäuser (O. Carth.)

Nach dem Jahre 1084 hatte der aus einer vornehmen Kölner Familie stammende, erst 1623 heiliggesprochene Bruno in der Talwildnis von La Chartreuse, in der »Cartusia« bei Grenoble, ein kleines Bethaus mit sechs Einzelzellen errichten lassen. Als ihm Roger von Sizilien Land zur Verfügung stellte, begründete er in der Wildnis von La Torre in Kalabrien das erste Kartäuserkloster, in dem er im Jahre 1101 starb. Die Kartäuser waren ein rein beschaulicher Orden, der niemals reformiert wurde, sich durch eigenwillige Kirchenbauten und durch seine Kartausen von den üblichen Mönchssiedlungen unterschied. Nach außenhin wirkten die nach strenger Observanz lebenden, oft wissenschaftlich tätigen weißen Mönche mit weißem Ledergürtel, breitem langem Skapulier und Kapuze durch Wohltätigkeit, in der Landwirtschaft und als Gärtner. Ihr Lebensideal formulierten sie als Beata solitudo, sola beatitudo — Glückliche Einsamkeit, einzige Glückseligkeit. Sämtliche Kartäuserklöster in Österreich fielen den josefinischen Reformen zum Opfer.

Die Kamaldulenser

Schon um das Jahr 1012 hatte sich der Benediktinermönch Romuald aus Ravenna in Camaldoli bei Arezzo eine Einsiedelei errichtet, aus der sich das Mutterkloster des späteren Kamaldulenserordens entwickelte. Es war jener Orden, der sich 1585 nordwestlich von Neapel eine kartäuserähnliche Siedlung für Benediktinermönche der »weißen Reform« errichtete. 1628 berief Kaiser Ferdinand II. »Camaldolenser-Eremiten vom Kronenberge« nach Wien und überwies ihnen den »gewöhnlich Schweineberg genannten« Kahlenberg zur Errichtung eines Eremitoriums.

Die Olivetaner

Im Jahre 1313 begründete der Professor der Philosophie Bernardo Tolomei († 1348) auf seinen Besitzungen in Siena mit Gleichgesinnten ein Kloster der Fratres eremitae de monte Oliveto. Papst Johannes XXII. bestätigte die nach einer überstreng ausgelegten Benediktinerregel lebenden weißgekleideten Mönche der Congregatio Beatae Mariae Virginis de monte Oliveto. Zur Zeit, als sich einige ihrer Angehörigen Ende des letzten Jahrhunderts im Schloß Tanzenberg in Kärnten niederließen, bestanden etwa zehn Olivetanerklöster.

Die Trappisten (O.C.R.)

1664 formierten sich in der Zisterzienserabtei La Trappe in der Normandie Mönche, die sich zu völligem Stillschweigen und vegetarischer Kost entschlossen hatten. Der erst seit 1892 selbständige Orden mit Sitz in Rom — Ordensangehörige tragen eine weiße Tracht mit schwarzem Skapulier — pflegt das feierliche, meist gesungene Chorgebet und die Gottesdienste nach eigenem Ritual und hat die Konventualen zu Feldarbeit und Handwerk verpflichtet. In Österreich siedeln Trappisten seit 1925 im ehemaligen Zisterzienserkloster Engelszell an der Donau, zwischen Passau und Aschach.

Die Augustiner-Chorherren (Can. Reg.)

Die Augustiner-Chorherren haben keinen Gründer, sie sind strenggenommen keine Mönche. Der ordo canonicus, der Orden der Kanoniker — es sind das nach dem Kanon, nach den Satzungen der Heiligen Schrift gemeinsam lebende Weltgeistliche —, war ursprünglich keine eigene Institution innerhalb der Kirche. Vorbilder der frühen Priestergemeinschaften waren die Apostel, die ersten Christen, das Beispiel der Kirchenväter, vor allem Leben und Wirken des heiligen Augustinus. Während der Aachener Reichssynode des Jahres 816 erhielt der canonicus ordo seine erste Formung. Die seit 742 befolgte Regel des Bischofs Chrodegang von Metz wurde modifiziert als »Aachener Regel« anerkannt. Die Lateransynode von 1059 machte die Augustinusregel verbindlich und verpflichtete die Chorherren zur Seelsorge. Die frühen Augustiner-Chorherren-Regeln gestatteten den Priestern Privateigentum. Erst unter Papst Urban II., 1088—1099, trennten sich die Besitzenden von den Besitzlosen, die Saekularkanoniker von den canonici regulares. Unter Bischof Altmann von Passau entstanden im 11. Jh. »regulierte« Chorherrenstifte in St. Florian, St. Pölten und Göttweig. Das vom Salzburger Erzbischof Konrad I. 1122 begründete Augustiner-Chorherren-Domkapitel gab Anstoß zu den Chorherrengründungen von Gurk, Ranshofen, Klosterneuburg, Seckau und Suben. Von Seckau aus wurden Vorau, Stainz und Pöllau begründet.

Die Chorherrenstifte, mit einem Propst an der Spitze — ein weißer Leinenstreif über dem schwarzen Talar kennzeichnet sie als Augustiner-Herren —, besonders der Seelsorge, früher dem »Hospitalswesen« verpflichtet und in Kongregationen (Windsheimer, Lateranensische Kongregation) zusammengeschlossen, suchten im 15. Jh. dem drohenden Verfall durch die Raudnitzer Reform zu begegnen. Es waren in dem vom Prager Bischof Johann von Drazic begründeten böhmischen Chorherrenstift ausgearbeitete Konstitutionen. Doch hatten zu dieser Zeit das Pfründenwesen, der Handel mit Besitz, Grund und Boden Zucht und Ordnung in den Chorherrenstiften ebenso zum Erliegen gebracht wie in den Mönchsklöstern. Heute bestehen in Österreich noch sechs Augustiner-Chorherrenstifte.

Die Prämonstratenser (O. Praem.)

Zum Weihnachtsfest 1120 schloß sich im Tal von Premontré bei Laon unter Führung Norberts von Xanten eine Chorherrengemeinschaft zu neuem Beginn zusammen und legte auf die Regel des hl. Augustinus die feierlichen Ordensgelübde ab. 1126 wurde der aus altem Adel stammende, 1582 heiliggesprochene Rheinländer Erzbischof von Magdeburg († 1136). Norberts Nachfolger, Hugo von Fosses, gab der Augustiner-Chorherren-Gemeinschaft von Premontré eine nach Zisterzienservorbild geschaffene Verfassung mit einem Generalkapitel und »Zirkarien« als Verbandseinheiten. Mönchische Consuetudines, Mönchsbräuche, ein eigenes Missale und Brevier unterscheiden die weißgekleideten Prämonstratenser von den regulierten Augustiner-Chorherren. Der Konvent bestand aus Priestern, Kanonikern, die sich als »Herren« von den Laienbrüdern unterschieden. Zu allen Zeiten blieb die Seelsorge das Hauptanliegen dieses Ordens, der heute in Österreich noch drei Stifte unterhält.

Die Kollegiate

Neben den Klöstern und Stiften der alten Mönchsorden, der Benediktiner und Zisterzienser, der Chorherren und der Prämonstratenser bestanden und bestehen noch die im 9. Jh. aufgekommenen Kollegiate. Nach bestimmten Regeln gemeinsam lebende Weltpriester, die Chordienst hielten, bildeten an Großpfarren »Kollegiatskapitel«, Nachbildungen der an Bischofssitzen bestehenden »Domkapitel«. Es waren Priester, die nicht das Gelübde der Armut abgelegt hatten und für sie gestiftete Besitzungen, Pfründen und Privilegien nach freiem Ermessen verwalten, ja sogar erben konnten. Zum Unterschied von den Domkapiteln, denen bis ins 18. Jh. meist nur Adelige angehören konnten, waren die dem Bischof unterstellten, von Pröpsten geleiteten Kollegiate auch Bürgerlichen zugänglich. Den Niedergang solcher Kollegiate illustriert in Österreich am eindrucksvollsten das Kollegiatstift Ardagger.

Die österreichischen Stifte

Im 15. Jahrhundert teilten die Klöster und Stifte der alten Orden, der Benediktiner und Zisterzienser, der Augustiner-Chorherren, der Prämonstratenser und die Kollegiate das gleiche Schicksal: die reichen Schenkungen der mittelalterlichen Kaiser, Könige und Fürsten, des Adels und der Bischöfe, die ihnen das Gemeinschaftsleben ermöglichten, waren ihr Verhängnis geworden. Mit steigendem Wohlstand sanken Ordnung, Moral und Klosterzucht. Eine Anzahl neuaufgekommener Bettel- und Predigerorden, Minoriten, Franziskaner, Augustiner-Eremiten, Dominikaner u. a. m., bemühten sich um die Erneuerung der frühen Mönchsideale. Die »Melker Reform« nach 1418 war der letzte umfassende Versuch einer Selbstkorrektur der österreichischen und bayerischen Klöster im benediktinischen Sinn, bevor die Reformation des 16. Jahrhunderts Mönch- und Nonnentum überhaupt in Frage stellte und die meisten Klöster sich leerten.

Die nachreformatorischen Erneuerungsversuche innerhalb der alten Orden standen im Zeichen der Ereignisse der Jahre 1782—1790 und 1848, des josefinischen Klostersturms und der Aufhebung der alten Grundherrschaften. Sie zwangen die Orden zur Neuorientierung. Allgemein sichtbarer Ausdruck war ihre entschlossene Hinwendung zu Seelsorge und Erziehung.

Die riesigen Klosterpaläste des 17. und 18. Jahrhunderts, heute vornehmlich als Stifte bezeichnet, verdanken ihre Entstehung keiner Erneuerungsbewegung des Mönchtums, sondern dem Aufstieg der Monarchia austriaca zur Weltmacht. An ihm partizipierten die Klöster als Grundherrschaften. Diese geistlichen Schlösser stellten für die vom Kaiserhaus ernannten, vom Adel und von den Ständen als Prälaten im Fürstenrang respektierten Klosteräbte durchaus standesgemäße Repräsentationsbauten dar.

Bestehende Stifte

In Österreich besitzen die alten Orden 36 Stifte. 16 von ihnen sind Eigentum des Benediktinerordens, zehn gehören den Zisterziensern (Engelszell in Oberösterreich ist von Trappisten, reformierten Zisterziensern, besiedelt), sechs den Augustiner-Chorherren, drei den Prämonstratensern.

Die Benediktinerstifte

Das Wiener **Schottenstift,** 1418 von Benediktinern aus Melk besiedelt, bekannt vor allem durch sein Gymnasium, ist im Besitz der ältesten Ansichten Wiens, in seiner Kirche steht das älteste Gnadenbild der Stadt. Auf seinem großen historischen Besitz in Niederösterreich und in Wien betreut das Stift über ein Dutzend Pfarren.

Melk, im 11. Jh. Residenz der Babenberger, namengebend für die vorreformatorische Erneuerungsbewegung im 15. Jh., die »Melker Reform«, wurde im 18. Jh. durch Jakob Prandtauer zu einem der großen Wahrzeichen des Landes ausgebaut. Auf seinem einstigen Besitz in den Vierteln ob und unter dem Wienerwald und dem Manhartsberg betreut das Stift heute 27 Pfarren mit einer Reihe altehrwürdiger Kirchen.

Göttweig, das zweite der beiden Wachauer Großstifte, seit seiner Begründung im 11. Jh. eng mit dem Schicksal des selbständigen Österreich und dessen Herrscherhaus verbunden, erinnert als gewaltiger Torso an den kaiserlichen Hofarchitekten Lucas von Hildebrandt und dessen Auftraggeber Gottfried von Bessel. Zum weitausgedehnten Pfarrbesitz des Stiftes gehört u. a. die sehenswerte Kirche von Mauer bei Melk.

Nach seiner Restaurierung bietet sich **Altenburg** bei Horn, Schöpfung des Josef Munggenast, als ein in seiner Ausstattung und Bildprogrammatik unikales Barockbauwerk dar. Unter den inkorporierten Pfarren des Stiftes befindet sich auch die Wallfahrtskirche Maria Dreieichen.

Die Bedeutung des Benediktinerstiftes **Seitenstetten** östlich von Steyr liegt in seinem Gymnasium, in dem österreichische Bundespräsidenten, Kanzler, Kardinäle und auch ein Wiener Bürgermeister erzogen wurden. Glanzpunkt des Seitenstettener Pfarrbesitzes ist die Wallfahrtsstätte Sonntagberg bei Waidhofen an der Ybbs.

Zum Stift **Lambach** südwestlich Wels — es besitzt reichen Freskenschmuck aus der Zeit seines Stifters, des heiligen Adalbero, und das einzige erhaltene barocke Schultheater — gehört auch die prächtige Dreifaltigkeitskirche von Stadl Paura.

Das 1200jährige **Kremsmünster** mit Tassilokelch, dem »Mathematischen Turm«, den Fischbehältern und seinem berühmten Gymnasium seit je im Blickpunkt einer interessierten Öffentlichkeit, ist durch die umfassende Restaurierung und durch Neuaufstellungen zum Jubiläumsjahr 1977 eine Sehenswürdigkeit von Rang geworden. Unter den 27 dem Stift inkorporierten Pfarren befinden sich Kirchen von hohem kunsthistorischem Wert.

Das Benediktinerinnenstift St. Gabriel auf **Bertholdstein** östlich Feldbach in der Oststeiermark, im landesgeschichtlich interessanten Schloß untergebracht, bietet sommersüber Kurse in »Elementarem Malen« an.

St. Lambrecht westlich des Neumarkter Sattels, eines der historischen Kulturzentren der Obersteiermark, begründete Mariazell, einst Heiligtum der ungarisch-böhmischen Länder, Österreichs berühmte Wallfahrtsstätte. Reich an Sehenswürdigkeiten, betreut das Stift heute acht Pfarren.

In **Seckau,** einst Sitz eines Bistums — die Diözesanbezeichnung Graz-Seckau erinnert daran —, sind die großartigen Sehenswürdigkeiten im altehrwürdigen Dom und die aufsehenerregend modern ausgestattete Engelskapelle bemerkenswert. Die Kirche St. Marein im Paradies, am Ursprungsort des Stiftes, gehört zu den interessantesten gotischen Kirchen Österreichs.

Das älteste steirische Männerkloster **Admont,** im 12. Jh. bedeutendes kirchliches und politisches Zentrum Innerösterreichs, ist mit Kremsmünster heute das wohlhabendste und wirtschaftlich fundierteste Benediktinerstift. Mittelpunkt seines reichen und kunsthistorisch z. T. bedeutenden Pfarrbesitzes ist das Bildungszentrum und die Wallfahrtsstätte Frauenberg.

St. Paul im Lavanttal, die Gründung der Spanheimer aus dem 11. Jh., einmal das reichste Kloster Kärntens, besitzt heute das größte Stiftsgymnasium und eine bedeutende Kunstsammlung.

St. Peter, die »Wiege Salzburgs«, Ursprungsort der Benediktiner-Universität Salzburg, jetzt Sitz der zentralen Studienanstalt des österreichischen Benediktinerordens, ist der Allgemeinheit durch seine Kirche, den Petersfriedhof und den Peterskeller bekannt. Pfarrbesitz des Stiftes ist die große Salzburger Wallfahrtskirche Maria Plain nächst der Stadt.

Das Salzburger Benediktinerinnenstift **Nonnberg,** der Welt ältestes, ununterbrochen bestehendes Frauenkloster, ist durch seinen Freskenschatz aus dem 11. Jh. und wertvolles mittelalterliches Kunstgut bedeutsam. Seine Äbtissinnen werden noch heute gekrönt und führen den Hirtenstab.

Das uralte Stift **Michaelbeuern** im Norden des Landes Salzburg, mit Resten von Klosterbauten aus dem 9. bis 11. Jh., hat in seinem mittelalterlichen Gemäuer moderne Schul- und Internatsräume eingerichtet. Zu seinem Besitz gehört die Salzburger Pfarre Mülln mit dem bekannten »Bräustübl«.

Fiecht-St. Georgenberg an der Autobahn nächst Schwaz in Tirol ist das kleinste der bestehenden Stifte Österreichs. Die mittelalterliche Abtei — das befestigte Wallfahrtskloster St. Georgenberg im Stallental — besaß Ländereien zwischen der bayerischen Grenze und Trient.

Die Zisterzienserstifte

In **Heiligenkreuz** nächst Mödling bei Wien — Gründung des heiligen Leopold und Babenberger-Begräbnisstätte — stammen Kirche und innerer Mönchsbezirk noch aus dem 12. Jh. Der heute wieder im Zeichen strenger Einfachheit lebende Zisterzienserkonvent betreut auf seinem riesigen Landbesitz 14 Pfarren mit ihren Filialkirchen.

Neukloster, die Zisterzienserstiftung Kaiser Friedrichs III. in Wiener Neustadt, ist seit 1880 mit Heiligenkreuz vereinigt. Hinter dem Hochaltar ihrer barock ausgestatteten gotischen Kirche ist die prächtige Grabplatte Eleonores von Portugal, der Mutter Kaiser Maximilians I., zu sehen.

Die Babenbergergründung **Lilienfeld** südlich von St. Pölten, einst und noch heute im Besitz ausgedehnter Wäldereien an der Traisen, der Erlauf und Gölsen, betreut im Gebiet der »Heiligen Straße« nach Mariazell 19 Pfarren. In der Stiftskirche, der frühesten gotischen Hallenkirche Österreichs, sind der Babenberger Leopold VI., seine Tochter Margarethe und die Mutter Kaiser Friedrichs III. bestattet.

Im Waldviertler Rodungskloster **Zwettl** erhielten sich Mönchsbehausungen aus der Gründungszeit im 12. Jh. und einer der eindrucksvollsten Kreuzgänge. An der von der frühen Zisterzienserbaukunst bestimmten gotischen Stiftskirche ist die »großartigste Einturmfassade des österreichischen Barock« zu bewundern. Unter den 15 dem Stift einverleibten Pfarreien befindet sich auch die von Zistersdorf im Erdölgebiet an der March.

Die Sehenswürdigkeit des Donauklosters **Wilhering** nächst Linz ist die jetzt prächtig restaurierte Rokokokirche. Zeugnis vom mittelalterlichen Rodungskloster mit Riesenbesitz im Mühlviertel und im Niederösterreichischen legen die — allerdings meist neogotisch ausgestatteten — 15 Wilheringer Stiftspfarren ab.

Die Wilheringer Tochtergründung **Engelszell** im einsamen Donautal zwischen Passau und Aschach, seit 1925 vom Zisterzienser-Reformorden der Trappisten besiedelt, hat sich in den letzten Jahrzehnten vornehmlich durch die Produkte ihrer kleinen Likörfabrik bekannt gemacht.

In dem nach außenhin schmucklos erscheinenden Stift **Schlierbach** südlich Kremsmünster befindet sich Österreichs vielleicht am prächtigsten ausgestattete Kirche. Das durch Käseproduktion, aber auch über seine Glasmalereiwerkstätte bekannt gewordene Kloster betreut 10 Pfarreien, unter ihnen die Pfarre Micheldorf mit der sehenswerten St.-Georgs-Kirche auf dem Georgenberg.
Der Welt ältestes noch bestehendes Zisterzienserstift **Rein,** nördlich von Graz gelegen, das Urkloster der Grünen Mark und seiner Landeshauptstadt, 1975 durch eine Hochwasserkatastrophe verwüstet, betreut in der Kirche von Straßengel ein Juwel gotischer Baukunst.
Das neuerdings durch sein »Schigymnasium« weltbekannt gewordene **Stams** westlich von Innsbruck, als Grablegekloster Tiroler Landesfürsten und Gedächtnisstätte für den letzten Staufersproß Konradin errichtet, betreut auch die seit 1273 in seinem Besitz befindliche Südtiroler Pfarre Mais, das heutige Priorat Meran-Untermais.
Der Abt von **Mehrerau** am Bodensee besitzt als einziger Klosterobere Österreichs auf seinem Gebiet die Rechte eines Bischofs. Mehrerau unterhält ein Gymnasium, ein stiftseigenes Krankenhaus sowie eine Pension und ist in Österreich, Deutschland und in der Schweiz seelsorgerisch tätig.
Österreichs östlichste und westlichste Stifte sind die beiden Zisterzienserinnenklöster **Mariastern-**Gwiggen nördlich Bregenz, mit Einkehr- und Exerzitienzentrum, und **Marienkron** in Mönchhof südöstlich Neusiedl am See, mit Kneippkurhaus und Erholungspark.

Augustiner-Chorherren-Stifte

Klosterneuburg, im 12. Jh. babenbergisches Hauskloster an der Residenz Leopolds III., des eigentlichen Begründers des Territoriums Austriae, war im 18. Jh. als habsburgische Klosterresidenz ausersehen. Von dieser österreichischen Traditionsstätte, heute eines der vermögendsten Stifte des Landes, werden 25 zum überwiegenden Teil auf Wiener Boden liegende Pfarren betreut.
Herzogenburg, nördlich von St. Pölten, mit der nach Klosterneuburg und St. Florian reichsten Sammlung kunsthistorischer Sehenswürdigkeiten, sind 16 Pfarren einverleibt, unter ihnen Dürnstein und der schöne Wallfahrtsort Sallapulka.
St. Florian, Gedenkstätte für den frühchristlichen Märtyrer und oberösterreichischen Landespatron, das barocke Doppelvierkantstift mit prunkvollen Kaiser- und Prälatentrakten, im Besitz gotischer Kostbarkeiten, betreut 30 Stiftspfarren mit ihren Filialkirchen. Sie liegen fast ausschließlich innerhalb der Grenzen der einst ausgedehnten Grundherrschaft St. Florian.
Schon unter seinem berühmten Propst Gerhoch im 12. Jh. wurde das Innkloster **Reichersberg** zu einem Seelsorgezentrum. Die Pfarrkirchen des Reichersberger Priorats Pitten in der Buckligen Welt in Niederösterreich sind zum Teil sehenswerte mittelalterliche Wehrbauten.
Die Klosterburg **Vorau** südlich des Hochwechsels, geistige Mitte und Rodungszentrum des steirischen Jogllandes, berühmt durch seine Bibliothek und ihre mittelalterlichen Handschriftenschätze, war noch zu Ende des Zweiten Weltkriegs Ort kriegerischer Auseinandersetzungen. Von den neun Stiftspfarren stellen Kirche und Kapellen auf der Festenburg ein Kuriosum dar.
1877 haben Augustiner-Chorfrauen aus dem Badensischen Rastatt den salzburgischen Haunspergersitz **Goldenstein** südlich der Stadt besiedelt und hier eine Mädchenschule und ein Internat eingerichtet.

Die Prämonstratenserstifte

Das Rodungskloster **Geras** nördlich von Horn hat sich in den letzten Jahren mit Hobbykursen und Sonderausstellungen ins Gespräch gebracht. Es betreut nicht weniger als 17 Pfarren.
Das größte Wirtschaftsunternehmen des oberen Mühlviertels, Stift **Schlägl** nördlich Rohrbach, besitzt in seiner Kirche und in der Gemäldegalerie bedeutende Sehenswürdigkeiten. Schlägl unterhält eine landwirtschaftliche Winterschule und verwaltet auf seinem Besitztum aus der Rodungszeit sieben Pfarreien.
Stift **Wilten,** Innsbrucks Urkloster, über spätrömischen Ruinen errichtet, mit sehenswerter Stiftskirche und Schauräumen, betreut 18 Pfarreien mit ihren Filialkirchen.

Die Kollegiate

Mattsee nächst Salzburg ist eines der wenigen noch intakten Kollegiate. Die Tassilogründung aus den 8. Jh. hat zum Jubiläumsjahr 1977 seine zum Teil bedeutsamen Schätze zugänglich gemacht. Dem Stift sind vier Pfarreien inkorporiert, über neun hat es das Patronat inne.
Das im 17. Jh. an der St.-Peters-Kirche von **Seekirchen** am Wallersee nordöstlich Salzburg errichtete Kollegiat betreut die große Pfarre Seekirchen mit ihren Filialkirchen.

Aufgehobene Stifte

Nur wenig Spuren verweisen in **WIEN** auf die außer dem Schottenkloster hier einst existierenden Stifte der alten Orden. An die **Kamaldulenser** auf dem Kahlenberg erinnert die St.-Josefs-Kirche, an die **Schwarzspanier** ein Straßenname und eine Kirchenfassade. An der Stelle des Augustiner-Chorherrenstiftes **St. Dorothea** steht heute das »Dorotheum«. Die Stifte der Augustiner-Chorfrauen — **St. Jakob auf der Hülben, St. Laurenz, St. Magdalena** vor dem Schottentor — sind restlos verschwunden. Das berühmte **Himmelpfortkloster** erhielt sich im Straßennamen. Die **Zisterzienserinnenklöster** auf der Landstraße und in der Singerstraße verschwanden schon nach der Türkenbelagerung von 1529.

An die Zisterziensersiedlung **Klostermarienberg** im **BURGENLAND** erinnern südöstlich Oberpullendorf an der ungarischen Grenze eine Barockkirche und Restgebäude, an das Kollegiat in **Marz** südlich Mattersburg die mit schöner Wehrmauer umgebene Pfarrkirche.

NIEDERÖSTERREICHS aufgehobene Benediktinerstifte sind **Kleinmariazell** an der Heiligen Straße nach Mariazell, seiner kunstgeschichtlichen Details wegen sehenswert, und **Gloggnitz** an der Semmeringstraße, als Wehrbau von Bedeutung. Das romantische Benediktinerkloster **Erla** mit seiner wertvollen St.-Peters-Kirche, östlich Enns, ist ein empfehlenswertes Ausflugsziel. Vom niederösterreichischen Zisterzienserstift **Säusenstein** an der Donau ist nur ein Resttrakt zu sehen, vom Zisterzienserstift **St. Bernhard** bei Horn blieb die Kirche stehen, die gotischen Restbauten des Stiftes sind in Klosterneuburg neu aufgestellt worden. Vom Zisterzienserinnenkloster **Ybbs** fehlt jede Spur. Sehenswürdigkeiten für sich sind die Bauten der drei Kartäuserklöster **Mauerbach, Aggsbach** und **Gaming.** Von den sechs aufgehobenen einstigen Augustiner-Chorherrenstiften des Landes ist das 1784 als Bischofssitz eingerichtete von **St. Pölten** das älteste und ehrwürdigste, **Dürnstein** das heute berühmteste. An die Chorherren von **St. Andrä an der Traisen** erinnert eine prächtige Kirche und das Altersheim, an die Augustiner-Chorfrauen in **Kirchberg am Wechsel** der noch mächtige Gebäudekomplex oberhalb des Marktes. **Wiener Neustadt** und **Schrattenthal** südlich Retz waren nur kurzlebige Stiftsgründungen. Die Prämonstratenser von **Pernegg** nördlich Horn hinterließen eines der schönsten gotischen Gotteshäuser des Landes und eine verfallene Stiftsburg. Vom niederösterreichischen Kollegiat **Ardagger** blieben unter dem Kollmitzberg nächst Amstetten die Stiftsanlage mit dem idyllischen Kreuzgang und die St.-Margareten-Kirche mit ihrem prächtigen Fenster aus dem 12. Jh. Von dem an der Pfarrkirche **Zwettl** zwischen 1483 und 1751 bestehenden Kollegiat erhielt sich nur der Propsttitel.

Von den Benediktinerklöstern in **OBERÖSTERREICH** fielen **Mondsee, Garsten** und **Gleink** den josefinischen Reformen zum Opfer, sie stehen als Schloß, Museum, Strafanstalt und Schulzentrum in Verwendung. Alle drei besitzen sehenswerte Kirchen. Die Benediktinersiedlung **Altmünster** bei Gmunden verschwand bereits während des Ungarnsturms im 10. Jh., das Benediktinerinnenkloster **Traunkirchen** am Traunsee leerte sich während der Reformation. An das Wirken der Zisterzienser im Land erinnern in der Klostersiedlung **Baumgartenberg** südöstlich Perg die Sehenswürdigkeiten der Kirche. Von der mit diesem Machlandstift in engem Konnex stehenden Augustiner-Chorherrengründung **Waldhausen** blieben nur die großartige Kirche und ein Resttrakt bestehen. Auch vom einstigen Chorherrenstift **Ranshofen** südwestlich Braunau am Inn erhielt sich außer Restgebäuden nur die originelle Kirche. Das Chorherrenstift **Suben** südlich Schärding verwendet man seit seiner Auflösung als Strafanstalt. An das kurzlebige Kollegiatstift **Mattighofen** südöstlich Braunau erinnern in Kirche und Schloß nur Einzelheiten, das einstige Kollegiat **Spital am Pyhrn** besitzt neben der doppeltürmigen Barockkirche mit prächtigem Innenraum auch Schauräume mit Denkwürdigkeiten an die ehemaligen Kollegiatsherren.

In der **STEIERMARK** wurden im 18. Jh. das älteste steirische Stift, das Benediktinerinnenkloster **Göß** bei Leoben, und die Zisterziensersiedlung **Neuberg** südwestlich Mürzzuschlag aufgehoben, beides Sehenswürdigkeiten von Rang. Die stillgelegten Augustiner-Chorherrenstifte **Stainz** südwestlich Graz und **Pöllau** südlich des Masenberges, unweit des Chorherrenstiftes Vorau, bestimmen noch heute die Ortsbilder der beiden Märkte. Das aufgehobene Chorherrenstift **Rottenmann** südöstlich Liezen wird durch nicht viel mehr als einige bewohnte, nicht sonderlich gepflegte Trakte bezeugt.

Sehenswürdige Gedenkstätten erinnern heute an das Wirken der Benediktiner, Zisterzienser, Augustiner und Kollegiatsherren in **KÄRNTEN.** Die Benediktiner hinterließen **Ossiach** und **Millstatt,** Benediktinerinnen bewohnten die mächtige Anlage von **St. Georgen am Längsee** nächst St. Veit a. d. Glan. Nicht zu seinem Vorteil haben die benediktinischen Olivetaner im letzten Jahrhundert **Tanzenberg,** das Renaissanceschloß der Keutschacher oberhalb des Zollfeldes bei Klagenfurt, verändert. An die Benediktiner von **Arnoldstein** oberhalb der

Straße nach Tarvis gemahnen nur noch Ruinen und eine mit ihnen verbundene Sage. Die Zisterzienserkirche von **Viktring,** der Augustiner-Chorherrendom von **Gurk,** die Kollegiatskirchen **Maria Saal** und **Maria Wörth** stehen auf dem Besuchsprogramm vieler Interessierter. In **Friesach** erinnert die romantische Ruine auf dem Virgilenberg an das einstige Chorherrenstift, die Heiligenblutkirche an das einst neben ihr gelegene Zisterzienserinnenstift, der Propst- und Pfarrhof, Kapitelhaus und Pfarrkirche St. Bartholomäus an das Kollegiatstift, das Dominikanerkloster an die einst an dieser Stelle gelegene Augustiner-Chorfrauenpropstei. Das Augustiner-Chorherrenstift **Eberndorf** südlich Völkermarkt repräsentiert noch der große Gebäudekomplex um die Kirche. Das Gebäude der Augustiner-Chorherren in **St. Andrä im Lavanttal** ist an die ehemalige Dom- und jetzige Pfarrkirche angebaut. Kärntner Kollegiate bezeugen Kirchen und Gebäude in **Straßburg** bei Gurk, in **Kraig** nächst St. Veit a. d. Glan, in **Gurnitz** östlich Ebenthal bei Klagenfurt, Kirchen und ehemalige Stiftsbauten in und um **Völkermarkt.**

Von den benediktinischen Petersfrauen in **SALZBURG** und den einstigen Chorherren des Salzburger Domkapitels erhielten sich keine sichtbaren baulichen Zeugnisse.

Vom Benediktinerstift **Scharnitz** nördlich Innsbruck in **TIROL** ist nicht einmal der Standort gesichert. Von den Stiftsdamen in **Solbad Hall in Tirol** blieb der dreigeschossige Bau mit Gartenterrasse und Sommerhaus.

Die schönsten Stifte Österreichs

Ihr Schicksal in Bildern und Berichten

Die Pläne des Heinrich Jasomirgott

Wien   Benediktinerabtei Unserer Lieben Frau zu den Schotten

Wiens ältestes Kloster aus dem 12. Jh. bezeugen nur noch einige Fundamente, Säulen und Pfeilerreste, doch besitzt das Schottenstift die älteste Gnadenstatue und die ältesten Ansichten der Stadt.

LAGE *Wien I.*
BESICHTIGUNG *Samstag 14 Uhr (außer Weihnachten, Ostern und Pfingsten).*

Rechts: »Die Flucht nach Ägypten«, gotisches Tafelgemälde, Mitte des 15. Jh. Blick auf das gotische Wien zur Zeit Kaiser Friedrichs III. von Matzleinsdorf aus. Kenner der Stadtgeschichte identifizieren in der Kärntner Vorstadt im Vordergrund das alte Heiliggeistspital, Antoniuskirche, Kolomansfriedhof und großes Bürgerspital. Für jeden leicht zu finden sind der Wienfluß und jenseits der Stadtmauer mit dem alten Kärntnertor der Stephansturm. Die kleinen Kirchtürme neben und rechts von St. Stephan gehören zum ehemaligen St.-Anna-Kloster und Himmelpfortkloster, ganz außen rechts die Dominikanerkirche, ihr vorgelagert wahrscheinlich die längst verschwundene St.-Jakobs-Kirche. Links von St. Stephan neben Klarissinnen-, Karmeliterkirche und Peterskirche ist Maria am Gestade erkennbar. Unter dem Kahlen- und Leopoldsberg liegt der Komplex der damals mit Ecktürmen versehenen Hofburg und die Minoritenkirche.

Als Heinrich II. Jasomirgott im Jahre 1156 Bayern verloren, Österreich gewonnen hatte und seine Residenz Regensburg verlassen mußte, zog er nach Wien. Es mag vor allem die Nähe der väterlichen Residenz (Kloster-)Neuburg gewesen sein, die den Babenberger bestimmte, diesen bis dahin völlig unbedeutenden Ort als Sitz des künftigen Herzogtums zu wählen.

Das Gemälde »Die Flucht nach Ägypten« ist eine der 24 Tafeln, die ein unbekannter Hauptmeister und mehrere Schüler nach 1469 für das Schottenstift anfertigten. Sie waren für den Altar bestimmt, der im (zwischen 1446 und 1449 errichteten) gotischen Chor der Schottenkirche aufgestellt werden sollte. Als es dazu nicht kam, man im 17. Jh. den Chor wieder abbrach und den frühbarocken Neubau aufführte, wurden die Tafeln in der Gemäldegalerie des Stiftes aufgestellt. Daß es sich bei diesen Gemälden um Teile eines Gesamtkunstwerkes handelt, entdeckte man allerdings erst in jüngster Zeit.

Von den 24 Tafeln des geplanten Schottenaltares — es wäre der größte uns bekannte Altar des 15. Jh. geworden — stellen 8 Tafeln die Leidensgeschichte dar, 16 Tafeln (von denen drei fehlen) Szenen aus dem Marienleben. Während der Meister der Passionsgemälde sichtbar nach niederländischen Vorbildern arbeitete, zeigen die Gemälde des Marienmeisters vornehmlich österreichische und wienerische Hintergrundmotive: in der »Geburt Mariens« eine Bürgerstube und eine Rauchküche mit gotischer Einrichtung; in der »Verkündigung Mariens« eine gutausgestattete Wiener Bürgerwohnung des 15. Jh. Im Gemälde »Mariae Heimsuchung« sind die Spiegelgasse, die Peterskirche und die beiden Heidentürme von St. Stephan zu sehen. Den Hintergrund der Kreuztragungsszene bildet das Stadtbild von Krems.

Oben: Grabdenkmal Graf Rüdigers von Starhemberg († 1701), Verteidiger Wiens gegen die Türken im Jahre 1683. Nach einem Entwurf Fischers von Erlach (?).

Rechts: Der Schottenhof zwischen 1774 und 1827. Das Bild zeigt noch den alten Kreuzganghof, der den Umbauten durch J. Kornhäusel und J. Adelpodinger in den Jahren 1827—1832 zum Opfer fiel. Von den Stiftsgebäuden erhielt sich nur Grundmauerwerk. Der heutige Stiftseingang liegt im Innenhof des riesigen Zinshauses.

Kluges Taktieren, die weitsichtige Kolonisationspolitik seines Vaters Leopold III. hatten die »Marchio orientalis« von einst zum ansehnlichen Territorium Austriae werden lassen. Durch Verheiratung seiner Kinder Leopold, Agnes und Gertraud mit Přemysliden- und Piastensprößlingen hatte der Babenberger das Land gegen die Nachbarn abzusichern verstanden. Sohn Heinrich II. Jasomirgott, Gemahl der byzantinischen Kaisernichte Theodora — er hatte sie während des Kreuzzuges der Jahre 1246/47 kennengelernt —, wollte dieser alten Mark, dem neuen Herzogtum, eine moderne Hauptstadt geben. Der Versammlungsort der abendländischen Kreuzritterschaft, zu dem der Ort neben der Babenbergerresidenz allmählich geworden war, sollte eine Metropole von europäischem Ausmaß und dem Namen »Windopolis«, den man ihm bisweilen gab, gerecht werden.
Der Beginn von Jasomirgotts Regierungszeit stand deshalb im Zeichen zweier gewaltiger Bauvorhaben und Stadterweiterungen. Im Osten Wiens bildete sich um den außerhalb der Stadtmauern entstehenden Dom zu St. Stephan eine

ZUR STIFTSGESCHICHTE *(→ auch Seite 239). Durch Herzog Heinrich II. Jasomirgott 1155 mit irischen Mönchen aus Regensburg begründet. Um 1200 Weihe der romanischen Kirche. 1276 Großbrand. 1418 Abwanderung der »Schotten« und Neubesiedlung durch Benediktiner aus Melk. 1446/49 Bau des gotischen Chores. Als »Schottenstift« in der Folge bedeutend für Universität und als Schulzentrum (Theater, Musik). Barockisierung der Kirche im 17./18. Jh. Ausbau und letzte Veränderung 1827—1832 (J. Kornhäusel). Restaurierung und Neuausstattung der Kirche 1883/85 (H. Ferstel). 1807 Errichtung des »Schottengymnasiums«, nach 1945 Begründung der »Katholischen Akademie«.*

SEHENSWÜRDIGKEITEN *Kirche Unsere Liebe Frau von den Schotten, ältestes Gnadenbild Wiens, um 1250. Grabdenkmäler: Rüdiger von Starhemberg († 1701) → Seite 20, der Grafen Windisch-Graetz, Metsch, Breuner u. a. Monumentalhalle (Kornhäusel) mit alten Grabsteinen aus dem abgerissenen Kreuzgang. Gemäldegalerie. Alte Altartafeln des Schottenmeisters → Seite 18. Krypta mit romanischen Details und Grabdenkmal (19. Jh.) Herzog Heinrichs II. Jasomirgott und seiner Gemahlin Theodora.*

Kaufmannssiedlung. Im Westen ließ der Herzog nächst seiner neu angelegten Burg Am Hof ein Kloster errichten, in das er irische Mönche aus dem St.-Jakobs-Kloster seiner ehemaligen Residenz Regensburg berief. Die Benediktinerpatres aus dem Norden verpflichteten sich in der Gründungsurkunde, nur Konventualen ihrer Nationalität aufzunehmen. Eine normannische Bauhütte begann mit der Errichtung der Stiftskirche. Jasomirgott bestimmte sie als seine Begräbnisstätte und berief die »Scoti« zu Beichtvätern an den Hof.

Das Schottenkloster vor den Toren Wiens erstreckte sich mit seinem Münster, mit Stiftsgebäuden, Meierhof, Wirtschaftstrakten, mit dem Baumgarten, mit Pilgerhospiz und Spital über das ganze freie Gelände vor der Burg, das »Steinfeld«, die heutige Freyung. Es blieb durch 260 Jahre ein von der Stadt so gut wie abgekapselter Mönchsbezirk. Als 1418, im Rahmen der Melker Reform, ein päpstliches Schreiben die »Wiener Fremdlinge« dazu aufforderte, auch Mönche anderer Nationen bei sich aufzunehmen, weigerten sie sich und wanderten geschlossen aus. Ihr Erbe übernahmen Benediktiner aus Melk.

Die Stiftung des hl. Leopold

Klosterneuburg, Niederösterreich   Augustiner-Chorherrenstift

Das einstige Hauskloster der Babenberger, Begräbnisstätte des Landesheiligen Leopold, seit dem 18. Jh. mit den Symbolen des österreichischen Herrscherhauses geschmückt — der römisch-deutschen Kaiserkrone und dem Erzherzogshut —, ist Wallfahrtsort und österreichische Traditionsstätte. In den reichen Kunstsammlungen ist u. a. der berühmte Albrechtsaltar, um 1440, zu sehen.

LAGE *11 km nördlich Wien.*
BESICHTIGUNG *Täglich 9—12 und ab 13 Uhr 30 nach Bedarf.*

Oben: »Verduner Altar«, 51 Emailtafeln, 1181 von Nikolaus von Verdun als Kanzelverkleidung geschaffen. Eine Bilderbibel mit Darstellungen von Ereignissen des Alten und Neuen Testamentes (»vor« und »unter dem Gesetz« und »unter der Gnade«).

Als die Reichsfürsten nach dem Tode des letzten Salierkaisers Heinrich V. dessen Schwager, den Markgrafen Leopold, zum Nachfolger machen wollten, lehnte der Babenberger nachdrücklich ab. Dazu sei er zu alt — obwohl damals, 1125, erst fünfzigjährig —, auch hätte er zu viele Söhne, das ließe Schwierigkeiten bei der Erbfolge erwarten. So wählte man Lothar von Sachsen zum deutschen König.

Markgraf Leopold III. war Realpolitiker. Er hatte genügend Einblick in die »Reichsgeschäfte«, wußte seine zu geringen Machtmittel ebenso richtig einzuschätzen wie seine einzigartige Stellung an der mittleren Donau, in der »Marchio orientalis«, der Mark im Osten. Möglich, daß ihm auch die Erinnerung an den Eidbruch, mit dem er seine Karriere begonnen hatte, von der Nominierung für die höchste Reichswürde Abstand nehmen ließ. Als sich nämlich der eben verstorbene Kaiser im Herbst 1105 gegen seinen Vater, Heinrich IV., erhoben hatte, Vater und Sohn einander mit Heeresmacht am Regenfluß in der Oberpfalz gegenüberlagen, war Markgraf Leopold mit seinen und seines böhmischen Schwagers Bořiwoy Leuten nächtlicherweile heimlich dem Lager seines Herrn entwichen. Der alte Kaiser hatte deshalb an den Rhein flüchten müssen und war kurz darauf gestorben. Als Belohnung dafür war Leopold vom Nachfolgersohn die Hand der eben verwitweten Kaiserschwester Agnes zugesagt worden.

Dieser Verrat am Kaiser hatte Aufsehen erregt. Auch der Sohn des Babenbergers, Otto von Freising, der große Geschichtsschreiber, verurteilte das Vorgehen seines Vaters als »unerhört« und »unmenschlich«, als »wider Natur und Gerechtigkeit«. Mag sein, daß Markgraf Leopold in der Folge seine fromme Stiftung an der Donau auch als Sühne für diese Tat verstanden wissen wollte. Als er nach der Vermählung mit Agnes von Gars über Tulln in die Donauenge bei Vienne übersiedelt war, bestand neben der »Niwenburc«, die er sich hier nach kaiserlichem Vorbild als prächtige Residenz hatte errichten lassen, ein

Stift Klosterneuburg. Kirche: 1136 geweiht, 14. und 17.—19. Jh. verändert. Stiftsgebäude: 1730—1740 nach dem Vorbild des spanischen Escorial erbaut, 1836/42 zu Ende geführt.

Priesterkollegiat. 1113 kam es in seinen Besitz. Er stattete die Kanoniker mit reichen Pfründen, Privilegien und Zehenten aus. 1133 entließ er sie jedoch und überhäufte die dafür von ihm auf Anraten des Salzburger Erzbischofs Konrad I. berufenen regulierten Augustiner-Chorherren mit neuen Schenkungen. 1136 konnte im Kloster bei Neuburg vor einer festlichen Versammlung von Bischöfen, Grafen und Hochfreien die Stiftskirche, die größte Kirche des Landes, geweiht werden.

Leopold III. widmete sich in seinem letzten Jahrzehnt fast ausschließlich der Erweiterung und Festigung seiner Mark. Im Jahre der Kirchenweihe, 1136, konnte sich der Markgraf und vielgerühmte Klosterstifter — Papst Innozenz II. hatte ihm angekündigt, er wolle ihn »wie einen Sohn des hl. Petrus ehren« — »Principatus terre«, Fürst des Landes, nennen, eines Landes, das man soeben als »Territorium Austriae« zu bezeichnen begonnen hatte. Doch im Herbst desselben Jahres wurde Fürst Leopold während der Jagd ermordet.

Einige Urkunden, vor allem ein Trostbrief des Papstes an Witwe Agnes, in dem von der Ehrfurcht der Kinder vor der Mutter und von der Liebe der Mutter zu ihren Kindern zu lesen steht, lassen vermuten, daß Leopold ein Opfer des von ihm befürchteten Erbstreites geworden war. Sein ältester Sohn Adalbert aus erster Ehe mußte sich gegenüber den von der kaiserlichen Mutter

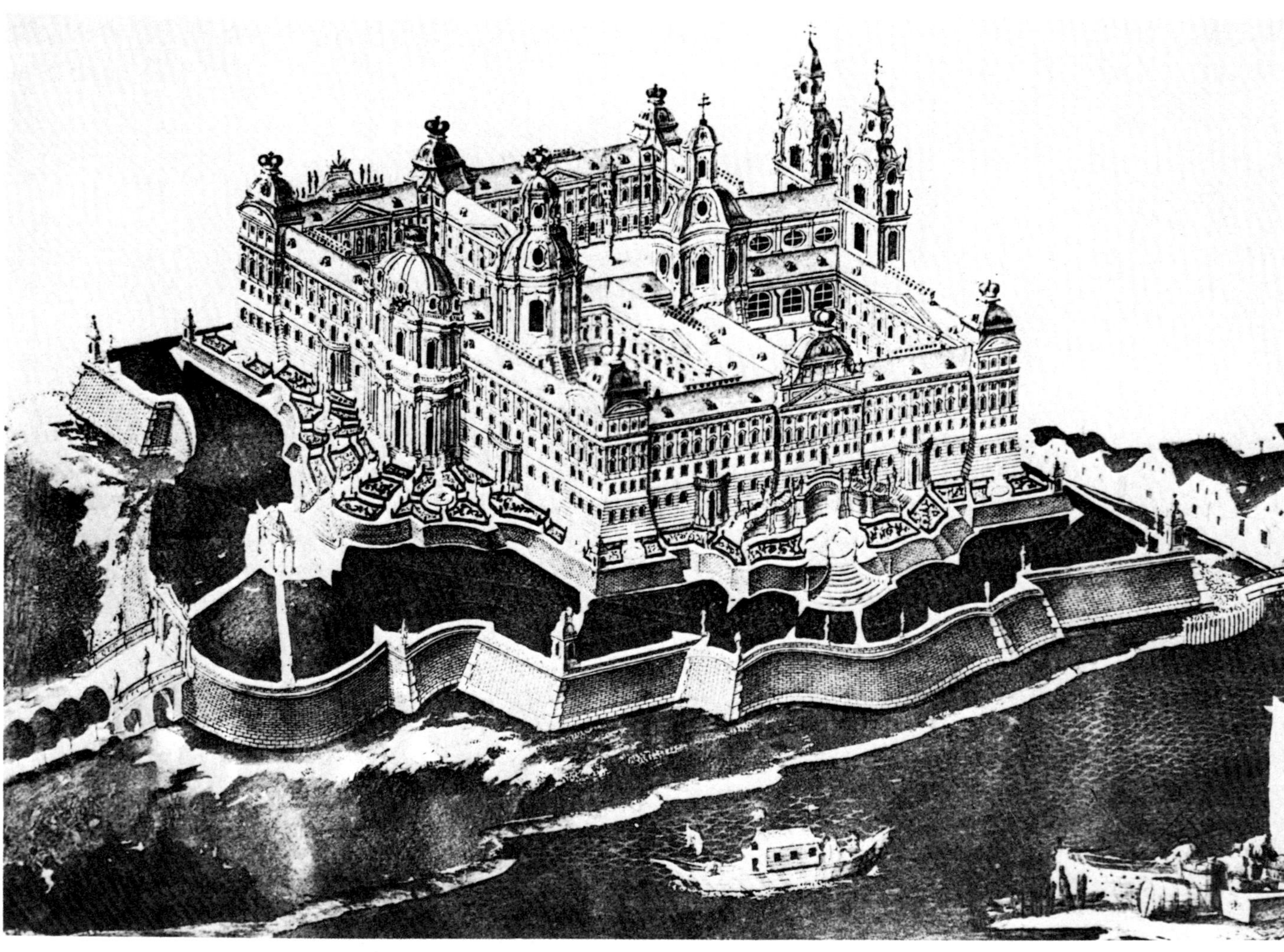

protegierten Kindern zurückgesetzt fühlen. 1137, ein Jahr nach dem Tode des Gemahls, enterbte Agnes auf einer Fürstenversammlung in Tulln diesen Sohn Leopolds, der schon als »Markgraf« galt. Der Erbstreit im Hause Babenberg endete erst, als Adalbert 1138 unvermittelt starb.

Die geschützte Lage an der Donau machte Kloster und »Neuburg« zum Schlüssel des babenbergischen Landes. »Quasi terre clausulam« nennt ein zeitgenössisches Geschichtswerk den Ort. Als »Neuburg klosterhalben« bildete er mit »Neuburg markthalben«, dem heutigen Korneuburg, bis ins 13. Jh. ein Gemeinwesen. Von ihm her entwickelte sich flußabwärts die Babenbergerstadt Wien, in die dann Sohn Heinrich II. Jasomirgott die Residenz verlegte. Für dieses frühe Wien wurde das Stift der regulierten Augustiner in Klosterneuburg auch etwas wie der geistige Schlüssel zur Welt. Viele der Chorherren hatten in Paris studiert, waren Gelehrte, Lehrer, Juristen, Ärzte und kannten das moderne Europa. In ihrer Schreibstube entstand Österreichs großes Traditionsbuch, hier zeichnete man die ersten verwendbaren Karten des Landes, schuf kartographische Werke von Rang, konstruierten Mönche mit die frühesten Globen der Welt. Auf den 51 bunten Emailbildern des »Verduner Altares« stellten die Geistlichen dem Gläubigen die Geschichte der Menschheit dar. Von welch zentraler Bedeutung Klosterneuburg für Österreich weiterhin blieb, be-

ZUR STIFTSGESCHICHTE *(→ auch Seite 199). Das etwa um 1100 entstandene Kollegiatstift wurde 1113 von Markgraf Leopold III. neu ausgestattet, 1133 von Augustiner-Chorherren besiedelt. Hauskloster der Babenberger. Grabstätte des 1485 heiliggesprochenen Leopold III. Mittelalterliches Reformkloster. Von Klosterneuburg wurden Neustift bei Brixen (1142) und die Stifte Wittingau und Forbes in Böhmen begründet (17. Jh.). Von Kaiser Karl VI., 1711—1740, als Residenzkloster nach dem Vorbild des spanischen Escorial gedacht und teilweise ausgebaut.*

Oben: Darstellung des Stiftes im »Babenberger Stammbaum«, um 1490.

Links: Napoleonzimmer mit wertvollen Gobelins.

Seite 24 oben: Teil des romanischen Leuchters, 12. Jh. Unten: Entwurf zu der von Karl VI. geplanten Klosterresidenz von F. Donato d'Allio, 1730.

Unten: Der Erzherzogshut von Österreich, 1616.

Rechts: Kreuzigung von Rueland Frueauf, 1496.

zeugt das Grabmal des 1485 heiliggesprochenen und dann zum Landespatron erhobenen Leopold; dokumentieren die Pläne des letzten österreichischen Habsburgers, Karls VI., die er 1730 entwerfen ließ. Nach dem Vorbild des spanischen Escorial sollten Kaiserresidenz und Kloster in einem gigantischen Neunkuppelbau vereinigt werden.

SEHENSWÜRDIGKEITEN *Romanisch-gotisches, barockisiertes Kirchenschiff mit Hochaltar und Chorgestühl von M. Steinl (1723/28). Prälatenthron, Kaiseroratorium und Festorgel (17. Jh.). Leopoldskapelle (ehemaliger Kapitelsaal) mit Grabmal Leopolds III. und »Verduner Altar«, 1181 (→ Seite 22). Glasmalereien des 14./15. Jh. Kreuzgang, 13./14. Jh., mit Kapelle und Grabmal des Bischofs Berth. v. Wehingen, 1410, Brunnenhaus und siebenarmigem romanischem Bronzeleuchter, 12. Jh. Lapidarium mit »Klosterneuburger Madonna«, 1305, und Turm-Madonna, 1405. Residenztrakt, 1730/1740, mit Barockstiege, Marmorsaal, Kaiserzimmern (→ Seite 25) und Stiftsmuseum (gotische Tafelbilder, Donauschule, Rueland Frueauf [→ nebenstehend], Albrechtsaltar u. a. m.). Bibliothek (170 000 Bände, 1250 Handschriften, 836 Inkunabeln) und Schatzkammer (Herzogshut → oben) nicht zugänglich. Leopoldihof mit Brunnen, Stiftsbinderei mit Riesenfaß, 1704. Lichtsäule, 1381. Gotischer Kapitelsaal des Frauenklosters St. Bernhard bei Horn. Stiftskeller.*

Im Geiste von Citeaux

Heiligenkreuz, Niederösterreich   Zisterzienserstift

Das älteste Zisterzienserstift Niederösterreichs gehört zu den wenigen Klöstern, die niemals aufgehoben wurden. Der innere Mönchsbezirk mit großartigem romanischem Langhaus, Kapitelsaal, Babenbergergrab und gotischem Kreuzgang blieb zum Großteil fast unversehrt erhalten.

LAGE *Südwestlich Wien.*
BESICHTIGUNG *Führungen um 9, 10, 11 Uhr, ab 13 Uhr halbstündig. Sonn- und Feiertag ab 13 Uhr halbstündig.*

Oben: Die ursprüngliche Vierflügelanlage aus dem 12./13. Jh. mit turmloser Kirche gruppiert sich um die Klausur und den Kreuzganghof. Im Barock wurde der Laienbrüdertrakt (links) zur Abtwohnung ausgestaltet und der Arkadenhof mit Dreifaltigkeitssäule, Gasttrakten und Pförtnerhaus errichtet. Es entstand damals auch die »Quadratura« (im Vordergrund) mit neuem Speisesaal und Wohntrakten. Rechts die Bibliothek.

Links: Die Westfassade mit dem Mittelteil aus der ersten Bauperiode, 1187, und jüngeren Teilen um 1240.

Oben: Codex 21, fol. 75. Im 12. Jh. entstanden im Heiligenkreuzer Skriptorium Handschriften, deren Verzierungen dem von Bernhard von Clairvaux geforderten nüchternen Zeichenstil entsprachen. Im 13. Jh. entwickelte die Schreibstube einen Eigenstil mit typischen Spiralranken und Pflanzenmotiven als Initialschmuck. Der älteste Bücherkatalog von Heiligenkreuz, 1133/47, zählt 54 Codices auf, im Jahre 1374 besaß das Kloster 308 Handschriften, heute sind es über 550. Die Bibliothek zählt etwa 70 000 Bände. Um 1200 entstand die künstlerische Ausgestaltung des dreibändigen »Legendarium magnum Austriacum«, 1224/65 wurden die »Continuationes sancrucenses« verfaßt, zwischen 1245 und 1300 schrieb der Mönch Gutholf die »Historia annorum«.

Rechte Seite, rechts oben: Der Kapitelsaal, in dem sich, in den Boden versenkt, das Tumbagrabmal Herzog Friedrichs des Streitbaren († 1246) befindet.

Rechte Seite: Das romanische Langhaus der Stiftskirche, 12. Jh., gehört zu den großartigsten kirchlichen Baudenkmälern Österreichs.

Frühzeitig hatte Markgraf Leopold seinen drittgeborenen Sohn Otto zum geistlichen Amt bestimmt. Schon der vierzehnjährige hochbegabte Enkel Heinrichs IV. — über seine kaiserliche Mutter Agnes war er mit den Staufen und Welfen versippt — wurde Propst des Priesterkollegiats an der väterlichen Residenz (Kloster-)Neuburg. 1127, im 17. Lebensjahr, reiste der junge Würdenträger in Begleitung gleichaltriger Adelssprößlinge zum Studium nach Paris.

Es war die Zeit des Bernhard von Clairvaux. Der burgundische Grafensohn, der 1113 mit Gleichgesinnten dem Reformorden des Robert von Molesme beigetreten war, hatte im einsamen Waldkloster von Citeaux bei Dijon den »heiligen Frühling« ausgerufen. Als Abt des Tochterklosters Clairvaux bekannte er sich im Namen seines Ordens, der »Zisterzienser«, zu einer neuverstandenen und gelebten Regel des hl. Benedikt von Nursia. In Predigten und Schriften, die bald das geistige Europa seiner Zeit in Atem hielten, in Frontstellung zur großen Mode »Cluny«, gegen die rationalistisch-dialektische Lehre des Peter Abälard gewandt, verkündete er aus seiner engen Abtzelle unter der Dormitoriumstreppe zu Clairvaux Königen, Fürsten und Untertanen das neue christliche Ethos von Gebet und Arbeit. Im Einklang mit der »Charta caritatis« seines Ordensbruders Stephan Harding verlangte er von seinem Orden das Leben in *einer* Liebe, unter *einer* Regel, nach einem einheitlichen Brauchtum. Allerorten sollten Zisterzienser nach festen Vorschriften in abgelegenen, unbewohnten Talgegenden siedeln und bauen, beten und roden. Schenkungen, der Besitz von Zehenten, Dörfern, zinsenden Untertanen, von kultivierten Liegenschaften, bestehenden Mühlen oder Backöfen waren untersagt. Die Mönche sollten von dem leben, was sie sich selbst erarbeiteten, erbauten, erwarben. Landwirtschaftliche und handwerkliche Arbeit war Pflicht. Klöster und Kirchen, nach einheitlichen Maßen und Richtlinien errichtet, sollten schmuck- und turmlos sein.

1132 trat Otto von Babenberg mit seinen Begleitern im Kloster Morimond diesem Orden bei und legte die Gelübde ab. Sechs Jahre später war der 29jährige Zisterziensermönch Abt des Klosters, noch im selben Jahre, 1138, berief ihn jedoch sein Halbbruder König Konrad III. auf den Bischofsstuhl des Bistums Freising. Otto wurde der größte Geschichtsschreiber seiner Zeit. Seine achtbändige »Geschichte zweier Staaten« — des Gottes- und des Weltstaates — gilt als die wichtigste Quellenschrift der mittelalterlichen Annalistik. 1157, ein Jahr vor seinem Tode, begann der Zisterzienserbischof mit der Aufzeichnung der Taten Kaiser Friedrichs I., des späteren »Barbarossa«.

Auf Rat und Wunsch dieses Sohnes hatte Markgraf Leopold III. schon 1133 zwölf Zisterzienser und einen Abt aus Morimond in sein Land berufen. Er überließ ihnen Eigenbesitz, Grund und Boden im unwegsamen Waldgelände südwestlich Wien beim Ort Sattelbach im Pfarrsprengel Alland. Zwei Jahre später vergrößerte er die Stiftung um weiteres babenbergisches Land zwischen der Triesting und Dürrliesing.

Das neue Kloster, Gebäude aus Holz mit einem ersten steinernen Oratorium, im Namen des »heilbringenden Zeichens der Erlösung« Heiligenkreuz genannt, entwickelte sich überraschend. Schon unter dem ersten Abt, Gottschalk, 1133 bis 1147, bevölkerten 300 Mönche und Brüder die Zisterze und begründeten von ihr aus Rodungszentren, die sogenannten Grangien. 1138 besiedelte die Abtei auf Ansuchen Hadmars I. von Kuenring → Zwettl im Nordwald, 1142 entsandte Gottschalk Mönche in die Machlandgründung Baumgartenberg. Um

ZUR STIFTSGESCHICHTE *(→ auch Seite 193). 1133 von Markgraf Leopold III. begründet. 1187 Weihe eines ersten Bauwerkes (auch des Langhauses der Stiftskirche), das 1210/40 erweitert und umgebaut wurde. Zwischen 1240 und 1295 entstanden Kreuzgang, Brunnenhaus, Kapitelsaal und Hallenchor. Von Heiligenkreuz aus wurden sieben Tochterklöster begründet (→ Seite 28). Den seit 1542 mit den Pontifikalien ausgestatteten Äbten unterstanden zwei Zisterzienserklöster in → Wien und das Frauenkloster Zum Hl. Geist in → Ybbs. Im 15. und 16. Jh., während der Ungarn- und Türkenkriege, wurden die Gebäude teilweise zerstört, 1683 brannten sie aus. Im 18. Jh. erwarb das Stift die Abtei St. Gotthard in der ungarischen Diözese Steinamanger mit 30 Dörfern und Pfarren. Schon vor dem barocken Ausbau war Heiligenkreuz durch die Pflege polyphoner Musik, durch sein Sängerknabenkonvikt und Schultheater bekannt. Aus der 1802 begründeten theologischen Lehranstalt gingen namhafte Gelehrte hervor. 1881 wurde dem Stift die Abtei Neukloster in → Wiener Neustadt samt Pfarren inkorporiert. Heute besitzt Heiligenkreuz ein Internat für Studenten. Ein Teil der Gebäude dient für Exerzitien und Kurse.*

SEHENSWÜRDIGKEITEN *Arkadenhof. Stiftskirche mit Westfassade, 12./13. Jh. (→ Seite 27), romanischem Langhaus, 12. Jh. (→ Seite 29), hochgotischem Hallenchor, 1295. Chorgestühl, 1707 (→ unten). Kreuzgang, 1220—1250. Kapitelsaal mit Grabmal Friedrichs des Streitbaren († 1246). Parlatorium (heute Totenkapelle) und Mönchsoffizin, 13. Jh. Dormitorium, Refektorium, Brunnenhaus, ornamentale Glasfenster im Kreuzgang und Karner aus dem 13. Jh. Die Bibliothek innerhalb der Klausur ist nicht zugänglich. Bernhardikapelle, 1295, Stiftsmuseum, Stiftskeller, Kalvarienberg (18. Jh.).*

Unten: Chorgestühl, 1707.

die Wende zum 13. Jh. verlagerte sich das Zentrum der Heiligenkreuzer Kolonisatoren nach Westungarn, ins heutige Burgenland. Von den ungarischen Königen eingeladen, besiedelten sie im 12. Jh. Czikador, → Klostermarienberg, → Trumau und die Grangien → Königshof und → Mönchhof. Im 13. Jh. entstanden → Lilienfeld und → Neuberg, im Südböhmischen das Stift Goldenkron.

Mit Hilfe von Laienbrüdern, Konversen, verwalteten und bewirtschafteten die Zisterzienser ihre Gründungen und die Stiftungen als Eigenbetriebe. Es waren nach Ordensvorschriften errichtete Einheitssiedlungen mit Kirche, Mönchs- und Wirtschaftsbezirken, Spital und Pilgerhaus. Obwohl im Barock zum Teil niedergerissen und verändert, gewährt das heutige Heiligenkreuz noch einen ungefähren Einblick in eine solche Zisterze. Der innere Mönchsbezirk, das zwischen 1148 und 1185 nach dem Urtyp der Kirche von Citeaux erbaute Langhaus mit rechteckigem Hof des Kreuzganges (13. Jh), hat sich noch nahezu unversehrt erhalten. Ebenso der (seit dem 17. Jh. veränderte) Wirtschaftshof mit Mühle und Getreidekasten. Das Brot aus ihren Backstuben, Schuhe und Filzstiefel aus ihren Werkstätten verkauften die grauen Mönche wöchentlich einmal auf dem Alten Bauernmarkt in Wien.

An der Heiligen Straße

Lilienfeld, Niederösterreich   Zisterzienserstift

Die Babenbergergründung im Traisental besitzt Österreichs früheste Hallenkirche, den größten Zisterzienserkreuzgang und das einzig erhaltene Laienbrüderhaus.

LAGE *Südlich St. Pölten bei Traisen.*
BESICHTIGUNG *10 und 14 Uhr 30. An Sonn- und Feiertagen 14 und 16 Uhr.*

Schon als Herzog der Steiermark regte der spätere Leopold VI. seinen Bruder Friedrich, Herzog in Donauösterreich, dazu an, im unwegsamen Oberen Traisental doch ein Kloster zu stiften. Es sollte eine neue Handelsstraße zwischen Mur und Donau eröffnen helfen. An der Scheitelstrecke dieses schon in Römertagen begangenen Südweges war von Mönchen aus St. Lambrecht ein Marienheiligtum begründet worden, um das sich eine Kirchensiedlung »Maria-Zell« gebildet hatte.

Herzog Friedrich von Babenberg starb im Frühjahr 1198 während der Heimkehr von einem Kreuzzug in Italien. Das steirische Erbe fiel an Leopold.

Eine 1959 am nördlichen Pfeiler beim Hochaltar der Stiftskirche wiederentdeckte Inschrift — »Im Jahre des Herrn 1202, am 13. März ist das Haus gegründet worden« — bestätigt, daß Leopold als Herzog in Österreich und Steiermark nach dem Tode des Bruders schnell ans Werk gegangen war. Am 26. Juni

Unten: Die größte Kirche Niederösterreichs, 1202—1263, wurde im 18. Jh. barock ausgestattet.

Oben: Gewölbe des zweischiffigen Chorumganges, der das Presbyterium der Stiftskirche umschließt. Die achteckigen Pfeiler tragen Lilienkapitelle.

Rechts: Das frühgotische Trichterportal der Stiftskirche mit seinen 32 Marmorsäulen ist 1775 barock umrahmt worden. Die Inschrift im Bogenfeld weist auf das zu Ehren der Jungfrau Maria geweihte Gotteshaus.

ZUR STIFTSGESCHICHTE *(→ auch Seite 206). 1202 durch Herzog Leopold VI. gegründet, 1206 von Heiligenkreuz besiedelt, 1263 Abschluß der Bauten. Bedeutende Lilienfelder Zisterzienser: Ulrich von Lilienfeld, Verfasser der »Concordantia caritatis«, 1345/51 (nach Vorbild der Armenbibeln). Christian Hanthaler († 1743), Verfasser des österreichischen Geschichtswerkes »Fasti campiliensis«. Unter Abt Matthäus Kolweiß, 1650/93 (zweimal Rektor der Wiener Universität), entstanden die Josefikapelle und der neue Konvents-*

1217, bevor er den Kreuzzug antrat, wurden im Beisein Hadmars von Kuenring, dessen beiden Söhnen Hadmar und Heinrich und zahlreichen Ministerialen in dem eben überdachten Chor der Stiftskirche von Lilienfeld vier Altäre geweiht.

»Im Jahre des Herrn 1230, 28. Juli, starb Leopold, Herzog von Österreich und Steiermark, Gründer dieses Hauses, und hier ist er begraben« — die zweite, 1959 wiederentdeckte Pfeilerinschrift beim Altar erinnert daran, daß Zisterziensermönche hier am 30. November 1230 die sterblichen Überreste — das aus dem Leib gesottene Gebein — des unerwartet in Gemona in Italien verschiedenen Stifters bestattet haben. Es war der Tag, an dem sich Hadmar und Heinrich von Kuenring, die Zeugen der Lilienfelder Altarweihe vom 26. Juni 1217,

bau von D. Sciassia. Zwischen 1789/90 Aufhebung des Stiftes, große Verluste an Kunstschätzen. Nach Brand 1810 Wiederaufbau unter dem Dichterabt Ladislaus Pyrker, 1772—1847. 1945 Schäden. Gesamtrestaurierung 1958/63.

Oben: Pult mit Intarsia, 18. Jh. Links: Lesegang-Flügel des Kreuzganges mit Sitzen und Mauernische für Bücherschrank (Armarium).

SEHENSWÜRDIGKEITEN *Zum Teil noch befestigte Gesamtanlage. Stiftskirche, dreischiffige Pfeilerbasilika mit Trichterportal, rechteckiger Umgangshalle. Grabmal Herzog Leopolds VI. vor dem Hochaltar. 1716/46 Barockausstattung. Kreuzgang mit wertvollen Glasfenstern, 14. Jh., und (1810 neu errichtetem) Brunnenhaus. Kapitelsaal und zweischiffiger Laienbrüderschlafsaal im Konversentrakt. Cellarium maius, 13. Jh. Barockbibliothek, 18. Jh., mit ca. 34 000 Bänden, 226 Handschriften, 119 Inkunabeln. Kaiserzimmer, kleine Gemäldegalerie und »Holzmuseum«.*

an der Spitze des unzufriedenen österreichischen Adels gegen Leopolds Sohn Friedrich den Streitbaren erhoben, um das Haus Babenberg zu stürzen und sich selbst zu Herren in Österreich zu machen.
Schon zur Zeit der Vollendung des Klosters war das Marienheiligtum der St. Lambrechter Mönche zu Ansehen gekommen. Der geplante Handelsweg nach Süden wurde zur Heiligen Straße nach Mariazell. In Stift Lilienfeld standen die Wallfahrer vor dem Grabmal Leopolds VI., neben den man seine unglückliche Tochter, die vom Böhmenkönig verstoßene Margarete, beigesetzt hatte. Während einer Pilgerfahrt nach Mariazell war hier auch Cimburgis von Masowien gestorben, die Mutter Friedrichs III. und Großmutter Kaiser Maximilians I.

Die Melker Reformen

Melk, Niederösterreich Benediktinerstift

Die frühe Babenbergerresidenz und Begräbnisstätte von fünf Markgrafen macht Melk zur »Wiege Österreichs«. Das spätmittelalterliche Kloster wird Ausgangspunkt der »Melker Reform«, das neuzeitliche architektonische Kunstwerk Jakob Prandtauers gilt als Inbegriff aller österreichischen Barockstifte.

LAGE *Westlich St. Pölten in der Wachau.*

BESICHTIGUNG *Täglich 9—11, 14—17 Uhr (stündliche Führungen). An Sonn- und Feiertagen ab 10 Uhr.*

Rechte Seite: Stadt und Stift Melk. Der kleine Kolomanihof mit der Statue des Heiligen vor der Front der Stiftskirche wird von der Terrassenanlage, dem Marmorsaal- und Bibliothekstrakt umschlossen. In der Längsachse der Kirche sind der Prälatenhof mit Brunnen (aus dem Stift → Waldhausen) und der Stiftseingang mit dem Torbau zwischen zwei barocken Bastionen zu sehen. In den linken Gebäudetrakten mit den beiden sie begrenzenden mittelalterlichen Wehrtürmen befinden sich neben den Schulräumen u. a. das ehemalige Winter- und das Sommerrefektorium sowie die Studentenkapelle. Im Hintergrund links das Kuppeldach des Gartenpavillons von F. Munggenast, 1747/48.

ZUR STIFTSGESCHICHTE *(→ auch Seite 213). Im 10. Jh. Burg des Markgrafen Luitpold I. mit einem (seit etwa 1100) bestehenden Kollegiatstift. 1014 Bestattung des in Stockerau ermordeten Märtyrers Koloman. 1089 unter Leopold II. Besiedlung durch Benediktiner aus Lambach. 1110 dem Heiligen Stuhl*

Die Welt um 1410 war aus den Angeln. Drei Päpste nannten sich Nachfolger des heiligen Petrus: Benedikt XIII., Gregor XII., Johannes XXIII. Im Reich regierten drei Kaiser, Wenzel von Böhmen, Jost von Mähren und Siegmund von Ungarn, und um die Macht im Erzherzogtum Österreich stritten drei Habsburger: Albrecht, Leopold und Ernst. Die Bulle Papst Gregors VII. aus dem Jahre 1408 beschwor den Zustand des geistlichen Reiches. Fast jegliche Religion sei verschwunden, heißt es in ihr, niemand mehr dächte an die Befolgung von Ordensregeln und Gelübden. Adelige im geistlichen Stand hätten ihre Konkubinen, Weiber und Kinder in die Klöster genommen, »... halten und begünstigen sie in ihnen ganz öffentlich ... scheuen sich nicht, die Messe zu feiern und heilige Ämter auszuüben ... Es huren auch viele Nonnen mit ihren Prälaten, Mönchen und Geistlichen, gebären in denselben Klöstern viele Söhne und Töchter ... Die Söhne aber machen sie zu Mönchen ... die Töchter zu Nonnen ... viele dieser Nonnen vergessen ihre mütterliche Liebe und treiben, indem sie Böses durch Böses vermehren, ihre Frucht ab und töten die zutage geförderten Kinder ...« Den Zustand des weltlichen Reiches beklagt ein Chronist derselben Zeit: »Es sieht sich der Sohn gezwungen, den Nachbarn zu berauben, und umgekehrt der Nachbar den Nachbarn, je nachdem einer Vasall eines Barons oder Prälaten oder Ritters ist.« In Österreich hielten die Barone mit den Wienern zu Ernst »dem Eisernen«, dem dicken Leopold hingen Ritter und Handwerker an, und um den noch minderjährigen Albrecht war ein allgemeiner Volkskrieg entbrannt. Die gegnerischen Parteien riefen Ungarn, Tschechen und Bayern ins Land.

Vom jungen Albrecht, dem einzigen Sohn Albrechts IV., dem es in seinen beiden letzten Lebensjahren vergönnt war, als erster Habsburger Kaiser des Heiligen Römischen Reiches und König von Ungarn und Böhmen zu werden, hieß es später, er wäre ein Mann von solcher Frömmigkeit und Tugend gewesen, daß sich die Welt eines solchen Kaisers und Königs nicht würdig erwies. Als der junge Mann regierungsfähig geworden war, wollte er gleich seinen Vorfahren ein Kloster stiften. Kluge Ratgeber überzeugten ihn davon, doch lieber die bestehenden zu reformieren. Kurze Zeit danach lag dem jungen Fürsten ein vom Rektor der Wiener Universität, dem Kanonikus Nikolaus von Dinkelsbühl, entworfener Plan vor. Nach ihm bildete sich bis 1418 eine Kommission. Es waren aus dem Kloster Subiaco bei Rom berufene Benediktiner bayerischer und österreichischer Abstammung unter Führung des einstigen Universitätsrektors Nikolaus Seyringer aus dem niederösterreichischen Matzen. Ihnen waren der Zisterzienserabt Angelus aus Rein und der Kartäuserprior Leonhard aus Gaming beigegeben. Von dem auf dem Konzil von Konstanz 1417 neugewählten Papst Martin V. mit Vollmachten dazu ausgestattet, erhoben sie Seyringer zum neuen Abt von Melk. In Anlehnung an die »Sublacenser Observanz«, an die in Subiaco gepflogene Klosterordnung, schufen die Mönche eine der österreichisch-bayerischen Mentalität angepaßte »Melker Observanz«.

Worin bestand diese »Melker Reform«, die fast ein Jahrhundert hindurch Maß und Richtschnur für zahllose Klöster und Stifte zwischen Konstanz und Dal-

unterstellt. Bedeutend für Österreichs Geschichtsschreibung (Melker Annalen, Breve chronicon, 12. Jh.) und Literatur (Frau Ava, Heinrich von Melk, 12. Jh.). Im 14. Jh. zur Klosterfestung ausgebaut. Im 15. Jh. Ausgangsort der »Melker Reform«. Nach Niedergang und vergeblichem Versuch einer zweiten Melker Reform (1630) Neuerrichtung der Stiftsbauten unter Abt Berthold Dietmayr, 1700—1749, durch J. Prandtauer.

Oben: Die Bibliothek mit dem Deckengemälde von Paul Troger: »Die göttliche Weisheit und ihre Tugenden als Ziel des Hercules christianus«, 1731/1732.

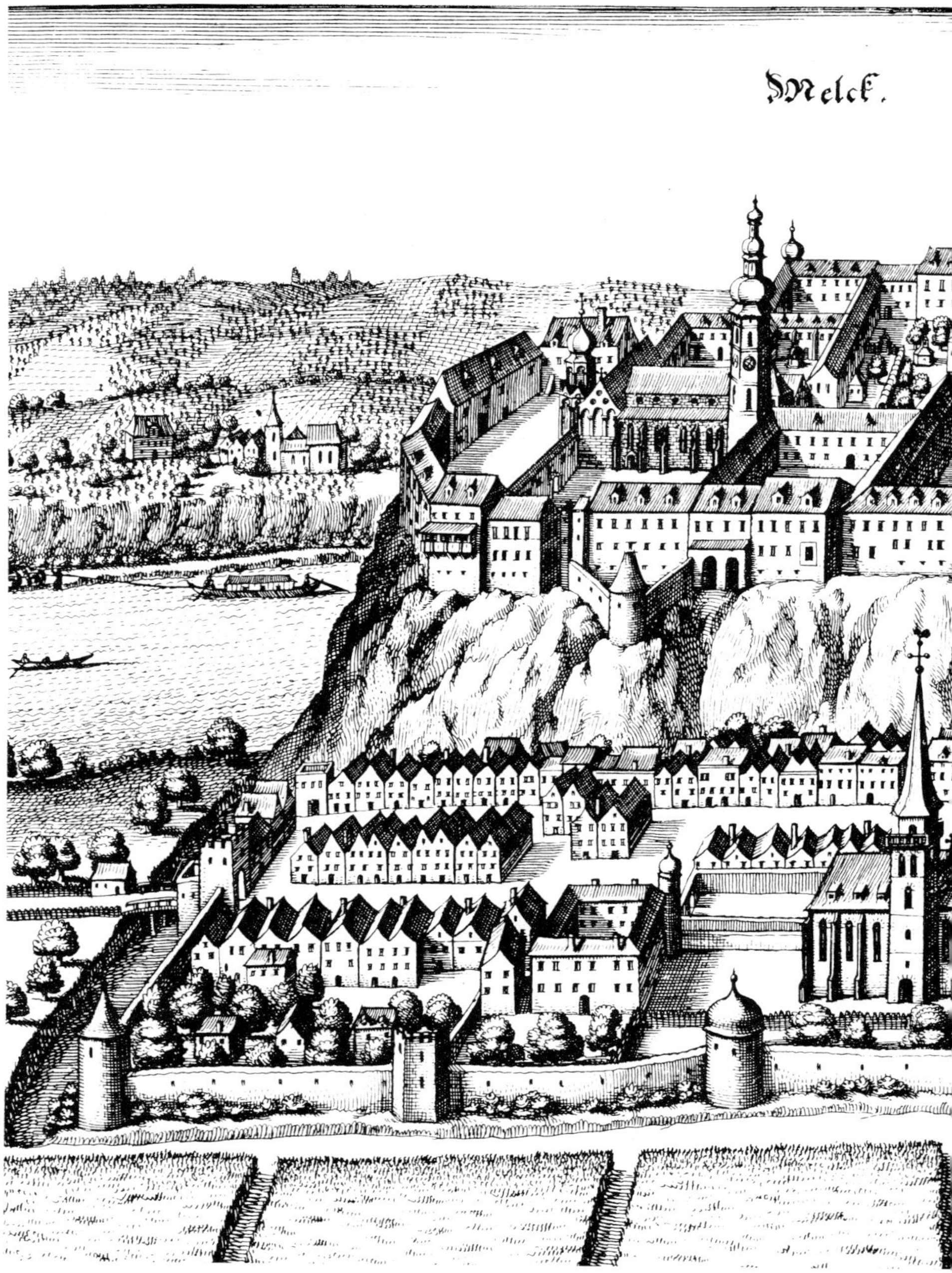

Mitte: Ansicht von Melk nach einem Kupferstich von Merian, 1649, etwa 75 Jahre vor dem barocken Ausbau der mittelalterlichen Klosterfestung durch Jakob Prandtauer.

matien, in Österreich, Bayern und Schwaben wurde? Es waren für uns heute nicht leicht verständliche Maßnahmen und Maßregeln, die im liturgischen Bereich u. a. im Verbot der mehrstimmigen Musik, des mehrstimmigen Gesanges und Orgelspieles gipfelten. Gebote waren: die richtige Haltung bei Gebet und Gesang im Chor, der exakte Gebrauch der Kapuze und der »misericordia« (einer Stütze beim Ermüden), gelehrt wurden die Länge der Pausen, die Art und Anwendung der großen und der kleinen Verbeugung u. a. m. Mit der Einsicht, »die Ordnung steckt im Detail«, zielten solche Maßnahmen zusammen mit der strengen Reglementierung der Tages- und Wocheneinteilung darauf, die Regel des hl. Benedikt durch überexakte Auslegungen neu zu beleben, mönchische Askese und Selbstheiligung durch Abtöten jeder persönlichen Regung zu erzwingen.

Oben: Die berühmte Doppelturm-Fassade der Stiftskirche zum hl. Peter und Paul, 1702—1726, von Jakob Prandtauer, mit Turmhelmen von J. Munggenast, Zentralkuppel und vorgelagerter Terrassenanlage.

SEHENSWÜRDIGKEITEN *Gesamtanlage mit über 300 Meter langer Südfront und berühmter Westfront auf Felsen oberhalb der Donau. Eingangstrakt mit Statuen der Heiligen Koloman und Leopold. Die prachtvolle barocke Stiftskirche mit Kuppel und Fresken von Joh. Mich. Rottmayr, 1716 (→ Seite 38). Hochaltar von A. Beduzzi, Querschiffaltäre mit Kolomangrab. Gesimse, Oratorien, Balustraden, Papstmedaillons u. a. m. Schauräume mit museal eingerichteten Kaiserzimmern und Kaisergang. Nachbildungen des Melker Kreuzes, 1362, und der Kolomanimonstranz, 1752.*

Die Melker Reform war der Versuch, das Ordensleben im Sinne der frühmittelalterlichen Kirchenreform von Cluny (10. Jh.) zu reorganisieren. Feierliches Ritual, Liturgie und Chorgebet bestimmten das mönchische Leben. Entgegen dem benediktinischen ora et labora, bete und arbeite, sollte der Mönch den größten Teil des Tages in der Kirche, bei Meditation und Lesung verbringen.
Die lutherische Reformation setzte dem Melker Reformwerk ein Ende. 1549 zählte der Benediktinerkonvent nur mehr drei Mönche. Nach mißlungenen Erneuerungsversuchen zwischen 1587 und 1637 bedrohten im 17. Jh. die Türkenkriege und ein Großbrand den Fortbestand des für Österreich einst so bedeutenden Donauklosters.
In Berthold Dietmayr, Sohn wohlhabender Eltern aus dem niederösterreichischen Scheibbs, erhielt Melk zwischen 1700 und 1737 einen allen Klosterrefor-

Marmorsaal mit Troger-Fresko »Triumph der Mäßigkeit«. Bibliothek mit 75 000 Bänden, 1800 Handschriften, 800 Inkunabeln. Gartenpavillon von F. Munggenast, 1747/48, mit exotischen Fresken von Joh. Bergl.

Blick in die 64 Meter hohe Vierungskuppel, 1712—1714, mit Malerei von J. M. Rottmayr, nach den Bränden von 1738 und 1947 wiederhergestellt.

men wenig zugeneigten Abt. Als kaiserlicher Prälat und geistlicher Fürst war ihm vor allem daran gelegen, dem Kloster eine seiner Würde gemäße Gestalt zu geben. Er ließ das Stift in einen Palast verwandeln und es für seinen Kaiser als zeitweilige Residenz ausstatten, »... damit, wann allenfahls aus dem Erzherzogl. Hauß Österreich jemand in Allerhöchster Person da selbsten eintreffen werde, für sich und dero suite ein kommentliches unterkommen zu haben seyn ...« Abt Dietmayr war ein herrischer Mensch, der für sich und seine Gäste großen Aufwand trieb, dem die Geschäfte oft kaum Zeit ließen, sich lange in seinem Stift aufzuhalten. 1722 verklagte ihn deshalb ein Teil des Konvents wegen »Verschwendung und ungezügelter Baulust«. Doch der Kaiser stellte sich an die Seite seines Prälaten und Fürsten.

Knecht und Teufel

Herzogenburg, Niederösterreich Augustiner-Chorherrenstift

Das Stift an der unteren Traisen präsentiert seine Schätze und Sammlungen auf besondere Art.

LAGE *Nordöstlich St. Pölten.*

Annalen aller Jahrhunderte verzeichnen an Wissenschaft und an Kunst hochinteressierte Herzogenburger Pröpste und Chorherren. Zwanzig Bürgersöhne aus Herzogenburg und seiner näheren Umgebung, die zwischen 1399 und 1433 in den Matrikeln der Wiener Universität aufscheinen, hatten ihre Gelehrsamkeit den Chorherren-Pröpsten Jakobus I. und Johannes III. zu verdanken. Als

BESICHTIGUNG *1. Mai bis 15. Nov. 9—12, 13—17 Uhr.*

ZUR STIFTSGESCHICHTE *(→ auch Seite 195). Als St. Georgen 1112 an der Traisenmündung, wahrscheinlich durch Augustiner-Chorherren von St. Nicola bei Passau, besiedelt. 1244 nach Herzogenburg verlegt. An der Stelle der einst romanisch-gotischen Kirchen- und Klostergebäude errichteten J. Prandtauer und J. Munggenast zwischen 1714 und 1750 das Barockstift. Der Turm mit Herzogshut entstand 1767.*

SEHENSWÜRDIGKEITEN *Spätbarocke weiträumige Stiftskirche mit Deckenfresken. Dauerausstellung der Kunstschätze des Stiftes in sämtlichen Räumen des ersten Stockes (besonders beachtenswert: Bibliothek, Bildersaal, Schatzkammer, Prälatenkapelle). Gotische Altäre und Tafelbilder (aus der Kartause Aggsbach, dem Stift Dürnstein und von anderen Orten), Plastiken, Baupläne, Handschriften, Kunstgewerbe usw. Altes Stift südlich der Kirche mit Teilen des Kreuzganges und ehemaligem Refektorium.*

Oben: Triptychon (stammt aus der Stiftssammlung).

Vorhergehende Seite: Orgel von Johann Joseph Henke, 1752.

Rektoren und Dekane an der Wiener Alma mater Rudolphina finden sich im 15. Jh. ein Johannes, ein Wolfgangus und Ludovicus de Herczogenburc. Gelehrte, Erzieher bei Hofe und Geheimräte waren Johannes V. Bernardus, Philippus, Bartholomäus im 16. Jh., Chorherren, die im 17. Jh. das Stift verließen, wurden meist Pröpste auswärtiger Klöster.

Als »Neustifter«, Bauherren und Begründer der neuzeitlichen »Canonica ducumburgensis« sind Maximilian Herb, Wilhelmus a Schmerling und Leopoldus a Planta zu nennen. Eine Inschrift in der Kapsel des berühmten Herzogsgutes auf dem Turmhelm der Stiftskirche nennt Herzogenburgs berühmten Propst und Bauherrn Frigdianus Knecht, 1740—1767, »Insignis architectus«, den Erbauer des Turmes, während Matthias Munggenast, der Vetter des großen Jakob Prandtauer, nur als ausführender Maurermeister genannt wird. Der Stiftschronist jener Zeit macht den Herzogenburger Turm überhaupt zum Wahrzeichen des Knechtschen »ins Große strebenden Geistes«. Herzogenburg verdankt diesem Probst die Ordnung und Vermehrung der heutigen 434 Handschriften, 214 Inkunabeln und 75 000 Bände umfassenden Stiftsbibliothek. (30 000 Bände kamen aus Schloß Walpersdorf, aus Bibliotheken der Jörger, des Grafen Colloredo und den Herrschaftssitzen Droß und Ottenschlag.) Im Chorherrn Quarin Holl erzog sich Knecht einen Numismatiker von Rang. Das seither bestehende Herzogenburger Münzkabinett — es besitzt u. a. auch Silberpfennige aus der Kremser Münze Herzog Heinrichs II. Jasomirgott (1155/60) — vermehrte und komplettierte in jüngster Zeit Propst Hahnl, 1946—1963.

Als dem Stift an der Traisen nach 1781 die Auflösung drohte, stellte sich Propst Michael Teufel dem kaiserlichen Klosterstürmer. In von ihm bestimmten Gesprächen gelang es dem hochwüchsigen geistlichen Souverän — »mit einem durchgeistigten Antlitz, das an Richelieu erinnert« —, Joseph II. zu überzeugen, daß Herzogenburg schon deshalb bestehen bleiben müsse, um Besitztum, Schätze, Sprengel und Pfarren der aufgelösten Stifte Dürnstein und St. Andrä an der Traisen zu übernehmen. Auch als die Säkularisationswelle des Jahres 1804 das bayerische Kloster Formbach, seit dem 12. Jh. Eigentümer des »Unteren Marktes« (der Ursiedlung Herzogenburg), hinwegspülte, war Propst Teufel zur Stelle. Er erwarb die 111 Häuser des Unteren Marktes und vereinigte sie mit den um sein Stift entstandenen 57 Objekten zur heutigen Stadt Herzogenburg. Sie hat ihn als ihren eigentlichen Begründer anzusehen.

Als man in Österreich die Kunstschätze vergangener Jahrhunderte noch als durchaus entbehrlichen »Raritätenkram« verstand, ihn, wenn man ihn nicht wegwarf, zeitgemäß »restaurierte« oder sich des alten Mauerwerks und Gerümpels mit Spitzhacke und Feuer zu entledigen suchte, förderte Propst Aquilinus Leuthner, 1811—1832, die seltsame Sammelleidenschaft seines Chorherrn J. C. Mangold. Nach dem Vorbild der alten »Kunst- und Wunderkammern« aus Renaissancezeiten hatte der junge Ungar im Stift ein »Antiken- und Raritäten-Kabinett« angelegt. Leuthner und seinem Chorherrn Mangold verdankt Stift Herzogenburg die nach Klosterneuburg und St. Florian bedeutendste Sammlung kunsthistorischer Schätze, die allerdings nur mehr einen Teil des vor 160 Jahren angelegten Kabinetts darstellen. Zu den Herzogenburger Kostbarkeiten gehören die spätgotischen Altarwerke aus der Kartause Aggsbach: die acht Flügel des »Aggsbacher Altars« von 1450, die vier Tafeln des Hochaltars von Jörg Breu d. Ä. und die Plastik »Marientod«, beide um 1500.

Hieronymus hat's gemacht

Dürnstein, Niederösterreich   Ehemaliges Augustiner-Chorherrenstift

Das auf seine Art intimste ehemalige Barockstift Österreichs verdankt seine zierliche Gestalt und figurale Überfülle einem feudal-genialen Augustiner-Chorherrenpropst.

LAGE *Südwestlich Krems a. d. Donau.*
BESICHTIGUNG *der Stiftsgebäude nach Anmeldung und anläßlich von Sonderausstellungen.*

Oben: Von der großen Stiftsterrasse mit Putti und Heiligenfiguren bietet sich ein genußreicher Blick auf die Donau und das Wachautal.

Links: Das große Kirchenportal mit Darstellungen des Auferstandenen, flankiert von Kirchenvätern, zwischen den Obelisken gekrönt vom Stiftswappen — dem Blumenkörbchen.

Oben: Ehemalige Stiftskirche mit großer Stiftsterrasse, angebautem Kreuzgangtrakt (rechts), Stiftshof und altem Stift (links im Vordergrund). Am rechten Bildrand oben die ehemalige Klarissinnenkirche.

Rechte Seite: Turm der Stiftskirche mit der Ruine Dürnstein.

Neunzehnjährig war der Hollabrunner Bürgersohn Hieronymus Übelbacher Novize bei den Chorherren geworden, 1710, sechsunddreißigjährig, wurde der zweifache Doktor ihr Propst. Mit seinem Vorgänger, Propst Godefried von Haslingen, stimmte Hieronymus besonders in dem einen Punkt überein: ein verschuldeter Besitz wie der Dürnsteinsche konnte nur durch exzessiven Ausbau seiner Weinkulturen, Veredeln der Rebe und Steigerung der Produktion saniert werden. Der Weinrebe hatte Hieronymus dann auch die Verwirklichung seiner kühnen Barockbau-Träume zu verdanken.

Propst Hieronymus hatte für die »Modernisierung« seines kleinen Klosterreiches auf engstem Raum unverrückbar feste Vorstellungen. Die von ihm konsultierten Baumeister, Architekten, Stukkateure und Maler — Jakob Prandtauer, Joseph Munggenast, Matthias Steinl, J. Schmidt-Vater, Antonio Beduzzi, Santino Bussi u. a. — brauchten nur auf ihre Art und modifiziert auszuführen,

was der Bauherr ihnen an Skizzen, Ideen, Bildern, Daten — und auch Versen — für Tor und Portale, Kreuzgang und Gruft, Kirchenraum, Chor, Altäre und für die tausend Details an Gebäuden und Zubauten vorlegte. Allüberall waren auch, in Stein gehauen, bald die Propst- und Stiftswappen zu sehen — Adler, Löwe und Blumenkorb —, insbesondere jedoch das Monogramm des Bauherrn: HPZT — Hieronymus Propst zu Türnstein.

Wir können nicht daran zweifeln, daß auch das Programm des vielbewunderten Turmes der Stiftskirche Übelbachersches Bildprogramm darstellt. Der kaiserliche Hofbildhauer Joseph Matthias Steinl hatte die vier gestellten Themen: Maria, Christus, Apostel und Evangelisten wahrscheinlich nur zurechtzurücken und ins schöne Maß zu bringen. Denn auf dem Turmhelm steht noch heute in Steinbuchstaben: Posuit Hieronymus prälatus — Prälat Hieronymus hat ihn erbaut.

ZUR STIFTSGESCHICHTE → *Seite 175.*

SEHENSWÜRDIGKEITEN *Barocke Pfarr- und ehemalige Stiftskirche, 1723 geweiht, mit Portal und prächtigem Gesamteindruck (Tabernakel, Chorgestühl, Gitter, Engelsgestalten, »Kremser Schmidt«-Vater und -Sohn). Sakristei, Kreuzgang (1722/24), Gruft, Terrasse und restaurierte Stiftsräume.*

Gegenresidenz und »Praelaticum«

Göttweig, Niederösterreich   Benediktinerstift

Die Predigt des Bischofs Altmann im Dom zu Passau, am Stephanitag 1074, endete in Tumulten. Der Oberhirte der Passauer Kirche hatte, was keiner der Bischöfe des Heiligen Römischen Reiches in dieser Zeit wagte, vor versammeltem Klerus und Adeligen eine Botschaft des neuen Papstes, Gregors VII., verlesen. Das Dekret untersagte die Übernahme geistlicher Ämter aus Laienhand, den Kauf geistlicher Güter und Würden, und bei Strafe der Exkommunikation verbot es Priestern und Kanonikern Verehelichung und ehelichen Umgang. Nur einige Adelige, unter ihnen der Babenberger Markgraf Leopold II., retteten an diesem Tag Bischof Altmann das Leben.

Was war geschehen? Schon erste Visitationsreisen hatten Altmann, der in seinem 50. Lebensjahr, 1065, von Kaiserin Agnes zum Passauer Oberhirten vorgeschlagen worden war, ein düsteres Bild vom Zustand seines Bistums, dem größten im Reich, gegeben. Die kirchlichen Verhältnisse besonders in der »Marchio orientalis«, im Kolonialgebiet entlang der Donau, hatten den Oberhirten erschreckt. Die meist verheirateten Geistlichen lebten hier wie weltliche Herren, in den Klöstern St. Pölten, St. Florian und Kremsmünster konnte von einem Mönchsleben nach der Ordensregel in keinem Fall die Rede sein. Mit seinen Freunden, dem Erzbischof Gebhard von Salzburg, Begründer des Klosters Admont, dem Bischof Adalbero von Würzburg, Stifter von Lambach, darin einig, nur eine universale Kirchen- und Klosterreform könne dem Übel steuern, hatte Altmann 1067 vor den Toren seiner Passauer Residenz St. Nicola, ein Reformkloster für regulierte Chorherren, gestiftet. Schon vier Jahre danach war auf dem Berg Göttweig an der Donau inmitten der Ruinen einer militärischen Anlage aus Römerzeiten eine Erentrudiskirche errichtet worden. Wahrscheinlich in Vorahnung kommender Konflikte mit Kaiser und Reich hatte Bischof Altmann — für den Notfall — an die Kirche auch ein befestigtes, burgartiges Gastgebäude zur Unterbringung seines Hofstaates anbauen lassen.

Der Notfall trat ein, als Kaiser Heinrich IV. nach seinem Canossagang Altmann von Passau, der am 15. März 1077 mit den deutschen Fürsten zu Forchheim Rudolf von Schwaben als Gegenkönig gewählt hatte, seines Bischofsamtes enthob und ihn der kirchlichen Güter für verlustig erklärte. Bischof von Passau wurde Hermann von Kärnten.

Nach 1081 richtete Altmann in Mautern und auf Göttweig seine Gegenresidenz ein. Er verstand es, den Babenberger Leopold II. auf seine Seite zu bringen und residierte als rechtmäßiger Bischof des östlichen, bis nach Ungarn reichenden Diözesangebietes. Nach einem langgehegten Plan stiftete er auf dem Berg das »Monasterium beatae Mariae in Monte Kotwich« und berief Augustiner Chorherren.

1083 weihte er die Stiftskirche.

Nach ersten vergeblichen Versuchen gelang es dem Reformbischof jetzt, nach St. Florian, auch das Kloster St. Pölten mit Chorherren zu besetzen. In Lorch unterstützte er den Markgrafen Otakar bei der Gründung des Stiftes → Garsten, und auch in Kremsmünster kehrte die gewünschte Ordnung ein. Vom Göttweiger Berg aus betrieb Altmann die Gründung des Chorherrenstiftes → Reichersberg, 1089 gelang es ihm, im Verein mit dem Markgrafen und durch Vermittlung Adalberos von Würzburg, → Melk zu reformieren und mit Benediktinern aus Lambach zu besetzen.

Der Tod ereilte den 76jährigen in seinem Markhof Zeiselmauer. Man bestattete den Bischof in seiner Stiftung Göttweig. Schon drei Jahre später übernahmen

Die barocke Gottesburg, wie sie Abt Gottfried Bessel und der kaiserliche Architekt Lukas von Hildebrandt planten, blieb unausgeführt.

LAGE *Südlich Krems.*
BESICHTIGUNG *Täglich 9—11 Uhr 30 und 14—17 Uhr.*

ZUR STIFTSGESCHICHTE *(→ auch Seite 188). Als Augustiner-Chorherrenstift von Bischof Altmann von Passau nach 1081 gegründet, seit 1094 Benediktinerstift. Von hier aus 1107 Garsten, 1116 Seitenstetten gegründet. Göttweiger Traditionsbücher, 12. Jh., bedeutende Geschichtsquelle. Schule für junge Adelige. 1401 Exemtion. Nach Niedergang in der Reformation Wiederaufbau durch Abt Herrlich, 1564—1604, und unter Gottfried Bessel, 1714—1749, Verfasser des »Chronicon Gottwicense«, 1732, Bauherr des jetzigen (unvollendet gebliebenen) Stiftes.*

Oben: Der Deckel des silbernen Altmann-Reliquienschreins in der Stiftskrypta, 1689.

Linke Seite: Die Kaiserstiege, über drei Geschosse reichend, gilt als eines der schönsten Treppenhäuser Europas.

Oben: Das Fresko Paul Trogers im Stiegenhaus verherrlicht Kaiser Karl VI., der als Apoll im Triumphwagen die Dämonen der Finsternis verjagt.

Rechts: Nördlich der Stiftskirche (links) Trakt mit Kaiserstiege, Fürstenzimmern, Altmannisaal und Prälatur. Östlich der Kirche die Bibliothek. Im Vordergrund altes Torwarthaus mit Resten des alten Schlosses, ehemalige Sebastianskapelle und westliche Torhalle.

SEHENSWÜRDIGKEITEN *Pfarr- und Stiftskirche Mariä Himmelfahrt mit klassizistischer Fassade (1750/65), barockem Langhaus mit frühbarockem Hochaltar und noch gotischem Chor. Barockorgel. Kanzel und Rokoko-Seitenaltäre. Spätgotische Krypta mit Altmann-Grabmal (leer) und Silberschrein mit Altmann-Reliquien. Kaiserzimmer und Altmannisaal. Graphisches Kabinett mit größter privater Graphiksammlung Österreichs. Die Bibliothek mit 70 000 Bänden, 1144 Handschriften und 1080 Inkunabeln ist nicht zugänglich. Kellerstüberl mit Terrasse.*

Benediktinermönche aus St. Blasien sein Erbe. Göttweig wurde eines der reichsten Klöster des Landes, schon 1140 standen nicht weniger als acht Kirchen und Kapellen auf dem Berg.

Am Nachmittag des 17. Juni 1718 — die Mönche hielten in der Kirche gerade die Fronleichnams-Vesper — brach im Klostergebäude ein Brand aus. Tags darauf lag die Stiftung des hl. Altmann in Schutt und Asche. Nur die Erentrudiskapelle war verschont geblieben, auch Archiv und Bibliothek hatte man bergen können.

Schon wenige Tage nach der Katastrophe befand sich Abt Gottfried Bessel auf dem Weg nach Wien. Der weitgereiste Gelehrte und Diplomat — man verdächtigte ihn eine Zeitlang, beim Brand seines Klosters etwas »nachgeholfen« zu haben — war bei seinem Freund Karl Friedrich von Schönborn, dem Reichsvizekanzler Kaiser Karls VI., angesagt. Der füllige Bonvivant, seines Zeichens Domherr, Propst und späterer Bischof von Bamberg, Palaisbesitzer in der Wiener Alservorstadt und am Rennweg, hatte in jenen Tagen mit seinem Architekten »Jean Lucca«, Lukas von Hildebrandt, gerade die Schlüsselübergabe seines niederösterreichischen »Königreiches« gefeiert, des Prachtschlosses mit Park und Orangerie, mit Wasserkünsten und Ziergärten bei Göllersdorf.

Schon acht Monate nach dem Brand seines Klosters lagen Abt Gottfried Bessel Pläne des Schönbornschen Privat- und kaiserlichen Hofarchitekten zu einer fünfhöfigen und siebentürmigen Klosteranlage auf Göttweig vor. Das »Totum praelaticum Gottweig« sollte in seiner architektonischen Gestaltung, mit Bastei und Bastionen, Rampen, Torbauten, Zu- und Auffahrten den ganzen Berg einbeziehen; es sollte »im Namen der Intentionen des hl. Altmann« ein »Meisterstuck nostri temporis« sein; im Zeichen der aufsteigenden Monarchia Austriaca eine wehrhafte Stätte der Künste und Wissenschaften, ein Bollwerk des Glaubens.

Glaube und Wissen – wie gut sie sich vertragen!

Altenburg, Niederösterreich   Benediktinerstift

Das »Poigreich«-Kloster bei Horn zählt zu den bedeutendsten Barockbauwerken Österreichs. Nach der völligen Wiederherstellung und Restaurierung des weitläufigen Gebäudekomplexes erscheint das Stift als ein Gesamtkunstwerk von besonderer Art. Das in seinen Räumen dargestellte barocke Weltbild fasziniert auch den modernen Menschen.

LAGE *Südwestlich Horn.*
BESICHTIGUNG *Täglich 8—12 und 13—18 Uhr.*

Oben: Türkenrelief aus der »Krypta«.

Rechts: »Krypta« unter der Bibliothek, Raum der Vergänglichkeit und des Todes mit Groteskmalereien.

Zu Seite 47: Der durch zwei Geschosse reichende 48 Meter lange Bibliothekssaal mit drei Kuppeln und mit Fresken von P. Troger und J. J. Zoller.

Seit auch die Erdgeschoßräume des Altenburger Kaisertraktes in ihre ursprüngliche Gestalt gebracht und zugänglich gemacht worden sind, bietet das Benediktinerstift Besuchern eine Weltbildschau besonderer Art.
Der 208 Meter lange Osttrakt, der den fünfhöfigen Klosterkomplex gegen das Steilufer des Kampflusses begrenzt, als dessen Mitte die barockisierte Apsis der Stiftskirche erscheint (Luftaufnahme S. 51 links), bildet nach der Deutung Rupert Feuchtmüllers ein aufeinander abgestimmtes Bau- und Bildkompositum; stellt eine von dem Bauherrn Abt Placidus Much, dem Architekten Josef Munggenast und dem Maler Paul Troger um 1729 im Detail architektonisch

Links: Der Turm der Stiftskirche zum hl. Lambert, 1730—1733, von J. Munggenast errichtet, entstand über gotischem Grundgemäuer. Die barocke Turmfassade mit den Giebelvoluten, den Schmuckvasen und großen Sandsteinstatuen des hl. Michael und des Schutzengels bilden mit dem dreiachsigen Mittelteil der Ostwand des Prälatenhofes eine harmonische Einheit. Der Turmoberbau mit schlanken Säulchen und Helm wurde 1820 durch Brand zerstört und 1833 in vereinfachter Form wiederaufgebaut.

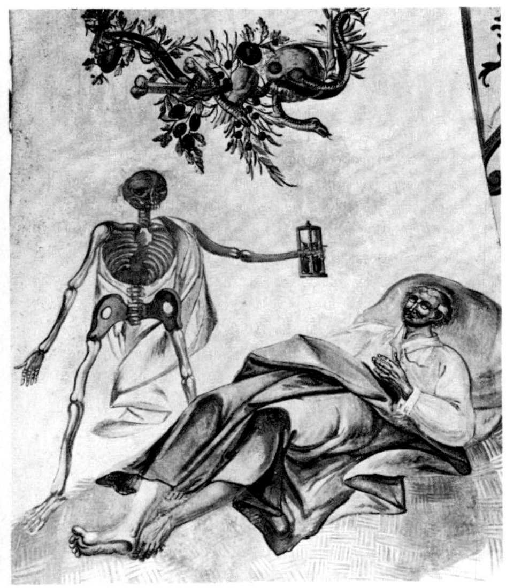

Oben: Die »Krypta« unter dem Bibliotheksaal ist mit einer Unzahl grotesker Toddarstellungen versehen: der Tod als Jäger, als Götterbote Hermes, als Wassergott Neptun. Er tritt an jung und alt, Vornehme und Arme heran, zeigt ihnen den Spiegel oder die Sanduhr.

und gestalterisch vorgeplante, bis 1742 dann einvernehmlich gestaltete Dreiheit dar.

Wer die erwähnten, jetzt von allen Verbauungen befreiten und restaurierten Erdgeschoßräume, die »Sala terrena« des einstigen Kaisertraktes, betritt (auf der Luftaufnahme rechts oben), steht vor einem barocken Kunterbunt von Darstellungen aus der antiken Bildwelt, wie er sie aus der Schule und von Museen her kennt: Leda mit Schwan, Leda als »Urweib«, Minerva und Flores, Pyramus und Tisbe, Proserpina und Herkules, Allegorien der Jahreszeiten (→ Bild S. 50 links oben) und des Weltgeschehens. Das riesige Stiegenhaus in

Oben: Erdgeschoßraum des Kaisertraktes mit Jahreszeitdarstellungen.

Rechts: Kuppelraum der Kirche mit Kapellennischen, Oratorien, Troger-Fresko, 1732/34, und barockisiertem gotischem Priesterchor.

ZUR ALTEN STIFTSGESCHICHTE *(→ auch Seite 169). Gründung der verwitweten Gräfin Hildburg von Poigen, 1144. Besiedlung durch St. Lambrecht in der Stmk. Schon das frühgotische Kloster durch Lateinschule berühmt. Zerstörungen und Verwüstungen: 1304 und 1327 durch Kumanen, Ungarn, Böhmen. 1427 und 1430 von Hussiten, 1467 durch Victorin, Sohn König Georgs von Podiebrad, 1473 durch Matthias Corvinus. 1480 brannte Altenburg nach Plünderungen durch Mährer und Ungarn aus, 1552 wird es als »wüster Steinhaufen« beschrieben, 1597 jedoch gegen Bauern verteidigt. 1619 von den »Horner Ständen«, 1645 von Schweden verwüstet. Da an Wiederherstellung nicht mehr gedacht werden konnte, ließ Abt Benedikt Leiß die Gebäuderuinen auf dem abfallenden Uferge-*

der Mitte des Traktes führt in die darüberliegenden Marmor- und Kaiserzimmer. Deckenreliefs in ihnen zeigen u. a. zwischen Darstellungen der vier Elemente, der Kardinal- und Bürgertugenden, die vier Weltteile, das »Sacrum imperium«, das Erzherzogtum Österreich und außereuropäische Länder. Die bildliche Verbindung zwischen dieser oberen Weltordnung und dem unteren Bildkosmos schafft das große Deckengemälde Paul Trogers, 1738, im Stiegenhaus. Auf ihm reichen Wissen und Glaube einander die Hände: »Quam bene conveniunt« — wie gut sie sich vertragen, steht auf einer Tafel, die ein Engel hält. Das heißt in Bild und Wort: Nur Glaube und Wissen gemeinsam verstehen die Errungenschaften der oberen Welt, können sie im Verein nützen, weil ja nur beide gemeinsam die heidnische Bildwelt als schöpferischen, unverlierbaren Teil der Moderne abzuschätzen verstehen.
Während der Kaiser- und Gästetrakt den Zustand der Welt in ihrem elemen-

lände zuschütten. Auf dem begradigten Bauplatz begann unter den Äbten Boxler und Regondi im 17. Jh. der Wiederaufbau, entstand unter Abt Placidus Much zwischen 1729 und 1742 das heutige Kloster nach Plänen von J. Munggenast.

tar-mythologischen Bild-Urgrund und in ihrer aus dem Glauben geschöpften und von ihm durchleuchteten Ordnung vergegenwärtigt, sind die Bibliothek und die unter ihr befindliche Krypta nach Feuchtmüller als Darstellung des Vergänglichen und Ewigen im menschlichen Leben zu verstehen. Von einer Vorhalle, ausgestattet mit Symbolen der Welt, den Elementen, den Jahreszeiten und Temperamenten, von Chronos und Minerva, der Zeit und der Kunst regiert, erreicht der Besucher über eine doppelarmige Treppe das untere Reich der Vergänglichkeit, die mächtige »Krypta« (→ S. 48). Meerestiere, Algen, Muscheln, Pflanzliches — Tod, Gerippe, Szenen des Memento mori umgeben ihn. Von der Vorhalle aus erreicht der Besucher jedoch auch die Bibliothek, das Reich des Geistigen, das den Tod nicht kennt. Es ist die Welt des Moses, Apolls, der Pallas Athene und der Sybillen, der Metaphysik, Kunst, Musik, Wissenschaft, der Theologie, Jurisprudenz, Philosophie, Medizin. Über diesem Reich schwebt die göttliche Weisheit mit dem von sieben Siegeln verschlossenen Buch.

Zwischen dem »Gast-Kaiser«-Trakt und dem »Bibliotheks-Krypta«-Trakt, den Darstellungen des Erd- und Menschengeschehens, bildet die Kirche die Mitte. Über dem Kuppelraum, zu dem Munggenast das gotische Langhaus erweiterte, geleiten auf dem riesigen Troger-Gemälde Engel das Christuskind vor den Thron Gottes, symbolisieren Mariengestalten, Evangelisten, Erzengel, Dämonen, Drachen und Teufel den buntbewegten katholischen Himmel.

ZUR NEUEREN STIFTSGESCHICHTE *Das Stift diente 1797 als österreichisches Militärspital, 1866 als preußisches Choleraspital. 1940 wurde es Umsiedlerlager für Bessarabiendeutsche, 1941—1945 Reservelazarett, danach russische Kaserne. Erhalten blieben das Archiv und die Bibliothek mit 12 000 Bänden, 700 Handschriften und 149 Inkunabeln.*

Oben: Initial aus einem Marianum des 15. Jh.

Links: Die barockisierte gotische Stiftskirche St. Lambert mit angebautem 208 Meter langem Osttrakt oberhalb des Kampflusses. Im Rondell des nördlichen Stiftshofes (oben) Denkmal J. Munggenast, westlich (links) der Kirche Abteistöckl, Prälatenhof mit Festsaal oberhalb der Torhalle.

Das Hobby-Stift

Geras, Niederösterreich Prämonstratenserstift

Das nördlichste Stift Österreichs hat sich durch Hobby-Kurse und Sonderausstellungen ins Gespräch gebracht.

LAGE *Nördlich Horn.*
BESICHTIGUNG *9—12, 14—17 Uhr.*

ZUR STIFTSGESCHICHTE → *Seite 183.*

SEHENSWÜRDIGKEITEN *Kirche, Marmorsaal, Marienhof (Bibliothek, Prälatur, Pauli-Zimmer nicht zugänglich).*

Rechte Seite: Stiftskirche Mariä Geburt, davor mittelalterlicher Wehrturm. Unten: Priesterchor der von J. Munggenast 1730 barockisierten Kirche.

Immer häufiger haben nach dem Zweiten Weltkrieg österreichische Stiftsobere Einkehrwilligen und Suchenden sommersüber den Klosterbereich für Exerzitien und Kurse geöffnet und neue Wege der Seelsorge beschritten. Abt Dr. Ellegast in Melk nimmt ganze Familien »zur geistigen, religiösen und körperlichen Ertüchtigung« bei sich auf. Propst DDr. Angerer in Geras meint, dem modernen Menschen am ehesten zu dienen, wenn er ihn — ohne jeden Hinweis auf »religiös« und »Einkehr« — dazu einlädt, sich in seinem Stift »im Rahmen eines Urlaubs einer vernünftigen Freizeitbeschäftigung« zu widmen. Gästetrakte und Meierhof des Stiftes Geras sind zwischen Juni und Oktober vielbesuchtes und bewohntes Hobby-Zentrum, bilden (nach den Werbesprüchen) eine »Insel der Seligen«, auf der die Mitglieder der »Familie Gerusena« ihre »Seele baumeln« lassen können. Das Kursprogramm des Kunst- und Bildungszentrums Stift Geras GesmbH erscheint dazu angetan. Es werden angeboten: Kurse für Bauernmalerei, Konservieren und Restaurieren, Hinterglasmalerei, Wandmalerei und Fassadengestaltung; Ikonenkurse, Schießscheibenkurse, Schnitz- und Malkurse; Kurse für Kammermusik, Gregorianischen Choral und Rhythmus; Einführungskurse in Semiologie.

Kuenring oder Babenberg

Zwettl, Niederösterreich   Zisterzienserstift

Das einstige Rodungskloster mit den ältesten Mönchsbehausungen aus dem 12. Jh. und einem der frühesten Kreuzgänge Österreichs ist heute mit seinen modernen Tagungs- und Exerzitienräumen eine Stätte der Begegnung.

LAGE *Bei Zwettl.*
BESICHTIGUNG *8—11, 13—17 Uhr, an Sonn- und Feiertagen 14—17 Uhr.*

Oben: Markgraf Leopold VI., König Konrad III. und Hadmar von Kuenring. Darstellung aus der »Bärenhaut«.

ZUR STIFTSGESCHICHTE *(→ auch Seite 258). 1138 Gründung Hadmars von Kuenring. Um 1200 bedeutendes Skriptorium. 13./14. Jh. gotischer Ausbau. Stiftungsbuch »Bärenhaut«. 1427/1430 Zerstörung durch Hussiten. 1490/1495 Gotisierung des Langhauses. Unter Abt Bernhard Linck, 1646/71, Verfasser der Austrio-Claravallensis, Wiederaufstieg nach Reformation. Im 18. Jh. Barockisierung (M. Steinl, J. Munggenast, P. Troger). Neubau von Bibliothek, Festsaal, Abteihof.*

Schon im Jahre nach der Gründung von Heiligenkreuz, 1133, hatte Hadmar I. von Kuenring mit Markgraf Leopold III. Gespräche über eine Tochtersiedlung in seinem urwaldartigen Rodungsgebiet im böhmischen Grenzbereich aufgenommen. Noch bevor der Heiligenkreuzer Abt Gottschalk für diese Gründung das Einverständnis seines Generalkapitels erhalten und Hadmar von Kuenring

Unten: Der mittelalterliche Konvent ist an das Kirchenschiff angebaut, rechts Bibliothekstrakt, im Vordergrund Abteihof mit Abteikapelle über der Toreinfahrt.

Oben: Der 90 Meter hohe Turm der Stiftskirche, eine Schöpfung des kaiserlichen Architekten und Hofbildhauers Matthias Steinl, 1722/27, gilt als »die großartigste Einturmfassade des österreichischen Barock«.

Rechte Seite: Der spätromanisch-frühgotische Kreuzgang mit Brunnenhaus, 1182—1240.
Rechte Seite, oben: Der polygonale gotische Umgangschor, 1343/83, mit barockem Kapellenkranz, 18. Jh.

von seinem König Größe und Ausmaß des Dotationsgebietes bestätigt bekommen hatte, waren Ort und Stelle des künftigen Klosters in »Svetla«, einer Lichtung des Nordwaldes, von Abt und Mönchen erkundet worden. Am 1. Januar 1138 hatten der Kuenringer und der Zisterzienserobere das vorgesehene Stiftungsgebiet umritten, und in Swettl, im »Lichten Tal«, war ein hölzernes Gründungskreuz errichtet worden. Unerwartet verschied jedoch im selben Jahr der Klosterstifter Hadmar.

Nun machten sich Leopolds III. Sohn Otto, Bischof von Freising, und Abt Gottschalk zu Fürsprechern und verhandelten am deutschen Königshof. Konrad III. hielt die Klostergründung im Kolonialland, an der Grenze des Territoriums Austriae mit Böhmen, für so wichtig, daß er dem künftigen Stift königlichen Schutz und Vogtfreiheit gewährte, die Urkunde darüber übergab er 1139 den Mönchen persönlich.

25 Jahre später war der Raum um Zwettl Aufmarsch- und Kampfgebiet geworden. Sobieslaw II. von Böhmen verwüstete Klosterbesitz, Hadmar II. von Kuenring stieß von hier aus ins Böhmische vor. Erst der Friede von Venedig, 1179, schaffte Klarheit: Kloster Zwettl mit seinem Rodungsland fiel dem babenbergischen Bereich zu, wurde ein Teil des Territoriums Austriae. In Hadmar II. von Kuenring — Abt Ebro von Zwettl nennt ihn den »mächtigsten, weisesten, tüchtigsten« Sproß seiner Familie — verehrten die Zwettler Mönche ihren zweiten Stifter. Seinen Sohn Albero III., dessen Schenkungen ihnen die Vollendung des Klosterbaues ermöglicht hatten, bestatteten sie 1182 im Kapitelsaal, dem Sitz des Abtes gegenüber.

Die frommen Kuenringer, Kolonisatoren und Rodungsherren des heutigen Waldviertels, waren eines der mächtigsten Adelsgeschlechter des frühen Österreich. Herzog Leopold VI. verhalf den Söhnen Hadmars II., Heinrich und Hadmar (III.), zu höchsten Würden. Während seiner Abwesenheit fungierte Heinrich als Regent, und Hadmar wurde oberster Marschall in Österreich. Wie kommt es, daß Sagen und Legenden, ebenso das Zwettler Stiftungsbuch, die sogenannte »Bärenhaut« des Abtes Ebro († 1304), von den Kuenringern nur als »Raubrittern« berichten?

Am Tage der Beisetzung Leopolds VI. in → Lilienfeld, am 30. November 1230, erhob sich unter der Führung Heinrichs und Hadmars von Kuenring der unzufriedene Adel des Landes gegen dessen jungen Sohn Friedrich den Streitbaren. Mit ihrem Anhang verwüsteten sie das Besitztum der babenbergischen Parteigänger, die Klöster Melk, Göttweig, Klosterneuburg, Geras und Pernegg, auch Zwettl, die fromme Stiftung ihres Großvaters.

Nach dem Bericht des Abtes Ebro belegte Bischof Gebhard von Passau die Besiegten — im April 1231 hatten sie sich Friedrich unterworfen — mit dem Bann. Als Hadmar noch im selben Jahr starb, verweigerten ihm die Zwettler Mönche das Begräbnis. Vier Jahre wäre der Leichnam des Kuenringers unbestattet auf der hohen Mauer des Zwettler Gottesackers gelegen, heißt es.

Auf der Seite ihrer rechtmäßigen Herren, der Herzöge von Österreich und des deutschen Königs, blieben die Zwettler Zisterzienser auch nach dem Tode des letzten Babenbergers; blieben sie, als Hadmar IV. und Albero V. von Kuenring, die Wirren der Zeit nutzend und vom böhmischen Adel dabei unterstützt, sich an babenbergischem und klösterlichem Besitz vergriffen; blieben sie ebenso, als Heinrich IV. von Kuenring im Frühjahr 1251 mit anderen österreichischen Adeligen Ottokar Přemysl empfing, ihn zum feierlichen Einzug nach Wien geleitete und dafür Titel und Würden eines Zupan verliehen erhielt.

SEHENSWÜRDIGKEITEN *Stifts- und Pfarrkirche Mariä Himmelfahrt mit barockem Turm, von frühgotischer französischer Zisterzienserarchitektur beeinflußte österreichische Hallenkirche, mehreckiger Umgangschor. Spätgotischer Flügelaltar, um 1500, mit acht Tafelbildern von Jörg Breu d. Ä. Barockeinrichtung. Hochaltar. Seitenaltäre von J. Munggenast, M. Altomonte, P. Troger. Spätromanisch-frühgotischer Kreuzgang. Ältester erhaltener Zisterzienser-Kapitelsaal mit mittelstehender Säule, romanischem Dormitorium, Latrinenanlage, Calefactorium, 12. Jh. Museumsräume mit romanischem Reliquienkreuz, 1200, Abtstab, um 1240. Das Zwettler Stiftungsbuch, die sogenannte »Bärenhaut«, des Abtes Ebro, 14. Jh., mit zahlreichen Illustrationen. Bibliothek von J. Munggenast, darin Fresken des P. Troger, ca. 50 000 Bände, 420 Handschriften, 306 Inkunabeln. Refektorium mit Fresken von P. Troger.*

Die Prälatenhochzeit

Seitenstetten, Niederösterreich   Benediktinerstift

Das Vierkantstift am Trefflingbach entstand im 17./18. Jh. Nach 1630 barockisierte man den romanisch-frühgotischen Klosterbezirk. Die Stiftsgebäude von J. Munggenast und Prälatenstiege, Marmorsaal, Gemäldegalerie, Mineralien-Kabinett u. a. m. entstanden nach 1719.

LAGE *Östlich Steyr.*
BESICHTIGUNG *Nach Anmeldung tägl. 10 Uhr 30 und 14 Uhr 30.*

Oben: Blick durch das Hauptportal, 1755, auf Mariensäule und Kirchenportal.

Rechts: Die Apsiden der im Gemäuer frühgotischen Kirche und der romanischen Ritterkapelle ragen in den Konventhof. Nördlich der Kirche (links) der kleine Kreuzganghof, im Vordergrund Stiftshof mit Marienbrunnen, über der Einfahrtshalle der Festsaal.

Gefälschte Urkunden ließen bisher den Edelfreien Udalschalk von Stille als Stifter von Seitenstetten erscheinen. Neuere Forschungen bringen die Klostergründung am Trefflingbach mit einem Kanonikerstift in Verbindung, das unter Einfluß des mit den Grafen von Formbach-Ratelnberg verwandten Passauer Bischofs Ulrich, 1042—1121, von einem Hochfreien um 1109 hier begründet und später mit Benediktinern aus Göttweig besiedelt wurde. An die wehrhafte Vorgestalt des jetzigen Barockstiftes erinnert heute noch die in ihrem Gemäuer frühgotische Kirche und die ungewöhnlich harmonisch proportionierte — heute barock ausstuckierte — kleine Ritterkapelle an ihrer Seite.
Für den Konvent im bescheidenen einstöckigen Klostergeviert des 12. Jh. wurde der Magdeburger Erzbischof und Kanzler des Staufenkaisers Friedrichs I., Wichmann, zum zweiten Stifter. Dieser letzte Sproß des Grafen von Seeburg, 1116 auf der benachbarten Burg Gleiß im Ybbstal geboren, schenkte den Seitenstettener Benediktinern ausgedehnte Waldgebiete mit Ybbsitz und Göstling, Eisengruben und Salzwerken.
Aus der Reihe martialischer Abtgestalten des Mittelalters ragt Rudolf I., nach einem Großbrand zwischen 1261 und 1290 Wiedererbauer des Klosters. Der streitbare Mönch, ein Pferdenarr, auf ritterliche Hofhaltung ebenso bedacht wie auf strenge Klosterzucht, pflegte seine Konventualen mit monatelangem Dunkelarrest in verliesartigen Kammern zu bestrafen. Eine Grabtafel an der Rückwand der Ritterkapelle erinnert an Benedikt I. im 14. Jh., dem das heutige Sonntagberg den ersten Kapellenbau verdankt. Der über zwei Meter große bayerische Riese von furchterregendem Aussehen hatte sich als Schwarzkünstler, Marktfahrer und Musiker durchgebracht, bevor er Mönch, später Prior bei den Wiener Schotten und schließlich Abt wurde. Von Kilian Heumader, einem seiner Nachfolger, wird berichtet, daß er während der Ungarnkriege schwertumgürtet inmitten Schwerbewaffneter zu den Gerichtstagen nach Steyr ritt.
Auch die Äbte während der Türkenjahrzehnte des 16. Jh. stellten ihren Mann. Johannes III. Wolfspecker jedoch mußte in der Zeit erster Protestantenwirren »einer Frauensperson wegen« resignieren. Am 25. Juli 1565 wählte der Seitenstettener Konvent — es waren ausschließlich progressive junge Mönche im Alter zwischen 23 und 28 Jahren — den 23jährigen Elias Portschens zum Abt. Schon während der ersten Visitation des Klosters im März 1566 fand sich von dem ihm überantworteten Stiftsvermögen in der Höhe von 2400 Gulden in bar kein Pfennig, dafür waren Schulden in fast der gleichen Höhe aufgelaufen. Portschens hatte die Meßliturgie verändert, das Latein aus Kirche und Schule verbannt, er trug sich zivil oder erschien in unordentlichem Ordensgewand, seine Mönche lungerten umher und pflogen leichtfertigen Umgang. Im April 1568 entkleidete man den jungen Abt seiner Würde und nahm ihn in Ehrenhaft.
Der am 5. Juni 1570 zum Abt gewählte Kärntner Michael Bruckfelder kam schon im ersten Jahr seiner Amtszeit »durch sonderbare Gnad und Erleuchtung Gottes zur rechten Erkenntnis des heiligen Evangeliums und selig-

SEHENSWÜRDIGKEITEN *Gemäldegalerie, ca. 600 Werke aus Gotik und Barock. Mineralienkabinett, 1766. Archäologisches Kabinett nicht zugänglich. Bibliothek mit ca. 50 000 Bänden, 270 Handschriften, 230 Inkunabeln.*

ZUR STIFTSGESCHICHTE → *Seite 243.*

Unten: Barockes Gitter im Torhaus.

machender Wahrheit«. Alsbald bekannte er sich öffentlich protestantisch. Februar 1572 ließ er sich von Armand Khramer, dem evangelischen Schloßprädikanten von Losenstein, zu Sindelburg mit Maria Schmelch, Ziehtochter des Kärntner Prädikanten Gröblacher, trauen. Als Zeugen fungierten der Herr auf Niederwallsee, der Pfleger zu Achleiten und der Seitenstettener Hofrichter. Schon Weihnachten 1571 hatte Abt Michael auf einem mit vier Rössern bespannten Wagen sein Heiratsgut zum Sindelburger Prädikanten bringen lassen: Seitenstettener Silbergeschirr und eine Menge von Klostergut. Als ihm dann im Frühjahr 1572 die Verhaftung drohte, brachte er sich bei seinem protestantischen Schutzherrn in Sicherheit.

Die kaiserliche Stiftung

Ardagger, Niederösterreich   Ehemaliges Kollegiatstift

Die ehemalige Stifts- und jetzige Pfarrkirche besitzt Österreichs bedeutendstes Glasfenster aus der ersten Hälfte des 13. Jh. mit Darstellungen des Martyriums der hl. Margareta.

Als es den fränkischen Heeren unter Karl dem Großen gelungen war, in den Jahren 791 bis 797 und 805 die Awaren über die Fischa und Leitha zurückzuschlagen, hatte die für Bayern und für die südöstlichen Länder zuständige Kirchenmetropole, das Erzbistum Salzburg, zusammen mit den ihm unterstell-

LAGE *Nördlich Amstetten.*
BESICHTIGUNG *der Kirche und des Kreuzgangs möglich.*

Links: Zuunterst Propst Heinrich von Ardagger, 1225—1236, Stifter des Fensters und Bauherr des gotischen Chores. Die beiden Medaillons darüber zeigen, wie Margareta die Liebesbotschaft des römischen Präfekten Olibrius abweist, gefangengenommen und entführt wird. Im mittelstehenden Bild oberhalb versuchen heidnische Philosophen sie zu überzeugen, auf Bild vier steht die Jungfrau vor Olibrius und soll einem Götzen opfern; in der fünften Darstellung beginnt ihr Martyrium, zwei Henkersknechte schlagen die Halbentblößte. Auf dem sechsten bis vierzehnten Medaillon wird die Jungfrau mit Eisenwerkzeugen gemartert, erscheint ihr der Teufel in Gestalt eines Drachen, kniet sie im Kerker vor der Erscheinung des Kreuzes. Nach einem weiteren Marterbild, auf dem Knechte die Entblößte mit brennenden Fackeln quälen, sieht man Margareta über den gefesselten Teufel vor ihr eine Geißel schwingen, die Macht des Kreuzes hilft ihr, den Drachen zu zerstückeln. Nachdem sie von den Knechten noch in einen Bottich mit siedendem Wasser gesteckt worden ist, wird sie vor Olibrius enthauptet. Auf dem letzten Bild tragen Engel ihre Seele zum Himmel empor. Der oberste Teil des Fensters fehlt. Wahrscheinlich wurde er während der Barockisierung zerstört.

Rechts: Blick in den im Gemäuer gotischen Priesterchor und Altarraum, um 1410/20, mit dem Margaretenfenster, um 1230/40. Der reiche Stuck mit Evangelistenfiguren, Putti, Altar und sonstige Ausstattung stammen aus dem 17. und 18. Jh. Da das Stift seit dem 17. Jh. als landesfürstlich galt, finden sich im Kirchenschiff zahlreiche Darstellungen mit Bezügen auf Österreich und seine Herrscher. Das Fresko in der Kartusche über dem Hochaltar zeigt den heiligen Leopold, dem die Magna Mater Austriae erscheint. Im Farbenfeld vor dem Hochchor ist Rudolf von Habsburg zu sehen, wie er dem Priester mit dem Allerheiligsten begegnet. Religio Austriacorum — Der Glaube der Österreicher — steht unter diesem Gemälde. Im ganzen Kirchenschiff finden sich sechs Darstellungen des Doppeladlers mit dem Bindenschild. Unter einem mächtigen Doppeladler am Ende des Chorgewölbes verkündet eine barocke Inschrift im Sinne der Gründungslegende von Ardagger: Agnes, Gemahlin Kaiser Heinrichs III., gelobte in ihrer schweren Stunde, diese Kollegiatskirche zur hl. Jungfrau und Märtyrerin Margareta zu gründen und zu bestiften, im Jahre des Herrn 1049. Ältester Teil der Kirche sind das romanische Südportal und die 14säulige Hallenkrypta unter dem Chor. Das tieferliegende Langhaus der spätromanischen dreischiffigen Pfeilerbasilika ist im 13. Jh. gotisiert und im 17. Jh. wie der Chor mit reichem Stuckwerk versehen worden. In den Seitenschiffen schlug man es im 19. Jh. zum Teil wieder ab. In der Vorsakristei ist eine einst für einen neuen Hochaltar bestimmte gewaltige Skulptur von der Krönung Mariens zu sehen. Im restaurierten Kreuzgang des ehemaligen Stiftes finden sich interessante frühgotische Fresken, Schlußsteine und eine Altar-(Brunnen-)Kapelle.

ZUR STIFTSGESCHICHTE → *Seite 170.*

ten Suffraganbistümern Passau, Regensburg und Freising reichen Landbesitz längs der Donau überantwortet erhalten. Passau wurde das für die »Mark« zuständige Diözesanbistum. Schon im 10. Jh., nach dem Ungarnsturm, besaß es in dieser »Provincia orientalis« ausgedehnte Besitzrechte südlich, seit 1025 auch solche nördlich der Donau. Eifersüchtig verteidigten die Passauer Bischöfe die Erwerbnisse gegen die bald mit ihnen rivalisierenden Bistümer Salzburg, Regensburg und Freising. Eigenpfarren und Eigenklöster vergrößerten und festigten das Passauer Besitztum im 11. und 12. Jh.

Im Gedenken an seinen ehemaligen Erzieher Egilbert, Bischof von Freising, hatte Kaiser Heinrich III. 1049 dem Bistum des Verstorbenen nächst den passauischen Märkten Amstetten und Ardagger einen Landstrich geschenkt, auf dem ein Freising unterstelltes Kollegiatstift begründet werden sollte. Zur Weihe des neuerrichteten Kollegiats am »arduus ager«, am »steilen Hang«, versammelten sich sieben Jahre nach dem Tode des kaiserlichen Stifters die Großen des Reiches und 24 geistliche und weltliche Würdenträger. Nicht angereist waren der Bischof von Passau und der babenbergische Markgraf.

Nach der Gründungssage soll Königin Agnes von Poitou, Gemahlin Heinrichs III., während einer Jagd in der Gegend von Geburtswehen befallen worden sein und dabei gelobt haben, der Drachenbändigerin und Nothelferin Margareta zu Ehren ein Kloster zu stiften.

Das Grabmal des Heiligen

St. Florian, Oberösterreich   Augustiner-Chorherrenstift

Die Gedenkstätte für den frühchristlichen Märtyrer Florianus — als Heiliger mit dem »Sechterl« Schutzpatron der Feuerwehren und Rauchfangkehrer — ist neben Melk und Klosterneuburg das bekannteste österreichische Barockstift.

LAGE *Südöstlich Linz.*
BESICHTIGUNG *10, 11, 13 Uhr 45, 15, 16 Uhr 15.*

Oben: St. Florian, 16. Jh.

Rechte Seite: Hauptsaal der Bibliothek, 1745—1751, von G. Hayberger mit Fresken von Barth. Altomonte. Ca. 130 000 Bände, 800 Handschriften, über 800 Inkunabeln.

Rechte Seite oben: Brucknergrab in der Gruft unterhalb der Orgel.

Vom Leben und Sterben des römischen Beamten Florianus berichten eine Legende und das Martyrologium romanum, das Märtyrer- und Heiligenverzeichnis der katholischen Kirche. Die Florianilegende ist uns in zwei Handschriften des 9. Jh. erhalten, das Martyrologium in Niederschriften um 750 und um 800. Nach diesen Zeugnissen lassen sich Gestalt und Schicksal des Kirchenheiligen und Schutzpatrons etwa wie folgt darstellen: Im Jahre 303 n. Chr. ordnete ein erstes Edikt des Kaisers Diokletian die Zerstörung der christlichen Kirchen und die Verbrennung heiliger Bücher an. Staatsbeamte, die sich als Christen bekannten, seien aus den Ämtern zu entfernen. Drei weitere Edikte befahlen Einkerkerung von Klerikern und kirchlichen Vorständen. Christliche Bekenner sollten jetzt mit Folter und Tod bedroht werden. Die römische Provinz Noricum ripense, Ufernorikum — das heutige Oberösterreich und Salzburg mit Teilen Niederösterreichs und Tirols —, verwaltete damals der Statthalter Aquilinus. Als im Frühjahr 304 gegen 40 aufgegriffene Christen verhandelt werden sollte, kam er nach Laureacum, dem römischen Verwaltungszentrum an der Enns, dem heutigen Lorch. Unter diesen Christen, gegen die man (auf dem Kapitol von Laureacum) während eines Gerichtstages verhandelte, befand sich auch der Amtsvorsteher Florianus, der einst ranghöchste Provinzbeamte von Noricum ripense. Er scheint bereits nach dem ersten Edikt Diokletians seines Amtes enthoben worden zu sein. Wenn man dem legendären Bericht glauben will, hatte er nach seiner Pensionierung in Cetium, in St. Pölten, gelebt und war Anfang Mai des Jahres 304 nach Laureacum gebracht worden — oder selbst gekommen. Als er vor Aquilinus, seinem direkten Vorgesetzten, das Opfer an den Kaiser und die Reichsgottheiten, also das gültige staatsbürgerliche Bekenntnis, verweigerte, wurde er gefoltert. Man ließ ihn mit Knüppeln schlagen, und mit geschärftem Eisen wurden ihm die Schultern gebrochen. Schließlich verurteilte ihn der Statthalter nach dem Wortlaut des Martyrologiums »Quarto nonas maii«, am 4. Mai 304, zum Tode. »Videntibus omnibus circumstantibus«, vor den Augen der Umstehenden, wurde der christliche Bekenner »ligato ad collum saxo« — mit einem um den Hals gebundenen Stein — von der Lorcher Brücke in die Enns geworfen. Über das Schicksal der Leiche des christlichen Bekenners Florianus weiß das römische Märtyrerverzeichnis nichts zu berichten, um so mehr die mit zahlreichen wunderhaften Geschehnissen ausgeschmückte Legende. Nach ihr habe ein Adler mit Flügeln in Kreuzform den Heiligen beschützt (Adler und Kreuz sind Stiftswappen). Die Witwe Valeria habe auf göttliche Weisung hin den Leichnam gefunden, ihn unter Laub und Gesträuch verborgen und mit Zugtieren weggeschafft. Eine plötzlich aus dem Boden sprudelnde Quelle habe ihre ermüdeten Tiere gelabt, und als sie an einer bestimmten Stelle stehenblieben, habe die Frau den Leichnam eilig und heimlich verscharrt. Gebetserhörungen und Wunder an diesem Ort hätten in der Folge zum Bau einer Kirche und schließlich des Klosters geführt.
Grabungen in Lorch im Jahre 1962 förderten einen Steinsarg aus dem 4. Jh. zutage. In ihm befanden sich — wie das amtliche Untersuchungsergebnis fest-

stellt — Skelettüberreste »von mindestens 31, möglicherweise von 40 oder mehr Individuen«, mit allerdings nur zwei oder drei Schädelfragmenten, aus dem 4.—6. Jh. Die Knochenfunde sind am 3. Mai 1968 als heilige Gebeine der Märtyrer von Lorch im Hochaltar der Kirche beigesetzt worden.

ZUR STIFTSGESCHICHTE *(→ auch Seite 227). Als Kloster urkundlich Ende des 8. Jh. Seit dem 10. Jh. passauisches Eigenkloster. 1071 Einführung der*

Augustinerregel durch Bischof Altmann. Rodungen im Mühlviertel. Frühe romanische Schreibstube. Nach Brand von 1235 gotischer Neubau. Bedeutendes Skriptorium und Malerschule, Wissenschaftspflege im 13./14. Jh. 1458 Recht der Pontifikalien für den Propst. Im 15. Jh. Erneuerung der Altäre (Sebastianaltar von A. Altdorfer). Wirtschaftliche Einbußen während Türken- und Reformationszeit im 16. Jh. Erster barocker Ausbau unter Propst Leopold Zehetner († 1646), barocker Neubau durch Carlo Carlone und J. Prandtauer (bis 1726), unter den Pröpsten Fuhrmann, Kröll, Födermayr und Wiesmayr. 1751 Vollendung (Bibliothek von G. Hayberger). Im 19. Jh. wurde das Stift zeitweise administrativ verwaltet, während der Franzosenkriege diente es als Spital. St. Florianer Chorherren waren bedeutende Historiker und Musiker. Anton Bruckner war hier Lehrer und Stiftsorganist. Er wurde 1896 in der Gruft bestattet.

Oben: Südlich der Kirche Konvent- und großer Stiftshof mit Tor unter dem Bläserturm, Treppenhaus und Kaiserzimmern im Westtrakt (links), Bibliothek, Sammlungen im Osttrakt, Marmorsaal mit Landeshauptmann- und Tafelzimmer im Südtrakt (Vordergrund). In der Mitte des Osttraktes angebautes Sommerrefektorium, links Wirtschaftshof, 1776.

Rechts: Stiftskirche Mariä Himmelfahrt, 1686—1708, mit Krismannorgel (»Bruckner-Orgel«), 1770/74.

Rechte Seite: Tafeln des Sebastiansaltares von Albrecht Altdorfer, 1518. Marter und Tod, Bergung des Leichnams.

SEHENSWÜRDIGKEITEN *Stiftskirche mit Bruckner-Orgel, Hochaltar, Chorgestühl, Kanzel. Vorromanische Krypta mit Särgen Witwe Valeria und Klausnerin Wilbirg. Gruft mit Brucknergrab und Ossarium. Stiftshof mit Adlerbrunnen und dem Stiegenhaus Jakob Prandtauers. Kaiserzimmer (Papstzimmer, Audienzsaal, Gobelin- und Prinz-Eugen-Zimmer, Jagd- und Bischofszimmer, Gelbes, Blaues, Grünes Zimmer und Brucknerzimmer). Reiche Kunstsammlungen, Altdorfergalerie mit Sebastiansaltar. Marmorsaal und Bibliothek.*

Grabungen nach den sterblichen Überresten des Lorcher Märtyrers Florianus in der Krypta der St. Florianer Stiftskirche blieben bisher ergebnislos. Doch förderte der Spaten hier römisches Mauerwerk zutage, ebenso Teile eines vorkarolingischen Baues. Nach Meinung der Experten ist anzunehmen, daß die Verehrung des Heiligen an dieser Stelle auf früheste Zeiten zurückgeht.

Der Name des Kirchen- und Klostergründers ist nicht bekannt. In einem Stiftsbrief des Jahres 1061, der, obwohl unecht, inhaltlich glaubwürdig erscheint, heißt es, die erste Kirche von St. Florian sei eine Gründung der ältesten Bewohner des Lorchergaues gewesen. Nach Ignaz Zibermayer, dem bedeutenden Erforscher der Landesgeschichte, errichteten sie wahrscheinlich baierische Einwanderer des 8. Jh. Die jüngsten Grabungsergebnisse von Lorch und St. Florian lassen jedoch den Schluß zu, daß es sich womöglich um eine von keltoromanischen Vorbewohnern über einer frühchristlich-spätrömischen Glaubensstätte errichteten Kirche gehandelt haben könnte.

Die Frage, ob das Kloster am Ort des wirklichen oder eines geglaubten Florianusgrabes steht, erscheint uns heute müßig, schien auch in früheren Jahrhunderten nicht von entscheidender Bedeutung zu sein. Als Bischof Altmann von Passau im Jahre 1071 im Kloster die Augustinerregel einführte und im neuerrichteten romanischen Gotteshaus fünf Altäre konsekrierte, weihte er die Stiftskirche der Himmelfahrt Marias. Das Patrozinium St. Florian rückte an die zweite Stelle. Allerdings besang in der ersten Hälfte des 13. Jh. ein Chorherr das Leben und Sterben des Heiligen in Hexametern, andernorts schnitzte man Florianistatuen, zwei von ihnen zieren noch heute die Stiftssammlung.

Mit einer Pietätlosigkeit wie sonst fast nirgends in Österreich haben die Florianer Pröpste des 17. Jh. die über ein Jahrtausend alte Gedächtnisstätte des Märtyrers Florian dem Erdboden gleichmachen lassen. So gut wie alles »Alte«, was an ihn erinnern oder mit ihm in Traditionszusammenhang stehen konnte, wurde entfernt oder vernichtet. Keine wie immer geartete Wertschätzung historischer Denkmäler, nach unserem heutigen Verständnis, oder gar die »innere Gestalt« des frühchristlichen Bekenners vermochten sie von ihrem Zerstörungswerk abzuhalten. Als Bauherren gigantischer Klosterpaläste verpflichtete diese Barockpröpste allein ihr Selbstverständnis als Prälaten, geistliche Fürsten und Grundherren, sahen sie sich von Weltkirche, Kaiserhaus und Untertanen in ihren Bestrebungen bestätigt.

So entstand an der Stelle der bescheidenen gotischen Basilika eine Il Gesù in Rom nachempfundene Stiftskirche. Das neue Stiftsgebäude sollte den kaiserlichen Landesherrn mit Hofstaat beherbergen können, doch auch dem bäuerlichen Klosterland ringsum angepaßt sein. Schon 1676 hatte Propst David Fuhrmann einen den riesigen Bauernschlössern der Umgebung angepaßten Vierkanter vor den schmalbrüstigen Klosterbezirk setzen lassen. An ihm nahm Carlo Carlone um 1685 Maß. So wurde aus dem engen mittelalterlichen Konventsbereich ein ausgedehntes geschlossenes Geviert. Pläne, die für die Endgestalt des Stiftes vorlagen, Entwürfe in der von ihm sonst bevorzugten Manier, verwarf der Lombarde kurz vor Baubeginn wieder. Kurzerhand fügte er dem ersten Geviert in der Endausführung ein noch mächtigeres zweites Geviert um den heutigen äußeren Stiftshof an.

Das riesige Doppelvierkantstift, das mächtigste Bauwerk des Landes, entsprach den Vorstellungen der Zeit und erfüllte notwendige Repräsentationsbedürfnisse. Der Welt heute erscheint es als einzigartiges Monumentalgrabmal für den frühchristlichen Bekenner.

Alexander vom See

Wilhering, Oberösterreich   Zisterzienserstift

Das mittelalterliche Rodungskloster an der Donau erhielt nach dem Großbrand des Jahres 1733 Österreichs großartigste Rokokokirche. Sie ist in den Jahren 1971—1977 völlig restauriert worden.

LAGE *Westlich Linz a. d. Donau.*
BESICHTIGUNG *nur der Stiftskirche möglich.*

Oben: Hochgrab des »graf ulreich der jung von schownberg, der gestorben ist an mantag nachts vor Georgij da man zalt von Xsti geburt MCCXCVIII«. Darunter: Seitenteil des zweiten Schaunbergergrabes.

Rechte Seite: Fassade der barocken Stiftskirche Mariä Himmelfahrt und Schutzengel, 18. Jh., mit romanischem Portal.

Erasmus Mayr aus Nürnberg war mit dem Vorsatz Abt geworden, seine Würde zum Erwerb eines kleinen Vermögens zu nutzen. In neun Monaten raffte er zusammen, was möglich war, und entfloh 1544 als letzter des Wilheringer Konvents mit Kostbarkeiten und Kasse, um sein schlechtes Gewissen im Ehestand zu beruhigen. Dem Verfall des alten Rodungsklosters in der Reformationszeit wußten weder ernannte Äbte noch zwischendurch bestellte Administratoren zu steuern.

Das reiche Kloster Wilhering stand vor seinem Ende. Die Gebäude waren baufällig, die Güter des verschuldeten Stiftes verpachtet, verkauft oder vernachlässigt. Als Laienbrüder posierten ein paar Halbwüchsige, vierzehn- und fünfzehnjährig. Die Priester auf den stiftischen Pfarren, fast durchwegs verheiratet, waren Lutheraner.

Retter in höchster Not wurde für dieses Stift der zu Lugano geborene Adelssprößling Alexander a Lacu. Mit dem Doktorhut der Universität Pavia geschmückt, zweimaliger Rektor der Wiener Universität, wurde der päpstliche Protonotar 1587 zum Abt des Donauklosters bestellt. Mit einem erzherzoglichen Generalmandat ausgestattet, versuchte er zuerst in den stiftlichen Pfarren Fuß zu fassen. Die Versuche scheiterten. Nur mit knapper Not entkamen er und der von ihm neu bestellte Pfarrherr aus der Ottensheimer Pfarrkirche am jenseitigen Donauufer, in die sie sich unter tumultuösen Auftritten Zutritt verschafft hatten. Die wütenden Ottensheimer verfolgten Abt und Pfarrer durch den Markt bis zum Schiff und bedachten beide mit einem lebensgefährlichen Hagel von Steinen und Glasscherben. Am 18. Juni 1589 schlugen die Ottensheimer den Pfarrer Johann Gutleben nach dem Gottesdienst nieder. In Schönhering schoß man auf den Abt. Als ihn jedoch auch die Gramastettener unter Glockengeläut und Mordgeschrei vertreiben wollten, stellte sich Alexander vom See, mit Spieß und Messer seines Dieners bewaffnet, den Verfolgern. Das schaffte ihm Respekt. Abt Alexander wurde die Seele des Widerstandes. Die katholisch gebliebenen Prälaten, Äbte und Pfarrer des Landes machten ihn zu ihrem Sprecher. Er verstand es, die Entmutigten zu überzeugen, daß bei einem Gegner, der kein Mittel zum Zweck scheut, Nachgeben das schlechteste ist. Man kann zusehen, wie Recht gebeugt wird, nicht zusehen darf, wer an Recht glaubt, wenn Recht gebrochen wird.

Die über Klöster in dieser Zeit verhängten Türkensteuern entfachten die Tätigkeit des von seinem Recht Überzeugten bald aufs neue. 1596 wählte ihn der Prälatenstand offiziell zu seinem Sprecher und Verordneten.

Doch zwangen schließlich die Wilheringer den Unentwegten zum Verzicht. Am 29. Oktober 1597 mußte sich Abt Alexander vom See einem Klagelibell stellen, das sämtliche Klosteruntertanen und 19 Einzelpersonen gegen ihn eingebracht hatten — wegen Vernachlässigung seiner Pflichten und mangelnder Obsorge. Obwohl ein Großteil der Kläger während der Verhandlung sich eines Besseren besann, Alexander sich im April 1598 in einem neuen Vertag mit seinen Klosterholden einigte, resignierte er. 1599 wurde er Abt von Garsten, zwischen 1601 und 1613 erwarb er sich als Abt von Kremsmünster große Verdienste.

ZUR STIFTSGESCHICHTE *(→ auch Seite 256). 1146 von den Brüdern Ulrich und Cholo von Wilhering-Waxenberg auf ihrem Erbgut gestiftet und von Zisterziensern aus Rein besiedelt. 1195 bis 1254 Errichtung der Steinbauten. Begründung von Hohenfurth in Böhmen 1259, von Engelhartszell 1293, von Säusenstein 1336. Ausgedehnte Rodungen im Mühlviertel. Wohlstand und Blütezeit im 13./14. Jh. durch Schenkungen des Kaiserhauses, der Schaunberger und zahlreicher Adelsfamilien. Wirtschaftliche Verluste, Verfall des Klosterlebens im 16. Jh. Aufschwung unter Abt Alexander a Lacu, 1587 bis 1600, und Georg Grüll († 1638). 1733 Vernichtung des Klosters durch Brandstiftung einer Magd. Neubau von Kirche und Prälatur bis 1751, des Gasttraktes bis 1781. 1895 Begründung eines Gymnasiums, seit 1928 Mission in Südamerika. 1940—1945 Aufhebung. 1955/56 neuer Konviktstrakt, 1962/63 modernes Gymnasium. 1971/77 erfolgte die völlige Restaurierung der Stiftskirche.*

SEHENSWÜRDIGKEITEN *Dreischiffige Stiftskirche, 1734 bis 1751 von dem Linzer Baumeister Joh. Haslinger in Zusammenarbeit mit dem kaiserlichen Theateringenieur Andreas Altomonte. Gesamtwirkung des Innenraumes. Deckengemälde von Barthol. Altomonte nach Entwürfen von Martin Altomonte. Stukkatur F. J. Holzinger und Wessobrunner Meister J. M. Feichtmayr und J. G. Übelherr. Sämtliche Altarbilder Martin Altomonte, Hochaltar, Kanzel, Chorgestühl, Orgel. Grundemann-Kapelle. Gemäldegalerie (Österr. Barock), Festsaal, 1782. Kleiner Kreuzgang und Bibliothek nicht zugänglich.*

Nebenstehend: Deckenfresko der Vierungskuppel von Bartholomeo Altomonte, um 1740, Verherrlichung Mariens.

Der häretische Unflat

Schlägl, Oberösterreich Prämonstratenserstift

Als Propst Martin Greysing im Jahre 1638 nach zwölfjähriger harter Arbeit Kirche und Klostergebäude in neuem Glanz vor sich stehen sah, widmete er zweien seiner Vorgänger Gedenktafeln und ließ sie an zwei Pfeilern der Stiftskirche anbringen, Wenzeslaus Zypser, 1589—1608, und seinem Vorgänger, dem frommen Propst Capreolus aus Tepl in Westböhmen, von dem er 1626 als blutjunger Profeß und bestellter Administrator Stift und Kirche als ausge-

Das Böhmerwaldstift ist das größte wirtschaftliche Unternehmen des oberen Mühlviertels.

LAGE *Nördlich Rohrbach i. M.*
BESICHTIGUNG *9—12, 13—17 Uhr.*

ZUR STIFTSGESCHICHTE *(→ auch Seite 237). 1209 von Kalhoch von Falkenstein mit Zisterziensern aus dem fränkischen Langheim begründet, 1218 mit Prämonstratensern aus dem böhmischen Mühlhausen an der heutigen Stelle neu begründet. Rodungszeit, wirtschaftliche Fundierung im 14. Jh. Verfall durch Hussitenkrieg und Reformation im 15./16. Jh. Wiederaufstieg unter Wenzeslaus Zypser, 1589—1608. Nach fast totaler Vernichtung der Gebäude und weitgehender Zerstörung der Kirche 1626 Neuaufbau unter Propst Martin Greysing, 1627—1650. Seit 1657 Abtei. Bibliotheksbau 1830, Ausbau (Bildergalerie) unter Norbert Schachinger († 1922).*

SEHENSWÜRDIGKEITEN *Stiftskirche Mariä Himmelfahrt, 1242—1260, im 15. Jh. dreischiffig erweitert. Nach 1626 durch P. Castelazzi heutige Gestalt. Bedeutender kreuzrippengewölbter Innenraum, in dem zweimal fünfzehn Stufen aus dem dunklen Langhaus zum hellerleuchteten Chor des 15. Jh. (mit spätbarockem Altar) emporführen. Gotische (auch romanische) Grundformen unter barocker Verkleidung erhalten. Barocke Ausstattung. Die romanische Krypta, die ehemalige Unterkirche des 13. Jh., von außen zugänglich, mit zum Teil seltenen Säulenkapitellen. Bibliothek, 1830 erbaut, mit ca. 70 000 Bänden, 269 Handschriften, 194 Inkunabeln. Gemäldesammlung, gotische Tafelbilder, Gemälde, 17./18. Jh.*

Vorhergehende Seite: Südlich der Kirche Kreuzgarten und innerer Klosterhof (Küchenhof) mit Refektoriumstrakt. Links der äußere Klosterhof mit Arkaden und »Fürstenflügel«. Im östlichen Trakt (rechts) Bibliothek und Gemäldegalerie. Jenseits der Straße die Friedhofskapelle Maria Anger.

Rechts: Detail aus einem Gemäldetriptychon, um 1525.

brannte Ruinen übernommen hatte. Er gedachte seiner mit den Worten: »Nachdem er ungefähr fünf Jahre regiert hatte, schloß er noch vorher im Tode die Augen, um nicht betrübt die Kirche, die er zu Ehren Gottes verschiedentlich verschönert hatte, vom häretischen Unflat beschmutzt und zerstört zu sehen.« Was war geschehen? Wenige Tage nach des Capreolus Tod, am 17. Mai 1626, zwischen 11 und 12 Uhr mittags, hatten dreitausend Bauern unter Anführung des Christoph Zeller das Kloster gestürmt, hatten von den Kellern bis zu den Dachböden gehaust, alles besudelt und verdorben. Zwei Stunden lang. Am Morgen des 13. September waren Bauern unter David Spatt vor dem Kloster erschienen, hatten Einlaß verlangt und nach einer Stunde Plünderung Gebäude und Kirche an mehreren Stellen in Brand gesteckt. Stehengeblieben war rauchgeschwärztes Mauerwerk.

Der Buchstabe tötet, der Geist macht lebendig

Reichersberg, Oberösterreich Augustiner-Chorherrenstift

In jungen Jahren hatte er geglaubt, im bayerischen Reformkloster Rottenbuch durch Streitgespräche und Schriften eigenen Vorstellungen vom wahren Priester- und Mönchstum zum Durchbruch verhelfen zu können. Reisen nach Rom, ein Prozeß, der ihn zum Schweigen verurteilte, Begegnungen mit Päpsten, Kardinälen, Fürsten und Ordensbrüdern hatten Gerhoch, 1093—1169, jedoch zur Einsicht gebracht, daß nur im kleinsten Bereich von ihm selbst gelebt und verwirklicht werden konnte, woran er glaubte. Im Jahre 1132 machte ihn sein Freund und Gesinnungsgenosse Erzbischof Konrad I. von Salzburg zum Propst des Salzburger Eigenklosters Reichersberg.

In Frontstellung zu seiner Zeit, gegen die Bestrebungen der verweltlichten Kirche gewendet, gelang es dem hochgesinnten Mönch, ohne seinem Glauben an das wahre Priestertum untreu zu werden, das Stift wirtschaftlich abzu-

Das kleine Innstift ist durch eine aufwendige Schwanthaler-Ausstellung im Jahre 1974 einer breiteren Öffentlichkeit bekannt geworden.

LAGE *Südwestlich Schärding.*

BESICHTIGUNG *Ostern bis Allerheiligen täglich 15 Uhr 30 nach Anmeldung.*

ZUR STIFTSGESCHICHTE *(→ auch Seite 222). 1084 Klostergründung in der Burg des Edlen Wernher. Unter Propst*

Gerhoch 1144 Übernahme der Pfarren Pitten und Bromberg in NÖ. 1624 Großbrand. Neubau bis 1649.

SEHENSWÜRDIGKEITEN *Stiftskirche St. Michael, urkundlich 1126. Neubau 1629—1644. Turm im 18. Jh. erneuert. Rokokoausstattung, 1778/79. Bibliothek, ca. 55 000 Bände, 100 Inkunabeln.*

Unten: Fast quadratischer Konventshof, vorgelagert der äußere Stiftshof mit Brunnen und St.-Michaels-Statue von Th. Schwanthaler.

sichern. Reichersberg wurde ein Zentrum geistiger Erneuerung. In einem großen Experiment bestätigte Gerhoch sich und seinen Mitbrüdern nach 1144 die praktische Durchführbarkeit idealer Vorstellungen: in der vom Innstift weit entfernten Pittener Mark, in den riesigen Waldgebieten der Buckligen Welt, wirkten Mönche des Klosters, ganz auf sich allein gestellt, als Seelsorger und Initiatoren eines imposanten Rodungswerkes.

In zahlreichen Schriften, besonders in seinem Hauptwerk, dem Psalmenkommentar, hat Gerhoch von Reichersberg seine Ansichten vom wahren Priester- und Mönchtum und von der in permanenter Gefahr befindlichen Kirche dargelegt: Nicht wörtliches, moralisches oder historisches Verständnis der Hl. Schrift, der Regeln und Gelübde verhelfen zum Leben in der Wahrheit, sondern allein der Glaube aus dem symbolischen Verständnis der Heils- und Weltgeschichte. In seiner letzten Schrift zeichnet Gerhoch die Kirche als das auf stürmisch bewegten Wellen kämpfende Schiff. Der Antichrist droht nicht von außerhalb, er sitzt mit im Schiff, in Rom, in Klöstern und Pfarreien.

Die Zelle des Friedens

Engelhartszell, Oberösterreich   Trappistenkloster, ehemaliges Zisterzienserstift Engelszell

Am 12. März 1293 bekräftigte Wernhart von Prambach, Fürstbischof von Passau, er habe jenen Ort an der Donau, den man jetzt Cella angelica — Engelszelle nenne, für die Situierung eines Zisterzienserklosters besonders geeignet gehalten. An dieser Stätte, die seit urdenklichen Zeiten Anlaß zu Streit und Fehde gegeben habe (zwischen dem Passauer Bistum und seinen Nachbarn), sollten jetzt die 12 Zisterzienser aus Wilhering als »wahre Söhne des Friedens« für alle Zeiten Ruhe und Ordnung stiften. Zudem wäre die unwirtliche Gegend kultiviert, nun stünde auf halbem Wege zwischen Eferding und Passau ein Gotteshaus, und Pilger wie müde Wanderer bekämen hier Herberge.

In der Abtei im einsamen Donautal herrscht »Klosterfrieden« alter Zeiten.

LAGE *Südöstlich Passau.*

BESICHTIGUNG *9—11, 14—17 Uhr.*

ZUR STIFTSGESCHICHTE → *Seite 177.*

Unten: Rokokokirche, 1754—1763, mit zweitüriger Anlage, 19. Jh.

Das Eigenkloster des heiligen Adalbero

Lambach, Oberösterreich   Benediktinerstift

Die einzigartigen Fresken aus der Zeit des heiligen Adalbero, um 1100, und das einzige in Österreich erhaltene Schultheater aus dem 18. Jh. haben das Traunstift in letzter Zeit zu einer vielbesuchten Sehenswürdigkeit werden lassen.

LAGE *Südwestlich Wels.*

BESICHTIGUNG *9—11, 14—16 Uhr. Sonn- und Feiertag 14—16 Uhr.*

ZUR STIFTSGESCHICHTE (→ auch Seite *206). Seit 1040 weltliches Kollegiatstift unter Graf Arnold II. 1056 Gründung durch Bischof Adalbero von Würzburg, den letzten Grafen von Wels-Lambach. Besiedlung durch Benediktiner aus Münsterschwarzach. 1089 im Verein mit Bischof Altmann Weihe und Begründung des Benediktinerstiftes → Melk. 1233 vom Bayernherzog Otto zerstört. Seit dem 13. Jh. Beteiligung des Klosters am Salzhandel. Im 15. Jh. Verleihung der Pontifikalien. Im 16. Jh. Niedergang. 1626 und 1632 Plünderung und Zerstörung durch Bauern. Unter Abt Plazidus Hieber, 1640 bis 1678, Bau der heutigen Anlage, Ende des 17. Jh. Abtragen der Befestigungsanlagen. Vollendung und Vergrößerung unter Abt Maximilian Pagl, 1705 bis 1725. Michael Haydn und W. A. Mozart dem Stift verbunden. Schwere Schäden während der Franzosenkriege. 1941—1945 aufgehoben.*

Rechts: Die Türme der in die Stiftsgebäude verbauten Kirche stammen im Grundmauerwerk, dem ehemaligen Läuthaus, aus der Erbauungszeit vor 1089, sind 1639 erhöht und 1878 mit den heutigen Zwiebeltürmen versehen worden.

Ein Fresko im Bibliothekssaal hält die Legende von den drei Theologiestudenten Adalbero, Altmann und Gebhard fest, die sich während ihres Aufenthaltes in Paris, an einer Quelle sitzend, Bischofsrang und Klostergründungen vorausgesagt haben sollen. Ihre Prophezeiungen gingen in Erfüllung. 1060 führte Bischof Adalbero Gebhard als neugewählten Erzbischof von Salzburg in sein Amt ein, als Erzbischof weihte Gebhard 1065 Altmann zum Bischof von Passau. Alle drei wurden Klostergründer, Adalbero stiftete Lambach, Altmann Göttweig, Gebhard ist der eigentliche Begründer des Stiftes Admont. Die Kirche verehrt sie als Heilige und Selige.

Das Leben der drei Bischöfe stand im Zeichen der großen Reformbewegung des abendländischen Mönchtums, die zwischen dem 10. und 12. Jh. mit den Namen Cluny und Gorze, zwei Klöstern in Burgund und Lothringen, verbunden ist. Sie wirkten am Beginn des großen Investiturstreites, der unter Kaiser Heinrich IV. und Papst Gregor VII. ausbrach.

Im Gegensatz zum französisch orientierten Cluny, einem streng zentralistisch organisierten Mönchtum mit Betonung des Liturgischen und einer formal-dia-

lektisch orientierten Glaubenslehre, bekannten sich Adalbero, Altmann und Gebhard zur Observanz des lothringischen Gorze, zum »Reichsmönchtum« alter Schule. Bei aller strengen Asketik bejahten sie »Imperium« und »Sacerdotium«, das weltliche und das kirchliche Reich, als ineinander verflochtene Ordnungen, anerkannten den Landesherrn und den Bischof als für sie maßgebliche Landesherren, bejahten das übliche Eigenkirchen- und Eigenklosterwesen der Zeit. Im Investiturstreit jedoch waren sie die bedeutendsten Führer der päpstlichen Partei.

Adalbero wurde um 1010 als letzter der Grafen von Wels-Lambach geboren. Als sein Onkel Bruno, Bischof von Würzburg, unvermutet starb — er hatte Heinrich III. in die Burg Persenbeug begleitet und sich beim Einsturz der Decke im Rittersaal das Genick gebrochen, während der Kaiser sich nur die Hand verstauchte —, wurde der junge Graf sein Nachfolger.

Im Jahre 1050 hatte Adalbero bei einem Überfall auf die väterliche Burg Lambach nahezu sämtliche Familienangehörigen verloren. Fünf Jahre danach verwandelte er das in Lambach seit 1040 bestehende Kollegiatstift in ein Benediktinerkloster. Er vertraute es dem Abt Egbert von Schwarzach an und erweiterte als Eigenkirchenherr die Dotation der neuen Stiftung mit Land- und Marktbesitzungen, auch solchen im Fränkischen und Braunschweigischen. Noch während der Bauzeit zerfiel seine Freundschaft mit Kaiser Heinrich IV., dessen Taufpate er gewesen war, dem er auch im Sachsenkrieg Frieden vermittelt hatte. Vom Kaiser 1076 verbannt, kehrte Adalbero erst zehn Jahre später nach

SEHENSWÜRDIGKEITEN *Abteihof mit Brunnen (Hakenkreuz als »redendes Wappen« des Abtes Theoderich Hagn, † 1872). Stiftskirche Mariä Himmelfahrt 1089 geweiht, im 15. Jh. gotisch ausgebaut. Völliger Neubau 1652/56 (→ nebenstehend). Im romanischen Westwerk, dem ehemaligen Läuthaus, in drei Kuppeln und an den Wänden 1957 freigelegte romanische Fresken, um 1080. Von dem Mutterkloster Münsterschwarzach beeinflußte Darstellungen der Geschichte der Heiligen Drei Könige (Magier) und dem Leben Jesu. Unter dem Südturm die Magier vor Herodes und den Schriftgelehrten, im Mitteljoch vor Maria und Jesus, unter dem Nordturm Heimkehr. Hier die Selbstoffenbarung Christi bei der Heilung eines Besessenen (→ Seite 78/79). In der einschiffigen, barock ausgestatteten Kirche (P. Luccchese) Deckenfresken des M. Steidl, 1698, Statuen von L. Mattielli, Gemälde von J. v. Sandrart. Hochaltar von A. Beduzzi, 1716/17. An der rechten Seitenwand Deckplatte des Stiftergrabes, 1659. Die Reliquien des hl. Adalbero auf rechtem vorderem Seitenaltar. Neben der Loretokapelle die Sakramentskapelle mit spätgotischer Muttergottes, um 1470, und marmornem Taufbecken. Sakristei und Schatzkammer mit (teilweise) romanischem Adalberokelch und spätgotischem Abtstab. Sommerrefektorium, prächtigster Raum des Stiftes, mit Stuck von D. F. Carlone, um 1708, und Fresken von W. A. Heindl, 1720/40. Kleine Bibliothek, 18. Jh., 40 000 Bände, 800 Handschriften, 145 Inkunabeln. Einziges erhaltenes barockes Schultheater Österreichs im 2. Stock des Abteitraktes mit Dekorationen um 1770. Gemäldesammlung (u. a. restauriertes Stifterbild um 1430). Den frühen Mönchsfriedhof umschließt ein nüchterner, verbauter Kreuzgang mit Barockgemälden vom Leben des hl. Adalbero. Im Südteil des Stiftes Mathematischer Turm, Schaffer- und Traungarten.*

Romanisches Fresko, um 1080. Selbstoffenbarung Christi bei der Heilung des Besessenen in der Synagoge von Kapernaum.

Würzburg zurück und wurde hier 1088 der Gefangene Heinrichs IV. Als Versuche des Kaisers, sich mit ihm zu versöhnen, an seiner Unbeugsamkeit als Bischof scheiterten, zog sich Adalbero in sein Kloster Lambach zurück, besiedelte von ihm aus am 15. Oktober 1089 mit Hilfe seines ebenso verbannten

Freundes Altmann Melk. Im Jahre 1090 starb der fast Achtzigjährige. Freund Altmann setzte ihn in seiner Lambacher Kirche in der Nähe des Hochaltares bei. Tafeln im Lambacher Kreuzgang halten die Lebensstationen des bald »Sanctus« genannten Klosterstifters fest.

Details und Ausschnitte aus den im Läuthaus unter den Türmen befindlichen romanischen Fresken des 11. Jh., die 1957 freigelegt wurden.

Im Zeichen des heiligen Wolfgang

Mondsee, Oberösterreich   Aufgelassenes Benediktinerkloster

Das nach St. Peter und Nonnberg in Salzburg älteste ehemalige Stift Österreichs ist 748 begründet und 1791 aufgelöst worden. Hinter der zweitürmigen Barockfassade verbirgt sich Oberösterreichs größte gotische Kirche. Die ehemaligen Stiftsräume dienen als Schloß, in der Benediktinerkapelle und in dem für Österreich einzigartigen gotischen Bibliotheksraum sind Objekte des Mondseer Heimatmuseums ausgestellt.

LAGE *Östlich Salzburg.*
BESICHTIGUNG *Juni—September täglich 8 Uhr 30—12, 14—18 Uhr.*

Oben: Mondsee um 1600. Stich von Chr. Greutter, 1683.

Rechts: Die geschwungene Scheinfassade entstand nach 1730 und wurde nach dem Großbrand 1774 verändert.

Als der bayerische Agilolfingerherzog Tassilo III. im Jahre 777 Kremsmünster gründete, das Missionskloster, den südöstlichen Stützpunkt seiner Herrschaft, berief er Mönche aus der Mondseer Stiftung seines Vaters aus dem Jahre 748. Mit Besitzungen um den Gebirgssee, im Mattig- und Attergau, zwischen Salzburg und Unterach ausgestattet, war dieses vorbenediktinische Stift in kurzer Zeit zu einem der mächtigsten bayerischen Klöster geworden.

Nach Tassilos Sturz rangierte Mondsee im Rang einer karolingischen Reichsabtei, deren Konvent nach 800 die benediktinische Regel annahm. Als sich 829 der Stiftsbesitz durch Wald- und Landgebiete um den Abersee, den heutigen Wolfgangsee, entscheidend vergrößert hatte, war das Reichskloster zum Rivalen des Erzstiftes Salzburg geworden. Doch verlor Mondsee diese Machtstellung unvermittelt, als Ludwig der Deutsche das Stift 831 samt allen Besitzungen dem Bistum Regensburg schenkte. Die Regensburger Bischöfe setzten Klostervorstände ein und vergaben klösterlichen Grundbesitz nach Belieben. Ein Teil der Mönche verließ Mondsee. 943 zerstörten die Ungarn das frühe Christianisierungs- und Rodungszentrum in dem noch von heidnischen Bayern besetzten Land. An das erste Kloster Mondsee erinnern neben Flur-, Orts- und Familiennamen die um 800 unter Abt Hilitibald angefertigte Übertragung des Matthäusevangeliums ins Bayerische, die »Mondseer Handschrift«.

Eine neue Epoche für das Stift begann, als 976 der Regensburger Bischof Wolfgang, 972—994, kriegerischer Auseinandersetzungen wegen »ins pirg« flüchtete und »zu Mainse im closter« lebte. Die Legende hat den in Pupping nächst Eferding verstorbenen, 1052 heiliggesprochenen Kirchenfürsten zum Einsiedler am Abersee gemacht. Historisch belegbar jedoch ist, daß er Mondsee nach den Satzungen von Gorze reformierte, von hier aus die Erlaufgegend in Niederösterreich missionierte, von Mondsee aus aber vor allem die Rodung und Besiedlung der großen Forste um den Abersee einleitete.

Die Tat des Bischofs wirkte über die Jahrhunderte, verhalf Mondsee wieder zu alter Größe und Eigenständigkeit. Unter dem Reformabt Chunrad II., 1127—1145, erhielt das Stift das Recht der freien Abtwahl und den Großteil seiner Besitzungen zurück. Im 15. Jh. verhalf St. Wolfgang dem Kloster das zweitemal zu einer Vorrangstellung im süddeutschen Raum. Im Zeichen des Heiligen setzte Abt Simon Reuchlin, 1420—1463, in seinem Konvent die »Melker Reform« durch und ließ am See eine St.-Wolfgangs-Kirche errichten. Der Beilwurf des legendären Einsiedlerbischofs Wolfgang verhalf Mondsee dazu, sein Gebiet gegenüber Salzburg abzugrenzen. Die Kirche des Heiligen, seine angebliche Klause, das Seeufer und der Falkenstein waren unantastbare Stätten. Der salzburgische Abersee wurde allmählich ein mondseeischer St.-Wolfgang-See. Erneutes Ansehen erhielt um diese Zeit die schon im 12. Jh. bedeutende Schreibschule Mondsee. Abt Benedikt Eck von Piburg, 1463—1499, Bauherr der neuen Stiftskirche, beschäftigte in seiner graphischen Werkstatt Albrecht Altdorfer. Bei den Brüdern Michael und Friedrich Pacher bestellte er einen Altar für die Wolfgangskirche am See.

Auf Wunsch des Auftraggebers sollte dieser Altar mit Szenen aus dem Leben des Heiligen auf der Außenseite der Flügel — auf der »Werktagseite« — in seinem Schrein und auf den Flügel-Innenseiten das Grundanliegen der »Melker Reform« versinnbildlichen, jedem auf seine Art. Auch der schriftunkundige Pilger mußte ihn »verstehen«.

Aufbau und Bildprogramm des weltberühmten Altars werden durch das Werk

Oben: Die geschnitzten Kirchenstuhlwangen um 1740 charakterisieren die barocke Einrichtung des frühgotischen Gotteshauses mit dem kielbogigen Sakristeiportal um 1487. Fünf der zwölf Altäre, die Kanzel und mehrere Statuen schuf Meinhard Guggenbichler, der »Bildhauer zu Mansee«, 1649 bis 1723. Beichtstühle u. a. stammen aus seiner Werkstatt.

SEHENSWÜRDIGKEITEN *Die ehemalige Stifts- und jetzige Pfarrkirche zum hl. Michael entstand in ihrer ersten Gestalt unter Abt Rudbert, 1072 bis 1115, als dreischiffige Basilika, der später zwei Westtürme angefügt wurden. Das spätgotische Gotteshaus des Regensburger Benediktinerabtes Benedikt II. Eck von Piburg, eine 70 Meter lange und 20 Meter hohe Staffelbasilika mit netzrippengewölbtem vierjochigem Langhaus, nach 1470 errichtet, ist hinter der Turmfassade von 1730 und unter dem Dach von 1774 fast unversehrt erhalten geblieben. Den netzrippengewölbten Hochchor, unter dem die romanische Krypta vermutet wird, erreicht man über 13 Stufen. In ihm sind eines der feierlichsten gotischen Sakristeiportale um 1487 mit spätgotischen Holzstatuen in den Nischen, eine spätgotische Schmiedeeisentür und 1955/56 freigelegte Fresken zu sehen. Die Ausstattung der Kirche wird durch die Altäre, Statuen und die Kanzel des »Bildhauers von Mansee«, Meinhard Guggenbichler, 1678—1723, und dessen Werkstätte bestimmt. Der mächtige Hochaltar, 1626, stammt von Hans Waldburger aus Salzburg. Er steht an der Stelle des gotischen Hochaltars mit den bekannten Tafeln des Meisters von Mondsee und birgt die Gebeine des Reformabtes Chunrad II., der 1145 in Oberwang ermordet wurde. Im Langhaus ist sein Grabstein zu sehen.*

Rechts: Die Form der heutigen Gesamtanlage entstand im letzten Drittel des 15. Jh. und in den Jahrzehnten vor der Aufhebung des Stiftes. Zwischen dem Schloß des Grafen Almeida im Vordergrund, 1776—1780, und der nach dem Brand von 1774 neueingedeckten Kirche liegen die ältesten Trakte mit ehemaligem Kapitelsaal, 1444, der Bibliothek und dem Kreuzganghof. Der Nordturm ist in zwei verschiedenen romanischen Bauperioden unbekannter Datierung entstanden.

und Wort des bedeutendsten Theologen seiner Zeit, des Kardinals und Brixener Bischofs Nikolaus von Cues, 1401—1464, bestimmt.
Unter Abt Wolfgang Haberl († 1521) änderte sich die Stellung des Benediktinerstiftes ähnlich unvermittelt wie im Jahre 837. Als das Mondseerland 1506

an Österreich kam, wurde das Stift Salzburg unterstellt — bis zum Ende des Jahrhunderts. Wenn in der Folge auch Mondseer Mönche Professoren an der Wiener und Salzburger Universität wurden, die Stiftsbibliothek als eine der größten im Lande galt, 1521 hier Österreichs erstes modernes Gymnasium entstand, zwischen 1679 und 1723 nach Thomas Schwanthaler ein Meinrad Guggenbichler im Dienste des Klosters schuf — Mondsee hatte seine alte Bedeutung verloren und wirtschaftete ab.
Noch einmal, 1748, zur Tausendjahrfeier der Klostergründung, versuchte Abt Bernhard Lidl mit barockem Aufwand, die Bedeutung von Österreichs ältestem Stift zu verdeutlichen. 80 000 Gläubige kamen, 25 000 empfingen in der Stiftskirche die Sakramente, Abt Lidl präsentierte seinen Gästen das von ihm verfaßte Chronicon Lunaelacense, eine Sammlung der Klosterurkunden.
Anfang November 1791 wurde das Sift für aufgehoben erklärt. Im Sommer 1792 schaffte man die Bibliotheksbestände, in 35 Kisten und 22 Fässer gestopft, nach Linz, den hier sortierten Rest in 33 Kisten nach Wien.

Die Nonnen und die Menschenfischer

Traunkirchen, Oberösterreich Ehemaliges Benediktinerinnenstift und Jesuitenresidenz

Auf der Klosterinsel mit dem berühmten Friedhof erträumte sich Adalbert Stifter in seinen »Feldblumen« ein »Tusculum«, in dem er der Schönheit leben und »das Reich der Vernunft auf Erden« begründen wollte.

LAGE *Südwestlich Gmunden.*
BESICHTIGUNG *der Kirche und der Kapellen möglich.*

Links: Die ehemaligen Klostergebäude westlich der Kirche entstanden nach dem Brand von 1632. Teile der gotischen Anlage, des alten Nonnenklosters, sind im Mauerwerk enthalten. An die geistliche Vergangenheit erinnern in den heute bewohnten Trakten mit Arkaden nur mehr Einzelheiten wie der »Patergang« und ein Bild von der Gründungsgeschichte des Klosters.

Nächste Seite: Die »Fischerkanzel« in der heutigen Pfarrkirche Mariae Krönung, 1753.

Weder Urkunden noch authentische Berichte geben Auskunft über die Gründung des ältesten Frauenstiftes in Oberösterreich. Ein Bild, das eine der letzten Äbtissinnen 1532 malen ließ, hält die Klostertradition fest: Markgraf Otakar und sein Bruder Liutpold überreichen Maria mit dem Kind das Kirchenmodell. Otakar übergibt seiner Tochter Atha und ihren Nonnen Schlüsselbund und Stab. Im Hintergrund der Szene stürzen Kriegsleute einen heidnischen Opferstein.

Nach dem Niedergang des Frauenklosters belebte eineinhalb Jahrhunderte der Jesuitenorden den heidnischen Felsen im »Lacus felix«, im glücklichen See, wie ihn die Römer seines Fischreichtums wegen genannt hatten. Die Jünger der Gesellschaft Jesu dachten gleichnishaft. Auf der Kanzel der von ihnen neuerbauten Kirche wirft der Apostel Petrus goldene Netze in den See, und Christus gebietet ihm: »Von nun an sollst du Menschenfischer sein!« Seit damals schwimmt jährlich zu Fronleichnam, angeführt von »Himmelsfuhr« und »Gegenfuhr«, eine Flottille von Andachtsbooten auf dem See.

ZUR STIFTSGESCHICHTE *(→ auch Seite 249). Die Grafentochter Atha (→ nebenstehend) mag um 1020 erste Äbtissin des vom Salzburger Nonnberg aus besiedelten, von den steirischen Otakaren reich bedachten Inselklosters gewesen sein. Möglich auch, daß die Inselkirche, Mutterkirche des inneren Salzkammergutes — der Orte Ebensee, Ischl, Hallstatt und Aussee —, über einer heidnischen Kultstätte errichtet wurde. Die kleine Johannesbergkapelle auf dem Felsen gegenüber der jetzigen Pfarrkirche wird heute noch als »Schlupfwinkel heidnischer Seeräuber« ausgewiesen. Der Legende nach hätten Otakar und sein Sohn Luitpolt, Markgrafen von Österreich und Steiermark, die von heidnischen Räubern besetzte Insel belagert. Als sie sich keine Hoffnung mehr machten, sie einzunehmen, erschien nächtlicherweile die Gottesmutter über der Kirche und versprach den Sieg.*

SEHENSWÜRDIGKEITEN *Die ehemalige Kloster- und jetzige Pfarrkirche Mariä Krönung ist von den Jesuiten zwischen 1631 und 1652 errichtet worden. Der Eindruck der Weiträumigkeit der dreischiffigen, sechsjochigen Halle wird durch die Helligkeit verstärkt, die von der Seespiegelung und dem von ihr bedingten Lichteinfall rührt. Der Hochaltar von Franz Preisl entstand 1754, der Seitenaltar im südlichen Chor, mit einem Altargemälde J. G. Schmidts, 1763, im Jahre 1753. Aus diesem Jahr stammt auch die Kanzel, neben der von Fischlham und Gaspoltshofen eine der drei »Fischerkanzeln« Oberösterreichs. Den Schalldeckel des mit üppigen Details ausgestatteten Predigerpodests zieren Muschelmotive und krönt eine Figur des Jesuitenheiligen Franz Xaver. Die übrige Barockausstattung stammt aus der Mitte des 18. Jh. In der Gruft-Kapelle neben dem linken Seitenaltar sind eingemauerte Särge aus den Jahren 1729/72 zu sehen. Im Südosten ist der Kirche die Michaelskapelle angebaut, ein einschiffiges Kirchlein mit einem Altar im Knorpelwerkstil aus der Mitte des 17. Jh. An der Westseite der Kirche, im ehemaligen Klosterhof, finden sich Grabsteine des 16./18. Jh. vom ehemaligen Kreuzgang, u. a. ein Gedenkstein an Hans III. Herzheimer, mit Relief des knienden Ritters, 1508. Der Friedhof östlich der Kirche, in der Romantik vielfach dargestellt, mit schönen schmiedeeisernen Grabkreuzen, wurde zur Zeit des Kirchenneubaues angelegt. Die Johanneskapelle auf der Anhöhe oberhalb des Sees, im 14. Jh. urkundlich, geht wahrscheinlich auf eine frühere heidnische Kultstätte zurück. Der Kalvarienberg entstand Ende des 17. Jh.*

Der Hochzeitskelch des Bayernfürsten

Kremsmünster, Oberösterreich   Benediktinerstift

An jedem 11. Dezember begeht der Konvent von Kremsmünster den »Stiftungstag«. Zwar nicht mehr barock wie vor dem josephinischen Verbot von 1773, wo am Vortag dieses Festes 23 000 Menschen, die zum Kloster gehörten oder nach Kremsmünster kamen, mit Brot und dem Fleisch von hundert geschlachteten Ochsen gespeist wurden, doch nach althergebrachtem feierlichem Ritual. Am Vorabend des Tages versammelt sich die Mönchsgemeinde in der Stiftskirche unter schwarzverhängten Altarbildern um den schwarzen Katafalk mit Herzogskrone und Schwert zur Pontifikal-Vesper. Es ist eine von Orchestermusik umrahmte Totenfeier für den Agilolfingerherzog Tassilo III. von Bayern, 741 bis um 800. Während des Pontifikalrequiems am Stiftertag dient der Hochzeitskelch des Herzogs als Meßkelch. Beim Festmahl an diesem Tag wird der Stiftungsbrief des Bayernfürsten verlesen. Sein Kelch steht zwischen den aus seinem Zepter gefertigten Leuchtern im Refektorium.

Die Stiftung des Bayernherzogs Tassilo aus dem Jahre 777, die heute sechshöfige Klosteranlage mit Sternwarte und Gymnasium, ist anläßlich ihres 1200jährigen Bestandes durchgehend restauriert worden.

LAGE *Nordwestlich Bad Hall.*
BESICHTIGUNG *9—12, 14—17 Uhr.*

Unten: Gunther-Hochgrab mit romanischer Grabplatte, 1300, mit Hifthorn, Eber und Hund.

Oben: Brevier für den Chorgebrauch, 1464.

Rechts: Der »Tassilokelch«. Der Vermählungskelch des Bayernherzogs Tassilo III. mit der langobardischen Königstochter Liutpirc, etwa zwischen 764 und 769 entstanden, ist das kostbare Vermächtnis des Klosterstifters. Der Kelch, etwa 25,5 cm hoch, besteht aus vergoldetem Kupfer mit aufgelöteten Silberplatten. Die Kuppa zeigt neben den Evangelisten Christus mit den Buchstaben I(esus) S(alvator) A(lpha) O(mega). Am Fuß sind Heilige dargestellt, die Fußinschrift lautet: TASSILO DUX FORTIS + LIUTPIRC VIRGA REGALIS, Tassilo, der tapfere Herzog, Liutpirc, die königliche Jungfrau.

Rechte Seite, oben: Das Scheibenkreuz (Flambellum) ist vergoldetes Kupfer und besitzt einen Durchmesser von 28,5 cm. Steine und Beschläge des mit biblischen Darstellungen versehenen, um 1170/80 entstandenen Kreuzes fehlen. Der Fuß als Ständer wurde später hinzugefügt. Es handelt sich wahrscheinlich um ein Vortragskreuz aus dem Besitz Heinrichs des Löwen.

Seit je diente der Hochzeitskelch bei Abtwahlen als Urne. Nach dem Heiliggeist-Amt in der Kirche bewegt sich der Zug der neunzig schwarzen Mönche zur Wahl in den Kapitelsaal. Ihm vorangetragen werden die Tassiloleuchter, in der Zugmitte trägt ein Mönch den Codex millenarius, das über ein Jahrtausend alte Evangelienbuch, auf das die Konventualen den Wahleid ablegen. Der Prior mit dem Tassilokelch beschließt den Zug.

Tassilokelch, Stiftungsurkunde und Tassiloleuchter, die größten Schätze der Abtei — was bedeuten sie, historisch gesehen?

Der Tassilokelch: Tassilo war der Sohn des bayerischen Herzogs Odilo aus dem alten Adelsgeschlecht der Agilolfinger und der Schwester des fränkischen Königs Pippin, Vater Karls des Großen. Mit sechzehn Jahren trat er als Tassilo III. die Herrschaft an. Mit anderen bayerischen Adeligen mußte er 757 auf dem Hoftag zu Compiègne seinem fränkischen Onkel Pippin, einem aus dem Dienstadel emporgestiegenen Herrscher, den Vasalleneid leisten. Sechs Jahre später sagte er sich von seinem Onkel los und regierte 18 Jahre als unabhängiger bayerischer Fürst.

Schon der erste Herzog der Agilolfinger war mit einer langobardischen Königstochter verheiratet gewesen. Im Jahre 769 ehelichte auch Tassilo eine langobardische Königstochter. TASSILO DUX FORTIS + LIUTPIRC VIRGA REGALIS — Tassilo, der tapfere Herzog, Liutpirc, die königliche Jungfrau — ist auf dem Fuß des Hochzeitskelches eingeprägt, den der Fürst zur Feier des Bündnisses Bayern mit dem langobardischen Königtum, der »Lombardei«, hatte anfertigen lassen.

Die Stiftungsurkunde: Tassilo hatte sich mit dem Langobardenkönig verbündet, um den wachsenden Ansprüchen der karolingischen Verwandten widerstehen zu können. Nach dem Tode seines Onkels Pippin, 768, nannte sich Tassilo Herzog. 772 feierte er den für das Land bedeutsamen Sieg über die heidnischen Karantanen, im selben Jahre taufte und salbte Papst Hadrian I. seinen Sohn Theodo. Der große Dom zu Salzburg, den Bischof Virgil 774 weihte, war nach langobardischem Vorbild erbaut und möglicherweise als »Krönungskirche« für Tassilo gedacht. Doch im selben Jahr schlug Karl der Große den Langobardenkönig. Fünf Jahre nach dem Sieg über die Karantanen gründete Tassilo als Zentrum der Slawenmission, aber auch als Stützpunkt seiner gefährdeten Herrschaft das Kloster Kremsmünster. Die Eingangsworte der Stiftungsurkunde lauten: »Unter der ewigen Herrschaft des Herrn Jesus Christus, der von dem Himmelsgewölbe herabzusteigen sich gewürdigt hat in den Schoß der Jungfrau und dann in die Krippe, von der Krippe zum Kreuze, vom Kreuze ins Grab, vom Grab in den Tartarus. Vom Tartarus ging er zurück in den Äther, während zwei Männer in weißen Gewändern dabeistanden als Zeugen, um am Ende der Zeiten wiederzukommen zum Gericht. Im Gericht wird jeder einzeln für sein Tun Vergeltung empfangen, die Ungerechten werden zur Bestrafung geschickt, die Gerechten aber zum ewigen Leben. Diese Vergeltung hat kein Ende, weder im Bösen noch im Guten. Deshalb, um der ewigen Liebe und schrecklichen Furcht willen, damit ich das Verbleiben beim Teufel zu vermeiden vermag und würdig werde, das Verbleiben mit Christus zu haben, habe ich, Tassilo, ein berühmter Mann, Herzog von Bayern, im dreißigsten Jahre meines Herzogtums in meinem Geist überlegt, daß ich von dem, was mir der Herr zu gewähren sich gewürdigt hat, für mich selbst Gott etwas übertrage ... Ich habe das Kloster erbaut am Fluß genannt Krems zu Ehren des heiligen Erlösers ...«

ZUR STIFTSGESCHICHTE *(→ auch Seite 202). 777 vom bayerischen Agilolfingerherzog Tassilo III. gegründet und von Mönchen aus Mondsee besiedelt. Nach der Gründungssage errichtete Herzog Tassilo das Stift an der Stelle, an der ein Eber seinen Sohn Gunther während der Jagd tödlich verletzt hatte. Nach dem Sturz Tassilos, 788, Königsabtei. Im 10. Jh., nach dem Ungarnsturm, passauisches Eigenkloster. Seit 1232 Bau der romanischen Stiftskirche. Unter den Äbten Friedrich von Aich, 1275—1325, und Ernest von Ottsdorf, 1349—1360, Vollendung des Bauwerkes. Bedeutende mittelalterliche Schreibschule, Historiograph Berthold (»Bernardus Norikus«). Im 15. Jh. Einführung der »Melker Reform«. 1549 entwickelte sich aus der alten Lateinschule das Gymnasium. Unter den Äbten Alexander a Lacu, 1601—1613, und Anton Wolfradt, 1613—1639 (später Fürstbischof von Wien), Durchbruch und Erneuerung nach der Reformation. Unter Erenbert Schreyvogel, 1669—1703, barocker Ausbau. Benediktinerdichter Simon Rettenpacher († 1706). Unter den Äbten Georg Straßer und Alexander Fixlmillner, zwischen 1709 und 1759 entstanden Biblio-*

thek, Kaisersaal, Fischbehälter und Sternwarte. 1891 Neubau des Gymnasiums, zu dessen Schülern u. a. auch Adalbert Stifter gehörte. 1941—1945 aufgehoben.

SEHENSWÜRDIGKEITEN *Die sechshöfige Gesamtanlage mit zwei Meierhöfen, den Fischbehältern (→ nebenstehend) und Gymnasium. Stiftskirche Göttlicher Heiland und hl. Agapitus. Dreischiffige spätromanisch-frühgotische Basilika aus dem 13. Jh., nach 1680 von Carlo Antonio Carlone barockisiert. Stuckdekorationen von G. B. Colombo, G. B. Barberini u. a. Fresken der Brüder Grabenberger. Ausstattung 1682 bis 1720. Altäre mit 18 Marmorengeln von Michael Zürn d. J., 1682—1686. Hochaltar, 1712, mit Kupfertabernakel (J. Prandtauer ?) und Gemälde von J. W. A. Wolf. An Festtagen werden die Mittelpfeiler mit Bildteppichen von Reydams, 1551, umhüllt. In den Seitenschiffen Läuthäuser mit Kreuzrippengewölben und spätromanisch-frühgotischen Bündelpfeilern. Im südlichen Läuthaus das Gunthergrab (→ Seite 85). Schauräume: Kaisersaal mit Fresken von M. Steidl, 1696, Stuck von D. F. Carlone, 1789, und Habsburgerbildern von M. Altomonte. Bibliothek mit über 100 000 Bänden, 416 Handschriften, 792 Inkunabeln. Kunstsammlungen: Zimelienraum mit → Tassilokelch, Tassiloleuchtern und → Scheibenkreuz sowie dem Codex millenarius, einer prachtvollen, um 800 entstandenen Evangelienhandschrift. Galerie in fünf Räumen mit Werken der Gotik, Renaissance und des Barock. Wolfradt-*

Die Tassiloleuchter: 781 hatte sich Karl der Große mit Papst Hadrian in Rom über ein gemeinsames Vorgehen gegen Tassilo verständigt. Der Bayernfürst mußte den Vasalleneid von Compiègne erneuern, aber er gab nicht auf. 787 lagerte er mit seinem Heer bei Augsburg. »Wie nun Herzog Tassilo III. erkannte«, heißt es in dem zeitgenössischen Bericht, »daß er von allen Seiten umschlossen war, und mit ansah, wie die Bayern alle dem König Karl treuer waren als ihm und das Recht des erwähnten Königs anerkannten . . ., da kam er, von allen Seiten gezwungen, persönlich (auf das Lechfeld), gab sich dem König als Vasall in die Hände, erstattete ihm das von König Pippin übertragene Herzogtum zurück und gestand, in allem gefehlt und übelgetan zu haben.«

Saal, Biedermeierzimmer mit Schnupftabakdosensammlung. Kunstkammer mit Raritätenkabinett. Waffenkammer mit »Türkenbeute«, Paramentenzimmer. Die siebenstöckige, 50 Meter hohe Sternwarte, das erste Hochhaus Europas, 1748—1758 als Observatorium und Universalmuseum erbaut, ist 1974 bis 1977 umfassend restauriert und mit Neuaufstellungen in allen Stockwerken versehen worden.

Oben: Während der Fassadenrestaurierung im Jahre 1972 wurden die spätromanischen Fenstergewände des in den Konventgarten ragenden Dreiapsidenchores der Stiftskirche freigelegt.

Links: Die von Carlo Carlone und Jakob Prandtauer um 1717 errichteten, 70 Meter langen barocken Fischbehälter. Fünf Wasserbecken mit Neptun-, Tobias-, Petrus-Statuen u. a. sowie Jagdtrophäen aus den Stiftswäldern.

Andere Darstellungen wissen zu berichten, Tassilo habe auch ein Zepter ausgeliefert. Es wird angenommen, daß der Fürst seinen Hochzeitskelch und dieses Zepter, um sie vor Zugriffen zu bewahren, rechtzeitig in sein Stift Kremsmünster bringen ließ. Dort wurden aus dem Zepter zwei Leuchter angefertigt.
Tassilo endete, »zum Mönch geschoren«, im Kloster Jumièges bei Rouen, wohin ihn Karl der Große verbannt hatte. Sein »Epitaphium« lautet: Tassilo, erst Herzog, dann König, am Ende Mönch, gestorben am 11. Dezember. Wir kennen das Todesjahr nicht, doch mag der bayerische Tassilo 13 Tage vor jenem 24. Dezember gestorben sein, an dem der fränkische Karl in Rom vom Papst zum Kaiser des Heiligen Römischen Reiches gekrönt wurde.

Die Gegenreformation

Schlierbach, Oberösterreich Zisterzienserstift

Der nach außenhin schmucklose nüchterne Stiftskomplex birgt einen der prachtvollsten Kirchenräume Österreichs.

LAGE *Südlich Kremsmünster.*
BESICHTIGUNG *10 und 15 Uhr, sonntags auch 14 Uhr.*

Oben: Rechts von der Stiftskirche Kreuzgarten mit Marienkapelle, Refektorium und Kapitelsaal. Links der Kirche Prälaten-(Kirchen-)Hof mit Schul-Kolleggebäuden und Abteiturm. Nach Westen zu offener äußerer Stiftshof (Johanneshof) mit dem Bernhardisaal im östlichen Trakt und der Winterschule (landwirtschaftliche Fachschule). Im Vordergrund der Wirtschaftshof (mit Glasmalerwerkstätte) und Betriebsgebäuden. Im Hintergrund links neben dem (freistehenden) Kirchturm das Dach der Bibliothek.

Rechte Seite: Der stucküberladene Chor der Stiftskirche mit dem Hochaltar von C. A. Carlone und dem Altargemälde von F. W. Tamm, 1701, Statuen von J. v. Grießmayr und Kanzel, 1695.

Am 28. April 1616 hatte der Generalvikar der Zisterzienserklöster in Österreich, Steiermark, Kärnten, Krain und Tirol, Abt Matthias von Rein, den Auftrag erhalten, das nun schon über ein halbes Jahrhundert unbesiedelte Stift Schlierbach dem Orden zurückzugewinnen. Es sollte jedoch nicht mehr mit Nonnen, sondern mit Mönchen besetzt werden. Da Abt Matthias einen Klosterneubeginn in dem durch und durch protestantischen Kremstal erst für erfolgversprechend hielt, als sein Landesfürst, Erzherzog Ferdinand, 1619 in Wien den Kaiserthron bestiegen und sich als konzessionsloser Verteidiger seines Glaubens erwiesen hatte, zogen erst am 20. Mai 1620, am Samstag vor dem Sonntag Jubilate, drei Zisterzienserpatres in Begleitung eines jungen Grazers über den Pyhrn, durch Windischgarsten und Kirchdorf ihrer neuen Wirkensstätte entgegen. Auf zwei Wagen führten sie notwendiges kirchliches und profanes Gerät mit sich.

Der Anfang in den leerstehenden, zum Teil ruinösen Gebäuden war mühselig genug. Doch konnte der im Juli 1621 zum ersten Schlierbacher Abt gewählte Prior von Rein, Wolfgang Sommer, in würdigem Rahmen inthronisiert werden, der kleine Konvent bezog bereits adaptierte Räume. Noch im Monat seiner Inthronisation konnte Abt Wolfgang als neuer Grundherr es auch wagen, die durch die Ereignisse der Jahre 1619/20, durch die neugebildeten Reformationskommissionen eingeschüchterten einstigen Stiftsuntertanen zur Huldigung aufzufordern und die bisher von einem Praedikanten verwaltete stiftische Pfarre Kirchdorf mit einem Pater als Vikar zu besetzen.

Da sich die Kirchdorfer, wie erwartet, weigerten, den neuen Grundherrn anzuerkennen, wandte sich Abt Wolfgang, auf die kaiserlichen Erlässe gestützt, an die Reformationskommission des Landes. Obwohl sie sich für den auf bambergischen Gebiet liegenden Schlierbacher Sprengel als für nicht zuständig erklärte, war sie bereit, nachzuhelfen. Es kam zu schon gewohnten Szenen: man schleppte die Leute aus ihren Häusern, bedrohte und traktierte sie mit Schlägen, verhängte über einige zur Abschreckung Strafen, bemächtigte sich in Abwesenheit ihrer Männer der Frauen ...

Im Bewußtsein, vom Kaiser hier als Vorkämpfer des katholischen Glaubens eingesetzt zu sein, walteten die Zisterzienser ihres Amtes. Als ein kaiserliches Mandat im Sommer 1624 Praedikanten und protestantische Schullehrer aufforderte, binnen acht Tagen das Land zu verlassen, hatte Abt Wolfgang mit Hilfe benachbarter Klöster bereits auch die Pfarre Wartberg neu besetzt. Es war jedoch nur ein kleiner Kreis Rechtgläubiger, der sich mit ihm um die Durchsetzung der alten Ordnung bemühte. Der weitaus größte Teil der Kirchdorfer und Wartberger lief »in den Winkel«, die Kirchen blieben leer.

Von Land und Bistum dazu aufgefordert, ihre Untertanen vor die Entscheidung zu stellen: wieder rechtgläubig zu werden oder auszuwandern, unterzogen Abt und Marktrichter im Dezember 1625 die Klosteruntertanen einem Verhör. Aus Aufzeichnungen ist zu entnehmen: Der Sengschmidt, der alte Prieglmiller, der Mitterbauer und auch der Haslinger mit seinen Weibern waren bereit, sich von den Patres »mündtern«, aufmuntern, auch unterweisen zu

SALVE
REGINA

ZUR STIFTSGESCHICHTE *(→ auch Seite 238). 1355 von Eberhard V. von Wallsee in seiner kleinen Burg gestiftetes Frauenkloster mit Nonnen aus der schwäbischen Zisterzienserabtei Baindt besiedelt. 1558 aufgelöst. Nach verschiedentlichen Administrationen 1620 Neubesiedlung durch Zisterzienser aus Rein (→ Darstellung Seite 91/93). Ausbau der Kirche und der Stiftsgebäude unter den Äbten Nivard I., Geyrsegger, Benedikt Rieger und Nivard II. Dierer, 1672—1712. Wirtschaftliche Blüte unter Abt Chr. Stadler († 1740). Niedergang im 19. Jh. 1815 Sequestration. 1825 Brand des Meierhofes. Wiederaufstieg unter Abt Haselroither († 1917). Entwicklung zur heutigen Prosperität seit Abt Alois Wiesinger, 1917—1955.*

SEHENSWÜRDIGKEITEN *Stiftskirche Mariae Himmelfahrt und hl. Jakobus d. Ä., 1680—1683. P. F. und C. A. Carlone. Bedeutende Außenfront (Prälatenhof). Ausstattung Ende 17., Anfang 18. Jh. mit Stuck und überlebensgroßen Figuren sowie Fresken von Giov. Batt. Carlone. Hochaltar 1685/1700 von C. A. Carlone (→ Seite 91). Bernhardaltar Ende 17. Jh. mit Gemälden von Michael Rottmayr. Kanzel 1695. Kirchengestühl um 1700. Stiftsgebäude, 1674—1712. Bernhardisaal (Festsaal) mit Stukkaturen, großem Deckenfresko, Verherrlichung der Kunst darstellend, Fresken und gemalten Kaiserstatuen sowie Ölgemälden mit gekrönten Heiligen. Marmortüren und Marmorkamin. Konventgebäude mit Kreuzgang und Marienkapelle mit Schlierbacher Madonna. Bibliothek über kreuzförmigem Grundriß, 1712, J. Michael Prunner (fraglich), mit umlaufender Galerie, Decken- und Kuppelfresko. 30 000 Bände, 176 Handschriften, 94 Inkunabeln. Schlierbach besitzt Teile der Bibliothek des Job Hartmann Enenkl, † 1627, Herr auf Schloß Albrechtsberg bei Loosdorf in NÖ.*

lassen. Der alte Kastenmüller und der alte Lehner, der junge Gruber wollten sich dem Stift »resolvieren« und Ostern die Beichtzettel abgeben. Der Astlmüller und Fleischhacker von Wartberg mit Weib und Gesinde erbaten sich 8 bis 14 Tage Bedenkzeit. Der siebzigjährige Gruber, der achtzigjährige Zwieselberger, der Zimmermannssohn zu Nußberg, der Wolf vom Badhaus jedoch wollten mit vielen anderen außer Landes gehen.
Noch im Januar erhielten die meisten ihre Ausweisungsbefehle, obwohl sie in einer Erklärung versicherten, sie wollten »sich bei ihrer evangelischen christlichen Lehre und gegen die Obrigkeit unärgerlich verhalten ...«, es fiele ihnen jedoch schwer, »... aus dem Herzen zu lassen, was man aus Gottes Wort gelernt« habe, erging am 26. Februar 1626 das Edikt, das Vermögen der Auswanderer aufzunehmen.
Vier Monate unterbrachen die Bauernhaufen des Stefan Fadinger das Austreibungsgeschäft. Die Zisterzienserpatres flüchteten nach Rein. Nur Prior Markus Codriacus im Stift und der Kirchdorfer Vikar Christoph Feldner mit seinem Kaplan blieben auf ihren Posten. Es geschah ihnen nichts. Am 2. Juni 1626 zogen fünfhundert Bauern durch Kirchdorf, am 24. August durchsuchten kaiserliche Reiter die Häuser und nahmen die Rädelsführer gefangen. Noch im gleichen Herbst mußte auswandern, wer sich evangelisch bekannte. Jeder Auswanderer hatte 100 Gulden »Fluchtsteuer« zu zahlen.

Oben: Die Orgel ist zwischen 1764 und 1770 von Valentin Hochleitner aus Spital am Pyhrn erbaut worden. Das Werk wurde 1899 erneuert, das Gehäuse im Rahmen der Gesamtrestaurierung in den Jahren 1973/75.

Linke Seite: Die »Schlierbacher Madonna«, um 1330, brachten die ersten Nonnen aus ihrem Heimatkloster Baindt mit.

Die Stiftsburg im Joglland

Vorau, Steiermark Chorherrenstift

Durch alle Jahrhunderte geistige und kulturelle Mitte des Wechselgaues, wehrhafter Zufluchtsort vor Ungarn, Türken, Hajduken und Kuruzzen, war die Klosterburg in der nördlichen Oststeiermark auch 1945 noch einmal Ort schwerer Kämpfe.

Als am 21. November 1237 Flammen aus einem der Klostertrakte schlugen, eilte Propst Benedikt ins brennende Gebäude, um zu retten, was zu retten war. Während er in atemloser Eile Handschriften, Urkunden und Wertgegenstände aus den Fenstern ins Freie warf, übersah er, daß ihm die Flammen jeden Rückweg versperrten und sein Ordensgewand ergriffen hatten. Erschöpft und gottergeben erwartete er den Tod.

Benedikts tödlicher Eifer rettete neben manchem auch jene Sammelhandschrift,

LAGE *Südlich Friedberg am Wechsel.*
BESICHTIGUNG *Stiftskirche täglich, Bibliothek nach Anmeldung.*

Oben: Die Gründung des Markgrafen von Steier, Otakars III., aus dem Jahre 1163 ist nach 1458 mit Graben, Mauern und 15 Türmen befestigt worden. Nach dem Niedergang im 16. Jh. entstanden nach 1619 die Trakte und Wirtschaftsgebäude um den großen Vorhof. Der Klausurtrakt rechts der Kirche ist nach 1625, Prälatur und Bibliothek links von ihr sind zwischen 1692 und 1733 errichtet worden. Die Stiftspfarrkirche stammt aus den Jahren 1660/62, ihre Ausstattung aus dem 18. Jh.

die sein Vorgänger und Namensbruder, Propst Benedikt I., nach 1190 angefertigt hatte. Über sie erhielt die Nachwelt die einzige umfassende Kunde von frühmittelalterlicher Dichtung. Neben einer Anzahl geistlicher Werke enthält dieser Codex 276 u. a. die »Kaiserchronik«, eine kleine Weltgeschichte vom römischen Cäsar bis zum zweiten Kreuzzug, die Taten Alexanders des Großen, wie sie der Pfaffe Lambrecht, die Taten Kaiser Friedrichs Barbarossa, wie sie der Bischof Otto von Freising aufgezeichnet hatte.

Mönche betrachten Bücher als ihre eigentlichen Waffen und reimen das Wort Bibliothek — Armarium — mit dem Wort Waffenkammer — Armamentarium. Ein Kloster ohne Büchersaal ist eine Festung ohne Arsenal — »Claustrum sine armario est castrum sine armamentario«, heißt eines ihrer Sprichwörter. Es trifft besonders auf Vorau zu. Keiner der bedeutenden Pröpste und Ordensleute des Stiftes ließ auf seinem Weg nach dem himmlischen Vaterland das

Oben: Der Freskenschmuck der Emporen und der zehn Seitenkapellen in der einschiffigen barocken Stiftskirche zum hl. Thomas ist nach 1700 von Johann Kaspar Waginger geschaffen worden. Sie stellen Jesus als Welterlöser dar.

Links: Der 24 Meter lange Raum mit der Doppelwendeltreppe zum ehemaligen Handschriftenzimmer ist um 1730 entstanden und 1767 mit den Rokokoschränken ausgestattet worden. Sie fassen 17 000 Bände. 20 000 weitere Bände, die 415 Handschriften und 206 Inkunabeln sind in anderen Räumen untergebracht. Die Deckengemälde der Bibliothek symbolisieren Philosophie, Theologie und Aszetik, Fresken und Medaillons an den Wänden zeigen Propheten, Evangelisten, Kirchenväter, Chorherren und sind zum Teil mit Sprüchen versehen. Links ein drehbares Chorpult mit Einlegearbeiten, zwischen der Wendeltreppe eine der parabolisch ausgehöhlten Schallmuscheln, durch die man sich, ohne von anderen gehört zu werden, verständigen kann.

Unten: Im Lindenhain westlich des Stiftes steht das unter dem Propst F. Sebastian Graf von Webersberg 1721 errichtete Gartenhaus. Von C. Hackhofer bemalt, war es als geistiger Erholungsort für die Chorherren gedacht.

ZUR STIFTSGESCHICHTE *(→ auch Seite 251). 1163 auf dem Besitz Otakars III. von Steyr durch den Salzburger Erz-*

Chronogramm über einem der Stiftsportale außer acht, das zum Besuch des geistigen Zeughauses aufforderte: »Geh ohne Zögern hinein, Erfreue dich heiterer Stunden, Öfters nur komme hierher, Weisheit wird dir zuteil!« Keiner von ihnen jedoch, von Benedikt I. bis zum vielumstrittenen Vorauer Chorherrn Ottokar Kernstock, 1848—1928, hat es je versäumt, mit diesen Waffen auch dem irdischen Vaterland zu dienen.

Zu allen Zeiten besaß die Klosterburg ebenso ein wohlgefülltes Armamentarium und Herren, die sich aufs Kriegshandwerk verstanden. In den Jahren, als es jährlich mehrmals Kuruzzen-Alarm in dieser Gegend gab, lagen in der Rüstkammer des Stiftes neben etwa 150 Flinten, 88 Musketen, 48 Doppelhacken,

über 50 »geschifften« Karabinern, »Feuerröhren« mit Luntenschlössern und sonstigem Gerät auch 97 »Pallaschen« (lange Kampfschwerter). 1704, als die ungarischen Rebellen mit ihrem Anführer Károlyi schon bis zum Kringwald beim Stift vorgedrungen waren, stellte sich ihnen der Chorherr Raimund von Adenshofen mit einem Bürger- und Bauernaufgebot entgegen. Der Hauptmann im Chorherrenkleid kehrte als verwundeter Sieger mit Beute in seine geistliche Burg zurück.

Am 16. April 1945 besetzten russische Einheiten das verlassene Stift. Sie wurden sieben Tage später von deutschen Truppen wieder vertrieben. Erst der Waffenstillstand vom 8. Mai 1945 beendete die Kämpfe um die Klosterburg.

bischof Eberhard I. gegründet. Von Salzburg und Seckau besiedelt. Unter Propst Bernhard I. im 12. Jh. eine der berühmtesten Schreibschulen Österreichs. Vorauer Sammelhandschrift (vor 1190). Gründung des Marktes. 1237 Großbrand. Im 13. Jh. umkämpfter Besitz. Seit 1458 befestigt. 1504 Besiedlung von → Pöllau. Nach Niedergang im 16. Jh. Wiederaufstieg seit Propst Perfall, 1593—1615. Entstehung der heutigen Anlage 1619—1731. 1940 aufgehoben. Durch mehrmaligen Besitzwechsel bei Kämpfen im April 1945 teilweise Zerstörung der Anlage. Wiederaufbau nach dem Zweiten Weltkrieg.

SEHENSWÜRDIGKEITEN *Prälatenhof und Klausurhof mit altem Brunnen (1370 gegraben), schöne barocke Eisenhaube. Stifts- und Pfarrkirche zum hl. Thomas, vollständiger Neubau 1660 bis 1662 durch Domenico Sciassia, mit Ausnahme der Türme. Über 60 Meter lange Wandpfeilerkirche mit zehn Seitenaltären und Emporen (→ Seite 95) und hochbarocker Ausstattung, 1700—1740. Überreiche vergoldete Holzschnitzereien und Fresken mit den Themen Christus in der Verheißung, auf Erden und in der Verherrlichung. Prächtiger Hochaltar und prunkvolle Kanzel von Matthias Steinl. Sakristei mit bizarrer Ausstattung durch Cyriak Hackhofer, 1675—1731. Von ihm sind ebenso der Kapitelsaal (Winterchor) und das Refektorium ausgestattet. Prälatur und Fürstenzimmer besitzen prächtige Stuckdecken und Gemälde. Bibliothek (→ Seite 94/95).*

Links: Der südliche (rechte) Turm stammt in seinen unteren Geschossen von der romanischen St.-Thomas-Kirche, die 1149 geweiht und nach dem Brand von 1237 um 1300 wiedererrichtet wurde. Sein Obergeschoß erhielt er im 15. Jh. Der linke Turm entstand 1597.

St. Peter abgeschaut

Pöllau, Steiermark   Ehemaliges Augustiner-Chorherrenstift

Der imposante ehemalige Stiftskomplex im Saifental entstand an der Stelle einer alten Wasserburg (Bild unten).

LAGE *Westlich Hartberg.*
BESICHTIGUNG *der Kirche möglich.*

ZUR STIFTSGESCHICHTE → *Seite 220.*

Als Propst J. E. von Ortenhofen um 1700 einen Kirchenbau plante, der den von seinem Vorgänger errichteten mächtigen Stiftsgebäuden entsprechen sollte, beriet ihn der Stiftszögling Matthias aus Gleisdorf. Der talentierte junge Mann war, mit Plänen in der Tasche, von einer Bildungsreise aus Rom zurückgekehrt. Mit Hilfe Joachim Carlones entstand nach dem Vorbild von St. Peter in Rom bis 1712 der Kuppelbau. »Matthias von Görz«, der Stiftszögling, stattete ihn mit Fresken aus. Die Altargemälde schufen M. Altomonte und C. Hackhofer.

Späte Nonnen- und frühe Schloßfräulein-Gotik

Göß, Steiermark   Ehemaliges Benediktinerinnenstift

Soviel man nach ihm forschte, der Name des Baumeisters von Österreichs »bedeutendstem Werk der Spätgotik« blieb bisher unbekannt. Was ihn, einen Zeitgenossen der späten Maximilianischen Epoche, zum heiter-beschwingten Gotestempel mit elegant gedrehten Säulen und Pfeilern, weich in die Gewölbe gelegten Rippenbögen und launigem Spiralwerk inspirierte, erscheint vordergründig. Es waren die Zeit und die Mode, vielleicht auch ein konkreter Blick auf jene zarte Jungfräulichkeit, die bei den Gösser Adels-Nonnen aus und ein ging: »Lauter Graffen-Herren-Ritter- und Adels-Döchter«, hier zur »Sitti-

An das einst vielleicht großartigste spätgotische Stift Österreichs erinnern heute noch Kirche, Kapelle und der »Gösser Ornat«.

LAGE *Am südlichen Stadtrand von Leoben.*
BESICHTIGUNG *Nach Anmeldung.*

Zu Seite 99: Im Hof Apsis der Stiftskirche mit Michaelskapelle. Links Turm der ehemaligen Pfarrkirche, davor Torturm.

gung« der hohen Stände gehalten und erzogen. Die lichtdurchflutete, bis in ihre Winkel hinein bewegte, auf spielerische Effekte mit Licht und Schatten angelegte Kirchenhalle von Göß atmet den modischen Geist jener Zeit; erzählt etwas von späten Nonnen und dem frühen Schloßfräulein. Das ziert sich nach

ZUR STIFTSGESCHICHTE *(→ auch Seite 186).*

Oben und rechts: Die ehemalige Stiftskirche Hl. Maria und Margaretha, seit 1782 Pfarrkirche Hl. Andreas, ist eine im 14. und 16. Jh. veränderte frühromanische dreischiffige Basilika.

SEHENSWÜRDIGKEITEN *Mit Maß- und Stabwerk umrahmtes Südportal. Fresken des 14. Jh. Einrichtung des 18. Jh. Krypta aus dem 11. Jh. Bischofs-(Michaeli-)Kapelle, 1271—1283, ältester frühgotischer Bau der Steiermark mit ungewöhnlichen Wand- und Gewölbemalereien, um 1250. Von der alten Pfarrkirche Hl. Andreas, 1060—1088, steht noch der gotische Turm. Der Gösser Ornat, 13. Jh., wird im Österreichischen Museum für angewandte Kunst in Wien aufbewahrt.*

oben, um elegant zu wirken, gibt sich zierlich leicht, wo die Schwere noch drückt; schwebt im Gewölbe wie ziehendes Gewölk, kringelt, ringelt und schlängelt sich auf Emporen zu Blumenkelchen und Schmetterlingsflügeln — nur um überall würdig und fromm zu erscheinen.

Um so beschämender das Elend von soviel heiterer Jahrhunderteleganz und Größe im Jahre 1782. »Unverstand, Raffgier, Schlamperei und wieder Unverstand« waren es nach der Meinung eines Experten, der die Hälfte der Stiftsgebäude und alle die zahllosen transportablen Kostbarkeiten von Göß zum Opfer fielen.

Das wertlose Papier

Stainz, Steiermark Ehemaliges Augustiner-Chorherrenstift

Die malerische Klosteranlage oberhalb von Stainz, das heutige Schloß der Grafen von Meran, bewohnte nach 1850 Erzherzog Johann, erster frei gewählter Bürgermeister des Marktes.

LAGE *Nordöstlich Deutschlandsberg.*
BESICHTIGUNG *der Stiftskirche möglich. Sammlungen des Steiermärkischen Landesmuseums: Mo, Do, Sa, So.*

Oben: Im 18. Jh. versah man die frühbarock ausgestattete gotische Kirche mit Rokoko-Seitenaltären und mit der figurenreichen Kanzel.

Oben links: Die in ihrem Innenraum mit Stuck und Gemälden überladene Kirche erscheint nach außenhin als ein völlig schmuckloses Gotteshaus.

Am 18. Mai 1785 erschien Kreishauptmann Wolf Graf Stubenberg mit einigen Beamten im Stift, um »das Vermögen zu revidieren«. Erst am 9. Juli eröffnete er dem Konvent den Zweck seiner Amtshandlung: die Aufhebung des Stiftes. Nur Wertgegenstände interessierten die Aufhebungskommission. Archive, Akten, Pandekten, zum Teil auch mittelalterliche Handschriften waren für sie »wertloses Papier«. So verlor Stainz seine gesamten archivalischen Bestände, aus denen man Näheres über Gründung und Entwicklung der Chorherrensiedlung, über die Ausstattung der Gebäude, über die Namen der beim Bau beteiligten Künstler hätte entnehmen können.

ZUR STIFTSGESCHICHTE → *Seite 247.*

Das Nonnenkloster in Sefer Paschas Schloß

Bertholdstein, Steiermark   Benediktinerstift St. Gabriel

Im oststeirischen Benediktinerinnen-Burgschloß an der Raab wird sommersüber »Elementares Malen« gelehrt.

LAGE *Östlich Feldbach bei Fehring.*
BESICHTIGUNG *für Gäste und Teilnehmer an den vom Stift veranstalteten Kursen.*

Oben: Den Namen erhielt die Grenzburg des 12. Jh. nach dem Truchsessen Berthold von Emmerberg. Er soll sich in der Marchfeldschlacht von 1278 am Böhmenkönig Ottokar Přemysl gerächt haben. Im 17. Jh. wurde dem einstigen Palas der Burg mit kleinem Hof und Bergfried — dem späteren Minarett des Grafen Koszielsky (am oberen Bildrand) — eine befestigte Vorburg mit Wehrmauern und Türmen vorgebaut.

1578 war die alte Türken- und Ungarnfeste der Emmerberger zum Schloß der Herren von Lengheim geworden. 1871 ließ sich Graf Ladislaus Koszielsky »Pertlstein« zum originellen Sommersitz ausbauen. Als »Sefer Pascha« hatte der weitgereiste Adelige Jahrzehnte hindurch in Diensten des türkischen Sultans gestanden. Um in der neuen oststeirischen Heimat die gewohnte Umgebung nicht gänzlich entbehren zu müssen, ließ er die Schloßräume mit Schätzen seiner reichen Orientalica-Sammlung vollstellen und versäumte es auch nicht, den Sommersitz mit einem Minarett-Turm auszustatten. Das nach Koszielsky verödete Schloß — bei einer Verfilmung von Kafkas »Schloß« diente es vor einiger Zeit als Kulisse — erwarben 1918 die Benediktinerinnen von St. Gabriel in Prag.

Das böhmische Benediktinerinnenkloster am Hang des Weißen Berges war 1888/89 von der Beuroner Benediktinerkongregation in Prag-Smichov mit Hilfe der Benediktinerinnen vom Salzburger → Nonnberg besiedelt und als exemte Abtei konstituiert worden. Die geistlichen Frauen unter Äbtissin Adelgundis Berlinghoff widmeten sich der Pflege des Gregorianischen Choralgesanges und richteten einen der Beuroner Kunstschule verpflichteten Atelierbetrieb ein. Nach dem Zusammenbruch der österreichisch-ungarischen Monarchie sahen sich die Klosterinsassinnen zur Emigration gezwungen.

Das neue St. Gabriel zu Bertholdstein in der Steiermark wurde zwischen den beiden Weltkriegen der Beuroner Kongregation inkorporiert. Verdienste erwarb sich das Frauenstift in dieser Zeit durch seine Klostergründung St. Erentraud bei Ravensburg im Württembergischen. Als der NS-Staat 1941 Schloß Bertholdstein beschlagnahmte und das Kloster aufgelöst wurde, bewohnten es 112 geistliche Schwestern. Während der Kriegsjahre bis 1945 gingen der größte Teil der Klosterbestände, die Paramente und fast das gesamte Archiv von St. Gabriel verloren.

Schon im Januar 1946 hatte sich die in Wien und Wiener Neustadt, in Beuron und Freistadt im Breisgau verstreute Benediktinerinnen-Kommunität fast vollständig wieder zusammengefunden. Schloß Bertholdstein wurde neu ausgestattet und eingerichtet. In der vorbildlich restaurierten spätgotischen Schloßkapelle, die man über einen Aufgang neben dem Hauptportal erreicht, finden öffentliche Gottesdienste statt. Der größte Teil des Schlosses, auch der langgestreckte prächtige Arkadenhof, gehört jedoch zur Klausur und ist für die Allgemeinheit nicht zugänglich. Die von den Benediktinerinnen reich ausgestattete Chorkapelle, in der sich der Konvent täglich mehrmals zum Chorgebet einfindet, ist mit von Nonnen entworfenen und selbst hergestellten Glasgemälden versehen. Die Bibliothek umfaßt heute etwa 11 000 Bände. Ihre wertvollsten Bestände sind während des Zweiten Weltkrieges verlorengegangen.

In Fortsetzung des Prager Atelierbetriebes veranstaltet auch das steirische Benediktinerinnenstift St. Gabriel auf Bertholdstein heute Mal- und Kunstkurse. In zeitnaher Form lehrt Schwester Basilia Gürth in einem im Gästetrakt des Schlosses eingerichteten Atelier, sommersüber im Klostergarten, etwas wie »Elementares Malen«.

Das steirische Urkloster

Rein, Steiermark   Zisterzienserstift

Am 22. August 1147 waren die Stifte Rein und St. Lambrecht handelseinig geworden: Die Benediktiner von St. Lambrecht überließen ihr Gut Söding im mittleren Södingtal den Reiner Zisterziensern und erhielten von ihnen dafür Besitzungen im Steirischen und im Land unter der Enns. Das vier Wegstunden von Rein entfernte Gut Söding arrondierte den Zisterzienserbesitz südlich der Gleinalpe und des Übelbaches auf das glücklichste. Markgraf Otakar III. und Erzbischof Eberhard I. von Salzburg besiegelten den Tauschvertrag.

Nicht lange, und St. Lambrecht bereute den Tausch; aus mancherlei Gründen. Unter anderem sahen die Schwarzberockten, wie das von ihnen bisher recht vernachlässigte Land unter den Händen der bienenfleißigen Brüder in Grau sich zu einem kleinen Schmuckstück mit stattlichen Bauernwirtschaften, gepflegten Äckern und trächtigen Weingärten verwandelte. 1149, als König Konrad III. die Besitzungen von St. Lambrecht bestätigte, verheimlichten ihm

Die älteste noch bestehende Niederlassung des Zisterzienserordens, nach der Überschwemmungskatastrophe des Jahres 1975 wiederhergestellt, feiert 1979 ihren 850jährigen Bestand.

LAGE *Nordwestlich Graz.*

BESICHTIGUNG *Sonntag 14 und 15 Uhr.*

Oben: Links des Haupthofes, 18. Jh., der Renaissance-Konventshof mit dreigeschossigen Arkaden. Westlich der Kirche alte romanische Trakte.

Oben: Grabmal Herzog Ernst des Eisernen († 1424), Vater Kaiser Friedrichs III.

Rechts: Ostfassade der Stiftskirche.

ZUR STIFTSGESCHICHTE *(→ Seite 223 und nebenstehend).*

SEHENSWÜRDIGKEITEN *Stiftskirche Mariä Himmelfahrt (→ nebenstehend), 1737—1747 von Joh. Georg Stengg an Stelle der romanischen Basilika errichtet. Fresken von J. A. von Mölk, 1766. Altarbilder vom »Kremser Schmidt« und J. Altomonte. Zehn Seitenaltäre. Alte Sakristei. Mönchschor. Frühbarocker Kreuzgang. Der Renaissance-Konventhof ist nicht zugänglich. Prälatur mit gotischer Kreuzkapelle, 1406/09. Huldigungssaal mit Fresken von J. Altomonte. Steinerner Saal, 1720/30. Die Bibliothek mit ca. 70 000 Bänden, 300 Handschriften, 170 Inkunabeln 1975 durch das Hochwasser zum Teil vernichtet. Von einem ähnlichen Hochwasser berichtet Johannes von Viktring aus dem Jahre 1325.*

die Benediktiner den Tausch mit Rein. 1155 verstanden sie es, ihren neugewählten Abt Otker, einen Admonter Mönch, zu überreden, sich wegen Rückstellung des Gutes Söding in einer Klagebeschwerde an Papst Hadrian IV. zu wenden. Der jedoch, vorsichtig genug, übertrug den Fall dem Salzburger Erzbischof zur Schlichtung.

Am 29. Mai 1159 lud Eberhard I. von Salzburg die beiden Stifte zu einer Schlichtungsverhandlung ins Kloster Göß bei Leoben. Abt Gerlach von Rein, schon alt und kränklich, schickte seinen Prior Bero mit einigen Brüdern, gab ihnen eine Abschrift der Tauschurkunde aus dem Jahre 1147 und ein Schreiben an die Versammlung mit. Die zentralen Stellen dieses vor über 700 Jahren verfaßten Dokumentes lauteten in der Übertragung aus dem Lateinischen etwa: »Den Herren und unseren Brüdern von St. Lambrecht müßte die zweifach bestätigte Urkunde eigentlich genügen, von dem sinnlosen Klagebegehren abzustehen. Die Autorität dieser Urkunde müßte genügen, sie davon abzuhalten, gegen das gesetzte Gebot zu verstoßen, Gut oder Haus des Nächsten zu begehren, die Augen auf Schätze zu richten, die sie weder besitzen können noch dürfen; auf Güter, die sie nicht mit ihrer Hände Schweiß und auch nicht auf eigene Kosten erworben haben. Sie hätten Mühe für sie aufwenden können, aber sie wollten das gar nicht!«

Nach der Darstellung des Abtes hatten sich die Erträgnisse aus der Wald- und Almwirtschaft, dem Ackerland und der Fischerei unter den Zisterziensern verdoppelt. Nachdem er die Meliorationen, Anschaffungen und Neubauten für das Gut Söding angeführt hat, fährt Abt Gerlach fort: »... Das alles haben wir dem Gut in solcher Fülle, in solchem Übermaß zugewendet. Warum sollen wir nicht mit freier Stirn vom Wort Gebrauch machen, das da sagt: ›Was hätte ich dir sonst noch tun sollen und habe es nicht getan ...!‹

Man will uns von unseren Gütern verdrängen, die durch die sattsam bekannte Untätigkeit der ehemaligen Besitzer zur Wüstenei verödet und gänzlich vernachlässigt waren, so daß der Boden wertlos wurde und kaum noch den Namen verdient. Wir haben sie mit der Hilfe dessen, der den Schaffenden Stärke gibt, in nutzbare Güter umgewandelt, daß sie Vorübergehenden einen herrlichen Anblick bieten ... Das ist nicht geschehen, weil wir geschlafen und dem Müßiggang gehuldigt haben. Wir stehen zur Nachtzeit auf, tragen mit eigenen Händen und Schultern die Last und Hitze des Tages, schleppen Steine und Balken, Mörtel und Ziegel. Wir verdienen uns den Lebensunterhalt durch eigene Arbeit ...«

Besitzgeschichte und Seelsorge, Rodungstätigkeit und wirtschaftliche Unternehmungen des Klosters Rein sind eng mit dem Werden der Steiermark und seiner Landeshauptstadt verbunden. 1164 gründeten Reiner Zisterzienser in Graz das erste Kaufhaus, 1136 besiedelten sie Sittich in Krain (1146 Wilhering, 1444 Neukloster, 1620 Schlierbach), am 8. Juni 1147 siegelte Otakar III. von Steier eine Urkunde, in der er dem Kloster zwei Salzpfannen am Ahornberg im heutigen Altaussee und zwei Huben im benachbarten Mitterndorf überantwortete.

Am 19. September 1276 bekannten sich im Kloster unter Führung des Grafen von Heunberg die steirischen Adeligen als »Vasallen und Getreuen des Reiches« zum neugewählten deutschen König Rudolf von Habsburg und verschworen sich gegen den Böhmenkönig Ottokar Přemysl. Es waren dies u. a. die Herren von Pettau, Marburg, Stubenberg, Wildon, Pfannberg, Neuberg, Rabenstein, Teuffenbach, Trixen, Leibniz.

Ein finanziell interessantes Objekt

St. Lambrecht, Steiermark Benediktinerstift

Das frühe Rodungs- und Reformkloster, im 12./13. und 17./18. Jh. Kultur- und Kunstzentrum, eines der vermögendsten Stifte des Landes, konnte sich nach den Aufhebungen von 1786 und 1938 nur unter großen Schwierigkeiten behaupten.

LAGE *Westlich Neumarkt in der Steiermark.*
BESICHTIGUNG *10 Uhr 45 und 14 Uhr 30. Sonn- und Feiertage nur 15 Uhr.*

Oben: Im Vordergrund querstehender Gasttrakt mit Stiftsportal. Westlich (links) des äußeren Stiftshofes oberhalb der (statuengeschmückten) Basteianlage die Peterskirche. Neben den Türmen der Stiftskirche der Getreidekasten. Dieser in den Jahren 1624 und 1625 erbaute Stiftstrakt weist noch gotisch und spätgotisch nachempfundene Zierornamente auf, besonders an den Toren. Östlich werden die beiden inneren Stiftshöfe von zwei turmartigen Eckbauten begrenzt, neben dem nördlichen (oben) ist die halbrunde Basteianlage sichtbar.

Die kleinen Klöster im Lande waren ohne viel Aufhebens verschwunden. Das Gerücht von der beabsichtigten Auflösung der Stifte Admont, Neuberg und St. Lambrecht brachte im Dezember 1785 die ganze Steiermark in Bewegung. Tausende Menschen sahen sich direkt betroffen. Als man hörte, alles geschehe nur, weil der steirische Religionsfond Geld brauche — über 1 200 000 Gulden fehlten in seiner Kasse —, war die Empörung allgemein. Da dem ärmlich dotierten steirischen Klerus nicht gut etwas abverlangt werden konnte und Bettelordensklöster wie Murau und Mürzzuschlag finanziell uninteressant waren — sie konnten bestehenbleiben —, hielt sich die kaiserliche Kanzlei an die »fetten Brocken«. Admont entging der Auflösung, da es von Salzburg aus geschützt wurde. → Neuberg und St. Lambrecht wurden die Opfer.

Stift St. Lambrecht war ein kleines Fürstentum. Wälder und Felder, Wildbahnen und Fischereien, Schlösser, Meierhöfe, Weingärten, Mühlen, Kalk- und Ziegelbrennereien, Marmor- und Torfbrüche, Salzgruben und Eisengußwerke — so weit man sich von Murau und Neumarkt, zwischen Mariazell und Piber auch umsah, alles gehörte St. Lambrecht. Hundert Dörfer waren dem Kloster zinspflichtig. Das Stift vergab eigene Lehen, hatte eine eigene Gerichtsbarkeit und Polizei. St. Lambrecht war das Mutterkloster von Mariazell, und zur Magna mater Austriae pilgerten jährlich hunderttausend und mehr Menschen aus der ganzen Monarchie. Was in diesem obersteirischen Bergland Geist, Kultur hieß, kam von den Lambrechter Benediktinern, Professoren, Gelehrten, Architekten und Politikern. Der Abt führte eine doppelte Infel, nannte sich Propst von Mariazell, Aflenz, Veitsch und Piber. Er stand im Fürstenrang und hatte die Rechte eines Bischofs. Nur dem Kaiser und dem Papst schuldete er Rechenschaft. Zur Abtwahl waren von Rom meist ein eigener Nuntius und aus Wien kaiserliche Abgesandte erschienen. Über die 24 Pfarren hinaus betreute St. Lambrecht einen Ordinariatssprengel, der an Fläche und Gläubigenzahl die Seckauer Diözese übertraf. Das Stift war Sitz der Missionspräfektur für die Steiermark, für Kärnten und Österreich. Die St. Lambrechter »Missionare« besaßen Sondervollmachten und Privilegien. Noch 1782 hatte Papst Pius VI. im Kloster genächtigt.

Dem Auflösungsdekret Kaiser Josephs II. vom 4. Januar 1786 waren Alarmzeichen vorausgegangen. 1781 hatte das Stift die Privilegien-Urkunden abliefern müssen, im Jahr darauf hob ein kaiserliches Patent die für St. Lambrecht gültigen Exemtionen von der bischöflichen Jurisdiktion auf. Am 14. und 15. März 1786 erklärte der ständische Verordnete Johann Nepomuk von Buset vor den im Stift und in Mariazell versammelten Patres das Kloster für geschlossen.

Die Inventarisierung und Schätzung des Vermögens dauerte monatelang. Geschätzt wurde der Materialwert — auch bei Gemälden und Kunstgegenständen. Bei Herrschaftsgütern errechnete man den Jahresertrag und kapitalisierte ihn mit vier Prozent. Die beweglichen Güter und Realitäten wurden sofort verkauft, versteigert, verschleudert oder verteilt: Ornate und Meßgewänder brachten 4666 Gulden, Perlen, Steine, Silber und Gold 3366 Gulden. Der Aktivstand betrug 2 329 773 Gulden, Passiva gab es an die 550 000, das Reinvermögen bestand aus 1 700 000 Gulden. Während man den Kleinbesitz abstieß, verfielen die größeren Güter dem Staat. Der St. Lambrechter Hof in Graz, ein Barockpalais, wurde Krankenhaus.

Unten: Aus den Stiftssammlungen: Strahlenkranzmadonna, Gemälde vom »Meister des Londoner Gnadenstuhles«, um 1425.

ZUR STIFTSGESCHICHTE (→ auch Seite 232). Vor 1076 vom Kärntner Markgrafen Markward von Eppenstein an der (1066 urkundlichen) Kirche »Zum Hl. Lambert im Walde« nächst dem Neumarkter Sattel gegründet und von St. Blasien im Schwarzwald besiedelt. 1103 von Markwards Sohn Heinrich reich dotiert. 1144 Besiedlung von → Altenburg in NÖ. 1157 Begründung von Mariazell. Bedeutendes frühes Kunstzentrum. Pflege besonders der dramatischen Dichtung (Osterspiel). Im 13. Jh. Brände. 1327 nach Einsturz der romanischen, Ausbau der gotischen Kirche. Erste Hälfte des 15. Jh. Errichtung des Schlosses (Verfall nach 1786) und der Peterskirche. Großbrand 1471. Niedergang im 16. Jh. Seit den Äbten Johann H. Stattfeld, ab 1613, und Benedikt Pierin († 1662) bedeutungsvoller Aufstieg und Entwicklung zum geistigen und kulturellen Mittelpunkt der Obersteiermark. Seit 1639 Neubau der Stiftsgebäude (Dom. Sciassia). 1730/50 Errichtung des Gast- und Prälatentraktes (F. Hainzl). 1786 Auflösung des Stiftes durch Joseph II. und Verfall der Gebäude. 1802 Wiedererrichtung unter Franz II. Große Verluste erschweren Wiederherstellung. 1938 Aufhebung durch den NS-Staat. Allmählicher Wiederaufbau nach dem Zweiten Weltkrieg.

Rechts: Die dreischiffige gotische Hallenkirche mit achteckigen Pfeilern ist 78 Meter lang, 16 Meter hoch und 20 Meter breit. An den Wänden des imposanten Kirchenraumes sind Fresken des 14. Jh. zu sehen.

Die Erfolge der Aufhebungskommission in Mariazell waren für die Regierung enttäuschend. Ein scharfes Dekret rügte den Mangel an Bargeld und Kapital, die »unbegreifliche Geringfügigkeit« eines Schatzes, der seit 600 Jahren hier gesammelt worden wäre. In einer Rechtfertigungsschrift wagte der Aufhebungskommissar Buset anzumerken, daß die besten Stücke bereits unter den Kaisern Leopold I. und Karl VI. zur Finanzierung der Türkenkriege verwendet worden wären. Mariazell wurde nicht aufgehoben, doch zog die Regierung das Vermögen ein.

1793 ordnete das Gubernium die Demolierung des Stiftes an, es sollte abge-

Links: Blick vom Arkadenhof auf die noch zum Großteil romanischen Türme der Stiftskirche.

SEHENSWÜRDIGKEITEN *Stiftskirche zum hl. Lambert. Ehemalige dreischiffige romanische Basilika, um 1160 geweiht. Nach Einsturz 1327 Ausbau zur gotischen Hallenkirche, 1327—1421 (→ nebenstehend). Unterbau der Türme und Hauptportale noch romanisch. In der Vorhalle Kruzifix aus dem 14. Jh., Madonna, 1642. Hochaltar, 1632, mit Tabernakel, 1719. Neben- und Seitenaltäre, Kanzel, Orgelempore, Chorgestühl mit reicher Schnitzarbeit, 17. und 18. Jh. Josefskapelle mit Nachbildung der Mariazeller Gnadenstatue, 1729. Großartige, 1974/76 freigelegte Fresken an den Langhauswänden, Christophorus, um 1400, »Thron Salomonis«, 14. Jh., hl. Agnes, 14. Jh., mit Übermalungen des 16. Jh. Gewölbemalereien aus der Bauzeit, barocke Wandmalereien. Stiftsgebäude nach 1639 von Domenico Sciassia errichtet mit innerem Arkadenhof (→ nebenstehend). Monumentale Gänge. Mit Stuck und Äbtebildern geschmückter Prälatensaal, Refektorium mit Deckenfresken und Papstbildern, 1651. Kunstsammlungen in vier Sälen und im Kaisersaal mit gotischen Tafelbildern, Strahlenkranzmadonna (→ Seite 107), Werken des »Meisters der St. Lambrechter Kreuzigungen«, Hans von Tübingen, u. a. Plastiken, Barockkunst. Reichhaltige Vogelsammlung (vor allem heimische Singvögel) von P. Blasius Hanf, 1808/1892. Volkskundemuseum von P. R. Pramberger. Karner, 12. Jh., mit Beinhaus im Untergeschoß. Peterskirche, 1424, mit spätgotischem Hochaltar, um 1517, und zwei Seitenaltären, um 1430 und 1435. Schloßkapelle Mariä Krönung mit einem der schönsten Flügelaltäre der Steiermark, 16. Jh. (Villacher Schule). Bergfried des ehemaligen Burgschlosses. Stiftsgarten mit Pavillon, 1646/48.*

deckt werden, da es weder »zu einer Fabrique, Depots, noch zu anderer Verwendung tauglich« erschien. Ein St. Lambrechter Bürger kaufte die kleine Peterskirche für 45 Gulden. Damit die Deckenbilder und Bilder im Refektorium und in der Prälatur bleiben konnten, taten sich einige Patres zusammen und zahlten 80 Gulden.

Nach sechzehn Jahren, am 21. September 1802, erklärte ein Hofdekret von Kaiser Franz II. die Aufhebung von St. Lambrecht für null und nichtig. Im Oktober hielten an die fünfzig Patres wieder Einzug in die verfallenen Gebäude.

Adalram und Richinza

Seckau, Steiermark Benediktinerstift

Das ehemalige Chorherren- und jetzige Benediktinerstift ist durch seine prächtige Domkirche, die Goldschmiedewerkstätte, durch Pflege klösterlicher Liturgie und das Gymnasium bekannt geworden.

LAGE *Nordwestlich Knittelfeld.*
BESICHTIGUNG *Sonn- und Feiertag 11 Uhr 45 und 14 Uhr 45, werktags nach Anmeldung.*

Oben: Die dreihöfige Stiftsanlage wird noch von Wehrmauern umschlossen.

Rechts: Der Kreuzganghof, 1588.

ZUR STIFTSGESCHICHTE *(→ auch Seite 241). 1140 durch Adalram von Waldeck als Chorherrenstift gegründet, Chorfrauenkloster 1150—1488. Seit 1218 Domkloster des vom Erzbischof von Salzburg in Seckau begründeten Bistums. 1267 abgebrannt. Blütezeit in der Gegenreformation. Begräbnisstätte des Erzherzogs Karl von Innerösterreich († 1590). 1782 Aufhebung. 1883 Neubesiedlung durch Benediktiner von Beuron. 1940/45 aufgehoben.*

Der Sage nach erschien Adalram von Waldeck, als er während einer Hirschjagd eingeschlafen war, im Traum die Gottesmutter mit dem Kind. »Hic seca! Hier mußt du schlägern!« habe sie ihm zugerufen. Da wußte der adelige Jäger sogleich, daß er an dieser Stelle das Stift Seckau begründen müsse!
Den Urkunden nach begründete der Hochfreie Adalram von Waldeck aus dem Geschlecht der Herren von Traisen im Jahre 1140 im verkehrsreichen Murtal, in Feistritz-St. Marein bei Knittelfeld, ein Chorherrenstift, das drei Jahre später ins einsame Hochtal westlich von Feistritz übersiedelte. Da man hier den Wald »schwenden«, durch Abbrennen roden mußte und eine solche Brandstatt im Slawischen als »zegova« bezeichnet wird, nannte sich die Neugründung bald Seggau und Seckau.
In der Seckauer Gründungsurkunde, die Erzbischof Konrad I. von Salzburg ausfertigen ließ, heißt es, der hochfreie Herr habe die überaus reichdotierte fromme Stiftung zur Sühne für verschiedene von ihm begangene Delikte dargebracht. Das Totenbuch von Seckau scheint auf eine von Adalrams Missetaten zu verweisen. Es zählt einige Verwandte des Stifters auf, bei einem von ihnen, Adalbero mit Namen, heißt es: ab eo occisus — von ihm erschlagen!
Adalram von Waldeck, obwohl zweimal verehelicht, war ohne Stammhalter geblieben, die einzige Tochter wird als Nonne des Salzburger Erentrudisklosters urkundlich. Als seiner zweiten Gemahlin Richinza die fromme Stiftung ihres Gemahls zu aufwendig dotiert erschien, zumal es sich bei den für die Chorherren bestimmten Schenkungen meist um Ländereien und Güter handelte, die sie in die Ehe mitgebracht hatte, erhob sie gegen die Verschwendung ihres Heiratsgutes Einspruch. Sie verklagte den freigebigen Gemahl 1149 zu Friesach vor König Konrad III. Als der Betroffene gegen solche Beschuldigungen seiner Frau nichts einzuwenden wußte, erhielt Richinza einige ihrer Güter wieder zurück.
Richinzas Klage scheint das Eheglück mit Adalram zerstört zu haben, wenn von einem solchen im Jahre 1147 überhaupt noch die Rede gewesen sein konnte. Nach einer Urkunde, deren Echtheit allerdings angezweifelt wird, hatte sich Adalram nämlich bereits im Jahre 1140 den von Salzburg entsandten Chorherren angeschlossen. Er begleitete sie — es waren Leopold von Tarvis, Otto von Friesach, Adalbert von Ossiach, Rudger von Salzburg, Gerold von Eppenstein — nach Friesach, wo Wernherr von Galler zum ersten Propst gewählt wurde. Am neuen Ort, in Seckau, wurde der überaus vermögende Adalram von Waldeck Konverse in seinem Stift — ob als reuiger Büßer oder enttäuschter Ehemann wird unergründet bleiben müssen. Der Haustradition nach diente bald darauf auch Gemahlin Richinza in dem Kanonissenstift, das der Chorherrengründung angeschlossen war, als »Conversa«. Um das Jahr 1180 bestatteten die Augustiner der Überlieferung nach das Stifterpaar in einem Hochgrab in der Mitte der Stiftskirche.
Am 21. April 1755, als man mit Erlaubnis des Bischofs die Tumba, das Stiftergrab, öffnete, war es leer. Doch fand sich unter ihm eine steinerne Urne, in der zwischen verschiedenem Kräuterwerk Hirnschale, Kiefer, Schienbeine und andere Knochen von »ausnehmendter Größe« lagen, ». . . alles scheinte, es wäre das Corpus einbalsamiert gwest, wie es der Apotheker und Bader also befunden«. In einer der Grabbeigaben, einem gläsernen Krüglein, fanden sich zwei ovale Siegel, eines mit einer Darstellung der Heiligen Drei Könige, das andere mit einem Marienbild. Dieses Marienbild aus dem Stiftergrab ist mit Seckaus berühmtem Gnadenbild in Verbindung zu bringen, das der Legende nach

SEHENSWÜRDIGKEITEN *Stiftskirche Mariae Himmelfahrt, 1150/64, mit Kreuzigungsgruppe um 1160 (zum Teil Kopie) im 1964 neugestalteten Chor. Fresken, 13. Jh. Mausoleum von Alex. de Verda und S. Carlone, 16./17. Jh. Bischofskapelle, 14. Jh., mit Dreifaltigkeitsaltar, 1507. Gnadenkapelle mit Gottesmutter (Nicopoia), 13. Jh. Engelkapelle mit modernen Fresken. Im Stiftsgebäude Ursprungskapelle (Sakristei). Prunksäle, 17. Jh. Bibliothek ca. 100 000 Bände.*

Oben: Engelkapelle mit Fresken von H. Boeckl, 1952/60.

Oben: Die einzigartige Kreuzigungsgruppe über dem Altar der Seckauer Basilika. Das Kruzifix stammt aus der Zeit um 1220, die Figuren, Maria mit Stola und Johannes, um 1160.

Rechts: Mausoleum für Erzherzog Karl von Innerösterreich († 1590).

Rechts, Seite 113: Der dreischiffige Innenraum der Seckauer Basilika behielt trotz vieler Umbauten seinen romanischen Charakter. Anläßlich des 800jährigen Weihejubiläums im Jahre 1964 ist der 1893 aufgestellte neoromanische Baldachinaltar entfernt und der Priesterchor nach Entwürfen von Clemens Holzmeister neu gestaltet worden.

(wahrscheinlich in einer ursprünglicheren Vorform) auf dem Baum hing, unter dem Adalram geruht hatte, als ihm die Gottesmutter erschienen war. Es handelt sich um ein kleines Marmorrelief, nach dem Urteil der Kunstexperten eine vorzügliche (allerdings neoromantisch restaurierte) oberitalienische Arbeit um 1200, die als »Nicopoia« — »Siegbringerin« — bezeichnet wird.

Dieses Seckauer Gnadenbild mag in einem inneren Zusammenhang mit dem Marienbild im Seckauer Codex 286 (heute Grazer Universitätsbibliothek) stehen, ein Nonnenbrevier aus dem 12. Jh. Zu Füßen der auf diesem Bild mit dem Kind thronenden Maria ist Richinza zu sehen und eine Chuni(gunde), wahrscheinlich die erste Vorsteherin des Seckauer Kanonissenstiftes. Alle diese Seckauer Mariendarstellungen stehen wohl in Beziehung mit dem ältesten deutschen Marienlied, das im Seckauer Codex 287, in einer Handschrift um 1170, aufgezeichnet ist. Das über acht Jahrhunderte alte wunderhübsche Huldigungsgedicht beginnt mit den Worten: »Ave, du vil schoeniu maris stella . . .« und endet: »Maget, aller magede wunne, schoene als die sunne, himelischi Küniginne.«

Die Gründung des Athleten Christi

Admont, Steiermark   Benediktinerstift

Im ältesten Männerkloster der Steiermark, heute eines der größten und vermögendsten Stifte Österreichs, erhielt sich nach dem Großbrand von 1865 die prachtvolle Bibliothek, eine Sehenswürdigkeit von Weltrang.

LAGE *Westlich Liezen.*
BESICHTIGUNG *Bibliothek und Museen 9 bis 11 Uhr 45, 14—17 Uhr, Sonn- und Feiertag ab 10 Uhr.*

ZUR STIFTSGESCHICHTE *(→ auch Seite 163). 1074 durch Erzbischof Eberhard von Salzburg im Sinne der Reform von Junggorze gegründet. Nach 1115 Reformzentrum im Sinne von Cluny-Hirsau. Entsendet 13 Reformäbte, beeinflußt u. a. St. Peter in Salzburg, Millstatt und St. Lambrecht. Unter Abt Wolfold nach 1120 Benediktinerinnenkloster, Latein-, Schreib- und Miniaturschule. Spital. Unter Abt Heinrich II., 1275—1297, Landeshauptmann und Ratgeber der Habsburger, politischer Mittelpunkt. Anfang des 14. Jh. bedeutendes kulturelles Zentrum. Niedergang im 15./16. Jh. Plünderung 1525 durch Bauern. Wende unter Abt Johann IV. Hoffmann († 1614). Unter Anton II. von Mainersberg († 1751) Neubau der Stiftsgebäude. 1865 Großbrand. 1938—1945 aufgehoben.*

Rechts: Die Stiftskirche ist nach dem Brand von 1865 über romanischen Fundamenten in neogotischem Stil wiedererrichtet worden.

Rechte Seite: Der Bibliothekssaal, 1774/1776, 72 Meter lang, ist mit Fresken von B. Altomonte, J. G. Dallinger und Holzskulpturen von Jos. Thadd. Stammel geschmückt.

Erzbischof Gebhard von Salzburg, 1060—1088, aus schwäbischem Hochadel, war eine der Schlüsselfiguren in der Zeit des Investiturstreites. Mit seinen Freunden Altmann (→ Göttweig) und Adalbero (→ Lambach) wählte er 1077 als Gegner Kaiser Heinrichs IV. in Forchheim Otto von Northeim zum Gegenkönig und ließ die Burgen Hohensalzburg, Hohenwerfen und Friesach neu befestigen. Doch mußte der streitbare Bischof, vom kaiserlich gesinnten Adel vertrieben, nach Schwaben und Sachsen fliehen. In Salzburg residierte als Gegenbischof Berthold von Moosheim. Erst nach neun Jahren konnte der Verbannte unter dem Schutz des Herzogs Welf zurückkehren. Zwei Jahre später starb er auf Hohenwerfen.
1072 hatte Gebhard das Eigenbistum → Gurk begründet, 1074 das Salzburger Eigenkloster Admont, in dem er auch bestattet wurde. Die um 1080 und 1181 in Stift Admont entstandenen Lebensbeschreibungen schildern den Salzburger Metropoliten als einen »Athleten Christi«. Da sie bezeichnende Einblicke in die kirchlichen Verhältnisse der Zeit geben und nähere Umstände von der Stiftung

Admonts schildern, seien einige Stellen aus ihnen im übertragenen Wortlaut zitiert: »Im Jahre der Menschwerdung des Herrn, 1074, im fünfzehnten Jahr seiner Einsetzung, erbaute er (Erzbischof Gebhard von Salzburg) zu Ehren der heiligen Gottesgebärerin Maria und des heiligen Bischofs und Märtyrers Blasius im Tale von Admont ein Kloster, das er im selben Jahr an den dritten Kalenden des Oktobers (29. IX.) weihte. Es war zur Zeit Papst Gregors VII., im zweiten Jahr von dessen Einsetzung ...
In diesem Kloster bestellte er (Gebhard) 12 Mönche als Priester zum Dienste Gottes. Für ihren Unterhalt und zur Bekleidung sowie zur Unterstützung von Armen und Gästen übergab er (dem Kloster) Liegenschaften; vor allem jene, die eine gewisse ehrbare Frau, die edle Gräfin Hemma von Friesach und Truhsen (Trixen) nach dem Tode ihres Gemahls, des Grafen Wilhelm, und ihrer Söhne Hartwig und Wilhelm zur Zeit des Erzbischofs Baldwin dem heiligen Rupert im Tal von Admont mit anderen Liegenschaften daselbst (geschenkt hatte) und außerdem, was er selbst in der Zeit seines Episkopates in das Recht der Salzburger Kirche ... aus verschiedenen Besitzveränderungen ... beigebracht hatte ... Er beschenkte das genannte Kloster, wie wir sagten, mit Gütern, welche er als Geschenk von Gläubigen wie für die Lösung von Bann oder durch einen Kaufvertrag sammeln konnte ... Unter den übrigen Gaben beschenkte er den Ort auch mit hervorragenden Unterpfändern der Heiligen, darunter mit dem Arm des hl. Bekenners Paternianus mit der daranhaftenden Hand. Auch den Schädel des hl. Märtyrers Chrisantus und seiner Mitstreiterin, der hl. Daria, in gleicher Weise den Arm des hl. Hermes wie auch des hl. Vinzenz mit vielen anderen Reliquien der Heiligen schenkte er der Kirche. ... Damals begannen sehr gefährliche Zeiten. Außer dem Athleten Christi, unserem Salzburger Erzbischof, Altmann von Passau, Adalbero von Würzburg, Hermann von Metz und Meginward von Freising, außer diesen fünf, konnte im ganzen deutschen Königreich kein katholischer Bischof gefunden werden. In dieser stürmischen Zeit ragte unser Herr, der obgenannte treue Erzbischof der römischen Kirche als Vorkämpfer der katholischen Wahrheit hervor, der wie ein anderer Machabäus, sich mit dem Panzer des Glaubens umgürtet hatte und mit dem Schwert seines Wortes die Lager der Kirche im ganzen deutschen Königreich beschützte ...«

SEHENSWÜRDIGKEITEN *Neogotische Stifts- und Pfarrkirche St. Blasius, 1889 geweiht, mit Werken von M. Altomonte, 1726, und J. Th. Stammel, 1695—1765 (Heiliges Grab und Weihnachtskrippe). Stiftergrab Erzbischof Gebhard († 1088) hinter dem Hochaltar. Ehemaliger Kapitelsaal (Schatz- und Paramentenkammer) mit Barockornaten der Stickereischule Admont. Die Bibliothek von G. Hayberger und J. Hueber, 1774/76, enthält 130 000 Bände, über 1100 Handschriften und 900 Inkunabeln. Unter ihnen befinden sich die Admonter Riesenbilder (um 1140) und eine Reihe großartiger Prachthandschriften. Kunsthistorisches Museum, Naturhistorisches Museum mit der reichsten Insektensammlung Österreichs. Rosarium im Stiftshof mit Neptunbrunnen, 1670. Mariensäule, 1712. Heimatmuseum.*

Oben: Aus der alten Kunstschmiedewerkstatt des Klosters.

Linke Seite: Mit dem »romanischen Löwen«, um 1200, im Rondell vor der Fassade der Stiftskirche, und dem stehengebliebenen romanischen Portal gehört das steinerne Abtwappen aus dem 15. Jh. zu den wenigen Überresten vom mittelalterlichen Kloster.

Die Suffragane

Gurk, Kärnten Ehemaliges Augustiner-Chorherrenstift, jetzt Salvatorianerkloster

Die von einem preußischen Regierungsbaumeister 1850 »entdeckte« romanisch-gotisch-barocke Kostbarkeit an der Gurk gehört heute zu den großen Sehenswürdigkeiten der österreichischen Kunstlandschaft.

LAGE *Südwestlich Friesach.*
BESICHTIGUNG *des Domes möglich.*

Rechts: Der Hochaltartisch um 1200 ist mit römischen Cosmatenmosaiken geschmückt. Der 16 Meter hohe Altaraufbau ist die Schöpfung des aus Meißen gebürtigen Michael Hönel, 1625 bis 1632, von dem auch die Herkulesfigur des Klagenfurter Lindwurmbrunnens stammt. Mittelpunkt des frühbarocken Werkes ist die Gestalt der mit einem Rosenkranz umgebenen Himmelskönigin Maria. Er verherrlicht die in der Gegenreformation umkämpften katholischen Glaubenswahrheiten. Man zählt auf diesem Altar 72 Figuren und 82 Engelsköpfe. Neben der Darstellung Mariä Himmelfahrt und Mariä Krönung sind u. a. zu sehen: die hl. Hemma und Kunigunde, die vier Evangelisten, vier Kirchenväter, in den seitlichen Nischen Kaiser Heinrich II. und Graf Wilhelm, darüber Thomas Becket und Leo der Große, außen die Heiligen Georg und Florian.

Rechte Seite: Blick in den Chorraum. Das Fastentuch vor dem Altar, etwa 9 Quadratmeter groß, zeigt 99 Darstellungen aus dem Alten und Neuen Testament. Das Werk des Meisters Konrad von Friesach, 1458, ist 1953/58 restauriert worden. Vor ihm der Kreuzaltar von Raphael Donner, 1740. Die Kanzel, 1740/41, zeigt auf dem Schalldeckel Bleireliefs von Raphael Donner.

Die Domkirche im einsamen Gurktal verdankt ihre monumentale Größe und prächtige Ausstattung der Rivalität der Bischöfe von Gurk und der Metropoliten der Salzburger Kirche, einer auch mit Waffen ausgetragenen jahrhundertelangen Fehde zwischen dem Erzstift und seinem Suffraganbistum. Als Erzbischof Gebhard I. am 6. Mai 1072 Gunther vom Krappfeld zum ersten Bischof von Gurk machte, gebot der Inthronisierte weder über einen Sprengel noch über eigene Einkünfte. Als Generalvikar des Salzburger Bischofs oblag ihm die Verwaltung der Kirche im ehemaligen Karantanien, dem heutigen Kärnten bis zur Drau, ebenso im Wiener Neustädter Gebiet zwischen dem Semmering und der Piesting in Niederösterreich.

In der Absicht, seine Machtbefugnisse dem Erzbischof gegenüber zu erweitern,

Oben links: Die romanische Krypta, das 1174 vollendete Mausoleum der hl. Hemma, etwa 20 Quadratmeter groß, besitzt 96 Einzel- und zwei Doppelsäulen. Das ursprüngliche Hemmagrab ist ein romanischer Steinsarkophag, der auf drei monströsen Köpfen ruht. Das schmiedeeiserne Rokokogitter entstand mit der Umgestaltung des Grabes in den Jahren 1720/21. In der Krypta sind u. a. der »Hemmastein« zu sehen, eine barock überarbeitete Madonna um 1200 und neben einem romanischen Tischaltar der Thomas-Becket-Altar (1176) sowie Fresken des 12. bis 14. Jh.

Oben rechts: Im Sternrippengewölbe des Chorquadrates acht bemalte Steinreliefs mit Büsten weiblicher Heiliger, um 1500.

bewog Bischof Hiltebold von Gurk, 1106—1131, die am Dom wirkenden Weltpriester, ein Kanonikat zu bilden und die Augustiner-Chorherrenregel anzunehmen. Aus den ihm nun unterstellten Stiftsherren bildete er 1123 ein Domkapitel, das künftighin — im Beisein des Salzburger Oberherrn — die Bischöfe von Gurk in freier Wahl bestellen sollte. Hiltebolds Nachfolger, Roman I., 1131—1167, war jedoch entschlossen, sein Bistum der teilweise unerträglichen Bevormundung durch Salzburg endgültig zu entziehen. Er ließ sich im benachbarten Straßburg einen Bischofssitz errichten und sich von Kaiser Barbarossa auch »prinzeps« — Fürst — titulieren. In Gurk begann er den Bau einer riesigen Bischofskirche. Sie sollte an Ausmaßen und Pracht dem Salzburger Dom nicht viel nachstehen, ja ihn mit ihrer hundertsäuligen Krypta unter dem riesigen Priesterchor, mit dem mächtigen Langhaus für das Volk und einer prächtigen Bischofskapelle in manchem sogar übertreffen. Kirchliche Ehren, die Salzburgs Erzbischöfe ihren Stiftern Rupert und Virgil zuteil werden ließen, sollten in Gurk künftig auch seiner Stifterin Hemma erwiesen werden. Ekkehard, Romans Nachfolger und Vollender des Dombaues, ließ 1174 das inzwischen von vielen Pilgern besuchte, durch Wunder und Gebetserhörungen bekanntgewordene Grab der seligen Hemma in der neuen Krypta aufstellen. Auch gefälschte Urkunden untermauerten jetzt die Eigenständigkeit des Gurker Bistums.

Da jedoch griff Salzburg zu den Waffen. 1179 und 1180 belagerte der vom

Salzburger Erzbischof und Kardinal Konrad III. von Wittelsbach zum Bischof bestimmte Dietrich I. den vom Gurker Domkapitel gewählten Hermann von Ortenburg in dem zur Feste ausgebauten Bischofssitz Straßburg. Erst 1232 kam es zum Vergleich mit dem Erzstift: die Gurker Stiftsherren sollten künftig zwischen drei von Salzburg vorgeschlagenen Kandidaten wählen können. Die endgültige Regelung der Bischofsfrage ergab sich allerdings erst 1535.

Einige der Gurker Bischöfe hatten sich den habsburgischen Landesherren dienstbar gemacht. Matthäus Lang, Maximilians I. Lieblingskardinal, für den Kaiser verschiedentlich in höchster diplomatischer Mission unterwegs, besaß zwischen 1505 und 1522 die Würde eines Bischofs von Gurk, bevor er Erzbischof von Salzburg wurde. Als Gesandter in kaiserlichen Diensten bewährte sich auch Bischof Johann Freiherr von Göëß, 1675—1696.

1787 ließ Joseph II. das Gurker Domkapitel säkularisieren, das Jahr darauf verlegte Bischof Franz Altgraf von Salm-Reifferscheidt — Kardinal und berühmter Alpinist — den Bistumssitz nach Klagenfurt. In den leerstehenden Stiftsräumen siedelten sich 1792 aus Lyon in Frankreich flüchtige Salvatorianerinnen an. 1798 standen die Gebäude als Militärspital, später als Schule, Notariat, Post und als Wohnungen in Verwendung. Zwischen 1890 und 1923 versuchten nochmals Benediktinerinnen hier seßhaft zu werden. Nach 1923 kamen Redemptoristen, neuerdings betreuen wieder Salvatorianerinnen den einstigen Stiftsbesitz.

Oben: Tympanon über dem Südportal des Domes, um 1150. Der segnende Christus (mit Resten ursprünglicher Bemalung) hält ein Buch, auf dem zu lesen ist: Ego sum ostium. Ich bin der Eingang. Um das Relief, teilweise in verkehrter Schrift, der leoninische Hexameter: Intranti rite per me / do pascua vitae / Intrat et hic rite / cui dextra cor pia mite. Wer rechtgläubig eintritt durch mich, dem gebe ich des Lebens Weide. Rechtgläubig tritt hier ein, wer fromm und mild mit Hand und Herz ist.

Das Südportal gehört seinen Formen nach der ältesten Bauphase des Domes an. Eine steinerne Bauinschrift neben dem Portal lautet: Hic exul Wido I praesens coepit opus navare. Hier begann der verbannte Wido mit seinem Werk.

ZUR STIFTSGESCHICHTE *(→ auch Seite 193 und nebenstehend). Der Legende nach konnte sich die hl. Hemma nicht entscheiden, wo Kirche und Kloster gebaut werden sollten. Sie ließ deshalb ein Paar Ochsen vor einen Wagen mit einer Marienstatue spannen. Marienaltar und Gruft entstanden an der Stelle, wo die Tiere stehengeblieben waren. 1287 wurde die fromme Gräfin selig-, 1938 heiliggesprochen. Sie gilt als die »Patrona Carinthiae«. Ihr Grab war seit je Wallfahrerziel, Ort abergläubischen und heidnischen Brauchtums: schwangere Frauen krochen beim Hauptaltar durch einen gemauerten Schacht. Hemmagrab, Hemmastein, Hemmaring und -anhänger, Hemmaquelle, Hemmahut, Hemmastatue wurden auf Knien umrutscht, berührt und als Heilgegenstände verehrt.*

Rechts: Ostwand der Bischofskapelle (Westempore). Der Raum, ein einzigartiges Freskenkompositum aus spätromanischer Zeit, nach 1260 (»zackbrüchiger Stil«), stellt die »Gottesstadt« dar. Oberhalb der Altarnische mit den Stifterbildern (Bischof Otto, † 1214, Bischof Dietrich II., † 1279), der »Löwenthron« — auch der »Thron Salomonis« — mit Maria und Kind, ihr zur Seite caritas und castitas, Liebe und Keuschheit. Die Inschrift lautet: Ecce thronus magni fulgescit regis et agni. Herrlich strahlt der Thron des großen Königs und des Lammes. Unter den Arkaden links und rechts Darstellungen von Herrscherpaaren, wahrscheinlich Kaiser Heinrich II. und Gemahlin und Graf Wilhelm mit Hemma. Im Gewölbe darüber Erschaffung Adams.

ZUR BAUGESCHICHTE *Pfarr- und ehemalige Domkirche Mariä Himmelfahrt. Baubeginn unter Bischof Roman I. († 1167). Übertragung des Hemmagrabes in die Krypta 1147, Weihe 1200. Fertigstellung vor 1220. Nach Brand Neuweihe 1287. 1446 Netzrippengewölbe im Querhaus, um 1500 Sternrippengewölbe im Chorquadrat. Brand 1525. Netzrippengewölbe im Mittelschiff 1591. Türme romanisch mit Renaissancefenstern und Barockhelmen, 1678. 1779 teilweise Demolierung. 1808 Brand der Bischofskapelle. Restaurierung 1924/33. 1960 Neueindeckung.*

SEHENSWÜRDIGKEITEN *Südportal (→ Seite 121) und Apsis. Vorhalle, Fresken (Szenen Neues und Altes Testament) und Fenster, 14. Jh. Ehemals bemaltes Marmorportal. Türflügel um 1220 mit biblischen Szenen. Dreischiffiger Innenraum (→ Seite 119/123) mit unzähligen Fresken. Bemerkenswertes Christophorusfresko an der nördlichen Querschiffwand, 13. Jh. Riesiger Chorraum über der Krypta mit Sakristeiportal, 1450. Hochaltar (→ Seite 118). Spätgotische Holzreliefs mit der Lebensgeschichte Hemmas an den Chorwänden. Kreuzaltar, Kanzel, 1740/41 (→ Seite 119). Marmorrelief mit Samson, um 1200, an der linken Seitenwand (wahrscheinlich vom Stiftsportal oder aus dem alten Kreuzgang). Krypta (→ Seite 120) mit Hemmagrab. Bischofskapelle mit Fresken nach 1263.*

Links: Im Jahre 1591 wurde im Mittelschiff an Stelle der romanischen Flachdecke das reichgeschmückte Netzrippengewölbe eingezogen. Die Orgel mit Engelfiguren ist ein Werk des 17. Jh.

Das heidnische Erbe

Millstatt, Kärnten   Ehemaliges Benediktinerstift, Jesuitenresidenz

Millstatts berühmte Säulenkapitelle und Portalfiguren stehen in Zusammenhang mit den (wahrscheinlich) hier im 12. Jh. entstandenen Tierdarstellungen des »Physiologus« und mit der »Millstätter Genesis«.

LAGE *Am Millstätter See.*
BESICHTIGUNG *des Kreuzganges und der Höfe frei. Führung täglich 11 Uhr.*

ZUR STIFTSGESCHICHTE *1086/88 als Eigenkloster des Pfalzgrafen Aribo und und seiner Gemahlin Liutgard gestiftet. Frauenkloster (bis 1455). Blütezeit der Schreib- und Malschule unter Abt Heinrich II. von Andechs († 1177). 1291 Neubau des Klosters. Nach 1598 Jesuitenresidenz. Nach 1773 Staatsbesitz.*

Linke und rechte Seite unten: Säulenkapitelle im Kreuzgang, 12. Jh.

Rechte Seite oben: Romanisches Kirchenportal.

Bereits im Jahre 1287 sah sich der Salzburger Erzbischof genötigt, in der unter Abt Heinrich II. einst durch seine Schreib- und Bildhauerschule berühmt gewordenen Benediktinerabtei Millstatt durchzugreifen. Er veranlaßte Abt Rudolf, der seinen Mitbrüdern bei verbotenen nächtlichen Zusammenkünften Anlaß und Gelegenheit zu Sünde und zu Ausschreitungen gegeben hatte, zum Verzicht, suspendierte den wegen Mordes angeklagten Konventualen Ludwig vom Messelesen und wies zwei Mönche aus dem Kloster.
Durch den Brand von 1278 waren in Millstatt nicht nur Kirche und Konventgebäude vernichtet worden, wie es schien, hatte das Unglück auch die Fundamente der sittlichen Ordnung ins Wanken gebracht. Der Adel und der vermögende Teil der Umwohnerschaft hatten das Vertrauen zu den Millstätter Benediktinern verloren. Im zu Ende gehenden 14. Jh. setzten die frommen Schenkungen, Messe- und Seelgerätstiftungen aus, die das Kloster am See bisher wirtschaftlich über Wasser gehalten hatten. Visitationen zu Beginn des 15. Jh. bestätigten es: in Millstatt herrschten trostlose Verhältnisse. Ein Konvent, der sich an keine Klausur hielt, Mönche in beschmuddelten Kutten, die weder das Chorgebet hielten noch mit einiger Würde Messe zu lesen verstanden und im Dormitorium Trinkgelage hielten. 1469 löste Friedrich III. das Kloster auf und übergab den Besitz dem St.-Georgs-Ritterorden.
Das verlorengegangene Renommee zu retten und ihre wirtschaftliche Lage nach dem Brand zu bessern, hatten die Benediktiner sich die in der Gegend bekannte Domitianlegende zunutze gemacht. 1141 erhoben sie in feierlicher Zeremonie die Reliquien des sagenhaften heidnischen Karantanenherzogs — wahrscheinlich waren es die Gebeine des Klosterstifters — und gaben sie zur Verehrung frei. Es handelte sich um jenen legendären Herzog Domitian aus dem 8. Jh., der

Oben: Stiftskirche mit angebautem Kreuzganghof, im Vordergrund das Hochmeisterschloß, 1499 (Hotel).

Rechts: Die unter Abt Heinrich II. im 12. Jh. erbauten Türme mit Arkaden des Kreuzganghofes im Vordergrund.

SEHENSWÜRDIGKEITEN *Pfarr- und ehemalige Stiftskirche Christus Salvator und Allerheiligen. Dreischiffige romanische Pfeilerbasilika, 11./12. Jh., gotisch erweitert. Vorhalle mit Taufkapelle und Fresken, 1428. Romanisches Trichterportal mit dämonischen Tierdarstellungen und Flechtwerk. Im Tympanon segnender Christus und Abtdarstellung, 12. Jh. Spätgotische Türflügel. Langhaus mit Sternrippengewölben und interessanten Schlußsteinen. Langhauspfeiler mit romanischer Restbemalung. Weltgerichtsfresko im Nebenchor, 16. Jh. Hochaltar, 1648. Siebenhirter-Kapelle, um 1505, mit Grabsteinen. Domitiankapelle, 16./17. Jh., mit Darstellungen aus der Domitianlegende. Gonzaga-Truhe, 15. Jh. Klosteranlage: Kreuzgang mit romanisch-spätgotischem Portal und Säulenkapitellen (→ Seite 124/125). Im Durchgang zum 1. Hof Flechtwerksteine der karolingischen Kirche. Spätgotisches Friedhofstor mit Fresken, 1410.*

sich beim Anblick seines im See ertrunkenen Sohnes zum Christentum bekehrt und den heidnischen Tempel am See mit seinen tausend Statuen zerstört haben soll. Nach der Legende entstand an der Stelle des Tempels der tausend Statuen, der »mille statuä«, das Kloster »Mill-Statt«. Obwohl die Gebeine Domitians insgesamt sechsmal »erhoben« wurden und die Jesuiten ihrem Lokalheiligen eine eigene Kapelle widmeten, blieb Rom ungerührt und verweigerte ihm die Anerkennung. Weder dem benediktinischen noch dem St.-Georgisch-ritterlichen, noch dem jesuitischen Millstatt war es gelungen, das heidnische Erbe zu bewältigen, den Bildzauber jener tausend Statuen zu bezwingen, die im Portal und im Kreuzgang ihren dämonischen Niederschlag gefunden hatten.

Heidnisch-christliche Altäre

Maria Saal, Kärnten   Ehemaliges Chorherren- und Kollegiatstift, Propstei

Steine, Inschriften, Denkmäler, Mauern und Bauten in und um Maria Saal und seine Kirche bezeugen die heidnisch-christliche Kultstätte mit keltisch-römischer Tradition, die frühe Missions- und Taufstation, die wehrhafte mittelalterliche Kirchenburg und die Wallfahrtsstätte inmitten eines einst protestantischen Umlandes. In all den Jahrhunderten waren Menschen hierhergekommen, um im Zeichen der Heiligen Drei Könige der Gnade des Anblicks und des Augenblicks teilhaftig zu werden, dem Totenreich und dem Himmelreich zu opfern, um zu beten und anzubeten. In allen Jahrhunderten war Maria Saal christlich und heidnisch, Stätte des Glaubens und des Aberglaubens.
Zentraler Ort der Andacht wurde in christlicher Zeit das Grabmal des Bischofs

Maria Saal ist eine Gründung des Salzburger Missionsbischofs Modestus um das Jahr 750.

LAGE *Nördlich Klagenfurt.*
BESICHTIGUNG *Frei.*

Oben: Darstellung der Heiligen Drei Könige aus dem Jahr 1435 an der Chor-Nordwand links des Hochaltars.

ZUR STIFTSGESCHICHTE → *Seite 208.*

SEHENSWÜRDIGKEITEN *Mit Wehranlagen, Propstei- und Dechanteigebäuden umgebene Propstei- und Wallfahrtskirche Mariä Himmelfahrt. Spätgotische, dreischiffige, zweitürmige Staffelkirche, 1430—1459, mit »Steinplattl«-Dach und größter Glocke Kärntens, 1687. Nach Brand, 1669, Wiederherstellung bis 1674. Links und rechts des Haupteinganges an den Außenmauern und in der Vorhalle Römersteine. Unter ihnen der »Postwagen« und ein Romulus-und-Remus-Relief. In der Vorhalle auch gotische Bildwerke. Das Netzrippengewölbe des Kirchenschiffs mit Darstellung »Stammbaum Christi« (→ nebenstehend). Fresken, 15. Jh., auf Triumphbogen und im Querschiff. Fresken an der Chor-Nordwand mit Darstellung der Heiligen Drei Könige (→ Seite 127). Barocker Hochaltar mit »Schöner Madonna«, Steinguß, 1425. Im Nordchor »Arndorfer Altar«, 1520 (→ Seite 129), im Südchor Georgsaltar, 1526. Sachsenkapelle, 1451, mit Modestusgrab, vorromanischer Altartisch und römischer Kindersarkophag. Kreuzaltar mit spätgotischer Kreuzigungsgruppe, 1480. Auf dem Kirchhof, dem früheren Friedhof, die gotische Totenleuchte (Lichtsäule), 1497, und der »Karner« (Heidentempel oder Oktogon). Ursprünglich eine romanische Taufkapelle, später als Beinhaus verwendet, im 15. Jh. erweitert, mit Doppelarkaden umgeben und als Nachbildung des Heiligen Grabes in Jerusalem gestaltet.*

Modestus, den der Salzburger Metropolit Virgil ins Land der heidnischen Karantanen geschickt hatte und der hier, nächst der römischen Hauptstadt Virunum, die erste Kirche gegründet hatte. Kranke, die den spätkarolingischen Altartisch, unter dem (seit 1956 in einem römischen Kindersarg) die Reliquien des Heiligen († 763) ruhten, sechsmal auf den Knien umrutschten, wurden gesund. Wenn der nach der Legende wandernde Altartisch — er steht nicht ganz in der Mitte der Sachsenkapelle — beim Hauptaltar anlangt, heißt es, ist das Weltende gekommen.

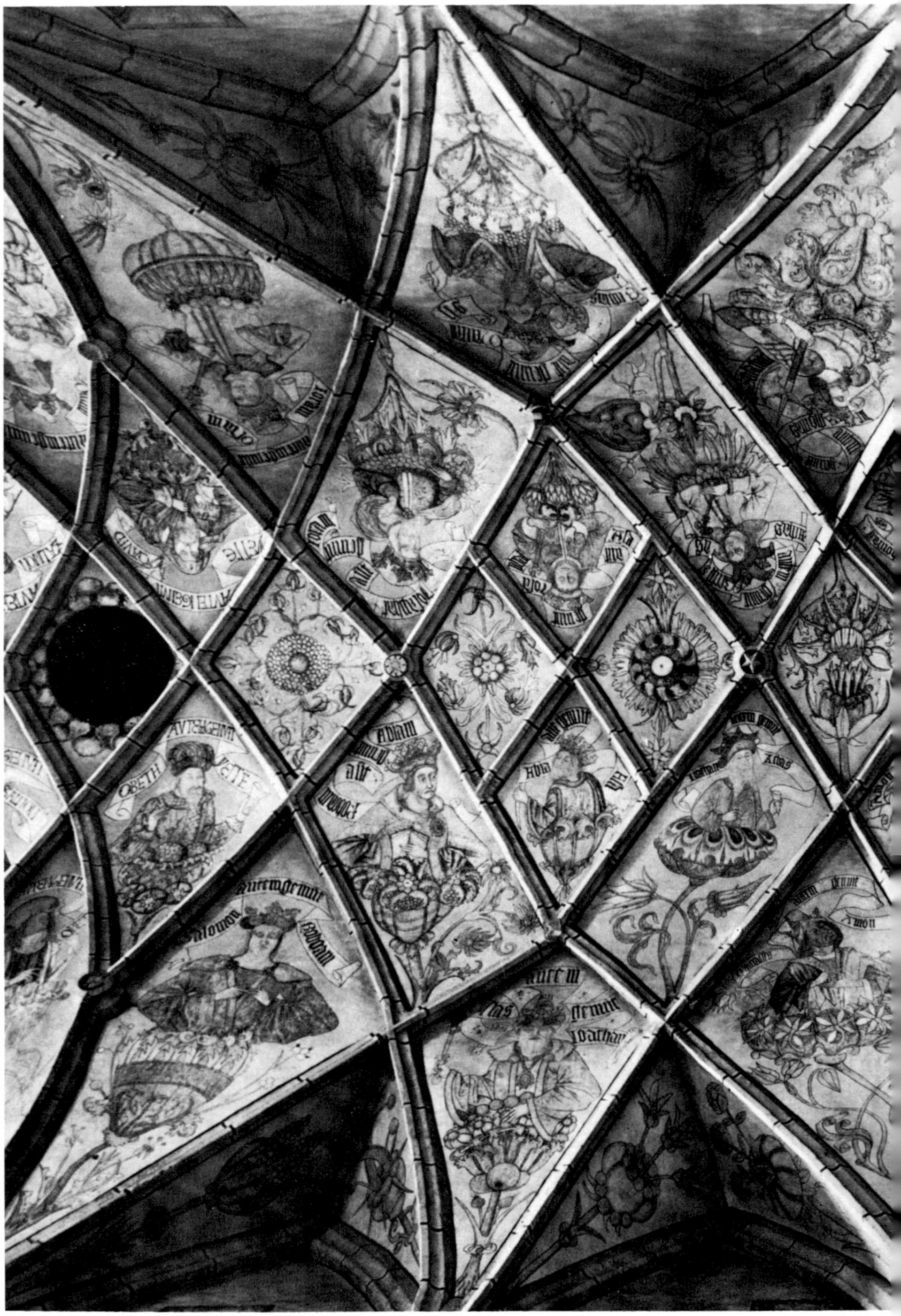

Um 998 sollen die Zugtiere zweier böhmischer Edelleute, die im Auftrag des Bischofs von Prag, des von den Pruzzen ermordeten hl. Adalbert, ein Muttergottesbild mit sich führten, vor der Maria-Saal-Kirche gehalten haben. Im Traum hätte ihnen Maria verkündet, hier wolle sie verehrt werden.
Bei richtiger Beleuchtung — sonst nicht — sind noch heute, nahe dem Eingang, drei Meter hinter dem Opferstock, neben Schuhabdrücken die Krallen des Gottseibeiuns zu sehen, der sich hier vergeblich eines unter den Schutz des Marienbildes geflüchteten Sünders zu bemächtigen suchte.

Oben: Der spätgotische »Arndorfer Altar« mit schönem Ranken-Sprengwerk ist ein Werk der Villacher Schnitzwerkstätte, 1515/20 für Maria Saal angefertigt. Oben Krönung Mariens, links davon Verkündigung, rechts Heilige Drei Könige. Darunter Anna, Mutter Marias, und heilige Frauen, links davon hl. Ursula mit Begleiterinnen, rechts die 14 Nothelfer. Darunter Pietà. Auf den Rückseiten gotische Tafelbilder mit spätgotischen Kritzeleien und Namenszügen von Wallfahrern.

Links: Die große Deckenmalerei des Mittelschiffs zeigt den originellen »Stammbaum Christi«, um 1490. Urahnen Marias in zeitgenössischem Gewand und mit Alpenblumen.

Künstlerisch belanglos

Maria Wörth, Kärnten Ehemaliges Kollegiatstift

Das einstige karantanische Christianisierungszentrum, die spätere Kirchensiedlung »Maria in Werd«, Maria auf der Insel, ist heute ein Bade- und Ausflugsort mit Souvenirläden.

LAGE *Am Südufer des Wörther Sees.* BESICHTIGUNG *der Winterkirche nach Anmeldung.*

ZUR STIFTSGESCHICHTE *(→ auch Seite 208).*

Oben: Die Fresken aus dem zweiten Viertel des 14. Jh. sind 1969 in der »Winterkirche« freigelegt worden.

Rechts: Ehemalige Stifts- und jetzige Pfarrkirche Mariä Himmelfahrt und hl. Primus und Felizian mit Friedhof und romanischem Rundkarner. Die Kirche, 894 urkundlich, mit romanischem Südportal, 12. Jh., gotischem Nordportal. Zweischiffiger spätgotischer Bau mit romanischer, im 14./15. Jh. erneuerter Krypta. Auf dem barocken Hochaltar 1658, eine Muttergottesstatue, 1460. Taufkapelle mit spätgotischen Tafelbildern. An der Chornordwand Marienstatue, 1469.

In der Winterkirche, auch Rosenkranzkirche, 1155 (auf dem Bild nicht sichtbar), im 16. Jh. gotisiert, sind die Apostelfresken, 14. Jh. (→ oben) zu sehen.

Als man im Jahre 1896 in der Winterkirche — sie liegt auf einem Felsen unterhalb der im Bild sichtbaren Pfarrkirche Mariä Himmelfahrt, St. Primus und Felizian — den romanischen Freskenzyklus aus der Mitte des 12. Jh. entdeckte, beschrieb ihn der Kunstexperte F. G. Hann »als primitiv und künstlerisch belanglos, aber archäologisch interessant ...«

Für uns heute erscheint das 1969 restaurierte kleine Freskenwunder aus dem 11. Jh. — die Apostelfiguren mit den nackten Füßen — wie eine zeitnahe Offenbarung. Höfisch stilisiert dagegen blicken die 1969 in diesem Raum freigelegten frühgotischen Heiligen aus dem 14. Jh. (→ oben links) von den Wänden. Bedeutende Architektur auf dieser Fremdenverkehrshalbinsel ist der doppelgeschossige Karner, vor 1278.

Der stumme Büßer von Ossiach

Ossiach, Kärnten   Ehemaliges Benediktinerstift

Restgebäude und Kirche des ältesten Kärntner Benediktinerstiftes dienen heute als Hotel und als Veranstaltungsort des »Carinthischen Sommers«.

LAGE *Am Ossiacher See.*
BESICHTIGUNG *der Kirche möglich.*

Links: Auf dem barocken Hochaltar, Ende 17. Jh., wird die thronende Maria von den Heiligen Benedikt und Scholastika flankiert. Die Kanzel, 1725, zeigt Reliefs der Kirchenväter und Figuren der Evangelisten. Im Chor eine Erinnerungstafel an Prof. Wilhelm Backhaus, 1884—1969, der in seinem Todesjahr hier das letzte Klavierkonzert gab.

ZUR STIFTSGESCHICHTE → *Seite 219.*

SEHENSWÜRDIGKEITEN *Pfarr- und ehemalige Stiftskirche Mariä Himmelfahrt, 1737—1744 um- und ausgebaute ehemalige dreischiffige romanisch-gotische Pfeilerbasilika mit östlichem Querschiff. Grabmal König Boleslav an der nördlichen Außenwand. Spätgotischer Flügelaltar um 1505 (→ Seite 132) in der nordwestlichen Taufkapelle. Stukkaturen um 1740 und Fresken von Jos. Ferd. Fromiller. Hochaltar Ende 17. Jh. Wilhelm-Backhaus-Gedächtnis-Orgel 18. Jh. In der Südkapelle romanische Säulen aus der ehemaligen (1947/48 aufgedeckten) Hallenkrypta aus dem 11. Jh. (älteste romanische Säulen Kärntens). Sarkophag aus dem 3. nachchristlichen Jahrhundert (Stiftergrab). Wappengrabsteine der Äbte. Im ehemaligen Stiftsgebäude (jetzt Hotel) Fürstensaal, Benediktussaal, Musikzimmer und ehemaliges Refektorium, Feststiege, zum Teil mit Fresken von J. F. Fromiller.*

Untrennbar mit dem mittelalterlichen Kloster Ossiach verbunden bleibt die Gestalt des Polenkönigs Boleslav II., 1058—1080. Der Legende nach starb er im Kloster Ossiach. Das Boleslav-Grabmal an der Nordseite der Kirche, im Winkel der gotischen Kapelle, war eine einst vielbesuchte Pilgerstätte.
Der Polenfürst, ein unversönlicher Gegner des Salierkaisers Heinrich IV., hatte nach Siegen über die Böhmen und Ungarn die Grenzgebiete zwischen Bug und San an sich gebracht und wurde als Eroberer von Kiew »Smialy« — der Kühne — genannt. Mit Unterstützung Papst Gregors VII. und der salierfeindlichen Ungarn ließ er sich zum König krönen und hob 1076 — es war das Jahr des Bittganges Heinrichs IV. nach Canossa — für sein Land die Oberherrlichkeit des römisch-deutschen Kaisers auf.

Oben: Der spätgotische Flügelaltar um 1505 in der Taufkapelle ist ein Werk der St. Veiter Schnitzschule. Der Schrein zeigt neben Maria St. Katharina (mit Rad) und St. Margaretha (mit Lindwurm). In den Flügelinnenseiten die zwölf Apostel, in der Predella die hl. Agathe (mit Kerze), die hl. Apollonia (mit Zange) und die hl. Scholastika (mit Buch). Die Außenseiten der Flügel und die Schreinrückwand sind bemalt.

Als sich Bischof Stanislaus von Krakau bald darauf wiederholt öffentlich gegen Mordlust, Grausamkeiten und Ausschreitungen des maßlosen Polenkönigs wandte, ermordete ihn der König im Mai 1079 während eines Meßopfers in der St.-Michaels-Kathedrale. Die Untat einigte den geistlichen und weltlichen Adel gegen den jetzt mit dem päpstlichen Bann belegten Herrscher. Vier Jahre nach seiner Krönung mußte er dem Thron entsagen. Die Chronica Polonorum des Matthias de Miechowa, 1521, berichtet jedoch, der Flüchtling sei auf seinem Weg über die Alpen nach Ossiach gekommen. Boleslav soll dem Kloster als Laienbruder bis zu seinem Tode angehört haben. Erst auf dem Sterbebett verriet der »stumme Büßer von Ossiach« sein Geheimnis und übergab den Mönchen den königlichen Siegelring.

Das rechte Gebet, die »gute Meditation«

Viktring, Kärnten   Ehemaliges Zisterzienserstift

Die einstige Stiftskirche ist der einzige östlich des Rheins erhaltene, nach der Kirche von Fontenay im Departement Côte d'or — dem Prototyp der frühen Zisterzienserkirchen — errichtete »asketische« Kirchenbau des Reformordens. Dem Gebot des Ordens gemäß, besaß er weder Zierat, Bilder, Skulpturen noch irgendein farbiges Fenster. Der schmucklose Raum allein erlaubte nach Ansicht der ersten Gründungsväter das rechte Gebet und die »gute Meditation«. Nach 1297 wiederholte ein Beschluß des Zisterzienser-Generalkapitels: Einfachheit, Schlichtheit sind Forderungen, auf denen der Orden begründet wurde. Unter Viktrings berühmtem Abt Johannes II. († 1345) erhielt die Kirche statt des nach Vorschrift errichteten rechteckigen, den verpönten vieleckigen Chor. In ihn setzten zwischen 1380 und 1390 Wiener Glasmaler die berühmten Farb-

Eine der mächtigsten Klosteranlagen Kärntens — mit einzigartiger Zisterzienserkirche burgundischer Bauart, 60 Glasgemälden um 1390 und einem der größten Altäre des Landes — diente fast ein Jahrhundert hindurch als Fabriksgebäude.

Oben: Glasgemälde aus dem mittleren und nördlichen Chorfenster, um 1390, Auferstehung und Marientod.

LAGE *Südlich Klagenfurt.*
BESICHTIGUNG *der Kirche und von Teilen der alten Stiftstrakte nach Anmeldung.*

fenster. Um 1622 stellten die Viktringer Zisterzienser vor sie das bunte, figurenreiche, einer spätgotisch-frühbarocken Monstranz gleichende Altarwerk eines bayerischen Meisters, fünfgeschossig, 16 Meter hoch und transparent, damit das Farbfeuerwerk der Glasfenster zur Wirkung kommen konnte.

Oben: St.-Petrus-Relief vom rechten Opfergangsportal des Altares.

Rechts: Durch den frühbarocken Altar leuchten die Glasgemälde von 1390.

ZUR STIFTSGESCHICHTE → *Seite 250.*

SEHENSWÜRDIGKEITEN *Pfarr- und Stiftskirche Unserer Lieben Frau, dreischiffige romanische Pfeilerbasilika, 1142—1202, mit burgundischen Spitztonnenwölbungen in frühester Zisterzienserbauweise (ein Teil des Langhauses im 19. Jh. abgebrochen), mit Glasfenstern um 1390 und Altar 1622, romanischem Trichterportal und schönen Wappengrabsteinen. Stiftsgebäude mit alten Wassergräben und zwei Halbrundtürmen. Rest des alten Kreuzganges (an die Kirche gebaut), spätgotische Prälatur (Pfarrhof), dreigeschossige Arkadenhöfe. Marienbrunnen 1675.*

»Wenn dieses Gebäu dem Militär nicht conveniren sollte...«

St. Paul, Kärnten Benediktinerstift

Obwohl die Entstehungsgeschichte des bedeutendsten und reichsten Stiftes Kärntens in den Hauptzügen gesichert erscheint, einzelnes ist ungeklärt. Auf weite Strecken ungeklärt muß nach der Quellenlage auch die innere Geschichte der mittelalterlichen Benediktinerabtei bleiben: als im Konvent »unliebsame Zustände« herrschten, sich im 14./15. Jh. zwei gewählte Äbte bekriegten; als das krisengeschüttelte Kloster durch Türkenkriege, Reformation und Steuerlasten auch in wirtschaftliche Schwierigkeiten kam; als Äbte mit Lebensge-

Kärntens einst reichstes Stift besitzt eine der größten Mittelschulen Österreichs und eine der bedeutendsten Kunstsammlungen.

LAGE *Südlich Wolfsberg.*
BESICHTIGUNG *10 Uhr 30 und 15 Uhr.*

Oben: Apsiden des Chores um 1200.

Rechte Seite: Nördliches Querhaus der Stiftskirche mit Fresken des Meisters Thomas von Villach, 1493.

ZUR STIFTSGESCHICHTE → *Seite 233 und Seite 135—139.*

SEHENSWÜRDIGKEITEN *Stifts- und Pfarrkirche im 12. Jh. als dreischiffige Pfeilerbasilika nach Hirsauer Vorbild errichtet. Gotische Turmdächer nach Brand von 1367. Romanisches Westportal, kompiliertes Südportal, reinerhaltene Apsiden. Im Inneren Netzrippengewölbe, 14./15. Jh. Gewölbefresken und Fresken am nördlichen Querschiff. Gruft mit Habsburgergräbern. Bedeutende Kunstsammlungen im 1. Stock. Reliquienkreuz und Glockenkasel. Elfenbein-Goldschnitzarbeiten, Schnitzereien etc. 10.—17./18. Jh. Bildersammlung. Bibliothek mit ca. 45 000 Bänden, 400 Inkunabeln und 2199 Handschriften.*

Flugbild Seite 135: Klosterkomplex mit Stiftskirche und Meierhof, um 1840, mit Erhardikirche um 1400.

fährtinnen und mehreren Töchtern St. Paul »an den Rand des Verderbens« brachten. Um so bewundernswerter die kurze Blüte unter Abt Hieronymus Marchstaller, 1616—1638, dem St. Paul seine jetzige Gestalt verdankt. Doch hinterließ auch er Schulden — 42 000 Gulden. Beim Tod des Abtes Philipp Rottenhäusler, 1677, waren es 100 000, beim Ableben des Abtes Reichart, 1727, bereits 358 000, und als Anselm I. Passauko 1778 starb, betrug der Schuldenberg insgesamt 546 000 Gulden, das sind nach heutiger Währung etwa 38 Millionen österreichische Schilling oder etwa 5,5 Millionen Mark.

Man erzählte sich, daß Abt Anselm I. während der dreißig Jahre seiner Verwaltung vor allem auf sich und seine Familie bedacht gewesen sei. Sein Nachfolger Anselm II. Edling wirtschaftete besser, doch konnte auch er sich der Gläubiger kaum erwehren, und es fehlten Mittel, die aufgelaufenen Zinsen abzudecken.

Da der Kaiser aus den eingesandten Vermögensausweisen ersehe, daß kaum ein Drittel des St. Pauler Vermögens unbelastet sei, hieß es in einem Hofkanzleidekret vom 7. Oktober 1782, »habe Seine Majestät die Aufhebung beschlossen und befohlen, die Geistlichen in andere Benediktinerklöster zu verteilen«. Am 4. November 1782 verlas der landesfürstliche Kommissär Adam Dionys von Gröller im großen Abteizimmer vor versammeltem Konvent die Aufhebungsdekrete, ließ sich den Manifestationseid leisten, übernahm die Schlüssel und das Schuldbuch und begann mit der Inventarisierung. Im Kloster lebten damals neben dem Abt und dem Prior 25 Konventualen; mit den Professoren, Seelsorgern und dem Verwalter gehörten zum Stift insgesamt 60 Geistliche.

Da ein Teil der Geistlichen mit Abt Anselm II. von Edling nicht einverstanden war, verlangte der Klosterobere, der sich an der Aufhebung nicht ganz unschuldig fühlte — er hatte monatelang in Klagenfurt gewohnt —, von der Regierung eine Untersuchungskommission. Von seinem Bischof mußte sich Abt Anselm sagen lassen: »Sie können die Ruhe und den Frieden im Stift am besten durch Güte, Sanftmut und ein aufrichtiges Verfahren gegen Ihre geistlichen Söhne herstellen; — zeigen Sie ihnen, was Sie getan, wie Sie gewirtschaftet, und Sie werden sich Liebe, Hochachtung und Verehrung erwerben; — weltliche Kommissionen sind nie heilsam für die Klöster, und meistens verlieren diese dadurch ihren Kredit.«

Nun wandte sich der Gemaßregelte in einem vom Prior und vom ganzen Konvent unterzeichneten Schreiben an die Regierung und bat um den Fortbestand des Stiftes. St. Paul besitze noch ein Drittel seines Vermögens, die Schulden hätten sich in den letzten Jahren verringert; den Geistlichen könne nicht zugemutet werden, in andere Klöster versetzt zu werden: »Eben der Ort, das Land, die Luft, die Gebräuche, kurz nur die individuellen Umstände von St. Paul waren die Triebfedern, uns diesen Ort zu erwählen; wie wir auch in der Profession nichts anderes schwuren als die Sittenveränderung nach der Regel des hl. Benedikt und die Stabilität im Kloster St. Paul. Die Beweggründe waren sicherlich ernstlich überdacht, warum wir nur in diesem Kloster unsere Freiheit hingaben. Wir sind überzeugt, daß die große Seele Josephs, die alle Menschen glücklich zu machen beschäftigt ist, unseren Wünschen gerne entsprechen wird und daß es dem a. h. System eines sein würde, ob wir mit einer Pension in andere Klöster hingegeben würden oder mit der nämlichen unter der Direktion unseres Ordinariats zurückbleiben.«

Josephs große Seele hatte Einsehen. Die Vorstellungen des Abtes, die tadellose Übergabe des Besitzes — die St. Pauler Mönche hatten zum Unterschied von den Jesuiten in Millstatt, bei denen man eingemauertes Gold und Silber fand, alles getreulich offenbart — machten Eindruck. Mit Zustimmung des Kaisers sistierte die Regierung die Aufhebung und war bemüht, dem Stift wieder auf die Beine zu helfen. Sie verwendete das aus der Auflösung des Klosters Arnoldstein gewonnene Vermögen, bezahlte Schulden, bestritt Ausgaben und verwaltete den Besitz nach Maßgabe. Doch war der Ruin nicht mehr aufzuhalten. 1786 wußte niemand mehr, wo bei einem Schuldenstand von fast einer halben Million Gulden das zur Erhaltung des Stiftes notwendige Kapital von über 218 000 Gulden hergenommen werden sollte.
Inzwischen hatten die mit ihrem Abt unzufriedenen Geistlichen das Kloster schon längst verlassen. Anselm II. mußte der Regierung, die eine Verminderung der Konventualen auf zwanzig angeordnet hatte, eingestehen, im Kloster

befänden sich nur mehr zwölf, und auf Nachwuchs könne nicht gehofft werden. Da die Gläubiger drängten und der Konvent sich in einer dauernden peinlichen Verlegenheit befand, wünschte der Abt nun selbst die Auflösung.

Zur Aufhebung rieten auch die örtliche Landesverwaltung und der Bischof von Lavant. Einem Schreiben an die Regierung, in dem sie sich mit allen künftigen Maßnahmen der Regierung einverstanden erklärten, fügten sie die Bitte an, nach St. Paul womöglich eine Kaserne und »einige Truppen« zu verlegen, »damit Unterkärnten den Geldumlauf nicht verliere«. Die geistliche Hofkommission befürwortete den Antrag, und Joseph II. verfügte: »Ich beangenehme das Einrathen der Commission und ist, wenn dieses Gebäu dem Militär nicht conveniren sollte, dem gubernio in Überlegung zu geben, ob nicht etwa selbes statt der zu einem Siechenhaus für die innerösterreichischen Lande vorgeschlagenen drei Örter (als dem Pöllauer Stiftsgebäude oder einem der Frauenklöster Studenitz oder Mährenberg) vorzuziehen wäre.«

Links und rechts oben: Die romanische Glockenkasel (Meßgewand) ist wahrscheinlich im zweiten Viertel des 12. Jh. in einem schwäbischen Nonnenkloster entstanden und wurde von den Beuroner Mönchen mit nach St. Paul gebracht. Auf dem im Halbmesser 167 cm großen Gewand mit 38 Feldern sind Darstellungen des Neuen und Alten Testaments zu sehen. Rechts: Die Verkündigung der Geburt Isaaks.

Linke Seite unten: Das Reliquienkreuz der Königin Adelheid, 11. Jh.

Die Wiege Salzburgs

St. Peter, Salzburg Benediktinerstift

Das Benediktinerstift am Mönchsbergfelsen, »die Wiege Salzburgs« — der frühbayerischen Kirchenmetropole und der Stadt der Erzbischöfe —, ist wahrscheinlich das älteste, ohne Unterbrechung bestehende Kloster der römischen Kirche.

Es mag um das Jahr 695 gewesen sein, als der bayerische Agilolfingerherzog Theodo den Wormser Bischof Hrodpert (Rupert) in seine Residenz Regensburg lud. Er bereitete dem aus fränkischem Hochadel stammenden Geistlichen, einem Landsmann des Bischofs Emmeran, der um 685/90 in Regensburg gewirkt hatte, einen festlichen Empfang und ließ sich und seinen Hof in der neuen Glaubenslehre unterrichten und bestärken. Herzog und Bischof waren sich über die zu bewältigenden Vorhaben, die Missionierung der slawischen und

LAGE *In der Stadt Salzburg.*
BESICHTIGUNG *der Stiftskirche und des St.-Peters-Friedhofes möglich.*

Oben: Besondere Verehrung genoß bis ins 18. Jh. der direkte Nachfolger des hl. Rupert, Bischof Vitalis aus dem 8. Jh. Brot und Käse, die Pilger zu seinem Grabmal, 1497, brachten, wurden als »Vitalisbrot« unter Armen verteilt. Sie empfingen vor dem Relief auch den »Vitalissegen«.

Rechts: Der Klosterbezirk mit der Stiftskirche St. Peter, dem St.-Peters-Friedhof mit Margaretenkapelle und der Marienkapelle (rechts).

awarischen Völkerschaften, einig. Mit der Bewilligung des Herzogs, in seinem Land für sich und sein Gefolge nach Belieben zu entscheiden, wo Kirchen erneuert, begründet oder erweitert werden sollten, verließ Rupert Regensburg und reiste donauabwärts bis Laureacum-Lorch an der Ennsmündung, dem zerstörten spätrömischen Verwaltungszentrum hart an der Awarengrenze. Was den fränkischen Missionsbischof in der Folge bewog, auf der alten Römerstraße wieder westwärts zu wandern, durch den Traun- und Attergau in den Salzachgau, und sich an dem lichtlosen, steinschlaggefährdeten, von moorigem Umland umschlossenen Mönchsbergfelsen in der Ruinenstadt Juvavum festzusetzen, ist nicht zu erschließen.
Möglich, daß es Sicherheitsbedenken waren. Wahrscheinlicher ist, daß Rupert hier in geschützter Gebirgslage auf eine geschlossen lebende, unter sich gut organisierte keltoromanische Bevölkerung traf, die christlich lebte. Vielleicht

ZUR STIFTSGESCHICHTE → *Seite 234.*
In der »Saltzburgischen Chronica« des Hof-Kammer-Rates Franciscus Dückher von Haßlau zu Winckl heißt es 1666 über Erzbischof Paris Graf Lodron, den bedeutenden Begründer der Salzburger Universität: »Sein Eyffer und gnädigste Zuneigung zu dem Orden des H. Benedicti hat sich genugsam verspüren lassen/ da er Ano 1623 aus dem von seinem Vorfahrer Ertz-Bischoff Marx Sittich An. 1617 angefangenen Gymnasio eine Universitet ... gestifft.«

Oben: Gotisches Pastorale, 1458, mit Edelsteinen und vergoldeten Figuren.

Links: Die »Mozartorgel« der Stiftskirche mit St.-Petrus-, Rupert- und Vitalis-Statuen von Hans Waldburger, 1620. Die St.-Peters-Kirche ist nach einem Brand an der heutigen Stelle erbaut worden. Nach dem Brand von 1127 erhielt sie um 1250 ihre heutige Gestalt. Der romanische Innenraum verlor unter Abt Joachim Buchauer, 1615—1626, die Flachdecke und wurde unter Abt Beda Seeauer, 1753—1786, mit Rokokostuck und Fresken (meist von F. X. König) verkleidet und neu eingerichtet.

Oben: Romanisches Portal der Stiftskirche, um 1250, mit Christus, St. Peter und Paul über dem Tor. Rokokotür.

Rechte Seite: 1768 von Ph. Hinterseer gefertigtes Gitter in der Turmhalle mit Wappen des Abtes Beda Seeauer.

SEHENSWÜRDIGKEITEN *Stiftskirche hl. Petrus mit Hochaltar, 1777/78, acht Seitenaltären im Hauptschiff und in den Querschiffen sowie sechs Kapellen. Die Altargemälde und Bilder stammen fast ausschließlich von J. M. Schmidt, dem »Kremser Schmidt«, 1785. Im rechten Seitenschiff Grab des hl. Rupert, im linken Gnadenstatue »Maria Säul«, 1420. Zahlreiche Grabdenkmäler: St. Vitalis, 1497, Hans Werner von Raitenau, 1593, Michael Haydn († 1821). St.-Peters-Friedhof mit Margareten-, Kreuz- und Ägydiuskapelle und Katakomben. Die Abtei mit Marienkapelle, Kreuzgang, Kapitelsaal, Schatzkammer und Bibliothek — ca. 120 000 Bände, 1300 Handschriften, 923 Inkunabeln (über 1000 während der Aufhebung verloren) — ist nicht zugänglich.*

war Rupert hier, an der »Igonta«, der Salzach, auf das geistliche und kirchliche Zentrum der Landschaft gestoßen, auf Nachfahren jener Bewohner Juvavums, die im vierten nachchristlichen Jahrhundert mit dem Mönch Severin in Anwesenheit von Priestern ihres Klosters in einer Kirche an der Salzach Abendgottesdienst gefeiert hatten und — wie es die Vita des Eugippius im XIII. Kapitel berichtet — dem Heiligen auch eine todkranke Frau vor die Zellentür gelegt hatten. Für Bischof Rupert galt, auf diesem altrömischen Boden die Kirche zu erneuern und von hier aus den Missionsauftrag bei Slawen und Awaren durchzuführen.

Als im Jahre 739 der fränkische Bischof und päpstliche Legat Bonifatius die Diözesan- und Sprengeleinteilung schuf, wurde die Abtei St. Peter am Fuß des Mönchsbergfelsens Sitz eines (Erz-)Bischofs der bayerischen Kirche mit den Suffraganbistümern Passau, Regensburg und Freising. Sechs Jahre danach schickte König Pippin, der Vater Karls des Großen, den irischen Mönch Fergil zu seinem Schwager, dem Bayernherzog Odilo. Unter Umgehung des ihm nicht genehmen Reichsbischofs Bonifatius ernannte der Agilolfingerherzog den Iren zum vierten Nachfolger Ruperts. Der neue Abtbischof Fergil-Virgil wurde der eigentliche Begründer des »Erzstiftes«. Den Auftrag Ruperts erneuernd, machte er Salzburg und seine Abtei zum Missionszentrum, von dem aus im 8. und 9. Jh. Steiermark und Kärnten, Teile Niederösterreichs und Pannonien-Ungarns missioniert wurden. Salzburger Handwerker bauten die Dome in Fünfkirchen, Steinamanger und Neutra. Der große Dom, den Virgil in Salzburg errichten ließ, war möglicherweise als Krönungskirche für die Agilolfingerherzöge vorgesehen.

Erst der fünfzehnte Nachfolger Ruperts, Erzbischof Friedrich I., trennte 987 die Abtei von dem unter Virgil begründeten Domkapitel, löste die Personalunion Abt — Bischof für immer auf, indem er den Mönch Tito zum Abt des Klosters machte, das seit dem 8. Jh. die Benediktinerregel angenommen hatte. Die Abtei St. Peter zog sich aus allen außerklösterlichen Bereichen zurück.

Die Abtei St. Peter, frühzeitig ein Zentrum der Buchmalerei und Schreibkunst, war seit dem 7. Jh. auch Sitz einer Klosterschule. Im Schatten des Erzbistums entwickelte sich aus ihr ein Jahrtausend später das »Akademische Gymnasium«, 1622 die Benediktiner-Universität Salzburg.

Auch die musikalische Entwicklung Salzburgs steht mit dem Stift St. Peter in Zusammenhang. Im Schloß Freisaal südlich der Stadt erklangen die Lieder des legendenumwobenen Mönchs von Salzburg, der zu den »Fünfzehn aus der Schar des Hofgesindes« von Fürsterzbischof Pilgrim II. von Puchheim gehörte. Es waren Lieder, »so ein wolgelerter her Hermann, ein münich bendictiner orden czu Salczburgk mit sampt einem laypriester herrn Martein gemacht haben und zu deutsch bracht . . .«

Seit 1130 war St. Peter Doppelkloster. Der Frauenkonvent, »die Petersfrauen« (im heutigen Franziskanerkloster), unterstand dem Abt von St. Peter. Seit dem 15. Jh. hatte sich ein merkwürdiger Brauch gebildet. Alle fünf bis sechs Jahre wurde die Trennwand in der St.-Anna-Kapelle, welche die Klausur zwischen Männer- und Frauenkloster bildete, durchbrochen. An einem bestimmten Nachmittag hatten die Brüder gemeinsamen großen Ausgang. Unterdessen zogen die Schwestern durch die Mauerbresche ins Männerkloster, besichtigten es eingehend, und nach einer gemeinsamen »Jause« im Refektorium der Mönche gingen sie wieder in ihr Kloster zurück, und die Öffnung wurde erneut vermauert. Das Frauenkloster existierte bis 1583.

Die neunzigste Äbtissin

Nonnberg, Salzburg   Benediktinerstift

Von der Gründung, dem Bau und der ersten Kirchenweihe des ältesten Frauenklosters der römischen Kirche auf der »oberen Burg« berichten die Breves notitiae, um 799, in einem eigenen Kapitel. Etwa drei Jahre vor seinem Tod, um 715, hatte Bischof Rupert von einer Reise in seine Heimatstadt Worms neben einigen Schülern und Gefährten auch seine Nichte Erentrudis mit nach Juvavum-Salzburg gebracht. Sie wurde die erste Äbtissin des vom bayerischen Herzog Theodo mit Land und Gut im Salzburg- und Chiemgau, im Traun-

Das über 1200 Jahre bestehende Stift ist das älteste Frauenkloster diesseits der Alpen.

LAGE *In der Stadt Salzburg.*
BESICHTIGUNG *der Stiftskirche möglich. Führungen nur nach Vereinbarung.*

Oben: Die reichgeschmückte spätgotische Nonnenchorwand in der Stiftskirche zeigt in der Nische zwischen den vier Kielbogenfenstern vier Figürchen auf Säulen unter Baldachinen.

Rechts: Die von 18 freistehenden Säulen getragene Krypta unter dem Hochchor mit Netzgewölbe, 1471, birgt das Felsengrab der heiligen Erentraud. Der Marmoraltar über ihm, 1822, trägt die Inschrift: Grabmal der hl. Erentrudis, Jungfrau und erste Äbtissin dieses Klosters, aus dem königlichen Geschlecht der Franken, Nichte des hl. Rupertus, des ersten Bischofs von Salzburg.

und Attergau, mit der Kirche in Thalgau, mit Salzpfannen in Reichenhall, Fischerei- und Jagdrechten reich ausgestatteten Klosters unterhalb der oberen Burg. Nach dem Tod ihres Mannes Theodo trat Herzogin Regintrud dem Frauenstift bei und wurde später dessen Äbtissin. Mit dem Erentrudiskult verband sich schon im 8. Jh. unter Bischof Virgil auch eine Regintrudisverehrung. Äbtissin auf der »Nunnburch« wurde auch Hiltrud, die Schwester König Pippins und Gemahlin des Bayernherzogs Odilo.

Über die Schicksale des Frauenstiftes im 9. und 10. Jh. wissen wir nicht viel. Überlieferte Nonnen- und Äbtissinnennamen bezeugen seinen Fortbestand. 1009 weihte Erzbischof Hartwich in Gegenwart des von der Kirche heiliggesprochenen Kaiserpaares, Heinrichs II. und Kunigundes, eine neuerbaute Kirche. In ihrer 1024 vollendeten Krypta bestattete man St. Erentrud und die selige Regintrud. Noch vor dem Jahre 1000 mag Bischof Hartwich nahe dem

Oben: Blick durch die Säulen des Nonnenchores auf die im linken Seitenschiff aufgestellten Äbtissinnengrabsteine, 14. bis 17. Jh.

ZUR STIFTSGESCHICHTE *(→ auch Seite 144/147). Nach Niedergang und Stillstand im 16.—18. Jh. und großer Bedrängnis während der Franzosenkriege gründete Nonnberg im 19. Jh. die Konvente St. Gabriel in Prag, jetzt → Bertholdstein, und St. Hemma in Gurk, jetzt St. Erentraud in Kellenried in Württemberg.*

ZUR BAUGESCHICHTE *Der heutige spätgotische Kirchen- und Klosterkomplex entstand nach dem Brand von 1423 über dem romanischen Grundriß und erhaltenem Restgemäuer aus dem 11./12. Jh. Zwischen 1448 und 1471 erbaute der Salzburger Meister Siegmund Maurer die St.-Johannes-Kapelle über dem stadtseitigen Torbogen, die Krypta und den Chor der Stiftskirche. Unter den Äbtissinnen Daria Panicher und Regina Pfaffinger entstand das Langhaus, um 1507 wurde es eingewölbt,*

1711 erhielt die Kirche den Turm mit Zwiebelhaube. Während der Restaurierungsarbeiten 1951/55 sind verschiedene Verbauungen entfernt, Gewölbe, Fresken und Säulen freigelegt worden.

SEHENSWÜRDIGKEITEN *In der frei zugänglichen Stiftskirche ist das romanische Portal in der gewölbten Vorhalle sehenswert. 1497/99 erhielt es seine jetzige Gestalt. Das dreischiffige Langhaus mit Kreuzgewölbe und Pfeilerbündeln wurde durch den mit reichem spätgotischen Zierrat geschmückten Nonnenchor um ein Drittel verkürzt. Blickpunkt in dem überraschend breiten, mit nur kargem spätgotischem Ast- und Maßwerk versehenen Kirchenraum ist der prächtige Hauptaltar um 1515 auf dem Hochchor. Der Mittelschrein zeigt eine hl. Maria mit Kind zwischen den Hl. Rupert und Virgil. Auf den Flügeln stellen Reliefs Ölberg und Geißelung, Gefangennahme und Dornenkrönung dar. Die Temperabilder auf den Flügelrückseiten sind teilweise nach Dürerstichen gemalt: Geburt Christi, Beschneidung, Darbringung, Flucht nach Ägypten. Das Mittelbild zeigt das Jüngste Gericht, die Staffel den Kreuzesfall. Hinter dem Hochaltar ist ein Glasfenster um 1480 eingesetzt. Zwei Gittertore unterhalb des Chores erlauben einen Blick in die Krypta. Über den Spitzbogen der Seitenschiffe läuft entlang der Längswände eine durch Maßwerk lebendig gestaltete, doch dichtvergitterte Emporenbrüstung. Die kleine im linken Seitenschiff eingebaute Empore stammt aus der Mitte des 16. Jh. An der Wand dieses Schiffes sind 13 Äbtissinnengrabsteine aufgestellt.*

Portal der Kirche die Zelle geweiht haben, in die sich die Nonne Willa, die erste »Reclusa« auf österreichischem Boden, einmauern ließ. An sie erinnert eine in der heutigen Kirche neben dem Portal eingelassene Gruftplatte. Den Kirchenbau dieser Zeit bezeugen noch die großartigen romanischen Fresken unter dem Nonnenchor.

In den ersten dreißig Jahren nach der Jahrtausendwende wurden von dem bischöflichen Eigenkloster auf dem Nonnberg sieben Frauenstifte begründet: Göß, St. Georg am Längsee, Sonnenburg im Pustertal, Traunkirchen, St. Wal-

Frei zugänglich ist auch der schön geschnitzte Flügelaltar aus der Schule des Veit Stoß, 1498, in der Johanneskapelle nächst der Klosterpforte.
Nur während der (seltenen) Führungen sieht der Besucher das bedeutendste Kunstwerk, die romanischen Fresken um 1150 unter dem Nonnenchor (→ nebenstehend) und erhält Zutritt zur Krypta. Stift Nonnberg besitzt eine große Zahl bedeutender Kunstwerke, die z. T. aus dem von Wolf Dietrich abgebrochenen Dom stammen. So ein frühes Kruzifix, um 1300, und einen Flügelaltar um 1460. In einigen alten Räumen ist ein kleines Stiftsmuseum eingerichtet, in dem u. a. die »Pontifikalien« zu sehen sind, deren Gebrauch der Äbtissin Gertraud II., Edlen von Stein, von Papst Gregor IX. im 13. Jh. erlaubt wurde: der Äbtissinnenstab um 1242 und das berühmte Faldistorium, ein Faltstuhl von erlesenen Formen aus derselben Zeit. Kleine barocke Jesusstatuetten, die hier aufbewahrt werden, schenkte man adeligen Klosterfrauen anläßlich der Einkleidung.

Links: Fresken um ca. 1150 im hinteren Teil des Langhauses unter dem Nonnenchor, im sogenannten »Paradies«. Diese wahrscheinlich an griechisch-byzantinischen Vorbildern orientierten Heiligendarstellungen — alle mit aufgeschlagenem Buch, man meint außer dem hl. Benedikt und Gregor (links und rechts) auch die Heiligen Augustinus, Rupert, Florian, Pantaleon, Stephanus und Laurentius zu erkennen — sind Reste einer durch den Einbau des Nonnenchores zerstörten ursprünglichen Gesamtbemalung des Westchores.

burg in Eichstätt, Gurk und Erla in NÖ. Erst im 12. Jh. nahmen die Nonnen die Benediktinerregel an.
1242 verlieh Erzbischof Eberhard I. der Äbtissin Gertrudis von Stein das Recht des Gebrauchs der Pontifikalien, des Pontifikalstuhles und des Pedums, des Hirtenstabes. Auch der am 26. September 1976 geweihten 90. Äbtissin von Nonnberg wurde nach altem Brauch die Krone aufs Haupt gesetzt, ehe sie der Erzbischof von Salzburg zu ihrem Platz im Nonnenchor führte. Die Nonnberger Äbtissin besitzt als einzige das Privileg, Krone und Stab zu führen.

Der Besuch des Erzbischofs

Michaelbeuern, Salzburg   Benediktinerstift

Das uralte Kloster Michael-buan — der Bau zu Ehren des hl. Michael — im nördlichsten Winkel des Landes Salzburg stand immer im Schatten des Erzstiftes. Niemals wohlhabend, blieb es durch alle Jahrhunderte ein Seelsorge- und Schulzentrum, eine Stätte der Gelehrsamkeit und Musikpflege.

LAGE *Nordöstlich Lamprechtshausen.*
BESICHTIGUNG *Nach Anmeldung.*

Unten: Abteisaal, Stuck von Höpp, um 1720, Malerei von F. N. Streicher, 1771.

Abt Martin besaß nur einen einzigen Rock. Niemand hatte ihn während seiner 34jährigen Regierungszeit in einem anderen gesehen. In seinem Zimmer lag und blieb alles so, wie es der Vorgänger eingerichtet hatte. Rechnungen bezeugten nach Abt Martins II. Tod, daß er in manchem Jahr keine 25 Gulden für sich verbraucht, dem Stift jedoch trotz umfangreicher Ausbauten der Gebäude und Ankäufen ein Kapital von nahezu 10 000 Gulden in bar hinterlassen hatte. Obgleich dieser Stiftsobere so ärmlich einherging, erschien er in seinem geistlichen Amt erhaben, voller Würde und Anstand. Obwohl man ihn in der Stadt Salzburg jeweils nur in einem zusammengeflickten klappernden Wagen vorfahren sah, schätzten Beamte, Politiker und Professoren den immer liebenswürdigen Benediktiner über alles und brachten ihm Ehrerbietung entgegen. Er war durch Jahre geachteter Assistens und Praeses der Salzburger Universität. Das Kloster Michaelbeuern galt unter ihm in den Jahren 1731 bis 1762 als Musterschule des religiösen Lebens.

Im Jahre 1737 begann sich der Salzburger Erzbischof Leopold Anton Freiherr von Firmian für den tüchtigen Abt zu interessieren. Im Herbst beehrte er Michaelbeuern mit seinem Besuch. Der Stiftschronist weiß darüber zu berichten: »Am 19. November 1737 haben Seine Hochfürstliche Gnaden unsern Abt Martin und das Kloster in höchsteigener Person zu besuchen gewürdigt. Es kamen erstlich an diesem Tage um 8 Uhr Morgens der Controlleur, Mundkoch, Silberdiener und Kellermeister. Darauf andere Köche und ein Robathwagen mit Victualien. Dann zwey Paar Maulthier, welche das Silbergeschirr, den erzbischöflichen Sessel und Bethschemel trugen und von 4 Karabinier zu Pferd begleitet wurden. Nach einer kurzen Zeit kam wieder ein Wagen mit Victualien und 3 Sauerbrunn-Flaschen mit Vergerner-Wein. Dabey waren auch die

ZUR STIFTSGESCHICHTE *(→ auch Seite 216). Da im ältesten Totenbuch des Klosters der Name des dritten Bischofs der Salzburger Kirche Flobrigis (Flobarquardus) aufscheint, ist anzunehmen, daß hier im 8. Jh. eine von St. Peter begründete Mönchszelle bestand. Der Name Michaelbeuern wird allerdings erst in einer Schenkungsurkunde Kaiser Ottos II. aus dem Jahre 977 — nach dem Ungarnsturm — urkundlich. Das Kloster war eine Gründung des bayerischen Pfalzgrafen Hartwich. Der mit dem Grafen Hartwich verwandte Sighardinger Sigehard, Patriarch von Aqileja, dotierte das an der Burg seiner Väter errichtete Kloster reich und reformierte es. Zur ersten Äbtissin des von ihm in Michaelbeuern begründeten Frauenkonvents »ad tres vitas« machte er seine Mutter Philhildis. Im Jahre 1072 weihte der Patriarch die Stiftskirche. Männer- und Frauenkloster Michaelbeuern erscheinen in der Folge als Eigenkloster der den Sighardingern verwandten Grafen von Peilstein auf, bevor es Ita von Burghausen 1137 dem hl. Stuhl in Rom unterstellte. Im 13.—15. Jh. hatte Michaelbeuern unter seinen Vögten und Untervögten zu leiden, wurde 1249 und 1364 verwüstet und schwer geschädigt. 1530 kaufte der Salzburger Erzbischof die Vogtei, ohne daß sich dadurch die schlechte wirtschaftliche Lage des Stiftes geändert hätte. Im 15. Jh. war Michaelbeuern ein Kloster der »Melker Reform«, im 16./17. Jh. ohne entscheidende Krise ein Zentrum gegenreformatorischer Kräfte. Einige Äbte und Konventualen waren an der Salzburger Universität tätig. Die Benediktiner galten als musikfreudig, Abt Werigand Rettensteiner († 1822) war mit Michael Haydn befreundet.*

Links: Hochaltar von Meinrad Guggenbichler mit Gemälden vom Michaelbeuerner Konventschüler Joh. Mich. Rottmayr, 1691/92.

Unten: In den Schaukästen im Bibliothekssaal von 1669/79 — er reicht durch zwei Stockwerke — sind einige der hervorragendsten mittelalterlichen Handschriften und Buchillustrationen aus Klosterbesitz ausgestellt. Unter ihnen befindet sich das prächtige Antiphonar von 1450 und die im Bild wiedergegebene Walterbibel, ein Hauptwerk der Salzburger Buchmalerei des 12. Jh., das einzige im Land verbliebene Werk dieser Art.

Tafel- und Teller-Tücher und das Confect. Nach 10 Uhr kam der Herr Baron von Rehlingen, Pfleger zu Laufen, mit einem Hofnarren des Herzogs Ferdinand von Bayern.

Endlich, bald nach 11 Uhr kamen Se. Hochfürstliche Gnaden selbst in folgender Begleitung: Zuerst der Kloster-Reitknecht, welcher bis zur Grenze des Stifts-Territoriums entgegengeschickt worden war, um den Weg zu zeigen, mit einem reitenden Gerichtsdiener. Hierauf die erste Post mit einem vierspännigen Hofwagen, worin der Obersthofmarschall, Obersthofmeister, der Oberstallmeister und ein junger Graf Lodron saßen. Endlich die zweyte Post, gleichfalls ein vierspänniger Hofwagen, worin Se. Hochfürstliche Gnaden selbst und die Grafen Truchseß, Trautson und Attembs saßen. Letztere stiegen zuerst aus und halfen dem Fürst-Erzbischof beym Aussteigen, welcher schwarz gekleidet war,

Rechts: Das Flugbild macht die ursprüngliche Doppelklosteranlage deutlich. Die Trakte des Männerklosters lagen um den alten Kreuzhof nördlich der Kirche, das Frauenkloster im Schutz des Abteiturmes (im Vordergrund), dem einstigen Bergfried der Burg. Durch das Turmportal gelangt der Besucher in den langgestreckten Wirtschaftshof, an dessen Ostende, rechts, das Konventgebäude mit der Bibliothek liegt. Wirtschaftshof und Innenhöfe sind zum Großteil von romanischem und gotischem Mauerwerk umgeben, einzelne Trakte wurden im 16. bis 18. Jh. erneuert.

mit hochrothem Unterfutter und dergleichen Strümpfen. Bey dem Aussteigen vor dem rothen Thore wurde er unter dem Traghimmel empfangen, welchen der Hofrichter, der Kammerdiener des Abtes, der Diener Jambert und der Chirurg Franz Zimmermann trugen. Der Fürsterzbischof stand still, um die kurze Bewillkommnungs-Rede des Abtes anzuhören, welche der Fürsterzbischof mit folgenden Worten beantwortete: ›Wir können Unsere Affection nicht besser zeigen, als daß Wir Selbst Michaelbeuern besuchen, und bleiben Wir sowohl dem Herrn Prälaten als dem gesammten Convente mit Unsern Gnaden gewogen.‹ Die Schlüssel, die ihm der Abt mit wenigen Worten präsentierte, schob der Bischof mit gelindem Druck zurück ... Nachdem der Bischof der Dienerschaft ungefähr eine Stunde zur Erfrischung vergönnt hatte, ging die Abreise in der nämlichen Ordnung wie die Ankunft vor sich ...«

SEHENSWÜRDIGKEITEN *Die ältesten Teile des Klosters, der ursprünglich dreischiffige Speisesaal, Kapitelsaal und Kreuzgang, alle nur teilweise im Kellergeschoß des Kreuzhofes erhalten, stammen aus dem 9.—11. Jh. Ein Kapitell in der Vorhalle zum Kloster wird als frühchristlich bezeichnet. Den Wiederaufbau der Stiftskirche zum hl. Michael nach der Zerstörung von 1250 bezeugt das Kirchenportal mit Säulen und Kapitellen, die von einem lombardischen Steinmetz bearbeitete Römersteine darstellen. (Das Tympanonrelief stammt aus dem 20. Jh.) Während der Restaurierungsarbeiten 1946/1950 hat man den baufälligen Kirchenraum neu errichtet und ihn seiner ursprünglichen Gestalt angenähert, einer vorhirsauischen, altbayerischen dreischiffigen, querschifflosen, flachgedeckten Pfeilerbasilika ohne Krypta. Der gotische Altarraum von 1450 ist 1622 barock stuckiert worden. Die Bilder des Säulenhochaltares stammen vom Michaelbeuerner Sängerknaben Michael Rottmayr aus Laufen, 1691/92, die Plastiken von Meinhard Guggenbichler aus Mondsee. Vor dem Altarraum sind drei Halbsäulen zu sehen, die vom alten Mönchschor stammen. Auf diesen (ursprünglich vier) Pfeilern, deren Kapitelle ergänzt und mit Figuren des Meinhard Guggenbichler geschmückt wurden, ruhten Schwibbögen. Die Sakristei ist 1782 mit unikalen Bauernmöbeln ausgestattet worden. Den gotischen Taufschein ziert eine neue Bekrönung. In die Wände des rechten Seitenschiffes sind große Grabplatten von Adeligen aus der Umgebung eingelassen, unter ihnen jene des Heinrich von Haunsperg von 1355, die jedoch erst im 17. Jh. angefertigt wurde. In der Kleinen Schatzkammer sind Sakralgegenstände des 17./18. Jh. zu sehen, in der modernen Marienkapelle steht ein Altar des 17. Jh. Die Bibliothek besitzt etwa 40 000 Bände, 280 Inkunabeln und 300 Handschriften.*

Facta Wiltenensia

Wilten, Tirol   Prämonstratenserstift

Innsbrucks Urkloster, um Jahrhunderte älter als die Stadt, der Sage nach die Gründung des Riesen Haymo, entstand über den Ruinen des römischen Kastells Veldidena.

LAGE *In Innsbruck.*
BESICHTIGUNG *10—12, 14—17 Uhr.*

ZUR STIFTSGESCHICHTE *(→ auch Seite 257). An einer möglicherweise frühchristlichen Kirche bestand im 9. Jh. ein Kloster, im 12. Jh. ein Kollegiatstift. 1138 begründete Bischof Reginbert von Brixen das Prämonstratenserstift. Nach dem Einsturz des Kirchenturms, 1644, entstand nach Plänen des Hofbaumeisters Chr. Gumpp zwischen 1670 und 1696 über dem mittelalterlichen Grundriß der heutige Gebäudekomplex. Das Stift war zwischen 1807/1816 und 1939/45 aufgehoben, 1944 erlitt es schwere Bombenschäden.*

SEHENSWÜRDIGKEITEN *Stiftskirche hl. Laurentius, 1651/65 von Chr. Gumpp d. J. In der Vorhalle spätgotische Statue des Riesen Haymo. Frühbarocke saalartige Wandpfeilerkirche mit Emporen, hochbarockem Stuck, 1702/03, und Fresken, 1702/07. Die Altäre in Schwarz und Gold. Hochaltar, 1665, Kanzel, 18. Jh. Stiftsgebäude: Vestibül 1696. Norbertisaal mit Darstellungen aus dem Leben des hl. Norbert, 1710. Kleines Museum mit gotischen Tafelbildern. Gotischer Kapitelsaal, Flügelaltar, 1491.*

Rechte Seite: Der linke Turm der Stiftskirche war 1667 vollendet, der rechte, 1671 bis zur halben Kirchdachhöhe gebracht, wurde jedoch niemals ausgebaut.

1138 hatte Bischof Reginbert von Brixen das ursprüngliche Kollegiatstift Prämonstratensern aus dem schwäbischen Kloster Roth übergeben. Zweihundert Jahre später, 1338, sah sich der regierende Bischof von Brixen genötigt, in Stift Wilten einzugreifen. Mißwirtschaft, statutenwidriger Verkauf von Stiftsgütern und von den schwäbischen Herren allzufrei ausgelegte Ordensregeln waren der Anlaß. Es kam zu über drei Jahrhunderte dauernden Auseinandersetzungen zwischen Bischof und Stift. Den zäh und mit viel Erbitterung geführten »Exemtionsstreit« entfachte um 1450 besonders Brixens berühmter Bischof Nicolaus von Cues. Er endete erst 1655 mit einem Vergleich. Stift Wilten blieb jedoch auch weiterhin, was es seit je gewesen war, eine weltoffene, leichtlebig-gastfreundliche Prämonstratenserabtei, der als Chorherr anzugehören eine vor allem gesellschaftliche Rangerhöhung bedeutete. Unter Abtpersönlichkeiten wie Andreas Mayr, Dominikus Loer, Gregor von Stremer und Martin von Stickler hatte das Stift zwischen 1620 und 1750 seine große Zeit. Dem Schwaben Andreas Mayr, durch fast dreißig Jahre, zwischen 1621 und 1650, als Abt mit allem Eifer, aber auch starrköpfig bemüht, seinen »Wiltenern« das Stift aus der Brixener Gewalt zu retten, stürzte, als er unter großem Aufwand in der Kirche nach dem Grab des Riesen Haymo suchen ließ, der Turm ein und durchschlug das Kirchendach. Ironie des Schicksals — er mußte seine Würde in die Hände des von ihm kompromißlos bekämpften Bischofs zurücklegen. Von seinem Nachfolger Dominikus Loer, unter dem der Streit offiziell beigelegt wurde, hieß es, er habe das meiste mit Lachen erreicht. Zur Weihe der von ihm wiederhergestellten Kirche lud er Kaiser Leopold I. ein, der ihn seinen »herrn vattern« nannte. Als die beim Gastmahl von der Majestät versprochenen 2000 Gulden für einen neuen Hochaltar nicht eintrafen, wandte sich Abt Dominikus mit einem Schreiben an seinen kaiserlichen Gönner, in dem nicht viel mehr stand als: »Gedenke des Wortes an deinen Diener, weil du mir Hoffnung gegeben. Psalm 118.«

Unter der Regierung des Abtes Martin von Stickler, 1719—1747, wurde das Stift zum Absteigequartier besonders des weltlichen Adels, von Mitgliedern der Herzogsfamilie und des Kaiserhauses. Fröhliche Stunden mit dem Abt gehörten zum guten Ton. »Auf den 25. Jenner, als in Festo Conversionis S. Pauli ladete sich der hoche Adl von Inspruck proprio motu bey dem gnädigen Herren Abt ein«, berichtet der Stiftschronist vom Jahre 1740. »Bald darauf unterstunden sich von der jungeren Herrschaft 2 und 2 einige Menuet zu tanzen ... Circa mediam octavam wurde ihnen in dem Tafel Zimer ein gute Jausen gegeben ... Die firnembste von den Frauen Zimmern setzten sich nider und liesen sichs wohl schmecken, die Herren Cavalier müßten sich hinter ihnen stehende behelfen, wo sie für sich und ihre Fräulein etwas ertappen und erschnappen kunten ...«

Gastereien mit Tafelmusik gehörten an Fest- und Benediktionstagen zum Stiftsrepertoire. Nicht jedoch Vorstellungen von der Art, wie sie Wiltens Prior 1764 seinen Chorherren verschaffte: Er hatte einen Fahrenden mit einem zahmen Löwen, drei Affen und sieben Hunden zu einer Darbietung ins Stift geladen.

Das Gefängnis des Kardinals

Fiecht-St. Georgenberg Benediktinerstift

Die Stiftsgebäude der kleinsten Abtei Österreichs entstanden an dieser Stelle erst 1705, als die Mönche ihr um 950 begründetes Kloster St. Georgenberg im Stallental verließen.

LAGE *Nördlich Schwaz.*
BESICHTIGUNG *der Kirche und eines kleinen Missionsmuseums möglich.*

Lange Zeit wußte man nicht, wohin mit dem hohen Gefangenen. Erzherzog Maximilian, sein landesfürstlicher Kerkermeister, der ihn vorerst in Schloß Ambras, dann in der Innsbrucker Hofburg untergebracht hatte, dachte an die Feste Ehrenberg und an Burg Rattenberg. In geheimer Mission reisten Kuriere zwischen Wien, Rom und Innsbruck.

Am 13. November 1618 enthob der Tod den Habsburger der Sorge um den hohen Gefangenen, den Wiener Kirchenfürsten Melchior Klesl. Erzherzog Leopold entschied, er wäre in das befestigte Kloster St. Georgenberg nächst Schwaz zu überstellen.

Am 20. Juli des Jahres 1618 war der dem Hof und Erzherzog Ferdinand, dem präsumptiven Kaiser, längst lästige Kardinal und Bischof von Wien, Direktor des Geheimen Rates und oberster Gegenreformator Österreichs, Melchior Klesl, in der Wiener Hofburg festgenommen worden. Durch Kärnten, über das Pustertal und den Brenner hatte man ihn nach Innsbruck gebracht. Unter starker Bedeckung, von einem Hauptmann, einem Leutnant und zwölf Soldaten eskortiert, von einem kleinen Gefolge, dem Kommissar, zwei geistlichen Herren und der Dienerschaft begleitet, traf er am 7. Oktober 1619 im Kloster St. Georgenberg ein.

Der junge Abt Christoph erhielt genaue Instruktionen. Unter Androhung von Kirchenstrafen war es ihm verboten, den Kardinal an wen auch immer auszuliefern, einen wie immer gearteten schriftlichen oder mündlichen Verkehr mit ihm zuzulassen. Auch das Verhalten bei einem unvermittelten Angriff auf das Kloster, bei Krankheit und Tod des Kardinals wurde bis in jede Einzelheit festgelegt. Es sollte eine wohl strenge, doch nicht unbequeme Haft sein. Kardinal und Kommissar, die Geistlichen und die Dienerschaft, Hauptmann, Leutnant und Soldaten mußten standesgemäß verpflegt, die Räume entsprechend adaptiert und ausgebaut werden. Auch für Bekleidung hatte St. Georgenberg zu sorgen, im Falle von Krankheit für Arzt und Apotheke. Alle Ausgaben würden dem Kloster selbstverständlich ersetzt werden, hieß es.

Abt Christoph, erst seit kurzer Zeit im Amt eines Klosteroberen, hatte einen verschuldeten Besitz übernommen. Die Gebäude waren schadhaft, es fehlte an Bargeld. Die überraschende Einquartierung erforderte Mittel, die ihm nicht zur Verfügung standen. Allein die Verköstigung der Hochfürstlichen Gnaden, des Kommissars und der beiden Geistlichen — ihnen mußten mittags und abends Gedecke mit zehn und zwölf Gängen vorgesetzt werden — verschlang Unsummen. Dazu kam die Verpflegung der Dienerschaft und der Wachmannschaft. Jedem Soldaten standen im Monat 41,5 Maß Wein zu. In Ermangelung eigener Weingärten sah sich Abt Christoph genötigt, das kostbare Naß hektoliterweise käuflich zu erwerben.

Eingaben des Abtes um Vorschüsse und Ersatz der bald unerträglichen Ausgaben blieben ohne Echo, Bittgänge nach Innsbruck ohne Erfolg. Beharrlich weigerte sich auch der gefangene Kardinal, dem Kloster etwas aus seinem Riesenvermögen — es betrug bei seinem Tode eine halbe Million Gulden — vorzuschießen. Bei der Verhaftung Klesls hatte man bei ihm nur eine kleine, unbeträchtliche Summe Geldes gefunden.

Zu allem Unglück erwuchs St. Georgenberg durch die in der Gegend umherstreifende Wachmannschaft zusätzlicher neuer Schaden. Da jeder Pilger und auch Bewohner der Umgebung einer Leibesvisitation unterzogen wurde, blieben die Wallfahrer, damit auch die Almosen, bald auch Zehentabgaben aus. Selbst der Abt war auf die Gnade der Soldaten angewiesen. Weilte er einmal außerhalb, stand es im Belieben des Wachhabenden, ihn wieder in sein Kloster einzulassen.

Als die Not am größten war, überwies Innsbruck zur Tilgung der dringlichsten Schulden 3000 fl. Als am 23. Oktober 1622 der Gefangene nach dreijähriger Haft St. Georgenberg in Begleitung des apostolischen Nuntius in Richtung Rom verließ, betrugen die für das Kloster aufgelaufenen Ausgaben 5691 Gulden. Sie wurden St. Georgenberg erst 29 Jahre später, 1651, restituiert. Der Betrag hatte sich inzwischen durch aufgelaufene Zinsen mehr als verdoppelt.

ZUR STIFTSGESCHICHTE (→ *auch Seite 231). Um 950 wurde von Rathold von Aibling im Stallental das Kloster St. Georgenberg begründet. Unter Bischof Reginbert von Brixen 1138 Annahme der Benediktinerregel, unter Hartmann von Brixen († 1164) Beginn der Wallfahrten. 1284, 1448, 1637 Brände, 1668 und 1689 teilweise von Lawinen verschüttet. 1705 Übersiedelung ins Tal nach Fiecht. 1706—1732 Errichtung der Klostergebäude, 1741/1744 der Stiftskirche. In der Zeit der Aufhebung, 1807 bis 1816, schwere Schäden. 1868 neuerlicher Brand und Zerstörung. 1938/1945 Aufhebung. 1953 wird dem Orden das völlig devastierte Stift zurückgegeben. Während des Wiederaufbaues Errichtung einer neuen Bibliothek für ca. 20 000 Bände, 300 Inkunabeln, 500 Handschriften.*

An SEHENSWÜRDIGKEITEN *besitzt das Kloster die Stiftskirche zum hl. Josef, 1741/44 von Jakob Singer aus Schwaz erbaut, mit einem Hochaltar von 1743/1744 vom Schwazer J. M. Vischer und einer Kanzel, 1750, aus der Wiener Pfarrkirche Neulerchenfeld.*

Links oben: Das Kloster oberhalb der Autobahn bei Schwaz ist ein schmuckloser Zweckbau mit einer Barockkirche.

Die civitas Stamsensis oder Der Bürger Hofrecht

Stams, Tirol   Zisterzienserkloster

Nach dem Stiftungsbrief war es ein Märztag 1273, an dem die zwölf Zisterzienserpatres und fünf Konversen unter Führung des Abtes Heinrich von Honstetten im Inntal eintrafen. Sie kamen aus dem schwäbischen Kloster Kaisheim bei Donauwörth. Die für sie in Tirol vorgesehenen hölzernen Wohngebäude standen nicht, wie von ihrem Orden bisher gefordert, in einem unbesiedelten Tal, fern jeder Behausung. Das Klosterprovisorium lag vielmehr unweit einer vielbesuchten Wallfahrtsstätte, neben der St.-Johannes-Kapelle, inmitten eines besiedelten und bereits kultivierten Umlandes. Kein mühsames Roden also, nicht die Errichtung von Grangien, Wirtschaftsbetrieben, Mühlen und Handwerksstätten, wie das seit über 150 Jahren von Angehörigen ihres Ordens erwartet und gefordert wurde, war den Kaisheimern als Aufgabe gestellt. Nach dem Auftrag des landesfürstlichen Stifters, Meinhards II., sollte an diesem vielbesuchten Ort ein Kloster entstehen, eine Grablege für ihn und seine Familie. Eine Gedächtnisstätte auch für den in Neapel hingerichteten letzten Sproß der Staufenkaiser, Konradin, Sohn Elisabeths, seiner Gemahlin, aus ihrer ersten Ehe mit Konrad IV. von Hohenstaufen.

Beherbergung, Versorgung, Betreuung der Pilger wurden bald zur Hauptaufgabe der Stamser Zisterzienser. Von überallher, aus dem Tirolischen und Bayerischen, aus Schwaben, aus Laibach und Bozen kamen gläubige Wallfahrer. Neue Herbergen mußten geschaffen, das Spital mußte erweitert werden. Als die Kapelle den Zustrom nicht mehr faßte, entstand eine neue Kirche mit einem in der Mitte des Chores stehenden Altar und einer Gruft.

Bereits neun Jahre nach ihrer Begründung, 1282, verlieh das Generalkapitel des Ordens der Zisterze Stams ein sonst nicht gewährtes Privileg: die Zisterzienserpatres in Tirol wurden ermächtigt, alle Pilger, die zu ihnen kamen, in die Gebetsgemeinschaft des Ordens aufzunehmen. Das hieß, jeder gläubige Pilger gehörte der durch das ewige Gebet verbundenen Seelengemeinschaft aller Toten und Lebenden an, hatte Teil an den Verdiensten der Gottesdiener.

Nicht ohne Absicht hatte Meinhard II. von Tirol und Görz seine Grablege an einem so vielbesuchten Ort errichten lassen. Hier beteten Fürst und Volk gemeinsam um das Heil des Landes, hier blieb der Fürst auch nach dem Tode von seinen Landeskindern umringt, mit ihnen im Gebet vereinigt.

Unter Herzog Friedrich IV., dem »Friedel mit der leeren Tasche«, wurde das inzwischen durch die Reichskleinodien und ein Reliquiengeschenk Kaiser Karls IV. — es war das Haupt des hl. Zacharias — zu großer Bedeutung gekommene Stams ein gesellschaftlicher Mittelpunkt besonderer Art. In feierlicher Zeremonie nahmen die Mönche den Landesfürsten in die Bruderschaft des gesamten Zisterzienserordens auf. Täglich lasen sie für ihn und alle Verstorbenen aus dem Hause Österreich eine Messe. Des Herzogs Anregungen folgend, war im Kloster auch eine Gemeinschaft begründet worden, die alle hier und in seiner Umgebung wohnenden Gläubigen in einer »Bruderschaft« vereinigte, den Fürsten und seinen Hof, den Abt und die Mönche ebenso wie Bürger und Bauern. Die »Civitas Stamsensis«, auch »Civitas aulica« genannt, erhielt den deutschen Namen »Der Bürger Hofrecht«. Die Versammlungen dieser einzigartigen »sodalitas« fanden in den Räumlichkeiten des Abtes, zwischen Abtwohnung und Gästehaus, statt, in einem mit Teppichen und Darstellungen der Taten des Königs Artus geschmückten Speisesaal. Ein Blick in die 45 zum Teil launigen Satzungen, die sich diese Bruderschaft gegeben und im »Libellus statuorum civitatis Stamsensis« aufgezeichnet hatte, läßt Zusammensetzung und Absichten der Zusammenkünfte erkennen, an der auch gewöhn-

Das in den letzten Jahrzehnten als »Schikloster« bekanntgewordene Zisterzienserstift wurde als Grablege der Tiroler Landesfürsten und Gedenkstätte für den letzten Stauferkönig Konradin errichtet.

LAGE *Westlich Innsbruck.*
BESICHTIGUNG *Mai bis Oktober 10 bis 12 und 14 bis 17 Uhr.*

Oben: Das Rosengitter — es schließt die Heiligblutkapelle gegen die Vorhalle der Stiftskirche ab — schuf Bernhard Pachnitzer aus Silz, 1710/1716.

Linke Seite: In der Fürstengruft, dem »Österreichischen Grab«, waren Meinhard II. († 1295), Heinrich von Böhmen († 1310) mit Gemahlinnen, Herzog Friedrich »mit der leeren Tasche« († 1439), Siegmund der Münzreiche († 1496) bestattet. Die Gräber wurden 1552 geplündert, die Gebeine auf die Felder geworfen. Vor dem Grufteingang stehen barocke Statuen einzelner Landesfürsten, um 1680.

ZUR STIFTSGESCHICHTE *(→ auch Seite 248). 1273 von Meinhard II. von Görz-Tirol und seiner Gemahlin Elisabeth gestiftet, 1284 geweiht. Nach 1362* liche Leute aus der Nachbarschaft teilnehmen konnten. Man solle die Tischtücher nicht mit Schuhen beschmutzen und kein Heu in den Saal mitbringen, heißt es da u. a. Als Buße für Vergehen sind dreimaliges Untertauchen in einen Wasserbottich und Kerzenspenden angeordnet.

Aufbewahrungsort der Reichskleinodien, bevor sie Kaiser Sigismund 1423 nach Nürnberg bringen ließ. 1525 zerstört, 1552 von den Truppen des Moritz von Sachsen geplündert, 1593 niedergebrannt. 1807—1816 aufgehoben, ebenso 1939—1945.

SEHENSWÜRDIGKEITEN *Stiftskirche Mariä Himmelfahrt und hl. Johannes d. T., 1607/09. 1729/32 von G. A. Gumpp in der heutigen Gestalt errichtet, mit Hochaltar, Fürstengruft und Heiligblutkapelle. Stiftsgebäude: besonders prächtige Prälatentreppe mit Deckenfresko J. G. Wolker, 1727, und schönem schmiedeeisernem Gitter. Drei Fürstenzimmer mit Kassettendecken. Bernhardisaal, durch zwei Stockwerke reichend, 1721/22. Im Kreuzgang, 1615/18, gotisches Tor. Die Bibliothek besitzt ca. 60 000 Bände, 379 Inkunabeln und 61 Handschriften.*

Oben: Das Stift von Westen mit der Reiterstatue König Konradins.

Rechts: Der Hochaltar von Bartlmä Steinle, 1609/13, stellt einen in Adam und Eva wurzelnden Lebensbaum dar, der in Maria und der Kreuzigung gipfelt. Das Astwerk beleben Heilige.

Der Meerstern in der Au

Mehrerau, Vorarlberg   Ehemaliges Benediktinerstift, jetzt Zisterzienserabtei

Nach der Klostertradition von Mehrerau ist die erste Mönchssiedlung am Bodensee auf den hl. Kolumban d. J., 540—615, zurückzuführen. An der Stelle einer durch heidnische Kulte entweihten frühen christlichen Kirche soll der Apostel Alemanniens hier mit seinen Gefährten um 610 jene Klostersiedlung iroschottischer Mönche begründet haben, von der aus die Christianisierung der Bodenseegegend ausging. Historisch erwiesen ist, daß die Anfänge des einstigen Benediktinerklosters auf eine Einsiedelei bei Andelsbuch im Bregenzerwald zurückzuführen ist. Dort hatten sich 1083 auf Wunsch des Bregenzer Grafen Ulrich Benediktinermönche aus dem Kloster Petershausen bei Konstanz niedergelassen. Sie übersiedelten 1097 unter Abt Meinrad in die nächst Bregenz gelegene Au am Schwäbischen Meer.

Die frühe Benediktinerabtei, auch St. Peter in der Au und »Kloster Bregenz« genannt, Zentrum von Rodungsgebieten im Bregenzerwald und mehrerer wirtschaftlicher Musterbetriebe, war bereits 1249 Eigentümerin von 65 größeren Besitzungen im Vorarlbergischen und in der Schweiz.

Einem in Mehrerau errichteten Frauenkloster soll der Legende nach die vom hl. Gallus um 610 getaufte Haberilia als erste Äbtissin vorgestanden haben. Historisch gesichert erscheint, daß sich das Frauenkloster nach kurzem Bestand 1079 wieder auflöste. Eine Klosterschule bestand im Stift bis zu seiner Säkularisierung.

Als Mehrerau mit dem Land Vorarlberg 1805 an Bayern fiel, mußte der Konvent das Stift verlassen, die Stiftspfarre kam an Bregenz, die Gebäude wurden an Private verkauft. Da man den Bibliothekssaal für Tanzunterhaltungen benötigte, schaffte man die Codices, Handschriften und Bücher in den Keller, aus dem sie später Interessenten schubkarrenweise wegführten. Den Rest verbrannte man. Das Mehrerauer Silber kam nach München, Paramente und Einrichtungsobjekte erwarben die umliegenden Pfarren. 1809 wurde der Stiftsturm gesprengt, wenig später die Kirche abgetragen. Wieder unter Österreich, verfiel der einstige Klosterkomplex vollends.

1854 besiedelten einige Kapitulare des 1841 aufgehobenen schweizerischen Stiftes Wettingen im Aargau die Restgebäude. Die einst österreichische, unweit der habsburgischen Stammburg an der Limmat gelegene Zisterzienserabtei war 1227 von Heinrich von Rapperswyl begründet worden. Das »Maris stella« — Meerstern — benannte Kloster besaß zahlreiche schweizerische Pfarr- und Kirchenpatronate und eine Klosterschule, unterstellt waren ihm auch Frauenklöster der Zisterzienserordensprovinz Breisgau-Elsaß.

Am Bodensee fanden die Zisterzienser ihre neue Heimat. Mehrerau, rechtlich dem alten Stift Wettingen als abhängiges Priorat unterstellt, wurde bis auf weiteres zum Sitz der Abtei erklärt. Der jeweilige Prälat von Mehrerau führt den Titel »Abt von Wettingen und Prior von Mehrerau«. Er ist Präses der Mehrerauer Kongregation des Zisterzienserordens, der an die zwanzig Klöster angehören. Als »Abas nullius diocesis«, als »gefreiter«, keiner Diözese unterstellter Klosteroberer besitzt der Abt von Wettingen und Prior von Mehrerau als einziger Abt Österreichs für sein Gebiet die Rechte eines Bischofs.

Mehrerau, der Legende nach eine Gründung des hl. Kolumban aus dem 7. Jh. ist ein modern geführtes Stift mit Schul- und Sanatoriumsbetrieb.

LAGE *Bei Bregenz.*
BESICHTIGUNG *Stiftskirche frei zugänglich. Führungen nach Anmeldung.*

SEHENSWERT *ist die Stiftskirche St. Peter und Paul, 1855/59 über neun Jahrhunderte altem Gemäuer in neoromanischem Stil errichtet, in jüngster Zeit von Grund auf modernisiert. St. Peter und Paul besitzt eine Unterkirche mit Baudetails aus dem 11./12. Jh. Die Schätze des Klosters bestehen hauptsächlich aus einer reichhaltigen Sammlung von Altarbildern des 15.—18. Jh., Sammlung von ca. 18 000 Siegeln, Bibliothek mit 90 000 Bänden.*

Oben: Relief an der Eingangswand der Stiftskirche, 1964.

Das klösterliche Einkehrzentrum

Mariastern, Vorarlberg Zisterzienserinnenstift

Zwischen 1856 und 1869 fanden sich Klosterfrauen aus drei schweizerischen Zisterzienserinnenstiften im Schloß Gwiggen nächst Bregenz zu einem neuen Konvent zusammen. Es waren Insassinnen der im Jahre 1848 im Kanton Thurgau aufgelösten Klöster Kalchrain, Feldbach und Tänikon, Gründungen der Jahre 1230, 1252 und 1249. Die heimlos gewordenen Nonnen errichteten in den zuletzt von Lindauer Stiftsdamen bewohnten Schloßräumen die erste neuzeitliche Zisterzienserinnenabtei Österreichs »Mariastern«, die der schweizerisch-deutschen Provinz des Ordens angeschlossen ist und im Prälaten von → Mehrerau ihren »Pater immediatus« und Visitator anerkennt.

Eine kleine Landwirtschaft, Gemüse- und Obstbau, auch eine Hühnerzucht bilden die wirtschaftlichen Grundlagen des Stiftes. Neben dem Gebet — nach der strengen Ordensregel versammelt sich der Frauenkonvent, vornehmlich um eine religiöse Einkehr bemüht, »siebenmal des Tages« im Chor — sind die weißen Frauen gärtnerischen und kunstgewerblichen Arbeiten verpflichtet. Darüber hinaus betreuen sie die umliegenden Pfarren und mehrere tausend Mitglieder der Passio catholica, einer 1944 hier zur Unterstützung der Seelsorgearbeit begründeten Gemeinschaft von Laien, Priestern und Ordensschwestern. Seit 1975 ist die Abtei mit der Errichtung des künftigen Zisterzienserinnenklosters »Marienfeld« bei Maria Roggendorf in Niederösterreich beschäftigt.

Die erste neuzeitliche Zisterzienserinnenabtei Österreichs lädt Gläubige zu Einkehr und Gebetsapostolat und betreut Erholungssuchende.

LAGE *Nördlich Bregenz.*
BESICHTIGUNG *der Stiftskirche möglich.*

Oben und rechts: Die Abteikirche ist ein in romanischem Stil nachempfundener Neubau.

Schloß Gwiggen, im 9. Jh. urkundlich, ist im 16./17. Jh. auf die heutigen Ausmaße erweitert, Ende des 19. Jh. mit einem Kapitelsaal und einem Chor in neoromanischem Stil ausgestattet worden. Die 1964 im Schloß geweihte Lorettokapelle wurde 1973 in einen Vortrags- und Meditationsraum umgebaut, den das Kloster als Einkehrzentrum für die hier alljährlich stattfindenden Kurse benützt.

Österreichs Stifte

mit ihren Pfarr-, Filial- und Wallfahrtskirchen in Vergangenheit und Gegenwart

ADMONT

Benediktinerstift. Stmk. → auch Seite 114—117.

BESITZUNGEN/BETRIEBE Im Jahre 1043 übergab Hemma von Friesach-Zeltschach, Stifterin des Nonnenklosters und der Kirche von → Gurk, dem Erzstift Salzburg ihre obersteirischen Güter. Dreißig Jahre danach erfüllte der Salzburger Erzbischof Gebhard ihr Vermächtnis und ließ beim alten Kirchlein St. Amand aus der Zeit Karls des Großen, »in Ademundi valle«, im Tal des Admund, das erste steirische Männerkloster errichten. Im September, am Michaelstag 1074, weihte der Salzburger Metropolit hier, in Anwesenheit der Bischöfe Altmann von Passau, Reginward von Freising und Gunther von Gurk, die soeben fertiggestellte Stiftskirche zu Ehren der Gottesmutter und des hl. Blasius. Zwölf Benediktiner aus St. Peter in Salzburg bezogen mit ihrem Administrator Arnold Zellen und Klosterräume. Während des Investiturstreites bot die entlegene Abtei dem papsttreuen Salzburger Erzbischof Zuflucht.

Das Kloster (zu St. Amand) war von der Stifterin und vom Salzburger Bischof reich dotiert worden. Neben ausgedehntem Landbesitz im Enns-, Palten- und Liesingtal erhielt Admont bedeutende Gebiete im Pongau und Lungau, Güter und Zehente von den Tauern bis zu den Windischen Büheln, Besitzungen auch in der Kärntner Heimat der erst im Jahre 1938 heiliggesprochenen Hemma von Gurk. Bereits Mitte des 12. Jh. galt Stift Admont als die größte Grundherrschaft in der damaligen Steiermark. Die Beteiligung am Salzhandel, Berg- und Weinbau ließen die Benediktinerabtei zu Wohlstand und Ansehen kommen.

Dem Niedergang Admonts während der Glaubensspaltung und der Bauernkriege — das Frauenkloster löste sich im 16. Jh. auf — folgten im 17./18. Jh. Aufstieg und eine bedeutende Blütezeit unter Äbten wie Adalbert Häuffler von Rasen und Hohenbühel, Anselm Luerzer von Zechenthal und Matthäus Offner. Unter Abt Raimund von Rehling entstand im 17. Jh. eine Stickereischule. Zum Schul- und Erziehungszentrum mit Volks- und Hauptschule, Gymnasium, Sängerknabenalumnat und Klostertheater, einer Lehrerbildungs- und einer theologischen Hausanstalt bildete sich das Stift unter Abt Gotthard Kuglmayr, 1788—1818. Von den Auswirkungen der Josephinischen Ära, dem wirtschaftlichen Niedergang während der Franzosenkriege und nach dem Staatsbankrott von 1811 erholte sich Admont unter Abt Benno Kreil, 1839—1861. Die Brandkatastrophe von 1865 beraubte das Stift seiner größten Kunstschätze. Der einzigartige Bibliotheksaal blieb erhalten.

Der Erste Weltkrieg, 1914—1918, die Weltwirtschaftskrise von 1930, die Beschlagnahme des Besitzes und die Vertreibung der Mönche in den Jahren 1938/39 unterbrachen den Wiederaufstieg. Heute zählt Admont wieder zu den größten und bestfundiertesten Stiften Österreichs.

Mit 25.000 ha Grund und Boden gilt Stift Admont heute als der fünftgrößte Grundbesitz der Steiermark. In seinen Forsten, in der Landwirtschaft (Molkerei, Schweinezucht, Grünmehlerzeugung) und Gärtnerei (berühmte Fuchsien- und Dahlienzucht), auf seinen Besitzungen in den holzverarbeitenden Betrieben, im Säge- und Elektrizitätswerk beschäftigt die Benediktinerabtei bis zu 330 Dienstnehmer. Der große Waldbesitz ist Haupteinnahmsquelle. In den letzten Jahren sind 500 km für LKW-Transporte geeignete Waldstraßen angelegt worden. Holzerzeugung, Holzbringung und Transport sind vollmechanisiert. Die zur Aufforstung jährlich benötigten 500.000 Pflanzen werden in eigenen Forstgärten gezogen. 90 Prozent des Holzes wird exportiert. Seit 1973 wurde die Erzeugung von Betonverschalungsplatten aufgenommen. 9000 ha des Stiftsbesitzes sind unproduktiv und Schutzwald. Die umfangreichen Jagd- und Fischereireviere sind verpachtet. Für den Fremdenverkehr ließ das Stift in den letzten Jahren Höhenstraßen anlegen, so zur Edelrautehütte unter dem Bösenstein in den Triebener Tauern und von der 1365 m hoch gelegenen Kaiserau zur Oberst-Klinke-Hütte unter dem Admonter Kaibling. Das 1942 abgebrannte Schloß Kaiserau — 1707/28 aus einem Bauernhof »Chaserau« entstanden, 1952 in vereinfachter Gestalt wiederaufgebaut — ist Mittelpunkt einer stiftischen Almwirtschaft.

Die Erträgnisse der Wirtschaften, Unternehmen und Betriebe werden für Investitionen verwendet, für Erhaltungsarbeiten, Neu- und Umbauten von Miet- und Dienstwohnungen. Vor allem dienen sie jedoch dazu, seelsorgische, schulische und kulturelle Aufgaben Admonts im Sinne der Stiftung der heiligen Hemma zu verwirklichen. Größtes Vorhaben der 1965 begründeten stiftischen Bauabteilung war in letzter Zeit die Errichtung des für dreißig Klassen geplanten Stiftsgymnasiums. Das Gymnasium der Admonter Benediktiner besitzt bereits seit 1926 Öffentlichkeitsrecht. Seit 1972 entwickelt es sich zum achtklassigen Vollgymnasium für Burschen und Mädchen in einem der modernsten Schulgebäude des Landes. Auch das Admonter Konvikt mit vier Abteilungen zu je 30 Schülern ist mit Studien-, Tage- und Hobbyräumen, mit Bad und Sportplätzen ausgestattet.

INKORPORIERTE PFARREN Die dreißig vom Stift betreuten Pfarren sind größtenteils aus den Mutterpfarren St. Amand zu Admont, St. Lorenzen im Paltental und St. Michael in der Obersteiermark hervorgegangen. Die bereits im 9. Jh. genannte Urpfarre St. Amand im Markt Admont — der Neubau der Pfarrkirche aus dem Jahre 1865 ist über ihrem romanischen Grundmauerwerk errichtet worden — wurde 1093 dem Stift verliehen. Außer Admont betreut das Stift heute im Ennstal und in dessen benachbarten Talschaften: Hall und Weng bei Admont, Frauenberg, Ardning, Johnsbach, St. Gallen, Altenmarkt bei St. Gallen, Weißenbach a. d. Enns, Unterlaussa, Landl, Großreifling, Gams, Palfau, Wildalpen. Das Pfarrgebiet von St. Lorenzen im Paltental zwischen Rottenmann und Trieben erstreckte sich einst vom mittleren Ennstal, wo es an den Sprengel der

Urpfarre Irdning stieß, bis zum Pyhrnpaß und bis Hohentauern. Am Schoberpaß grenzte die Paltenpfarre an die Liesingpfarre St. Michael in der Obersteiermark. Im Bereich dieser beiden Mutterpfarren des Palten- und Liesingtales liegen heute die stiftseigenen Pfarren Gaishorn, Wald am Schoberpaß, Kalwang, Mautern, Kammern im Liesingtal mit der Filialkirche Seiz, St. Michael in der Obersteiermark mit der Pfarrkirche St. Walpurgis, sowie die Pfarren Traboch und Kraubath. Admontische Pfarren sind auch Öblarn, Gröbming, Kleinsölk und St. Martin am Grimming im Gebiet des oberen Ennstales, St. Nikolai im Sausal, St. Jakob und St. Oswald in Freiland im Gebiet der Koralpe und St. Anna am Lavantegg nächst Obdach.

Um das Jahr 1075 übergab der Edle Dietmar das heute spätgotische Kirchlein **Allerheiligen** bei Pöls mit seinem jetzt neugotischen Turm den Mönchen von Admont.

Die zierlich behelmte Kirche St. Nikolaus in der 1335 erstmals erwähnten Benediktinersiedlung **Altenmarkt** bei St. Gallen, seit 1786 Pfarrkirche, besitzt Seitenaltäre aus dem aufgelassenen Benediktinerinnenstift → Göß. — In der »Eßling« nächst dem Markt liegt eine früher von der Stiftspfarre betreute volkstümliche Wallfahrt, die *Rochusgrotte am Dietrichshag*. In Pestzeiten im 16. und 17. Jh. betete man in dieser Felsenhöhle zum hl. Rochus. Das »Rochuswasser« aus der hier entspringenden Quelle half gegen Augenleiden; die »Stiergressing«, bändergeschmückte Fichtenstämmchen, die man im Herbst in der Grotte aufstellte, garantierten für einen vollen Stall. — Die Lokalkaplanei St. Johann Baptist in **Ardning** westlich Admont nächst der Bosrucktunnel-Einfahrt geht auf ein Bauwerk um 1400 zurück, das Admont Mitte des 17. Jh. erweitern und umbauen ließ. Das Kirchlein diente bis 1877 als Pfarrkirche und brannte 1947 aus. Mit dem Pfarrhof ist es 1950 neu errichtet worden.

Die Pfarr- und Wallfahrtskirche auf dem **Frauenberg** westl. Admont entstand in ihrer ersten Gestalt als hölzerne Kapelle, die man über einer Marienstatue errichten hatte lassen. Der Legende nach war die Marienfigur 1404 von der hochwasserführenden Enns am Fuße des Kulmberges angeschwemmt, nach Admont gebracht worden, jedoch mehreremal auf geheimnisvolle Art wieder zum Kulmberg zurückgekehrt. Die Admonter Patres, an Wallfahrten auf den ihnen benachbarten Berg — einer Schenkung Ottos von Kulm an das Stift — interessiert, ließen hier nach 1410 ein steinernes Kirchlein entstehen. Es wurde zu Ehren Mariä Opferung, Mariä Heimsuchung und der hl. Anna geweiht. Vier dem Kloster zwischen 1410 und 1416 gewährte Ablaßbriefe, Erhörungen und Wunder förderten den Zuzug. Abt Andreas Stetthaimer sah sich bereits 1419 gezwungen, das Gotteshaus beträchtlich vergrößern zu lassen. Aus der 1447 fertiggestellten, inzwischen zur Pfarre erhobenen Wallfahrtskirche mit drei Altären erhielten sich drei Marienstatuen, zwei von ihnen auf dem Kulmberg. Das Original des marianischen Steinreliefs, um 1445, über dem Südportal, ist in Graz aufgestellt worden. Die nach der Legende angeschwemmte, über 180 cm hohe Maria-Kind-Figur, eine Ennstaler Arbeit vom Ende des 14. Jh. — mehrfach überschnitzt, neugefaßt, gekrönt, mit Zepter und Weltkugel ausgestattet —, stand Jahrhunderte hindurch in einer Mauernische hinter dem Hochaltar, bevor sie 1958 beim Kreuzaltar, dem früheren Frauenaltar, aufgestellt wurde. Die seit 1786 als Frauenberger Gnadenbild verehrte spätgotische Marienbüste, 1420/30, auf dem Hochaltar hing früher zwischen den Stangen eines Hirschgeweihes als sogenannte »Lustermadonna« beim Frauenaltar. — Der spätgotischen Konjunktur auf dem Admonter Wallfahrtsberg folgten im 16./17. Jh. düstere Jahrzehnte. Bauernkrieg und Reformation, Glaubensverfall und Plünderungen ließen den Gnadenort veröden. Doch schon Mitte des 17. Jh. las man in der Frauenbergkirche wieder Messen an fünf Altären, und zu Zeiten waren sechs Patres bemüht, dem Ansturm bußfertiger Beichtkinder gerecht zu werden. 1683, nach den großen Türkenkriegen, begann Abt Adalbert Häuffler von Rasen und Hohenbühel, 1675—1696, den neuzeitlichen Ausbau des Wallfahrtsortes. Sein Architekt Carlantino Carlone gab dem Frauenberg die heutige auf Fernwirkung bedachte Gestalt. Es entstanden die zwiebelhelmbekrönte zweitürmige Kirche und der ihr angebaute langgestreckte, turmgeschmückte Pfarrhof mit fürstlich ausgestatteter Prälatur und »Prioratssaal«. In dem fast engen, nicht allzulangen Gotteshaus häuft sich unter dem freskengeschmückten Stuckgewölbe des Giovanni Battista Carlone mit viel Dekorationsgold verzierte kirchenbarocke Kunst: Kanzel und Orgelgehäuse, Emporen und die Statuen des Joseph Thaddäus Stammel, 1695—1765 (der in Diensten des Stiftes stand), in den Seitenkapellen Marmorintarsien, Marmortische, Gemälde, Putten, Voluten, Epitaphe u. a. m. Der überreich vergoldete, schwarz gebeizte hölzerne Hochaltar füllt den Priesterchor in seiner ganzen Höhe und Breite aus. Von Stammel-Statuen flankiert, von Goldstrahlenglorien umgeben, thront das bescheidene spätgotische Marienbild mit einem Kopftuch um das einfältige Gesicht. In der Barockzeit krönte man Mutter und Kind und verhüllte die Gestalten mit dem üblichen barocken Goldbrokat. — Dem Niedergang der Frauenberg-Wallfahrt in der Josephinischen Zeit folgte der Aufschwung des 19. Jh. Um 1850/60 zählte man bis zu 2000 Kommunikanten im Tag. Nach dem Zweiten Weltkrieg ließ Abt Bonifaz Zölß den heiligen Berg des Ennstales samt seinem originellen Kalvarienberg aus der Zeit des Abtes Adalbert von Grund auf erneuern. Unter dem seit 1956 regierenden Abt Koloman Holzinger ist das große Pilgerhaus aus dem 18. Jh. in ein von Benediktinerinnen betreutes Altersheim umgebaut worden. Im zweistöckigen Pfarrhof wurde 1968 das Bildungszentrum Frauenberg begründet. — Mirakelbücher und eine Frauenberg-Chronik belegen Gebeterhörungen und Wunder auf dem über fünfhundert Jahre alten Wallfahrtsberg. An übernatürliches Geschehen erinnern ebenso zahlreiche kulturgeschichtlich bedeutsame Votivgegenstände, Bilder, Gaben, Model, Gemälde, Inschriften u. a. m., die man 1976 hier ausstellte.

Die einstige Leonhardkapelle in **Freiland** bei Deutschlandsberg — dem alten »Vriland«, das der Salzburger Erzbischof um 1185 dem Priester Frodo zur Kultivierung übereignete — wurde 1186 zur *Pfarrkirche zum hl. Jakob* und kam 1203 an Admont. Vom alten Bau erhielt sich nach einem Brand im 18. Jh. der mittelalterliche Turm mit gotischem Portal. Nach 1735 erbaute Leopold Joseph Carlone die jetzt schmuck restaurierte Barockkirche mit bedeutender Einrichtung und Statuen des 18. Jh. Admont inkorporiert wurde im 15. Jh. auch die einstige Filialkirche von St. Jakob, die jetzige *Pfarrkirche zum hl. Oswald*. Auch

diese zweite Koralpenkirche, 1734/35 umgebaut und verändert, ist nach den Zerstörungen im letzten Krieg 1963 renoviert worden.
Die Pfarrkirche zur Heiligen Dreifaltigkeit in **Gaishorn** östl. Trieben im Paltental, schon 1180 genannt, entstand in ihrer jetzigen Gestalt nach Zerstörung durch die Türken um 1520. Während der Renovierungsarbeiten im Jahre 1952 befreite man den mit einem ungewöhnlich reich gestalteten Netzgewölbe auf gedrehten Mittelsäulen überdachten Kirchenraum von störenden barocken Einbauten. Mit der Errichtung der *Filialkirche zum hl. Virgil* oberhalb des Ortes begann der Pfarrer von St. Lorenzen im Paltental 1448. Das Altarbild des dann nach Verwüstungen durch die Türken Anfang des 16. Jh. wiederaufgebauten Kirchleins zeigt den hl. Virgil, einen iroschottischen Missionar des 8. Jh., »Apostel von Kärnten« und Abtbischof von Salzburg. Vor dem Leonhardibild in der Seitenkapelle von 1704 beteten wallfahrende Bauern um einen guten Viehstand, beim Josephsbründl vor der Kirche wuschen sie sich die Augen.
Die dem Stift einverleibte Pfarrkirche zum hl. Josef in **Gams** bei Hieflau ließ Abt Gotthard 1788 erbauen und als ständige Seelsorge einrichten. Eine Statue der hl. Hemma in ihr, mit einem Bergmann zu Füßen, 18. Jh., weist auf die einstige Bergwerkssiedlung Gams.
Die Kirche Mariä Himmelfahrt in der Pfarre **Gröbming,** eine der ältesten des Ennstales, Mutterpfarre von Öblarn, St. Martin am Grimming, St. Nikolai in der Sölk, Groß- und Kleinsölk, entstand in ihrer jetzigen Gestalt um 1500. Schon in seinem Gründungsjahr, 1074, hatte Admont Besitzungen um den Ennstaler Ort erhalten, erst 1690 wurde dem Stift auch die Pfarre Gröbming mit der seit altersher als »Maria Grübel« bekannten Kirche einverleibt. An der linken Chorwand des weiträumigen spätgotischen Innenraumes steht der schönste und größte spätgotische Doppelflügelaltar der Steiermark, 1520/25, mit einzigartigem Gesprenge; ein Werk des Gmundners Lienhart Astl, Meister des Schnitzaltars von Hallstatt am Hallstätter See. In ihrem Roman »Das Grimmingtor« schildert Paula Grogger eine Wallfahrt nach »Maria Grüberl«. — Während der Restaurierungsarbeiten 1968 gelang es, dem dreigeschossigen Schrein mit Christus und den Aposteln Petrus und Paulus die alte Fassung wiederzugeben, auch das unikale Chorgestühl von 1514 ist damals vor dem Zerfall gerettet worden.
Das schlichte netzgewölbte Filialkirchlein St. Nikolaus in **Großreifling,** im Schatten zweier riesiger Getreidekasten aus dem 13. und 18. Jh. stehend, ist die Stiftung eines zu Beginn des 16. Jh. vermögend gewordenen Eisengewerken. Sein gotischer Flügelaltar, 1518, wird einem Meister in der Nachfolge Albrecht Dürers zugeschrieben. Er steht jetzt in der Alten Galerie zu Graz.
Die Filialkirche zum heiligen Kreuz auf Anhöhe zu **Hall** bei Admont am Fuße der Haller Mauern stellt den Kalvarienberg, die letzte Station eines von Admont her angelegten Kreuzweges dar. Hier, am Ort der ältesten Salzquellen des Landes, stand eine 1095 vom Salzburger Erzbischof Thiemo geweihte und später dem Stift überantwortete Kapelle. Über dem romanischen Gemäuer errichtete man im 17. Jh. eine neue, vor 1740 die jetzige, im 19. Jh. restaurierte Kirche.
Schon 1310, unter Abt Engelbert, ließ Admont als Grundherr und Besitzer eines Erzbergbetriebes im entlegenen Tal von **Johnsbach** eine Kapelle errichten. Der medaillongeschmückte gotische Meßkelch von Johnsbach, um 1360 entstanden, war das Prunkstück der Wiener Weltausstellung des Jahres 1873. Er ist heute im Grazer Joanneum zu sehen. Die jetzige Pfarrkirche zum hl. Aegydius (seit 1673) und der ansehnliche Pfarrhof, 1608, wurden jüngst renoviert. Der berühmte Friedhof des Weilers besitzt Grabmäler aus dem 18. Jh. Er ist Ruhestatt vieler im Gesäuse verunglückter Holzknechte und Bergsteiger.
Das spätgotische Gotteshaus in **Kalwang** nächst Mautern im Liesingtal geht auf eine Kirche zurück, zu der Admonts vielumstrittener Abt Heinrich II. in »Cheichelwang« um 1270 den Grundstein legte. Obwohl 1286 zu Ehren der Heiligsten Dreifaltigkeit, des heiligen Kreuzes und der Gottesmutter geweiht, wurde die Kirche im 14. Jh. mit dem Patrozinium der Maria Magdalena, im 15. Jh. mit dem des hl. Oswald versehen. Der heutige Bau, seit 1608 als Pfarrkirche in Verwendung, besitzt Statuen, Altäre, Gemälde, reiche Stukkaturen und ein »Virgo-Immaculata«-Gemälde aus dem 17. Jh. Joseph Thaddäus Stammel schuf für die in letzter Zeit durch Diebstähle schwer geschädigte Kirche u. a. eine farbenprächtige Weihnachtskrippe. — Oberhalb des Ortes liegt die *Filialkirche zum hl. Sebastian.* Das spätgotische Gotteshaus mit seiner durch Rundfenster und Rundnischen bemerkenswert gegliederten Fassade und einer Sebastiansstatue über dem Hauptportal ist im 17. Jh. umgebaut worden. Votive aus Wachs, alte Prozessionsbilder mit Untertanen und Herrschaftsfamilien in zeitgenössischen Trachten in ihr erinnern an die Zeit, als Knappen des stiftseigenen Kupferbergbaues in der »Langen Teichen« nächst Kalwang in Notjahren zum hl. Sebastian wallfahrteten.
Unterhalb der Ruine der Ehrenfelser liegt in **Kammern** im Liesingtal die zweischiffige Kirche zum hl. Johannes d. T. mit romanischer Sakristei und den 1950 im Turmgewölbe freigelegten frühgotischen Fresken. Sie wurde 1187 admontisch. Sehenswert in ihr ist eine »schöne Madonna« um 1420 mit einem etwas ungeschlachten Jesuskind. Der Johann-Nepomuk-Altar zeigt derb realistisch geschnitzte Figuren des Franz Xaver Krenauer von 1780. Anfang des 18. Jh. ließ Abt Anselm Luerzer von Zechenthal den Pfarrhof vergrößern und begründete nach bedeutenden Ankäufen die Propstei Kammern. Zu ihr gehört die *Filialkirche St. Ulrich* im benachbarten Weiler Seiz. In diesem ursprünglich dem hl. Martin geweihten Gotteshaus des 13. Jh. — mit ebenso romanischer Sakristei und freigelegten Passionsfresken an der Chornordwand um 1450, mit einer St.-Martin- und einer St.-Blasius-Statue um 1525 — sammeln sich alljährlich am Annatag, am 26. Juli, Wallfahrer der Umgebung. Nach einem Gottesdienst formiert sich eine Prozession zur St.-Anna-Kapelle am Waldrand oberhalb des nahen Pfaffendorf, einer jüngst renovierten Stiftung angesehener Bauersleute im 19. Jh. Ein steirischer Kirtag beschließt dieses St.-Anna-Fest.
Bevor die Kleinsölker, die Leute aus Vorder- und Hinterwald, am Weihnachtstag des Jahres 1795 in dem neu errichteten Gotteshaus zum heiligen Kreuz in **Kleinsölk** — Kirche und Pfarrhof haben hier ein gemeinsames Dach — ihr erstes Hochamt feiern konnten, mußten sie über die Enns nach Gröbming zur Kirche gehen.
Seit 1195 ist die Kirche St. Georg zu **Kraubath** an der Mur admontisch. Der spätgotische Bau, seit 1524 Pfarrkirche, 1784 in die heutige Gestalt mit spätbarocker Turmhaube gebracht und neu

eingerichtet, besitzt in einem lebensgroßen Kruzifix vom Anfang des 16. Jh. ein Spitzenwerk spätgotischer Bildhauerkunst. Die vier Wandstatuen der gleichen Zeit stammen aus dem Stift.

Die dem Erzengel Michael, dem Apostel Matthäus und dem hl. Bartholomäus geweihte Pfarrkirche »in dem lentlein« nächst der Einmündung der Salza in die Enns, in **Landl** bei Hieflau, im 13. Jh. urkundlich, ist unter Abt Adalbert I. wahrscheinlich an Stelle einer durch Hochwasser zerstörten Kirche errichtet worden. Im spätgotischen, netzgewölbten Bauwerk mit schönem Annen-Altar sind alte Grabsteine, Epitaphe, die prunkvolle Gruftkapelle (1661) des Leonhard Kerzenmandl und ein Altomonte-Gemälde (1776) sehenswert. Anläßlich der 700-Jahr-Feier der Pfarre, 1973, sind die Kirche und der Pfarrhof aus dem 17. Jh. renoviert worden.

Die in 1289 m Höhe, im Gebiet des Zirbitzkogels nächst dem Lavant- und Wildsee gelegene St.-Anna-Kirche am **Lavantegg** südwestlich Obdach geht auf die Gründung eines Benediktinerpaters und Verwalters von Admontbichl (Admontbühel) in der Gemeinde Granitzen zurück. Er ließ die Kapelle 1692 zum Dank für Errettung aus Wassergefahr errichten. 1737 wurde St. Anna zu einer Wallfahrtskirche mit drei prunkvollen Altären erweitert, 1896 zur Pfarrkirche erklärt. Sie ist noch heute Ziel zahlreicher Wallfahrer aus Obdach, Judenburg, Zeltweg und aus dem Lavanttal.

Der imposante Hochaltar der spätgotischen Pfarrkirche St. Nikolaus in **Mautern in Steiermark** zeigt das Wappen des Abtes Adalbert Häuffler aus dem 17. Jh. und Statuen des J. Th. Stammel. Das Kruzifix auf diesem Altar, an dessen Armen zwei Holzstücke herabhängen, wird mit einem Gelübde der jungen Erzherzogin Maria Theresia in Verbindung gebracht. Als Kaiserin ließ sie das Kreuz in Silber fassen, auf einem von ihr gestifteten Seitenaltar aufstellen und bedachte die Pfarre mit reichlichen Schenkungen. Berichten nach hatte das Wunderkreuz den Markt vor einer Brandkatastrophe bewahrt. — 1972 entdeckte man im Kirchenschiff prächtige Fresken aus der Zeit um 1500: Darstellungen von Mariä Verkündigung, mit majestätisch einschwebendem Erzengel, und der Geburt Christi. Das 1669 in Mautern begründete, 1807 aufgelassene Franziskanerkloster übernahm 1827 der Redemptoristenorden, der unter Förderung Admonts hier eine Ordensschule errichtete.

Für den Grundbesitz im Mündungsgebiet von Mur und Mürz, den Admont im Jahre 1263 dem König Přemysl Ottokar II. zur Stadtgründung von Bruck an der Mur überlassen hatte, erhielt das Stift als Ersatz u. a. das Dorf **Öblarn** im Ennstal mit allen Realitäten und Rechten zugesprochen. Mitte des 15. Jh., als die Benediktinermönche südlich des Ortes, »in der Walchen«, einen Kupfer- und Edelmetallbergbau in Betrieb genommen hatten, begründete Abt Andreas Stettenhaimer als Filiale der Gröbminger Pfarrkirche hier die St.-Andreas-Kirche. Sie ist 1730 neu erbaut und 1786 nach langen Zwistigkeiten zur Pfarre erhoben worden. Zu ihrer Ausstattung gehören u. a. Statuen des Jos. Thadd. Stammel und Fresken Jos. Ferd. Fromillers aus dem 18. Jh.

Schon im 14. Jh. besaß **Palfau** im Salzachtal nächst Gams bei Hieflau ein dem Stift einverleibtes Allerheiligenkirchlein, das von St. Gallen und von Landl aus betreut wurde. Den einfachen Bau mit der bizarren Kuppelhaube aus dem 19. Jh. soll unter Abt Anselm Luerzer von Zechenthal 1733/35 ein Polier des berühmten Jakob Prandtauer errichtet haben. Von der alten Allerheiligenkirche erhielten sich als Bekrönung einer Prozessionsstange eine gotische Tragmadonna aus dem 15. Jh. und ein spätgotischer Altarflügel.

Als König Rudolf von Habsburg am 30. April 1278 Abt Heinrich II. von Admont, seinem Landschreiber, die Bewilligung erteilte, in **St. Gallen** eine Burg zu errichten, bestand in diesem Ort am Buchaubach die 1150 von Gottfried von Wetternfeld begründete, Admont einverleibte Taufkirche »in silva«. Dem in seiner jetzigen Gestalt um 1513 fertiggestellten Gotteshaus mit einschiffigem Langhaus ist zwischen 1736/40 ein neuer Chor — den Kostenvoranschlag erstellte Jakob Prandtauer —, 1753 der heutige Turm zugefügt worden. Dreißig Jahre später wurde in ihr der prächtige Hochaltar aus rotem Marmor mit einem Gemälde des Kremser Schmidt aufgestellt.

Die riesigen Quadersteine des Grundmauerwerkes der Pfarrkirche **St. Lorenzen im Paltental** mögen aus der Zeit Karls des Großen, 768—814, stammen. 1480 zerstörten Türken die romanische Urgestalt des Gotteshauses. Die dann wiederhergestellte gotische Kirche wurde 1677/78 barockisiert. Spätere »Renovierungen« und Umbauten nahmen der jetzt im Stil des 18. Jh. ausgestatteten und eingerichteten, nach außen noch immer mächtigen Kirche mit romanischem Turm viel von der Ehrwürdigkeit ihres 1200-jährigen Bestandes.

Würde und Ansehen, die unnachahmliche Harmonie romanisch-gotischer Kirchenbauten zeichnen die dem heiligen Johann Baptist geweihte Filialkirche in dem St. Lorenzen benachbarten *Dietmannsdorf* bei Trieben aus. Das 1171 erstmals genannte Gotteshaus kam als Filialkirche der Paltenpfarre zusammen mit Trieben an Admont. 1969—1971 vorbildlich restauriert, stellt die Kirche von Dietmannsdorf den Typus der »schönen alten Kirche« dar. Das romanische Portal aus dem 12. Jh. mit noch originalen Türbeschlägen, ein Christophorusfresko und eine Schutzmantelmadonna-Darstellung an der südlichen Außenwand, die alte nur z. T. erneuerte Holzdecke, der Freskenschmuck in der Apsis und im Langschiff, auf dem Triumphbogen und im Chor machen sie zu einer Sehenswürdigkeit des Paltentales. Die gotischen Altäre von Dietmannsdorf sind allerdings nur im Landesmuseum Joanneum und Diözesanmuseum in Graz zu sehen.

Filialkirche von St. Lorenzen war auch *St. Bartholomä in Hohentauern.* Beim Kirchenneubau im 18. Jh. erhielten sich hier außer dem spätgotischen Portal und dem Admonter Stiftswappen im Schlußstein des gotischen Chores kunsthistorisch interessante gotische Fresken vom Jüngsten Gericht aus dem 14. Jh.

Alljährlich am Sonntag nach Fronleichnam zieht der Pfarrer von **St. Martin** am Grimming an der Spitze einer Prozession zur Felsengrotte Maria Hilf am Paß Stein. Zusammen mit Wallfahrern aus Gröbming und Maria Kumitz bei Bad Mitterndorf im Ausseeischen hält er vor dem Mariahilf-Bild eine Andacht. Der Legende nach flüchtete sich in diesen Felsspalt einst ein von Räubern verfolgter Kaufmann. Da er sich der Muttergottes anvertraute, deren Bild vor dem Eingang zur Höhle hing, wurde er gerettet. Auch der Ennstaler Arzt Heinrich Lobenstock schrieb dem Bild seine Errettung vom Tode zu. Er ließ den Felsspalt grottenartig ausweiten und ein neues, in roten Marmor gerahmtes Mariahilf-Bild aufstellen. 1882 fand die Einweihung des kleinen Heiligtums am Paß Stein statt.

In einer Urkunde aus dem Jahre 1169 bestätigt der Salzburger Erzbischof Adalbert III. Stift Admont die im Tauschweg erworbenen Pfarren »Palta« und »Liesnich«, d. i. St. Lorenzen im Paltental und das heutige **St. Michael** in Obersteiermark. Das Dokument bestätigt die schon 925 genannte Kirche zum hl. Michael als Mutterpfarre von neun Gotteshäusern der Umgebung. In der 1480 von den Türken zerstörten, 1512 wieder errichteten, im 17./18. Jh. erweiterten und barockisierten Kirche entdeckte man im Jahre 1946 Weltgerichts- und Marienfresken des 14. Jh. — Die *Filialkirche zur hl. Walpurgis* in St. Michael, im 12. Jh. genannt, gehört zu den frühesten gotischen Sakralbauten der Steiermark. Der Edle Tridislav und Gemahlin Zlawa ließen sie um 1175 erbauen und schenkten sie 1187 dem Stift Admont. Während Restaurierungsarbeiten an der mit großartigen Gewölbemalereien und prachtvollen spätromanischen Glasfenstern — eines von ihnen stellt Abt Heinrich II. von Admont dar — ausgestatteten Kirche sind 1954 weitere Fresken um 1300 freigelegt worden. Der Hochaltar entstand nach 1600, die beiden Seitenaltäre um 1700.

1180 kam die Pfarre **St. Peter-Freienstein** westlich von Leoben an das Stift. In der spätgotischen Kirche wurden 1950 Fresken aus der Bauzeit freigelegt.

St. Nikolai im Sausal ist eine Dotation des Edelfreien Gottfried von Wietings an Admont aus dem Jahre 1140, doch machten die Pfarrer von Leibnitz dem Stift die Schenkung ein Jahrhundert lang streitig. Erst 1240 konnte Erzbischof Eberhard II. unter die Rechtssache, deretwegen man auch den Papst in Rom bemüht hatte, einen Schlußstrich ziehen. Admont erhielt gegen eine zu leistende Jahresrente Tauf- und Begräbnisrechte, in der Kirche auch Zehente und Güternutzung. St. Nikolai ist 1705/10 und nochmals im 19. Jh. umgebaut worden.

Im Jahre 1282 schenkte der Liesingtaler Landrichter Gerold die von ihm 1274 gestiftete Kirche St. Nikolaus in **Traboch** samt Zinsgütern auf dem »Prandl« bei Mautern dem Stift Admont. An das ursprüngliche Gotteshaus — es ist die heutige, noch tonnengewölbte Sakristei — wurde im 19. Jh. der heutige einschiffige Kirchenraum angefügt, den Turm erhöhte man schon im 17. Jh. Ein Schmuckstück der Kirche stellt das »Gösser Altärchen« von 1654 dar.

1947 ist bei der Kirche »Maria vom Berge Karmel« in **Unterlaussa** westlich Altenmarkt bei St. Gallen ein Friedhof angelegt worden. Das 1966 zur Pfarrkirche erhobene, neugotisch ausgestattete Gotteshaus ließ Admont 1970 umbauen und restaurieren.

Die 1402 genannte Kirche St. Kunigund in **Wald** am Schoberpaß mit schlankem gotischem Turmhelm, mit Netz- und Kreuzrippengewölbe ist im 18. Jh. erweitert und neu eingerichtet worden, die barocke Kanzel trägt das Admonter Stifts- und Abtwappen. 1972 entdeckte man Fresken von der »Marter der Zehntausend« und einen »Marientod« aus der Zeit um 1500. Zu der schon über 500 Jahre von Admont betreuten Pfarre gehört das »Liesingkreuz«, eine kleine Kapelle im Liesinggraben.

Die stiftseigene Dreifaltigkeitskapelle an der Ennsbrücke in **Weißenbach** an der Enns mit schmiedeeisernem Torgitter und Rokokotabernakel entstand 1763 und ist erst seit kurzem Pfarrkirche.

Die Kapelle St. Kosmas und Damian zu **Weng** bei Admont am Fuß des Buchauer Sattels, nordöstlich des Stiftes, ist am Ende des 14. Jh. wahrscheinlich an der Stelle einer älteren Kapelle errichtet worden. Ein Neubau von 1416, im 17. und 19. Jh. umgebaut, wird seit 1786 als Pfarrkirche benützt. Nach dem Pestjahr 1486 ließ der Admonter Abt neben der Kirche eine Sebastiani-Kapelle errichten. Die kreuzgewölbte Kirche mit schönem Kielbogenportal, mit interessanten Fassadenfresken und drei Altären, im 17. Jh. umgestaltet, stellt die älteste Sebastiani-Kultstätte Österreichs dar. Nach Aufzeichnungen eines Paters aus dem Jahre 1688 segnete der Pfarrer hier jeweils am 20. Januar, am Sebastianitag, während der Pestmesse nach der Predigt den von Wallfahrern mitgebrachten Wein — »zuzeiten 20 Liter, auch mehrer«. Der Geistliche, heißt es weiter, »dunket hernach den pfeil Sebastiani hinein und gibet den leithen von solchen zu trinkhen bei dem Hochaltar«. Einen Sebastianipfeil bewahrt der Pfarrer von Weng noch heute auf. — In dem schon im 12. Jh. genannten, unter Abt Matthäus († 1779) neuerbauten Grabnerhof zu Weng ist jetzt eine Landwirtschaftsschule mit Internat untergebracht.

Ein Bild der schmerzhaften Muttergottes, das 1669 ein frommer Werksverwalter des Erzbetriebes im »Tal« von **Wildalpen** aufgestellt hatte, war 1674 Anlaß zur Errichtung einer St.-Barbara-Kapelle im Verweserhaus der Bergwerkssiedlung. 1728/31 entstand auf der kleinen Hochfläche über dem Salzatal die heutige Pfarrkirche St. Barbara mit Fresken der Brüder Lederwasch. Man stellte in ihr auch das Gnadenbild »Maria aus dem Tal« auf. 1973 wurde die Kirche restauriert. — In der zu Wildalpen gehörenden, 150 Seelen umfassenden Gemeinde Hinterwildalpen ließ Admont 1970 an Stelle einer alten St.-Peter- und Paul-Kapelle ein Allerheiligen-Kirchlein errichten.

In früherer Zeit gehörten dem Stift neben der Burg Gallenstein auch die Burgen Strechau bei Rottenmann und Wolkenstein bei Wörschach. Noch heute besitzt Admont Schloß Admontbichl (seit 1367) nächst Obdach. Schloß Röthelstein bei Admont übergab man 1974 dem Österreichischen Jugendherbergsverein. Bis 1936 besaß das Stift als »Probstey nechst Grez« auch das Schloß St. Martin bei Graz mit der Kirche zum hl. Martin. Es wird heute als Volksbildungsheim verwendet. St. Martin ist im 18. Jh. mit dem berühmten »Roßaltar« des J. Th. Stammel, seinem Hauptwerk, ausgestattet worden. Admontischer Besitz in Graz ist neben dem Admonter Hof auch die Kirche St. Johann und Paul auf dem Buchkogel in Graz-Wetzelsdorf. Admontischer Teilbesitz ist die Kirche Maria Buch bei Judenburg.

AGGSBACH

Aufgelassenes Kartäuserkloster Marienpforte. NÖ.

ZUR GRÜNDUNG UND GESCHICHTE Das Kloster im romantischen Seitental des Aggsbaches, eine Stiftung Haydenreichs von Maissau († 1386) und dessen Gemahlin Anna von Kuenring, war das kleinste der drei österreichischen Kartäuserstifte. 1373 legte man den Grundstein, vier Jahre danach bezogen ein Prior mit zwölf Kartäusern und einigen Laienbrüdern aus → Mauerbach bei Wien eben fertiggestellte Zellen; es waren einzelstehende, für je einen Mönch bestimmte Häuschen mit kleinem Garten, die nach Ordensbrauch rund um den Klosterfriedhof mit Friedhofskapelle geschart waren.

Die Kartäuser nannten ihr Kloster »Unserer Lieben Frauen Pforten«. 1392 wurde auch die neuerrichtete Klosterkirche zu

Aggsbach-Dorf, NÖ., ehem. Kartause, Eingangstrakt.

Ehren der Gottesmutter geweiht. Der Stiftsbrief stattete Aggsbach reichlich mit Landbesitz aus. Die in Österreich hochangesehenen Maissauer versorgten ihre Wachauer Kartause mit immer wieder neuem, allerdings weit verstreut liegendem Landbesitz; im 15. Jh. starb das Geschlecht aus. Grabsteine weisen noch heute auf Kloster Aggsbach als Begräbnisstätte der Stifterfamilie hin, einzelne Schlußsteine der Klostergewölbe zeigen ein Einhorn, es ist das maissauische Wappentier.

Beata solitudo, sola beatitudo — Glückliche Einsamkeit, einzige Glückseligkeit, hieß das Lebensideal der Kartäuser. Die Ordensregel gebot tägliche Gottesdienste und gemeinsames tägliches und nächtliches Chorgebet, Schweigen und Bußübungen, stille Garten- und Handwerksarbeit, Dienst für wohltätige Zwecke, Schreibarbeiten und Studien. Als 1419 Mönche der Prager Kartause mit einem Großteil ihrer Buchbestände und Handschriften vor den Hussiten in das stille Wachautal flüchteten, vermehrte sich die Bibliothek der wissenschaftlich interessierten Aggsbacher Mönche um wertvolle Stücke.

In der Reformationszeit, während der Bauernkriege und der Türkenbedrängnis geriet auch Stift Aggsbach in Schwierigkeiten. Zwar verließ keiner der Mönche seinen Orden, doch zeigten sich die Aggsbacher Mönchsväter den wirtschaftlichen Problemen und Verwaltungsaufgaben, die sich für den Klosterbesitz im 16. und 17. Jh. ergaben, immer weniger gewachsen. Das änderte sich auch nicht, als Kaiser Leopold I. im Jahre 1670 die Aggsbacher Priore gegen den Willen und die Anordnungen und trotz der Proteste des Generalkapitels der Kartäuser zu »Kaiserlichen Prälaten« mit Sitz und Stimme im Landtag ernannte.

Mit seinen Klosteroberen, die meist nur für ein Triennium, für drei Jahre, gewählt wurden — die Prälaten regierten lebenslang —, hatte Aggsbach von Anbeginn wenig Glück. Schon den ersten Prior der Kartause, Johannes Fleischesser, enthob man seiner Würde, weil er gegen die Ordensregel verstieß. 1386, anläßlich der Exequien des Stiftsbegründers Haydenreich von Maissau, hatte er Frauen der Angehörigen des Verstorbenen den Eintritt in den Klosterbereich gestattet. Prior Bruno Hadersbach, 1713 bis 1721, den das Generalkapitel absetzte, wurde am 8. August 1721 in Gegenwart kaiserlicher Kommissare der weltlichen Verwaltung des Stiftes enthoben und in die südsteirische Kartause Seiz eskortiert. In der zweiten Hälfte des 18. Jh. standen dem Kloster statt freigewählter Äbte »Rektoren« und »Administratoren« vor. Das josephinische Auflösungsdekret für Aggsbach traf 1782 ein vor dem wirtschaftlichen Ruin stehendes Stift.

SEHENSWERT im Aggsbacher Tal ist die malerisch gelegene, noch mit Mauern, Türmen und gotischen Portalen burgartig befestigte fünfhöfige Gesamtanlage des einstigen Stiftes. Obwohl die Mönchszellen mit großem Kreuzgang (ambitus), Klosterfriedhof und Kapelle abgerissen worden sind und sich auch vom kleinen Kreuzgang nur ein Flügel erhielt, vermitteln die z. T. frei zugänglichen, gut instand gehaltenen Restgebäude noch immer interessante Einblicke. Erhalten blieben die Sakristei und die ehemalige Johanneskapelle, über ihr der einstige Bibliotheksraum und der Kapitelsaal, im dritten Hof Prälatur, Refektorium, Gästezimmer und Archivraum. Als eigentliche Sehenswürdigkeit von Aggsbach gilt unter Kunstverständigen die unverhältnismäßig langgestreckte (46 Meter) und nur 7 Meter breite Stiftskirche Mariä Himmelfahrt mit hohen Seiten-, dreiteiligen Maßwerkfenstern und einer gotischen Empore unter dem Kreuzrippengewölbe mit schönen Schlußsteinen. Wie alle Kartäuserkirchen besaß auch die von Aggsbach weder Orgel noch Kanzel. In einer Bestimmung des Generalkapitels aus dem Jahre 1326 heißt es: »Wir befehlen, daß in unserem Orden niemand ein Musik- oder Klanginstrument besitzt oder ein solches gebraucht.« Wie bei den frühen Franziskanern und bei den Trappisten wurde auch bei den Kartäusern das Lob Gottes nur mit menschlicher Stimme verkündet, psalmodiert und gesungen.

Früher gelangte man durch den für den heutigen Besucher letzten Hof vor dem vierstöckigen Torturm in den inneren Bereich der Kartause »Porta beatae Mariae«.

Es war dem Einsatz des letzten Aggsbacher Hofrichters und Verwalters Joseph Sölnwanger zu danken, daß 1782, nach der Auflösung der Kartause, nicht auch die Stiftskirche niedergerissen wurde, sondern 1784 zur Pfarrkirche für Aggsbach Dorf, Gschwendt, Siedelgraben und Aggstein erklärt wurde. Fromme Stiftungen und Spenden sicherten lange Zeit ihren Bestand.

Die Schätze der Kartause kamen nach Wien, ins Servitenkloster Maria Langegg, von ihm ins Stift Herzogenburg. Vernichtet wurde mit anderen Beständen das Archiv, das man für »wertlos« hielt. Der von der josephinischen Aufhebungskommission angelegte Bücher- und Handschriftenkatalog der Aggsbacher Biblio-

thek zählt 2309 Titel auf. Ein Großteil der Bände ist heute in der Wiener Universitätsbibliothek zu sehen: uniform in weißes Schweinsleder gebunden, mit dem Emblem des Klosters geschmückt, einem runden Schildchen, dessen rechte Hälfte ein A, die linke drei Querstreifen in den Farben Rot und Weiß zeigt. Aggsbach besaß Codices, Inkunabeln und Handschriften aus fünf Jahrhunderten, ein Teil von ihnen kam an die Wiener Hofbibliothek, die heutige Österreichische Nationalbibliothek.
In der Sammlung donauländischer Tafelbilder im Stift → Herzogenburg nehmen die vier Kunstwerke aus der Aggsbacher Kartause einen besonderen Rang ein: der ältere Aggsbacher Altar, um 1450, ein Flügelaltar, dessen Feiertagsseite Szenen aus dem Marienleben, die Wochentagsseite Darstellungen der Leidensgeschichte zeigen; der Aggsbacher Hochaltar von 1501 von Jörg Breu d. Ä. aus Augsburg, vier doppelseitig bemalte Flügel; der »Marientod«, um 1500, eine Holzplastik, die wahrscheinlich das Mittelstück der Predella des Hochaltars bildete, und der Michaelsaltar, um 1500, ein holzgeschnitzter Schrein mit prächtig bemalten Flügeln, das Werk eines donauländischen Meisters.

LAGE Nordöstlich Melk in der Wachau, nächst Aggsbach Dorf.
BESICHTIGUNG Z. T. frei zugänglich, Führung nach Anmeldung.

ALTENBURG

Benediktinerstift. NÖ. → auch Seite 47—51.

BESITZUNGEN/INKORPORIERTE PFARREN
Nach dem Ableben Gebhards von Poigen ließ Witwe Hildburg neben der dem hl. Stephan geweihten Gruftkirche ihres Gemahls ein kleines Kloster errichten. Sie dotierte es mit Landbesitz und dem Zweidrittelzehent ihrer Pfarre Horn und übereignete den Besitz dem Bistum Passau. Vier Jahre nach dem Tode Gebhards, 1144, bezogen zwölf steirische Benediktinermönche die Zellen. Sie nannten das Stift nach ihrem Heimatkloster »St. Lambrecht zu Altenburg« und beteten widmungsgemäß für die Herren des »Poigreiches«, der damals so genannten Herrschaft Horn. Die Vogtei über das kleine Klosterreich war Hildburgs Sohn Hermann übertragen.
Es war im Mittelalter üblich, daß Adelige von Rang fromme Stiftungen machten, Klöster gründeten und sie mit Landbesitz ausstatteten. Die »Vogtei«, die Schutzherrschaft und eingeschränkte Gerichtsbarkeit über einen solchen Klosterbesitz fiel gewöhnlich der Stifterfamilie und deren Nachkommen zu. Messen und Gebete der Mönche an bestimmten Tagen der Woche, des Monats oder jährlich stellten den Stiftern Wohlergehen im Diesseits und Jenseits in Aussicht. Schenkungen an Grund und Boden verhalfen anderen zu einer Bestattung hinter Klostermauern. »Seelgerätstiftungen« solcher Art leisteten im Falle Altenburg zahlreiche Grafen und Edle: die von Poigen-Hohenburg und Rebgau, die von Hertenstein und Streitwiesen, von Kotzendorf und Sonnberg, von Stockern u. a. m. So kam es, daß die Benediktinerabtei Altenburg allmählich in den Besitz von Ländereien, Höfen und Burgen gelangte, die nächst Wien und St. Pölten lagen. Schon zwölf Jahre nach der Klostergründung starb der Letzte derer von Poigen. Die Vogtei fiel jetzt — als Passauer Lehen — an den babenbergischen Landesfürsten.
Altenburg war seit je Stiftspfarre, die Klosterkirche diente als Pfarrkirche. Im Gründungsjahr erhielt das Stift Rechte auf die Pfarre Horn eingeräumt, doch wurde sie mit ihren beiden Kirchen, allen Einkünften, Rechten und Pflichten dem Stift erst 1689 einverleibt. Die schon 1076 urkundliche Pfarre Strögen und die von ihr abhängige Pfarre Röhrenbach kamen im 14. Jh. endgültig an die Zisterzienser, St. Marein 1396, Aigen 1692. Mit Altenburg vereinigt wurde auch die in der Reformationszeit eingegangene Pfarre Fuglau. In der Josephinischen Zeit erklärte man die Altenburg unterstehenden Lokalien Maria Dreieichen, Dietmannsdorf an der Wild und Ludweis zu Pfarren. Patronatsrechte außerhalb des Poigreiches, die Altenburg eingeräumt erhielt, verlor das Stift im 15./16. Jh. wieder: so jene über St. Margarethen an der Sierning, St. Pankraz in Asparn an der Zaya mit den Tochterkirchen Ameis und Wenzersdorf und die Pfarre Zöbing. Von all diesen Pfarren betreut das Stift heute noch insgesamt sechs. Zu einigen von ihnen im einzelnen:
Die Pfarre **Aigen** bei Raabs, im 16./17. Jh. protestantisch, wurde dem Stift erst im 18. Jh. einverleibt. Sie blieb Jahrzehnte hindurch unbesetzt. Der Pfarrhof bestand aus zwei Zimmern, mit dem geringen Gehalt fanden auch anspruchslose Geistliche nicht das Auslangen. In der Pfarrkirche St. Jakob d. Ä., als Begräbnisstätte der lutherischen Freiherrn von Hofkirchen, Herren auf Kolmitz, 1599 neu errichtet und im 18. Jh. nach einem Brand erneuert, sind Grabsteine und Totenschilde sowie eine Steinkanzel um 1600 sehenswert.
Als Inhaber der Herrschaft Wildberg errichtete Altenburg in Josephinischer Zeit an der Stelle der von den Jesuiten im 17. Jh. aufgelassenen Pfarre in **Dietmannsdorf** an der Wild eine »Seelsorgestation«. Die Pfarrkirche zum hl. Lorenz, im 15. Jh. über romanischem Grundgemäuer erbaut, stellt eine spätgotische Hallenkirche mit Rokokoaltar dar, die im 17. Jh. barockisiert und 1880 erweitert wurde. Im Pfarrhof werden eine spätgotische Madonna und ein spätgotischer Kelch aufbewahrt.
An der Stelle der heutigen Wallfahrtskirche **Dreieichen,** nächst der Stadt, stellte der Horner Kürschnermeister Matthias Weinberger im Jahre 1656 an einer dreigeteilten Eiche ein von ihm aus Wachs geformtes Marienbild auf. Es hatte ihn nach seiner Aussage aus schwerer Krankheit errettet. Als der Baum eines Tages abbrannte und das Wachs schmolz, ersetzte ein Horner Bürger namens Sturmberger das Kultbild durch eine holzgeschnitzte Marienfigur. 1730/32 entstand über dieser Holzstatue eine Kapelle. Abt Placidus von Altenburg und Graf Philipp von Hoyos legten 1744 den Grundstein zur jetzigen Wallfahrtskirche. Unter Baumeister Leopold Wißgrill entstand bis 1750 die doppeltürmige spätbarocke Kirche zur Schmerzhaften Muttergottes, mit ihrem längsovalen Kuppelraum, dem Orgelchor und dem Hochaltar eine Art Kopie der Altenburger Stiftskirche. Hinter dem Hochaltar finden sich Reste der legendären Eiche. Das Hauptportal zeigt eine Steinpietà mit den drei Eichen, die Jahreszahl 1656 und die Inschrift: »Hier, zu Ehren der schmerzhaften Mutter, sollst du, Eiche, grünen, blühen.« Ziel der Wallfahrer ist auch die Waldandacht mit Bründlkapelle neben der Kirche. Seit 1740 verwaltete Dreieichen ein Benediktiner aus Horn, seit 1783 ist der Wallfahrtsort selbständige Pfarre. Der Andrang von jährlich bis zu 50.000 Pilgern aus Niederösterreich, Böhmen, Mähren und Ungarn bewog das Stift, vor dem Ersten Weltkrieg hier einen Superior und zwei Priester einzusetzen.

Die Pfarrkirche St. Stephan am nordwestlichen Stadtrand von **Horn** war Zentrum der schon im 11. Jh. urkundlichen Pfarrgemeinde. Dem Bistum Passau zugehörig, war St. Stephan Eigenkirche der Grafen von Poigen, doch stand das Patronats- und Besetzungsrecht bis 1390 Stift Altenburg zu. Während eines Jahrhunderts, bis 1620, war Horn protestantisch. Im Tausch mit den Pfarren St. Margarethen an der Sierning und Stiefern brachte Altenburg die bedeutende Pfarre wieder an sich. Seit 1694 sind die Pfarrer von Horn Stiftsprofessen. Die Maßwerkfenster von St. Stephans gotischem Chor und Kapellenanbau, gotische Sitznischen und die spätgotische Steinkanzel weisen auf das ehrwürdige Alter, das barocke Schiff, Ausstattung und Einrichtung des 17. und 18. Jh., auf die nach dem protestantischen Jahrhundert wiederhergestellte katholische Tradition des Gotteshauses hin. — Anklänge an gotische Formen zeigt auch die 1593 als protestantisches Gotteshaus errichtete heutige *Stadtpfarrkirche zum hl. Georg* mit dem Turm von 1880 und einer Glocke aus dem 15. Jh. Die schräg ihr gegenüberliegende Piaristenkirche mit Piaristenkolleg entstand 1658—1675.

Im Rahmen der josephinischen Maßnahmen erhob man 1784 die vorher zu Japons gehörende Kirchengemeinde **Ludweis** zur Pfarre. Das kunsthistorisch unbedeutende Gotteshaus zum hl. Ägyd geht auf eine im 12. Jh. genannte Kapelle und den Neubau von 1353 zurück.

Rechte über die Pfarre **Röhrenbach,** über deren Kirche St. Michael erhielt das Stift zugleich mit den Rechten über die Pfarre Strögen im Jahre 1251 eingeräumt, als Herzogin Gertrude von Österreich Altenburg für die Verwüstungen entschädigte, die ihr Gemahl Hermann von Baden auf Klostergebiet angerichtet hatte. Im 14. Jh. wurden beide Pfarren dem Stift zur Gänze einverleibt. Zu der »Eich-Maria« genannten, 1427 von den Hussiten zerstörten, 1722 umgebauten und barockisierten Kirche von Röhrenbach pilgerten früher Gläubige der Umgebung. Sie beteten hier vor einer Schutzmantel-Muttergottes des 15. Jh. auf der Grabtafel des Hans von Dachspeck. Grabsteine und Totenschilde der Reichsgrafen von Kuefstein im Langhaus stehen im Zusammenhang mit der Gräflich Kuefsteinschen Gruftkapelle, die 1706/08 zusammen mit einem Spital im Ort errichtet worden ist.

Die Pfarre **St. Marein,** ursprünglich Filialkirche von Strögen, wurde dem Stift 1396 zugesprochen. Das von außen her unansehnliche Gotteshaus zur hl. Maria, 1386 als Pfarrkirche genannt, war seit dem 15. Jh. Wallfahrtskirche. In einer lebensgroßen Marienstatue mit Zepter, Weltkugel und im Arm liegendem Jesuskind, 1500, am prunkvollen Hochaltar verehrten Gläubige hier »Unsere Frau im Poigreiche«. Abt Raimund von Altenburg ließ die Kirche 1680/81 umbauen und am barocken Portal das Stiftswappen anbringen. Obwohl die St. Mareiner Wallfahrt seit der Begründung von Dreieichen an Bedeutung verlor, hatte die Kirche noch im 18. Jh. Zulauf. Das Chorgestühl, 17. Jh., und der Sebastian-Rochus-Seitenaltar sind beachtenswert.

Die schon 1076 urkundliche Pfarre **Strögen** schenkte (nach dem Altenburger Nekrolog) Graf Gebhard von Poigen-Rebgau dem Stift. 1430 zerstörten Hussiten, 1619 der protestantische »Horner Bund« die Kirche. 1661 wurde sie neu eingewölbt. Der Turm, das Gemäuer des Langhauses ebenso wie die sie umgebende Ringmauer stammen z. T. noch aus der Erbauungszeit, auf sie verweisen auch noch romanische Steinköpfe. Sakraments- und Sitznischen, Grabsteine und Teile der Einrichtung der Kirche St. Peter und Paul stammen aus dem 14.—18. Jh.

Noch im 19. Jh. besaß die heute mit umfangreichem Landbesitz ausgestattete Benediktinerabtei Altenburg außer dem Stiftsgut die Güter und Schlösser Wildberg, Limberg, Drösiedl, Mahrersdorf und Höfe in Mühlfeld, Wiesent, Grub, Wappoltenreith. 1754—1848 unterstand auch die Feste Eggenburg mit Landgericht den Benediktinern von Altenburg.

ALTMÜNSTER

Einstiges Benediktinerstift. OÖ.

Karl der Große, der im Untersberg bei Salzburg saß, kam — so heißt es in einer Altmünster Sage — mit gewaltiger Kriegsmacht gezogen und vertrieb in die Gegend eingefallene Horden, vor denen die Christen ins Gebirge geflüchtet waren. Der Kaiser hatte auch viele Geistliche mitgebracht, die weitum bis nach Salzburg wirkten und überall Gottesdienste hielten. Für diese Priester mußte ein eigenes Kloster gebaut werden.

Der sagenhafte Bericht würde die Ansicht einiger Erforscher früher Landesgeschichte bestätigen, nach der schon zur Zeit Karls des Großen, im 8. Jh., in der westlichen Bucht des Traunsees ein Benediktinerkloster bestand. Fest steht jedenfalls, daß es sich dabei um die alte Abtei Trunseo gehandelt haben muß, ein Männerkloster, das König Arnulf 890 dem Erzstift Salzburg schenkte und das einen das ganze Salzkammergut umspannenden Seelsorgesprengel versah.

Eine Urkunde, die König Ludwig mit dem Beinamen »das Kind« am 19. Februar 909 zu Holzkirchen bei Tegernsee in Bayern ausstellte, bestätigt die Existenz eines solchen Klosters am Traunsee. Auf Anraten dreier Bischöfe, »Vasallen« des Salzburger Erzbischofs, heißt es auf dem Pergament, habe er, Ludwig, beschlossen, die ihm eigentümliche Abtei Trunseo dem Grafen Aribo und dem Erzbischof Pilgrim von Salzburg, jedem auf Lebenszeit, nach deren Ableben »dem heiligen Salzburger Stuhl« zu schenken.

Verschiedene Umstände weisen darauf hin, daß es sich bei dieser Abtei nicht um das spätere Stift → Traunkirchen, sondern um ein Kloster, ein »altes Münster« im oder beim heutigen »Altmünster« gehandelt haben muß. Viel spricht dafür, daß Trunseo im Jahre 909 nicht mehr von Mönchen bewohnt war, sondern nur eine Titularabtei in Königsbesitz gewesen ist. Da uns keinerlei Urkunden von der Existenz dieses Klosters mit der dem hl. Benedikt geweihten Kirche berichten, ist anzunehmen, daß die Stiftsgebäude in der Zeit der Ungarnkriege, im 10. Jh., zerstört und nicht mehr aufgebaut worden sind. Die heutige Pfarrkirche von Altmünster, eine sehenswerte spätgotische Hallenkirche mit ungefügem romanischem Turm, wird das erstemal 1269 erwähnt. Möglich, daß sie an der Stelle der alten Abteikirche errichtet wurde. Nach Meinung mancher Heimatforscher lag das einstige Benediktinerkloster jedoch am Brennbühel nächst dem Ort.

ARDAGGER

Aufgehobenes Kollegiatstift. NÖ. → auch Seite 61—63.

ZUR GESCHICHTE An den Hängen des Hügels um die Kirche zur heiligen Margareta, Zentrum des Kollegiatstiftes Ardagger, der kaiserlichen Gründung der Jahre 1049/1063, entstanden im 11. bis 13. Jh. die Häuser der Chorherren. Es waren Weltgeistliche, denen die Seelsorge in den Pfarren der Umgebung anvertraut war. Zur Intensivierung ihres priesterlichen Lebens sollten sie, einem Propst unterstellt und bestimmten Satzungen unterworfen, in Ardagger eine Art gemeinsames Leben führen, sich hier zu gemeinsamem Gottesdienst und Chorgebet zusammenfinden. Privatbesitz, Zehente, Nutzungsrechte an Grund und Boden, eine sogenannte »Pfründe«, auch »Präbende« genannt, sicherten ihren Lebensunterhalt.

Im 12. und 13. Jh. entwickelte sich Stift Ardagger zu einem bedeutenden kirchlichen Zentrum an der Donau. Von Regensburg kommend, ging hier am Himmelfahrtstag 1147 Kaiser Konrad III. an Land, um das nachkommende Kreuzheer zu erwarten. Propst Ulrich von Harthausen, 1149—1190, und einige seiner Chorherren zogen mit Kaiser Barbarossa ins Heilige Land. Propst Heinrich I., zwischen 1225 und 1236, ließ die frühe Kirche erweitern und mit den berühmten Glasgemälden, Darstellungen aus dem Leben der hl. Margareta, ausstatten. Unter dem gelehrten Scholasticus Nicolaus erhielt Ardagger eine bedeutende Schreibschule. Ardagger Codices aus dieser Zeit bewahrt heute Stift Seitenstetten. Im Klosterdorf Ardagger, dem »goldenen Marktl«, wie man es noch lange nach seiner kaiserlichen Zeit nannte, fanden im Mittelalter jährlich zum Fest der hl. Margareta im Juli Jahrmärkte statt, die gewöhnlich bis in den September dauerten. Seit seiner Gründung war dem Stift die Pfarrkirche des Marktes unterstellt, im 11. und 12. Jh. wurden ihm auch die Nachbarpfarren Kollmitzberg, Stefanshart und Zeillern einverleibt.

Die Pfarrkirche St. Nikolaus in **Ardagger Markt** mit seinem barocken Haupt- und Nebenschiff besitzt noch den gotischen Chor aus dem 14. Jh. Die St.-Ottilien-Kirche auf dem 469 Meter hoch gelegenen **Kollmitzberg** betreute Ardagger vom 14. bis zum 16. Jh. als Vikariat, vom 17. Jh. bis zu seiner Auflösung besaß das Stift hier nur Patronatsrechte. An der seit Ende des 17. Jh. berühmt gewordenen Wallfahrtsstätte verehrte man die hl. Ottilie, Augenheilige und Nothelferin, in Gestalt einer lebensgroßen Statue, um 1500. Nach einem Brand erhielt die spätgotische Kirche den jetzigen Turmhelm, Chor und Maßwerkfenster stammen aus dem 14. Jh., das wunderschöne Sakramentshäuschen trägt die Jahreszahl 1492, Ausstattung und Einrichtung sind neogotisch und neubarock.

Die Pfarrkirche St. Stephan zu **Stefanshart** kam 1140 an das Stift. Anstelle der 1962 abgebrochenen, seit je einsturzgefährdeten spätgotischen Hallenkirche hat man 1950 auf festem Grund einen fabriksähnlichen Neubau mit Bahnhofsuhr errichtet. Auch die spätgotische dreischiffige Kirche zum hl. Jakobus d. Ä. in **Zeillern,** einstige Filialkirche von Stefanshart, mit dem charakteristischen hohen Walmdach, ist neogotisch eingerichtet, doch besitzt sie noch zahlreiche Baudetails aus dem 14.—18. Jh.

In der Frühzeit des Stiftes Ardagger gingen und ritten die Chorherren täglich von ihren Häusern zu den ihnen anvertrauten Pfarren. Schon im 13./14. Jh. jedoch betreuten die Kollegiatspriester über ein Dutzend von Ardagger entfernt liegende Pfarren, unter ihnen Amstetten, Waidhofen, St. Georgen am Ybbsfeld und Steinakirchen. Da es den meisten nicht mehr möglich war, in Ardagger zu wohnen, bürgerte es sich allmählich ein, daß der Chorherr für seine Pfarre einen Weltpriester als Stellvertreter hielt und bezahlte, den man »Vikar« nannte. Mit ihren ansehnlichen Pfründen fiel es den Kapitularen nicht schwer, ihre Stellung als »Sinekure«, als Einkommen »ohne Sorge«, ohne Amtsverpflichtung auszubauen. Für viele, die als Kapitelherren von Freising, Passau und Wien auch anderwärts mit irdischen Gütern versorgt waren, bedeutete die Präbende oft nur eine Art Aufbesserung zu ihren sonstigen Einkünften. Gab es doch auch Pröpste, die sich, als Domherren und Universitätsprofessoren beschäftigt, niemals in Ardagger aufhielten, manche kannten den Ort gar nicht.

Verständlich, daß die Visitationsberichte über das Stift nicht zu seinem Ruhme ausfielen. Eine Visitation im Jahre 1563 stellte fest, daß man zu Ardagger und in dessen Pfarren mit sektiererischem und protestantischem Brauchtum durchsetzte Gottesdienste hielt, die Kapitulare von Ardagger verweltlicht, in luxuriösen Kleidern einhergingen und miteinander in Besitzstreitigkeiten verwickelt waren. Unter Punkt 6 des Berichtes wird dringend empfohlen, den Kanonikern nahezulegen, ihre Eheweiber und Konkubinen zu entlassen.

Dr. Leopold Holfues, erst Vikar, dann Dekan des Stiftes, schließlich lutherischer Pfarrer von Waidhofen, war der erste gewesen, der sich verheiratet hatte. Die Vikare von Stefanshart und Zeillern folgten ihm, wurden lutherisch und vermählten sich öffentlich, beanspruchten jedoch weiter die Ardagger Pfründe.

Als Propst Oswald Grübler, 1567—1582, für Stefanshart einen katholischen Pfarrer bestellte, vertrieben ihn die Stefansharter. Als Grübler 1569 die Kirche versiegeln ließ, stürmten die Aufrührer das Gotteshaus, hüllten sich in die Priestergewänder und zogen mit Kelch und Meßgeräten unter dem Geläut der Glocken johlend ins Gasthaus, wo sie auf ihre Art Gottesdienst hielten. Erst die niederösterreichische Regierung konnte dem Treiben ein Ende machen. Es lebten in diesem Jahre 1569 nur noch fünf Chorherren in Ardagger, die Pfründe waren auf zehn vermindert worden. Das gottesdienstliche Leben lag in der Hand der lutherisch gewordenen Vikare.

Dem sorgen- und verantwortungslosen Pfründnerleben der Kollegiatsherren von Ardagger ward 1662 unter Propst Melchior von Pergen ein Ende gesetzt. Er wandelte Ardagger in eine »Realpropstei« um. Die Pröpste verwalteten jetzt die Einzelpräbenden als Gesamtvermögen, als Besitz und Einkünfte des Stiftes. Chorherren wie Vikare wurden aus der Propst- bzw. Stiftskasse bezahlt. Trotz kirchlicher Verbote erlagen jedoch auch die Pröpste bald der Sammlerleidenschaft geistlicher Pfründner und brachten sich in den Besitz immer zahlreicherer weltlicher Güter. Propst Rabutin von Bussi, 1706—1714, »entlehnte« allein von den inkorporierten Pfarren über 3000 Gulden. Eintausend verwendete er, um sich dafür Zehente in St. Georgen auf dem Ybbsfeld und anderswo zu kaufen.

Zur Grundherrschaft des Stiftes, die in fünf »Ämter« unterteilt war und damals etwa 20 Joch bebautes Land, ausgedehnte Waldungen, etwa 180 Tagwerke Weingärten und 32 Tagwerke Wiesen umfaßte, gehörten etwa 248 untertänige Häuser und über 150 Untertanen.

Obwohl sich eine Anzahl von Pröpsten im Laufe der Jahrhunderte um ein im Sinn der kaiserlichen Stiftung geführtes, gottgefälliges Kollegiatsleben bemühte — nach dem schon genannten Oswald Grübler waren das z. B. Andreas Birk, der Olmützer Domherr Resch von Reschbach im 16./17. Jh., Kaspar Stredele, Freiherr von Montani, 1615—1642, dem der Markt den Ausbau des heutigen

»Schlosses« verdankt —, blieb Ardagger bis zu seiner Auflösung ein vorzüglich für Freisinger und Passauer Domherren interessantes Pfründenobjekt. Adelsfamilien brachten hier gerne ihre nachgeborenen Söhne als Pröpste unter. Den letzten Propst von Ardagger, Josef Franz Graf Auersperg, beförderte man 1783, im Jahr der Auflösung des Kollegiats, zum Bischof von Passau. Der letzte Vikar der Stiftspfarre Ardagger wurde in diesem Jahr der erste Pfarrer der jetzt freien, stiftsunabhängigen Marktpfarre.

ARNOLDSTEIN

Ruine eines Benediktinerstiftes. Ktn.

Im großen Ruinenkomplex des früheren Burgklosters oberhalb der Bundesstraße nach Tarvis weisen Reste eines Chores, eines Westturmes und Westportales, Fragmente von Kreuzrippengewölben, Spitzbögen und Maßwerkfenstern auf die Stiftskirche zum hl. Georg der einstigen Benediktinerabtei hin. Sie war Anfang des 12. Jh. aus einer Burg der Bamberger Bischöfe entstanden. In ihr residierten eine Zeitlang die Eppensteiner als Herzöge von Kärnten. 1107 besetzte der Bamberger Bischof Otto I., Graf von Andechs, die Burg. Er ließ sie als Kloster ausstatten und berief Benediktinermönche aus St. Michael in Oberfranken.

An das frühe bambergische Benediktinerkloster an der Handelsstraße nach Süden erinnert eine rührende Legende: Im Kloster Arnoldstein fand jeder Mönch, wenn er sterben mußte, des Morgens auf seinem Platz im Chorgestühl eine weiße Rose. Mit dem Wunsch, einstmals des Rosenwunders teilhaftig zu werden, war der junge Johannes, von Kind auf im Kloster aufgewachsen, Priester geworden. Als er an einem Johannistag im Juni seine erste heilige Messe las, fiel der Blick des Neugeweihten auf ein wunderschönes Mädchen in der Kirchenbank. Von Liebe entbrannt, empfand er vom selben Augenblick an als Bedrohung, was er bisher ersehnt hatte: das Rosenwunder zu erleben, zum ewigen Leben auserkoren zu sein. Verstört verbrachte er die Nacht im Gebet, doch schon am nächsten Morgen fand er die Rose auf seinem Sitz. Kurz entschlossen schob er sie auf den noch leeren Platz seines Mitbruders Vinzenz, eines neunzigjährigen Mönches, der seit langem auf seine Abberufung wartete. Und siehe, Vinzenz starb noch am selben Tag. Johannes schloß sich in seine Zelle, um im Gebet Erlösung von seiner Tat zu finden. Schon zum Geständnis vor seinem Prior entschlossen, schickte ihn dieser jedoch am nächsten Morgen zur Einsegnung einer Ertrunkenen. Entsetzt erkannte er in der Toten das geliebte Mädchen, das ihm die Ruhe seiner Seele geraubt hatte. Er verstand den himmlischen Wink, und büßend weihte er sein Leben Gott und dem Dienst am Mitmenschen. Vom Volk fast wie ein Heiliger verehrt, starb er neunzigjährig. Man fand ihn tot am Grab seines Mitbruders Vinzenz, lächelnd die weiße Rose an die Brust gedrückt. Vom selben Tag an erlosch das Rosenwunder im Kloster Arnoldstein.

Im Januar 1348 traf der Bergsturz der Villacher Alpe das Stift. Eine Chronik berichtet, der Abt habe das Ereignis, das einen Teil der Gebäude und der Besitzungen des Stiftes vernichtete, vom Fenster des Klosters aus beobachtet. Wenig später verwüsteten die Venezianer Arnoldstein. Dreimal bedrohten die Türken den Ort. 1492 brannte Arnoldstein nieder. Im 16. Jh. fast völlig verlassen, kam das Kloster 1601 an die Grazer Jesuiten, blieb jedoch als Benediktinerabtei weiter bestehen.

1783, nach der Auflösung des Stiftes unter Joseph II., belegte man die Gebäude mit einem Bezirksgericht und sonstigen Ämtern. 1883 brannte das einstige Kloster völlig aus und wurde nicht wieder aufgebaut.

Die Besitzungen von Arnoldstein fielen an St. Paul in Kärnten, die einverleibten Pfarren wurden zu Säkularpfarren erklärt: St. Lambert in **Arnoldstein,** St. Hermagoras und Fortunat in **Hermagor,** St. Jakob in **Förolach,** St. Martin in **Gatschach,** St. Georg in **Oberburg,** Mariä Namen in **Göriach, St. Paul an der Gail,** St. Johannes der Täufer in **Weißbriach** samt deren damaliger Filiale, der jetzigen Pfarrkirche von **St. Lorenzen im Gitschtal.**

BAUMGARTENBERG

Aufgelassenes Zisterzienserstift. OÖ.

ZUR GRÜNDUNG UND GESCHICHTE Seit man den angeblich von Herzog Leopold IV. ausgestellten Stiftungsbrief von Baumgartenberg als Fälschung erkannt hat, steht fest, daß die Geschichte des Klosters nicht 1141, sondern an einem Maitag des Jahres 1142 begann. Erwiesen ist ebenso, daß an diesem Tag nicht Mönche aus der französischen Abtei Morimond, sondern zwölf Zisterzienser aus dem niederösterreichischen Stift Heiligenkreuz auf dem Ulrichsberg inmitten des fruchtbaren Schwemmlandes von Naarn und Donau, im sogenannten Machland, ihren Einzug hielten. Hier hatte ihnen Otto von Machland, ein diesseits und jenseits der Enns, in Bayern, im Lungau und im Friaulischen reichbegüterter Hochfreier, seine Burg mit dem Kirchlein zu den Heiligen Jakobus und Ulrich eingeräumt und sie mit Landbesitz in der Umgebung beschenkt: mit 30 Huben unkultiviertem Boden, mit ausgedehnten Waldungen und den Ortschaften Deiming, Kolbing, Mettensdorf (sowie Gassolding und Lawarn) samt zweier Kirchen und mehrerer Mühlen. Die Baumgartenberger Mönche sollten den riesigen Nordwald erschließen helfen, der sich im 12. Jh. urwaldartig von der Donau bis weit nach Böhmen hinein erstreckte.

Unter ihrem ersten Abt Friedrich — er hatte Otto von Babenberg, den Sohn Herzog Leopolds III., späteren Bischof von Freising und bedeutendsten Geschichtsschreiber seiner Zeit, nach Frankreich begleitet und in Morimond die Mönchsgelübde abgelegt — begannen die Heiligenkreuzer unverzüglich mit der Errichtung von Klosterbauten und einer Kirche; jedoch nicht auf dem »Mons pomarius«, auf dem Ulrichsberg, sondern den Ordensvorschriften nach im Tale, im Obstgarten der Machlandebene unweit der Burg. Es entstand das Kloster »Baumgarten am Berg«.

Otto von Machland, mit Jeutta von Peilstein, einer Nichte Herzog Leopolds III., in kinderloser Ehe lebend, ebenso Begründer des Benediktinerinnenklosters → Erla, stiftete kurz vor seinem Tode, 1147, im heutigen Strudengau auch Kloster Säbnich, das spätere → Waldhausen. Den Augustiner-Chorherren, die er in dieses schwer zugängliche Waldgebiet am steilen Donauufer berufen hatte, vermachte er neben beträchtlichem Landbesitz testamentarisch alle ihm noch verbliebenen Mobilien. Unmittelbar nach dem Ableben des Machländers focht Abt Friedrich dessen testamentarisches Vermächtnis an.

Während eines fünf Jahre langen Prozessierens um die rechte Erbfolge scheute der streitbare Zisterzienser kein Mittel, um sein Kloster gegen die begünstigten Chorherren und das Passauer Bistum in Vorteil zu bringen. Den Bestimmungen seines Ordens zuwiderhandelnd, reiste Abt Friedrich sogar nach Rom und rief Papst Eugen III. als Schiedsrichter an. 1144 mußte er jedoch einem Vergleich zustimmen.

Um seine Besitzungen und Einkünfte hatte die nicht gerade reich dotierte Machlandstiftung noch Jahrhunderte hindurch zu kämpfen. 1188 bedrängte Otto von Klamm, Verwandter der Stifterfamilie und Vogt des Klosters, die Baumgartenberger Zisterzienser so nachhaltig, daß sie sich an den Landesfürsten um Hilfe wenden mußten. 1208 machten ihnen die Chorherren von St. Florian Güter zu Haid an der Naarn streitig. Erst 1209 bestätigte ihnen Leopold VI. und Papst Innozenz III., der das Kloster auch unter seinen besonderen Schutz stellte, Besitz und Privilegien. In welcher Bedrängnis sich das Stift jedoch noch im 14. und 15. Jh. befand, dokumentieren erhaltene Prozeßakten und Bittschriften. Als das verschuldete Baumgartenberg sich zu Ende des 14. Jh. weigerte, dem Bistum Passau die halben Jahreseinkünfte zur Verfügung zu stellen, belegte der Passauer Bischof das Stift mit dem Bann. Als 1428 und 1430 Klostergebäude und Kirche von Hussiten geplündert, ausgebrannt und verwüstet worden waren und sich Abt Stephan an das Baseler Konzil um Hilfe wandte, forderten die Konzilsväter den Bischof von Passau, den Schottenabt in Wien und den Dompropst von Salzburg auf, doch dafür zu sorgen, daß Baumgartenberg alle ihm vorenthaltenen Güter zurückerstattet würden. Man solle das Stift nicht weiter erpressen und bedrängen, es von Lasten, Zöllen und Mauten befreien. Auch an die Chorherren von St. Florian ging die Weisung, den Zisterziensern endlich die »entfremdeten« Güter zurückzuerstatten.

1458 erhielten die Baumgartenberger Äbte auf Vermittlung Kaiser Friedrichs III. das Recht der Pontifikalien. Als im Sommer 1464 der Kaiser dann den Baumgartenberger Abt Sigmund I. aufforderte, doch dem Hannes von Starhemberg, der im oberösterreichischen Freistadt den rebellischen Tiernsteiner belagerte, mit einer Schar bewaffneter Untertanen zu Hilfe zu eilen, mußte sich der Abt dazu außerstande erklären: der Starhemberger und dessen Leute hatten sein Kloster soeben durch »Brand, Raub und vankchnuzz« (Gefangennahme) so gut wie um alles gebracht. Drei Jahre danach, 1467, plünderte Wilhelm von Puchheim mit seinen Strauchrittern Stift Baumgartenberg nach Herzenslust.

Ehem. Zisterzienserstift Baumgartenberg, OÖ., Pfarrkirche Mariae Himmelfahrt.

Schenkungen, Erbschaften und »Seelgeräth«-Stiftungen, Ablaßbriefe, Maut- und Zollprivilegien halfen dem Machlandkloster immer wieder auf die Beine. Reformation und Glaubenskrise jedoch drohten ihm den Garaus zu machen. Schon Abt Gottfried gab sich protestantisch, sein Nachfolger Benedict Kain wurde abgesetzt. Zur Strafe für Unterlassung des Gottesdienstes und Vernachlässigung seiner Pflichten lieferte man ihn 1546 dem Orden aus. So kam es, daß Baumgartenberg vom Ende des 16. bis zum Beginn des 18. Jh. vielfach durch Ordensangehörige und Geistliche, auch durch Schulmeister von außerhalb verwaltet werden mußte. Um 1580 maßte sich ein Zwettler Mönch Abtwürde an und vertrieb die für das Stift bestellten Administratoren aus dem Kloster. 1596 floh der gewählte Abt Michael II. enormer Schulden wegen, die er gemacht hatte, nach Böhmen. 1605 lebten nur mehr fünf Professoren im Stift. Sie weigerten sich 1608, einen vom Heiligenkreuzer Abt vorgeschlagenen Prior anzuerkennen und jagten ihn davon. Kaspar Kirchleuthner jedoch, 1615 bis 1632, verstand es, Baumgartenberg für kurze Zeit zu konsolidieren. Unter diesem vom Kaiser zum »Hofrath« beförderten unternehmerischen und klugen Zisterzienser aus Heiligenkreuz wurden dem Stift die benachbarten Pfarren Pergkirchen, Münzbach und Altenburg einverleibt.

Eine Visitation neun Jahre nach dem Ableben Kirchleuthners — sein Grabmal ist in der Stiftskirche zu sehen — enthüllte triste Zustände im Kloster. Abt Michael III. mußte »resignieren«. Die von den Baumgartenberger Mönchen gefürchtete, auch gehaßte Vaterabtei Heiligenkreuz erzwang 1649 die Einsetzung Bernhard Breils als Abt. Unter ihm und seinem Nachfolger Candidus Pfyffer, 1684 bis 1718, kam Baumgartenberg zu einem gewissen wirtschaftlichen Aufschwung und zu kurzer barocker Blüte. Doch schon Abt Pontius Widersperger, der abdanken mußte, hinterließ nach Verkäufen von Mobilien, Gütern und Silber 1730 seinen Nachfolgern eine Schuld von nicht weniger als 114.318 Gulden. Nur vier Mönche lebten jetzt im Stift, weder Gottesdienst noch Chorgebet wurden gehalten.

Auf einige Administratoren und zwei Äbte folgte am 9. März 1770 Christian III. (Humpoletz) als letzter Abt. Einige josephinistisch gesinnte Konventualen zwangen auch ihn bald zu entsagen.

Während der Pfingsttage 1784 war auf Anordnung Josephs II. eine kaiserliche Kommission damit beschäftigt, den verschuldeten Stiftsbesitz mit dem Bernhardshof in Pergkirchen, dem Stiftshof an der Linzer Landstraße, Häusern und Besitzungen in Krems und anderswo zu inventarisieren. Einrichtung und Ausstattung, die wertvolle Bibliothek und das Archiv wurden an Meistbietende verkauft, einzelne Stücke, unter ihnen das berühmte Baumgartenberger Formelbuch um 1300 — eine Anleitung, wie man Urkunden abfaßt —, kamen nach Linz und Wien. Die vom Stift betreuten Pfarren Pergkirchen und Windhag bei Perg wurden säkularisiert, die Pfarre Münzbach war schon 1681 an Waldhausen, St. Ägyd in Wien-Gumpendorf bereits 1571 an die Schotten abgegeben worden.
Im leerstehenden Klosterkomplex versuchte zuerst eine Berchtesgadener Spielzeugfabrik, dann eine Linzer Wollzeugfabrik ihr Glück, schließlich fand er als Strafanstalt Verwendung. Seit 1867 unterhalten die Frauen vom Guten Hirten in den Restgebäuden eine Mädchenerziehungsanstalt, die ehemalige Stifts- und jetzige Pfarrkirche wird von Franziskanern betreut.

Die *Stifts- und Pfarrkirche Mariae Himmelfahrt* zu Baumgartenberg gehört zu den SEHENSWERTesten Stiftskirchen Oberösterreichs. Der Kirchenbau des Abtes Friedrich, nach dem Jahre 1142 begonnen, wurde erst unter Abt Simon ein Jahrhundert später, 1243, abgeschlossen. Im Gemäuer der Westfassade sind die Umrisse vom alten Giebel des einst niedrigeren Langhauses mit dem Radfenster zu sehen. Sie verhelfen dem Beschauer zu Vorstellungen von der ältesten Gestalt der nach burgundischem Schema und nach dem Vorbild von Heiligenkreuz in Niederösterreich errichteten Baumgartenberger Stiftskirche.
Vor die romanische Fassade des schmucklosen Kirchenurbaues von Baumgartenberg — es war das basilikale Langhaus aus Mühlviertler Steinquadern und das Querhaus mit geradem Chorabschluß — ließ Abt Christian, 1301—1316, das »Paradies«, die dreischiffige Vorhalle mit (ursprünglich bemalten) Pfeilern, Gurtbogen und Rippen setzen. Nach dem Hussitensturm, 1436, wurde unter Abt Stephan II. das Langhaus erhöht und gotisch eingewölbt. An der Stelle des zerstörten romanischen Chores erhob sich 1443 der gewaltige gotische Hallenchor, der mit neun Seiten eines Sechzehneckes schließt.
Gestalt und Formen der heutigen, 1951 bis 1962 von Grund auf restaurierten Kirche entstanden unter den Äbten Bernhard Breil und Candidus Pfyffer zwischen 1666 und 1697. Carlantonio oder Bartolomeo Carlone verwandelte vor 1697 die Zisterzienser-Romantik in ein Zisterzienser-Barock von besonderer Art. In ihrem Äußeren wurde die Basilika nur durch geringfügige Um- und Zubauten verändert, durch den zwiebelbehelmten Stiegenturm und das Mansardendach auf der Klosterseite. In ihrem Inneren erinnert auf den ersten Blick jedoch nichts mehr an das einfache romanische Kirchenschiff von einst. Überquellender Stuck, Frucht-, Roll-, Blätterwerk und Akanthusornamente überziehen die Gurte, Rippen, Pfeiler und Segmente des Gewölbes; sie überdachen ein Langhaus, dessen einst glatte Quaderwände und starren Arkaden durch vorgezogene Halbsäulen, Gesimse und stuckbedeckte Emporen zu einem feierlich bewegten Ganzen gestaltet sind. Diesem barockisierten Langschiff angeglichen wurden das alte Querhaus und der gotische Chor. Man entfernte hier die alten Pfeiler, unterteilte die hohen gotischen Fenster und füllte das Rund mit neun barockmarmornen Seitenaltären.
Gemälde an den Wänden und in den Gewölbezwickeln, Darstellungen aus der Ordensgeschichte und aus dem Leben des hl. Bernhard, weisen auf die Zisterzienser als Bauherren der Kirche, das betont auch das Wappen des Candidus Pfyffer im Triumphbogen. Die prächtige Kanzel mit Darstellungen berühmter Ordensangehöriger wird von einem Stamm getragen, der dem Leib einer St.-Bernhard-Statue entspringt. Orgelempore und Orgelgehäuse, das Chorgestühl mit riesigem Akanthusrankenaufsatz erscheinen als Teile der imposanten barocken Konzeption dieses prächtigen Sakralbaus.
Im nördlichen Seitenschiff der Kirche erinnert ein marmorner Grabdeckel von einem einstigen Hochgrab (um 1400) — es zeigt ein Ritterrelief mit Schwert und Kirchenmodell — an den Stifter von Baumgartenberg, Otto von Machland († 1147/49).

LAGE Südwestlich Grein a. d. Donau.
BESICHTIGUNG Die Stiftskirche ist frei zugänglich, die einstigen Stiftsgebäude sind nicht zu besichtigen.

BERTHOLDSTEIN
Benediktinerinnenstift St. Gabriel. Steiermark. → Seite 102.

BISCHOFSHOFEN
Einstiges Benediktinerstift »Maximilianszelle« und Kollegiatstift. Salzburg.

Aufzeichnungen des Salzburger Bischofs Arno und die sogenannten »Breves notitiae« aus dem 8. Jh., ebenso eine frühe Lebensbeschreibung des hl. Rupert berichten von einer der frühesten Klosterstiftungen in Österreich. Rupert, Bischof von Worms, war im Einvernehmen mit dem bayerischen Herzog Theodo und dessen Nachfolger Theotpert zwischen den Jahren 696 und 718 bemüht, in den von keltoromanischen Christen bewohnten Siedlungen in und um die zerstörte Römerstadt Juvavum-Salzburg das kirchliche Leben zu erneuern. Etwa um das Jahr 710 waren zwei Brüder einer Adelsfamilie aus Albina-Oberalm beim heutigen Hallein mit einigen Leuten unterwegs, um salzachaufwärts — jenseits des heutigen Passes Lueg — zu jagen und Gold aus der Igonta, der Salzach, zu waschen. Es war das eine unzugängliche »Einöde« in der Nachbarschaft feindlicher slawischer Völkerstämme.
In der Gegend des heutigen Bischofshofen beobachteten die beiden Brüder in drei aufeinanderfolgenden Nächten, jedesmal an derselben Stelle, merkwürdige Lichterscheinungen. Bischof Rupert, dem sie von den Erscheinungen berichteten, nahm die Nachricht mit größtem Interesse auf. Unverzüglich entsandte er in Begleitung einer Anzahl von Leuten den Priester Deonigus mit einem geweihten Kreuz nach Pongavi. Mit Bewilligung des Bayernherzogs begab er sich schließlich persönlich salzachaufwärts und legte an der durch das Kreuz bezeichneten Stelle den Grundstein zu einer Kirche und einer Mönchssiedlung.
Um 711/12 weihte Bischof Rupert die Kirche in Pongavi zu Ehren des hl. Maximilian. Inzwischen waren bereits um das Gotteshaus zu Pongavi-Pongo-Bischofshofen eine Mönchszelle und ein Oratorium entstanden, in denen Kleriker aus St. Peter leben und das ewige Lob Gottes verkünden sollten.
Diese Klosterstiftung von Pongau an der Stelle oder in der Nähe der heutigen Pfarrkirche St. Maximilian in Bischofshofen beschenkte der bayerische Herzog

mit dem Forst in drei Meilen Umkreis. Doch beendete um das Jahr 720 ein Angriff heidnischer Slawen das Siedlungswerk Ruperts im Pongau. Mönchszelle, Oratorium und Kirche wurden vernichtet, die Leute aus Albina vertrieben oder getötet.

Unter Virgil, 745—784, dem zweiten Heiligen unter den frühen Bischöfen Salzburgs, war die Maximilianszelle zu Pongavi Streitobjekt geworden. Odilo, der bayerische Herzog, weigerte sich, die Schenkungen seiner Vorgänger zu bestätigen und der Salzburger Kirche auszuliefern. Auch die Nachkommen der Leute aus Albina-Oberalm pochten auf die ihnen von Bischof Rupert übertragenen ewigen Nutzungsrechte. Vergeblich prozessierte Virgil um das für sein großes Vorhaben, die Missionierung der Kärntner Slawen, wichtige Gebiet von Pongavi-Pongo-Bischofshofen. Als sich der Bayernherzog schließlich bereit erklärte, dem Bischof die Hälfte der einstigen Schenkungen zu überlassen, stiftete Virgil jetzt an dem Ort nur eine Priestergemeinschaft. In Verfolgung seiner Absichten hatte er inzwischen die Filialklöster von Zell am See, Gars am Inn, Otting und Au am Inn begründet. Ersatz für seine erfolglosen Bemühungen um Bischofshofen wurde das Chiemseekloster. Virgil machte es zu einer Art »Missionszentrale« für sein großes karantanisches Vorhaben.

1215, als die Bischofshofener Priestergemeinde und ihr Besitz dem neubegründeten Salzburger Suffraganbistum Chiemsee unterstellt und als Ausstattungsgut übergeben wurde, hörte das Kollegiatstift auf zu bestehen.

LAGE In Bischofshofen.

BESICHTIGUNG Die ehemalige Stiftskirche und jetzige Pfarrkirche St. Maximilian, 14. Jh., ist frei zugänglich, das alte Stiftsgebäude, 13. Jh., ehemaliger Wohnturm der Chiemseer Bischöfe, der sogenannte »Kasten«, ist bewohnt und nicht zu besichtigen.

BREGENZ

→ Mehrerau, Vorarlberg, Seite 159, und
→ St. Gallus, Vorarlberg, Seite 229.

DÜRNSTEIN

Aufgehobenes Augustiner-Chorherren-Stift. Niederösterreich. → auch Seite 41—42.

ZUR GRÜNDUNG UND GESCHICHTE Die Burg, in der Hadmar von Kuenring im Winter 1192/93 den englischen König Richard Löwenherz gefangenhielt, lag mit dem Ort Dürnstein in einem Landstrich, den Kaiser Heinrich II. Anfang des 11. Jh. dem bayerischen Kloster Tegernsee geschenkt hatte. Die unterhalb der Dürnsteiner Feste Anfang des 13. Jh. errichtete Kirche war der hl. Kunigunde, der Gemahlin des 1146 heiliggesprochenen Kaisers, geweiht.

Leutold I. von Kuenring übergab die Kunigundenkirche dem 1289 von ihm in Dürnstein begründeten Klarissinnenkloster. Seine Enkelin Elsbeth von Kuenring, verwitwete von Wallsee, bestimmte knapp vor ihrem Tod in einem Stiftsbrief vom 15. Juni 1378, daß die an der Kirche St. Kunigund wirkenden Weltpriester sich zu einem Kollegiat vereinigen sollten, und dotierte die Kanoniker mit Besitz und Pfründen. Drei Jahre danach stellte Elsbeths angeheirateter Vetter, Haydenreich von Maissau, Gründer der Kartause → Aggsbach, der weltlichen Kanonie eine mit Zustiftungen versehene zweite Gründungsurkunde aus. Auf Betreiben des Dürnsteiner Dechanten Stephan von Haslach entschloß sich Haydenreichs Sohn Otto 1410, das Kollegiat in ein Kloster umzuwandeln. Es sollte nach dem Vorbild der 1340 vom Prager Bischof Johann von Drazic im böhmischen Raudnitz begründeten Reformklosters der Augustiner-Chorherren eingerichtet werden. Im Stiftsbrief des Otto von Maissau vom 18. Februar 1410 heißt es: ». . . und erheben ze ainen chorherrn-closter der regel Sankt Augustinus, also das fürbas da sey ein Probst und Samung oder Convent des egenannten Ordens nach Sitten, Behandlung und gewohnheit als ze Rudinitz und auch ze Witignaw (Wittingau) in Pragerbistum nach der obgenannt regel / pietung / aufsetzung und Ordnung werklich behalten ist an merklichen gesprechen.«

Für den Lebensunterhalt der aus dem böhmischen Wittingau berufenen Kanoniker war gesorgt. Die zwölf Chorherren und ein Propst verfügten über ausgedehnte Weingärten in der Wachau und zahlreiche Grundstücke. Der Klosterherrschaft dienten 231 Untertanen in Dürnstein, Grafenwörth und Engabrunn, in Hippersdorf, Feuersbrunn, Ostra, Willendorf, auch in Heinreichs bei Großgerungs im Waldviertel. Dem Stift inkorporiert waren die Pfarren Dürnstein, Grafenwörth, Engabrunn und Haitzendorf, auch die Johanneskapelle in der Dürnsteiner Burg.

Im 15. Jh. entsandten die reformierten Chorherren Priester in die kurzlebigen Neugründungen von → St. Dorothea in Wien und → Schrattenthal in Niederösterreich. Als dem Stift im 16. Jh. Vermögen und Eigentum des aufgelösten Dürnsteiner Klarissinnenklosters zufielen, vergrößerte sich der Besitzstand der Augustiner um ein Beträchtliches. 1742 zelebrierte ein Chorherr in St. Kunigund eine letzte Messe, dann überließ man die Kirche dem Verfall. 1803 wurde sie abgebrochen. Heute bezeugt noch der Turm an der Friedhofsmauer das frühe Gotteshaus.

In Dürnsteins großer Zeit, in der ersten Hälfte des 18. Jh., ließ Propst Hieronymus Übelbacher, 1710—1740, Stift und Kirche nach eigenen Ideen errichten und zu einer barocken Kostbarkeit ausstatten. In der zweiten Jahrhunderthälfte stand es um das Wachauer Kloster nicht mehr zum besten. Sein Konvent war überaltert. Es fehlte an Nachwuchs. Nur mehr sechs von den dreizehn Chorherren waren für die Seelsorge tauglich. Die Betreuung der eigenen Pfarren und die Verwaltung der Herrschaft lagen im argen. Als der schon wunderlich gewordene Propst Ruemer im April 1787 im 85. Lebensjahr starb, verfügte Kaiser Joseph II. die Auflösung des Stiftes nach dem Muster von → Pernegg und → St. Andrä an der Traisen, Dürnstein wurde dem Stift → Herzogenburg unterstellt.

Den Großteil der Weingärten und Besitzungen samt Mobiliar erwarben Meistbietende. Die Bücherschätze des Stiftes kamen, in 24 Kisten verpackt, an die Hofbibliothek in Wien. Von den Chorherren entschlossen sich vier in Pension zu gehen, die übrigen übersiedelten nach Herzogenburg.

EBERNDORF

Aufgelassenes Augustiner-Chorherrenstift. Kärnten.

ZUR GRÜNDUNG UND GESCHICHTE Das Gemäuer der weithin sichtbaren Klosterburg auf der Terrasse oberhalb des gleichnamigen Marktes stammt in seiner Masse aus dem 15. bis 18. Jh. Teile der östlichen Anlage und die Klosterkirche mit ihrem mächtigen Kampanile stehen jedoch auf weit älteren Fundamenten. Wahrscheinlich schon im 10. Jh. hatte hier, zu

»Dobrendorf« — so der alte Ortsname —, ein Graf Chazilo (Chacelin), Grundherr über ausgedehnte Ländereien, das Kirchlein Maria Jun errichten lassen. Mit dem Jun- oder Jauntal unterstand es dem Patriarchat von Aquileja.

Unter der Bedingung, auf seinen Gütern ein Kloster zu errichten, dessen Mönche für ewige Zeiten zu seinem und seiner Gemahlin Kunigunde Seelenheil beten sollten, vererbte Graf Chazilo seinen Besitz dem mit ihm verwandten Patriarchen Ulrich I. von Aquileja, 1086—1121. Es waren Güter in und um Eberndorf, Gösselsdorf, Köcking, Pribelsdorf und Gablern, weite Waldgebiete zwischen St. Hemmaberg und Seelach am Klopeinersee samt Jagd- und Fischereirechten. Patriarch Ulrich ließ die Dobrendorfer Marienkirche vergrößern und berief eine Anzahl Geistliche. Zur Pfarre »Dobrendorf«-Eberndorf, eine der drei Urpfarren des Jauntales, gehörten damals, im 12. Jh., als »Zukirchen« St. Lambert zu Gösselsdorf, St. Georg am Klopeinersee, St. Andrä zu Rückersdorf, die jetzige Pfarre St. Veit im Jauntal, ebenso St. Johann in Jaunstein und St. Maria in Ebriach.

Den Fortbestand der Chazilostiftung zu sichern, versah der Patriarch seine noch ohne feste Regel lebenden Kanoniker zu Eberndorf mit den Pfarren Rosegg im Rosental, St. Kanzian, St. Michael in Eisenkappel, mit Ortschaften und Zehenten, mit Grund und Waldstücken am Kolmberg nächst ihrem Kloster und im Jauntal. Erst unter Ulrichs Nachfolger Pilgrim nahmen die Kleriker um 1150 die Regel des hl. Augustinus an und bildeten von nun an ein Chorherrenstift.

Während der Türkeneinfälle und Ungarnkriege in der zweiten Hälfte des 15. Jh. ließ Propst Laurentius, dem Patriarch Ludwig Mitra, Bischofsstab und Privilegien verliehen hatte, die Stiftsgebäude mit Mauern, Wall und Graben versehen. Zur befestigten Klosterburg wurde Eberndorf unter seinem berühmtesten Propst, dem nachmaligen Erzbischof von Salzburg, Leonhard von Keutschach († 1519). Er ließ auch die dem Chorherrenstift einverleibten Pfarren befestigen.

Während der Protestantenzeit, in den letzten Jahrzehnten des 16. Jh., verschuldete sich das Stift und geriet auch »spiritualiter« in eine mißliche Lage. Aus Visitationsberichten der Zeit ist zu erfahren, daß die Eberndorfer Chorherren dem Eindringen der neuen Lehre so gut wie keinen Widerstand entgegensetzten. Die Regierung sah sich gezwungen, den Laibacher Bischof Tautscher als Administrator von Eberndorf zu bestellen. Ohne viel Erfolg. Bei einem spektakulären Einbruch in das Stift zu Zeiten des Propstes Bertis, Ende des 16. Jh., verschwanden so gut wie das gesamte bewegliche Vermögen, die Kirchenparamente, Urbare und ein Großteil der alten Urkunden.

Turbulente Ereignisse gingen der Aufhebung des Chorherren-Konvents im Jahre 1604 voraus. Als das Kapitel in Anwesenheit des Abtes von Arnoldstein, nicht, wie angeordnet, auch im Beisein eines Regierungskommissars, Matthias von Staudach zum neuen Propst gewählt hatte, versagte diesem die Regierung in Graz ihre Anerkennung. Da sich der Patriarch von Aquileja auf die Seite der Chorherren stellte, kam die Streitsache vor den Papst nach Rom. Inzwischen hatte der steirische Erzherzog Ferdinand, der spätere Kaiser, den Lavanter Bischof Georg Stobbäus zu seinem Berater gemacht. Ohne sich mit dem nun 1599 in Eberndorf zum Propst gewählten Sebastian Kobel ins Einvernehmen zu setzen, auch ohne Rückfrage in Rom, bewog Stobbäus den Landesherrn, das Chorherrenkapitel aufzuheben und das Stift dem Jesuitenorden zu überantworten. Da drohte Rom mit dem Bannstrahl. Vom päpstlichen Nuntius darüber belehrt, ein solcher Vorgang stelle einen unerlaubten Eingriff in kirchliche Rechte, ja sogar Raub kirchlichen Besitztums dar, sah der Habsburger sich gezwungen, ein jesuitisches Vorkommando, das sich im Stift bereits festgesetzt hatte, wieder abzuziehen. Erst nach regem diplomatischem Verkehr zwischen Rom, Graz und Aquileja sanktionierte ein päpstliches Dekret vom 5. April 1604 die Auflösung des Chorherrenstiftes und die Übergabe des Klosters an den Jesuitenorden.

Unter dem Jesuitenorden erhielt Stift Eberndorf seine barocke Gestalt, den imposanten, neuerdings restaurierten Klosterhof mit dreigeschossigen Pfeilerarkaden, kreuzgratgewölbten Gängen und einer monumentalen Westfassade. Beim barocken Ausbau benützte man vorhandene mittelalterliche Bauten, die sich im östlichen Teil der Anlage erhalten hatten. 1636 nahm das Eberndorfer Jesuitenkolleg aus Klagenfurt verjagte Ordensbrüder auf. 1723 zerstörte ein Riesenbrand Kloster und Kirche. Beim Wiederaufbau erhielt die Anlage ihre heutige Gestalt mit neuerrichtetem Benefiziatenhaus und dem Kapellenanbau. Als Papst Clemens XIV. 1773 die Societas Jesu aufhob, war auch für Stift Eberndorf das Ende gekommen.

Die Regierung in Graz und eine für die Verwaltung der verlassenen Gebäude zuständige »staatliche Studiengesellschaft« teilten Vermögen und Klostergüter untereinander auf. Bibliothek, Urbarien, Akten und Urkunden brachte man nach Klagenfurt. Das seit 1529 zum Stift gehörende Schloß Wasserhofen nordwestlich des Ortes wurde »verstaatlicht«. Als Kaiser Franz I. am 15. April 1809 Benediktinern aus St. Blasien im Schwarzwald erlaubte, das kurz zuvor aufgelöste Kärntner Stift → St. Paul zu beziehen, übergab er ihnen auch das Kloster Eberndorf mit Besitzungen in Pörtschach und den Schlössern Leonstein und Wasserhofen.

SEHENSWERTES Die nach außenhin schmucklos-einfache einstige Stifts- und jetzige Eberndorfer Pfarrkirche Mariä Himmelfahrt überrascht ihre Besucher durch einen so hoheitsvoll gestalteten wie kostbar ausgestatteten Innenraum. Man betritt ihn durch ein unscheinbares, mit einer Madonna um 1615 geschmücktes kleines Rundportal. Die einschiffige, mit einem vielbeachteten Schlingrippengewölbe von 1506 überdachte Hallenkirche ist durch den Hochchor akzentuiert, zu dem man über eine breite zwölfstufige Treppe gelangt. Der Hochaltar des 18. Jh. mit einer Madonnenstatue um 1470/80 nimmt die ganze Breite und Höhe dieses kreuzrippengewölbten 1387/91 entstandenen Chores ein. Kreuzrippengewölbt ist auch — eine Seltenheit — die gotische Krypta unter dem Hochchor, mit ihrem Wald von achteckigen Pfeilern. Sehenswert in dem 44 Meter langen, 11 Meter breiten Kirchenraum mit 9 Seitenaltären und einer prächtigen Orgelempore, zahlreichen gotischen, spätgotischen, barocken und nachbarocken Statuen, Wandmalereien, Epitaphien, Reliefs und Inschriften ist die Grabkapelle der Grafen Ungnad an der Südseite des Langhauses. In diesem im Gemäuer noch romanischen Teil der Kirche befindet sich das großartige spätgotische Tumbagrabmal aus rotbraunem Marmor für den lebensgroß mit Waffen, in Ritterrüstung gemeißelten Christoph Ungnad, Herrn von Sonnegg, † 1490, wahrscheinlich eine Salzburger Arbeit. In der von den Jesuiten errichteten barocken Franz-Xaver-Kapelle ist unter einer

prächtigen spätgotischen Anna-Selbdritt-Gruppe, um 1530, die Liegefigur des toten Franz Xaver, um 1510, sehenswert, eines der schönsten Zeugnisse spätgotischer Realistik in Österreich. Ein Barockgemälde im nördlichen Teil des Langhauses zeigt den Stifter »Chazelinus aus Moggie in Friaul« samt Gemahlin Kunigunde und einer Darstellung des Eberndorfer Stiftes vor dem barocken Umbau.
Zum Stiftsbesitz gehören die im Eberndorfer Ortsbereich liegenden Gotteshäuser: die spätgotische Filialkirche »Unsere Liebe Frau am Berg« neben der barocken Friedhofskapelle St. Anna am Berg, 1717, die Hl.-Geist-Kirche auf dem Holmberg, spätes 18. Jh. Als Filiale des Stiftes fungierte die »Propstei« an der Straße nach Bleiburg, 17. Jh.

LAGE Südlich Völkermarkt.
BESICHTIGUNG Kirche und Hofanlagen sind frei zugänglich. In den Gebäuden sind eine Schule, das Bezirksgericht und Privatwohnungen untergebracht.

ENGELHARTSZELL
Einstiges Zisterzienserstift, jetziges Trappistenkloster »Engelszell«. Oberösterreich.
→ auch Seite 75.

INKORPORIERTE PFARREN UND BESITZ Der »Engelszelle« unterstanden neben der Pfarre **Engelhartszell** mit der Kirche Mariae Himmelfahrt, einem barockisierten Bau des 15. Jh., der bereits 1194 urkundlich ist, die Pfarren **Dörnbach** westlich Linz (mit der seit dem 17. Jh. als Wallfahrt begründeten Kirche zu »Unserer Lieben Frau vom guten Rat«), **Kirchberg** bei Linz und **St. Aegidi** im gleichnamigen Weiler bei Schärding. Seelsorgisch betreuten die Engelszeller ebenso die Kapelle des Donauschlosses Rannariedl, die 1783—1953 als Pfarrkirche Mariae Himmelfahrt diente.
1571 rottete die Pest den Zisterzienserkonvent innerhalb dreier Wochen bis auf den letzten Mönch aus. Die Glaubenskrise leerte das Kloster das nächstemal. Administratoren mußten eingesetzt werden. Im Jahre 1618, unter Abt Martinus Ridt, schien ein Neuanfang gesetzt. Doch 1699 zerstörte ein Brand Kloster und Kirche. Schulden zwangen dazu, Engelszell bis 1740 von Wilhering aus zu verwalten.
Der heutige Klosterkomplex entstand in der nur vierzig Jahre währenden »Blütezeit« des Stiftes unter Abt Leopold Reichl, 1747—1786. 1764 weihte Ernst Leopold Graf Firmian, Fürstbischof von Passau, die neuerbaute Stiftskirche. Zweiundzwanzig Jahre später ließ Joseph II., 1786, im Todesjahr des Abtes Leopold, Stift Engelszell auflösen. Die Einrichtung wurde verkauft, die Bestände der Bibliothek kamen nach Linz und Wien, das Archiv vernichtete man als »wertloses« Papier. Bis 1810 dienten die Gebäude einer Porzellanfabrik, unter Napoleon erhielt sie der Feldmarschall von Wrede, nach 1868 die Grafen Pachta.
Seit 1925 haben reformierte Zisterzienser, Trappisten aus dem elsässischen Kloster Oelenberg, hier alte Stiftstraditionen erneuert. Zwischen 1939 und 1949 war Engelszell aufgelöst. Seither bewohnen die schweigenden Mönche die erneuerten Räume der Abtei. In der 1954—1958 restaurierten Stiftskirche wird wieder das ewige Lob Gottes gefeiert.
Stift Engelszell bewirtschaftet etwa 120 ha Wald und 80 ha Anbaufläche, 2 ha davon sind Gartenland, genug, um täglich bis 160 Personen ernähren zu können. Zusätzlich ist das Kloster im Besitz gewerblicher Betriebe, eines kleinen Elektrizitätswerkes, einer Säge, einer Schlosserei und einer Schneiderei. Die Produkte der Likörfabrik des beschaulichen Ordens sind in ganz Österreich bekannt und bedeuten für die Engelszeller eine nicht geringe Einnahmsquelle. Nur die Not der Zeit, der allgemeine Priestermangel, zwingt die Mönche, sonst fast ausschließlich dem Gottesdienst und dem feierlichen Chorgebet verpflichtet, sich in Engelhartszell und in umliegenden Gemeinden auch um die Pfarrseelsorge zu kümmern.

ERLA
Aufgelassenes Benediktinerinnenstift. NÖ.

ZUR GRÜNDUNG UND GESCHICHTE Das einstige kleine Frauenstift nächst St. Valentin auf dem Höhenzug östlich der Erla zählt zu den ältesten Klosteranlagen Niederösterreichs. Ein undatierter Stiftsbrief, der eine Entstehung der Nonnensiedlung in der Mitte des 11. Jh. annehmen ließ, erwies sich allerdings als Fälschung. Die spätere Klostertradition, ebenso wie eine Bestätigungsurkunde des Jahres 1151 erhärten, daß Erla eine Stiftung Ottos von Machland gewesen ist, des Gründers der Klöster → Baumgartenberg und → Waldhausen. Kloster Erla entstand zwischen 1130 und 1140. Die Urkundenfälschung war sicherlich im Kampf des Klosters um alte Rechte, Privilegien und Zehente entstanden. Solche Fälschungen waren im Mittelalter eine von weltlichen wie geistlichen Fürsten, von Kirche und Klöstern allgemein angewandte und tolerierte, zur Abwehr unberechtigter Besitzansprüche oft auch lebenswichtige Art der Besitzsicherung.
Otto von Machland hatte seine Stiftung dem Bistum Passau überantwortet, das Erla als Eigenkloster ansah und ausstattete. Vogtherren über den Klosterbesitz waren nach dem Tode des Machländers dessen Erben, die Grafen von Klamm-Velburg. Das Frauenstift besaß Gründe, Waldungen, Zehente und Privilegien um Erla und im Machland, im Gebiet der unteren Traun, zwischen Traun und Enns, im Ybbsfeld und zu beiden Seiten der Pielach. In einigen passauischen Pfarren der näheren und weiteren Umgebung standen den Erlaer Benediktinerinnen Patronatsrechte zu: in der Pfarrkirche St. Thomas in Erla, in St. Valentin, Ernsthofen und Winklarn, ebenso in Hörsching und Oftering bei Linz.
Einige Klosterurkunden geben interessante Einblicke in frühe Rechtsverhältnisse. Im April 1196 bestätigte Bischof Wolfger von Passau der Äbtissin von Erla in den Pfarren St. Valentin und Hörsching in vollem Umfang Zehente, die ihr die Bewohner der beiden Ortschaften verweigern wollten. Es handelte sich um den »Riutzehent«, den Rodungszehent, eine Steuer für das Urbarmachen von Land. Kloster Erla verlangte diesen Zehent in St. Valentin und Hörsching auch für »Neubrüche«, für jenen Grund und Boden, der nach der Rodung der Wälder schon längst als fruchtbarer Acker oder saftige Weide in Verwendung stand.
Neben den von Kaiser Friedrich II. und von Herzog Friedrich dem Streitbaren gesiegelten Urkunden, die dem niederösterreichischen Kloster im 13. Jh. Maut- und Zollfreiheit für alle Lebensmittel und notwendigen Waren gewährten, regelt ein Pergament aus der Kanzlei des babenbergischen Landesherrn vom November 1239 die Gerichtsbarkeit des Stiftes, die nicht unkomplizierten Zuständigkeiten des Land- und des Klosterrichters in Fällen für das Hoch- und Blutgericht. Ohne Zustimmung des von Äbtissin und Vogt für das Stiftsgebiet ernannten Klosterrichters darf kein Landrichter — der vom Landesherrn bestellte Gerichtsobere —

Erla, NÖ., Ansicht 1672, Stich aus G. M. Vischers Topographie.

auf Klosterboden amtshandeln. Dem Landrichter ist es untersagt, im Kloster-Vogteibereich einen Untertanen zu ergreifen. Gerichtsbarkeit auf Stiftsboden steht dem Landrichter ausschließlich bei todeswürdigen Verbrechen zu. In solchen Fällen hat er dem Klostervogt seine Klage vorzubringen. Der Delinquent, dessen Hab und Gut dem Kloster verfällt, muß dann dem Landrichter gebunden zur Aburteilung ausgeliefert werden. Der Klosterrichter übt nicht nur die »niedere« Gerichtsbarkeit aus, Verfolgung und Bestrafung kleinerer Delikte, er entscheidet ebenso in Hochgerichtsfällen, die nicht mit Hinrichtung, sondern im Sühneverfahren erledigt werden. Auch die Ahndung und Sühne eines Totschlages unter Klosteruntertanen stehen dem Klosterrichter und der Äbtissin zu. Verletzt oder verwundet ein Klosteruntertan einen Landgerichtseinwohner, muß er sich vor dem Klosterrichter verantworten. Begeht ein Klosteruntertan im Landgericht Frevel ohne Blutvergießen, zahlt er die Strafe an den Landrichter, bei gleichem Frevel eines dem Landgericht zugehörigen Untertanen erhält das Sühnegeld der Klosterrichter.

Stift Erla wurde ein Opfer der Reformation. 1554 hatten alle Nonnen das Kloster verlassen, 1570 starb die letzte Äbtissin. Auf Betreiben der Königinwitwe Elisabeth, Schwester Kaiser Rudolfs II., hob Papst Gregor XIII. das Kloster 1583 auf. Besitztum und Güter wurden mit allen Rechten und Pflichten dem von Elisabeth in Wien gestifteten Königinkloster der Klarissinnen zwischen Josefsplatz, Bräuner- und Stallburggasse gelegen, einverleibt. Es ist 1782 aufgehoben worden.

SEHENSWERTES Von der idyllisch gelegenen einstigen Klostersiedlung mit dem alten Kirchlein zum hl. Petrus, dem riesigen Zehentkasten mit bizarren Dachgaupen, sieht man weit ins Donautal. Die früheren Stifts- und jetzigen Schloßtrakte umschließen einen Kreuzganghof mit Erkern, Doppelfenstern, Spitzbogenportalen. Es ist romantisches, z. T. auch neoromantisch erneuertes Gewinkel unter Tonnen- und Kreuzgratgewölben.

Eigentliche Sehenswürdigkeit auf dem Hügel von Erla ist die dreischiffige Staffelkirche Peter und Paul des 15. Jh. mit Grundmauerwerk aus dem 12. Jh., seit 1624 Pfarrkirche von Erla. In dem schon von seinem Außenmauerwerk her, durch den zwölfseitigen spätgotischen (z. T. barockisierten) Turm für den Besucher interessanten Gotteshaus überraschen die noch ursprünglich belassene Nonnenempore im düster geduckten Langhaus ebenso wie die überlebensgroßen marmornen Äbtissinnenreliefs im langgestreckten hellen Chorraum mit Steinrippengewölbe, 1438/48; unter ihnen besonders jene der Agathe de Tanberg, 1519, der Margareta Mautner, 1532, Kunigundes von Trennbach, 1536, und Benignas von Weichs, 1553. — Unter dem Chor befindet sich eine unzugängliche Gruftkirche, an der Nordseite der Kirche die noch aus dem 14. Jh. stammende kreuzrippengewölbte zweijochige Sakristei. In ihrem Pendant an der Südseite, dem zweijochigen Kapellenzubau des 15. Jh., ist der holzgeschnitzte (z. T. erneuerte) spätgotische Stammbaum Christi, der aus dem liegenden Abraham sprießt, eine Sehenswürdigkeit besonderer Art. Auch das hölzerne dreiteilige Epitaph mit Auferstehungsbild, Inschrift und Sinnsprüchen um 1560 hinter dem neogotischen Altar muß erwähnt werden.

LAGE Nordöstlich St. Valentin.
BESICHTIGUNG Schlüssel zur wochentags geschlossenen Kirche im Nebenhaus. Schloßbesichtigung nur mit Bewilligung.

FIECHT

→ St. Georgenberg-Fiecht, Tirol, Seite 154/155 und Seite 231 f.

FRIESACH

in Kärnten, war im Mittelalter die Stadt der Salzburger Erzbischöfe, es hatte außer den Klöstern des Deutschen Ritterordens, der Malteser, der Dominikaner und Dominikanerinnen drei Kollegiat- bzw. Chorherrenstifte und ein Zisterzienserinnenkloster.

Kollegiatstift St. Barthlmä

Ohne sein Domkapitel zu befragen, hatte der Salzburger Erzbischof Adalbert von Böhmen im Jahre 1187 an der Pfarre Friesach das Säkularkapitel St. Barthlmä begründet und ihm neben acht Pfarren das Spital St. Mauritz und Magdalena samt Präbenden geschenkt. Der Einspruch der Salzburger Domherren gegen das regel- und statutenwidrige Vorgehen ihres Herrn beim Heiligen Stuhl hatte zur Folge, daß die Kollegiatsherren unter Erzbischof Eberhard II. das Magdalenaspital samt zugesprochenen Zehentrechten verloren. Doch behielt das Kapitel sowohl die Pfarre Friesach — deren Sprengel sich bis St. Peter bei Taggenbrunn, Lieding im Gurktal, bis Guttaring und St. Marein bei Neumarkt erstreckte — als auch die ihnen zugesprochenen Pfarrbesitzungen, Zehentanteile und Pfründe.

Der Propst des Kollegiats, bis 1786 im Range eines Archidiakons — mit rotem Barett, Infel und Stab als Zeichen seiner

Würde —, stand über dem Suffraganbischof von Gurk. Zu seinem Archidiakonat gehörten neben Friesach mit Pfarre und Klöstern die Dekanate Guttaring, Tiffen, Treffen, St. Veit a. d. Glan, die Benediktinerklöster St. Georgen am Längsee und Ossiach und das Franziskanerkloster St. Veit a. d. Glan. 1439 erhielt das Friesacher Kollegiat die reiche Pfarre Kappel am Krappfeld einverleibt, die sich die Pröpste als Sommersitz ausbauten.

Zwischen 1130 und 1167 entstand die Friesacher Pfarrkirche zum hl. Bartholomäus (St. Barthlmä), eine romanische Pfeilerbasilika, die nach sechs Bränden (1298, 1557, 1582, 1673, 1804, 1895) um die Jahrhundertwende zum Leidwesen vieler Kunstverständiger entstellend restauriert worden ist, doch noch einen sehenswerten Innenraum mit Wand-, Glasmalerei und Grabsteinen von hohem Wert besitzt.

Das Kollegiatstift Barthlmä — mit Propsthof, Pfarrhof, Kapitelhaus (im Mittelalter bestanden auch noch inzwischen abgetragene Gebäude) — besaß im 16. Jh. eine Bibliothek, die als eine der wertvollsten nicht nur Österreichs genannt wurde. Sie dürfte bei einem der vielen Brände vernichtet worden sein. Das im 19. Jh. auf sechs Kanoniker geminderte Kapitel besteht formal noch heute. Zum Kapiteldistrikt gehören außer der Pfarre Friesach die Pfarren Gaisberg mit der Filiale St. Thomas sowie Grafendorf mit dem Kirchlein St. Mauritzen.

Chorherrenstift Virgilienberg

Die ansehnlichen Einkünfte aus dem Friesacher Kirchenbesitz ermöglichten es dem Salzburger Erzbischof Eberhard im Jahre 1217 auf der Anhöhe südlich der Stadt ein Chorherrenstift mit zwölf Priesterpräbenden zu begründen. Er stellte es unter den Schutz seines großen Vorgängers Virgil, 745—784, dem Erbauer des Salzburger Domes, dessen Heiligsprechung er soeben erreicht hatte. Die Propstei Virgilienberg stellte im 13. und 14. Jh. eine Anzahl zu Ansehen gekommener Pröpste, 1582 brannten Kirche und Propstei mit der Stadt nieder. Wieder aufgerichtet, löste Erzbischof Wolf Dietrich 1606 das Stift zugunsten der Kollegiatsherren von St. Barthlmä auf. Noch Ende des 17. Jh. besaß die Propstei Untertanen in mehr als einem Dutzend Ortschaften und Einkünfte zwischen 180 und 200 Gulden. Der Titel eines Propstes von Virgilienberg wird noch heute an verdiente Geistliche verliehen.

An die einst befestigte Propstei Virgilienberg erinnern neben geringen, kaum noch wahrnehmbaren Gebäuderesten die weithin sichtbare gotische Kirchenruine. Nach dem Brand von 1752 hielt man im wiedereingedeckten Chor noch Gottesdienste, 1786 wurde die Kirche entweiht, nach dem Brand von 1816 überließ man sie mit ihren Klostergebäuden dem Verfall. Erst 1894 wurde der Torso etwas abgesichert, 1926, als der Triumphbogen einstürzte, bemühte man sich, den romantischen dreijochigen Chorrest zu erhalten. Er besitzt schöne Maßwerkfenster, Strebepfeiler und Konsolen. Kleine romanische Fensterluken in der einstigen Unterkirche weisen auf einen Vorgängerbau des 13. Jh.

Augustiner-Chorfrauenpropstei St. Mauritz und Magdalena.

Das heutige Dominikanerinnenkloster am Fuße des Petersberges steht an der Stelle eines Hospitals, das der Salzburger Erzbischof Konrad I. von Abensberg, 1106 bis 1147, für Reisende und Arme gründen ließ. Erzbischof Adalbert III. schenkte es 1187 dem neubegründeten Kapitel St. Barthlmä. Fünf Jahre danach, im Spätherbst 1192, übernachtete in ihm der englische König Richard Löwenherz auf seiner Rückkehr aus dem Kreuzzug, verfolgt von Friedrich von Pettau. Als dessen Mannen die Herberge durchsuchten, gelang es dem König mit seinem Knappen zu fliehen, sechs seiner Begleiter wurden jedoch gefangengenommen. Erst in Erdberg bei Wien erreichte Löwenherz in den Weihnachtstagen sein Schicksal. Leopold V. ließ ihn als Gefangenen nach Burg Dürnstein in der Wachau bringen.

Im 14. Jh. bewohnten Beginen — Frauen in einheitlichem Habit, doch ohne feste Ordensregel — das Gebäude. 1323 siedelte Erzbischof Friedrich III. an ihrer Stelle Augustiner-Chorfrauen zu Ehren der heiligen Maria Magdalena an und übergab ihnen das Spital. Da man die Beginen damals auch als »Mauricianerinnen« bezeichnete, nannte man das Stift allgemein St. Mauritzen und Magdalena. 1464 hob Erzbischof Burghard von Weispriach das Frauenstift auf und stiftete die Augustiner-Chorherren-Propstei St. Mauritz und Magdalena. 1781 ist die Stiftung aufgehoben und dem Bistum Lavant einverleibt worden. Die einstige Propstei, 1673 durch einen Brand beschädigt und nach ihm neu errichtet, wurde zum »Neuen Lavanterschloß«. Die daran angebaute Magdalenenkirche trug man nach dem Brand 1804 ab. 1887 erwarben Dominikanerinnen das Gebäude, die es umbauen und mit einer Kapelle versehen ließen. Der Titel eines Propstes von St. Mauritz und Magdalena blieb dem Bischof von Lavant, dessen Sitz heute Marburg-Maribor ist.

Zisterzienserinnenkloster bei der Heiligblutkirche

Unter dem Rotturm, im sogenannten »Sack«, im südwestlichen Zwickel der Stadtmauer, stand eine vor 1194 errichtete Kapelle, ein Besitz der Zisterzienser von Viktring. Um 1217 hatten sich neben ihr Dominikaner niedergelassen, die ein Klostergebäude errichteten und die Kapelle zur Kirche erweiterten. Nach zeitgenössischen Berichten soll sich in dieser Kirche im Jahre 1310 vor zweihundert Gläubigen der Wein im Kelche des messelesenden Dominikaners Wolbert in Blut verwandelt haben. In einer Prozession trug der Propst von Virgilienberg das heilige Blut durch die Stadt. Von da an hieß die Dominikanerkirche Heiligblutkirche. Als 1255 die Söhne des heiligen Dominikus in ihr neues Gebäude außerhalb der Stadtmauern übersiedelten, bezogen Zisterzienserinnen die verlassenen Räumlichkeiten. Sie stammten aus dem Kloster Greuth bei Neumarkt, das Graf Markwart von Eppenstein, der Begründer von St. Lambrecht, 1077 an der alten Handelsstraße über den Sattel als Benediktinerinnenstift begründet hatte. Unter Erzbischof Eberhard II. war die Abtei in ein Zisterzienserinnenkloster umgewandelt worden, das der Abtei Viktring unterstand. Des rauhen Klimas wegen waren die Nonnen nach Friesach übersiedelt und hatten hier (in der heutigen Bahnhofstraße) eine Schule für Mädchen errichtet.

Das Zisterzienserinnenkloster bei der Heiligblutkirche brannte 1309, 1340 und 1582 ab. Es war im 14. Jh. von 36 Nonnen bewohnt. Im Dezember 1603 starb seine einzige und letzte Insassin, die Priorin Katharina Payr, 1606 wurde das Kloster aufgelassen.

Vom einstigen Klostergebäude nächst der sehenswerten, doch nur bei Führungen zugänglichen Heiligblutkirche sind noch geringe Mauerreste zu entdecken. An der nördlichen Außenmauer der Kirche ist der Grabstein der Zisterzienseräbtissin Sophia Renitzerin vom Anfang des 16. Jh. angebracht.

GAMING

Ehemaliges Kartäuserkloster »Marienthron«. NÖ.

ZUR GRÜNDUNG UND GESCHICHTE In Gaming bestand die größte deutschsprachige Kartäuserniederlassung. Sie wurde 1330 von Herzog Albrecht II. gestiftet, von Mönchen aus der Kartause → Mauerbach besiedelt und 1782 von Kaiser Joseph II. aufgelöst.

Nach der Unglücksschlacht beim bayerischen Mühldorf, 1322, während der Friedrich der Schöne gefangengenommen worden war, gelobten seine Brüder Albrecht und Leopold, ein Kloster und einen Herrschaftssitz zu stiften, sollte der Besiegte jemals aus seiner Haft auf Burg Trausnitz bei Regensburg befreit werden. Als Herzog Albrecht im Frühjahr 1330 nach einer Vergiftung mit knapper Not, wenn auch an Händen und Füßen gelähmt, dem Tod entronnen war, erinnerte er sich seines Gelübdes. Im Gedenken an den inzwischen verstorbenen Bruder siegelte er am 24. Juni 1330 den Stiftsbrief für eine Doppelkartause im schwer zugänglichen Tal zu »Gemnik«. Sie sollte, mit 25 Mönchen und einem Prior besiedelt, einmal auch seine Begräbnisstätte werden.

Solange er lebte, überschüttete der an den Rollstuhl gefesselte Herzog, man nannte ihn den »Lahmen«, auch den »Weisen«, sein Lieblingskloster mit Schenkungen und Stiftungen aller Art. Die zu Armut, zu Fasten, Schweigen und zehnstündigem Tag- und Nachtgebet verpflichteten Mönche mußten den Stifter schließlich bitten, von weiteren Dotationen an sie doch abzusehen, sie hätten längst, was sie brauchten. »Nembt die weil man euch gibt gern«, wies der Habsburger seine Schützlinge zurecht. »Es kombt die Zeit, da sein alleß zuwenig würd werden. Meine Kinder, was ich euch würd geben, das hüet und pflegt gar eben.«

Der Landbesitz der Kartause umschloß die riesigen Waldgebiete um Gaming, Scheibbs, Lunz und reichte bis ins Steirische, wo er an die Besitzungen der Admonter und St. Lambrechter Benediktiner grenzte. Gebietsnachbarn im Osten waren die Zisterzienser von Lilienfeld, im Westen die bischöflich-freisingische Herrschaft Waidhofen an der Ybbs. Herrschaftsrechte besaßen die Kartäuser über Stadt und Schloß Scheibbs, den Markt Oberndorf, über Texing und Ruprechtshofen. Obwohl sie keine Seelsorger stellten, wurden ihnen die großen Pfarren Gaming und Scheibbs, Ruprechtshofen und Oberndorf mit den Filialen Texing, Neuhaus, Lackenhof und St. Anton an der Jeßnitz einverleibt. In Gaming unterhielten die Mönche ein Armenspital, in Scheibbs ein Versorgungshaus

Am 23. Juli 1358 bestatteten Prior Konrad und sein Konvent den in aller Welt hochgeschätzten Landesfürsten an der Seite seiner Gemahlin Johanna von Pfyrth in der Chorgruft der Stiftskirche. Durch vier Jahrhunderte blieben die Habsburger-Gräber wohlbehüteter Schatz der Gaminger Kartäuser. Als sich im November 1782 die Aufhebungskommission an Joseph II. mit der Frage wandte, was nach der Entweihung der Kirche mit der Fürstengruft zu geschehen habe, entschied der Kaiser am 2. Februar 1783: »... sollte dasige Kirche entweiht werden, alsdann ist die angetragene Transferierung mittels der kupfernen Särge, wozu ich den Aufwand von 100 Gulden für jeden bewillige, zu veranlassen.«

Die kaiserliche Anordnung blieb unbeachtet. Die kostbaren Särge, Tumba, Epitaphien und die Bleiplatten an den Wänden wurden an meistbietende Händler verkauft. Die Gebeine der Habsburger, Albrechts und Johannes, ließ man jedoch im offenen Chor der Kirche liegen. Jahre hindurch blieben die Gerippe ungeborgen. Bauern und Holzhacker, die sich eine »Erinnerung an den Alten« mitnehmen wollten, brachen Zähne aus den Kinnladen der Toten und versorgten sich auch sonst mit Reliquien der einstigen Majestäten. Erst als der St. Pöltener Bischof Graf Hohenwart vom Zustand der Kartause erfuhr und Kaiser Franz I. berichtete, sammelte man die Gebeine und setzte sie beim Hochaltar der Gaminger Pfarrkirche bei.

In dem seit dem 14. Jh. exemten Kloster wurden die ersten Priore wie in den übrigen Kartausen meist nur für ein Triennium, also für drei Jahre, bestellt. Es befanden sich unter ihnen zwielichte Gestalten wie jener Georg I., den die Ordenschronik als einen »schwankenden, unzuverlässigen« Mann beschreibt, der unsteten Aufenthalts von Provinz zu Provinz gereist war. »... da er fortfuhr, unter dem Scheine der Heiligkeit arg sich zu vergehen, das zu thun, was ein Unrecht ist im Namen der Kartäuser, ist er im Jahre 1413 abgesetzt worden ...« Prior von Gaming war jedoch auch ein Gelehrter wie Nikolaus III., 1451—1458, Magister und Professor, Verfasser von etwa 50 Schriften, der in der Kartause ein Winter-Refektorium einrichten ließ und im Kreuzgang eine Bücherei aufstellte. Er starb 1497 im Alter von 100 Jahren. Die Abgeschiedenheit des Ortes verlockte auch Weltleute, noch in späten Lebensjahren ihr bequemes Altersdomizil mit einer Gaminger Mönchszelle zu vertauschen. Der Rat Herzog Ernsts und des Salzburger Erzbischofs Pilgrim II., Johann von Trenbeck, hatte erst in seinem 97. Lebensjahr das Habit eines Laienbruders von Gaming genommen. Er lebte als solcher noch 18 Jahre, bevor er, 115-jährig, am 28. Juli 1448 während eines Dienstrittes für das Kloster vom Pferde stürzte und seinen Verletzungen erlag. Im Gaminger Kloster hatte 1439 ein Kartäuser in einem Werk »Tafel christlicher Weisheit« Regeln zur Verlängerung des Lebens aufgestellt.

Unter dem 4. Dezember 1564 erscheint Prior Blasius im Rezeptbuch des Wiener Arztes Bartholomäus Reckinger: »Dem prior von Gemniczen welcher, nach dem er über die Maß getrunckhen, sich beklagt hat, das er mit im selbst nit wol übereinkommen künn, und schwäre ohnmachten entpfunden. Dem hab ich zue gestellt diß ...« — es folgt ein detailliertes Rezept mit genauen Anweisungen gegen Trunksucht.

Kloster, Kirche, Zellen und Wirtschaftsgebäude der Kartause waren von einer mächtigen Mauer im Umfang einer halben Gehstunde umschlossen. Während der Türkenkriege wurde der Klosterkomplex zusätzlich befestigt, auch in der weiteren Umgebung des Ortes errichtete man Türkenmauern. Als die »Akkindschi« 1529 gegen die mit Flüchtlingen überfüllte Klosterfeste vorrückten, befreite der gut gezielte Schuß eines Klosterknechtes, der den Anführer der Türkenschar niederstreckte, die Belagerten und den Ort vor dem Ärgsten. 1532 widerstand die Kartause zwei türkischen Angriffen, ein Pfarrvikar und ein Pfarrherr jedoch mußten ihr Leben lassen. »In den Türkenüberfällen und Streifzügen von 1529 und 1532«, berichtete Prior Paul an Kaiser Ferdinand I., der dem Stift neue Türkensteuern abverlangte, »ist der größte Teil der Holden, nämlich dreihundert behauste Güter verheert, verbrennt worden, zum Teil mit ihren Personen, Roß und Vieh erstochen, umkommen und weggeführt worden ... Wir haben fünf Türme um eine neue Mauer gebaut und einen großen lichten Zaun machen lassen und dazu täglich in die dreitausend Arbeiter gehabt, dergleichen um dreihundert Gulden Pulver gekauft; so haben wir auch einer merklichen Anzahl Volkes, Männern samt ihren Hausfrauen und Kindern Proviant und keine Bezahlung genommen, nach des Türken Abzug Häuser und Güter aufgebaut, ihnen Getreide, Wein und ›ander Notturft‹ vorgestreckt . . .«

Den Bauern Niederösterreichs, die sich 1595 gegen die weltlichen und geistlichen Herren des Landes erhoben, schloß sich auch ein Großteil der Untertanen des Stiftes Gaming an. Unter Anführung des Marktrichters Walberger, des Kastners Preuß und des Marktmüllers Urberger belagerten sie Prior Bartholomäus in dessen Schloß zu Scheibbs. Dem Kartäuseroberen jedoch gelang die Flucht. Er eilte nach Prag zu Kaiser Rudolf II. und erhob Anklage. Es kam zum Rachefeldzug der »Schwarzen Reiter« unter dem kaiserlichen Oberst Morakschy. Ihm fielen auch die Gaminger Anführer zum Opfer: dem Marktrichter wurde die rechte Hand abgeschlagen, bevor man ihn zwischen Scheibbs und Gaming an einen Baum knüpfte. Die Köpfe des Kastners und des Müllers fielen auf dem Marktplatz zu Scheibbs durch das Schwert. Ein Dutzend von den übrigen Rädelsführern ließ Morakschy zu Schanzarbeiten nach Wien bringen. Dort wurden auch sie abgeurteilt.

Dem Niedergang der Gaminger Kartause während der Türken- und Reformationszeit folgten Jahrzehnte des Aufstieges. Prior Hilarion Danichius, 1609—1640, ließ die mittelalterliche Klosteranlage erweitern und umbauen. 1670 erhob Leopold I. die Priore von Aggsbach, Mauerbach und Gaming zu Prälaten. Prälat Ludwig wurde vom Kaiser zusätzlich durch Verleihung einer goldenen Kette ausgezeichnet. Unter Abt Joseph Kristelli von Bachau, dessen Verschwendungssucht die Bestellung eines Administrators notwendig machte, erhielt das Stift seinen prächtigen Bibliothekssaal, die Toranlage und letzte Zubauten.

Während der Aufhebung des Klosters wurden Mobilar, Archiv, ebenso die Bestände der noch reichbestückten Rüstkammern des Stiftes verschleudert oder vernichtet, die wertvolle Kircheneinrichtung an interessierte Pfarren verkauft. Ausgesuchte Inkunabeln und Werke der 20 000 Bände umfassenden Bibliothek kamen an die Hofbibliothek, etwa 12 000 an die Universitätsbibliothek in Wien, einen Teil verkaufte man.

Unter den Nachfolgebesitzern, den Grafen Festetits de Tolna und Freiherren von Rothschild, verfielen die Gebäude, ebenso der Großteil der Land- und Forstwirtschaftsbetriebe. 1914 erwarb Stift Melk die Kartause und renovierte die bisher als Stroh- und Getreidespeicher verwendete Stiftskirche. Bevor Gaming nach 1945 zehn Jahre hindurch als Kaserne der russischen Besatzungsmacht diente, waren in dem Gebäude ein Jugendheim und eine Bauernschule untergebracht. Nach 1955 ist ein Teil der Klosterräume, 1967 die Kirche renoviert worden. 1972 richtete man in der alten Kartause Schauräume des Österreichischen Museums für Volkskunde, Wien, ein.

SEHENSWERT an der einstigen Kartause am südwestlichen Ortsende von Gaming ist die z. T. noch befestigte Gesamtanlage mit ihrer gotischen Kirche, dem dekorativ geschmückten Torturm mit Rundtor, Fußgängerpforte und barockem Relief, den beiden Laubenhöfen mit dem Bibliothekssaal und noch siebzehn erhaltenen Zellen. Die heute von Privaten bewohnten Häuschen, es waren ursprünglich fünfundzwanzig, umschlossen den Konventsgarten mit Friedhof und Begräbniskapelle. Die ostseitigen ebenerdigen Zellen wurden von den jüngeren Mönchen bewohnt, die bergwärts gelegenen, einstöckigen mit Werkstatt und Zeugkammer standen den älteren zur Verfügung. Obwohl zum Großteil umgebaut und verändert, lassen sich an einigen noch architektonische Details aus der Erbauungszeit entdecken. Jede Zelle besaß ihr Gärtchen, ein Kreuzgang verband sie untereinander, führte zur Kirche und in den Umgang der Höfe. — Die Stiftskirche, 1342 zu Ehren Mariä Himmelfahrt, des heiligen Fronleichnams und des hl. Thomas von Canterbury geweiht, ist 1756 barockisiert und völlig verändert worden. Der einschiffige Kartäuserbau mit dem hochragenden Chor und dem steinernen Dachreiter mit zierlichem Maßwerk erscheint durch den Anbau zweier Doppelkapellen dreischiffig. In die gotische Kirche mit Resten des alten Kreuzganges an der Südseite, altem Treppenturm und Strebepfeilern aus der Bauzeit wurde 1640/56 ein Barockraum mit fresken- und stuckgeschmückter Kuppel und Laterne eingebaut. An dem noch sichtbaren alten Kreuzrippengewölbe erhielt sich die frühere Bemalung. Die Inschrift über dem barocken Westportal verweist auf Prior Hilarion Danichius als den barocken Umgestalter der Stiftskirche.

Den Kuppelsaal der Bibliothek im zweiten Hof schmücken Fresken, allegorische Darstellungen des Lorenz Reiner, 1689 bis 1743. Im Westtrakt des Priorenhofes mit Laubengängen, im ehemaligen Priorat, sind Schauräume des Wiener Volkskundemuseums untergebracht.

LAGE Westlich Scheibbs, im Erlauftal.

BESICHTIGUNG der Kartause nach Anmeldung (womöglich telefonisch 07485/426). Höfe und Gelände der ehemaligen Mönchszellen sind frei zugänglich, die Schauräume des Volkskundemuseums sommersüber täglich 9—12, 14—18 Uhr geöffnet.

GARSTEN

Ehemaliges Benediktinerstift. OÖ.

ZUR GRÜNDUNG UND GESCHICHTE Markgraf Otakar I. von Steyr hatte an seine Pfarre zum hl. Johannes und St. Stephan in der Garstener Talsenke um 1082 Weltpriester berufen, ein Kollegiat gestiftet und den Kanonikern die Seelsorge im Steyr- und mittleren Ennstal überantwortet. Sein Sohn Otakar II. mußte sich schon nach kurzer Zeit von der geringen Wirksamkeit solcher an kein Gelübde und keine bestimmte Regel gebundenen Priestergemeinschaften überzeugen lassen. In seinem Entschluß, das Kollegiat in ein Kloster umzuwandeln, bestärkte den reformeifrigen, gregorianisch gesinnten Herrn des Traungaues und der Steiermark auch das nach seiner Ansicht allzu freie Leben der Geistlichen. Sie badeten und belustigten sich des öfteren in der Enns, einer von ihnen ertrank dabei. Otakar II. wandte sich deshalb über seinen Schwager Herzog Leopold III. an die kluniazensisch reformierte Benediktinerabtei → Göttweig und bat um Entsendung eines tüchtigen Priors. Seinen priesterlichen Untertanen aber befahl der energische Fürst kurzerhand, sie müßten Mönche werden. Nach der Hauschronik soll er diesem Befehl auch mit Züchtigungen Nachdruck gegeben haben.

Etwa um 1110 hielt der Göttweiger Prior Berthold seinen Einzug ins Ennskloster und wurde dessen erster Abt. Nach Be-

Garsten, OÖ., Stiftskirche, Seitenkapelle: Hochgrab des sel. Berthold, Abtes von Garsten, 1111—1142, Teilansicht.

richten war der hünenhafte, fast zwei Meter große Benediktinermönch ein mit den Grafen von Raabs verwandter, mit den Babenbergern versippter Adeliger. Im Schwarzwaldkloster St. Blasien, dem deutschsprachigen Zentrum der kluniazensischen Reformbewegung, erzogen, wurde er der eigentliche Begründer des für die mittelalterliche Eisenstadt Steyr und deren Einzugsgebiet bedeutenden Stiftes. Vom Leben und Wirken Bertholds, den man bald als Seligen verehrte, den die Kirche jedoch erst am 8. Januar 1970 als Heiligen anerkannte, berichtet eine 1142 verfaßte Vita Bertholdi. Sie schildert den Benediktinerabt als mildtätigen Vater der Armen und Verfolgten, als immer selbstkritisches Vorbild seiner Mitbrüder, doch auch als energischen Zuchtmeister seiner Konventualen. Trotz der in der Vita mehrfach durch Episoden belegten Verachtung jeglichen materiellen Besitzes gelang es dem engagierten Verfechter kluniazensischer Ideale, dem jungen Stift rasch zu wirtschaftlichem Aufstieg zu verhelfen. Die Benediktinerabtei wurde Mittelpunkt zahlreicher Rodungszentren im Steyr- und Ennstal. Die Hälfte des aus einstigen Weltpriestern und Mönchen bestehenden Konvents war in diesen Gebieten seelsorgisch unterwegs. Abt Berthold legte auch den Grundstock zu der schon um 1180 bedeutenden Garstener Schreibschule, deren Wirksamkeit noch heute durch die Garstener Annalen, den Traditionskodex, einen landesgeschichtlichen Abriß und neben der Vita Bertholdi auch durch eine Anzahl gefälschter Urkunden belegt wird. Abt Bertholds Wirken machte Schule, von ihm erzogene Mönche wurden Äbte in Gleink und Kremsmünster.

Die Garstener Äbte, schon im 12. Jh. mit dem Titel »Erbhofkapläne von Steyr« ausgezeichnet, waren Herren über ausgedehnte Besitzungen, zahlreiche Untertanen und über ein Dutzend Pfarren. Unter den Stiftsoberen des 13. und 14. Jh. entstand ein ansehnlicher romanisch-gotischer Klosterkomplex. Abt Adalbert II. († 1461) erhielt von Pius II. Infel, Ring und Pontifikalien. Sein Nachfolger Berthold VI. ließ die mehrfach von Bränden und Überschwemmungen heimgesuchten Stiftsgebäude erweitern und gegen die Enns hin befestigen.

Von der asketischen Grundkonzeption der Garstener Benediktinerabtei im Sinne des seligen Berthold war im 15. Jh. längst nicht mehr die Rede. Unter Benedikt I. vermehrte sich der Klosterbesitz durch Stiftungen und Schenkungen um ein Beträchtliches, den Renaissance-Abt Leonhard III., der die Kirche Frauenstein bei Klaus hatte erbauen lassen, ermordeten 1493 habgierige Verwandte. Während des Reformationsjahrhunderts bot Kloster Garsten einen spektakulären Anblick. Die Mönchsgemeinde hatte sich gespalten, im Stift bestanden zwei Konvente: im inneren Trakt lebten die konservativen Kapitulare im Sinne der Benediktinerregel, den äußeren Trakt bewohnten die »uxorierten«, die beweibten, evangelisch-fortschrittlich gesinnten Klosterbrüder. In diesen Jahrzehnten war das benachbarte Steyr Zentrum des obderennsischen Luthertums geworden. Geschehnisse und Zustände um 1600, auch die Gestalt des damals regierenden Abtes Johann Wilhelm Heller, hat Enrica von Handel-Mazzetti in ihrem dreibändigen Roman von der »Stephana Schwertner« anschaulich und drastisch beschrieben.

Die frühbarocke Epoche, während der sich die Garstener Abtei unter Johann Spindler von Hofegg und dessen Neffen Anton II., zwischen 1613 und 1642, wieder zu konsolidieren begann — in dieser Zeit verlor die erweiterte Stiftskirche den gotischen Lettner und die spätgotischen Flügelaltäre —, störten die aufständischen Bauern unter Führung des Hutmachers und Bauern aus St. Agatha, Stephan Fadinger. Der Steyrer Chronist Zetl berichtet: »Den 28. Mai 1626 seindt alle Geistlichkeit entwichen, auch alle Münich sambt den Herren Prälaten zu Gärsten, dieweilen die paurn mit denen Geistlichen so übel seindt umbgangen, fil erschlagen und umbgebracht. Fadingers Scharen namben am 31. Mai Garsten ein, namben alle Rüstung heraus, sowohl auch Pferdt, Ochsen und anderes viech und was sie nur fundten, wie auch die Wein.«

Das barocke Stift von heute entstand unter den Äbten Roman Rauscher (1642 bis 1683) und Anselm Angerer (1683 bis 1715). Nach den »Annales Garstenses« soll Abt Roman im Jahre 1677 seinem Kapitel — den stimmberechtigten Konventualen, die bereits die ewige Profeß abgelegt hatten — die Frage vorgelegt haben, ob mit dem durch sparsames Wirtschaften erworbenen Kapital die bischöflich-passauische Herrschaft Sierning mit St. Stephan, der Mutterpfarre von Garsten, angekauft oder der Bau einer neuen Stiftskirche begonnen werden solle. Man entschied sich für den Neubau und die Fortführung schon bereits begonnener Umbauten der Stiftstrakte. 1677 wurde die alte Kirche niedergerissen.

Zu den feierlichen Gottesdiensten in der neuen Garstener Barockkirche kamen besonders am Bertholditag Gläubige aus Steyr und von weither. Seit 1703 führte der Garstener Abt den Titel eines Oberst-Erbland-Hofkaplans im Land ob der Enns. 1728, nach dem Brand des stiftischen Schlosses Rosenegg, konnte die wirtschaftlich florierende Abtei die in ihm untergebrachten Nonnen des Annunziatenordens, deren Leitung Garsten übertragen worden war, in den inzwischen ausgebauten Stiftstrakten aufnehmen. 1784 fanden auch die Konventualen des aufgelösten Stiftes Gleink hier Zuflucht. Doch schon drei Jahre später, im März 1787, nach dem Tod des letzten Abtes Gordon, erhielt auch Stift Garsten den Auflösungsbescheid. Die kaiserliche Entschließung lautete: Kloster Garsten mit Gymnasium und Konvikt sei aufgehoben und dem Stift Kremsmünster einverleibt. Die entbehrlichen Häuser und Weingärten seien zu versteigern.

Die Inventur des Stiftsbesitzes ergab ein Reinvermögen von 551.308 Gulden und 26 Kronen in bar. Die über 10.000 Bände der Garstener Bibliothek kamen nach Linz. Ein Teil des Stiftsbesitzes wurde als Dotationsgut dem Bistum Linz überlassen. Einen Großteil der Kunstschätze erwarben Trödler und Händler. Schon im August 1784 hatten die 47 Garstener Benediktiner einem Regiment ungarischer Soldaten Platz machen müssen, der größte Teil des Klosters wurde Kaserne. 1850 erwarb es der Staat und richtete in ihm eine Strafanstalt ein.

Zur Zeit der Auflösung betreute das Stift 16 ihm z. T. schon im 12. und 13. Jh. einverleibte Pfarren: die Pfarre Garsten mit der 1792 abgebrochenen Pfarrkirche hl. Johannes und St. Stephan, die Stadtpfarre Steyr (seit 1305), St. Ulrich (seit 1784), die Wallfahrtskirche Christkindl (nach 1709 Residenz mit einem Superior, seit 1786 Pfarre), Ternberg (seit 1112), Losenstein (seit dem 13. Jh.), Großraming (um 1392), Gaflenz (1138), Weyer (1644), Neustift (um 1200), Molln (13. Jh.), Frauenstein (1754), St. Magdalena bei Linz (im 12. Jh.).

SEHENSWERTES Eine Quermauer im Stiftshof grenzt die Strafanstalt von dem für Kirchgänger und Besucher bestimmten Teil der einstigen Benediktinerabtei ab. — Mit dem Bau der barocken, trotz ihrer Verwendung als Gefangenenhaus noch immer prächtigen einstigen Stiftsanlage begann nach 1697 Pietro Francesco Carlone. Nach 1708 führte ihn Jakob Prandtauer weiter. Er ist niemals zu Ende gebaut worden. — Die nach außenhin einfache Stifts- und jetzige Pfarrkirche mit zwei über 70 Meter hohen Türmen und einer durch Pilaster und Nischenstatuen gegliederten Westfassade ist ein Werk der Carlone, das 1685 fertiggestellt und 1693 der Himmelfahrt Mariäs geweiht wurde. Pietro Francesco entwarf, seine Söhne Carlantino und Giovanni Battista führten aus, fungierten als Baumeister, Stukkateure, z. T. auch als Bildhauer. Als Vorbild dienten St. Michael in München und die Linzer Jesuitenkirche. Während flüchtiger Besuche sind die Gesamtkonzeption, Ausstattung, die fast orgiastische Fülle von Stukkaturen, Gemälden und Figuren des Innenraumes nicht zu erfassen. Blickfang im Kirchenschiff mit dem 20 Meter hohen Hochaltar des Benediktiner-Laienbruders Marian Rittinger (Schöpfer auch der Garstener Buchsbaumkrippe, 1700), mit der zweigeteilten Orgel und der üppigen Kanzel sind die Bildteppiche an den Presbyteriumswänden. Es sind Stikkereien flandrischer Schwestern für den Reichsgrafen Dünewald, um 1675. Sie zeigen Darstellungen aus dem Leben Alexanders des Großen: festlicher Einzug beutebeladener Krieger in Babylon, Vermählung, Krönung und Tod des Darius — vor dem Sieger schleift man Jünglinge zu Tode. Der an der Stifts- und Landesgeschichte interessierte Besucher wird in dem Nachfolgebau der einstigen romanisch-gotischen Kathedrale zuerst nach Spuren und Zeugnissen der imposanten Vergangenheit der otakarischen Stiftsgründung suchen. An der Fensterwand findet er die »Wunderbare Muttergottes«, eine Marienstatue aus romanischer Zeit, die 1565 protestantische Bilderstürmer beschädigten und die 1780 die edle Fassung von heute erhielt. An der Fensterwand liegt auch das Hochgrab des Stifterpaares aus dem 14. Jh. Die lebensgroße Liegefigur hält das Kirchenmodell in der Hand: »Hie Ruhet Ottakarus Marggraf Im Land Steyr. Gottseliger Stifter deß Kloster Garsten und Elisabetha sein Ehegemahel Ein Leibliche schwester Deß Heiligen Leopoldi Markgrafen In Österreich. Beede Todts Verblichen umb daß Jahr 1100.« Lebensgroß ist auch Garstens erster Abt Berthold auf dem Hochgrab gegenüber abgebildet, ein Werk aus der zweiten Hälfte des 14. Jh., neben dem man in letzter Zeit Bronzetafeln mit modernen Darstellungen aus dem Leben des Heiligen anbrachte. — In der Mitte des Langhauses liegt die Gruft der Äbte mit 55 Särgen und Inschriften auf Zinntafeln. Südlich vom Sakristeieingang erreicht man die Kapelle der Losensteiner mit prächtigen Grabmälern des 13. bis 17. Jh. Der letzte Sproß des im 15./16. Jh. im Land ob der Enns führenden Protestantengeschlechtes, Franz Anton Reichsfürst von Losenstein, Dompropst zu Passau und Titularbischof von Ducia, ließ sie an Stelle der alten, noch aus Gründungszeit stammenden Laurentius-Kapelle errichten. — Östlich des Presbyteriums gelangt man in die reich geschmückte Sommersakristei und die Wintersakristei, darüber liegen Sommerchor und Paramentenkammer. Über der Losensteiner-Kapelle befindet sich der ursprünglich als Bibliothek geplante, jetzt als Magazin verwendete Kapitelsaal, in dessen Nebenräumen Kunstwerke des ehemaligen Stiftes ausgestellt sind.

LAGE Südlich Steyr.

BESICHTIGUNG Die Stifts- und Pfarrkirche ist frei zugänglich. Führungen durch die Stiftsräume nach Anmeldung.

GERAS

Prämonstratenserstift. NÖ. → auch Seite 52/53.

Als Begründer eines Männerklosters in Geras und eines Frauenklosters im benachbarten Pernegg scheint Ulrich II. von Pernegg auf. Zwischen 1153 und 1155 ließ er seine beiden Stiftungen besiedeln, das Kloster Geras mit Mönchen aus dem ostböhmischen Seelau. Der Propst von Geras, seit 1180 Abt, war auch der Propst von Pernegg, Stiftsbesitz und Stiftsvermögen wurden gemeinsam verwaltet. 1188 übergab der Pernegger die beiden auf eigenem Grund und Boden errichteten Klöster zusammen mit reichen Dotierungen von Land und Waldungen in der Umgebung dem Hochstift Passau. Zum Stiftsbesitz gehörten auch eine Anzahl Pfarren mit ihren Filialen, die Ulrich, Herr der Grafschaft Pernegg-Drosendorf, von Passau zu Lehen gehabt hatte.

In einem Schirmbrief, einem zweiten Stiftsbrief — der ursprüngliche ging verloren —, bestätigt der Babenberger Herzog Friedrich II. der Streitbare, in der Nach-

folge der Grafen von Pernegg Vogt des Klosters, 1242 den Besitzstand des Stiftes samt den einverleibten Pfarren Blumau, Drosendorf, Eibenstein, Japons, Kirchberg a. d. Wild und Weikartsschlag.
Die gemeinsame Güterverwaltung von Geras und Pernegg führte von Beginn an zu Streitigkeiten und Zwist zwischen den beiden Klöstern. Es ging um Besitz und Besetzungsrechte der Pfarren. Trotz Stiftungen und Schenkungen des Landesfürsten und des Ministerialen Pilgrim von Schwarzenau zweifelte schon Abt Konrad I., 1280—1294, an einem gedeihlichen Fortbestand des mönchischen Lebens unter so ungünstigen Bedingungen. Bald fehlte es dem Nordkloster an der böhmischen Grenze auch an jungen Novizen. Abt Wilhelm II., 1432—1446, sah sich gezwungen, im Rheinland um Nachwuchs für Geras zu werben.
Ähnlich wie Altenburg hatte auch Stift Geras unter Bränden, kriegerischen Einfällen und Durchzügen zu leiden. Von einer ersten Verwüstung des Klosters wird 1176 berichtet, im Jahre 1230 zerstörten Leuthold und Hadmar von Kuenring Kirche und Gebäude auf eine auch für mittelalterliche Verhältnisse unglaubliche Art. Geplündert und in Brand gesteckt wurde Geras danach 1328 und 1331, mehrere Male zwischen 1399 und 1405. Die Hussiteneinfälle der Jahre 1427 und 1431 verliefen für Markt und Stift glimpflicher als anderswo, doch vergriffen sich in der zweiten Hälfte des 15. Jh. wiederholt Böhmen und Ungarn am Klostergut.
Schier aussichtslos wurde die Lage von Geras in der Reformationszeit. Eine 1563 vom Kaiser angeordnete Visitation brachte Abt Gregor I. zu Fall. 1585 verließ die letzte Nonne Pernegg. Obwohl unter den Äbten Haberler und Beyrer um die Wende zum 17. Jh. eine wirtschaftliche Konsolidierung erreicht werden konnte, verhinderte der Kampf zwischen Geras und Pernegg jede gedeihliche Aufbauarbeit. Die Auseinandersetzungen nahmen groteske Formen an, als die Pröpste des jetzt ebenso von Chorherren besiedelten Pernegg 1608 die Rechte der Pontifikalien erhielten. 1615 wurde Valentin Spiegel, Propst von Pernegg, an Stelle des zur Resignation gezwungenen Abtes Johann VI. zum Administrator von Geras eingesetzt. In seine Zeit fällt die fast vollständige Vernichtung von Stift und Markt Geras durch Mansfeldsche und böhmische Truppen in den Jahren 1619 und 1620. Nach dem Abzug der von den Protestanten ins Land gerufenen Soldateska gab es in Geras keine bewohnbare Stätte mehr, die Geistlichen waren geflohen oder verschleppt worden. Erst 1625 begannen einige zurückgekehrte Brüder in den von Gras überwucherten Ruinen des Stiftes mit dem Wiederaufbau. Unter den Äbten Benedikt I. und Peter II., zwischen 1627 und 1640, kam allmählich wieder unter Dach, was zum Stift gehörte, doch vernichtete im Sommer 1640 ein Blitzschlag alles wieder fast zur Gänze, Kirche, Konvent und Markt. Im selben Jahr raubten die Schweden den größten Teil des Viehs und alles Bargeld, 1646 zerschlug der Hagel die Ernte, 1647 und 1648 brannten die Wirtschaftsgebäude nieder, und exzedierende Soldaten plünderten das Stift.
Die Abtschaft des aus Westfalen stammenden Johann VII. Westhaus, 1650—1670, beendete die alten Zeitläufte ein für allemal. Unter diesem »zweiten Stifter« kam Geras endlich zur Ruhe, auch zu Ansehen und Wohlstand. Es entstanden die heutige Kirche, die noch bestehende Prälatur, der Großteil der Wirtschaftsgebäude und eine neue Ringmauer. Johann VII. erneuerte auch die in Stift Geras seit Anfang des 16. Jh. bestehende Marienverehrung. Die Madonnenstatue um 1500, Ziel vieler Wallfahrten, machte das Stift wieder zu einem Mittelpunkt geistlichen und geistigen Lebens. Unter den Äbten Friedrich III., Nikolaus Zand und Paul Gratschmayer, zwischen 1674 und 1780, wurde vollendet, wozu Abt Johann den Grundstein gelegt hatte. Joseph Munggenast errichtete den heutigen Westtrakt und das Sommerrefektorium. Die Kirche erhielt ihre Marmorierung und Ausstattung. Jetzt fand Geras auch die Anerkennung durch Pernegg.
Unter Joseph II. verwalteten Geistliche das Stift. Nach der abtlosen Zeit hatte Geras während der Franzosenkriege zu leiden, doch konnte die Abtei ihren Besitzstand auch nach dem Staatsbankrott von 1811 behaupten. Im 19. Jh. machten sich ein Abt und einige Chorherren durch historische und wirtschaftspolitische Publikationen einen Namen. 1940—1945 war das Stift aufgehoben.

INKORPORIERTE PFARREN Nach der Josephinischen Pfarregelung blieb Geras die Betreuung von neun dem Stift zum Großteil schon seit der Gründung einverleibten Pfarren. Die Pfarre **Blumau an der Wild** mit einem erst 1750 errichteten Kirchenbau St. Johann d. T. gehörte seit 1153 zu Geras.
Auch über die Pfarre **Drosendorf** mit ihren Filialkirchen bzw. Lokalien Eibenstein, Zissersdorf und Rabesreith verfügte das Stift seit seiner Gründung »pleno iure«, mit allen Rechten. Die Marktkirche zum hl. Martin auf dem Drosendorfer Marktplatz ist ein spätgotischer Bau, der, obwohl im 18. Jh. aufdringlich barockisiert, noch zahlreiche architektonische Details aus der Zeit um 1461/64 besitzt. — In der Pfarrkirche St. Peter und Paul in der Drosendorfer Altstadt, einem barockisierten spätgotischen Staffelbau Anfang des 16. Jh. mit barockem Turm und barocken Fresken, ist u. a. eine spätgotische Sakristeitür, ein 8 Meter hohes Sakramentshäuschen mit Astwerk um 1515 und ein gotischer Taufstein aus derselben Zeit zu sehen. Das Hochaltarbild ist möglicherweise von Paul Troger. — Der Drosendorfer Wallfahrtsort *Maria Schnee Bründl* südlich der Stadt erhielt im 19. Jh. an Stelle einer abgebrannten alten Kapelle einen Neubau zu Ehren des hl. Florian. Zu der von mächtigen Linden umgebenen Heilquelle pilgerten schon Anfang des 17. Jh. Wallfahrer aus Böhmen und Mähren. Noch um 1930 zählte man an die 20.000 Pilger.
Einen Besuch wert ist auch die einstige Drosendorfer Filial- und jetzige Pfarrkirche zum hl. Ägydius in **Eibenstein** hoch oberhalb des linken Thayaufers. Die Wehrkirche des 13. Jh., von noch mittelalterlichem Mauerwerk umgeben, steht auf romanischem Gemäuer, besitzt auch noch einen romanischen Triumphbogen und einen gotischen Chor, ist jedoch barockisiert und mit im 19. Jh. barock nachempfundenem Mobilar versehen worden.
Der Stiftspfarre **Geras,** seit ihrer Gründung auch Pfarrkirche, unterstanden seit der Pfarregulierung im 18. Jh. und unterstehen teilweise noch heute die Kirchen zum hl. Rochus in *Harth,* hl. Johann Nepomuk in *Göpfritz* a. d. Wild, hl. Lorenz in *Großau,* Mariä Geburt in *Nondorf* a. d. Wild, hl. Johann Nepomuk in *Trabenreith.* Es sind meist Kirchenbauten des 18. Jh. Schon zu Maria Theresias Zeit wurde die bereits 1350 genannte Pfarrkirche von *Rodingersdorf* Lokalie des Stiftes.
Die weithin sichtbare mauerumgürtete Pfarrkirche zum hl. Lorenz in **Japons** steht in einer der ältesten Pfarren der

Gegend und ist Stift Geras seit dessen Gründung einverleibt. Obwohl 1620 fast völlig zerstört, besitzt der Kirchenbau noch gotische Strebepfeiler.
Die Kirche St. Peter und Paul in **Kirchberg** a. d. Wild mit romanischem Turm, romanischer Sakristei, spätgotischem Chor und Einrichtung des 18. Jh. ist der Benediktinerabtei bereits vom Stifter übergeben worden. Das Renaissance-Grabmal des Balthasar Winkler aus dem 16. Jh. in ihr ist sehenswert.
Patronatsrechte über **Niklasberg** besaß das Stift im 14./15. Jh. Im 16. Jh. mit Weikertschlag a. d. Thaya vereinigt, im 17. Jh. Pernegg zugeteilt, kam die Pfarre (schon im 13. Jh. urkundlich) mit der Kirche St. Nikolaus (romanische und gotische Details) 1783 erneut an Geras.
Ebenso vom Stifter den Prämonstratensern übergeben wurde die Pfarre **Nondorf an der Wild.** Mit Niklasberg kam sie 1680 an Pernegg, 1783 wieder an Geras. Die Kirche Mariä Geburt ist ein einfacher Bau aus dem 18. Jh.
Die Pfarre **Pernegg** mit der prächtigen Pfarrkirche und ehemaligen Stiftskirche zum hl. Andreas (→ Pernegg), Mutterpfarre von Geras, war seit der Stiftsgründung Eigentum der Prämonstratenser. Im 16.—18. Jh. waren dem Chorherrenstift Pernegg einige Stiftspfarren inkorporiert. 1756 begründeten die Pernegger Prämonstratenser die heute Geras inkorporierte Pfarre **Trabenreith** mit der noch ganz im Stil der Bauzeit eingerichteten Kirche zum hl. Johann Nepomuk.
Wahrscheinlich schon seit seiner Gründung besaß Stift Geras die Pfarre **Weikertschlag.** Die Marktpfarrkirche, im Grundbestand eine spätromanische Pfeilerbasilika, um 1400 gotisiert und um 1760 barockisiert, zeigt noch Tonnen- und Kreuzrippengewölbe. Die Ausstattung stammt aus dem 18. Jh.

GLEINK
Einstiges Benediktinerstift. OÖ.

ZUR GRÜNDUNG UND GESCHICHTE Als sich die Benediktinerabtei → Garsten, durch Markgraf Otakar zu Steyr begründet, unter ihrem Abt Berthold in kurzer Zeit zu einem kirchlichen und kulturellen Zentrum im Land entwickelt hatte, entschlossen sich auch Bruno und Arnhalm von Gleink um 1125 zu einer Benediktinerstiftung. Die Herrschaft der Gleinker lag auf dem Gebiet des Bistums Bamberg, der Stiftung Heinrichs II. Der heiliggesprochene Kaiser hatte die Bamberger Bischöfe im Jahre 1007 neben Besitzungen am Attersee, Mattiggau und im Traungau auch mit Waldungen entlang der Enns ausgestattet. In Übereinstimmung mit dem Bamberger Bischof und im Einvernehmen mit dem Markgrafen errichteten die Brüder nächst ihrer Burg ein Klostergebäude, das 1125 von Benediktinern der Kongregation von Cluny bezogen wurde. Ulrich, der erste Abt des kleinen Klosters nördlich von Steyr, kam aus Garsten, wo ihn Abt Berthold im Sinne der kluniazensischen Kirchenreform erzogen hatte. Nicht mit allzuviel Dotationsgütern ausgestattet — es handelte sich vorerst um karge Realitäten in Gleink, bambergischen Landbesitz im Windischgarstener Tal, rund um den heutigen »Gleinker See« —, dauerte es fast eineinhalb Jahrhunderte, bis das Kloster eine ihm gemäße Abteikirche erhielt. Erst 1273 konnten die Benediktiner in einem für ihr Ritual, zu ihren Zwecken ausgebauten und vergrößerten, vom Bamberger Bischof dem hl. Andreas geweihten Gotteshaus Einzug halten. Es waren ihnen jetzt außer der Pfarre Gleink auch die Pfarren Dietach mit der Filialkirche Stadlkirchen in OÖ. und die Pfarre Haidershofen in NÖ. samt Rechten und Zehenten, ebenso Landbesitz und Untertanen, überantwortet worden.
Schon drei Jahre nach der Weihe jedoch, 1276, brannten Kirche und Kloster nieder. Trotz mehrmaligem Wiederaufbau der im Laufe der Jahrhunderte öfters zerstörten, ausgebrannten und geplünderten, im 15. Jh. gotisierten, im 17. Jh. barokkisierten Kirche, blieb die romanische Anlage des 13. Jh., das basilikale Langhaus ohne Querschiff, bis heute erhalten. Seit 1458 waren die Gleinker Äbte infuliert, unter Abt Gregor, 1505—1520, erreichte die Benediktinerabtei ihren vorreformatorischen Höhepunkt. Doch bald darauf schien es, als ob der neue Glaube auch dem Kloster an der Enns den Lebensfaden zerschneiden würde. Auf dem schwerverschuldeten Stiftsbesitz, um die Filialkirche von Stadlkirchen, hatte sich ein protestantisches Zentrum gebildet, das von Steyr her lebhaften Zuspruch erhielt. 1549 resignierte Abt Markus, die disziplinären Verhältnisse im Konvent — er hatte sich auf wenige Professen reduziert — waren auf dem Tiefstand. Gleink mußte von Garsten und Kremsmünster aus verwaltet werden. Die Plünderungen im Bauernkriegsjahr 1626 brachten das Kloster an den Rand des Ruins. Erst unter den Äbten Augustin und Coelestin, zwischen 1648 und 1678, begannen die Gleinker Verhältnisse wieder ins rechte Gleis zu kommen. Abt Rupert I. Kimpflern, 1678—1708, wurde zum zweiten Gründer des Stiftes. Der unter ihm bald entschuldete Besitz gestattete die Neugestaltung von Kirche und Gebäuden. Die von ihm neu begründete Klosterzucht ließ Gleink sogar etwas vom barocken Glanz abbekommen. Außer Realitätenbesitz im Land ob der Enns konnte die Benediktinerabtei jetzt auch gut verwaltete Untertanenämter im Niederösterreichischen, Weingärten in der Wachau, Höfe in Krems und Spitz, Gründe bei Haag erwerben. Ganze fünfzig Jahre nach den Abschlußarbeiten an den jetzt völlig neu errichteten Gebäuden fiel das Gleinker Stift mit den 18 Kapitularen am 21. Mai 1784 den Josephinischen Reformen zum Opfer. Unter Abt Wolfgang III. wurde es aufgelöst. Der Besitz, vorerst administrativ Garsten unterstellt, kam 1791 als Dotationsgut an den Linzer Bischof. Die Kirche beraubte man ihrer wesentlichen Ausstattungstücke, und in den Klosterräumen hauste das Batthyanische Freikorps, nach ihm ein Infanterieregiment.

SEHENSWERTES Der nüchterne, heute zum Teil vernachlässigte Stiftskomplex, Ende des 17., Anfang des 18. Jh. anstelle einer alten, unregelmäßigen Anlage errichtet, erhielt nach dem Zweiten Weltkrieg einen modernen Anbau, in dem eine Schule und ein Kinderheim der Caritas untergebracht sind. — Sehenswürdigkeit von Gleink ist die renovierte alte Stifts- und jetzige Pfarrkirche zum hl. Andreas mit ihrer schönen Marien-(Frauen- und Heiliggrab-)Kapelle. Es ist nicht leicht, sich in diesem Gotteshaus — DOMUS DEI MDCCXIV steht über dem Portal — unter und hinter dem barocken Dekor das alte romanische querschifflose Langhaus des 13. Jh. vorzustellen. Unschwer dagegen lassen noch sichtbare Spitzen ehemaliger Fenster und Ansätze von spitzbogigen Gewölben das im 15. Jh. gotisierte Langschiff erkennen. Ein trapezförmig gestaltetes Joch des Mittelschiffes leitet zum breiter angelegten gotischen Chor (1436) mit Strebepfeilern und einem gotischen Fenster über. Die Kaschierung des romanisch-gotischen Urbaues mit dem üblichen kirchenbarocken pathetischen Stuck und korinthischen Pilastern unter den Äbten Augustin, Coelestin und Rupert, zwischen 1650 und 1714, war, mit heutigen Augen gesehen, für den Kirchenraum nicht unbedingt von Vorteil. Der über sämtliche Gewölbe ausgedehnte Freskenschmuck des J. G. Daller, 1708/09, Darstellungen der drei Göttlichen Tugenden (Glaube, Hoffnung und Liebe), der vier Kardinaltugenden (Klugheit, Stärke, Mäßigkeit, Gerechtigkeit) und der dazugehörigen Laster ist im 19. Jh. entstellend »restauriert« worden. Auch die »Reinigung« im Jahre 1954 half dem Bildschmuck nicht mehr zu ehemaligem Glanz. Unübliches Barock bietet der Hochaltar des Kremsmünsterer Meisters Sebastian Gründler, 1664, von Kunsthistorikern als ein »Hauptwerk des Knorpelwerkstils« bezeichnet. Neben der schönen Orgel, einem Meisterwerk des Salzburgers J. G. Egedacher, 1732, das man im Jahre 1900 entstellte, ist die zwischen Kirche und Sakristei um 1708 eingerichtete Marienkapelle sehenswert. Den Sakralraum mit elliptischem Grundriß überdacht ein freskengeschmücktes Kuppelgewölbe, in das eine Scheinkuppel gemalt ist. Er besitzt geschwungene Wandflächen und schräge Pilaster, beim Altar sind eine schwebende Marienkrönungsgruppe, in der Sockelzone 1953 freigelegte Apostelfresken zu sehen. Eine besondere Gleinker Sehenswürdigkeit ist der Zwerglgarten neben dem Stift. Er entstand 1720, zehn Jahre vor den Zwergen im Salzburger Mirabellgarten. Die zwölf Figuren mit den großen Köpfen sind Monatsallegorien und bildeten mit den vier (stark verwitterten) Jahreszeitendarstellungen, vier kleinen Portallöwen und Steinvasen ein barockes Kompositum. Auch die Garstener und Lambacher Patres erfreuten sich einer solchen Zwergensammlung.

LAGE Nördlich des Stadtgebietes von Steyr.
BESICHTIGUNG Nach Anmeldung an der Pforte.

GLOGGNITZ
Ehemaliges Benediktinerstift. NÖ.

Die Klosterburg oberhalb der Stadt, mit Bastionen, Schießscharten, Pechnasen und der einstigen Kirche Maria Schnee, steht an der Stelle einer alten »Cella«, einer Mönchssiedlung des 12. Jh. Sie war um 1094 von Graf Ekbert I. von Formbach-Neuburg-Pitten neben einem hier bestehenden Marienheiligtum begründet worden. Der bayrische Graf hatte an der »Glocniza«, dem »glucksenden Bach«, Benediktiner aus seiner Klosterstiftung Vornbach (Formbach) am Inn angesiedelt und ihnen die Pfarren Pitten und Neunkirchen überantwortet. Im 12. Jh. wird das Kloster am Eichbühel als eine der Pfarre Gloggnitz vorgesetzte »Prepositura«, als »Propstei« des Innklosters erwähnt, der Landbesitz und Waldungen zwischen Schwarzachmündung und »Chlamme«-Schottwien zugehörten. Die Gloggnitzer Benediktiner verstanden sich auf Landwirtschaft und Handwerk, besonders auf den Weinbau. Manche der schon im 12. Jh. von ihnen angelegten stiftlichen Weingärten auf dem »Rebgebirge Stuppach« nördlich von Gloggnitz bestanden bis ins 19. Jh.
Bis ins 13. Jh. war die Formbacher Propstei ein wirtschaftlich und kulturell bedeutendes Zentrum der Pittener Grafschaft, die mit Gloggnitz 1254 an Österreich kam. In der Folge wurden die habsburgischen Landesfürsten Schirmherren des bayerischen Benediktinerstiftes. Die exponierte Lage des Klosters am Semmeringweg — 1227 kam Ulrich von Liechtenstein auf seiner Venusfahrt über den »Semernic« nach »Glokenz« —, Streitigkeiten mit den Kranichbergern, Falken- und Wartensteinern, während der die Mönche im 14. Jh. auch eine Zeitlang vertrieben wurden, zwangen zur Befestigung der Gebäude. Trotzdem fiel die Propstei 1487 Matthias Corvinus und seinen Ungarn, 1532 den Türken zum Opfer. Von Anlage und Einrichtung der Klosterburg berichtet Anfang des 16. Jh. im dritten Buch seiner Historia Vormbacensis Propst Angelus Rumpler, 1501 bis 1513. Er bezeichnet Dorf und Pfarre Gloggnitz als Stiftseigentum. Die Gloggnitzer Pröpste gaben sich in dieser Zeit als vom Formbacher Vaterabt unabhängige Stiftsobere. Während Auseinandersetzungen mit der österreichischen Regierung, die das bayerische Kloster zu besteuern trachtete, zeichnen sie rechtsverbindlich als Grundherren und siegeln mit einer Glocke im Wappen. Verschiedentlich empfingen und bewirteten sie im 17. und 18. Jh. auch Mitglieder des österreichischen Kaiserhauses. Chronisten berichten von Besuchen Kaiser Leopolds I., Karls VI., Maria Theresias, Josephs II. in Gloggnitz. Auch Papst Pius VI. nächtigte auf dem Eichbühel.
In der Reformationszeit und im 17. Jh. verschuldete sich das stark verweltlichte Benediktinerkloster derart, daß es zuzeiten von Regierungs-Administratoren kontrolliert werden mußte. Für die Formbacher Vaterabtei war das einst so »wirdige Gottshaus zu Gloggnitz auf dem Berg« durch permanenten Streit und den Verfall der Klosterzucht längst zum »crucificum«, zu einem rechten Kreuz geworden. Trotzdem überstand Gloggnitz den Josephinischen Klostersturm und wurde erst 1803 säkularisiert. Der letzte Konventuale des Stiftes, Küchenmeister Pater Würntho Güntl, war der erste Pfarrer an der neubegründeten Säkularpfarre Gloggnitz. In den Franzosenkriegen brannte es im Kloster zweimal. Die Güter, bis 1825 von der niederösterreichischen Kammer verwaltet, wurden an Private vergeben. Seit 1928 gehört das zunehmend im Verfall befindliche, von Mietparteien bewohnte »Schloß Gloggnitz« der Stadtgemeinde. Die ehemalige Propsteikirche Maria Schnee im Schloßhof diente bis 1963 als Stadtpfarrkirche.

SEHENSWERT an der Klosterburg sind die Wehranlagen aus dem 16. Jh. Die Kirche Maria Schnee im dreigeschossigen Arkadenhof ist entweiht und zeigt noch verrottende Reste der alten Ausstattung. Die gotische Madonnenfigur, um 1400, aus der ehemaligen, freskengeschmückten Frauenkapelle an der Südseite ist in die neue Christkönigs-Pfarrkirche (ein Clemens-Holzmeister-Bau von 1933/34) auf den gegenüberliegenden Hügel gebracht worden. Maria Schnee war seit dem 13. Jh. Begräbnisstätte der Grafen Wurmbrand, auch die der Herren von Stuppach. Die Kapelle westlich der Kirche, ein ehemaliger frühgotischer Karner mit Fresken und barockisierter Krypta, ist in Verfall.

LAGE Oberhalb Gloggniz.
BESICHTIGUNG Beschränkt möglich. Schlüssel zur Kirche im Besitz der Wohnparteien.

GÖSS
Aufgelassenes Benediktinerinnenstift. Stmk. → auch Seite 99/100.

ZUR GRÜNDUNG UND GESCHICHTE Noch vor dem Jahre 1000 begann Gräfin Adala (Adula) auf dem Landbesitz, den König

Ludwig als Kind den Vorfahren ihres Gemahls, des Pfalzgrafen Aribo, zu beiden Seiten des Murtales geschenkt hatte, zu Costiza-Göß mit der Gründung eines Stiftes. Obwohl von Kaiser Heinrich II. als Benediktinerinnenkloster bezeichnet, dürfte Göß von Beginn an Kanonissen beherbergt haben. Kanonissen waren Frauen, die sich entschlossen hatten, nach bischöflichen Anordnungen in Gemeinschaft zu leben. An kein Gelübde gebunden, weder zu Klausur noch zu dauernder Ehelosigkeit verpflichtet, entstammten solche »Kirchenjungfrauen« ausschließlich vermögenden Adelsgeschlechtern und besaßen eigene Häuser und Privatvermögen. Adalas Sohn Aribo, Erzbischof von Mainz und Reichskanzler Kaiser Heinrichs II., vollendete das Werk der Mutter. Er bestimmte seine Schwester Kunigunde zur Äbtissin und übergab die Gösser Stiftung seinem Herrn. 1002 bestätigte Heinrich II. die Besitzungen des ältesten Stiftes der Steiermark. Im gleichen Jahr stellte Silvester II. das nun zur Reichsabtei erhobene Gösser Kanonissenstift unter päpstlichen Schutz.

Das Damenstift verlor seine exemte Stellung bald wieder und mußte die Stubenberger als Vögte anerkennen. Erzbischof Konrad I. von Salzburg, 1106—47, um kirchliche Reformen bemüht, versuchte die Kanonissen zur Annahme der Benediktinerregel zu bewegen. Obwohl die Stiftsfrauen, sich auf alte Kanonissenrechte und ihre Reichsunmittelbarkeit berufend, vorerst widerstanden, wird 1188 Ottilie von Gutenberg als eine dem Benediktinerorden angehörende Äbtissin von Göß bezeugt. Sie hatte in Admont die ewigen Gelübde abgelegt. 1282 wird Göß zum erstenmal als monasterium ordinis S. Benedicti bezeichnet. Allerdings blieb das Frauenstift weitgehend der Kanonissentradition verpflichtet. Erst Mitte des 15. Jh. konnte sich bei den Nonnen das schwarze Habit gegen die bunte Kanonissentracht durchsetzen. Um diese Zeit verbot man den Gösserinnen auch Besitz und Privatvermögen. Die Klausur wurde erst 1595 eingeführt.

Die allmähliche Umwandlung in ein Benediktinerinnenstift hatte ihre Folgen. 1239 bis 1269 entstand der berühmte »Gösser Ornat«. Das Kloster der adeligen Frauen zu Göß wurde durch kunstgewerbliche Arbeiten und eine Schreibschule, seit 1250 auch durch Spitals- und Armenfürsorge bekannt. Eine in Göß im 15. Jh. errichtete Schule für adelige Töchter tolerierte im 16./17. Jh. sogar der protestantisch gewordene steirische Adel. Die Gösser Äbtissinnen, mit dem Recht der Pontifikalien, mit Sitz und Stimme auf der Prälatenbank im Grazer Landtag ausgestattet, standen auch bei der Bevölkerung in hohem Ansehen.

Pfarrkirche Göß. Gotisches Südportal, um 1520.

Als der Grazer Kreishauptmann Graf Wolf Stubenberg am 21. März 1782 im Namen des Kaisers das Frauenstift des Benediktinerordens zu Göß für aufgehoben erklärte, lebten in Steiermarks ältestem Kloster Äbtissin Marie Gabriela von Schaffman, Priorin Bernarda Gräfin Galler, 28 adelige Chorfrauen, 22 Laienschwestern, 3 Novizinnen, 10 weltliche Laienschwestern, 1 Beichtvater, 3 Pfarrer und Stiftsgeistliche, 1 pensionierter Pfarrer, 4 Musiker, der Hofrichter und 6 Beamte, 3 pensionierte Beamte, 5 Spitalsleute und 7 sieche Personen. In Verwaltung und Wirtschaft des Klosters waren 52 Personen beschäftigt.

Zum Stift gehörten die Herrschaft Göß und im ganzen Land zerstreute insgesamt 2014 Landgründe mit 1400 Untertanen und einer Meierei. Dem Kloster eigen waren 32 Weingärten bei Luttenberg und Pettau im Südsteirischen und an anderen Orten, Gülten in Graz/Umgebung und im südsteirischen Kreis Marburg. Außer viel kostbarem Silber und Pretiosen aller Art bestand ein Reinvermögen von 300 000 Gulden.

Kaiser Joseph II. dotierte den Gösser Besitz dem von ihm begründeten kurzlebigen Bistum Leoben. Zwischen 1784 und 1800 waren die Stiftsgebäude Residenz des einzigen Bischofs von Leoben, des Grafen Alexander Franz Josef Engel von Wagrein. Doch schon 1797 machte Napoleon den Stiftskomplex zu seinem Hauptquartier. Er wurde Ort von Verhandlungen für den Vorfrieden von Leoben. 1827 erhielt die »Vordernberger Radmeister-Comunität« die Baulichkeiten, seit 1911

besitzt die Gösser Brauerei-AG die Klostergebäude.
Die Kanonissen und späteren Benediktinerinnen hatten an ihrer Stiftskirche hl. Maria und hl. Margaretha zu *Göß*, an deren Filialkirchen St. Michael und St. Lambert und in der späteren Spitalskirche St. Erhard Seelsorgepriester angestellt, zwischen zwölf und acht an der Zahl. Vier Priester waren für die Lehenspfarren des Stiftes zuständig, für **Maria Waasen** und **St. Veit** am Veitsberg bei Leoben, für die beiden Pfarr- und Wallfahrtskirchen St. Magdalena in **Tragöß** (Oberort), nordwestlich Bruck a. d. Mur, und **St. Dionysen** ob Bruck a. d. Mur.

GÖTTWEIG

Benediktinerstift. NÖ. → auch Seite 43 bis 46.

BESITZ/INKORPORIERTE PFARREN Schon Bischof Altmann († 1091) hatte seine Stiftung mit ausgedehnten Liegenschaften und Zehenten aus Passauer Eigenbesitz bedacht. Unter seinen Nachfolgern machten Schenkungen Herzog Leopolds III., der Formbach-Ratelnberger, Vohburger u. a. Seelgerätstiftungen von Lehensnehmern, Ministerialen und Hochfreien das monastrium Gottwicense bald zu einer der vermögendsten Klosterherrschaften des Landes. Man nannte es das »Kloster zum klingenden Pfennig«. Den Reichtum verwalteten im Mittelalter 15 Stiftsämter in NÖ., doch lag Klosterbesitz auch im oberösterreichischen Traungau und im Bayerischen. Es waren Ländereien, Herrschaften, Schlösser, Güter, Höfe und Keuschen in der Umgebung des Stiftes, an der Leitha und an der Schwarza, bei Retz, bei Hollabrunn und Sitzendorf, am Wagram und längs des Manhartsberges, bei Krems, bei Ranna und Kottes, bei Tulln und Königstetten, bei Herzogenburg und St. Pölten, an der Gölsen, an der Pielach und am Ybbsfeld. Der Göttweiger Hof in Stein an der Donau und das Amt Rottersdorf bei Herzogenburg waren die gewichtigsten Zentren. Besitzverluste im 15./16. Jh. konnten im 17. und 18. Jh. nur teilweise durch Neuerwerbungen wie die Güter Gurhof und Meidling, im 19. und 20. Jh. durch Ankäufe um Retz und Ottenschlag ausgeglichen werden.
In den 15 riesigen »Zehentkästen« zwischen Göttweig und Petronell an der Donau sammelten sich die Ernten und Abgaben der Klosterholden, in die weiträumigen Keller von Furth, am Fuß des Göttweiger Berges, flossen Millionen Hektoliter Zehentwein aus ganz Niederösterreich. Sie ermöglichten Göttweigs großem Abt Gottfried Bessel († 1749) den Neubau der Gottesburg auf dem Berg in ihrer heutigen Gestalt. Ausgedehnte Wein-, Land- und Forstwirtschaft sichert ihren Bestand noch heute.
Seinem Stifter und einer großen Zahl fromm-gläubiger, auf ihr Wohl im Jenseits bedachter Adeliger verdankte das Kloster auch seinen zum Teil äußerst einträglichen Pfarrbesitz. Die stiftischen Pfarreien lagen und liegen noch heute zum Großteil im Bereich der historischen Wirtschaftsämter. Kilb, Pyhra bei St. Pölten, Mühlbach am Manhartsberg sind die ältesten. Zu Beginn des 18. Jh. besaß das Kloster 22 inkorporierte Pfarren. Um sie hat es im Laufe der Jahrhunderte Kampf, Streit und Prozesse aller Art gegeben. Nach der Josephinischen Pfarregulierung fielen dem Stift weitere 9 Pfarren mit ihren Schulen zu, heute sind ihm noch dreißig Pfarren einverleibt. In der Umgebung des Göttweiger Berges, in der Wachau und im Bereich des Dunkelsteinerwaldes: Göttweig, Furth, Mautern, Brunnkirchen, Rossatz, Unterbergern, Getzersdorf, Gansbach, Mauer bei Melk. An der Pielach und westlich der Traisen: Markersdorf a. d. Pielach, Haindorf, Grünau (Hofstetten), Kilb, Rabenstein. Östlich der Traisen und an der Gölsen: Pyhra, Schwarzenbach a. d. Gölsen, St. Veit a. d. Gölsen, Rohrbach a. d. Gölsen, Hainfeld, Kleinzell. Im Waldviertel westlich Krems: Purk, Kottes. Im Weinviertel, östlich Langenlois, südlich und südöstlich Retz: Mühlbach am Manhartsberg, Gösing, Obernalb, Unternalb, Jetzelsdorf, Pfaffendorf, Nappersdorf, Roggendorf.
An schönen Maitagen früherer Jahrhunderte wallfahrteten die Mauterner, Rossatzer und Gläubige aus Stein a. d. Donau gern zum hl. Urban, dem Weinpatron, nach **Brunnkirchen** unweit von Furth, inmitten der Weingärten am Fladnitzbach. Auf dem predium ad Pruni, einer Altmann-Schenkung an Göttweig, stand eine Kapelle mit dem ursprünglichen Patrozinium zu den Heiligen Philipp und Jakob. Fresken des 18. Jh. in der heutigen Kirche zum hl. Urban, einem im 16. Jh. erbauten, im 17./18. Jh. umgebauten und erweiterten Gotteshaus, schildern Szenen aus dem Leben des Bischofs, der sich vor seinen Verfolgern hinter einem Weinstock hatte verbergen können. Von den Pfarren in der unmittelbaren Umgebung des Stiftes ist die Kirche zum hl. Wolfgang in **Furth bei Göttweig** baulich die älteste. Das Gotteshaus mit den beiden Straßendurchführungen unter dem noch kreuzrippengewölbten überhöhten Chor geht auf einen Kapellenbau von 1494 zurück. Abt Bessel ließ der Kirche 1719 nach Zeichnungen Joh. Luk. Hildebrandts die heutige Gestalt geben. Sie war damals Mittelpunkt einer weit verbreiteten Sebastiani-Bruderschaft, die am Sebastianitag beliebte Wallfahrten zum Altmann-Grab in die Gruftkirche des Stiftes veranstaltete. Der Ort Furth wird bereits in der Schenkungsurkunde des hl. Altmann im 11. Jh. erwähnt und war mit Meierei, Hof, Taverne und sonstigen Wirtschaftsgebäuden zur Gänze dem Stift unterstellt.
Patronatsherren der Pfarre **Gansbach** im Dunkelsteinerwald, einst zur Herrschaft Wolfstein gehörig, waren im Mittelalter die Kuenringer. Die Kirche St. Bartholomäus mit dem gotischen Presbyterium um 1400 entstand unter den Maissauern. 1630 kam die Herrschaft Wolstein mit dem Gurhof samt der Pfarre Gansbach von dem als Protestanten geächteten Ludwig von Starhemberg an Stift Göttweig. Die zur Pfarre gehörenden Orte Wolfenreith, Scheiblwies, Plaimberg, Geyersberg und Paltmühle wurden ausgepfarrt und fielen an das Servitenkloster Langegg.
Die Pfarre **Getzersdorf** gehörte dem Pfarrsprengel von Herzogenburg an und kam im 14. Jh. an Göttweig. Unter den Jörgern auf dem nahegelegenen Schloß Walpersdorf wurde Getzersdorf im 16. Jh. lutherisch. Auf Geheiß des Göttweiger Abtes Falb pastorisierten seit 1627 Benediktiner aus Klein-Mariazell die Gemeinde. Unter Abt Odilo entstand 1750/1756 der heutige Kirchenbau St. Michael anstelle einer früheren kleinen Kirche.
Als Pfarrort unterstand **Gösing** vorerst Grafenwörth, dann dem südlich von ihm gelegenen Mühlbach am Manhartsberg. Ein erster Kaplan an der im 17./18. Jh. zur Kirche erweiterten St.-Johannes-Kapelle wird 1445 erwähnt, im 16./17. Jh. versahen Karmeliter und Minoriten aus Wien die Seelsorge. Stift Göttweig besaß in Gösing seit dem 12. Jh. ein Officina, ein Unteramt zur Verwaltung umliegender Güter. 1783 übertrug ein kaiserliches Hofdekret dem Stift auch die Pfarre.
Die Pfarre **Grünau a. d. Pielach,** südlich Obergrafendorf (Hofstetten), kam durch

eine Schenkung Elisabeths von Rabenstein, einer Verwandten der Edlen von Hofstetten, im 14. Jh. an das Stift, das hier Land besaß. Als Tochterpfarre von Kilb wird Hofstetten im 13. Jh. genannt. An der Pfarrkirche zum hl. Georg mit spätromanischem, flachgedecktem Langhaus und großartigem Chor predigte um 1580 der lutherische Prädikant Jakob Egger aus St. Pölten, erst 1670 waltete wieder ein katholischer Pfarrherr seines Amtes. 1161 erwarb Göttweig zusammen mit der Pfarre St. Veit a. d. Gölsen die Pfarre **Hainfeld.** Es stattete die einstige Filialkirche von Pyhra mit pfarrlichen Rechten aus. Streit um den gut dotierten Pfarrherrensitz hatte das Stift schon im 15. Jh. mit weltpriesterlichen Seelsorgern, die es hier als Vikare eingesetzt hatte. Im 16. und 17. Jh. prozessierten lutherische Prediger mit Göttweig, und die Herren von Jörger maßten sich Vogteirechte über den Besitz an. Schließlich gerieten die Benediktiner wegen der Pfarre Hainfeld mit den Zisterziensern von Lilienfeld in Streit. Erst 1675 war die letzte Fehde beigelegt. Der Benediktiner, der in Hainfeld einzog, David Corner, wurde wenig später Abt von Göttweig, 1631/48. Die noch immer imposante dreischiffige spätgotische Kirche St. Andreas von Hainfeld mit einem Chor um 1400, im 18. Jh. barockisiert und barock behelmt, im 19./20. Jh. neugotisch verändert, ist in den Türkenkriegen 1529 und 1683, ebenso 1945 zusammen mit dem Ort schwer beschädigt worden.

Die kapellenartige Marienkirche von **Jetzelsdorf** nächst Haugsdorf war bis 1784 Zubehör der benachbarten Pfarre Pfaffendorf.

Die ehrwürdigste der westlich der Traisen gelegenen stiftseigenen Pfarrkirchen steht im Markt **Kilb.** Die überraschend große, dreischiffige und dreichörige Staffelkirche des 15. Jh., mit Stern-, Kreuz- und Netzrippengewölben, Maßwerkfenstern und Grabsteinen des 15. Jh., steht auf einem im 11. Jh. von der Edlen Richiza dem Stifte geschenkten Grund. Bischof Altmann von Passau weihte das Gotteshaus zu Ehren der hl. Simon und Judas und machte es zum Mittelpunkt eines von Hürm abgetrennten Pfarrgebietes. Inkorporiert wurde Kilb Göttweig erst zu Beginn des 16. Jh.

Das hoch oberhalb des Kirchweilers **Kleinzell** am Hallbach südlich der Gölsen gelegene Gotteshaus schenkten 1330 Kunigunde von Hohenberg und ihre Söhne dem Stift unter der Bedingung, daß bei der »chirchen in dem Halpach, daz da haizzet auf der Celle«, jeweils zwei Göttweiger Konventualen wohnen sollten und die Herren von Hohenberg als Erbvögte anerkannt würden. Mit den Erben der Hohenberger, den Jörgern, kamen Pastoren nach Kleinzell. Erst nach der Enteignung der protestantischen Adeligen konnte Göttweig wieder — wegen des Priestermangels nicht immer stiftungsgemäß — in seine Rechte treten. Zur Kirche Mariä Himmelfahrt führt eine Stiege mit 53 Stufen. Der gotische Chor weist noch auf die Zeit Kunigundes von Hohenberg, das eine Seitenschiff stammt aus dem 15. Jh., das andere aus dem 17. Jh., als die jetzt neugotisch eingerichtete Kirche barockisiert wurde.

Inmitten des riesigen Urwaldgebietes an der Kleinen Krems, das um 1070 durch Schenkung Bischof Altmanns von Passau und Waldos von Rana aus dem Geschlecht derer »von Grie« an das Stift gekommen war, entstand unter der Leitung der Benediktiner die Ansiedlung »Chotanisreuth«, die Rodung des Chotan, das spätere **Kottes.** Um 1123 weihte der Passauer Bischof Reginmar die Kirche zu Ehren Mariä Himmelfahrt. Als »Maria Berg im Tale« schon im 15. Jh. Ziel vieler Wallfahrten, wurde sie um 1515 zu einer mit ungewöhnlich reichem Netzwerk überwölbten gotischen Hallenkirche ausgebaut. Um 1520 enstand das schöne Christophorusfresko an der Außenwand. In dem um 1760 zum Teil barockisierten Bau findet sich an der Aspis noch das romanische Grundgemäuer der frühen Rodungskirche. (Auf den romanischen Karner, den man 1839 abbrach, weist inmitten des ummauerten einstigen Friedhofs noch ein Abstieg.) Der um 1800 in gotisierend klassizistischem Stil errichtete Hochaltar birgt die von Wallfahrern verehrte Madonnenstatue aus dem 15. Jh.

Obwohl im Besitz vieler pfarrlicher Rechte, im 15. Jh. sogar als Pfarrkirche angeführt, war St. Martin in **Markersdorf** a. d. Pielach bis zu Kaiser Joseph II. Zeiten Filialkirche der Pfarre Haindorf. Ihr kreuzrippengewölbter Chor um 1400, der noch gotische Turm überragen das Langhaus aus dem 18. Jh. um ein Beträchtliches. An die gotische Bauzeit erinnert auch die Sakramentsnische.

Von den Stiftspfarren im Gebiet des Dunkelsteinerwaldes ist **Mauer** bei Melk mit dem berühmten Flügelaltar die historisch und kunsthistorisch bedeutendste. Mauer war eine Schenkung der Formbacher des 12. Jh. an Göttweig. Seine gotische Ausstattung verdankt das etwas außerhalb des Ortes gelegene Gotteshaus des 13. Jh. den Rittern Enenkel von Albrechtsberg. Eine Grabplatte in der Kirche nennt einen Albrechtsberger sogar als Gründer. Unter dem späteren Herrn auf Burg Albrechtsberg an der Pielach, Ludwig von Starhemberg, wurde der Pfarrer verjagt, die Kirche geplündert. — Ältester Teil des heutigen Baues sind der Turm und die Kapelle (um 1300). Das 1737 barockisierte Langhaus überragt ein Chor mit Netzgewölbe und Maßwerkfenstern, 1427. Die Sehenswürdigkeit von Mauer, der Schnitzaltar mit unvergeßlichen Figurengruppen — Heilige und Arme Seelen, Maria mit dem Kind, Dreifaltigkeit, Szenen aus dem Marienleben —, ist eine niederösterreichische Arbeit um 1520. Bis ins 18. Jh. war Mauer als Wallfahrtskirche »Maria am Anger« bekannt.

Die für Göttweig historisch bedeutendste Pfarre ist **Mautern an der Donau** am Wachaueingang. Der Ort des römischen Kastells Favianis spielt im Leben des hl. Severin, des Apostels von Noricum, im vierten nachchristlichen Jahrhundert eine entscheidende Rolle. Das »Mutaren« des Nibelungenliedes war im Mittelalter ein wichtiger Umschlagplatz am Donauübergang an der alten Handelsstraße von Böhmen nach Italien. Lag es doch gegenüber von Chremise/Krems, dem um 1150 noch vor Wien bedeutendsten Handelsplatz im heutigen Österreich. Unter den Passauer Bischöfen, den Herren und Grundherren von Mautern und seinem Umland, wurde die St.-Stephans-Kirche des Ortes Mittelpunkt eines zehn Pfarren umfassenden Sprengels. Bischof Altmann von Passau übergab ihn seiner Neugründung Göttweig. Streitigkeiten, die zwischen dem bayerischen Bistum und der österreichischen Abtei um Mautern und einige Tochterpfarren schon im 12. Jh. entstanden, endeten erst, als im 18. Jh. der österreichische Reichsvizekanzler Graf Karl Friedrich von Schönborn, von Abt Bessel dazu ermuntert, das passauische Gut erwarb. Die heutige Pfarrkirche zum hl. Stephan — an ihr bestanden seit dem 15. Jh. mehrere Benefizien, die zum Teil an Göttweig kamen — geht auf einen Bau um 1400 zurück, der 1697 barockisiert und um 1770 u. a. mit Kreuzwegstationen des Kremser Schmidt ausgestattet wurde. Außer der zum Stadtmuseum profanierten gotischen Margarethenkapelle, urkundlich 1083, besaß Mautern eine Agapit-Kapelle, in der sich im Jahre 985 Bischof Pilgrim mit Gläubigen versammelte, eine um 1083 erwähnte Andreaskapelle und im passauischen Gutshof eine Kapelle zum hl. Nikolaus. Filialkirche von Mautern ist St. Johannes d. T. aus dem 14. Jh. im nahegelegenen Hundsheim.

Als Bischof Reginmar von Passau um 1124 die unter ihm erbaute Kirche in **Michelbach** zu Ehren des hl. Michael konsekrierte und an Göttweig übergab, versah er sie mit einem von der Urpfarre Pyhra ausgeschiedenen großen Sprengel und erhob sie zur Pfarrkirche. Im lutherischen Jahrhundert blieb St. Michael lange Zeit unbesetzt und wurde zuzeiten von Pyhra aus pastorisiert. Die heutige zweischiffige Barockkirche besitzt nur geringe Reste ihrer romanischen und gotischen Vorläuferinnen.

Zentrum der Pfarre **Mühlbach am Manhartsberg,** seit ihrer Gründung durch Bischof Altmann von Passau dem Stift einverleibt, war die Burgkapelle am Sitz der Herren von Mühlbach, eines mit den Maissauern verwandten Geschlechtes. Vom Gotteshaus des 12. Jh. findet sich keine Spur. Der jetzige Bau mit spätgotischem Südportal und der angebauten gotischen Katharinenkapelle des 14. Jh. geht auf die Barockisierung im 17. Jh. zurück. Unter Anführung eines jungen Herrn von Maissau verwüsteten Landsknechte des Freiherrn von Traun im Dreißigjährigen Krieg die Kirche auf barbarische Art. Das Presbyterium entstand 1837. Zum Pfarrsprengel, dessen Pfarrer mit den Schloßbesitzern Rechts- und Besitzstreitigkeiten wegen meist in Fehde lagen, gehörten bis ins 17. bzw. 18. Jh. die Pfarrorte Straß im Straßertale und Elsarn.

1133 schenkten Chadolt von Mailberg und Gemahlin Truta die St.-Stephan-Kirche von **Nappersdorf** nordöstlich von Hollabrunn an Göttweig. Besitzungen der Passauer Bischöfe in Mailberg, im Pulkatal und auch um Nappersdorf erklären die Schenkung des Adeligen an das bayerische Bistum. Göttweig besetzte Nappersdorf, wie viele seiner Pfarren, bis ins 17. Jh. mit Weltpriestern. Im 18. Jh. wurde die Pfarre vom Zentralamt Unternalb verwaltet. Die hochgelegene Kirche mit Langhaus, Chor, schönem Vorraum und gotischem Portal aus dem 14. Jh. stand möglicherweise einst neben einer kleinen Burg. Die romanischen Apostelfiguren aus ihrem Schiff hat man im Hollabrunner Museum aufgestellt.

Als **Obernalb** südwestlich von Retz im Jahre 1877 aus dem Pfarrverband Unternalb ausschied und selbständige Lokalie wurde, ließ Göttweig die Kapelle aus dem 15. Jh. zur Kirche erweitern.

Pfaffendorf, ursprünglich Filiale der benachbarten Pfarre Unternalb südlich von Retz, ist vor 1400 Pfarre geworden. Die etwas erhöht liegende St.-Georgs-Kirche mit Chor aus dem 15. und Langhaus aus dem 17. Jh., früher wahrscheinlich Zubau einer kleinen Dorfburg, besitzt ein sehenswertes Sakramentshäuschen. Der Pfarrhof war vor 1776 Zehenthof des Stiftes. Filialen sind die Kapellen in Peigarten und Pernersdorf.

Die Hügelkirche von **Purk** gehörte bis ins 14. Jh. zur südlich von ihr gelegenen Pfarre Kottes. Ihr Patrozinium St. Martin und die Höhenlage verweisen auf einen frühen Edelsitz an dieser Stelle. Das romanische Grundgemäuer stammt aus dem 12. Jh. Der wahrscheinlich im 13. Jh. entstandene dreischiffige Bau wurde Anfang des 16. Jh. gotisiert und ist im 17. und 18. Jh. ausgestattet worden. Turm und Langhaus, Seitenschiff und Pultdach, Chorquadrat und Halbkreisapsis bilden eine eindrucksvoll gestaffelte architektonische Einheit.

Pyhra südöstlich St. Pölten gehörte zu jenen Pfarren, die Bischof Altman von Passau Göttweig als Dotation zuwies. Die Pfarrkirche zur hl. Margareta mit dem mächtigen Turm, einer der bedeutendsten frühgotischen Sakralbauten des Landes, ließ das Stift wahrscheinlich an der Stelle eines älteren Baues zwischen 1300 und 1330 errichten. Die dreischiffige Kirche ist im 18./19. Jh. verändert und ausgestaltet worden, besitzt jedoch interessante architektonische Details aus der Erbauungszeit, auch sehenswerte Renaissance-Grabmäler derer von Greiß zu Wald und ein Epitaph von 1572. Die ehedem mit drei Priestern besetzte Pfarre, 1529 von Türken verwüstet und gebrandschatzt, verwalteten im 16./17. Jh. Pastoren. Mit den lutherischen Herren von Greiß und Bauern der Umgebung widersetzten sie sich dem kaiserlichen Befehl, der eine Wiedereinführung des katholischen Gottesdienstes anordnete. Erst eine weitere kaiserliche Order von 1627 erzwang die Übergabe der Pfarre an Göttweig. 1683 metzelten die Türken den Pfarrherrn und über hundert Gläubige nieder.

1283 wurde die bis dahin Grünau-Hofstetten unterstellte Kirche zum hl. Laurentius in **Rabenstein** an der Pielach Pfarrkirche. Die barockisierte dreischiffige gotische Staffelkirche ist ein mächtiger Bau mit der Jahreszahl 1490 und Fresken des 15. Jh. im Chor. Rabenstein ist die Heimatpfarre des Wiener Erzbischofs Kardinal König.

Die Kirche Mariä Geburt in **Roggendorf,** eine Stiftung des Georg von Ruckendorf in der ersten Hälfte des 15. Jh., unterstand im Mittelalter dem benachbarten Nappersdorf. Der Zustrom von Pilgern machte den Neubau von 1651 notwendig. Die Wallfahrtskirche mit der gemauerten Turmzwiebel ist mit Gemälden von Martin Johann Schmidt, 1762, und Einrichtung des späten 18. Jh. ausgestattet. Der von Gläubigen verehrte Kultgegenstand, eine sitzende gotische Marienstatue um 1500, ist noch heute, besonders am Fest Mariä Namen, am 7. September, Ziel von Wallfahrern aus dem Hollabrunner Bezirk.

Die Pfarrkirche St. Bartholomäus von **Rohrbach an der Gölsen,** 1464 urkundlich, gehörte ursprünglich zum Pfarrsprengel Hainfeld. Der gotische kreuzrippengewölbte Bau wurde 1785 Pfarrkirche und erhielt im 19. Jh. die neugotische Einrichtung.

Im Jahre 1409 wurde die Mautener Filiale **Rossatz** selbständige Pfarre. Die Kirche zum hl. Jakobus d. Ä. aus dem 14. Jh. mit kreuzrippengewölbtem Mittelschiff und gewalmtem Turmdach ist im 18. Jh. durch Zubau von Seitenschiffen verändert worden, besitzt jedoch noch Details und Grabsteine aus dem 15. und 17. Jh. Um den Besitz der Pfarre kam es im 16. Jh. zu langwierigen Patronatsprozessen zwischen Göttweig und den lutherischen Gutsherren Geymann, die 1599 zugunsten des Stiftes endeten. Doch gelang es den Göttweiger Benediktinern nicht, sich vor 1620 gegen die in Rossatz amtierenden Pastoren durchzusetzen.

Auf einem aus der Pfarre Pyhra abgetrennten Gebiet entstand in der zweiten Hälfte des 12. Jh. der Pfarrsprengel **St. Veit an der Gölsen. 1161** hatten die steirischen Otakare ihre Kirche St. Veit, die sie als eine Art Konkurrenz zu Pyhra hatten errichten lassen, mit Göttweig eingetauscht. Den Benediktinern unterstand hier auch ein Wirtschaftsamt. Nach 1469 bestellte das Stift zur Betreuung von Kirche und Amt Weltpriester. Pfarrer Ackermann im 16. Jh. verheiratete sich und versah als Familienvater seinen Dienst. Ihm folgten von den lutherischen Jörgern beschützte Pastoren. Erst seit 1621 feierte man in der dreischiffigen St.-Veit-Kirche mit schönem Chor um 1400, netzrippengewölbtem Langhaus, einem spätgotischen Portal und einem gotischen Vorderraum wieder katholische Gottesdienste. In dem spätbarock eingerichteten Gotteshaus sind Reliefs aus dem 15. Jh. und mit dem Göttweigschen Wappen geschmückte Glasgemälde sehenswert.

Die kleine St.-Peter-Kirche in **Schwarzenbach** a. d. Gölsen, mit gotischen und barocken Bauteilen, gehörte bis 1784 zum Pfarrgebiet von St. Veit a. d. Gölsen.

Die Pfarrkirche zum hl. Johannes d. T. in **Unterbergern** ist 1784 errichtet worden, als der Ort unter Joseph II. zu einer von Mautern getrennten eigenen Pfarre erklärt wurde.

Zu Anfang des 12. Jh. hatte Graf Wolfker, ein Verwandter der Grafen von Poigen, auf seinen einst zur »Böhmischen Mark« gehörenden Gütern, in der Ansiedlung Naliub, dem späteren Nalb und heutigen **Unternalb** nächst Retz, die St.-Laurentius-Kirche begründet. Als Passauer Lehensherr schenkte Wolfker von Naliub die Kirche samt dem Besitztum an der böhmischen Grenze dem Stift Göttweig und verlegte seinen Sitz in das nahegelegene, damals noch zum Pfarrsprengel Nalb gehörende Retz. Als dieses ausgedehnte Besitztum der Göttweiger Benediktiner im 16. Jh. lutherisch wurde, besetzte man die Pfarre mit dem tüchtigen Kapitularen Sixtus Trenbäck. An ihn erinnert ein Grabstein in der im Grundbestand noch gotischen, von einem mächtigen Nordturm flankierten St.-Lorenz-Kirche mit imposanten Kreuzgewölben. Seit dem 17. Jh. nannten sich die Pfarrer von Unternalb, denen nicht geringe Verwaltungspflichten oblagen, Pröpste. Als das Stift 1721 sein Zentralamt für die Verwaltung der Weinviertler Besitzungen von Stein a. d. Donau nach Unternalb verlegte, ließ Göttweig neben der inzwischen barockisierten Lorenzkirche einen neuen Pfarrhof errichten. Seither waren die Pfarrer von Unternalb Verwalter der »Propstei Nalb und Herrschaft Stein«. Noch zwei Jahre vor der Auflösung der Grundherrschaften in Österreich, 1848, vergrößerte Göttweig den Pfarrhof um einen eigenen Verwaltungstrakt.

Patronatsrechte besitzt Stift Göttweig außerdem über die Pfarren **Heiligenblut, Ottenschlag, Retz** und **Salingberg.**

Griffen, Kärnten, ehem. Prämonstratenserstift, 13./18. Jh.

GRIFFEN

Ehemaliges Prämonstratenserstift. Ktn.

ZUR GRÜNDUNG UND GESCHICHTE Gründung und Frühgeschichte des kleinen Klosters abseits der Bundesstraße von Völkermarkt zum Griffener Berg sind eng mit dem Kampf um die Nachfolge der 1269 ausgestorbenen Markgrafen und Herzöge von Andechs verbunden.

Am 5. April 1236 ließ der Bamberger Bischof Eckbert, Graf von Andechs, in einer Urkunde festhalten, daß er mit Zustimmung des Domkapitels zu seinem und seines verstorbenen Bruders, des Markgrafen Heinrichs Seelenheil die Kirche von Oberndorf nächst Griffen samt Zubehör dem Prämonstratenserorden übergebe. Die aus dem fränkischen Kloster Vessra in der Diözese Würzburg ins »Griventhal« gerufenen Mönche sahen sich mit 26 Huben Land, mit drei Weingärten bei Wolfsberg, zwei Gärten und Wald zwischen der bambergischen Feste ob Griffen und der Oberndorfer Kirche dotiert, auch mit einer Schwaige auf der Saualpe. Dem neuen Kloster unterstanden Kirchen und Kapellen in und um den Markt und auf der Burg Griffen. Schon zur Gründungszeit, z. T. erst in der Folge erhielt das Stift inkorporiert: die Marienkirche des Ortes (Oberdorf), die Pfarren Greutschach, Wölfnitz, Weissenegg, Ruden und Markt Griffen. Die Prämonstratenser verwalteten mit der Pfarre St. Peter in der Perau auch das St.-Katharinen-Spital bei Villach und die Pfarre hl. Kreuz bei Villach.

Die Griffener Mönche, als fleißige Seelsorger, Prediger und Krankenpfleger beliebt, genossen die Gunst des Kärntner Adels, besonders die des Grafen Ulrich von Heunburg. Es war jener Ulrich III. von Heunburg, der im Jahre 1269, nach dem Tode des letzten Herzogs von Andechs, mit dem Großteil der kärntnerischen und steirischen Adeligen die Partei des Böhmenkönigs Ottokar Přemysl ergriffen hatte und in dessen Namen auch als designierter Hauptmann von Kärnten zu Völkermarkt Gericht hielt. Vom Přemysliden dazu ermuntert, ehelichte Ulrich 1270 Fürstin Agnes, die Witwe des letzten Spanheimer Herzogs, eine gebürtige Babenbergerin. Allzubald mußte der Heunburger Graf erkennen, daß es der Böhmenkönig nur auf die Besitzungen seiner Gemahlin abgesehen hatte. Als er sie gezwungen hatte, gegen eine geringe Ablöse auf ihre Erbansprüche zu verzichten, entband er ihn selbst, Ulrich, seiner Funktionen als Landeshauptmann von Kärnten. Mit einer großen Zahl Unzufriedener bekannte sich der Graf jetzt zu Rudolf von Habsburg, dem gewählten deutschen König, und stellte ihm für den Kampf gegen Ottokar zweihundert Ritter zur Verfügung. In der Marchfeldschlacht im August 1278 entschied sich das Schicksal für den Habsburger.

Schon 1272, anläßlich der Konsekration der Griffener Stiftskirche, hatte Ulrich den der Himmelfahrt Mariae geweihten Hochaltar zu sein und seiner Eltern Seelenheil mit vier Huben Land in Grafenbach dotiert. 1280, nach dem Sieg des Habsburgers über den Böhmen, gewährte der Heunburger dem Kloster das Patronatsrecht über die Kirche »Unserer Lieben Frau« zu Haimburg. Eine vom Bamberger Bischof Bertold gesiegelte Urkunde vom 4. April 1284 hielt fest, daß Graf Ulrich III. von Heunburg das Kloster Griffen mit Einkünften von 16 Mk Friesacher Pfennigen versehen, die Kirche St. Maria zu Haimburg mit zusätzlichen Einkünften von 30 Mk Friesacher Pfennigen dotiert habe. Zur Erinnerung an solche Frömmigkeit, zum Dank für solchen Großmut, heißt es in dem Pergament, räumt Bischof Bertold dem Grafen, dessen Gemahlin Agnes und deren Nachkommen das Recht ein, sich als die zweiten Gründer des Griffener Klosters zu bezeichnen.
Doch es widerfuhr dem großen Wohltäter und zweiten Gründer des Stiftes Griffen von den nun in Österreich zur Herrschaft gekommenen Habsburgern nicht viel Besseres als vom Böhmenkönig. Unter König Rudolf verlor Graf Ulrich endgültig seine niederösterreichischen Besitzungen. Die Ländereien seiner Gemahlin Agnes, auf die er Anspruch zu haben glaubte, wurden eingezogen. Als Regent in Kärnten bestellte Rudolfs Sohn, Albrecht I., seinen Schwiegersohn, den Grafen Meinhard von Tirol, der Ulrich auch die Vogteirechte über das untersteirische Kloster Oberburg entzog.
Am denkwürdigen 1. Januar 1292 stellte sich Graf Ulrich im Kloster → Rein an die Spitze der steirischen und Kärntner Verschwörer, die im Bunde mit Regenten und Herren fast aller damaligen Länder Mitteleuropas entschlossen waren, das Haus Habsburg zu stürzen. Durch Verrat seines Freundes Friedrich von Weissenegg fiel im Herbst 1291 die uneinnehmbare Bamberger Feste auf dem Felsen oberhalb Griffen in Ulrichs Hand. Er machte sie zum Zentrum der Erhebung. Um die Prämonstratensermönche zu bewegen, für ihn und seine Freunde die Hilfe Gottes zu erflehen, hatte Ulrich ihnen schon im Mai 1291 zwei weitere Huben in Grafenbach geschenkt und sonstige Stiftungen an das Kloster bestätigt. Solche guten Taten galten nicht allein dem Kloster, sie sollten dem Grafen auch Zulauf Gleichgesinnter bringen, ihm vor allem die nötige finanzielle Unterstützung für den Kampf gegen Habsburg sichern.
Ulrichs und seiner Verbündeten kriegerische Unternehmung endete im März 1293 mit der Niederlage am Wallersberge nächst Griffen. Obwohl zahlenmäßig in der Übermacht, verlor der Heunburger im Kampf gegen Albrechts Mannen fast seine gesamte Streitmacht. Noch hielt er sich auf seiner Felsenfeste. Verkäufe an das Kloster, dessen Zuwendungen und Hilfestellung reichten jedoch nicht. Als die Haufen des Habsburgers Ulrichs Besitzungen zwischen Haimburg und Diex im Jauntal zu verwüsten und niederzubrennen begannen, unterwarf sich der Empörer und schwor zu Wien Urfehde. Seine Güter wurden eingezogen. In seinem Verbannungsort Wiener Neustadt starb 1295 Agnes. Wieder begnadigt und nach Griffen zurückgekehrt, ließ Ulrich in der Griffener Klosterkirche zwei Altäre zu Ehren des hl. Märtyrers Christophorus und der eintausendeinhundert heiligen Jungfrauen errichten. Für die verstorbene Gemahlin stiftete er eine ewige Monatsmesse, zu ihrem Sterbetag eine Messe und Vigilien. Im Jahre 1308 starb der fromme Verschwörer, mit seinem Schicksal und mit Gott versöhnt. Die Chorherren bestatteten den zweiten Gründer des Klosters in ihrer Kirche. Schenkungen, Messen und Vigilien, die Ulrichs Söhne stifteten, sollten ihm im Jenseits weiterhelfen.
Am 20. Februar 1601 erklärte Papst Clemens VIII. das Prämonstratenserstift, dessen Pröpste seit 1475 das Recht der Pontifikalien besaßen, auf Betreiben Erzherzog Ferdinands für aufgehoben. Obwohl der spätere Kaiser die Vereinigung des Besitzes mit dem Grazer Jesuitenkolleg verfügte, behaupteten sich die Griffener Mönche mit Hilfe des Bistums Bamberg. 1748 bestätigte das Generalkapitel des Ordens in Premontré Griffen als eine der böhmischen Zirkarie angehörige Abtei. 1786 jedoch mußte der letzte Kapitular das Kloster verlassen. Das Hofkanzleidekret vom 19. Mai dieses Jahres bestimmte, daß die Pfarre Griffen, deren Filialkirchen und die vom Stift betreuten Pfarren mit Weltpriestern zu besetzen seien und das Vermögen mit dem Religionsfond zu vereinigen sei. Es handelte sich um die Herrschaft Griffen mit 238 Untertanen, mit Äckern, Wiesen, Weiden, Wäldern, Zehenten und Mühlen, um das Gut Kathrein bei Villach, Weingärten in der Südsteiermark, einige Häuser und Gebäude.

SEHENSWERTES Besuchern, die das einstige Prämonstratenserkloster vom Westen her betreten, bietet sich eine überraschende Vielfalt von z. T. gut restaurierten Kirchen- und Stiftsbauten. Eine noch mit Wehrgangresten, Schießscharten und einem Eckturm bestückte spätgotische Wehrmauer umschließt den südlichen Teil der Anlage mit dem fast quadratisch angelegten Friedhof und der romanischen alten Pfarrkirche Unsere Liebe Frau, um 1235 urkundlich. Nordöstlich und nördlich begrenzt den alten Klosterbereich die neuere, jedoch ebenfalls schon 1272 urkundliche Stifts- und jetzige Pfarrkirche »Mariae Himmelfahrt in Haslach«. An sie schließen sich der alte Kreuzgang aus dem 13. Jh. und die im 17. Jh. errichteten zweigeschossigen Barockgebäude. Blickfang ist die auffällig bunte Westfassade der Stiftskirche Mariae Himmelfahrt mit ihrem baldachinartig gestalteten Giebelfeld und den großen Nischenfiguren im Mittelteil. Zwei Pilaster, die das Portal flankieren, deuten die alte dreischiffige Pfeilerbasilika des 13. Jh. an, die sich hinter dieser Barockfassade verbirgt. Die Grundstruktur des romanischen Gotteshauses ist im Kircheninneren noch zu erkennen. Das sechsjochige Mittelschiff überragt die Seitenschiffe um die doppelte Höhe. Die reiche Einrichtung mit prunkvollen Seitenaltären, selten schönen Epitaphen, wunderschön geschnitzten Wangen der Kirchenbänke stammt zum Großteil aus dem 18. Jh., die zahlreichen prächtigen Grabsteine aus dem 15. bis 18. Jh. Der Hochaltar, 1776, füllt die ganze Höhe und Breite des Priesterchores und ist mit einer Madonna um 1520 geschmückt. — Die alte Kirche Unsere Liebe Frau, 1235 als Sitz einer Propstei genannt, errichteten die aus Thüringen gerufenen Prämonstratensermönche. Eine im 19. Jh. aufgeführte Vorlaube beeinträchtigt den Blick auf den Kirchenbau mit dem romanischen (gotisch erhöhten) Chorturm und dem zweigeschossigen rechteckigen Sakristei- und Oratoriumsanbau. Über den alten Chorwänden des Langhauses aus dem 13. Jh. errichtete man im 14. Jh. einen vieleckigen gotischen Chor. Im 16. Jh. ist die Kirche durch ein nördliches Seitenschiff erweitert worden. Aus dieser Zeit, 1537/38, stammen die Gewölbe mit Netz-

und Sternrippen. Vor eindrucksvollen Zeugnissen aus der ersten Zeit des Stiftes stehen wir im Altarraum. In ihm sind 1963 freigelegte Fresken zu sehen, die unter Darstellungen der Kreuzigung und der Frauen am Grab Bilder Kaiser Heinrichs II. und seiner Gemahlin Kunigunde, des von der Kirche heiliggesprochenen Herrscherpaares aus dem 11. Jh., mit den Heiligen Nikolaus und Georg zeigen. Der Freskenschmuck an der Wand des Triumphbogens stammt aus dem 15. Jh. Die sechs Holzreliefs mit drastischen Passionsszenen in der Chorwand, Reste eines Flügelaltars, ebenso wie die Einrichtung mit Hochaltar und schön geschnitzter Kanzel entstanden im 17. Jh.

LAGE Westlich Griffen unweit der Packer Bundesstraße.
BESICHTIGUNG Hofanlage und Kirchenbauten sind frei zugänglich.

GURK

Ehemaliges Benediktinerinnenstift, aufgelassenes Augustiner-Chorherrenstift. Ktn.
→ auch Seite 118—123.

Ende des 9. Jh., 898, hatte Kaiser Arnulf den schwäbischen Adeligen Zwentibolch mit ausgedehnten Besitzungen an der Gurk bedacht. Sie waren einer Landschenkung benachbart, die Ludwig der Deutsche 35 Jahre vorher an die Salzburger Kirche zum Unterhalt von deren Bischöfen gemacht hatte, die hier, in ihrem karantanischen Missionsgebiet, des öfteren unterwegs waren. Nachfahrin des Zwentibolch war Gräfin Hemma, eine geborene von Friesach-Zeltschach, mit Wilhelm von Sanntal aus der Untersteiermark verehelicht. Verwitwet und vereinsamt — aufständische Bergknappen hatten ihre Söhne erschlagen, Gemahl Wilhelm war während einer Bußfahrt nach Rom verschieden — ließ die tiefgläubige Frau auf ihrem ausgedehnten Besitztum eine große Zahl frommer Stiftungen errichten. Hemma von Gurk gilt als Begründerin der Kirchen von Glödnitz, Lieding, St. Radegund, St. Lorenzen am Berg in Friesach und dreier weiterer Gotteshäuser nächst Völkermarkt. Im steirischen Ennstal stiftete Hemma Besitz und Land zur Gründung des Klosters Admont. Auch in Gurk ließ die nach ihrem Tod (1045) von der Kirche 1287 zur Seligen erhobene, erst 1938 heiliggesprochene Witwe eine Marienkirche und ein Kloster errichten. 1043 bezogen es Benediktinerinnen vom Salzburger Nonnberg. Dieser Gurker Stiftung übergab Hemma fast den gesamten mit reichen Zehenten und Legaten ausgestatteten Besitz ihres Ahnen Zwentibolch.
25 Jahre nach Hemmas Tod, 1070, gelang es Erzbischof Gebhard von Salzburg, das zwentibolchsche Erbtum dem Salzburger Erzstift einzuverleiben. Als Schutzherr der Hemmastiftung löste er das ihm unterstellte Benediktinerinnenkloster »wegen ordenswidrigen Verhaltens« der Nonnen kurzerhand auf und machte es zum Sitz eines Salzburg unterstellten, nun mit reichem Landbesitz versehenen Bistums.

GURNITZ

Ehemaliges Kollegiatstift. Ktn.

Zu den zahlreichen Stiftungen des Salzburger Erzbischofs Eberhard II., 1200 bis 1246, einer der bedeutendsten Männer auf dem Stuhle des hl. Rupertus, gehört die kleine Propstei Gurnitz. Das weltpriesterliche Kollegiat entstand 1240 an der ältesten St.-Martins-Kirche Kärntens, einer karolingischen, im Frühmittelalter durch eine Burganlage geschützten Pfarre. Kirche und Gebäude sind im Ungarnkrieg 1480/90 zerstört worden; Archive, die uns über die Propstei unterrichten könnten, sind verlorengegangen. Überliefert blieben die Namen einiger Pröpste aus dem 13. bis 15. Jh., auf Grabsteinen in der Gruftkapelle neben der heutigen Kirche sind solche (z. T. slowenische) des 18. und 19. Jh. zu lesen.
Mit der Propstei Gurnitz ist auch der Name jenes Dietrich von Wolfsau verbunden, der als Magister und Professor beider Rechte den Namen eines Propstes von Gurnitz trug, bevor er 1317 Bischof von Lavant wurde. Friedrich der Schöne nannte ihn seinen Sekretär und »Fürsten«. 1320 stand Dietrich an der Spitze einer Gesandschaft König Friedrichs zu Jakob von Aragonien. In Avignon erfreute er sich der Gunst Papst Johannes XXII., von dem er ein Beneficium erhielt. 1322 geriet der einstige Propst von Gurnitz mit seinem königlichen Gönner während der Schlacht bei Mühldorf in Gefangenschaft. 1325 erhielt er von Herzog Heinrich von Kärnten, dem er im Feldzug gegen Padua Hilfe geleistet hatte, als Entschädigung die Feste Freiberg bei St. Veit.
Auf dem heutigen Kirchhügel von Gurnitz am Sattnitzhang südlich der gleichnamigen Straßensiedlung nächst Ebenthal steht eine barocke Kirche, deren Turm mit Glocken aus dem 14. Jh. ebenso auf den mittelalterlichen Vorgängerbau weist wie die St.-Nikolaus-Kapelle an ihrer Seite, unter deren Verputz spitzbogiges Mauerwerk sichtbar ist. Auf dem Propsteigebäude, das mit der Kirche einen nach Norden und Osten offenen Hof begrenzt, erweckt nur der eingemauerte Renaissancelöwe einiges Interesse; im barock ausgestatteten Innenraum der Kirche vielleicht nur der Grabstein der Familie Neuhaus um 1600, auf dem dargestellt und benannt sind: »...der edl und vest Georg Sigmund von Neuhaus mit Ehefrau Elisabeth« samt ihren Kindern »Hanns, Vaidt, Caspar, Adam Wolfgang, Catarina Maria Elisawet, Elenna Sowinna, Veronica Anna.« Zur Propstei gehörte auch der mächtige Gasthof »Zum Bräuhaus«, ein jetzt ausgebauter Privatbesitz mit Walmdach und Renaissancegewölben aus dem Jahre 1545 am Fuß des Kirchhügels.

LAGE Östlich Ebenthal bei Klagenfurt.
BESICHTIGUNG Unter Führung des Mesners (in einem Haus am Fuß des Kirchhügels) möglich.

HALL IN TIROL → Solbad Hall.

HEILIGENKREUZ

Zisterzienserstift. NÖ. → auch Seite 27—30.

BESITZ Der riesige Landbesitz der Sattelbacher Zisterzienser, z. T. noch Stiftseigentum, ermöglicht Heiligenkreuz Land-, Forstwirtschaft und Weinbau im großen Ausmaß. Von den historischen Heiligenkreuzer Grangien, Gütern, Domänen, Waldungen, Höfen, Gütern, Schlössern und Häusern seien die wichtigsten angeführt: Das Gut → Trumau östlich der Autobahn bei Traiskirchen war die »Kornkammer« des Stiftes. Schon 1210/21 ließen die Zisterzienser hier neben der Grangie ein eigenes Dorf entstehen, über das sie im 17. Jh. auch die Hochgerichtsbarkeit erhielten. Der Besitz mit Mühlen, Gärten und Wasserschloß, von den Türken zerstört, ist im 18. Jh. durch Kroaten neu besiedelt worden. Die Gebäude in ihrer heutigen Gestalt ent-

Stift Heiligenkreuz, NÖ., romanischer Kreuzgang.

standen größtenteils um 1700. Thallern am Fuß des Anningers mit Schloß und Wirtschaftshof wurde um 1185 begründet. Frühe Grangien waren im Wienerwald die Sattelbach benachbarten Orte Preinsfeld, Füllenberg, Siegenfeld, Grub und Sulz. Meierhöfe bestanden in Heiligenkreuz, Lindenhof, Wildegg und Weißenbach. Weitere Ackerhöfe lagen in und bei Enzersdorf an der Fischa, Münchendorf a. d. Triesting, Altmannsdorf und Mödling. Zisterzienser-Domänen waren Niedersulz im Bezirk Gänserndorf, Baumgarten a. d. March, Wetzelsdorf im Bezirk Mistelbach, Kleinhadersdorf bei Staatz, St. Peter in der Steiermark u. a. m. Weinberge besaß das Stift in Enzersdorf, Thallern und Pfaffstätten. Neben Königshof bei Bruck a. d. Leitha und Kaisersteinbruch wurden das heutige Mönchhof, Winden und Podersdorf Rodungs- und Siedlungszentren auf einst ungarischen Gebieten und im heutigen Seewinkel. Höfe, Gebäude, Schlösser, Häuser besaß Heiligenkreuz in Wien, Baden, Pfaffstätten, Wiener Neustadt, Bruck a. d. Leitha, Hainburg, Marchegg, Judenburg und an anderen Orten.

INKORPORIERTE PFARREN Acht von den fünfzehn heute noch Heiligenkreuz einverleibten Pfarren liegen im Umkreis des Stiftes. Die fünf Pfarren westlich Wiener Neustadt kamen durch die Inkorporation des Stiftes Neukloster an Heiligenkreuz: Rothengrub/Maria Kirchbühel, Muthmannsdorf, Maiersdorf, Würflach und St. Lorenzen am Steinfelde. Zwei Pfarren liegen im einstigen Heiligenkreuzer Kolonisationsgebiet im Seewinkel östlich des Neusiedler Sees, Podersdorf und Mönchhof.

Die Zisterziensergründung Heiligenkreuz lag in der Pfarre **Alland.** Auch der Bodenbesitz, den Markgraf Leopold in den Jahren 1133/35 den Mönchen aus Morimond überantwortete, Land, das die Babenberger nach dem Jahre 1000 von Kaiser Heinrich II. erhalten hatten, gehörte zu einem Großteil zur Urpfarre Alland (adel-achte = adliger Besitz). Sie umschloß neben Heiligenkreuz-Sattelbach die Orte Groisbach, Klausen-Leopoldsdorf, Mayerling, Merkenstein, Raisenmarkt, Schwarzensee, Sparbach und Sittendorf. Die letzte Babenbergerin Gertrud räumte 1253 dem Stift die Patronatsrechte über diese Pfarre ein, inkorporiert wurde Alland dem Stift erst nach langem Widerstand des Bistums Passau — dem Leopold III. das Gebiet mit Zehentrechten unterstellt hatte — im Jahre 1386. Die Allander Pfarrkirche St. Georg und St. Margarethe ist 1115 (1123) urkundlich. Das jetzige Bauwerk, eine dreischiffige gotische Hallenkirche mit Fresken im Chor und an den Langhauswänden, ist nach der Zerstörung im Jahre 1945 restauriert worden.

Die Pfarre **Gaaden** gehörte im Mittelalter zu den am reichsten dotierten in der Gegend. Dem Pfarrer und Vogt standen Einkünfte aus 52 Joch Acker und 52 Tagwerken Wiesengrund zur Verfügung. Sie besaßen zwei Wälder, bezogen Weinzehente in Pfarrstätten und von drei weiteren Orten, kassierten den Zehent von Ober- und Niedergaaden. Als Ulrich III. aus dem Geschlecht der Herren von Gaaden — sie nannten sich asini von Gademe, Esel von Gaaden — Kloster Heiligenkreuz Anfang des 13. Jh. überfiel, ließ Leopold VI. den Ort niederbrennen. Im 14. Jh. erwarb das Stift Teile des Gaadener Gebietes, die Ortsherrschaft erhielt es erst 1579, als Abt Udalrik die Feste Niedergaaden samt Pfarrlehen »und allem Dazugehörigen« kaufte. Die Gaadener Pfarrkirche zum hl. Jakob d. Ä., um 1400, besitzt noch den Chor von dem um 1306 errichteten Vorgängerbau. Im 17. Jh. erweiterte man das Gotteshaus, im 18. Jh. erhielt es seine beiden Westtürme, die Einrichtung ist aus der Zeit um 1700.

Die Pfarre **Maiersdorf** am Fuß der Hohen Wand bildete sich 1783 (endgültig besetzt erst 1815), als nach Weisungen der Josephinischen Kommission der Ortsbereich aus dem Pfarrsprengel Muthmannsdorf gelöst wurde. Die Kirche zum hl. Johannes d. T. ist 1379 aus der Burg Stein entstanden, die schon 1138 nachgewiesen ist. Das romanische Mauerwerk (tonnengewölbter Chor, Langhaus und Ostwerk) wurde fast bis zur Höhe des alten Bergfrieds aufgestockt, dann überwölbte man den entstandenen schmalen hohen Raum. Der Triumphbogen stammt aus dem 12. Jh., auch vom alten Wehrbau ist an dieser Kirche noch manches zu entdecken.

Im Jahre 1217 übergab König Andreas II. von Ungarn das Gut Leginthov, das heutige **Mönchhof**, den Heiligenkreuzern. Der schloßähnliche Pfarrhof und das »Granarium« (Getreidekasten) im Ort entstanden im 18. Jh. über Gemäuer der mittelalterlichen Grangien. Die 1960—1972 renovierte Pfarrkirche zur hl. Magdalena ist nach der Zerstörung der alten, 1240 nachgewiesenen Kirche im 17. Jh. errichtet worden. Ihre barocke Einrichtung mit Gemälden von Martino Altomonte ist sehenswert.

Muthmannsdorf am Größenberg westlich Bad Fischau ist eine Gründung der steirischen Otakare Anfang des 12. Jh. Noch vor 1220 wurde die Pfarre dem Stift einverleibt. Neben Heiligenkreuz besaßen auch die Klöster Seckau, Garsten, Rein und St. Lambrecht hier Weingärten. 1662 kam der Ort mit dem Gut Stelzhof an Stift Neukloster in Wiener Neustadt, 1783 löste man die Pfarre Maiersdorf aus dem Sprengel. Die Pfarrkirche St. Peter und Paul außerhalb des Ortes besitzt noch einen mittelalterlichen Turm, in dessen Joch romanische Deckengemälde — Apostel- und Evangeliensymbole — um 1200 zu sehen sind. Freskenreste finden sich auch am Bogen zur Sakristei. Im gotischen Chor sind interessante Schlußsteine, Sitznischen und eine Sakramentsnische zu sehen. Die Seitenaltäre stammen aus dem 17. Jh., das Langhaus mit flacher Decke aus dem 18. Jh.

Weingärten im Umkreis von **Pfaffstätten** besaßen u. a. die Stifte Melk und Lilienfeld. Neben dem Lilienfelder Hof erinnert der »Stiftheiligenkreuzer Friedhof« an den Heiligenkreuzer Zisterzienserbesitz. Im 13./14. Jh. erwarb Heiligenkreuz durch Schenkungen die »Grund- und Ortsherrlichkeit« von Pfaffstätten. Sie wurde von der Stiftsherrschaft Trumau ausgeübt. 1538 bildete sich die von Traiskirchen losgelöste selbständige Pfarre Pfaffstätten mit Einkünften aus 18 Tagwerken Wiesen, 78 Tagwerken Weingärten und einem Pfarrhof mit repräsentativer Freitreppe. Heiligenkreuz besaß nur Patronatsrechte. Erst 1783 kam Pfaffstätten mit der Kirche St. Peter und Paul, einem kleinen spätgotischen barockisierten Bau, endgültig an Heiligenkreuz.

Podersdorf am See war seit 1217 im Besitz des Stiftes, die Pfarre entstand 1379. Die Pfarrkirche zur hl. Katharina ist ein spätbarocker Bau von 1791. Sie ist zwischen 1951, 1957 und 1974 restauriert worden.

Auch die Pfarrkirche zum hl. Philipp und Jakob in **Raisenmarkt** ist ein nach 1783 errichtetes schlichtes Bauwerk, dessen Ausstattung z. T. aus Heiligenkreuz und aus Mayerling stammt. Die ehemalige Lokalkaplanei von Alland wurde 1783 dem Stift als Pfarre überantwortet.

Der Pfarrhof von **Rothengrub** östlich von Grünbach am Schneeberg war eine ehemalige gotische Burg. Die Rothengruber Pfarrkirche zur hl. Maria, »Maria Kirchbühel«, dagegen ist eine äußerst stattliche Rokokokirche des 18. Jh., in der Reste der gotischen Kapelle verbaut sind, die im 15. Jh. an dieser Stelle stand. Seit den Pestzeiten im 16. und 17. Jh. zogen alljährlich zu Mariä Geburt und am zweiten Sonntag nach Ostern Prozessionen aus Muthmannsdorf und Maiersdorf, auch aus der Umgebung von Wiener Neustadt und sogar aus dem Ungarischen nach Maria Kirchbühel, um vor einer Madonnenstatue Andacht zu halten. Die Kirche war im 15. Jh. den St. Georgsrittern in Wiener Neustadt, nach 1600 den Jesuiten überantwortet. Seit 1608 wurde sie von den Zisterziensern im Wiener Neustädter Neukloster betreut.

St. Lorenzen am Steinfelde ist schon vor 1158 als Pfarre genannt. In und um die im 18. Jh. umgebaute spätgotische Kirche — Chor und Langhaus sind mit Kreuzrippen- und Netzgurtengewölben versehen, der romanische Turm ist gotisch behelmt — sind interessante Baudetails, auch Reste von alten Befestigungen zu sehen. Die Einrichtung (u. a. zwei Knorpelwerkaltäre) stammt aus dem 17. und 18. Jh. Die ursprünglich zu Neukloster gehörige Pfarre wurde Heiligenkreuz 1784 einverleibt.

Die Pfarre **Sittendorf** (Gemeinde Wienerwald) mit dem Schloß Wildegg kam samt ihren nicht unbeträchtlichen Einkünften durch »landesfürstliche Verwendung« unter Abt Michael II. im 17. Jh. an Heiligenkreuz, wurde von den Zisterziensern jedoch nur »missionsweise« betreut. 1783 als selbständige Pfarre dem Stift zur Gänze überantwortet, erhielt der Ort einen neuen Pfarrhof und ein eigenes Schulhaus. Die Kirche zum hl. Johannes d. T. ist ein romanischer Bau mit achteckigem Turm, den man durch die Apsis betritt. Er ist im 17. Jh. barockisiert worden und birgt die Gruftanlage der Herren von Wildegg, der Neidecker. Zur Pfarre gehörten neben Schloß Wildegg Dornbach, Rohrberg, Neuweg.

Sulz im Wienerwald nördlich Heiligenkreuz lag im Pfarrsprengel von Alland. Zu der 1784 selbständig gewordenen, Heiligenkreuz einverleibten Pfarre gehören Festleiten, Vogelgraben, Wöglerin, Stangau, Frotzenberg und die stiftseigene Meierei Lindenhof. Um den Hügel, auf dem heute die kleine spätbarocke Kirche Mariä Namen steht, besaß das Stift von Heiligenkreuz schon 1188 vom Babenbergerherzog Leopold V. geschenkte Waldungen.

Die Pfarrkirche Joh. d. T. in **Trumau,** 1588 von den Zisterziensern außerhalb des Ortes errichtet, ist in der Form eines Kreuzes angelegt und besitzt trotz ihrer Entstehungszeit im späten 16. Jh. Netzgewölbe und Spitzbogenfenster in gotischem Stil.

Die Pfarrkirche zur hl. Anna in **Würflach** nördlich von Neunkirchen, 1783 Heiligenkreuz überantwortet, eine noch mit Pechnasen bestückte Wehrkirche aus dem 15. Jh., besitzt sehenswerte spätgotische Details. Das Innere ist im 18. Jh. barockisiert worden. Die gotische Friedhofsmauer versah man im 16. Jh. mit Schießscharten, der gotische Karner vom Ende des 15. Jh. zeigt Maßwerkfenster, zierliche Strebepfeiler und spätgotische Tore. Eine ehemalige Blasiuskapelle im Ort aus dem 12. Jh. erhielt sich als Bauernhaus.

HERZOGENBURG

Augustiner-Chorherrenstift. NÖ. → auch Seite 39/40.

BESITZUNGEN/INKORPORIERTE PFARREN

Zu den historischen Besitzungen des Stiftes gehören: Höfe in der Wiener Annagasse und in Kritzendorf; Schloß und Gut (Maria) Ponsee; die Herrschaft Primersdorf a. d. Thaya; die Güter St. Andrä a. d. Traisen und Dürnstein; Zehenthöfe in Königstetten, Raabs, Harth, Pleßberg, Thaya, Adletzberg und Grafenwörth; der Münichhof in Eggenburg. In Herzogenburg unterhielt das Stift ein Siechenhaus.

Der Großteil der sechzehn noch heute vom Stift betreuten Pfarren liegt im Bereich der alten Mutterpfarren Herzogenburg und Traisenburg, ein Teil nördlich der Donau im Einzugsbereich von Krems und Hadersdorf am Kamp. Der Wallfahrtsort Sallapulka nördlich von Horn entstand im historischen Zehentgebiet des Stiftes.

Die Pfarrkirche St. Jakob d. Ä. in **Brunn im Felde** östlich Krems besitzt noch den spätgotischen Chor aus dem 16. Jh., auch eine Sakramentsnische aus dieser Zeit. Das Langhaus ist nach 1783 errichtet worden, als die neubegründete Pfarre dem Stift einverleibt worden war.

Die Pfarre **Dürnstein** kam 1788, nach der Auflösung des Chorherrenstiftes → Dürnstein, an Herzogenburg.

Die spätgotische netzgewölbte Sebastiankirche von **Engabrunn** südöstlich von Hadersdorf, ursprünglich Filialkirche von Grafenwörth, ist 1520 dem Chorherrenstift Dürnstein einverleibt worden. Seit 1760 ist sie Pfarrkirche, seit 1788 wird sie von Herzogenburg betreut. St. Sebastian besitzt einen wuchtigen Turm mit Pyramidendach und zahlreiche architektonische Details aus der Bauzeit um und nach 1500.

Die alte Pfarre **Grafenwörth,** 1180 urkundlich, gehörte mit allen »Einkünften, Rechten, Zubehör und Früchten« zum Dotationsgut des neugegründeten Stiftes Dürnstein. Die heutige Kirche mit Dekkenfresken aus der Schule des »Kremser Schmidt« entstand 1790, als Grafenwörth dem Stift Herzogenburg übergeben worden war. 1945 ist der Turm mit den alten Glocken zerstört worden.

Als Pfarrort wird **Hain** (Großhain) bei St. Pölten-Viehofen mit »Kirchen und gotzhaus zu unser Frawn« schon 1431 erwähnt. Die heute dem Stift übergebene Pfarre ist eine Josephinische Gründung von 1783.

Die Pfarrkirche zum hl. Ulrich in **Haitzendorf** östlich von Krems entstand 1336, als der durch Überschwemmungen gefährdete Pfarrsitz Marquardsurfar verlegt und Herzogenburg einverleibt wurde. Von 1634 bis zur Auflösung des Chorherrenstiftes betreute Dürnstein die Pfarre. Der Kirchenbau des 14. Jh. ist im 16. und 17. Jh. vergrößert und verändert worden. Er besitzt einen kreuzrippengewölbten Chor und ein flachgedecktes Langhaus. Die Einrichtung stammt aus der Zeit um 1800, die Altäre zeigen Gemälde des »Kremser Schmidt« und solche aus dessen Werkstatt, 18. Jh.

Die Pfarre **Herzogenburg** entstand im Jahre 1014, als Kaiser Heinrich II. auf Wunsch des Passauer Bistums zu ihrer Begründung dem von Herzog Tassilo III. im 8. Jh. begründeten Ort eine Hube Land schenkte. Der Pfarre gehörten 15 Orte der Umgebung an. 1244 wurde sie »auf ewige Zeiten« dem Chorherrenstift St. Georg einverleibt, das von der Traisenmündung nach Herzogenburg übersiedelt war.

Inzersdorf an der Traisen, 1140 urkundlich, bestand ursprünglich aus zwei Pfarren, einer »oberen«, der Burgpfarre zum hl. Petrus, und einer »unteren« zum hl. Veit. Letztere war dem Kloster Kleinmariazell inkorporiert. An der oberen Pfarre besaß Stift Herzogenburg seit 1429 Patronatsrechte, 1784 wurde sie ihm einverleibt. Die heutige Pfarrkirche zum hl. Petrus ist ein schlichter Barockbau mit einem gotischen Turm und einer Ausstattung aus dem 18. Jh.

Die Pfarre **Nußdorf an der Traisen** östlich von Traismauer ist dem Stift 1324 einverleibt worden. Aus der Bauzeit der Johanneskirche, 14. Jh., stammt der rechteckige Chor. Das Langhaus ist spätgotisch. Die Schlußsteine seines Netzrippengewölbes sind mit dem Wappen der Dietrichsteiner geschmückt — zwei Winzermesser mit Trauben —, das auch auf dem Pestkreuz im Ort zu sehen ist. Die Kirche mit mächtigem Turm, einer gotischen Kapelle und einer Vorhalle besitzt eine Muttergottesstatue um 1500 und zahlreiche Wappengrabsteine des 15. bis 17. Jh. Die Einrichtung stammt aus dem 18. Jh.

Die gotische, im Barock erweiterte Kirche von **(Maria) Ponsee** nordöstlich Sitzenberg-Reidling war in früherer Zeit eine vielbesuchte Wallfahrtskirche mit einer Statue »Maria zu den sieben Linden« und der »Waldmutter«, einem Mariengemälde. Ein »Kuchelangerl« an der Kirche diente den Wallfahrern zum Wärmen von Mitgebrachtem. Die Kirche mit dem mittelalterlichen Turm, dem ursprünglich romanischen Langhaus und einem kreuzrippengewölbten Seitenschiff ist seit 1783 Pfarrkirche.

Reidling nordöstlich Herzogenburg ist schon um 1200 als Pfarre genannt. Die heutige St.-Jakobs-Pfarrkirche, zwischen 1803 und 1806 entstanden, zeigt über dem Portal das Stiftswappen.

Sallapulka zwischen Horn und Geras ist schon um 1200 urkundlich. Die Pfarre mit »Unser Fraun Gotzhaus in dem Pirichech«, auch »Maria in Biri« — im Gebirge — genannt, seit der ersten Hälfte des 14. Jh. Wallfahrtsort, wurde dem Stift, das hier Besitzungen innehatte, schon im 13. Jh. einverleibt. Zu Sallapulka gehören sieben umliegende Orte und Weiler. Als Herzogenburg 1696 die Herrschaft Primersdorf erwarb, wurde der Ort mit ihr (bis 1851) vereinigt. — Kirche und Friedhof sind von einer gotischen Mauer umgeben. Der gotische Turm mit Pyramidendach entstand um 1400, der netzgewölbte breite Chor Anfang des 15. Jh., das niedrige Langhaus im 18. Jh. Eine nördlich des Chores angebaute rechteckige Kapelle mit bemerkenswert gestaltetem Triumphbogen und Netzrippengewölbe stammt aus dem 15. Jh. Der Hochaltar der Kirche ist neugotisch. Einer der Seitenaltäre birgt das Gnadenbild, eine im 17. Jh. angefertigte Kopie des Marienbildes (mit Kind und Vogel) aus dem böhmischen Königsaal, Anfang des 14. Jh. Die Wallfahrt nach Sallapulka verglich man schon im 15. Jh. mit den Wallfahrten nach Mariazell, Altötting und St. Wolfgang. Neben der überlebensgroßen gekrönten Marienstatue auf dem Hauptaltar, 17. Jh., verehrte man in der Kirche auch ein Gemälde des hl. Veit. Beim Vitusfest am 15. Juni 1724 wurden 54 Prozessionen auf dem »Biri« gezählt, solche aus Österreich, Böhmen, Mähren und Schlesien. Über hundert Verkaufshütten waren damals rund um die Gnadenkirche aufgestellt. Nach der Begründung von Maria Dreieichen (→ Altenburg) verloren die Sallapulka-Wallfahrten an Bedeutung, im 19. Jh. wurden sie jedoch wiederbelebt.

Bis zur Gründung des Stiftes → St. Andrä an der Traisen gehörten die Orte St. Andrä an der Traisen, Unterwinden und Einöd zur Pfarre Herzogenburg. Die ehemalige Stifts- und jetzige Pfarrkirche von St. Andrä an der Traisen ist seit 1780 dem Stift Herzogenburg einverleibt.

Statzendorf nordwestlich Herzogenburg mit der spätbarocken Pfarrkirche zum hl. Markus, 18. Jh., ist eine 1784 geschaffene »josephinische« Pfarre. Ihr Sprengel umfaßt die ursprünglich Herzogenburg unterstellten Ortschaften Rottersdorf und Weidling, das früher zur Pfarre Getzersdorf gehörende Kuffern, sowie Absdorf und Walpersdorf, vordem den Pfarren Oberwölbling und Inzersdorf unterstellt.

Der spätgotische Turm der Pfarrkirche zum hl. Martin in **Stollhofen** am Stadtrand von Traismauer besitzt Zinnen und einen gemauerten Helm. Der kreuzrippengewölbte Chor des Gotteshauses wurde im 14. Jh. errichtet. Das dreijochige Langhaus und die Einrichtung mit einem Hochaltarbild von Daniel Gran, einem St.-Florian-Bild von Bartolomeo Altomonte sind barocke Schöpfungen. Ein Renaissance-Grabstein, eine Kreuzigungsgruppe in der Seitenkapelle, um 1760,

und der Pfarrhof (Prandtauer-Schule) sind sehenswert.
Auch die Pfarre **Theiß** östlich von Krems a. d. Donau ist eine Herzogenburg überantwortete Neubildung aus dem Jahre 1783.

INNSBRUCK

→ Wilten, Seite 152/153 und 257.

KIRCHBERG AM WECHSEL

Ehemaliges Augustiner-Chorfrauenstift. NÖ.

Mit Erlaubnis Friedrichs II. von Walchen, erwählten Erzbischofs der Salzburger Kirche, stifteten 1271 die Schwestern Gertrud und Mechthild von Kranichberg an der von ihrer Familie im 12. Jh. begründeten St.-Jakobs-Kirche ein Kloster, das Augustiner-Chorfrauen bezogen. Zur Gründungsdotation des Stiftes gehörten außer umliegendem Grundbesitz und Bargeldzuwendungen die Pfarre Kirchberg mit »Zubehör« und die Filialkirchen St. Philipp in Kranichberg, St. Peter am Neuwald und St. Wolfgang am Lienberg nächst dem Kloster. Schenkungen und Stiftungen im 13. und 14. Jh. erweiterten das Klostergut, seit dem 16. Jh. unterstand auch St. Corona am Wechsel den Chorfrauen.

Im Reformationsjahrhundert bestand der Kirchberger Konvent nur mehr aus zwei Insassinnen. Erst die Neubesiedlung des Stiftes durch Chorfrauen aus dem Wiener Kloster St. Jakob auf der Hülben nach 1608 und eine tüchtige Priorin in Gestalt der Anna Jakoba Pollinger, 1624—1675, retteten die Kirchberger Nonnensiedlung vor dem endgültigen Verfall. 1754/55 entstand eine neue Stiftskirche, das Stiftsgebäude mit 45 Zellen, einer Hauskapelle und einem Oratorium. Spital, Mühle, Taverne und Dienerhaus konnten erneuert und erweitert werden. Doch ließen mangelnde Klosterdisziplin, Kritik an Visitatoren und Beichtvätern, Prozesse mit Nachbarherrschaften Kirchberg nicht gesunden. Mitte des 18. Jh. kam die Chorfrauenstiftung neuerlich in wirtschaftliche und innere Schwierigkeiten und mußte durch den Abt von Neukloster in Wiener Neustadt administriert werden. Am 26. August 1781, als dem Konvent wieder die freie Verwaltung des Vermögens eingeräumt worden war, traf in Kirchberg die Nachricht ein, Kaiser Joseph II. beabsichtige, die beschaulichen Orden aufzulösen. In aller Eile richteten die Chorfrauen eine Näh- und Stickschule für Mädchen ein, resignierten jedoch schon nach drei Monaten, als die Aufhebung des Stiftes feststand.

Eine kaiserliche Resolution vom 20. März 1782 verfügte die Aufhebung von Kirchberg und den Verkauf des Dominikalbesitzes: der Stiftswirtschaft mit 164 Joch Acker, 20 Joch Wald, 15 Vierteln Weingärten (zum Teil in Ungarn), des Meierhofes in Sachsenbrunn mit 43 Joch Acker, 3 Joch Wald und 11 Tagwerken Wiesen und Gärten und Ämtern in Niederösterreich und Steiermark. Stift Kirchberg waren etwa 400 Bauern und Dorfbewohner untertan.

Die Ordensfrauen der aufgelösten Stifte und Klöster waren in keiner beneidenswerten Lage. Entschließungen, Erlässe und Handbilletts des Kaisers bezeichneten sie vielfach als »wirklich schädliche Individuen«, die »keineswegs zu unterstützen« seien. Joseph II. und seine Berater, die eine »vita contemplativa«, ein Leben, das dem Gebet und dem Gottesdienst geweiht war, als staatsgefährlich erklärten, zwangen die Ordensfrauen in andere, nicht »beschauliche« Klöster überzutreten oder weltlich zu werden. Nur in diesem Falle wurde ihnen eine Pension angewiesen. Viele Klosterfrauen konnten sich nicht entschließen, ihre Ordenszugehörigkeit zu wechseln. Von den dreißig Kirchberger Stiftsinsassinnen, achtzehn Chorfrauen, fünf Novizinnen und sieben Laienschwestern, meldete nur eine ihren Übertritt in ein Kloster der Elisabethinerinnen an, die anderen legten das Ordenskleid ab, nahmen Dienste in weltlicher Stellung an oder lebten als Pensionistinnen.

Für kurze Zeit richtete man die verlassenen Stiftsgebäude als Sammelkloster für alle jene weiblichen Religiosen ein, die eine vita contemplativa weiterführen wollten, für den Kaiser und seine Beamten »Individuen, die in Klöstern nur Verwirrung verursachten ... und in selben den Raum für andere weltliche Kostkinder und Kostgängerinnen benehmen ...«. Schon nach Jahresfrist sah man die Ausweglosigkeit des Unterfangens ein. Das »Sammelkloster« löste sich von selbst auf. 1789 kam Stift Kirchberg mit der dazugehörigen Herrschaft in Privatbesitz.

SEHENSWERT ist heute der malerisch am Hang oberhalb des Ortes gelegene vorzüglich restaurierte Gebäudekomplex des ehemaligen Frauenstiftes in seiner Gesamtheit. Über einen gedeckten Stiegenaufgang erreicht man die einstige Stifts- und jetzige Pfarrkirche zum hl. Jakob d. Ä., 1754/55 erbaut und eingerichtet. Ein kleiner Spaziergang führt zur *St. Wolfgangskirche* auf dem benachbarten Lienberg, die allerdings nur kurze Zeit mit dem Stift verbunden war. Das Ende des 14. Jh. begonnene, Mitte des 15. Jh. vollendete gotische Bauwerk wurde auf Befehl Josephs II. gesprengt. Die heute zum Großteil wieder restaurierte Kirchenruine besitzt großartige Steinreliefs über dem prächtig gestalteten Seiten- und Hauptportal. Kostbarkeiten im Inneren sind der imposante spätgotische Kirchenraum mit mächtigem (teilweise zerstörtem) Christophorusfresko aus dem 15. Jh. an der Ostwand; die hier aufgestellte Steinkanzel aus der einstigen Klosterneuburger Capella speziosa, 13./14. Jh., die sakralen Einrichtungsgegenstände des frühen 18. Jh. aus dem einstigen Wiener Frei- und dem St. Marxer Versorgungshaus, der Hochaltar, der »Blaue Herrgott« u. a. m. Mit der Wallfahrtskirche zum hl. Wolfgang auf dem Lienberg ist wie im Falle St. Wolfgang am Wolfgangsee eine anmutige Legende über den hammerwerfenden Heiligen verbunden: Sein Beil fiel hier auf den Lienberg, und am Ort, von dem aus er es schleuderte, beim »Antrittstein«, sind noch seine Fußspuren zu sehen.

KLEINMARIAZELL

Aufgelassenes Benediktinerstift. NÖ.

ZUR GRÜNDUNG UND GESCHICHTE Die unverehelichten Brüder Heinrich und Rapoto von Schwarzenburg (jetzt Nöstach am Fuß des Hafnerberges) waren die Letzten ihres Geschlechtes. Nach langem Streit um ihr Erbe hatten sie sich geeinigt, auch für den Fall, sie würden noch heiraten und Kinder bekommen, die ausgedehnten Besitzungen ihres Vaters Haderich mit allem Zubehör einem von ihnen gestifteten Kloster Cella Sancte Marie, Marienzell, zu vermachen. In einer gemeinsam konzipierten Gründungsurkunde bezeichnen sie den Umfang ihrer Stiftung im einzelnen mit den Namen der Ortschaften und Güter, die sie südlich und nördlich der Donau dem Kloster übergeben wollten. Einige Besitzungen, heißt es dann, sollte Marienzell nur dann erhalten, wenn sie wirklich keine Nachkommen mehr bekämen — an dieser Stelle

Kleinmariazell, romanisches Seitenportal.

endet der Stiftungsbrief der Brüder Heinrich und Rapoto. Die Schlußzeilen in ihm ließ Markgraf Leopold III. schreiben: Da die Brüder mit der Errichtung der Kultstätte zu lange gezögert hätten, sei er, Leopold, ihnen zuvorgekommen und habe das Kloster im eigenen Macht- und Rechtsbereich gegründet und zugleich die Vogtei über die Stiftung übernommen. In Gegenwart zahlreicher geistlicher und weltlicher Herren als Zeugen, siegelte der Markgraf das Pergament am 2. Februar 1136 in nova civitate, in Klosterneuburg. Der Stiftungsbrief wurde auch in Tulln und St. Pölten feierlich verkündet und jeweils unter Zustimmung aller Adeligen beglaubigt. Unter den vielen Zeugen fehlten allerdings die Namen der beiden Brüder Schwarzenburg.

Eine wissenschaftliche Untersuchung der näheren Umstände dieser Klostergründung durch Karl Lechner brachte zutage, daß das Kloster Mariazell den Großteil der Schenkungen, die ihm von den Brüdern zugedacht waren, nie besessen hat; daß der babenbergische Markgraf Leopold III. und seine Nachkommen bald danach und später als Nachfolger der schwarzenburgischen Güter aufscheinen. Bei der frommen Stiftung, meint Lechner, wäre »manches nicht mit rechten Dingen zugegangen«, eine solche Vorgangsweise ließe »auf ernste Gegensätze zwischen dem Markgrafen und den beiden Stiftern« schließen.

Wenn auch der Großteil des Stiftungsgutes der beiden Brüder Heinrich und Rapoto von Schwarzenburg-Nöstach nicht an die Cella S. Marie kam — man nannte das Kloster Altzell und »Mariazell in Österreich«, erst seit dem 19. Jh. »Kleinmariazell« —, das Besitztum der ersten sechs Benediktiner, die mit ihrem Abt aus dem bayerischen Kloster Altaich in den Wienerwald gekommen waren, reichte fürs erste: es waren Wälder in der Umgebung des Stiftes, die Orte Nöstach und Baden, Grundbesitz im Triestingtal mit den Orten Altenmarkt und Berndorf. Noch im 12. Jh. erweiterte der Sohn Leopolds III., Konrad, Bischof von Passau, das Klostergut durch weitere Besitzungen. 1256 besaß Kleinmariazell auch fünf Pfarren auf dem ihm untertänigen Territorium: neben Kleinmariazell Inzersdorf an der Traisen, Langau bei Geras, Kaumberg und Nöstach. Seit 1299 gehörte dem Stift auch das Dorf Sooß.

Für das am großen Pilgerweg, an der Heiligen Straße nach dem steirischen Mariazell gelegene Kolonisations- und Rodungszentrum bestand die größte Aussicht, eine wohlhabende Stätte geistiger Einkehr zu werden. Doch gediehen Wissenschaft, Kunst und Wirtschaft in diesem Wienerwaldkloster jeweils nur für kurze Zeit. Zerstörungen und Brände verhinderten die Konsolidierung von Kleinmariazell. 1250 überfielen es die Kumanen, 1252 die Ungarn, 1464 die »Ungarischen Brüder«, 1529 und 1532 die Türken. Nach der Zerstörung von 1532 dienten die Klosterruinen über ein halbes Jahrhundert als Werkstätte, 1603 vernichtete ein Großbrand, was wieder aufgebaut worden war.

Als Kleinmariazell unter Abt Jakob Pach, 1752—1782, zu einer Art äußerer Blüte gelangte, war die innere Ordnung der Klostergemeinschaft längst zerbrochen. Wirtschaftliche Instabilität und eine Mönchsrebellion setzten ihm ein Ende.

Abt Jakob ließ Kirche und Klostergebäude spätbarock erneuern und umbauen, auch die zum Kloster gehörenden Kirchen und Kapellen instand setzen, die Wallfahrtskirchen St. Corona am Schöpfl und St. Pankraz in Nöstach. 1764 entstand die Kirche von Dornau, das heutige Thenneberg. Auch die 1726 gestiftete, zwischen 1729 und 1745 unter dem Abtprälaten Ildefons von Managetta errichtete mächtige Wallfahrtskirche »Unsere Liebe Frau am Hafnerberg« strahlte in neuem Glanz.

Abt Jakob hatte es mit dem Konvent nicht leicht. Seine Regentzeit wurde später als der Dreißigjährige Krieg von Kleinmariazell bezeichnet. Jakob Pach war 1752 aus Kremsmünster berufen worden. Die Kleinmariazeller Benediktiner hofften, die Berufung würde ihre oberösterreichischen Brüder in Christo dazu bewegen, ihnen beträchtliche Schulden zu erlassen. Doch Abt Pach durchschaute die Absicht und betraute einen seiner Kremsmünsterer Mitbrüder mit den wichtigsten Ämtern im Stift. Die Kleinmariazeller Mönche rächten sich auf der Stelle. Als der neue Abt während seiner Einsetzung, am Ende der Inthronisationsfeiner, vor dem Altare stehend, wie vorgeschrieben dreimal »Ad multos annos« sang, respondierte der Mönchschor: »Sed libera nos a malo! — Erlöse uns von dem Übel.«

Prälat Pach ließ sich nicht beirren. Schon 1768 war Kleinmariazell schuldenfrei. Zur Zeit der beginnenden Klosteraufhebungen führten Hader und Streit mit den Mönchen jedoch zur offenen Rebellion. Der Konventuale und Hofschreiber des Stiftes Christoph Sporer wandte sich in einem Schreiben an die Regierung: der Prälat habe Verordnungen des Kaisers übertreten, Anordnungen der Regierung nicht bekanntgemacht und nicht durchgeführt, er halte sie beim Essen zu kurz u. a. m.

Für Joseph II. war die Beschwerde willkommener Anlaß zur Aufhebung des Klosters. Ohne vorherige Verständigung begann im Stift am 12. Mai 1782 im Stift eine Untersuchungskommission ihre Arbeit. In der kaiserlichen Aufhebungsresolution vom 24. Oktober 1782, die eine Vereinigung von Kleinmariazell mit dem Stift Melk anordnete, heißt es: »... daß in diesem Stifte das Mißvergnügen, die Unzufriedenheit und die Uneinigkeit zwischen ihnen (den Mönchen) und ihrem Prälaten zu sehr überhandgenommen hat, die klösterliche Zucht und Ordnung vernachlässigt wurde, somit dasselbe von seinem ersten Institut und ursprünglicher Verfassung sehr tief herabgefallen ist.«

Dem Stift gehörten am Aufhebungstag außer Abt Pach 18 Patres und 2 Fratres an. Orts- und Grundobrigkeit war Kleinmariazell in Klosteramt, Thenneberg, Altenmarkt, Nöstach, Berndorf, St. Veit, Gainfarn, Sooß, Achau, Loibersdorf, Inzersdorf u. a. a. O. 3684 Joch Wälder, 386 Joch Äcker und Wiesen, 24 Joch Weingärten mit Fischrechten und Wildbann wurden als Dominikalbesitz ange-

führt. Einkünfte erhielt das Stift aus Wein- und Getreidezehenten, Bergrechten u. a. m.
1795 übernahm Stift Lilienfeld die Administration, 1798 kam der Besitz an den Religionsfond, 1825 versteigerte man Kloster und Güter. 1940 dienten die Gebäude als Umsiedlerlager, nach 1946 waren sie beschlagnahmt.

SEHENSWERTES Kaiser Leopold I. soll anläßlich eines Besuches bei den Benediktinern im Wienerwald gemeint haben, hier wäre eine rechte Stätte, um Gott zu dienen. Obwohl große Teile der Klosterbauten und der Karner samt der alten Pfarrkirche nach der Klosteraufhebung abgetragen und an ihrer Stelle Wirtschaftsgebäude errichtet worden sind, hat sich am Ort etwas von der alten Beschaulichkeit erhalten. Mit seiner ehemaligen Stifts- und jetzigen Pfarrkirche Mariä Himmelfahrt ist Kleinmariazell besonders nach den Restaurierungen in den Jahren 1950, 1969 und 1972/73 eine Sehenswürdigkeit von Rang geworden. 1974 wurde im erhalten gebliebenen Teil des ehemaligen Klostergebäudes ein Wallfahrtsmuseum eingerichtet, in dem Kultgegenstände, Votive, die Geschichte der Wallfahrt und Wallfahrtsgebräuche von Kleinmariazell und entlang der »Via sacra«, der Heiligen Straße von Wien über Heiligenkreuz und Lilienfeld nach dem steirischen Gnadenheiligtum Mariazell, dar- und vorgestellt werden.
Die Kirche Mariä Himmelfahrt ist eine dreischiffige romanische Pfeilerbasilika mit kreuzgewölbten Seitenschiffen. Ihre drei romanischen Portale, kunstgeschichtliche Denkmale von Rang, entstanden wahrscheinlich bei der Wiedererrichtung der Stiftskirche nach der Zerstörung von 1252. Während der Restaurierungsarbeiten sind der romanische Kreuzgang des Klosters freigelegt und die mittelalterliche Klosteranlage zugänglich gemacht worden. In der zwischen 1752 und 1782 barock umgebauten Kirche entstand 1764/1765 das Hauptwerk Johann Bergls, eines Schülers von Paul Troger: Fresken in den Kuppeln und an den Seitenwänden des Hauptschiffes, Szenen aus dem Marienleben und der Kindheit Jesu darstellend. Sehenswert ist die barocke Ausstattung des Innenraumes mit prächtigem Hochaltar, schönem Beicht- und Chorgestühl auf dem Musikchor. Hier wie am Orgelgehäuse ist das Wappen des Abtes Pach zu sehen.
Noch vor Mariazell in Steiermark war »Mariazell in Österreich« als Marienwallfahrtsort bekannt. Seit der Barockzeit verehrte man außer dem Gnadenbild des Hochaltars die »Türkenmadonna« auf dem Seitenaltar. Die Kirche birgt seither auch den Leichnam eines Blutzeugen der Gegenreformation, des Paters Tabernitius, eines Kleinmariazeller Benediktiners, Pfarrers von Inzersdorf an der Traisen, der am 11. Mai 1617 von fanatisierten lutherischen Winzern erschlagen wurde.

LAGE Nördlich Altenmarkt an der Triesting.
BESICHTIGUNG Führung nach Anmeldung. Museum geöffnet Dienstag—Samstag 14—17 Uhr, Sonntag 8—10 und 14—17 Uhr.

KLOSTERMARIENBERG
Ehemaliges Zisterzienserstift. Bgld.

Das monasterium Beatae Mariae Virginis in alto monte — das Kloster zur hl. Jungfrau Maria auf dem Hohen Berge — hatte seine Gründung einem Kreuzzugsgelübde des Banus Dominic Bors zu verdanken. Als Ablösung für eine Wallfahrt ins Heilige Land schenkte der ungarische Magnat dem Zisterzienserkloster Heiligenkreuz unter der Bedingung, auf seinem Grund ein Tochterkloster zu begründen, den »Hochenperg« samt seinen Gütern Mannersdorf, Prössing, Strebersdorf, Putzelsdorf, Kroatisch-Minihof, Klein-Warasdorf, Zagersdorf und 30 Mark Silber, 100 Ochsen, 50 Kühe, tausend Schafe und zehn Untertanenkeuschen.
Das auf dem »Hochenperg« erbaute, zeitweise von mehr als hundert Mönchen und Konversen bevölkerte Zisterzienserkloster wurde zum Rodungs- und Kolonisationszentrum zwischen Günser Gebirge und Kreuzer Wald. Zu den zahlreichen Schenkungen und Stiftungen, die ihm im 13. und 14. Jh. zuteil wurden, gehörte auch das Patronat über die Pfarre und die Herrschaft Güns. Im 15. Jh. gerieten die Klostermarienberger Zisterzienser zunehmend in Besitzkonflikte mit den benachbarten österreichischen und ungarischen Grundherren. Die langwierigen Prozesse liefen nicht immer zugunsten der Zisterze. Als unter König Wladislaw I. 1441 die Herrschaft Güns an die gegen Kaiser Friedrich III. konspirierenden Adeligen Palocz und Ország fiel, flüchteten Abt und Konvent mit dem Klosterschatz, den Reliquien und der Bibliothek nach Ödenburg. Wenig später zerstörten Tartaren Klostermarienberg.
1455 waren neue Stiftsgebäude am Fuße des Berges, an der Stelle um die heutige Pfarrkirche zum hl. Georg und Mariä Himmelfahrt entstanden — das Monasterium sub Monte Mariae, auch St. Maria ad montem, Kloster (Unter-) Marienberg genannt. 1532 verwüsteten es die Türken. Bald danach, unter Abt Stephanus Magnus, verließen die letzten Zisterzienser die zerstörten Gebäude. Der Besitz fiel an die Herrschaft Güns. In dem seit dem 15. Jh. neben dem Kloster entstandenen Dorf wurden Kroaten angesiedelt. Beim Wiederaufbau der Häuser diente ihnen die Klosterruine als willkommener Steinbruch.
Als Kaiser Maximilian II. 1571 die Herrschaft Klostermarienberg im Tauschweg erwarb und sie an die Nádasdy vergab, war der Besitz eine Zeitlang Teil der Herrschaft Lockenhaus. 1676 kaufte Paul Esterházy die Güter. 1690 schenkte er das Dorf mit dem alten Klosterbestand dem Zisterzienserstift Lilienfeld, in dessen Besitz sich Kirche, Restgebäude und ein Teil der Gründe heute noch befinden.

SEHENSWERTES findet sich am Ort der einstigen Zisterze nicht viel. Auf dem ehemaligen namengebenden »Hochenperg«, dem heutigen Weinberg, steht eine Kapelle aus dem 18. Jh. Nördlich der St.-Georgs-Kirche am Dorfrand — ein 1963 restaurierter, 1741 bis 1780 entstandener Barockbau — liegt der Klostertrakt des 17. Jh. Sein gotischer Grundbestand ist unverkennbar. Im Klostergang werden der ehemalige Kreuzgang sichtbar, unter dem Verputz gotische Fenster und Portalreste. Im Untergeschoß erhielt sich ein gotischer Keller.

LAGE Südöstlich Oberpullendorf (bei Köszeg-Güns).
BESICHTIGUNG nur der Kirche möglich.

KLOSTERNEUBURG
Augustiner-Chorherrenstift. NÖ. → auch Seite 22—26.

BESITZUNGEN/SCHULEN/INSTITUTIONEN
Klosterneuburg zählt zu den vermögendsten Stiften Österreichs. Ein Großteil Wiens ist auf einstigem Stiftsbesitz erbaut worden. Floridsdorf, Gaudenzdorf, Wilhelmsdorf sind nach Klosterneuburger

Pröpsten benannte Stadtteile. Zur alten Stiftsherrschaft gehörten die Auwälder beiderseits der Donau und das Auland bis zur Lobau, Güter und Äcker in Weidling, am Kahlenberg und in der Umgebung des Klosters. Historischer Stiftsbesitz — Herrschaften, Güter, Höfe, Häuser — bestand (und besteht z. T. noch heute) außer ausgedehntem Waldbesitz im Steirischen in und um: Floridsdorf, Jedlesee, Strebersdorf, Hagenbrunn, Stoitzendorf, Prinzendorf, Atzenbrugg, Hasendorf, St. Bernhard, Groß-Jedlersdorf, Tattendorf u. a. Klosterneuburger Höfe standen (und stehen noch) in Wien, Krems a. d. Donau und Kagran. Seine ungarischen Besitzungen verlor Klosterneuburg nach 1945.

Der größte Reichtum des Stiftes bestand und besteht im Weinbau. Schon im 14. Jh. bekunden die Landesfürsten Albrecht II. und Otto: »... daz daz gotshaus niht anders hat denn wein ... daz des selben gotshauses gelt aller meist im wein leit ...« Die drei Stock tiefen Weinkeller des Stiftes, »von denen der dritte und letzte unter der Donau liegt«, beschreibt Karl Postl 1829: »Ein sechsspänniger Wagen kann in den Keller einfahren und darin umkehren. Die Gewölbe bergen 20.000 Fässer ...« Mit über 100 ha Weingärten — zumeist in der Umgebung von Klosterneuburg — ist das Stift heute der größte Weinproduzent Österreichs.

Schon im 13. Jh. unterhielten die Chorherren eine Lateinschule, seit 1777 eine »Normal-Hauptschule«. Neben einer Musikschule besaß das Stift in der Klosterneuburger Oberstadt eine sechsklassige Privatvolksschule für Knaben und Mädchen. Gegenwärtig bestehen eine (1768 begründete) theologische Ordenslehranstalt und ein Sängerknabenkonvikt. Zur Förderung des Nachwuchses richtete man 1964 ein Juvenat ein.

Das Stift unterhält einen Verlag, eine Druckerei und zwei Buchhandlungen. Sie stehen vornehmlich im Dienst einer vom Chorherren Pius Parsch († 1954) in der ersten Jahrhunderthälfte begründeten »Volksliturgischen Bewegung«.

INKORPORIERTE PFARREN Stift Klosterneuburg betreut heute 25 meist auf Wiener Boden liegende Pfarreien.

Die Pfarre **Donaufeld** am Kinzerplatz im 21. Wiener Gemeindebezirk wurde 1914 eingerichtet, als die seit 1904 im Bau befindliche Pfarrkirche zum hl. Leopold fertiggestellt worden war. Die dreischiffige Hallenkirche mit »romanisch« und »gotisch« nachempfundenen Stilformen besitzt einen 96 Meter hohen Turm.

Namensgeber des 21. Wiener Gemeindebezirkes **Floridsdorf** war der Klosterneuburger Propst Dr. Floridus Leeb. Er hatte auf Wunsch Josephs II. 1786 am »Spitz« klösterlichen Grund zur Verbauung freigegeben. 1894 wurde Floridsdorf zur Stadt erhoben, 1904 Wien angeschlossen. Die ehemalige, dem Stift einverleibte Pfarrkirche zum hl. Jakob d. Ä. aus dem 19. Jh. in der Schloßhoferstraße ist abgerissen und 1938 durch einen Neubau ersetzt worden, der den Hochaltar des alten Gotteshauses enthält.

Um 1426 erbauten die Bewohner von **Grinzing,** Wien/Döbling, mit Bewilligung des Klosterneuburger Propstes eine Kapelle zum Heiligen Kreuz. Die wohlhabende Gemeinde stiftete an ihr für »ewige Zeiten« eine tägliche Frühmesse, zum Tag des Heiligen Kreuzes einen feierlichen Gottesdienst. Seit 1783 ist Grinzing Pfarre. Neogotisch restauriert und eingerichtet wurde das spätgotische Gotteshaus mit barockem Turmdach und gotischer Orgelempore in den Jahren 1826/28 und 1914.

Die heutige Pfarrkirche zum hl. Michael **in Haselbach** nordöstlich Stockerau besteht aus Steinwerk und Material der nach 1785 auf Anordnung Josephs II. abgerissenen, erst 1745/49 entstandenen Wallfahrtskirche auf dem Michelberg. Auch Hochaltar, Kanzel und sonstige Einrichtung des Gotteshauses stammen aus dem Barockbau auf dem Michelberg. Haselbach gehört zu den ältesten Besitzungen des Stiftes (1146). Ursprünglich unterstand die Michelberger Filialkirche der Pfarre Niederhollabrunn. Gebürtiger Haselbacher war Wiens berühmter Geschichtsschreiber und Theologe Thomas Ebendorfer, 1387—1464.

Die Kirche zum hl. Jakobus auf dem Pfarrplatz von **Heiligenstadt** in Wien/Döbling ist seit dem 13. Jh. urkundlich. Die einstige Filialkirche von St. Martin in Klosterneuburg-Untere Stadt war schon längst im Range einer Pfarrkirche, als sie 1307 dem Stift einverleibt wurde. In einem Verzeichnis über Besitz und Einkünfte der Pfarre wird dem Heiligenstädter Pfarrer aufgetragen, er solle »paid chirchen besehen alle naht mit licht«. Das romanische Gotteshaus ist 1529 und 1683 von den Türken zerstört und jeweils wiederhergestellt worden. Das barockisierte Langhaus stammt aus dem 12. Jh., der Chor mit Spitzbogenfenstern aus dem 13. Jh. Bei Ausgrabungen im Langhaus stieß man 1952/53 auf römische Fundamente, die man mit einer Behausung des hl. Severin in Verbindung gebracht hat. Nach der Legende war der Pfarrhof einst Sitz von Tempelherren. Der jetzige Bau stammt aus dem 17. Jh., das Kooperatorenhaus aus dem 16. Jh. — Die Heiligenstädter Pfarrkirche zum Heiligen Michael, Ecke Hohe Warte—Grinzinger Straße, im 13. Jh. urkundlich, 1683 verwüstet, ist 1894/98 vom Stift renoviert und zu einem Großteil rekonstruiert worden. Die Einrichtung ist meist neugotisch.

Schon im 13. Jh. kamen die Chorherren zu Besitz im Orte **Hietzing,** dem heutigen 13. Wiener Gemeindebezirk. 1253 tauschte der Komtur des Deutschen Ritterordens, Ortolf von Traiskirchen, einen Meierhof mit der Brigittenkapelle in Hyecingen samt Einkünften und Rechten gegen Besitzungen des Stiftes in Stockstall und Dürnbach ein. Hietzing gehörte damals zur Pfarre Penzing und erhielt 1414/19 die heutige Pfarrkirche zu Mariä Geburt. Sie ist 1529 von den Türken zerstört, fünf Jahre später von Klosterneuburg inkorporiert worden, war jedoch um 1580 wieder Ruine. 1605 neuerlich von den Ungarn, 1683 von den Türken verwüstet, 1685 wiederhergestellt und barock ausgestattet, ist sie nach dem Anbau der Leopoldskapelle (1640) nochmals im 19. Jh. erweitert und restauriert worden. Hietzing besaß ein Marienheiligtum, seit dem 16. Jh. führte eine Via crucis, ein Kreuzweg mit zwölf Stationen, von Wien nach dem kleinen Dorf mit dem Gnadenbild, das 1529 vier Bewohnern das Leben gerettet haben soll. Der prächtige Barockbau Maria-Hietzing nächst Schönbrunn wurde in der Folge eine von der Wiener Gesellschaft, von Hof und Adel bevorzugte Kirche. Schon im 17. Jh. hatte das Stift neben ihr ein Haus für mehrere Chorherren errichten lassen. In der Schatzkammer der ehemaligen Wallfahrtskirche sind interessante Votive — auch solche der Kaiserin Maria Theresia — und Paramente des 17. und 18. Jh. zu sehen.

Die frühe Kirchensiedlung **Höflein an der Donau** war im 12. Jh. im Besitz der Grafen von Burghausen, nach ihnen erwarben sie die Grafen von Plain-Hardegg. 1248 überließ Luitold von Hardegg »Hovelin« samt dem Patronat über die Pfarrkirche zur hl. Margaretha für 115 Pfund Wiener Pfennige dem Stift. Die 1960/64 restaurierte alte Wehrkirche mit Quadermauerwerk noch aus dem 12. Jh. ist im 17. Jh. auf ihre doppelte Größe erweitert, barockisiert und mit einem neuen Turm versehen worden.

Das schon 1168 urkundliche Kirchlein **in Kahlenbergerdorf** war ursprünglich dem hl. Johannes d. T. geweiht. Die Pfarre Challperge ist 1256 nachgewiesen und 1482 dem Stift einverleibt worden. Das kleine spätgotische Gotteshaus zum hl. Georg mit einem St.-Georgs-Bild des Maler-Romantikers Ludwig Schnorr von Carolsfeld und einer spätgotischen Marienstatue von 1500 erhielt erst 1781 einen eigenen Pfarrer, 1846 einen Pfarrhof, 1896 eine neue Sakristei. Bis ins 18. Jh. betreute ein reitender Priester aus dem Stift die Pfarren Kahlenbergerdorf und Höflein.

An der Nordseite der 1912/14 erbauten Pfarrkirche St. Peter und Paul **in Kierling** bei Klosterneuburg erhielt sich das romanische Gotteshaus aus dem 12./13. Jh. als Seitenkapelle. Die Kirche von Chirchelin (Chirchlingen) war Filiale von → St. Martin in Klosterneuburg-Untere Stadt. Auf Ansuchen des Ritters Ulrich von Kierling erhielt sie 1233 pfarrliche Rechte. Patronatsrechte über sie wurden dem Stift erst 1382 eingeräumt. Auch hier versah im 17./18. Jh. ein reitender Pfarrer vom Stift aus den Gottesdienst.

Klosterneuburg-Obere Stadt (Stiftskirche) → Seite 21 ff.

Die vom Stift betreute Kirche **Klosterneuburg-St. Leopold** an der Zufahrt zur Wiener Höhenstraße ist ein 1936 entstandenes, 1940 geweihtes Bauwerk.

Die Kirchensiedlung St. Martin in **Klosterneuburg-Untere Stadt,** im 9. Jh. urkundlich, ist wahrscheinlich mit jenem Omunthesdorf des 8. Jh. identisch, von dem aus Karl der Große einen seiner Awarenzüge unternahm. Mitte des 11. Jh. erscheint St. Martin als Mutterpfarre des Gebietes zwischen Döbling und Höflein. Um 1133, in der Zeit Leopolds III., ist sie dem Stift einverleibt worden. Noch im 15. Jh. amtierten an ihr neben dem Pfarrer drei Kooperatoren, drei Kapläne, ein »Frühmesser« und ein »Primissarius«. Das kreuzgewölbte Langhaus mit romanischen Grundmauern und spätgotischen Seitenschiffen ist 1723/27 barockisiert worden. Der Chor entstand 1419. Neben dem frühgotischen Portal, einer gotischen Friedhofsleuchte sind ein Ölberg um 1498 und eine spätgotische Kreuzigungsgruppe sehenswert. Die Einrichtung stammt aus der Wiener Franziskanerkirche und von den Kamaldulensern auf dem Kahlenberg.

Ein Privilegium Papst Eugens III. aus dem Jahre 1146 bestätigt dem Stift die pfarrlichen Rechte für Niwenburg diesseits und jenseits der Donau, für das mittelalterliche »Neuburg Klosterhalben« und »Neuburg markthalben«, das heutige Klosterneuburg und **Korneuburg.** Niwenburgk ultra Danubium, auch Kornnewnburch — Korneuburg genannt, gehörte pfarrlich zu St. Martin in → Klosterneuburg-Untere Stadt. Die Ende des 12. Jh. erbaute Korneuburger Pfarrkirche St. Nikolaus ließ Joseph II. 1786 niederreißen. Die heutige Pfarrkirche St. Ägydius, 1214 errichtet, wurde 1371, endgültig erst 1465 dem Augustiner-Chorherrenstift einverleibt. Die mächtige dreischiffige gotische Staffelkirche an der ehemaligen Stadtmauer, mit dem Chor aus dem 14. Jh. und einem siebenjochigen Mittelschiff aus dem 15. Jh., ist 1852 durch einen Brand stark beschädigt worden. In der ursprünglich zweitürmigen, jetzt mit einem Turm aus dem Jahre 1900 versehenen Kirche sind nach den neogotischen Restaurierungen nur mehr die gotische Totenleuchte, das Sakramentshäuschen und Wappengrabsteine des 14.—17. Jh. sehenswert.

Die Kirche zur heiligen Jungfrau Maria und zum hl. Vitus in **Kritzendorf** gehörte bis 1783 zur Pfarre St. Martin. Den einschiffigen Kapellenbau des 15. Jh. versah das Stift Ende des 19. Jh. mit einem Zubau für Sakristei und Paramentenkammer. Aus dem 19. Jh. stammen auch die Abdeckung des Turmes und die Einrichtung des Kirchleins.

Encindorf »untern Pisenperg«, **Langenzersdorf** unter dem Bisamberg, gehörte pfarrlich zu Korneuburg. 1320 ließen Koloman von Enzersdorf und dessen Gemahlin Jutta eine Katharinenkapelle errichten, die 1326 pfarrliche Rechte erhielt und dem Stift Klosterneuburg inkorporiert wurde. Die dreischiffige frühgotische Basilika ist im 18. Jh. umgebaut worden, Seitenschiffe und Chor sind noch kreuzrippengewölbt, die Einrichtung stammt aus der Umbauzeit. 1761 begründete Pfarrer Joachim Knab in Langenzersdorf eine Arbeitsschule und richtete im Pfarrhof ein Natur- und Kunstkabinett ein.

Die Kirche **Maria Lourdes** in Wien XII, Haschkagasse, ist 1958, im Jubiläumsjahr des berühmten Wallfahrtsortes, entstanden. Die 1935 hier errichtete Kleine Notkirche (im Hof noch zu sehen) ist dem Verfall überlassen.

Im heutigen 12. Wiener Gemeindebezirk, in **Meidling** (Muerlingen, Mewrling), war Stift Klosterneuburg schon in der ersten Hälfte des 12. Jh. mit Liegenschaften versehen. Das Dorf gehörte bis 1783 zur Pfarre Penzing. Eine bis 1732 von vermögenden Meidlingern errichtete Kapelle zum hl. Nepomuk war die Vorläuferin der in den Jahren 1842—1845 vom Stift errichteten, 1900 ausgestatteten und ausgemalten Pfarrkirche. Der Innenraum der dreischiffigen Hallenkirche ist ein Stilsammelsurium von besonderer Art.

Neustift am Walde in Wien/Währing gehörte bis 1384 zur Pfarre Heiligenstadt, dann zur Pfarre Sievering. 1414 übergab Andreas Planck, Pfarrer von Gars und Kanzler Herzog Albrechts V., Pfarre und Ort Neustift dem von ihm begründeten Augustiner-Chorherrenstift St. Dorothea in Wien als Dotationsgut. Da der Weg von der Wiener Dorotheergasse bis zu dem am Abhang des Wienerwaldes liegenden Dörfchen im Winter beschwerlich und wegen der vielen Wölfe auch sehr gefährlich war, zeigte sich Bischof Udalrich von Passau geneigt, dem Propst von St. Dorothea, Stephan von Landskron, zu erlauben, in Neustift eine Kapelle oder ein Oratorium zu errichten. Doch kam es erst 1713 zum Bau einer St.-Rochus-Kapelle. 1783 wurde Neustift selbständige Pfarre. Sie ist bis 1809 von Chorherren des aufgehobenen Stiftes St. Dorothea, dann von Klosterneuburg aus verwaltet, 1851 vergrößert und mit dem jetzigen Turm versehen worden.

An Stelle der heutigen Pfarrkirche zum hl. Thomas in **Nußdorf,** Wien/Döbling, stand schon zu Beginn des 15. Jh. eine Kapelle, die von Heiligenstadt aus betreut wurde. In der seit 1783 selbständigen Pfarre ließ das Stift in den Jahren 1787/89 die jetzige spätbarocke Kirche erbauen. Die alte Thomaskapelle wurde vorerst als Schulhaus verwendet. Die Einrichtung von St. Thomas (18. Jh.) stammt z. T. aus dem 1786 aufgehobenen Augustiner-Chorherrenstift St. Dorothea.

Gegen Ende des 12. Jh. hatte Irmgard von Polan dem Stift eine Grundherrschaft mit der St.-Pankraz-Kapelle geschenkt, die zur Pfarre Gars am Kamp gehörte, dem späteren **Reinprechtspölla** südwestlich Eggenburg. Auf Wunsch der Klosterneuburger verfügte Bischof Manegold 1213 die Lösung der Kapelle von Gars, erhob St. Pankraz zur Pfarrkirche und übergab die Patronatsrechte an das Stift. Zu Reinprechtspölla gehörten in der Folge die Dörfer Harmannsdorf, Sachsendorf und Buttendorf. — Der kleine spätromanische Bau von St. Pankraz ist im 18. Jh. durch ein wuchtiges Querschiff mit halbkreisförmigem Chor (freskengeschmückt) erweitert und barock ausgestattet worden. 1910 wölbte man das flachgedeckte Kirchenschiff ein und gab dem Turm die jetzige Gestalt.

Im Jahre 1330 erbauten sich die Gemeinden Ober- und Untersievering, Neustift und Salmannsdorf, die zur Pfarre Heiligenstadt gehörten, in **Sievering,** Wien/Döbling, eine eigene Kapelle. 1348 wurde das dem hl. Andreas geweihte Kirchlein Pfarre, die im Jahre 1500 an Klosterneuburg kam. Im 16. Jh. ist die spätgotische Kirche mit dem mächtigen Turm und dem hohen Satteldach zu Ehren des hl. Severin neu geweiht worden. Obwohl 1896 und 1913/14 z. T. umfassend »restauriert«, erhielt sich das Sieveringer Gotteshaus im ehemaligen Winzerdorf manches aus seiner gotischen Vergangenheit.

Schon im 13. Jh. war das Stift in seinem Herrschaftssitz **Stoitzendorf** östlich Eggenburg Lehensherr über 25 Besitzungen. Die Ortskapelle gehörte zur Pfarre Eggenburg und wurde 1467 dem hl. Jakob geweiht. Der Neubau von 1613 wurde zu Ehren des hl. Leopold konsekriert. Die jetzige Kirche entstand, als 1784 Stoitzendorf zur Pfarre erhoben und dem Stift inkorporiert wurde. Sie ist 1964 neu ausgestattet worden.

Die Pfarrkirche Maria im Elend in **Tattendorf** östlich Bad Vöslau erwarb Klosterneuburg samt Vogtei und Lehensrecht 1585 vom Stift Melk. Ein Jahrhundert später zerstörten die Türken das Gotteshaus fast zur Gänze. Die heutige Gestalt erhielt Maria Elend zwischen 1693 und 1695 während des Wiederaufbaues.

Die gotische Kirche zum hl. Petrus und Paulus in **Weidling** nächst Klosterneuburg ließ Andreas der Lorner, ein vermögender Weinhauer, zwischen 1403 und 1407 errichten. In die Kirchenstiftung einbeschlossen war die Bezahlung (das Beneficium) für einen Priester, der wöchentlich vier Messen für die Zunftgenossen des Stifters zu lesen hatte. St. Peter ist im 18. Jh. vergrößert, barockisiert und mit dem schönen Zwiebelturm (im 19. Jh. erneuert) versehen worden. Zur wertvollen Einrichtung der gut renovierten Alt-Wiener Kirche gehören ein lebensgroßer spätgotischer Christus auf dem Hochaltar und eine ebenso spätgotische Kreuzigungsgruppe in der Turmvorhalle.

KRAIG
Ehemaliges Kollegiatstift. Ktn.

Ende des 14. Jh. verließen die Herren von Kraig, erbliche Truchsesse der Herzöge von Kärnten, endgültig ihre unwirtliche Burg Hochkraig nordöstlich der Frauenburg und übersiedelten in das freundlichere und geräumigere Niederkraig. In dieser Zeit hatten sie an ihrer Patronatskirche zum hl. Johannes im Dorf Kraig bereits ein weltliches Kollegiat mit vier Chorherren unter einem Propst begründet. Es mag um 1350 entstanden sein.

Anschaulicher als die spärlichen Archivbestände vermittelt heute der Anblick des kleinen Kirchenburgkomplexes auf dem Felsen im idyllischen Dorf etwas von der Geschichte der kleinen und kurzlebigen Propstei. Zuoberst auf dem Felshügel steht die spätgotische schön restaurierte Kirche mit Chor aus dem 14. Jh. und einer zierlichen Säulenvorhalle um 1590. Etwas unter ihr, auf dem Hang, ragt mit hohem, schmuckem Dachreiter und Steinplattdach die schmale St.-Ulrichs-Kapelle empor; jenseits, am Fuße des Felsens, liegt, ebenso instand gesetzt, das zweigeschossige, zusammen mit Wirtschaftstrakten im Halbkreis um einen Hof angeordnete ehemalige Propsteigebäude. Oberste Spitze, die Verteidigungsmitte dieses einst von einer hohen Mauer umschlossenen Baukompositums, bildet der einzelnstehende spitzhelmige Wehrturm des 15. Jh. nördlich der Kirche mit maßwerkgeschmückten Schallfenstern und rundbogigem Zugang im Obergeschoß. In der schönen dreischiffigen Kirchenraumhalle mit spätgotischem Netzrippengewölbe und Empore mit Maßwerkbrüstung stehen Grabsteine der Herren von Kraig und der Pröpste in bunter Reihe. Ein markantes Propstrelief ziert einen Grabstein um 1480.

Der Bestand des Kollegiats war nicht von langer Dauer. Im 16. und noch im 17. Jh. war Kraig ein Zentrum des Luthertums. Die Propstei war in protestantischen Händen. 1564 starben die Kraiger aus. Ihre Nachfolger verzichteten auf die Wiedererrichtung des Kollegiats.

LAGE Nördlich St. Veit an der Glan.
BESICHTIGUNG der Kirche möglich. Schlüssel zu ihr sind in einem Nebenhaus erhältlich.

KREMSMÜNSTER
Benediktinerstift. OÖ. → auch Seite 85 bis 89.

ZUR GESCHICHTE DES STIFTSBESITZES Die Schenkung des Bayernherzogs Tassilo III. im Jahre 777 fiel nach dessen Sturz an Karl den Großen, unter dessen Nachfolgern sich das Besitztum der Reichsabtei erweiterte. Im 10. Jh., während der Ungarneinfälle, brachte das Bistum Passau Kremsmünster in seinen Besitz und verlor die Rechte an ihm erst im 13. Jh. unter den Habsburgern.

Ein Urbar des 15. Jh. zählt 24 Kremsmünsterer Wirtschaftsämter auf: acht lagen im heutigen Gerichtsbezirk Kremsmünster, sechs im Bezirk Neuhofen, andere in Wels, Gmunden, Kirchdorf, Lambach, Vöcklabruck, Haag und Ottenschlag in NÖ. Streubesitz, umfangreiche Waldungen und Höfe besaß das Stift im Lande unter und ob der Enns, große Weingärten im Bezirk St. Pölten, bei Mautern, Langenlois, Gumpoldskirchen und Klosterneuburg. Auch während der Reformationszeit konnten die Kremsmünsterer Benediktiner ihre Besitzungen bewahren, nach 1620 nützten sie die Möglichkeit, enteignete Protestantensitze und sonstige Güter zu erwerben: 1627 die Herrschaft Kremsegg mit Schloß, 1630 Pernstein mit Schloß Altpernstein, 1634 Scharnstein mit Schloß, 1679/80 die Herrschaft Eggenberg, 1758 Weißenberg, 1768 die Herrschaft Biberach mit dem Edelsitz Weier bei Kematen. Stiftshöfe besaß Kremsmünster in Linz, Stein an der Donau, Wien und Klosterneuburg.

Heute verwaltet und bewirtschaftet das Stift etwa 4800 Hektar Wald in acht verstreut liegenden Revieren. In ihnen sind seit 1945 130 km Güterwege angelegt worden. Landwirtschaft wird auf drei Meierhöfen (226 ha) betrieben, Weinbau in Krems, Stein und Nußdorf (14 ha, verpachtet). Kremsmünster besitzt eine eigene Weinkellerei. Das Stift beschäftigt 135 Dienstnehmer.

Eine theologische Anstalt besaß das Stift seit frühesten Zeiten. Die im 12. Jh. erwähnte »Hofschule« wurde 1549 eine Lateinschule mit Öffentlichkeitsrecht. Ihre Nachfolgerin ist das heutige Gymnasium mit mehr als dreihundert Schülern. Die 1744 begründete »Ritterakademie«, eine Schule für junge Adelige, ist 1789 unter Joseph II. aufgelöst worden. Das 1803 begründete Konvikt zählt derzeit 240 Zöglinge.

Anläßlich eines Rombesuches im Jahre 1179 ließ sich Abt Ulrich III. von Kremsmünster durch Papst Alexander II. vierzehn dem Stift zugehörige Pfarren bestätigen. Sie waren mit »Plebanen«, sogenannten »Leutpriestern« — Weltgeistlichen, besetzt, die zum Teil dem Bistum Passau unterstellt waren. Noch 1645 wurden von den damals 17 inkorporierten Pfarren neun von Weltpriestern verwaltet. In der Josephinischen Zeit, als zwischen 1783 und 1785 zwölf Filialkirchen zu Pfarreien erhoben wurden, war das Stift gezwungen, in diesen Orten Pfarrhöfe und auch neue Schulen zu errichten. Die 27 heute in OÖ. von Kremsmünster betreuten Pfarren liegen zwischen der steirischen Grenze und Buchkirchen bei Wels, im Umkreis von jeweils sechs Gehstunden. 1966 übernahm Kremsmünster die Stadtpfarre und Wallfahrtsseelsorge von Mariazell in der Steiermark. Seit 1970 versorgen zwei Kremsmünsterer Patres die Pfarre Bareiras in Nordbrasilien in der Diözese Barra. Sie ist so groß wie das Land Oberösterreich.

Der Legende nach führte ein Wunderbrunnen zum Bau des ersten romanischen Kirchleins in **Adlwang** südöstlich Bad Hall. Historisch ist eine Kapelle um 1330 nachweisbar. Die jetzige Pfarrkirche Sieben Schmerzen Mariä ist ein spätgotisches, im Barock durch das Langhaus erweitertes und neu ausgestattetes, 1965/71 restauriertes Bauwerk. Adlwang war schon im 14. Jh. eine vielbesuchte Wallfahrtsstätte, im 18. Jh. wurde der Ort eine Art »oberösterreichisches Mariazell«. Pilger aus allen Ländern der Monarchie wollten das blutschwitzende Bild des kreuztragenden Heilands sehen und vor dem Vesperbild auf dem Hauptaltar, 1410/20, um Heilung und Bewahrung vor Krankheiten beten. Schon im 17. Jh. hatte das Stift in Adlwang ein Poenitentiarhaus für vier Beichtväter errichtet. 1755 zählte man über 46 000 Wallfahrer. Seit dem 16./17. Jh. feierten die Viechtwanger (bis zum Verbot in Josephinischer Zeit) in Adlwang ihren »Stablkirchtag«. Sie zogen mit weißen Stäben in den Händen — Zeichen ihres unverfälschten katholischen Glaubens — in die Kirche ein. Im Mai und zur Feier der »Goldenen Samstagnächte« — die Samstage und Sonntage nach Michaeli (29. September) — kommen noch heute zahlreiche Pilger nach Adlwang.

Die Kirche zum hl. Georg in **Allhaming** an der Straße Marchtrenk—Neuhofen an der Krems, nächst der Autobahnstraße, ist 1488 erbaut, um 1902/03 erweitert und neugotisch verändert worden. Bis zur Pfarrerhebung 1785 war St. Georg Filiale der Pfarre Weißkirchen. Das Gebiet von Allhaming gehörte dem Stift seit seiner Gründung an.

»St. Margaretha am Anger« in **Bad Hall** war ursprünglich Filialkirche des benachbarten → Pfarrkirchen. Erst 1783 wurde an dem spätgotischen Gotteshaus mit dem Chor um 1300 (1957/60 renoviert) eine eigene Pfarre begründet. Die Entwicklung des Kurortes im 19. Jh. machte einen neuen Kirchenbau notwendig. Die neugotische Pfarrkirche zum Allerheiligsten Erlöser entstand zwischen 1869 und 1888 zum 1100jährigen Jubiläum des Stiftes Kremsmünster (1877). Bad Hall mit seinen Quellen gehörte dem Stift seit der Gründung im Jahre 777.

Buchkirchen nördlich Wels ist die einzige außerhalb des geschlossenen Stiftskirchenbereiches liegende Pfarre. Das Gebiet kam bereits im Jahre 888 an das Stift. Die Kirche zum hl. Jakob, seit dem 12. Jh. stiftisch, brannte Mitte des 15. Jh. aus. Der heutige spätgotische Bau ist 1660 barockisiert und im 18. Jh. mit einer neuen Kirchturmkuppel versehen worden. Unter der 18.-Jh.-Ausstattung befinden sich zwei Altarbilder von M. J. Schmidt, 1798. Die Kirche ist 1950 zusammen mit dem schloßartigen Pfarrhof — um 1600, mit Ausstattung und Einrichtung aus dem 17./18. Jh. — restauriert worden. Die Buchkirchener Filialkirche und Kaplanei *St. Margareta in Mistelbach* bei Wels ist seit dem 9. Jh. urkundlich. Der heutige 1973 renovierte Bau ist barock.

Eberstallzell südöstlich von Bad Wimsbach-Neydharting erscheint mit dem Gebiet von »Eporestal« identisch, das Herzog Tassilo, wie im Stiftsbrief von 777 angeführt, den Benediktinern schenkte. Sie errichteten hier eine Mönchszelle mit Taufkirche. Das dem hl. Ulrich geweihte Gotteshaus erscheint im 10. Jh. als Filialkirche von Steinerkirchen. Erst 1768 bestimmte Abt Berthold III., in Eberstallzell könne ein Geistlicher wohnen. Der äußerlich schmucke Kirchenbau von heute mit außergewöhnlich hoher gotischer Halle und dreijochigem Chor, 1490/94 entstanden, ist im 18. Jh. barock behelmt worden, verlor jedoch durch die große Innenrenovierung von 1879/81. Die jetzige Turmkuppel entstand 1974/75.

Eggendorf im Traunkreis südlich Allhaming ist 1784 Pfarre geworden. Als Pfarrkirche diente vorerst die Kapelle des Schlosses Eggendorf. Die jetzige Kirche Mariae Himmelfahrt wurde 1913 geweiht. Ihr Hochaltarbild ist von Martin Johann Schmidt, 1799.

Als Pfarrer Konrad von Steinerkirchen im Jahre 1267 seinem Kaplan Martin die Filialkirche **Fischlham** östlich Lambach als Seelsorgestelle verlieh, hatte er Fischlham dem Stift entfremdet. Nach viel Streit kam der Ort 1584 wieder an Kremsmünster und wurde erst in Josephinischer Zeit selbständige Pfarre. Im 18. Jh. hatten die durch die Traunfischerei wohlhabend gewordenen Fischlhamer ihr Gotteshaus zum hl. Petrus im 18. Jh. prächtig ausstatten und mit barockem Zwiebelhelm versehen lassen. Die »Schifflein-Petri-Kanzel« aus dem Jahre 1759 bezeugt die (durch »Restaurierungen« des 19. Jh. geminderte) einst großartige Ausstattung der Kirche, deren kunsthistorische Kostbarkeit eine Petrusstatue aus dem 14. Jh. darstellt. — Die Fischlhamer Filialkirche *St. Georgen im Schauertal* (15. Jh., im 18. und 19. Jh. verändert) war bis vor dem Zweiten Weltkrieg Wallfahrtskirche.

Als das Stift Kremsmünster nach 1620 in den Besitz des Jörgerschlosses Scharnstein kam, erhielt es auch die Grundobrigkeit über das schon 1060 urkundliche **Grünau im Almtal.** Seit der Stiftsgründung war Kremsmünster in »Gruonna«, im inneren Almtal, begütert gewesen, hatte seine Besitzungen jedoch an die Lambacher Benediktiner verloren. Die dem hl. Kilian geweihte Pfarre bestand wahrscheinlich schon um 1315. Gegen den Widerstand Passaus wurde sie 1694 Kremsmünster einverleibt. Das Jahr darauf begann Prior Balthasar Schesser nach Plänen eines italienischen Baumeisters mit dem Neubau der Pfarrkirche zum hl. Jakobus. Ihr berühmter Hochaltar 1616/18 (mit spätgotischen Statuen) war bis 1712 Hochaltar der Stiftskirche Kremsmünster. Während der Innenrestaurierung im Jahre 1959 kam reicher Freskenschmuck aus dem 18. Jh. zutage. In Grünau ist auch der Krippenaltar des Michael Zürn aus dem Jahre 1690 zu sehen, im Ortsbereich befinden sich fünf Kapellen mit Meßlizenzen, u. a. die kleine Jakobsbrunnenkapelle oberhalb Grünau mit einer Pietà aus dem 15. Jh.

Auch über das Gebiet von **Kematen an der Krems** nördlich Kremsmünster verfügte das Stift schon seit seiner Gründung. Wahrzeichen des Ortes ist die Pfarrkirche zum hl. Martin mit ihrem mächtigen, früher wahrscheinlich freistehendem Turm. Schießluken und eine Pechnase verweisen auf die alte Wehrkirche. Der Chor und das nördliche Seitenschiff stammen aus dem 14. Jh., die Erweiterungsbauten aus dem 15. und 17. Jh. 1773/75 erhielt St. Martin aus der Werkstatt Johann Georg Schwanthalers in Gmunden seine prächtige Barockausstattung. Die Renovierungsarbeiten zwischen 1959 und 1963 brachten das geglückte Stilkompositum von fünf Jahrhunderten zu neuer Geltung. 1974/75 erneuerte das Stift auch den barocken Pfarrhof.

Eine dem hl. Laurentius geweihte Kapelle mag es in der Pfarre **Kirchham** südwestlich Vorchdorf schon im 12. Jh. gegeben haben. Die jetzige Pfarrkirche mit dem gotischen Sakramentshäuschen auf der Evangelienseite ist spätgotisch, ihr Turm barock (18. Jh.). Bei der Innenrenovierung im Jahre 1968 sind zahlreiche Fresken aufgedeckt worden. Kirchham ist seit 1629 Pfarre, Kremsmünsterer Benediktiner verwalten sie seit 1669.

Die Pfarre **Kremsmünster,** so alt wie das Stift, führte bis 1785 den Namen »Pfarre Kirchberg«. Pfarrkirche war bis 1785 der seit dem 11. Jh. urkundliche St.-Stephans-Bau auf dem nahen Kirchberg. Diese frühe Laienkirche des Klosters wurde dem Stift 1170 einverleibt. Der heutige im 15. Jh. errichtete gotische Bau ist unter Abt Alexander III. Fixlmillner, 1731—1759, in eine exklusive Rokokokirche verwandelt worden, die nach ihrer Restaurierung 1947/48 zu den Sehenswürdigkeiten von Kremsmünster zählt. Zum Pfarrgebiet Kremsmünster gehören außer der jetzigen Pfarr- und Stiftskirche → S. 85 ff.: St. Johann im Markt (als Taufkirche des 8. Jh. urkundlich. Der heutige Bau stammt aus dem 14. Jh. und ist nach einem Brand 1808 wiedererrichtet worden); Heiligenkreuz am Schacher, eine Carlo-Antonio-Carlone-Kirche, 1687/90; die Kalvarienbergkirche, 1736/37 von Johann Michael Prunner erbaut, sowie die drei Kapellen St. Wolfgang, St. Sigismund und St. Martin am Asperg.

Die frühere Wallfahrtskirche **Magdalenaberg** bei Pettenbach ist um 1500 errichtet worden und wurde 1785 Pfarrkirche. Seelsorgisch wird sie von Pettenbach aus betreut.

Mariazell ist dem Stift → St. Lambrecht einverleibt. 1966 ist Kremsmünster bis auf weiteres die seelsorgische Betreuung des Wallfahrtsortes und der Pfarre übertragen worden.

Die ehemalige Pfarrkirche von **Neuhofen an der Krems** geht auf einen Kirchenbau des 9. Jh. zurück, der in »Newanhova«, an einem königlichen Fronhof, um 850 errichtet worden war. Da sich das spätgotische, im 17. Jh. barockisierte, heute als »Werktagskirche« in Verwendung stehende Gotteshaus zum hl. Matthäus als zu klein erwies, entstand 1970 der etwas bizarre Kirchenneubau zum hl. Benedikt.

In **Pettenbach** südöstlich von Vorchdorf, bereits 777 im Stiftsbrief erwähnt, ließ Abt Alram von Kremsmünster um 1120 die Kirche zum hl. Benedikt errichten. 1230 erscheint sie als dem Stift inkorporiert. Die ehrwürdige Pfarrkirche von heute, Mutterkirche von Gotteshäusern der Umgebung, ist ein spätgotischer dreischiffiger Hallenbau mit schönem netzrippengewölbtem Langhaus, Sternrippenchor und spätgotischem Portal. Die Kirche ist im 17. und 18. Jh. barock ausgestattet worden, besitzt eine vielbeachtete, um 1620/30 entstandene Muttergottesstatue aus der *Filialkirche Heiligenleithen* südlich des Ortes. Das hohe Heiligenleithner Gotteshaus mit dem schmalen geduckten Turm, um 1431 auf Fundamenten einer früheren Kirche errichtet, dem hl. Leonhard geweiht, ist im Spätbarock als Wallfahrtskirche ausgestattet worden. Am Leonhardi-Ritt von Pettenbach nach Heiligenleithen nehmen noch heute über hundert Reiter und über tausend Pilger aus allen Nachbarpfarren teil.

Pfarrkirchen bei Bad Hall, als ecclesia Sulzipach im Stiftsbrief von Kremsmünster 777 urkundlich, lag auf dem Gebiet der Saline am Sulzbach, die der Bayernherzog Tassilo den Benediktinern als Dotationsgut übergeben hatte. Diese Mutterpfarre von → Bad Hall besitzt in ihrer St.-Georgs-Kirche ein als »Juwel des oberösterreichischen Rokoko« vielfach beschriebenes Gotteshaus. Die prachtvolle Ausstattung bekam der ursprünglich gotische Bau — von dem noch der Chor und ein Christophorusfresko am Turm zu sehen sind — zwischen 1744 und 1777 unter dem bedeutenden Abt Alexander III. Fixlmillner. Im 17. Jh. erhielt die Kirche eine wundertätige Monstranz mit Reliquie, die Pfarrkirchen bis in die Josephinische Zeit zum Wallfahrtsort machte. Westlich des Pfarrhofes aus dem 17. Jh. befindet sich ein barocker Kalvarienberg mit Kirche und Kapelle. — Die *Filialkirche St. Blasien* südöstlich des Ortes, 1348 von den Rittern von Rohr errichtet, ist eine neuestens hervorragend restaurierte gotische Saalkirche mit sechs großartigen Glasfenstern, gotischen Details und einem barocken Hochaltar. St. Blasien ist zur Zeit als Tauf- und Hochzeitskirche beliebt. Rund um sie sind Reste von alten Befestigungen zu erkennen.

Das Land um **Ried im Traunkreise** südwestlich von Kremsmünster hatten die Benediktiner von den Karolingern im 10. Jh. als Rodungsgebiet zugewiesen erhalten. An der Stelle einer Kapelle des 10. Jh. entstand unter Abt Martin 1160/65 eine größere St.-Nikolaus-Kirche. Sie wurde 1179 Pfarrkirche und dem Stift inkorporiert. 1440 bereits baufällig, mußte das Gotteshaus gesperrt werden. 1476 errichtete man den Chor der jetzigen Nikolauskirche, ihr Schiff entstand erst 1522. Nach einem Brand in der Barockzeit ist die zweischiffige Hallenkirche nach 1736 wiederhergestellt worden, eine Restaurierung 1902/03 brachte ihr die neugotische Einrichtung. Doch besitzt der 1952 zuletzt instandgesetzte St.-Nikolaus-Bau noch die alten Netzrippengewölbe, eine schöne Westempore und ein kielbogiges Portal mit Vorhalle, 1522. — Auch die *Filialkirche zum hl. Jakob in Weigersdorf* westlich des Ortes geht auf einen Bau des 10. Jh. zurück und ist 1170 geweiht worden. Das spätgotische zweischiffige Gotteshaus von heute, aus dem 15./16. Jh., mit Netzrippengewölben, Achteckpfeilern, Empore, hohen Fenstern, gotischem Portal gehört zu den sehenswerten Landkirchen des Traunkreises. Neben einer spätgotischen Jakobsfigur und einem ebensolchen Kruzifix aus dem 15. Jh. schmücken sie zwei schöne Altäre im Knorpelwerkstil, 1660/70. — Die zu Ried gehörende *Wallfahrtskapelle zur Schmerzhaften Muttergottes in Haslach* entstand an der Stelle eines im 17. Jh. hier verehrten legendenumwobenen Marienbildes »Maria in Haslet«. Die Holzkapelle des 18. Jh. wurde 1843 durch eine Steinkapelle ersetzt.

Die Kirche Mariä Himmelfahrt in dem Kremsmünster benachbarten **Rohr im Kremstal** ging aus der Schloßkapelle hervor, die Otto von Rohr im 12. Jh. hatte erbauen lassen. Der einschiffige ursprünglich gotische Bau von heute ist 1660/65 barock erweitert worden und wurde erst 1784 Pfarrkirche; sie besitzt eine Monstranz aus dem 17. Jh., das Hochaltarbild von Martin Joh. Schmidt stammt aus dem 18. Jh., der neubarocke Hochaltar entstand 1949. — Die *Filialkirche St. Peter und Paul von Oberrohr,* 1476 erbaut, gilt als eine der schönsten und besterhaltenen gotischen Kirchen des Landes. Sie besitzt eine netzrippengewölbte gotische Vorhalle und gotische Statuen. Hochaltar, Seitenaltäre und Kanzel sind in den sechziger Jahren des 17. Jh. entstanden.

St. Konrad zwischen Gmunden und Scharnstein ist eine 1783 neu gebildete Pfarre. Das kleine spätgotische Kirchlein mit dem spitzen sechsseitigen Turm, Details aus der Bauzeit und einem Hochaltar um 1800, ist 1909/10 vergrößert und neugotisch eingerichtet worden.

Sattledt (an der Autobahn) ist die jüngste Pfarrgründung des Stiftes. Die Kirche zum hl. Stephan entstand 1926/31, der Pfarrsprengel ist 1950 aus Gebieten von sechs Nachbarpfarren gebildet worden.

In **Scharnstein** südwestlich Pettenbach, vom Stift 1634 als Herrschaft erworben, ist 1958 eine Kooperatorexpositur eingerichtet worden. Die moderne Kirche zum hl. Berthold von Garsten wurde 1956 geweiht.

Sipbachzell bei Kremsmünster ist in der Gründungsurkunde des Stiftes zu finden und scheint vorerst eine Mönchszelle in der Nachbarschaft des Klosters gewesen zu sein. Der heutige spätgotische Bau aus dem Jahre 1478 hatte sowohl im 10. als auch im 12. Jh. Vorläufer. Die dreischiffige Hallenkirche zur hl. Margareta, seit 1776 Pfarrkirche, wurde 1903 restauriert und in jüngster Zeit grundlegend umgestaltet. Zum Pfarrbesitz gehört der Meierhof Leombach. Er ist aus dem gleichnamigen Edelsitz hervorgegangen, der als »Liupilinspach« im Stiftsbrief von 777 aufscheint.

Schon um das Jahr 1000 war **Steinerkirchen an der Traun** östlich Lambach Pfarre. Das Patrozinium St. Martin weist auf eine hier womöglich über einer römischen Kultstätte errichtete frühe St.-Martins-Kirche. Sie war Mutterpfarre für 20 Ortschaften und wird 1179 als Stiftspfarre genannt. In der 1975 hervorragend restaurierten spätgotischen (1439), mit barockem Turm ausgestatteten Kirche mit barocker Einrichtung — der prächtige Hochaltar, Mitte 18. Jh., stammt aus der Welser Minoritenkirche — sind ein römischer Grabstein aus dem 2. nachchristl. Jahrhundert und Totenschilde aus dem 16. Jh. zu sehen. Während der Restaurierungsarbeiten wurden in ihr eindrucksvolle Seccomalereien (Evangelistensymbole) freigelegt. — Neben dem Pfarrhof von 1616 befindet sich seit 1949 das Mutterhaus der österreichischen Benediktinerinnen zum Unbefleckten Herzen Mariä.

Die Kirche Alle heiligen Apostel in **Steinhaus** bei Wels, 1249 (1270) urkundlich, ist 1330 als Filialkirche von Thalheim erwähnt. Pfarrkirche wurde die heutige, 1683 erbaute einschiffige Kirche im Jahre 1784. Das Stift besitzt über sie Patronatsrechte. — Die *Filialkirche St. Nikolaus* im benachbarten *Taxlberg,* 1457, ist im 17. Jh. mit einem barocken Hochaltar, 1691, versehen worden. Im Westteil des noch mit Portalen und Beschlägen aus der Bauzeit ausgestatteten Gotteshauses ist Mauerwerk eines alten römischen Wachtturmes verwendet worden.

Als »Thalham« ist die Pfarre **Thalheim bei Wels** schon 927 urkundlich, unter Abt Dietrich, 1066—1085, wurde sie dem Stift einverleibt. Der urspüngliche Pfarrsprengel umschloß die Orte Steinhaus ebenso wie Teile Sattledts und die Gebiete von Sipbachzell und Schleißheim. 1787 entstand das Dekanat Thalheim. Die spätgotische dreischiffige Pfarrkirche zum hl. Stephan mit Seitenaltären aus dem 17. Jh., einem neugotischen Hochaltar und einem Pfarrhof aus dem 17. Jh. ist 1974 durch einen Brand beschädigt worden. Bei den Wiederherstellungsarbeiten entdeckte man Bau- und Ausstattungsstücke aus früheren Jahrhunderten. — Die *Filialkirche zum hl. Ägydius* im benachbarten *Aigen* bei Wels ist ein kleiner einschiffiger gotischer Bau, dessen barocke Einrichtung während der Restaurierung nach 1960 entfernt wurde. Während der Gottesdienste werden jetzt die gotischen Sitznischen und das Sakramentshäuschen wieder benutzt. — Die Thalheimer *Filial- und Wallfahrtskirche Maria Schauersberg* ist 1493 zu Ehren der »glorreichen Himmelskönigin im Schauertale« geweiht und im 17. Jh. barockisiert worden. Das barock umstrahlte Gnadenbild auf dem barocken Hochaltar — eine vergoldete Marienstatue auf dem Halbmond mit dem Jesuskind, das die Weltkugel hält — stammt aus der Zeit um 1470/80. In der legendenumwobenen Wallfahrtskirche wird auch der hl. Leonhard verehrt. Wallfahrten und Leonhardiritte finden noch heute statt.

Die Pfarre von **Viechtwang** nächst Scharnstein, 1159 urkundlich, 1179 dem Stift inkorporiert, ist in ihrer jetzigen Gestalt ein 1691 dem Evangelisten Johannes geweihter, nach Plänen des Carlo Antonio Carlone errichteter Sakralbau mit zum Teil neugotischer Einrichtung. Diese größte Kirche des Almtales ist 1955 und 1965 eindrucksvoll restauriert worden. — In der benachbarten *Kapelle Lasselberg* verehrten Wallfahrer bis in die Josephinische Zeit, besonders an den Goldenen Sonntagen, ein altes wundertätiges Marienbild.

Der Legende nach befand sich auf dem sogenannten Kirchbühel bei **Vorchdorf** an der Autobahn in frühester Zeit eine Kirche, die in den Ungarnstürmen des 10. Jh. zerstört wurde. Die Pfarre Vorchdorf mit der Kirche Mariae Himmelfahrt ist eine Gründung des späten 12. Jh. Das heutige spätgotische Gotteshaus, schon im Mittelalter als »Maria Tal« Ziel von Wallfahrten, wurde um 1700 durchgehend barockisiert. Die Renovierung 1948/1949 legte in der zum Teil mit wertvoller Einrichtung (Plastiken von Johann Georg Schwanthaler und Michael Zürn d. J.) versehenen Wallfahrtskirche alte Baubestände frei und verhalf ihm zu neuem Glanz. — Die benachbarte *Filialkirche zum hl. Bartholomäus in Einsiedling* ist bereits 1196 urkundlich. Der spätgotische, im Barock veränderte, 1938/39 restaurierte und z. T. neu eingerichtete Bau besitzt eine hölzerne spätgotische Kreuzigungsgruppe um 1480/90.

976 schenkte Bischof Pilgrim von Passau dem Stift mit Vorchdorf auch **Weißkirchen an der Traun.** 1179 erscheint der Ort als eine Kremsmünster inkorporierte Pfarre, deren Gebiet Allhaming, Eggendorf, Teile von Neuhofen, Sipbachzell und Schleißheim umfaßte. Die spätgotische zweischiffige Pfarrkirche Mariae Himmelfahrt entstand zwischen 1484 und 1537. Von ihr erhielten sich nur noch Taufstein und Kanzelfuß. Während einer »Restaurierung« im 19. Jh. entledigte man sich der barocken Einrichtung, während der Renovierung von 1961 entfernte man die neugotischen Verunzierungen und stattete das Gotteshaus wieder barock aus.

LAMBACH

Benediktinerstift. OÖ. → auch Seite 76 bis 79.

SCHULEN, BESITZUNGEN UND INKORPORIERTE PFARREN Schon im 10. Jh. findet eine Klosterschule Erwähnung, die Lambacher Schreibschule macht sich im 12. und 15. Jh. einen Namen. Neben der »inneren Schule« begründet das Stift im 15. bis 18. Jh. »äußere« Schulen in Lambach, in der Paura und in Neukirchen. Musikpflege und Theaterwesen lassen zu Beginn des 18. Jh. auch eine Art Musikschule entstehen. Noch das heutige Stift beherbergt drei Schulen: ein Aufbaurealgymnasium, eine Handelsschule und eine landwirtschaftliche Fachschule. — Erwähnenswert ist ebenso, daß Stift Lambach um 1200 ein Armen- und Siechenhaus unterhielt, im 16./17. Jh. im Ort ein St.-Joseph-Spital und im 18. Jh. das Waiseninstitut in Stadl Paura begründete.

Die historische Grundherrschaft Stift Lambach bildete einen Landesgerichtsbezirk. Es war reiches Waldland mit Markt- und Fischereirechten diesseits und jenseits der Traun. Aus diesem Stiftsbesitz entstanden nach 1848 die vier Gemeindegebiete von Lambach, Edt, Stadl Hausruck und Stadl Paura. Seit dem 11. Jh. besaßen die Lambacher Benediktiner Waldungen und Land um Grünau im Almtal, im 13. Jh. in Wurmbrand bei Schlägl im Oberösterreichischen. Die Pfarre Oberkirchen nächst Großgerungs in Niederösterreich erhielt Lambach 1248 zur Aufbesserung seiner prekären wirtschaftlichen Lage. Sie hatte sich allerdings auch im 13./14. Jh. noch nicht grundlegend geändert, als die Benediktiner das Salzstadelrecht an der Traun erworben hatten, Salzhandel betrieben und Salzstadl in der Paura verpachteten. Während der Gegenreformation, einer für die Klöster wirtschaftlichen Blütezeit, erwarb Lambach eine Anzahl Land- und Weingüter. Damals wurden dem Stift die Pfarren Neu- und Aichkirchen einverleibt.

Mehrere stiftseigene Weingärten lagen in der Umgebung von Krems und Klosterneuburg, in Krems a. d. Donau bestand ein Lambacher Stiftshof. Zehentpflichtige Untertanen besaß das Stift in den heutigen Gerichtsbezirken Lambach, Wels, Gmunden, Schwanenstadt, Haag am Hausruck und im niederösterreichischen Großgerungs.

Der jetzige Stiftsbesitz ist etwa 600 ha groß, 450 ha davon sind Wald. Auch eine Stiftsgärtnerei wird betrieben.

Das Stift betreut heute fünf Pfarren. Die 1136 urkundliche Pfarrei **Aichkirchen** kam 1667 an Lambach. Die kleine netzrippengewölbte spätgotische Kirche St. Peter und Paul besitzt eine neugotische Einrichtung. Die Marienstatue auf dem Hochaltar stammt aus dem 15. Jh., einzelne Statuen, Taufbecken und ein Ölbergrelief sind barock.

Die Pfarrkirche zum hl. Erasmus in **Bachmanning** nordwestlich von Lambach, bereits 927 urkundlich, erhielt Lambach 1784 zugewiesen. Die mehrfach restaurierte und erneuerte spätgotische Kirche mit noch einem spätgotischen Tor und Beschlägen aus dem 16. Jh. ist im 18. und 19. Jh. eingerichtet und neuerdings verändert worden. 1959 entdeckte man in ihr schöne Fresken.

Die alte Pfarrkirche von **Lambach,** die heutige *Friedhofskirche zum hl. Johannes d. Täufer,* ein um 1200 urkundliches Gotteshaus, ist 1370 erneuert und im 15. Jh. durch den Chor vergrößert worden. Der zweischiffige netzrippengewölbte Hallenbau mit zahlreichen spätgotischen, aber auch neugotischen Bauelementen (Seitenaltäre u. a.) besitzt einen Hochaltar mit einer Mensa (Altartisch) aus dem 15. Jh. und einem Aufbau aus dem 19. Jh. — Die zweitürmige zwiebelbehelmte *Kalvarienbergkirche* auf dem Pfisterberg nächst dem Stift entstand in der Zeit des Abtes Maximilian Pagl (1705—1725). Der in Form eines griechischen Kreuzes errichtete Zentralbau mit Kuppel wurde 1945 schwer beschädigt und nach dem Krieg wiederhergestellt. Die bemerkenswerte Freskenausstattung des Innenraumes aus dem 18. Jh. mußte 1952 z. T. rekonstruiert werden. — Aus der Paglzeit stammt auch die Lambacher *Mariahilfkapelle* auf dem Puchberg, 1717/19. Nach den Ideen des baulustigen Abtes besitzt der Kuppelbau mit Laterne 7 Ecken, 7 Fenster und 7 Gemälde, auf denen die 7 Schmerzen Mariä und die 7 »Zufluchten« dargestellt sind: Dreifaltigkeit, Kreuz, Sakrament, Gottesmutter, Engel, Heilige und arme Seelen. Wallfahrer früherer Zeiten beteten in der Mariahilfkapelle um die Bewahrung vor den 7 Plagen.

Die Pfarre **Neukirchen bei Lambach** wurde dem Stift 1667 zusammen mit Aichkirchen überantwortet. Wie St. Peter und Paul in Aichkirchen ist auch das schmucke spätgotische netzrippengewölbte Neukirchener Gotteshaus mit seinem barocken Zwiebelturm im 19. Jh. neugotisch eingerichtet worden.

Mit dem Bau der Wallfahrtskirche zur Allerheiligsten Dreifaltigkeit in **Stadl Paura** südlich des Stiftes erfüllte Abt Maximilian ein Gelübde, das er 1712 abgelegt hatte, als das Traunviertel von der Pest bedroht war. Ein Jahr vor seinem Tode, 1724, war das Vorhaben des unternehmerischen Benediktineroberen verwirklicht. Die Dreifaltigkeitsidee — nach außen drei, nach innen eins — hatte in der Kirche von Paura ihren baukünstlerischen Ausdruck gefunden: drei gleiche Türme im Dreieck mit drei gleichen Fassaden umstellen eine dreiseitige Kuppellaterne, auf ihr eine dreiseitige Pyramide mit dem göttlichen Auge im Dreieck als Spitze. Derselbe Baugedanke bestimmte das Kircheninnere: drei gleiche Altäre mit drei Reliefs, drei Altarbildern, Gottvater, Gottsohn und dem Heiligen Geist geweiht, drei Orgeln um den kreisrunden Boden aus dreierlei Marmor.

LILIENFELD

Zisterzienserstift. NÖ. → auch Seite 31—33.

BESITZUNGEN Zur Stiftungsdotation gehörten ausgedehnte Gebiete an der Traisen, an Erlauf und Gölsen. »Grangien«, große Wirtschaftshöfe, begründeten die Lilienfelder Zisterzienser an der Donau, bei Krems, Stockerau und Eckartsau, im Waldviertel bei Stratzing und Gföhl. Durch Stiftungen und Schenkungen kam Lilienfeld bald in allen Vierteln, unter und oberhalb des Wienerwaldes und des Manhartsberges, zu Land und Zehenten. Außer den Herrschaften Lilienfeld und Annaberg entstanden Gutsbesitze mit Schlössern in Unterdürnbach, Kreisbach, Bergau, Stiftshöfe in Weinzierl bei Krems, in Pfaffstätten und Wien. Auch um Klosterneuburg besaß Lilienfeld Weingärten. Weitere Stiftsbesitzungen lagen u. a. in und bei Sierning, Inzersdorf, in der Ramsau bei Kaumberg, in Engleiten (OÖ.) und im Kamptal, bei Klafterbrunn und Alm. Stiftsbesitz war ebenso die Herrschaft Peygarten bei Waidhofen a. d. Thaya. Im 16. Jh., zur Zeit der Türkenkriege, besaß das Stift in den Ämtern Lilienfeld, Türnitz und Hainfeld 1229 untertänige Häuser. Im 17. Jh. erhielt es für wenige Jahrzehnte die Abtei

Zircz mit Besitzungen in Ungarn überantwortet, 1680 wurden ihm die Güter der ehemaligen Zisterzienserabtei Klostermarienberg zurückerstattet. Die heutigen Stiftsbetriebe beschäftigen mehr als zweihundert Dienstnehmer. Haupteinkünfte ergeben sich aus dem großen Waldbesitz.

SCHULEN UND INKORPORIERTE PFARREN

Im 17. Jh. bestand im Stift Lilienfeld eine theologische Hauslehranstalt, im 18./19. Jh. ein Sängerknabenkonvikt mit zwei Gymnasialklassen. Gegenwärtig unterhält die Abtei zur Heranbildung des Nachwuchses ein Studienheim in Horn.

Die meisten der neunzehn heute von Lilienfeld aus betreuten Pfarren liegen im Traisental, an der »Heiligen Straße« nach Mariazell, andere am Kaumberger Sattel, nordwestlich und nördlich Krems, bei Retz, westlich und nordwestlich Hollabrunn. In der Josephinischen Zeit sind dem Stift sechs neubegründete Pfarren zur Betreuung überantwortet worden.

Lilienfelder Mönche und Konversen hatten um 1217 im Rodungsgebiet **Annaberg** einen Wirtschaftshof, das spätere Lilienfelder »Amt St. Anna auf dem Tannberg« begründet. Als erste Wohnstatt diente den Zisterziensern möglicherweise die heutige Sakristei der St.-Anna-Kapelle mit den zwei über ihr befindlichen mittelalterlichen Räumen. Die ursprünglich hölzerne Kapelle wurde 1327/32 durch einen Steinbau, den Chor der heutigen Pfarrkirche, ersetzt, dem 1440/44 das vierjochige Langhaus und der Orgelchor angefügt wurden. Die Glasmalereien aus den fünf hohen Fenstern des Chores, seit 1879 im Stift, gehören zu den bedeutendsten der niederösterreichischen Gotik. Bei der Restaurierung 1954, als man das Kreuzrippengewölbe wiederherstellte, kam schöne Rankenmalerei zutage. Aus der Zeit des Langhausbaues stammt noch die Anna-Selbdritt-Gruppe, das Mittelstück des Hochaltares, der nach den Türkenkriegen, 1686, zusammen mit der anderen Einrichtung in der Kirche aufgestellt wurde. Den Turm erhielt das weithin sichtbare Kirchlein 1753, als es bereits eine vielbesuchte Wallfahrtsstätte war. Schon seit 1500 bestiegen Pilger aus Österreich, Ungarn, Böhmen, auch aus Bayern, den der Mutter Marias geweihten 972 m hohen heiligen Vorberg von Mariazell unter bestimmtem Ritual, schweigend und ohne zurückzublicken. Unter den Wallfahrern von St. Anna befanden sich die Jahrhunderte hindurch viele gekrönte Häupter. Noch um 1900 zählte man jährlich bis 150.000 Pilger. Dem Vater Marias, Joachim, ließ Johann Joachim Graf Slavata die 1679 etwas abseits der Straße von Annaberg nach Josefsberg errichtete *St.-Joachims-Kapelle* weihen. Diese kleine Filialkirche von Annaberg ist vom Stift bereits mehrmals wieder instand gesetzt worden.

Eschenau südlich Wilhelmsburg wurde 1786 Pfarrort. Die Pfarrkirche zur hl. Katharina hat einen um 1300 datierten Chor, das Kirchenschiff stammt aus dem 14. Jh., der Turm aus dem 16. Jh., das Hochaltarbild von Altomonte aus dem Jahre 1737, die übrige Einrichtung aus den Jahren 1954—1963.

1644 ließ das Stift auf dem 1028 Meter hohen »Saurüssel« nächst Mariazell eine Kapelle zum hl. Josef errichten. 1757 wurde der Ort **Josefsberg** zur Pfarre erhoben und dem Stift inkorporiert. 1644 entstand der heutige Kirchenbau.

Die Pfarre **Kaumberg** westlich Altenmarkt a. d. Triesting ist seit 1280 nachgewiesen. Die Kirche zum hl. Michael, ein gotisch-spätgotischer Bau, besitzt zum Teil noch originale Ausstattung.

Klostermarienberg → Seite 199.

Lehenrotte im Traisental südwestlich von Lilienfeld erscheint im 12. Jh. als Griderawe-Gerdrau urkundlich und gehörte bis 1785 zur Pfarre Türnitz. An Stelle einer älteren Kapelle, die dem Ketten- und Vieh-Heiligen St. Leonhard geweiht war, entstand vor 1890 eine vornehme klassizistische Pfarrkirche zum hl. Leonhard. Das mit einer Leonhardreliquie versehene Gotteshaus wurde Ziel von Bauernwallfahrten.

Lilienfeld, Stifts- und Pfarrkirche → Seite 31—33.

Loiwein, südwestlich Krems, ursprünglich Filialkirche von Obermeisling, ist eine seit 1783 bestehende, dem Stift überantwortete Pfarre. Die kreuzrippengewölbte Kirche zum hl. Johannes d. T. aus dem 15. Jh. besitzt ein spätbarockes flachgedecktes Langhaus, einen Turm von 1827 und Einrichtung um 1900.

In **Mitterbach am Erlaufsee,** am Fuß der Gemeindealpe, nächst Mariazell, befindet sich eine Expositur des Stiftes.

Die große Pfarre **Obermeisling,** nordwestlich von Krems a. d. Donau., schon 1111 urkundlich, ist im Jahr 1212 dem Stift einverleibt worden. Landesrechtlich war der Ort der Herrschaft Gföhl untertan, pfarrlich jedoch gehörte Gföhl zur Mutterpfarre Obermeisling. Als Gföhl 1672 selbständiger Pfarrort wurde, sank die Bedeutung des Kremstaler Pfarrortes Obermeisling. Seine Pfarrkirche zum hl. Stephan ist ein zweischiffiger Bau mit einem um 1400 errichteten südlichen, einem um 1518 errichteten nördlichen Schiff und einem mächtigen Turm. Im 18. Jh. taktvoll barockisiert, enthält das Gotteshaus noch Sehenswürdigkeiten aus der Bauzeit.

Lilienfeld, Grabmal Herzog Leopolds VI.

Auch **Radlbrunn,** südwestlich Hollabrunn, schon im 14. Jh. als Pfarrei nachgewiesen, wurde in der Josephinischen Zeit (1784) endgültig Pfarrort und dem Stift überantwortet. Die Pfarrkirche zum hl. Johannes d. T. ist im 17. Jh. über einem älteren Bau errichtet worden. Das bezeugt u. a. die kreuzrippengewölbte Sakristei im Untergeschoß des Turmes.

Ramsau südöstlich von Hainfeld ist 1783 Pfarrort geworden. Die Kirche zur Unbefleckten Empfängnis Mariä ist ein spätgotisches, um 1900 renoviertes Gotteshaus mit einem Chor um 1400.

Retzbach ist die 1783 nordöstlich von Retz geschaffene und dem Stift überantwortete Pfarre. Die gotische Kirche zur hl. Margareta ist im 17. und 19. Jh. umgebaut worden.

Stratzing, nördlich von Krems, besitzt eine flachgedeckte spätromanische St.-Nikolaus-Kirche mit spätgotischem Chor und Seitenschiffen des 16. Jh. Ein Teil der Ausstattung gehört zum Teil noch der

romanischen und spätgotischen Zeit an, der Hochaltar und die Seitenaltäre sind barock. Ein Nikolausbild mit einer barocken Ortsansicht schuf Martin Johann Schmidt um 1785. Als Pfarrort ist Stratzing seit 1389 dem Stift einverleibt.
Im 13. Jh. erhielt das Stift Lilienfeld die Pfarrechte über die St.-Johannes-Kapelle in der Lilienfeld benachbarten Ortschaft **Traisen,** die sich die Herren von Hohenberg als Eigenkirche errichtet hatten. Erst 1943 wurde Traisen mit seiner nach 1683 an die alte Kapelle gebauten Kirche zum hl. Johannes d. T. selbständige Pfarre. 1945 brannte der Bau aus. Nach der Wiederherstellung errichtete Lilienfeld hier eine Expositur.
Die Pfarrkirche zum hl. Martin in **Türnitz** im Traisental ist ein gotisch-spätgotischer Bau mit barockem Turm und Vorhallen aus dem 19. Jh. Im zum Teil kreuzrippen- und netzrippengewölbten Innenraum sind ein spätgotisches Taufbecken, der barocke Johann-Nepomuk-Hochaltar mit einem Gemälde (1808) von Johann Josef Schindler zu sehen. Seit 1217 ist Türnitz als Pfarre und Station der Mariazeller Wallfahrer nachgewiesen. 1429 starb hier auf einer Pilgerfahrt nach Mariazell die Großmutter Kaiser Maximilians I., Cimburgis von Masowien. Sie ist in Lilienfeld bestattet worden. — An der Straße von Türnitz nach Annaberg liegt die Kapelle »Zur Heimsuchung Unserer Lieben Frau zu den Sieben Brunnen«, ein Kapellenbau, den ein »bürgerlicher Handelsmann« aus Wien 1716 gestiftet hat.
Unterretzbach bei Retz ist eine Pfarrgründung des 13. Jh. Dem hier begüterten Stift wurde sie im 14. Jh., endgültig erst 1620 einverleibt. Der heutige große, zwiebelturmgeschmückte Barockbau entstand zwischen 1725 und 1727 an der Stelle einer älteren Kirche. Für den Hochaltar schuf Daniel Gran im 18. Jh. ein Gemälde Mariä Himmelfahrt.
Die Pfarrkirche zur hl. Magdalena in **Untertürnbach** östlich Hollabrunn entstand auf einem Territorium, über das Lilienfeld seit 1250 verfügte. Die 1293 hier errichtete Pfarre erhielt das Stift als Josephinische Neugründung 1784 ein zweitesmal zu treuen Händen. Die noch mit gotischem Chor versehene ursprünglich gotische Kirche ist im 17. Jh. erweitert und verändert, zum Großteil im 18. Jh. ausgestattet worden.
Die Pfarre **Wilhelmsburg** südlich von St. Pölten ist dem Stift 1330 durch Papst Johannes XXII. einverleibt worden. Erträgnisse aus ihr sollten zum Unterhalt der mehr als hundert Mönche, Konversen und Laienbrüder dienen, die damals Lilienfeld und seine Grangien bevölkerten. Die einst wehrhafte, mit einem wuchtigen Turm versehene Ortskirche zum hl. Stephan ist über dem Gemäuer einer schon 1203 urkundlichen Stephanskirche errichtet worden. Ausstattung, Einrichtungsgegenstände und Grabsteine der Kirche stammen aus fünf Jahrhunderten. Das Hochaltarbild ist von Johann Josef Schindler, 1822.

MARIA SAAL

Ehemaliges Chorherren- und Kollegiatstift. Ktn. → auch Seite 127—129.

Als der Karantanenherzog Hotimir, der in Bayern erzogen worden war und zum Erzbistum Salzburg in vasallitischer Abhängigkeit stand, die Zeit für gekommen hielt, sein Volk zu christianisieren, wandte er sich an den Salzburger Metropoliten Virgil, 745—784, und bat ihn, die Missionierung Kärntens persönlich in Angriff zu nehmen. Virgil, der in seinem Chiemseekloster eine Art Missionszentrale für das Karantanische Gebiet eingerichtet hatte, entsandte jedoch einen Bischof namens Modestus nach Süden. Er sollte in dem slawischen Land predigen, taufen und Kirchen errichten. Mit einem starken Gefolge und einer großen Anzahl Geistlicher zog Modestus in das Gebiet des Karantanenherzogs und ließ vorerst an drei Orten in der Nähe von Herrschaftszentren im einstigen spätrömischen Binnen-Noricum Taufkirchen errichten: nächst der einstigen römischen Hauptstadt Virunum auf dem Zollfeld, das heutige Maria Saal, beim Königshof Liburnia Teurnia das heutige St. Peter im Holz bei Spittal a. d. Drau, und die Kirche »ad Udrimas«, wahrscheinlich das heutige St. Johann im Felde bei Knittelfeld. Modestus blieb bis an sein Lebensende im Lande und wurde 784 in der von ihm im Jahre 767 geweihten Kirche Sancta Maria ad Cartanam, in Maria Saal, bestattet. Sein Grab ist heute eine der Sehenswürdigkeiten der Kirche.
Bis zur Gründung des Bistums Gurk im Jahre 1072 war Maria Saal das kirchliche Zentrum des Missionslandes. 927 fand hier eine Synode statt, deren Bedeutung durch die Teilnahme des Salzburger Erzbischofs, des Herzogs von Kärnten, des Hochadels und von Hochfreien des Landes unterstrichen wurde. Zu Maria Saal feierte man die auf dem Zollfeld erwählten Herzöge von Kärnten während eines Hochamtes und beim Festmahl.
Als um 1116 der Herzog von Kärnten in Maria Saal eine Propstei stiftete, ließ Erzbischof Konrad I. von Salzburg, der 1122 sein Domkapitel in ein reguliertes Augustiner-Chorherrenstift verwandelt und selbst das Ordenskleid genommen hatte, Maria Saal mit Regularkanonikern besetzen. Der erste Propst des Chorherrenstiftes war der spätere Bischof von Gurk und Erbauer des Gurker Domes und der Bischofsburg in Straßburg, Roman I. († 1167). Im 13. Jh. legten die Kanoniker von Maria Saal ihr Ordenskleid ab und wurden freie Kollegiatsherren. Der Bischof von Klagenfurt-Gurk führt noch heute den Titel eines Propstes von Maria Saal.

MARIASTERN

Zisterzienserinnenstift. Vlbg. → Seite 160.

MARIA WÖRTH

Ehemaliges Kollegiatstift. Ktn. → auch Seite 130.

Die einstige Insel im Wörther See war in der zweiten Hälfte des 9. Jh. in den Besitz des Bistums Freising gekommen. In Rivalität zu Salzburg errichtete Bischof Arnold von Freising ein Missionszentrum auf ihr. Arnulf, in Kärnten geborener Königssohn, der 896 römischer Kaiser wurde, und Edle des Landes bedachten die 875 auf dem Eiland errichtete Marienkirche mit reichen Schenkungen. Reliquien der römischen Heiligen Primus und Felicianus, die man in sie überführte, gaben dem Heiligtum großes Ansehen. Die Insel wurde damals das erstemal namensgebend für den See, man nannte sie: Lacus S. Primi et Feliciani — Primus-und-Felician-See.
Seit dem Anfang des 10. Jh. wirkten mehrere Priester auf der Insel. Bischof Abraham von Freising, 957—993, der zur Zeit Kaiser Ottos II. in Kärnten Zuflucht nehmen mußte, begründete von ihr aus Kirchen und Pfarren der Umgebung. Zu »Maria in Werd«, das ist »Maria auf der Insel«, zu einer Vorgestalt der heutigen Halbinsel wurde Maria Wörth — der See erhielt von ihr seinen endgültigen

Namen —, als Bischof Otto von Freising, berühmter Sohn des Markgrafen Leopold III., des Heiligen, zwischen 1145 und 1150 auf ihr im Einvernehmen mit Salzburg ein Kollegiatstift begründete. Ein Verzeichnis um 1150 gibt den Besitzstand der Maria Wörther Urpfarre, die wirtschaftliche Grundlage der neuen Propstei an: es waren in der Hauptsache hundert und eine halbe Hube Land (mit allem »Zubehör«) um Maria Wörth und um die salzburgische Gründung Liburnia-St. Peter im Holz in Oberkärnten. Die Propstei Maria Wörth war nicht reich, doch von Anbeginn eine der traditionsreichsten und bedeutendsten Propsteien des Landes. Ihre Oberen — es waren meist Freisinger Domherren — saßen in der Kärntner Ständevertretung. Einige von ihnen wählte man zu Äbten von Viktring.

Im Jahre 1155, kurz nach ihrer Begründung, hatte Bischof Roman von Gurk unterhalb der alten Kirche eine zweite geweiht, die heutige Rosenkranz- oder Winterkirche. Propst Heinrich, 1272 bis 1285 — er wurde Vizedom von Aquileja und Generalvikar von Friaul —, ließ den doppelgeschossigen Karner errichten und weihte ihn zu Ehren der hl. Katharina, Elisabeth und Magdalena. Das Kollegiat bestand aus einem Propst und fünf Kanonikern. In der den Heiligen Primus, Felician und der Gottesmutter geweihten oberen Kirche residierten der Propst und vier Kanoniker. Die kleinere untere Rosenkranzkirche betreute der fünfte Kanoniker, Pfarrer und Seelsorger des Sprengels.

Die Propstei Maria Wörth blieb nicht unangefochten. Um 1270 überfiel sie der Schaffer von Hollenburg, dem sich Kanoniker und Knechte in einem blutigen Getümmel auf dem Inselhügel vergeblich widersetzten, wenig später Otto von Finkenstein und andere. 1399 brannten die Kirchen ab. 1478 konnte sich die Inselbesatzung einiger anrückender Türkenscharen erwehren.

Um diese Zeit war die Propstei bereits eine Sinekure, ein vom Landesfürsten an Günstlinge vergebenes Pfründnereinkommen ohne Amtsgeschäfte. Kaiser Maximilian I. verlieh seinem Sekretär Matthäus Lang, einem weltmännischen Höfling und versierten Diplomaten ohne jede innerliche oder äußerliche Beziehung zum geistlichen Stand, den Titel eines Propstes von Maria Wörth, bevor er ihn 1500 zum Kommendatarabt von Viktring, 1501 zum Bischofkoadjutor von Gurk machte und ihn bald darauf zum Kardinal und künftigen Erzbischof von Salzburg ernennen ließ. 1529 kam der Propsteibesitz an den St.-Georgs-Ritterorden in Millstatt. Ihn beerbte 1598 der Jesuitenorden. Nach dessen Auflösung, 1773, wurde Maria Wörth Wallfahrtsort und einfache Pfarre, deren Filialkirchen Kaiser Joseph II. 1783 zu selbständigen Pfarreien erklären ließ. 1809 kam der entscheidend verkleinerte Pfarrsprengel mit der Herrschaft Leonstein an das wiedererrichtete Benediktinerstift St. Paul im Lavanttal, das seither das Patronat über Maria Wörth besitzt.

Maria Saal, Kärnten, gotische Lichtsäule, 1457.

MARZ
Ehemaliges Kollegiatstift. Bgld.

Nur über Visitationsberichte aus dem 17. Jh. sind wir davon unterrichtet, daß die einstige Marzer Pfarrkirche St. Willibald (seit 1713 »zur hl. Dreifaltigkeit«, seit Anfang des 20. Jh. »Mariä Krönung«) vom ersten Bischof von Eichstätt (im bayerischen Altmühltal), dem hl. Willibald, 704—787, begründet und auf seine Kosten erbaut wurde. Es wird angenommen, daß es sich bei der Kirche von Mouruhc-Movroch-Moroch-Mercz um einen vorkarolingischen Bau, eine der ältesten Kirchen des jetzigen Burgenlandes handelt. Eine Urpfarre, zu der als frühe Filialkirchen Kleinfrauenhaid mit Zemendorf, Hirn und Stöttera, Pöttsching und Rohrbach gehörten. Seit dem 15. bzw. 16./18. Jh.: Antau, Baumgarten, Draßberg, Krensdorf mit Sigleß, Schattendorf, Zagersdorf, Neudörfl a. d. L., Walbersdorf mit Pöttelsdorf und Sieggraben. Als König Stephan der Heilige († 1038) befahl, daß in seinem Reich je 10 villae (Ortschaften) eine Pfarre zu errichten hätten, gehörte Marz zu den wenigen, die der Anordnung des Königs entsprachen: nach ihr mußte jede Pfarre mit zwei Bauernwirtschaften (Mansen) und zwei Sklavenfamilien ausgestattet sein, ein Pferd und ein Lasttier, sechs Ochsen, zwei Kühe und dreißig Stück Kleinvieh besitzen. 58 Jahre nach dem königlichen Erlaß, 1075, wurde in Marz die Augustiner-Chorherren-Propstei St. Peter begründet. Das Datum des ersten Steinbaues ließ Zacharias Gundian, der Baumeister der heutigen Kirche — das alte Gotteshaus »zw Mercz hincz Sandt Wiltpolt« zerstörten mit dem gesamten Ort 1683 die Türken — in einer Inschrift auf dem Triumphbogen festhalten: »Anno Tausend sibenzig siben / zwar schön erbaut war / das dannoch hat vertriben / der Tartern gwalt fast gar / da man betriebt geschriben / das Tausendsechshundert / drey und achtzig Jahr / ...« Zacharias Gundian, ein gebürtiger Marzer, erbaute die Kirche über noch bestehendem gotischem Grundmauerwerk. Während der großen Innenrenovierung in den Jahren 1959/60 legte man im Bogenfeld über dem gotischen Südportal ein Fresko aus dem 14. Jh. mit einer seltenen Schutzmanteldarstellung frei. Unter dem pelzgefütterten Mantel Mariens — neben Christus am Kreuz mit Johannes und dem Schweißtuch der Veronika — finden sich nicht, wie sonst üblich, Kaiser, König, Adelige, Papst und Bischöfe, sondern ein Häuflein Menschen, die Gemeinde Marz, mit der Stifterfamilie und einem Propst in ihrer Mitte.
Von der ersten Propstei Marz, die beim Tatareneinfall 1241/42 zerstört wurde, wissen wir so gut wie nichts. Auch von dem durch Andreas Agyagos von Osl 1260 neubegründeten Augustiner-Chorherrenstift ist bis heute nicht gewiß, wo es eigentlich seinen Sitz hatte. Mutmaßlich in einem Gebäude neben der Kirche, wie es auf einem Stich von vor 1683 zu sehen ist. Unter Propst Rueger schenkte ein Nachkomme des zweiten Stifters den Chorherren von Marz 178 Joch Grund in Kiskér in Ungarn unter der Bedingung, daß Propst und Konvent jeden Freitag die heilige Messe für die Familie Osl halte, die im Kloster ihre Familiengruft hatte. Wir wissen auch nicht, warum im Jahre 1438 die Propstei St. Peter zu bestehen aufhörte. Noch bis zum Jahre 1938 trug ein Priester der Diözese Raab den Titel »Marci prepost — Propst von Marz«.
Im südlich nächst Mattersburg gelegenen Ort ist nach 1970 die alte Wehrmauer mit dem Rest eines Turmes um die schön restaurierte Kirche freigelegt worden.

LAGE Südlich Mattersburg.
BESICHTIGUNG der Kirche möglich.

MATTIGHOFEN
Kollegiatstift. OÖ.

Der Urkundenbestand über das kurzlebige weltpriesterliche Kollegiat im bayerischen Mattiggau vermittelt nicht viel mehr als einen Blick auf den »Amtsweg«, der bei der Gründung eines solchen Stiftes in der ersten Hälfte des 15. Jh. einzuhalten war.
Um das Jahr 1400 hatten die Brüder Johann und Konrad Kuchler zu ihrer Herrschaft Friedberg auch die benachbarte Herrschaft Mattighofen erworben. Da ihnen, den Letzten ihres Stammes, Nachkommen versagt blieben, beschlossen sie 1430, eines ihrer neuerworbenen Güter zur Stiftung eines weltpriesterlichen Kollegiats an der Mattighofener Pfarrkirche Mariae Himmelfahrt zu verwenden. Sie bestätigten die Absicht noch einmal, als 1432 Konrad im Sterben lag. Mit den nötigen Vorbereitungen zur Errichtung eines solchen Kollegiats war man allerdings auch vier Jahre danach, 1436, als Johann Kuchler mit dem Tode rang, noch nicht recht vorwärtsgekommen. Doch hatte dieser letzte Kuchler testamentarisch festgelegt, daß die Mattighofener Güter zur Errichtung eines Kollegiats mit acht Kanonikern und einem Dechanten zu stiften seien. Noch bevor die Erben den Kuchlerschen Gesamtbesitz Ende 1439 Herzog Heinrich dem Reichen von Bayern-Landshut verkauften, bestätigte ihnen der Landesfürst und auch der Bischof von Passau Größe und Umfang dieser Stiftung. Ihrer Sache ganz sicher zu sein, wandte sich Johanns Witwe Katharina außerdem an das Konzil von Basel, um von höchster kirchlicher Stelle eine Bestätigung und Absicherung der frommen Tat des Verblichenen zu erhalten. Vom Kollegiatstift Spital am Pyhrn erbat sie, ihr bei der Errichtung des Kollegiats beizustehen. Dechant Ulrich von Pyhrn kam mit den beiden Chorherren Einhauser und Altkind nach Mattighofen, und auf Vorschlag der Stifterfamilie wurde der bisherige Pfarrer von Mattighofen, Friedrich Peterlechner, zum ersten Dechant bestimmt. Im Verein mit ihm und den künftigen Kollegiatsherren entwarfen die Spitaler Chorherren nach dem Muster ihres eigenen Kollegiats Statuten.
Am 3. Juli 1439 hatte das Baseler Konzil Passau beauftragt, die näheren Umstände für die Errichtung des weltpriesterlichen Kollegiats zu untersuchen, die Bonität der Schenkung, die Art der Präbenden zu prüfen, das neu errichtete künftige Propsteigebäude und die Behausungen der Kanoniker, Einrichtung, Statuten und die zu betreuenden Pfarren zu besichtigen. Als Beauftragter des Konzils erschien im Spätherbst desselben Jahres Dechant Burkhard aus Passau in Mattighofen. Als er alles geeignet und für ordentlich befunden hatte, stellte er am 11. Januar 1440 im Namen der Kirchenversammlung die Bestätigungsurkunde aus. Im Laufe dieses Jahres trafen in Mattighofen die nun noch notwendigen Urkunden aus Passau ein: die Bestätigung des Propstes Friedrich und der eingereichten Statuten durch den Passauer Bischof. Am 23. Dezember 1440 war es soweit: Pfarrer Friedrich und seine acht Priester wurden als Propst und Kanoniker in ihre Ämter eingeführt. Mattighofen war ein Spital am Pyhrn unterstelltes Kollegiat geworden.
Der Gründung war keine lange Dauer beschieden. Die Mattighofener Chorherren

traten nach außenhin kaum in Erscheinung. Im Reformationsjahrhundert, als die Herrschaft an den lutherisch gesinnten Grafen Christoph von Ortenburg kam, verlor ein Teil der Kanoniker die Präbenden. 1556 bestand das Kollegiat nur noch nominell aus zwei Stiftsherren, die außerhalb wohnten. Mit dem Tode des zwanzigsten Dechanten von Mattighofen, im Jahr 1683, löste sich das Kollegiat auf. Schon längst versah der Pfarrer von Mattighofen die Seelsorge auf den Pfarren wieder mit Hilfe von Kaplänen und Benefiziaten.
Als der glaubenseifrige Kurfürst Max Emanuel von Bayern die zum Großteil protestantisch gewordene Herrschaft Mattighofen zurückerworben hatte, wurde der Pfarrherr auf sein Betreiben in Erinnerung an das Kollegiat 1685 mit dem Titel eines Propstes ausgestattet. Am 4. März 1864 verlieh Pius IX. durch ein päpstliches Breve dem Titularpropst in dem seit 1779 österreichisch gewordenen Mattighofen das Recht der Pontifikalien.

SEHENSWERTES, das in Mattighofen heute an die kurzlebige Propstei erinnert, ist wohl zuerst das schöne Marmorgrabmal des Stifterpaares, des Johann Kuchler († 1436) und seiner Frau Katharina, in der Pfarrkirche. Nordwestlich von ihr steht das 1438 errichtete, 1739 bis 1741 vom Münchner Hofbaumeister Gunetzrhainer im bayerischen Barockstil umgebaute Propsteigebäude, der jetzige Pfarrhof. Es besitzt noch den alten Kreuzgang, den man um 1550 mit Renaissanceornamenten schmückte. — In der Mariä-Himmelfahrts-Kirche erinnern der spitzbehelmte Turm und der Chor aus dem 14. Jh. an die Zeiten des Kollegiats, auch die Sakristei mit gotischem Gewölbe, einige Anbauten und Reliefgrabsteine an der Außenwand. Schon Mitte des 17. Jh. hatte man begonnen, die ursprünglich einschiffige gotische Kirche barock auszugestalten und die neue Sakristei zu errichten. Zwischen 1774 und 1794, nach einem Brand, erhielt sie das mächtige Langhaus und das Querschiff mit ihrer heutigen Ausstattung und Einrichtung. Auf dem frühklassizistischen Hochaltar stehen zwei schöne Apostelstatuen des Thomas Schwanthaler.
Dem Schloß gegenüber der Kirche, Ort der einstigen Pfalz der Agilolfinger, eines karolingischen und fränkischen Königshofes, gaben im 16. Jh. die Grafen von Ortenburg das Gepräge. Der kniende Ritter auf einem Grabstein in der Kirche erinnert an Christoph von Ortenburg († 1551).

LAGE Südöstlich Braunau am Inn, am östlichen Ortsausgang von Mattighofen. BESICHTIGUNG der Kirche möglich.

MATTSEE
Kollegiatstift. Sbg.

Kurz nach der Begründung des Klosters Kremsmünster im Jahre 777 ließ der Agilolfingerherzog Tassilo im Seengebiet um den Buchberg eine weitere fromme Stiftung erstehen. Keine Urkunde überliefert das Gründungsjahr des Klosters, doch nennen die Verbrüderungsbücher von St. Peter in Salzburg und jenes der Abtei Reichenau im Bodensee um das Jahr 777 den Mönch Albuin als ersten Abt der Tassilogründung. Im Jahr 782 wurde er in einem Eichensarg bestattet, dessen Torso heute im Kreuzgang des Stiftes zu sehen ist.
Schon im 8. Jh. lebten die Mönche am See ebenso wie jene am Mönchsfelsen in Juvavum-Salzburg nach der Benediktinerregel. Im 9. Jh. wird urkundlich, daß Mattseer Benediktiner an der Kolonisations- und Missionsarbeit in Ungarn, im Gebiet um Steinamanger mitgewirkt haben. Ludwig der Deutsche schenkte ihnen dafür zwanzig Mansen (Bauerngehöfte) am Zöbernbach in der Buckligen Welt in NÖ. Ein Klosterkatalog aus dieser Zeit führt Mattsee als eine Abtei zweiter Kategorie an. Ihre Konventualen waren nur zu Gebet, Arbeit und Weihegaben verpflichtet, nicht zu Kriegsdienst wie Klöster erster Ordnung, St. Peter, Kremsmünster u. a. So ist es zu erklären, daß König Karlmann das Kloster mit seinen Besitzungen einem bayerischen Chorherrenstift einverleibte, das er an seiner Pfalz (Alt-)Ötting begründet hatte. Anfang des 10. Jh. zerstörten Ungarn die frühe Stiftung Mattsee. Die dann wiedererrichtete »abbatia Mátahse« fiel an das Bistum Passau und wurde dessen Eigenkloster. Unter Bischof Berengar von Passau, im 11. Jh., legten die Mattseer Benediktiner das Ordenskleid ab, blieben jedoch als ein Passau unterstelltes priesterliches Kollegiat vereint.
Das Passauer Bistum gestand den Mattseer Kanonikern kaum Freiheiten zu. Erst zu Ende des 12. Jh. durften sie ihren Propst frei wählen, doch behielt sich der

Mattighofen OÖ., ehem. Kreuzgang, Wandfresko, hl. Eustachius mit Hirschkuh (Hubertus).

Bischof von Passau die erste Stimme vor. Erst Anfang des 14. Jh. gestand Passau dem Seestift eine Art begrenzter »Immunität« auf seinem Gebiet zu, doch kontrollierte ein bischöflicher Beamter, der als Gerichtsherr der Herrschaft seinen Sitz auf der Burg oberhalb des Klosters hatte, die Kanoniker weiterhin auf Schritt und Tritt.
Während der Jahre 1390 und 1398 verkaufte Bischof Georg von Passau die Feste, dann auch die Herrschaft am See mit allem Zubehör (samt Straßwalchen) um insgesamt 27 000 Pfund an den Salzburger Erzbischof. Die Chorherren allerdings blieben weiterhin Passau unterstellt, noch über vierhundert Jahre. Erst 1807 kam das heute noch bestehende Kollegiat Mattsee an die Erzdiözese Salzburg.
Dem Stift gehören gegenwärtig zwölf Kanoniker an. Von den historischen Pfarren Mattsee, Obertrum, Lochen, Vöcklamarkt und Schleedorf betreut es noch die Pfarre Mattsee mit der Stiftspfarrkirche und der Pfarrkirche zum hl. Lorenz, 18. Jh., als Mensalpfarre Obertrum (mit der barockisierten St. Jakobskirche aus dem 12. und 14. Jh.), seit 1891 auch Seeham (mit der Johanneskirche, 1384 urkundlich, 1931 umgebaut).

SEHENSWERT ist die Stiftspfarrkirche mit ihrem 76 Meter hohen Turm, dem »Goliath des Flachgaues«, 1776. Die dreischiffige schmale gotische Pfeilerbasilika entstand nach einem Brand im 13. Jh., wurde 1458 geweiht und im 17./18. Jh. barockisiert. Ein Christophorusfresko an der inneren Nordwand stammt aus dem 16. Jh., Chorgestühl, Sakristeischränke aus dem 17. Jh., die Gewölbefresken aus der Zeit um 1700, Altäre und Seitenaltäre aus dem 18. Jh. An der Chor-Aussenseite hält eine Inschrift des 15. Jh. an der hier errichteten Antoniuskapelle den Namen des Gründers Tassilo fest. Hundertzwanzig besterhaltene Grabsteine aus dem 14. bis 17. Jh. im spätmittelalterlichen Kreuzgang tragen die Namen und Reliefs von Pfarrern und Dechanten. Das Propsteigebäude ist im Stile des 18. Jh. ausgestattet und eingerichtet, Kanzlei und Bibliothek befinden sich beiderseits des Turmes.
Im Jubiläumsjahr 1977, zur Feier des 1200jährigen Bestandes der geistlichen Stiftung Mattsee, ist in sieben Räumen des Gebäudes ein Museum eingerichtet worden, das die Schätze des Kollegiats zeigt: die Bibliothek mit den berühmten Annales Mattsensis des Chorherrn Christian Gold aus dem 14. Jh. — eine kleine Weltgeschichte mit antihabsburgischer Tendenz —, die Annales Ferdinandei des Fr. Chr. Khevenhüller, Grafen von Frankenburg, um 1640; Urkunden, Altäre und Sakralgegenstände, die Stein- und Zinnsammlung, historisches Mobilar, religiös und volkskundlich interessante Votive u. a. m.

LAGE Nördlich Salzburg/Stadt.
BESICHTIGUNG des Stiftsmuseums täglich 15—17 Uhr und nach Anmeldung.

MAUERBACH
Ehemaliges Kartäuserstift. NÖ.

Die Klosterstiftung Herzog Friedrichs des Schönen und seiner vier Brüder Leopold, Albrecht, Heinrich und Otto aus dem Jahre 1313 gab dessen Nachfahren, Kaiser Joseph II., im Spätherbst 1781 den Anlaß, in Österreich alle jene Orden aufzuheben, »die weder Schulen halten, noch Kranke pflegen, noch sich in studiis hervortun, die gesamten Kartäuser, Kamaldolenser, Eremiten, Karmeliterinnen, Klarissen, Kapuzinerinnen u. dgl. mehr, so keine Jugend erziehen, keine Schulen halten ... bloß vitam contemplativam führen ...«
Zu Beginn des Jahres 1781 entflohen dem Kartäuserkloster im Allerheiligental die beiden Mönche Marianus Herzog und Athanasius Stiepach, Anführer der Opposition im Klosterkonvent. In Wien wandten sie sich mit einer Bittschrift an Kaiser Joseph II., die Majestät solle ihnen einen freien Aufenthalt in der Stadt gewähren, damit sie hier ihre Beschwerden gegen den Prälaten von Mauerbach schriftlich niederlegen könnten. Der Kaiser willfahrte ihrer Bitte und verwies sie an seinen Hofkanzler, den Grafen Blümegen.
Die umfangreiche Anklageschrift der beiden Kartäuser, in der sie gegen ihren Oberen heftige Angriffe richteten und die Zustände in ihrem Kloster in düstersten Farben schilderten, bewog Joseph II. eine Untersuchungskommission in Mauerbach einzusetzen, der zwei Mitglieder der niederösterreichischen Regierung und ein kirchlicher Würdenträger angehörten. Im Bericht und Gutachten der Kommission, die dem Kaiser am 10. November 1781 vorlagen, wird festgestellt: Prälat Franz Xaver Bertram, Abt des Kartäuserklosters Mauerbach, habe die landesfürstlichen Verordnungen bisher kaum beachtet und sie auch dem Konvent nicht zur Kenntnis gebracht; in Mauerbach befänden sich trotz des Verbotes vom 31. August 1771 noch drei Klosterarreste, darunter eine kleine finstere Kammer mit einem Stock zum Anschmieden der Arrestanten. In dieser Kammer sei noch vor acht oder neun Jahren Pater Johannes von Lewenegg auf schriftlichen Befehl des Erzbischofs von Wien wegen Schuldenmachen und Beichtverweigerung ungefähr hundert Tage eingesperrt und anfangs sogar angeschmiedet gewesen. Den Kerker habe man seinerzeit dem zur Untersuchung der Klosterhaftanstalten eingesetzten Kommissar verheimlicht. Bericht und Gutachten führen aus, der kranke, vom Schlage gerührte Prälat habe angeführt, seine leiblichen Gebrechen und viele Geschäfte hätten ihn daran gehindert, Gottesdienste abzuhalten, zusammen mit dem Konvent im Refektorium zu speisen und im Chor beim Gebet zu erscheinen. Der gegen den Prälaten erhobene Vorwurf, schlecht gewirtschaftet zu haben, sei dagegen unbegründet, da Mauerbach bei dessen Amtsantritt 215 645 Gulden Schulden hatte und Abt Bertram davon 60 000 abgezahlt habe, obwohl die jährlichen Einnahmen kaum den Klosterbedarf deckten.
Die Hauptschuld an den mißlichen Verhältnissen bei den Mauerbacher Kartäusern, heißt es nach Erörterung anderer weniger bedeutender Anklagepunkte der beiden Mönche, sei nach Ansicht der Kommission in der Haltung der »Oberen«, der Senioren des Konvents, zu suchen, die den jungen Mönchen kein Beispiel gäben. Prälat wie Vikar seien ihrer Stellung nicht gewachsen, Zucht und Ordnung seien in diesem Kloster in Verfall, eine Reformation sei notwendig. Aus der ganzen Untersuchung gehe hervor, »daß in diesem Stifte gar nicht der wahre Klostergeist, noch weniger jener des Kartäuserordens herrsche und daß die meiste Schuld an dem Prälaten liege, der den Mönchen nicht nur mit keinem guten Beispiel vorgehet, sondern auch den meisten verhaßt sei, obschon die ihm zugemuteten Ausschweifungen übertrieben sind.« Im übrigen, heißt es am Schluß des Berichtes, seien die Anklagen der beiden Mönche aus Neid und »besonderer Neigung der Ankläger sowohl als auch anderer Konventualen zu weltlichen Ämtern angestellt worden ...« Pater Marian Herzog sei »ein böser Mensch«, der »größte Aufwiegler und Urheber aller Mißhelligkeiten«. Er habe seinen Genossen Pater Athanasius verführt, er solle nicht mehr nach Mauerbach zurückkehren, sondern in den weltlichen Stand übertreten.
Der »casus Mauerbach« bot Joseph II. Gelegenheit, die von ihm schon längst geplanten Klosteraufhebungen in Gang zu setzen. Schon Ende November erging an die Böhmisch-Österreichische Hofkanzlei die entscheidende Resolution. Am 21. Januar 1782, zehn Uhr vormittag, begannen im Wiener Stiftshof von Mauerbach, im sogenannten Seizerhof auf der Tuchlauben, die Aufhebungskommissare mit ihrer Arbeit. Am folgenden Tag verkündete Regierungsrat Menshengen vor dem halbgelähmten Prälaten, 16 Patres, einem Kleriker mit niederen Weihen, vier Profeßlaienbrüdern, zwei Brüdern ohne Profeß — auch vor den beiden Anklägern Marian und Athanasius — die Auflösung des Klosters. Da Prälat Bertram keine Feder mehr halten konnte, mußte Vikar Dominikus Mayr das Auflösungsdekret unterzeichnen.
Das Vermögen des Klosters bestand aus dem Stift mit Wirtschaftstrakten, Pfarrkirche, Pfarrhof, Schule, Bäckerei, Müh-

le, auch zwei Wirtshäusern u. a. m.; aus der Herrschaft Mauerbach mit 200 Tagwerken Wiesen, 1000 Joch Wald, 122 Viertel Weingärten rund um Wien, 107 Untertanen, Getreide- und Weinzehenten, Grundbesitz bei Langenlebarn u. a. m. In Frauenhofen besaßen die Kartäuser die Kirche und den Gutshof, in Gumpoldskirchen und Kritzendorf Freihöfe, in Wien ein Zinshaus und den Seizerhof. Ihm unterstanden in eigener Verwaltung 115 Bauernwirtschaften. Stift Mauerbach gehörten auch die Herrschaften Velm im Marchfeld mit zahlreichen Untertanen und Zehenten, Stillfried, Grub, Hohenruppersdorf. Das Kastenamt in St. Leonhard am Forst hatte 159 untertänige Häuser. Patronate besaß Mauerbach in den Pfarren Mauerbach, Stillfried, Ebenthal, Hohenruppersdorf, St. Leonhard am Forst mit der Filialkirche St. Georgen an der Leys.

Den 150 000 Gulden Schulden standen 8000 Gulden Bargeld und 6500 Gulden Außenstände gegenüber, doch war viel Naturalbesitz gelagert, u. a. 14 000 Eimer Wein.

Nach der Aufhebung begann die Kommission sofort mit dem Verkauf der Vorräte. Die alte Pfarrkirche wurde abgerissen, das Klostergebäude als Pflegestätte »der Armen, Gebrechlichen oder sonst ekelhaft Kranken aus den verschiedenen Wiener Spitälern« eingerichtet. Den Wiener Seizerhof veräußerte man als Wohnhaus. 1794 waren die Marchfeldbesitzungen, 1808 weitere Güter verkauft, 1833 war die Liquidation vollendet.

Mauerbach war das Lieblingskloster Friedrichs des Schönen gewesen. Nach seiner dreijährigen Gefangenschaft auf Burg Trausnitz hielt sich der unschlüssige, bald euphorisch, bald mieselsüchtig gestimmte Habsburger oft längere Zeit bei seinen Kartäusern auf und ließ sich, ebenso wie seine Tochter Elisabeth, mitten unter ihnen beisetzen. Auf seine Anordnung ohne Denkmal und Inschrift. Als Kaiser Maximilian I. nach Mauerbach kam, ließ er nach den sterblichen Überresten seines Vorfahren suchen. Nach drei Tagen fand man die Gebeine Friedrichs und seiner Tochter. Die Mönche wuschen sie unter Gebeten mit Wein und setzten sie in zwei marmornen Särgen neben dem Altar in der Sakristei bei.

Nach Verwüstung des Stiftes durch die Türken im Jahre 1529 und dem Wiederaufbau von Kirche und Kartausen kam das Kloster in Schwierigkeiten und soll damals nur durch die Stiftung der Margarete Freiin von Neudegg, einer vom Kartäuserprior bekehrten Protestantin, vor seiner Aufhebung bewahrt worden sein. 1670 verlieh der Kaiser dem Kartäuserprior mit Äbten und Pröpsten anderer Stifte den Titel eines »K.-K.-Rates Seiner Majestät«. Er trug als Prälat Brustkreuz und Ring.

Neben dem Mauerbacher Kloster stand von Anbeginn ein von den Kartäusern betreutes Spital. Noch unter dem ersten Prior Gottfried, 1313—38, wurde von Mauerbach Schnals in Südtirol und die Kartause → Gaming besiedelt, um 1380 die Kartause Aggsbach. Stift Mauerbach war durch seine gepflegte Bibliothek und frühen Wissenschaftsbetrieb im 14. Jh. auch für die Wiener Universität bedeutend und wirkte bis nach Böhmen. Unter Prior Georg Fasl, 1616—31, entstand die heute allerdings durch zahlreiche Umbauten entstellte Kartäusersiedlung in ihrer jetzigen Gestalt.

SEHENSWERT an dem einstigen Kartäuserkloster ist die (augenblicklich nicht zugängliche) Gesamtanlage. Man erreicht sie durch eine Toreinfahrt von der Straße her und steht vor der früheren »Pforten« — und jetzigen Pfarrkirche. Dieser 17.-Jh.-Bau gehörte einst zur Stiftung des Pfarrers Gerlach aus Traiskirchen, der 1317 an dieser Stelle eine zweite kleinere Kartause errichtet hatte, die später mit der größeren vereinigt wurde. Weiterschreitend steht der Besucher bald vor dem prächtigen, mit dem österreichischen Wappen und Adler geschmückten Portal zum Kaiserflügel (auch Priortrakt) des Klosters. Es ist ein im Viereck um einen kleinen Hof errichteter einstöckiger Gebäudetrakt mit einem stuckierten und freskengeschmückten Kaiserzimmer. An ihn schließen sich die um einen riesigen Hof gereihten Kartäuserzellen, die ein ambitus, der Klostergang, verbindet. Aus dem Zellengeviert ragen südlich die untere Hälfte der einstigen Stiftskirche mit Pilastern und Giebelaufsatz und der Bibliothekstrakt hervor. Die einschiffige Kirche, im 17. Jh. über gotischem Mauerwerk errichtet, wird durch den Klostergang in zwei Teile getrennt. Unter dem in den Klosterhof ragenden Chor befindet sich die Krypta mit einer Gedenktafel von 1557 an den einst hier bestatteten Stifter Friedrich den Schönen. Nach der Aufhebung der Kartause wurden seine und seiner Tochter Gebeine aus den Särgen gehoben und in die Gruft von St. Stephan übergeführt.

Bei den einzelnen Eremitagen, deren hintere fensterlose Teile nach außen abstehen, lagen die Gärtchen der Mönche. Noch sind die Öffnungen zu sehen, durch die man den Kartäusern die Speisen reichte. Inmitten des Klosterhofes steht die Begräbniskirche.

LAGE Nordöstlich Wien.
BESICHTIGUNG Keine.

MELK

Benediktinerstift. NÖ. → auch Seite 34—38.

BESITZUNGEN, SCHULEN UND INKORPORIERTE PFARREN

Die ehemalige, 1848 aufgelöste Stiftsherrschaft Melk war mit den Gütern Pielach und Weichselbach (östlich und südwestlich des Stiftes) verbunden. Sie besaß die »obrigkeitlichen Rechte« über den Markt Melk und über 60 Orte der Umgebung. Drei stiftsherrliche Landgerichte sorgten für Ordnung und Rechtsprechung: eines in Melk, die beiden anderen in Pielach und in Aigen (Großaigen bei Mank).

Der riesige Klosterbesitz im Viertel ober und unter dem Wienerwald, ob und unter dem Manhartsberg wurde von Wirtschaftsämtern verwaltet. Im Viertel ob dem Wienerwald mit der Stiftsherrschaft und den Gütern Pielach (mit kleinem Schloß) und Weichselbach (mit Meierei) ist Melk heute noch die Lokalie Matzleinsdorf inkorporiert. Im Viertel unter dem Wienerwald besaß Melk Gut und Pfarre Traiskirchen, die Güter Leesdorf bei Baden und Guntramsdorf bei Laxenburg. Unterstellt bzw. einverleibt waren dem Stift in diesen Gebieten auch die Pfarren und Pfarrbesitzungen von Gainfarn — mit Vöslau, Großau und Merkenstein —, Leobersdorf und Grillenberg. Über die Pfarre Wöllersdorf besaß Melk das Patronatsrecht. Melker Stiftshöfe bestanden in Baden, Gumpoldskirchen und Pfaffstätten. Auch in Wien besaß Melk Stiftshöfe und Häuser.

Im Viertel ob dem Manhartsberg waren Gut und Pfarre Rohrendorf bei Krems, Gut, Schloß und Meierei von Neuweidling bei Unterrohrendorf im Besitz der Melker Benediktiner. Ein Stiftshof bestand in Wesendorf in der Wachau, auch über die Lokalie Plank am Kamp südlich

Gars mit ihrem Gut verfügte Melk. Im Viertel unter dem Manhartsberg waren (und sind zum Teil) dem Stift außer den Gütern, Schlössern und Pfarren von Weikendorf östlich Gänserndorf, Aspern bei Wien, Wullersdorf nördlich Oberhollabrunn noch 11 Pfarren und Lokalien zu eigen.

Eine Melker Klosterschule wird das erstemal 1308 erwähnt, 1684 bis 1893 bestand im Stift mit Unterbrechungen eine Lateinschule und eine theologische Hauslehranstalt. 1778/81 eröffneten die Melker Benediktiner eine Hauptschule und ein Gymnasium, 1811 ein Konvikt. Heute unterhält das Stift eine von 450 Schülern (115 Internisten) besuchte Mittelschule mit neusprachlichem und altsprachlichem Zweig. Ein Oberstufenrealgymnasium ist im Entstehen. Die Patres veranstalten Familienwochen, Einkehrtage und Exerzitien. Die Haupteinkünfte bilden Land- und Forstwirtschaft sowie Fremdenverkehr.

Die 27 heute noch von Melk betreuten Pfarren (sieben sind mit Weltpriestern, drei mit Patres anderer Orden besetzt) liegen auf Gebieten der historischen, zum Teil noch heutigen Stiftsbesitzungen.

Im 14. Jh. hatten sich die Untermarkersdorfer in **Alberndorf** südlich Haugsdorf eine Kapelle erbaut, an deren Stelle man 1786 für die von Joseph II. geschaffene Pfarre Alberndorf die Kirche zum hl. Laurenz erbaute.

Auch die ursprünglich zur Mutterpfarre Traiskirchen, seit 1312 zur Melker Pfarre Gainfarn gehörige Kirche zum hl. Jakobus d. Ä. in **Bad Vöslau** erhielt erst in der Zeit Kaiser Josephs II. Pfarrrechte. Die Jakobskirche ist ein neoromanisch-gotischer Bau von 1870. Zusammen mit der Schloßkapelle betreuten sie ein Melker Pater und ein Kaplan.

Fahndorf westlich von Hollabrunn, ebenso erst seit 1783 Pfarre, wird von einem Weltgeistlichen der Erzdiözese Wien versehen. Ortsobrigkeit war hier bis 1848 die mit Herzogenburg vereinigte Stiftsherrschaft St. Andrä a. d. Traisen. Die Fahndorfer Hl.-Geist-Kirche, ein Bau mit Chor aus dem 15. und Langhaus aus dem 18. Jh., ist um 1900 etwas allzugründlich »restauriert« worden.

Die Pfarrkirche Johannes d. T. in **Gainfarn** nächst Bad Vöslau am Fuß des Lindenkogels ist eine Stiftsgründung von 1312. Die heutige dreischiffige Hallenkirche stammt zusammen mit ihrer Ausstattung aus dem 17./18. Jh. Eine Inschrift in ihr lautet POST NOS VOS — nach uns Ihr — oder: Heute mir, morgen dir. Gainfarn, zum Teil Melker Zehentbesitz, war bis zur Einverleibung mit Melk pfarrlich Traiskirchen unterstellt.

Gettsdorf in der Gemeinde Ziersdorf südwestlich von Hollabrunn, gehörte ursprünglich zur Pfarre Ravelsbach. Die Pfarrei von Gettsdorf galt als wenig einträgliche »Einsiedelei«. 1619 war die St.-Valentins-Kirche von Gettsdorf zerstört und zum Teil dem Verfall überlassen worden. 1651 wurden die Ziersdorfer, Fahndorfer, Münichhofener und Wolfsbrunner bei Abt Valentin von Melk wegen eines eigenen Pfarrers vorstellig. Erst 88 Jahre später jedoch, als sich der Melker Benediktinerpater Anselm Steyrer mit einem Ravelsbacher Maurermeister an die Arbeit machte, entstand in dreijähriger Bauzeit, 1739—1741, die heutige schmucke Kirche. Anselm Steyrer, der vom Kirchenbau nichts verstand und nicht wußte, was und wie man es eigentlich machen müßte, schrieb nach Vollendung des Baues: ». . . aber die Plackerei gab mir schließlich auch den Verstand . . .«

Grillenberg südlich Berndorf in der Gemeinde Hernstein war seit dem 13. Jh. bis 1848 Melker Gut und Pfarrdorf. Die schon in den Türkenjahren verwüstete, 1910 endgültig zerstörte alte Pfarrkirche zur hl. Margareta ist unter Benützung des noch vorhandenen Grundmauerbestandes neu errichtet worden. Altar und Einrichtung sind zum Teil aus dem 17. und 18. Jh., Grabsteine und ein Pfeiler aus dem 15. Jh. Zum Teil bedeutende Pfarrherren besaßen (meist nur nominell) die begehrenswerte Pfarrpfründe Grillenberg.

Die Kirche zum hl. Ägyd in **Groißenbrunn** an der March, nördlich von Hainburg an der Donau, stammt aus dem ersten Viertel des 18. Jh., die Pfarre ist seit 1250 urkundlich. Hinter der Anhöhe, auf der sich das schmucke ländliche Gotteshaus erhebt, hatten sich am 12. Juli 1260 die Ungarn, Kumanen, Serben, Szekler, Wallachen und Kroaten des Ungarnkönigs Bela IV. und des Prinzen Stephan gegen die Böhmen und Österreicher Ottokar Přemysls formiert. In einem Bericht des Böhmenkönigs an Papst Alexander VI. nach der Schlacht bei Groißenbrunn heißt es, die March habe dem Ägyptischen Meer geglichen. Die Leichen der Feinde wären so dicht in dem Wasser gelegen — 14 000 Männer sollen es gewesen sein —, daß sie ihm und seinen Leuten als Brücke gedient hätten. Zum Dank für den Sieg, nach dem Ottokar die Steiermark erwarb, stiftete der Přemyslide die böhmische Zisterzienserabtei Goldenkron, 1268 ließ er die Grenzfeste Marchegg errichten. — Die *»Mariabründl-Kapelle«* nächst dem Ort an der Straße nach Schloßhof ließ 1729 Prinz Eugen errichten. Sie ist 1848 und 1945 schwer beschädigt worden.

In **Großmeiseldorf** in der Gemeinde Ziersdorf südwestlich Hollabrunn besaß das Stift bedeutende Zehente. Als Großmeiseldorf 1783 Pfarrort wurde, erhielt Melk die eben errichtete Pfarrkirche zur Heiligen Dreifaltigkeit in seine Obhut. Sie besitzt zum Großteil noch die Einrichtung der Bauzeit.

Eine Pfarrkirche zum hl. Lorenz ist in **Großriedenthal** nordwestlich Kirchberg am Wagram schon um 1265 nachgewiesen. Der heutige Bau wurde 1768—1771 von einem Wiener Baumeister und einem Maurermeister aus Gobelsburg errichtet. Der Turm der Lorenzkirche stammt noch vom Vorgängerbau. Hochaltar und Seitenaltäre weisen Gemälde des Martin Johann Schmidt aus dem 18. Jh. auf.

Die Pfarre **Haugsdorf** an der böhmischen Grenze ist 1319 aus der Mutterpfarre Wullersdorf hervorgegangen. Die dreischiffige Kirche St. Peter und Paul, um 1400 entstanden, besitzt einen Chor aus dem 15. Jh., der Turm und die wertvolle Ausstattung stammen aus dem endenden 17., zum Großteil aus dem 18. Jh.

Auch **Immendorf** südöstlich von Haugsdorf gehörte bis zur Pfarrgründung im Jahre 1783 zu Wullersdorf. Der netzrippengewölbte Chor der St.-Katharinen-Kirche ist im 16. Jh., das tonnengewölbte Langhaus im 17. Jh. errichtet worden.

Eine Abbildung aus dem 17. Jh. zeigt die Martinskirche von **Lassee** südwestlich von Marchegg noch mit Friedhof und einer hohen Mauer, zwei Tortürmen und einem dreifachen Wall umgeben. Der gotische Quaderbau mit mächtigem Turm und kreuzgewölbtem Chor ist 1695 zur dreischiffigen Basilika erweitert worden. Ein Stiftswappen über dem Haupteingang erinnert daran. Doch finden sich in dem Wehrbau von einst außer dem Hochaltar und den Seitenaltären aus dem 18. Jh. noch ein romanischer Taufstein, an der Mauer neben dem Turm ein Sandsteinrelief aus dem 15. Jh. Es ist nicht geklärt, auf welche Weise das dem passauischen Bistum zugehörige Lassee an Melk kam. 1411 jedenfalls belehnte Abt Johann II. von Melk den Habsburger Herzog Albrecht II. mit dem ganzen Dorf »Laugse« und einem Drittel Zehent. — 1467 belagerte »der dürre Teufel«, der Böhme Hinko, durch Jahrzehnte der Schrecken des Marchfeldes und seiner Umgebung, mit seinen Scharen die Lasseer Kirche, in die sich Hunderte geflüchtet hatten. Als Hinko mit seinem Streitroß über den Wehrgraben setzte und auf die Kirche zusprengen wollte, traf ihn der Pfeilschuß eines Bauern. Das Land war von einem Tyrannen befreit.

Die dreischiffige barocke Staffelkirche von **Leobersdorf** südlich Bad Vöslau ist 1775 dem hl. Martin geweiht worden. Die alte Martinskirche an dieser Stelle ging auf eine Pfarrgründung des 13. Jh. zurück. Mit ihren Filialorten Kottingbrunn, Lindabrunn, Matzendorf, Hölles und Steinabrückel lag Leobersdorf ursprünglich im Pfarrsprengel Traiskirchen.

Die Pfarre **Matzendorf** südwestlich Sollenau gehörte mit der benachbarten Kapelle von Hölles vor dem Jahre 1783 zu Leobersdorf. Das Stiftswappen über dem Eingang in die spätbarocke Saalkirche zur hl. Radegundis weist darauf hin, daß die Melker Benediktiner, die auch die benachbarte Schule errichteten, die Bauherren waren.

Die Pfarre zum hl. Bartholomäus in **Matzleinsdorf** südwestlich Melk besitzt einen Chor um 1400, ein barockes Langhaus und neugotische Einrichtung. Ursprünglich Filialkirche von Melk, wird die stiftseigene Pfarre (1350) heute von einem Weltpriester betreut.

Die alte Pfarrkirche von **Melk,** eine Stephanskirche, ist um 1020 vom Bistum Passau gegründet worden. Sie lag außerhalb der Ringmauern des Stiftes auf einer Anhöhe, mit Weingärten gegen die Donau hin und dem Friedhof gegen den Ort zu. Die heutige Melker Pfarrkirche Mariä Himmelfahrt entstand aus einer Frauenkapelle, die sich die Bewohner von Melk mit Hilfe von Beiträgen und Schenkungen zwischen 1450 und 1456 errichteten und 1481 durch den Langhausanbau erweitern hatten lassen. Der Turm von 1619 ist 1868 durch eine neugotische Konstruktion ersetzt worden. Um 1900 entfernte man die barocke Einrichtung und Ausstattung und »regotisierte« die dreischiffige Staffelkirche. — Von Anbeginn an weigerte sich das Passauer Bistum hartnäckig, die Kirche dem Stift einzuverleiben. Der Streit zwischen Abt und Bischof, zwischen den Bewohnern des Ortes, ihrem Pfarrer und dem Stift zog sich über Jahrhunderte. Im 16. Jh. kam es des leidlichen Falles wegen sogar zu Kampf und Schlägerei. Vergeblich intervenierten im 17. Jh. die erbosten Gemeindeväter beim Landesfürsten, schließlich auch beim allmächtigen Wiener Dompropst und Passauer Generalvikar Melchior Klesl. Erst am 11. Juni 1693 beendete ein Vertrag zwischen dem Fürstbischof von Passau, Johann Philipp Graf von Lamberg, dem Melker Konvent und dem Abt den Jahrhundertfall: Gegen Abtretung der Pfarren Baden, Oberwaltersdorf und Moosbrunn erhielt das Stift die Pfarre Melk samt den Filialkirchen Matzleinsdorf und Maiershofen. Der Stiftsprior wurde Titularpfarrer von Melk. Der Vertrag bestätigte dem Benediktinerstift auch die völlige Einverleibung der Pfarren Traiskirchen, Gainfarn und Leobersdorf — »auf ewige Zeiten« — mit allen Rechten und Pflichten. Ein Jahr später kaufte die Abtei dem Passauer Erzstift auch den Pfarrhof von Melk ab.

Obersiebenbrunn nächst Marchegg war ein ursprünglich passauischer Pfarr- und Herrschaftsort. Mit ihrer einst Unserer Lieben Frau, jetzt dem hl. Leopold geweihten Kirche kamen Besitz und Untertanen im 15. Jh. an das Stift, das sie dem habsburgischen Landesfürsten zu Lehen gab. Die im Mauerwerk gotische Kirche ist im 19. Jh. erweitert und verlängert worden.

Prottes nordöstlich Gänserndorf, im heutigen Erdölgebiet, wird 1115 als eine im Pfarrbezirk Weikendorf liegende Ortschaft urkundlich. Der Pfarrort, eine Lokalie mit festem Seelsorger, entstand 1783. Die Kirche Mariä Himmelfahrt ist ein gotischer zum Teil noch netzrippengewölbter, im 17. Jh. barock erweiterter Bau. Zu ihrem Gnadenbild »Unserer Lieben Frau am grünen Anger«, einer kleinen Marienstatue mit Kind, wallfahrtete man im 17./18. Jh. an Mariä-Himmelfahrts-Tagen. — Als sich die Untertanen von Prottes 1691 weigerten, dem Stiftsgeistlichen für Abhaltung eines feierlichen Gottesdienstes jährlich 24 Gulden zu bezahlen, bestand der Abt von Melk auf seinem Recht. 1697 wurden die Protteser von der niederösterreichischen Landesregierung zur Bezahlung auch beträchtlicher Rückstände verurteilt.

Die Pfarre **Ravelsbach** westlich Hollabrunn, eine Gründung des 11. Jh., erhielt Melk gegen Tausch 1113 vom Passauer Bistum überantwortet. Die völlige Einverleibung des 32 Ortschaften umfassenden Sprengels bestätigte dem Stift erst eine päpstliche Inkorporationsbulle des Jahres 1348. Im 18. Jh. unterstrich Melk die Bedeutung seines Ravelsbacher Pfarrgebietes durch einen aufwendigen Kirchenbau. An Stelle des 1110 durch den Passauer Bischof zu Ehren Marias geweihten Gotteshauses entstand 1721 bis 1725 nach den Plänen Jakob Prandtauers ein verkleinertes Abbild der Melker Stiftskirche mit fünf prächtigen Altären. Nur der beherrschende Turm der alten Kirche blieb stehen. Im Laufe der Jahrhunderte ist der Ravelsbacher Sprengel durch Pfarrneugründungen beträchtlich verkleinert worden. 1870 gehörten zu ihm nur mehr sechs Ortschaften, heute sind es noch fünf.

Seit 1113 war Melk im Besitz von **Rohrendorf bei Krems.** Das Kirchlein zum hl. Koloman entstand aus einer St.-Koloman-Kapelle. Lange Zeit betrachtete sich der Stadtpfarrer von Krems für die Kirche zuständig. Erst seit dem 17. Jh. setzt Melk die Pfarrer von Rohrendorf ein.

Schon vor dem Jahre 1000 begründete das Bistum Passau die Pfarre **Traiskirchen.** Ihr Sprengel, der zusammen mit Ravelsbach, Wullersdorf u. a. 1113 an Stift Melk übergeben wurde, umschloß noch im 17. Jh. zwölf Orte, unter ihnen Baden, Leobersdorf, Sollenau, Pfaffstätten und Gumpoldskirchen. Die mit dieser ausgedehnten Mutterpfarre verbundenen bedeutenden Einkünfte und Zehentrechte führten im 13. bis 15. Jh. zu einer Art Dauerkrieg zwischen den an der Pfarre tätigen, zum Teil noch Passau unterstehenden Weltpriestern und den Melker Benediktinern. Die um ihre Pfründe besorgten Pfarrherrn wandten sich mit ihren Klagen sogar an das Konzil von Basel, bevor dann der Vertrag von 1693 (→ Melk) Traiskirchen dem Stift zur Gänze einverleibte. Die Pfarrkirche St. Margareta in Traiskirchen ist ein alter Wehrbau, noch immer mit Resten des Wassergrabens und des Torbaues versehen. Die heutige dreischiffige Hallenkirche entstand unter Nutzung der alten romanisch-gotischen Anlage im 18. Jh. — Auch die Filialkirche *St. Nikolaus* ist ein im Barock verändertes Bauwerk mit Einrichtung aus dem 17. und 18. Jh.

1368 errichteten sich die Bewohner von **Untermarkersdorf** bei Haugsdorf eine Kapelle zum hl. Ägyd. Als der Ort unter Kaiser Joseph II. Pfarre wurde, ließ das Stift, seit je hier Lehensherr, den heutigen Bau aufführen.

Im Jahre 1709 sah sich der Pfarrherr von Lassee gezwungen, die Filialkirche zum hl. Veit im benachbarten **Untersiebenbrunn** z. T. abtragen und einen Neubau errichten zu lassen. Mauer, Portal und Turm der Veitskirche von heute erinnern an die kriegerischen Zeiten des Prinzen Eugen. Noch Ende des vorigen Jh. soll der unterirdische Gang zu sehen gewesen sein, durch den sich zu Kriegszeiten in der Kirche Belagerte vom Kirchenhügel her ungesehen mit Wasser aus dem Gemeindebrunnen versorgen konnten. Pfarrort ist Untersiebenbrunn 1783 geworden.

Die Pfarre **Weikendorf** östlich Gänserndorf war für das Stift von so entscheidender Bedeutung, daß es während Streitigkeiten um den Besitz mittels eigens angefertigten Urkunden zu beweisen suchte, Gebiet und Pfarre »Wikkendorf« wären schon seit dem 11. Jh. in seinem Besitz. Historisch belegbar ist, daß Weikendorf mit Ravelsbach, Wullersdorf u. a. Pfarren eine Schenkung Leopolds III. an Melk war und dem Stift erst 1462 endgültig inkorporiert wurde. In der fast in jedem Jahrhundert (oft mehrmals) umkämpften und zerstörten Herrschaft und Pfarre — im 18./19. Jh. allein brannten abwechselnd viermal Kirche, Schloß und Wirtschaftsgebäude — gehörten 15 ebenso meist durch Kriegshandlungen mehrfach zerstörte Filialkirchen und Ortschaften. Die Weikendorfer Pfarrkirche zum hl. Koloman entstand 1689. Der Bau wird als Jugendwerk Jakob Prandtauers bezeichnet. 1718/19 ließ Abt Berthold von Melk an Stelle des alten Pfarrhofes das heutige Schloß errichten. Es dient seit 1956 als Marchfeldmuseum.

Die Konsekrationsurkunden der St.-Georgs-Pfarrkirche von **Wullersdorf** nördlich von Hollabrunn vom 12. Oktober 1108 nennt 19 dem Pfarrsprengel zugehörige Ortschaften. Diese Mutterpfarre des mittleren Weinviertels, mit vier anderen eine Schenkung Herzog Leopolds III. an Melk, ist dem Stift 1348 mit allen Rechten und Einkünften einverleibt worden. An die mächtige gotische St.-Georgs-Kirche von einst erinnert noch die Außenfront ihres Chores, den Jakob Prandtauer und Franz Munggenast zwischen 1725—1733 in ihren Neubau einbezogen. Auf einem Seitenaltar des imposanten barock ausgestatteten und eingerichteten Innenraums ist noch eine bescheidene spätgotische Muttergottes zu finden. Im 19. Jh. hat man der in Kolossalordnung gestalteten Westfassade mit stiftswappengeschmücktem Portal zwei Türme nach dem Muster der Wiener Piaristen-Kirche angefügt. — Zu den berühmten (Titular-)Pfarrherren von Wullersdorf gehörte u. a. Österreichs großer Geschichtsschreiber Thomas Ebendorfer.

MICHAELBEUERN

Benediktinerstift. Sbg. → auch Seite 148—151.

SCHULEN, BESITZ, INKORPORIERTE PFARREN

Eine Klosterschule bestand in Michaelbeuern seit dem 12. Jh., ein Sängerknabeninstitut seit 1675. Gegenwärtig sind im Benediktinerstift eine modern eingerichtete Hauptschule und ein Internat für Knaben untergebracht.

Den Unterhalt des kleinen Klosters und seiner Mönche gewährleisteten im 8. Jh. einige Waldanteile und Baugründe mit leibeigenen Untertanen in seiner näheren Umgebung. Im 10. Jh. kam das Stift in den Besitz von Lauterbach, am Fuße des Haunsberges, dem Dorf Beuern gegenüber gelegen. Die eigentliche Herrschaft Michaelbeuern bildete sich erst seit dem 11. Jh. durch Schenkungen der Sighardinger, einer mit dem Stifter des Klosters, dem bayerischen Pfalzgrafen Hartwig I., verwandten Familie, der in dieser Zeit die Erbvogtei über Michaelbeuern zugefallen war. Das Kloster erhielt die Ortschaft Tengling, Zehente und Ortschaften im Pinzgau (Hundsdorf), im Oberösterreichischen (Seewalchen, Edelsitz Franking) und im Bayerischen. Die bedeutendsten Schenkungen lagen jedoch in Wien-Währing und im Bereich des niederösterreichischen Ortes Mistelbach. Nennenswerter Besitzzuwachs für Michaelbeuern ergab sich erst wieder im 17. Jh., als das Stift den Edelsitz Perwang mit Schloß erwarb (1661) und auch ein Stiftshof in Wösendorf in der Wachau entstand.

Heute nennt das Stift etwa 300 ha Wald und Ackerland mit Landwirtschaft sein eigen. Der Besitz garantiert Selbstversorgung und wirft zusammen mit den Einkünfte aus dem Müllner Bräuhausbetrieb in Salzburg so viel ab, daß die Gebäude erhalten und restauriert werden können.

Im Laufe der Jahrhunderte sind Michaelbeuern aus den Gebieten seiner historischen Besitzungen eine Reihe Pfarren einverleibt worden: 1235/37 Seewalchen, vor 1200 Wien-Währing, 1207 Obersulz bei Mistelbach, 1229 Dorfbeuern, 1241 Lamprechtshausen, im 18. Jh. Perwang. Seit 1835 gehört auch Salzburg/Mülln mit dessen einstiger Filial- und jetzigen Pfarrkirche Maxglan zu Michaelbeuern.

Am 5. Januar 1229 übergab Erzbischof Eberhard II. dem Stift die ihm benachbarte St.-Nikolaus-Kirche zu **Dorfbeuern** und versah den pfarrlich bisher Lamprechtshausen unterstellten Ort mit einem eigenen Sprengel. Das nach außenhin barock erscheinende Landkirchlein überrascht durch seinen harmonisch gestalteten gotisch-spätgotischen, im Grundmauerwerk romanischen Innenraum. Bei Restaurierungen in den Jahren 1947/48 kamen gotische Architekturmalereien und ein Schutzmantelmadonnenfresko zutage.

Eine vom Salzburger Erzbischof Conrad I. gesiegelte Urkunde vom 22. August 1241 bestätigt die Übergabe des schon im 8. Jh. urkundlichen Pfarrortes **Lamprechtshausen** »mit allen pfarrlichen und rechtlichen Einkünften« an Stift Michaelbeuern. Die Lamprechtshausener Pfarrkirche zum hl. Martin besitzt einen der ältesten Türme des Salzburger Flachgaues mit einem romanischen Altarraum im Untergeschoß. Das um 1540 errichtete Langhaus ist im 20. Jh. erweitert worden. — Die Lamprechtshausener Filialkirche zur hl. Maria in dem schon 927 urkundlichen *Arnsdorf* war seit dem 13. Jh. Wallfahrtskirche. Der heutige Bau mit barockem Zwiebelturm entstand im 16. Jh. und wurde im 18. Jh. neu gewölbt. Das Gnadenbild »Unsere Liebe Frau in Mösl«, eine Marienstatue, stammt aus der Zeit um 1520, die Einrichtung der Kirche zum überwiegenden Teil aus dem 18. Jh. — Als Filialkirche von Lamprechtshausen betreut Michaelbeuern auch das südöstlich vom Ort gelegene kleingotische Kirchlein von *St. Alban*. 14. Jh., mit noch flach gedecktem Langhaus und kreuzrippengewölbtem Chor. — Zur Zeit ist das Kloster noch gezwungen, die 1959 in diesem Sprengel errichtete Pfarre *Bürmoos,* südwestlich von Lamprechtshausen, zu versorgen.

Bis zum Jahre 1907 war die Kirche zum hl. Maximilian im Salzburger Vorort **Maxglan** Filiale der Pfarre Mülln. Als Pfarrkirche ist das auf römischem Grundmauerwerk errichtete gotische Gotteshaus in den Jahren 1948—1956 durch einen Neubau beträchtlich erweitert worden.

Die gotische Pfarrkirche von **Mülln** in Salzburg-Stadt (im 12. Jh. urkundlich) war seit 1605 dem hier angesiedelten Augustiner-Eremiten-Kloster einverleibt. Als es 1829 wegen mangelndem Nachwuchs aufgelöst werden mußte, übergab der Salzburger Fürsterzbischof Augustin die Pfarre samt ihrem Besitztum an Michaelbeuern.

Seit 1785 betreut Michaelbeuern die Josephinische Pfarre **Perwang** etwas südöstlich des Stiftes, im Oberösterreichischen gelegen. 1661 hatte der geschäftstüchtige Abt Michael Trometer hier den Edelsitz der Noppinger erworben, mit allem »Zubehör«, samt Schloß und Kapelle. Das im 15. Jh. von den Noppingern gestiftete Kirchlein zum hl. Johannes d. T. ist im 17. und 18. Jh. erweitert und verändert worden. 1959 wurde das Gotteshaus mit der 19.-Jh.-Einrichtung und einer St.-Leonhard-Statue aus der Bauzeit restauriert.

Die Pfarrkirche von **Seewalchen** am Nordende des Attersees ist zwischen 1439 und 1476 an Stelle einer früheren, 1135 urkundlichen Kirche zum hl. Jakobus d. Ä. errichtet worden. Als im Spätsommer 1491 der Passauer Bischof den Benediktinern von Michaelbeuern die Einverleibung der Pfarre bestätigt hatte, verfügte Abt Jakob im folgenden Frühjahr ihre »Besetzung«. In seinem Bericht heißt es: »Die Pfarre Seewalchen haben wir besetzt mit unsern pruedern und fratern Michaele Zwicker, qui fuit pleb. in Lamprehtshausen, et fratre Thoma tunc cellario, et cum voluntate nostra haben sy mit inn hinabgefuert all ir petgewant, und puecher, auch zwey Schaf Korn, ain Schaf habern, zwen metz Waitzn, zwen Fisch, zwo penghhen, und andern hausrat, so fr. Michael ze Pfaffing gepraucht hat.« — Die Seewalchener Jakobuskirche, zum Teil noch mit Ausstattung der Bauzeit versehen, besitzt spätgotische Plastiken, spätbarocke Seitenaltäre und einen neugotischen Hochaltar mit spätgotischen Holzfiguren. 1954 legte man während Renovierungsarbeiten im Chorgewölbe Fresken des 15./16. Jh. frei.

Abteikirche Michaelbeuern, Salzburg, 1072 geweiht.

MILLSTATT
Aufgelassenes Benediktinerstift, Kärnten, → Seite 124—126.

MONDSEE
Aufgelassenes Benediktinerstift, Oberösterreich, → Seite 80—82.

NEUBERG
Ehemaliges Zisterzienserstift. Stmk.

Stift Neuberg verdankt sein Entstehen der Liebesheirat Ottos des Fröhlichen, dem jüngsten Sohn Albrechts I. und Enkel Rudolfs I. von Habsburg. Angeblich um von Rom die Dispens zur Heirat mit seiner schönen Nichte Elisabeth von Niederbayern zu erhalten, soll der junge Herzog im Einvernehmen mit seinen Brüdern am 13. August 1327 in Krems den Stiftsbrief für das Kloster an der Mürz gesiegelt haben. »In der Hoffnung auf göttliche Belohnung« widmete er dem Zisterzienserkloster Heiligenkreuz, dem »glänzendsten Stern unter den vielen Gestirnen der Kirche«, zur Gründung dieses Tochterklosters das gesamte obere Mürztal mit seinen Nebentälern. Nach dem frühen Tode seiner schönen Gemahlin († 1330) kam das reiche Pfarrgebiet von Spital am Semmering, 1333 die Herrschaft Reichenau zu den ausgedehnten Neuberger Besitztümern. Inzwischen hatten die Heiligenkreuzer Mönche mit der Errichtung bereits ausgemessener und vorgeplanter Bauwerke begonnen. Schon im August 1336 weihte der Bischof von

Neuberg a. d. Mürz, Stmk., Stiftskirche.

Seckau den ersten Kirchenbau. Nach dem Tode des Stifters, 1339, entstanden Kapitelsaal, Kreuzgang und der größte Teil der heutigen Kirche, deren drei erste Altäre 1344 vom Salzburger Erzbischof Ortold konsekriert wurden. In dem kreuzrippengewölbten Kapitelsaal auf vier Rundsäulen hatten die Mönche dem Stifter, seinen beiden Frauen Elisabeth und Anna von Böhmen-Luxemburg († 1335), ebenso seinen beiden frühverstorbenen Söhnen Tumbagräber errichtet. Stift Neuberg blieb eine besonders von den mittelalterlichen Habsburgern, doch auch von den beiden letzten Repräsentanten des Hauses Habsburg-Lothringen behütete und besuchte Stätte. 1379 schlossen hier die Brüder Erzherzog Rudolfs IV. des Stifters gegen dessen Willen die »Neuberger Erb- und Teilungsverträge«, nach denen sich das Haus Habsburg in eine albertinische und eine leopoldinische Linie teilte. Albrecht III. wurde Herr in Donauösterreich, Leopold III. Regent in Innerösterreich und in den Vorlanden, in der Steiermark, in Kärnten, Krain, Istrien und Tirol. Für das bis in die zweite Hälfte des 15. Jh. unvollendet gebliebene Stift an der Mürz — nach dem Großbrand von 1396 waren zwischen 1418 und 1428 nur das Refektorium und das Brunnenhaus entstanden — wurde Kaiser Friedrich III. zum zweiten Gründer. Zwischen 1461 und 1496 ließ er die Stiftskirche in ihre heutige Gestalt bringen und mit seinem Signum AEIOU versehen. Mit dem Hochaltar und fünfzehn Seitenaltären ist sie am 28. April 1471 geweiht worden. Der Vernachlässigung und dem wirtschaftlichen Tiefstand der Neuberger Abtei in der Zeit des Barockes, nach 1650, und der Auflösung des Stiftes durch Joseph II. im Jahre 1786 haben wir die Erhaltung des prächtigen mittelalterlichen Sakralbaues zu verdanken. Kaiser Franz Joseph I. zogen die Jagdgründe um Neuberg an die Mürz. 1870, als sein Schloß Mürzsteg errichtet worden war, erteilte er den Auftrag, die verfallene Abtei, die ihm eine Zeitlang als Unterkunft gedient hatte, zu restaurieren. Den Plan des Kunstsammlers Erzherzog Franz Ferdinand, dem Stift ein »moderneres« Aussehen zu geben, verhinderten die Schüsse von Sarajewo.

Das Kloster Neuberg hatte seine große Zeit, als es während des Hussitensturmes im 15. Jh. viele aus Böhmen und Mähren vertriebene Zisterzienser aufnahm und sich im Tale ein geistiges Zentrum bildete. Ein Visitationsbericht zu Beginn des Jahres 1594 stellte das Stift in seiner tiefsten Erniedrigung dar. Die Zustände im schwer verschuldeten Kloster waren unhaltbar geworden. Abt Gregor hatte sich »zuwider catholischem Brauch« heimlich kopulieren lassen. Der Orden setzte den Prior von Heiligenkreuz, Thomas Schmoll, als Administrator ein, Erzherzog Ernst jedoch berief Andres Pyerer, Stadtpfarrer von Graz. Nicht ohne sich seinen Teil von den Erträgen abzuzweigen, begann der steirische Erzpriester rücksichtslos Zinsgelder einzutreiben, verkaufte Vieh, Getreide- und Weinbestände. Als Johann von Heiligenkreuz, der Vaterabt von Neuberg, beim Erzherzog schließlich die Neuwahl eines Stiftsoberen durchgesetzt hatte, versuchte Andreas Pyerer sie zu hintertreiben und verweigerte dem Heiligenkreuzer den Einlaß in das Kloster. Am Morgen des 28. Juli 1594 ließ der Vaterabt die drei versperrten Tore von zwanzig Neuberger Bauern mit einem Baumstamm einstoßen. Man vertrieb Pyerer und seine Diener. Als Abt wurde Thomas Schmoll gewählt. Am 30. Juli mußte der beweibte Abt Gregor vor versammeltem Kapitel seiner Würde entsagen und wurde in das bayerische Zisterzienserkloster Raitenhaslach verbannt. Die »Konkubinarier« unter den Mönchen sperrte man für einige Monate in den Klosterkerker.

Mit Abt Thomas Schmoll, der den Gegenreformator Erzherzog Ferdinand mit zweihundert bewaffneten Untertanen unterstützte, begann eine kurze zweite Blütezeit von Neuberg. Seit 1700 beteiligte sich das Stift an der Eisenerzeugung, die man im Tale schon um 1500 betrieb. Unter Abt Arco von Arcenstein, 1766—1776, vergrößerte Neuberg seine Betriebe und erwarb ein Hammerwerk. Der Reichtum von Neuberg bewog dann Kaiser Joseph II. am 18. Februar 1786 das Stift aufzulösen, um mit Hilfe des Besitzes dem notleidenden Religionsfond auf die Beine zu helfen. Das Aktivvermögen des Stiftes betrug 782 735 Gulden, das Reinvermögen 544 776 Gulden. Neben der Kirche, dem Kloster, einem Herrenhaus und einem Haus im Ort besaß das Stift die Herrschaft Neuberg mit Wiesen, Hutweiden, Wäldern und Meierhöfen; die Eisenwerke zu Neuberg, einen Hammer mit Wassergebäuden und Holzrechen; die Herrschaft Reichenau in Österreich und Spital am Semmering; die Herrschaft Thurnisch und Freisburg im Marburger Kreis; einige Gülten bei Graz, ein Amt bei Pettau, Weingärten und Weinzehente in Ungarn. In Niederösterreich besaß das Stift mehrere Häuser, in Wien gehörte ihm u. a. der Neubergerhof in der Grünangergasse.

SEHENSWERT in Stift Neuberg ist die im Grundbestand noch gut erhaltene vielhöfige Klosteranlage mit der hochgotischen Hallenkirche, mit Kreuzgang, sonstigen Stiftsgebäuden und Räumen und der entweihten St.-Bernhards-Kapelle, 14. Jh. Die 68 Meter lange, 24 Meter breite, 20 Meter hohe ungewöhnlich eindrucksvolle Pfeilerhalle der Stiftskirche Mariä Himmelfahrt kann nur mit einigen Innenräumen, der Dachstuhl des Gotteshauses jedoch mit keinem anderen in Österreich verglichen werden. Die Ausstattung der Kirche — Fensterrose, Maßwerk und Gewölbe — ist gotisch, die Einrichtung — der Hauptaltar aus Lärchen- und Lindenholz, Seitenaltäre, Orgel und Kanzel — stammt aus der Spätrenaissance und aus dem Barock. Die schöne »Neuberger Madonna« an einem Seitenaltar ist um 1330 datiert. Im gleichen Jahrhundert entstand die gotische Sakristei mit Rundsäule. Am Südflügel des Kreuzganges liegt die Brunnenkapelle aus dem 15. Jh., ihr gegenüber das Refektorium mit schönem Tympanonrelief um 1480. An dem mit symbolischen Darstellungen geschmückten

Osttrakt des Kreuzganges schließt sich der Kapitelsaal mit der Stiftergruft, fünf einfachen Metallsärgen mit den sterblichen Überresten Herzog Ottos und seiner beiden Gemahlinnen Elisabeth und Anna und seiner beiden Söhne. Über diesem Ostteil des Kreuzganges, an den sich die St.-Josephs-Kapelle (1404) anschließt, lag das einstige Dormitorium, von dem aus ein Zugang zum Dachstuhl besteht. — Die ehemalige *St.-Anna-Kapelle* auf dem Hügel neben dem Stift entstand um 1410/1420 und wurde 1786 profaniert. — Die Filialkirche *Mariae Himmelfahrt am Grünen Anger* im Markt ist ein spätgotischer Bau mit bedeutender Ausstattung (Gewölbebemalung, 1522) und Einrichtung (spätgotische Tafelbilder und Schnitzgruppen), die zum Teil entfernt wurde (figurale Glasscheiben, 16. Jh., eine Anna-Selbdritt-Darstellung, 15. Jh.).

LAGE Nordwestlich Mürzzuschlag.
BESICHTIGUNG Nach Anmeldung im Pfarramt möglich.

NONNBERG

Benediktiner-Frauenabtei in Salzburg → Seite 144—147.

OSSIACH

Ehemaliges Benediktinerstift. Ktn. → auch Seite 131/132.

Als Stifter des ältesten Männerklosters Kärntens gelten der bayerische Graf Ozi und seine sächsische Gemahlin Glismod. 1946 und 1956 entdeckte und barg man ihre sterblichen Überreste und Grabmäler. Der in Diensten König Ottos III. stehende Adelige hatte seine Stiftung mit Land um den See, Streugütern bei Feldkirchen und Besitz im Rosental ausgestattet. Als Patriarch von Aquileja verstand es sein Sohn Poppo, die frühe Stiftung zu einem Eigenkloster des südlich der Donau gelegenen Patriarchats zu machen, bevor Ossiach nach 1279 wieder an die Salzburger Kirche kam.
Schenkungen und Zuwendungen Adeliger im 14. und 15. Jh. vermehrten den bescheidenen Besitz. Zu einem Amt am Wallersberg kamen Ämter bei Lienz und im Lungau. Eine Reihe bedeutender Äbte — 1401 wurden ihnen Mitra und Pontifikalien verliehen — verhalfen Ossiach bald zu wachsender Bedeutung. Untrennbar mit dem mittelalterlichen Benediktinerstift verbunden bleibt die Gestalt des Polenkönigs Boleslaus II., 1058—1080. Der Legende nach starb er im Kloster zu Ossiach. Das »Boleslav-Grabmal« an der Nordseite der Kirche, im Winkel der gotischen Kapelle, war eine einst vielbesuchte Pilgerstätte. Noch im Jahre 1946 setzten polnische Soldaten hier einen Boleslav-Gedenkstein.
Die Klostertradition bringt mit der in diesem Stift entstandenen Boleslaus-Verehrung auch den Besuch Karls V. in Ossiach in Verbindung. Auf seiner Flucht vor Moritz von Sachsen hielt sich der Kaiser im Sommer 1552 zwei Monate lang in Villach auf und befreundete sich mit Abt Andreas II. Hasenberger von Ossiach, 1528—1555, den er reich beschenkte. Ein Besuch führte den Beherrscher des Reiches, in dem die Sonne nicht unterging, auch in das Kloster am See. Die Weltabgeschiedenheit im Seewinkel soll in ihm den Entschluß haben reifen lassen, sein Leben hinter Klostermauern zu beenden.
Stift Ossiach überstand das Reformationsjahrhundert ohne entscheidende Einbußen. Im Gegenteil: unter dem verweltlichten Abt Zacharias Gröblacher, 1587—1593, Bruder des Epileptikers Petrus Gröblacher, der als Abt wegen Ausschreitungen abgesetzt werden mußte, entstanden die berühmten »Annales Ossiacensis« und das Ossiacher Äbtebuch. Doch machten dem befestigten Wehrstift Belagerungen und Brandschatzungen der Türken zu schaffen. Es heißt, daß bei einem Überfall fast alle Mönche niedergemacht wurden und Ossiach seither »das heilige Gestade« genannt wurde.
Von den bedeutenden Abt- und Prälatengestalten des neuzeitlichen Klosters sind zu erwähnen: Georg Wilhelm Schweitzer, 1622—1628, unter dem das Kloster Schloß Prägrad bei Feldkirchen mit Gütern und Vogtei erwarb und der schöne Westflügel der Prälatur des Stiftes entstand; Christoph Caponig, 1656—1682, der Schloß Wernberg samt Grundbesitz, Fischereirechten und Landgericht kaufte und das Kloster in diesen Khevenhüllerbau nächst Villach übersiedelte (nur einige Ordensbrüder blieben am See); Edmund Ibelbacher, 1682—1725, einer der bedeutendsten Prälaten von Ossiach, Visitator der Salzburger Benediktinerkongregation, Legat der Kärntner Stände am Wiener Hof, Deputierter des Landtags, der am 23. Oktober 1689 eine Feier zum tausendjährigen Bestehen Ossiachs veranstaltete (man meinte zu seiner Zeit, Ossiach wäre bereits im Jahre 689 begründet worden); Abt Prälat Virgilius Gleißenberger, 1725—1737, der als bedeutender Barockdichter gilt, und Abt Hermann Ludinger, 1737—1753, dem Kloster und Kirche ihre heutige Gestalt verdanken.
Zur Aufhebung der Klosters unter Joseph II. kam es nach Ansicht von Ordensangehörigen, weil man dem Kaiser »ein falsches Bild von Ossiach gezeichnet und mit Lug und Trug das Aufhebungsdekret erschlichen« hatte. Aktenkundig ist jedoch, daß die Regierung schon 1780 den Vermögensstand des Stiftes erheben lassen mußte, da sich Abt Roman Zusner schwer verschuldet hatte. Über seine Verschwendungssucht hatte sein Konvent beim Ordinariat Klage erhoben.
Im Frühjahr 1783 führte eine Kommission die Auflösung des Besitzes durch. Die Stiftsbibliothek, eine der bedeutendsten Kärntens, wurde auf Befehl der Kommissare teilweise in den See geworfen, vieles von Ortsbewohnern auf Karren weggeschleppt, der Hauptteil kam an die Universitätsbibliotheken Graz und Wien, das Archiv nach Klagenfurt. Das Gut Ossiach wurde verstaatlicht, die Herrschaft Wernberg fiel an den Villacher Kreishauptmann, die übrigen Liegenschaften verschleuderte man an Meistbietende. Die Restpfarre Ossiach bestand aus der Stiftskirche, dem Pfarrwald und einigen Grundstücken.
1816, als man das Staatsgestüt von Kolnetz im Lavanttal nach Ossiach verlegte, wurden Teile des Stiftsgebäudes niedergerissen. Aus den Trümmern und Steinen des alten Kreuzganges und alten Grabplatten wurden Stallgebäude errichtet. Zeitweilig diente Ossiach als Dragonerkaserne, bis 1884 als Armenhaus, später als Hengstdepot.

PERNEGG

Ehemaliges Prämonstratenserstift. NÖ.

Die Geschichte des Stiftes Pernegg ist ein Teil der Geschichte des Stiftes Geras (→ Seite 183). Das Frauenkloster der Grafen von Pernegg wurde zwischen 1153 und 1155 von Prämonstratenserinnen aus Luniowic in Mittelböhmen besiedelt. Mit Geras gehört Pernegg zur böhmischen Zirkarie des Prämonstratenserordens. Der Abt von Geras war Propst von Pernegg. Im 15. Jh. erhielt die Klosteroberin den Titel Priorin.

Pernegg, NÖ., ehem. Stiftskirche.

Die Übernahme des Stiftes, seiner Gebäude und Besitzungen durch Chorherren von Geras im 16. Jh. führte zum Jahrhunderte-Streit der beiden Nachbarstifte (→ Geras). Seinen Höhepunkt erreichte er, als der Pernegger Propst 1608 die Pontifikalien erhielt und Propst Valentin Spiegel kurze Zeit als Administrator der Vaterabtei Geras eingesetzt wurde. 1644 wurde Pernegg als selbständig erklärt, 1700 zur Abtei erhoben. Unter den Pröpsten Bratitz und Schöllinger machte sich das Kloster am Mödringbach durch wissenschaftliche Leistung und kluge Wirtschaftspolitik einen Namen. Schon seit 1692 bemühten sich Propst und Konvent um die ehemaligen Prämonstratenserstifte in Ungarn und erwarben hier eine Anzahl Pfarren und Propsteien, auch Besitz in Király-Helmecz. Mit Vorliebe verwalteten die Pernegger Prämonstratenser auch niederöstereichische Pfarren. Schon 1714 bis 1746 jedoch mußte das verschuldete Stift von Geras administriert werden, seit 1752 erhielt es von der Hofkammer eine jährliche Unterstützung von 1000 Gulden. Im Klosterdekret Josephs II. vom 20. Juli 1783 steht unter der großen Anzahl der »entbehrlichen« Klöster Stift Pernegg an erster Stelle. Anfang September 1783, zur Zeit seiner Auflösung, lebten in Pernegg 17 Chorherren, ein Kleriker und ein Novize. Das Gut »Kloster Pernegg« umfaßte 40 ha Äcker, 661 ha Wald, 26 ha Wiesen, Weiden und kleine Weingärten. Die Stiftspfarre und die Pfarren Trabenreith und Niklasberg fielen bereits 1783 an Geras, der Landbesitz erst 1854.

SEHENSWERT an der noch mit einer Wehrmauer umgebenen Stiftsburg oberhalb des Mödringtales ist die außerordentlich große Stifts-Pfarrkirche zum hl. Andreas. Der spätgotische Bau, 1586, mit seinem nach der Art früher Bergfriede übereck gestellten mächtigen Turm und schlanken Maßwerkfenstern, besitzt einen ungemein eindrucksvollen hellen, nahtlos aus Chor und Schiff gebildeten Innenraum, dem jede gotische Enge fehlt. Die Wirkung dieses Kirchensaales wird durch hohe Nischen zwischen den Strebepfeilern, durch die vier seitlich eingebauten Kapellen mit Emporen, zwei monumentalen Oratorien und dem bunten Freskenschmuck im Netzrippengewölbe und an den Wänden auf imponierende Art gesteigert. St. Andreas von Pernegg ist eines der sehenswertesten Gotteshäuser Österreichs. An der Nordostecke der Kirche ist ein Karnerrundbau, um 1300, mit kleinem Chor und Fresken, frühgotischen Wölbungen und barockem Dekor zu sehen. Den Vorhof des ehemaligen Stiftes erreichte man einst über eine Zugbrücke, deren Holzrollen noch zu sehen sind. Gut erhalten sind die Wappen am äußeren Rundbogenportal. Ein zweites inneres Portal führt zum Stiftseingang, einem turmförmigen Torbau mit Fallgittereinrichtung. Das ehemalige, zum Teil ruinöse Stiftsgebäude, der heutige Pfarrhof, besitzt noch die alte Prälatur, Kapitelsaal, Winter- und Sommerrefektorium. 1958/1960 legte man den verschütteten Kreuzgang teilweise frei und entdeckte dabei auf einer mit Flechtornamentik geschmückten Steinplatte die Jahreszahl MILLCXXVIIII.

LAGE Nördlich Horn.
BESICHTIGUNG der Stiftskirche und beschränkt (nach Anmeldung) auch der Stiftsgebäude möglich.

PÖLLAU

Ehemaliges Augustiner-Chorherrenstift. Stmk. → auch Seite 98.

In seinem Testament von 1482 hatte Hanns von Neuberg, der Letzte seines Geschlechtes, bestimmt, daß Haus, Feste und Herrschaft Pöllau mit Markt, allen Dörfern, Zehenten und Ämtern 24 Augustiner-Chorherren zur Begründung eines Stiftes überantwortet werden sollten. Da die Neuberger im Ungarnkrieg 1480/90 jedoch Parteigänger des Matthias Corvinus waren, zog Kaiser Friedrich III. Herrschaft und Güter der Familie ein. Erst Gräfin Elisabeth von St. Georgen und Pösing, die Schwester des Erblassers, erreichte von Kaiser Maximilian I. die Rückstellung des Besitzes. Ihrem Testament von 1503 folgend, in dem sie neuerdings die Errichtung eines Stiftes verfügte, fertigte ihr Gemahl, Graf Christoph, 1504 die Stiftungsurkunde aus. Zum ersten Propst des Pöllauer Stiftes wurde der Vorauer Chorherr Graf Ulrich von Trautmannsdorf gewählt. Schon dem zweiten, Johann Mistelberger, wurden 1517 Infel, Stab und Privilegien verliehen. Christoph Trückl, 1531—1560, mußte den Stiftsbesitz gegen Ansprüche der Polheimer verteidigen. Als »von gottes gnaden propst zu Pöllau, röm. Kais. maj. rath« erließ er 1547 eine neue Marktordnung. Peter Muchitsch, 1587—1600, dreimal Rektor der Wiener Universität, Domherr zu St. Stephan in Wien, ein in Worten und Schriften engagierter Gegenreformator, galt bei deutschen Protestanten als der »wahnwitzige Propst zu Pellen.«
Michael Josef Maister, 1669—1696, unter dem Söhne der Grafen von Stubenberg, Saurau, Schrattenbach, Steinach und Ortenhofen Stiftsherren waren, ließ die alte Feste Pöllau in ein riesiges Stiftsgebäude verwandeln. Im Ort entstanden der »Getraidekasten«, die heutige Mädchenvolksschule, die Schießstätte und das Waschhaus, ein größerer Meierhof und eine neue Hofmühle, nach dem Brand auf dem Pöllauberg, 1674, der neue Glockenturm, Chor, Kirchendach und Pfarrhof. Den Kapitalaufwand für seine Bauten deckte der Propst aus dem Vermögen seiner Stiftsherren, durch Einkünfte aus der zehnjährigen Verwaltung der Stadtpfarre Hartberg und mittels der 150 000 Gulden, die ihm die Brüder Philipp und Georg Ritter von Wertelsberg geschenkt hatten.
Während einer 46jährigen Propstschaft konnte Johann Ernst von Ortenhofen, 1697—1743, die Vorhaben seines Lehrers und Vorgängers vollenden. Es entstanden die Kuppelkirche und jene Vorgebäude, die das Propsteigebäude, das »Schloß« und die Kirche südlich umschließen. Auf dem Epitaph des Propstes Ernst von Or-

tenhofen in der Prälatengruft der Kirche heißt es: »Was in Pöllau sehenswert ist, verdankt diesem Manne seinen Ursprung oder seine Vollendung.«
Stift Pöllau wurde am 11. Juli 1785 aufgelöst. Das Inventar verzeichnete ein Reinvermögen von 421 811 Gulden, das Silber und die Pretiosen schätzte man allein auf 8498 Gulden. Die Stiftsgebäude, der Pöllauerhof in Graz und die Güter gingen an den Religionsfond; die Herrschaft Pöllau wurde verpachtet, 1827 verkauft. Seit 1834 war sie Eigentum der Grafen von Lamberg, seit 1938 besitzt sie die Gemeinde Pöllau.

RANSHOFEN
Ehemaliges Augustiner-Chorherrenstift. OÖ.

An dem 788 erwähnten Hof zu »Rantesdorf« entstand im 8. Jh. eine herzogliche, 831 eine kaiserliche Pfalz. An der 898 von Kaiser Arnulf hier begründeten Pfalzkapelle zum hl. Pankraz dienten mehrere Priester. Wie aus einer Schenkungsurkunde hervorgeht — König Heinrich dotierte St. Pankraz mit seinem Gut »Ranshofen« und dessen Zehenten — bestand an der Kapelle eine Art Kollegiatstift mit Weltpriestern, die die Pfarre und deren Filialkirchen betreuten.
Auf Anregung des Salzburger Erzbischof Konrads I., der 1122 sein Domkapitel in ein Chorherrenstift verwandelt hatte und selbst Chorherr geworden war, begründete 1125 der bayerische Herzog Heinrich der Schwarze zu Ranshofen ein dem Bistum Passau unterstelltes reguliertes Augustiner-Chorherrenstift, dem er den Pfarrbesitz und neue Schenkungen im Pfalzgrafenland und im heutigen Bayern überantwortete. Neben dem Männerkloster entstand damals auch ein Frauenkloster und wenig später ein Spital für Arme. Im 13. Jh. war der Besitz des Stiftes auf acht Ämter verteilt, die in den heutigen Bezirkshauptmannschaften Braunau, Ried, Steyr und in Niederösterreich lagen, ebenso in den bayerischen Bezirken von Altötting, Eggenfelden und Pfarrkirchen. In diesen Gebieten betreute das Stift auch einzelne Pfarren.
Die Ranshofener Bibel und ein Evangeliar aus dem 12. Jh. bezeugen den hohen Stand der Schreibschule des Chorherrenstiftes, das im 13. Jh. mehrmals niederbrannte und auch ausgeplündert wurde. 1345 erhielten die Augustiner-Chorherren das Dorf Ranshofen samt Gerichtsbarkeit zu eigen. Im 16. Jh. bestand am Stift eine höhere Schule, 1628 erhielt der Propst das Recht der Pontifikalien.
Nach den Plünderungen und Zerstörungen im Bayerischen Erbfolgekrieg waren zwischen 1508 und 1520 die neue Stiftskirche, unter Propst Philipp Vetterl nach 1624 Stiftsgebäude und Prälatur entstanden, Bauten, die 1651 unter Propst Simon Meier vollendet wurden. 1651 war auch das »Antiquarium Ranshofianum« vollendet, eine Klosterchronik. Zur Feier des 800jährigen Stiftsjubiläums im Jahre 1699 ließ Propst Ivo Kurzbauer die Pankrazkirche von Grund auf barockisieren. Plünderungen in den Jahren 1742, 1805 und 1809 führten zum allmählichen Niedergang des seit 1779 österreichischen Stiftes. 1810 verkündete die französische Verwaltung des Innviertels die Aufhebung der Chorherrenstiftung.

Ranshofen, OÖ., Stiftskirche, Außenansicht: Turm und Westteil.

SEHENSWERT in der nach außenhin unscheinbaren, 1697—1699 völlig barockisierten, 1946/48 restaurierten ehemaligen Stifts- und heutigen Pfarrkirche sind der mit barocker Pracht ausgestattete Innenraum mit der Rosenkranzkapelle des Propstes Blasius Rosenstingel, 1494—1504, und dem über ihr liegenden gotischen netzrippengewölbten Konventchor mit alter Sakristei, ebenso die Reihe reliefgeschmückter Propst-Grabsteine des 14.—18. Jh. Vom einstigen dreihöfigen Klostergebäude steht nur noch ein Teil — der alte Prälaturflügel mit Stiegenhaus und Rokokoeinrichtung, das ehemalige Refektorium mit Gitterwerk um 1740 und die reichstuckierte Bibliothek. Der Karner — die Friedhofskapelle zum hl. Geist und hl. Oswald — ist ein 1337 errichteter gotischer Bau mit Tor, Gewölbe und Fresken aus der Bauzeit. Der Altar stammt aus dem 17. Jh.

LAGE Südwestlich Braunau am Inn.
BESICHTIGUNG der Kirche und des Stiftsgeländes möglich.

REICHERSBERG

Augustiner-Chorherrenstift. OÖ. → auch Seite 73/74.

BESITZUNGEN UND INKORPORIERTE PFARREN Zu Bedeutung und wirtschaftlicher Prosperität kam die bescheidene Klostergründung von 1087 erst unter Propst Gerhoch († 1169), als ihr Erzbischof Conrad I. von Salzburg im Jahre 1144 ausgedehnten Zehentbesitz in der ursprüngl. Grafschaft Pitten, zwischen Wiener Neustadt und der ungarischen Grenze, in der heutigen »Buckligen Welt«, überließ. In diesem Rodungsgebiet entstanden unter den Augustiner-Chorherren 12 Pfarren, von denen sie heute noch acht betreuen. Mittelpunkt des Besitztums in der »Waldmark« war die Zehentburg und Mutterpfarre Bromberg. Sie wurde dem Stift 1160 einverleibt.
Propst Gerhoch gelang es auch, die dem Innkloster als Gründungsgut übergebenen obderennsischen Landbesitze um Reichersberg, Münsteuer, Ort, Lambrechten und Andrichsfurt an der Osternach zu arrondieren. Schon 1156 war den Chorherrn hier die große Pfarre Münsteuer einverleibt worden, in deren einstigem Sprengel heute sechs Pfarreien bestehen. Rund um die ursprünglichen Stiftsgebäude entstand fruchtbares Land. Um seine Klostersiedlung mit dem nötigen Nutzwasser zu versehen, ordnete Propst Gerhoch an, den Senften- und Limbach zu vereinigen und in einem neuen Bachbett am Kloster vorbeizuführen. In vierzigjähriger Arbeit wurde der heutige Harterbach angelegt, der die Gärtnerei, den Obst- und Weinbau im Stiftsbereich versorgte. Am Hang des Buchberges richteten die wirtschaftlich unternehmerischen Nachfolger Gerhochs eine Brauerei ein. Den ausgedehnten Wirtschaftshof verlegte man nach dem großen Brand von 1624 an den Stiftsweiher, seine heutige Gestalt erhielt er nach dem letzten Brand im Jahre 1901.
Bedeutende Besitzungen erwarben die seit 1654 infulierten Pröpste von Reichersberg im 17. und 18. Jh. 1686 kamen die Güter Tobel, Aspach und Am Weier an das Stift, 1710 Schloß und Hofmarkt Ort, im Bereich der Waldmark das Gut Hochwolkersdorf. Freihöfe und Höfe mit Besitz unterhielt Stift Reichersberg in Krems, Weinzierl, Grub und Guntramsdorf.
Neben der Seelsorge in zwölf dem Stift einverleibten Pfarren sowie in drei Weltpfarren und dem Schuldienst widmen sich die Chorherrn von heute vornehmlich der Musikpflege und der Erwachsenenbildung. Sommersüber veranstaltet das Stift Seminare und Kurse für Landwirtschaft, Freizeitgestaltung u. a. m., Exerzitien, Einkehrtage und Ausstellungen.
Bromberg in der Buckligen Welt, südlich Wiener Neustadt, seit 1160 Stiftsbesitz, war der Mittelpunkt des Reichersberger Zehentgebietes, Mutterpfarre mehrerer Kirchen in der »Waldmark«. Noch unter Gerhoch von Reichersberg war von Bromberg aus der Grundstein zur Pfarre Edlitz gelegt worden, um 1210 entstanden Aspang, um 1250 Kirchschlag und Lichtenegg, um 1330 Wiesmath, drei Jahre danach Hochwolkersdorf. Erst 1784 trennte sich die Tochterpfarre Thernberg von Bromberg. — Die Pfarrkirche zum hl. Lambert, die Bromberger »Bergkirche«, ist ein gotischer Bau aus dem 15. Jh., den früher eine Ringmauer umgab und ein Vorwerk schützte. Am mächtigen Kirchturm mit dem Christophorusfresko aus der Bauzeit sucht man vergebens nach Wehranlagen, dafür besitzt er Verstecke, Nischen und Kämmerchen in der Mauerdicke. Die Glockenstube des Turmes erreicht man durch eine mittels Falltüre verschließbare Einstiegsluke, das Turmuntergeschoß diente als Schatzkammer und zur Aufbewahrung von Dokumenten. — Der gotische Pfarrhof (um 1500), im Mittelort unterhalb der Kirche gelegen, der ehemalige Dominikalhof des Stiftes, besitzt Arkaden und die *Florianikapelle* mit Tonnengewölbe und gotischem Triumphbogen. In diesem ältesten, dem einzigen nicht ausgebrannten Gebäude in Bromberg, entdeckte man bei Restaurierungsarbeiten nach dem Kriege schöne Fresken. Die Michaelskapelle im Pfarrhof, nach 1500 erbaut, ist 1783 profaniert worden.
Die spätgotische ehemalige Wehrkirche des Marktes **Edlitz** nordöstlich Aspang in NÖ., Mitte des 15. Jh. an der Stelle einer St.-Veits-Kirche aus dem 12. Jh. errichtet, besitzt noch eine Wehrganggalerie und eine Pechnase über dem Eingang. Im zweischiffigen kreuzrippengewölbten Innenraum der schönen und gut restaurierten Kirche finden sich Fresken des 15., 16. und 17. Jh.
Hollenthon östlich von Edlitz war bereits 1478 Pfarrort. Die weithin sichtbare zwiebelbehelmte Kirche Mariä Himmelfahrt ist ein Bauwerk des 18. Jh., das Stift Reichersberg 1777 an der Stelle einer Kirche aus dem 15. Jh. errichten ließ. In der vorjosephinischen Zeit war Hollenthon als Wallfahrtsort bekannt.
Die Pfarrkirche zum hl. Lambert in der bereits 1111 urkundlichen Pfarre **Lambrechten** nordöstlich von St. Martin im Innkreis ließ Abt Herculan Kalchgruber zwischen 1724 und 1726 errichten. Den Turm erhielt die im Stil der Bauzeit eingerichtete Kirche erst 1912.
Die Reichersberg benachbarte Pfarre **Münsteuer** ist dem Stift bereits 1156 zu eigen geworden. Die in Chor und Langhaus gotische Kirche St. Peter und Paul mit Netz- und Sternrippengewölben, einer gotischen Sakristei und spätgotischen Fenstern besitzt einen Hochaltar von Thomas Schwanthaler, 1686, und barocke Einrichtung. Einige Holzstatuen stammen aus der Zeit um 1400 und 1500.
Die St. Martin i. I. benachbarte Pfarre **Ort im Innkreis** ist bereits 1180 urkundlich. Ihre spätgotische St.-Andreas-Kirche mit Maßwerkfenstern und einem barockisierten Turm wurde im 19. Jh. neugotisch erweitert und auch mit neugotischer Einrichtung versehen.
Pitten südwestlich Wiener Neustadt ist der älteste Pfarrort in der Buckligen Welt. Der Ortsname wird im Jahre 869 das erstemal genannt und steht als »puten« auch in der Klage des Nibelungenliedes. Begründer der Grafschaft Pitten war Gottfried von Wels-Lambach, der um 1042 nach der Schlacht bei »Pütten« die Ungarn aus dem Gebiet verdrängt hatte. Nach den Formbacher Grafen, die sich »de Putine« nannten, waren die steirischen Otakare, nach ihnen die Baben-

berger Herren von Pitten. Im 10. Jh. reichte das Gebiet der Mutterpfarre Pitten von der Schwarza bis zur ungarischen Grenze und weit in die heutige Steiermark. Unter stiftischen Einfluß kam Pitten erst 1448, acht Jahre danach wurden Pfarre und Gebiet Reichersberg zur Gänze einverleibt. Um diese Zeit waren die Filialkirchen Seebenstein und Scheiblingkirchen bereits aus dem Pittener Sprengel ausgegliedert.

Die Pittener Pfarrkirche zum hl. Georg lag einst innerhalb des Befestigungsringes der Burg zu Pitten. Der Turm der jetzigen Barockkirche, 1732/40, stellt die ehemalige netzrippengewölbte Bergkapelle dar. Im Felsgewände hinter ihr ist eine Kapelle mit mittelalterlichen Fresken und Beinhaus zu besichtigen. Der Pittener Pfarrhof im Ort, ein Bau des 17. Jh. mit Arkadenhof und Toranlage, besitzt einen Festsaal und reich stuckierte Räume aus der Erbauungszeit. Der Saal im Erdgeschoß ist mit romantischen Landschaftsmalereien ausgestattet. Die Pfarrhofs-Kapelle zum hl. Martin aus dem 17. Jh., 1948 erweitert und mit Zwiebelturm versehen, weist auf den schon im 9. Jh. genannten Pfarrort.

Die Sehenswürdigkeit des kleinen Ortes **Scheiblingkirchen** an der Wechsel-Bundesstraße südwestl. von Pitten ist der Quaderrundbau aus dem 12. Jh. in der Ortsmitte. Die zum Teil noch mit einer Wehrmauer umgebene Kapelle ist 1147 vom Salzburger Erzbischof Eberhard I. zu Ehren des hl. Rupert und der hl. Margarete geweiht worden. Im 18. Jh. barokkisierte man den Innenraum, im 19. Jh. wurde das ehrwürdige Bauwerk mit einer Vorhalle und einem Turm versehen. An Stift Reichersberg kam Scheiblingkirchen mit der Pfarre Pitten im Jahre 1448. Seit 1783 gilt der Ort als Pfarre.

Als der Salzburger Erzbischof Eberhard I. im Jahre 1147 im niederösterreichischen Scheiblingkirchen die Kapelle zu Ehren des hl. Rupert und der hl. Margarete geweiht hatte, ließ er sich in den vier Kilometer entfernten Ort **Thernberg** unterhalb der Burg der Grafen von Formbach-Pitten bringen und weihte hier die von Rapoto von Terinberc errichtete Kapelle zu Ehren der Unbefleckten Empfängnis Mariens. Der romanische Quaderbau, obwohl in der Barockzeit erweitert und verändert (u. a. verlegte man damals den Haupteingang in die halbkreisförmige Apsis), gehört in seiner äußerlich noch ziemlich ursprünglichen Gestalt zu den kunsthistorischen Kostbarkeiten der Gegend. Der nach Streitigkeiten mit dem Bromberger Pfarrer bereits im 13. Jh. unabhängige Pfarrort wurde Stift Reichersberg 1783 erneut überantwortet. Im Innern des Gotteshauses erinnern Grabsteine und Inschriften u. a. an die berühmte Protestantenfamilie Thonradl und an die Habsburger. Im 19. Jh. ließ Erzherzog Johann das von den Edlen von Menshengen unterhalb der Burg errichtete Schloß adaptieren und stellte in ihm seine Sammlungen auf. Die berühmte »Thernberger Madonna« aus dem 14. Jh., eine Votivgabe Herzog Friedrichs des Schönen, ehemals Schmuck des Hochaltares, befindet sich im Wiener Dom- und Diözesanmuseum.

Walpersbach am Rande des Steinfeldes südlich Wiener Neustadt ist eine 1782 dem Stift einverleibte Josephinische Pfarre. Die Pfarrkirche, ein in der zweiten Hälfte des 17. Jh. barockisierter Bau mit einst gotischem Chor, war schon im 16. Jh. als Wallfahrtskirche bekannt. Der Legende nach war ein Eremit namens Waldbertus für den Ort namengebend. Mit der Kirche verband sich jedoch auch die Sage vom Mord eines »vornehmen Mannes« an seiner Tochter. Im Jahre 1585 und danach rann in dieser Kirche von Zeit zu Zeit aus einem Loch oberhalb der Kanzel Blut »also reichlich, daß es ganz under dem Predigstuel auff dem Erdpoden herfür den Staffel abrinnt«. Als Gnadenbild besitzt die Kirche eine sitzende Marienstatue aus dem 14. Jh.

REIN

Zisterzienserstift. Stmk. → auch Seite 103 bis 105.

BESITZUNGEN UND INKORPORIERTE PFARREN Zum Grundbesitz, den Markgraf Leopold von Steyr Abt Gerlach und dessen Mönchen aus dem mainfränkischen Kloster Ebrach im Jahre 1129 zur Verfügung gestellt hatte, gehören neben dem Gut und einer Hube im Tal Runa die Gegend von Langwiesen nordöstlich des heutigen Stiftes und Stangersdorf nördlich von Leibnitz. Markgräfin Sophie vergrößerte dieses Dotationsgut. Von Gewicht für das Zisterzienserkloster am Kehrbach wurde jedoch erst die Schenkung König Konrads III., 1137—1152, die riesigen Waldgebiete um das obere Söding- und Stübingtal zwischen Übelbach und Stollhofen.

Nach den reichen Schenkungen des 13. und 14. Jh. war Stift Rein eine der größten Grundherrschaften des Landes. Ein Urbar von 1395 zählt über vierzig Wirtschaftsämter in Stiftsbesitz auf. Eine Gründung der Reiner Zisterzienser ist u. a. auch der Salzbergbau in Altaussee. Den wachsenden Wohlstand der Abtei bezeugten Höfe in Graz (seit dem 12. Jh.), in Wiener Neustadt (1311), am Roten Turm in Wien (1316) und in Marburg (1318). Im 17. Jh. erwarb Rein u. a. die Herrschaft Rohr nächst St. Georgen a. d. Stiefing.

Schon 1136 hatten Reiner Zisterzienser das Kloster Sittich in Krain besiedelt, 1146 begründeten sie Wilhering nächst Linz. 1444 entstand von Rein aus das Neukloster in Wiener Neustadt, 1620 Schlierbach in Oberösterreich.

Die 12 heute vom Stift betreuten Pfarren liegen in Gebieten der historischen, zum Teil noch heute im Eigentum des Stiftes befindlichen Besitzungen.

Ihre Lage und ihr Patrozinium, der frühgotische Turm und frühgotische Chor weisen St. Martin in **Deutschfeistritz** nördlich des Stiftes, am Eingang ins Übelbachtal, als frühe Kirche des 13. Jh. aus. Das Kirchenschiff ist im 16. Jh. erweitert worden, der Hochaltar stammt aus dem 18. Jh. Dem Stift einverleibt wurde St. Martin erst 1607 bzw. 1629.

Großstübing im Stübinger Graben westlich von Deutschfeistritz ist eine vom Stift direkt (exkurrens) betreute Pfarrei.

Die St.-Stephans-Kirche von **Gratkorn** im Murtal, östlich der Werksiedlung an der Bundesstraße gelegen, entstand in ihrer heutigen Gestalt im 17. Jh., als man an den Chor aus dem 14. Jh. das dreijochige Langhaus anbaute.

Bevor Abt Gerlach im Frühjahr 1129 im Tale Runa mit der Errichtung der Klosterbauten begann, ließ er sich mit seinen Mönchen im benachbarten **Gratwein** nieder. Die uralte Pfarre St. Rupert bestand bereits seit dem Jahre 1066. Die heutige dreischiffige Kirche mit kreuzrippengewölbtem Chor ist ein Bau aus der Zeit um 1400. Das spätgotische Portal trägt das Wappen des Propstes Georg Rainer vom Anfang des 16. Jh. Inkorporiert wurde die Pfarrei dem Stift erst 1607. Zur Pfarre Gratwein gehört die Expositur → Straßengel.

Seit 1976 ist die St.-Bartholomäus-Kirche in **St. Bartholomä** an der Lieboch bei Gratwein wieder zugänglich. Nach seiner

Restaurierung stellt der Bau von 1319 mit seinen früh- und spätgotischen Fresken und Wandgemälden eine Sehenswürdigkeit des Liebochtales dar. Die neugotische Pfarrkirche St. Bartholomäus wurde 1845 erbaut.

Die gotische Kirche von **St. Oswald bei Plankenwarth** südlich von Gratwein ist dem Stift 1786 als Pfarrei neu überantwortet worden.

Der hochgelegene Kirchweiler **St. Pankrazen** ob dem Södingtal östlich des Stiftes erhielt das heutige Gotteshaus im 14. Jh. Seine Ausstattung stammt aus dem 18. Jh. Die neben der Pfarrkirche 1425 errichtete *St.-Anna-Kapelle* birgt ein spätgotisches St.-Anna-Selbdritt-Relief. »Pongratzen«, seit 1620 dem Stift einverleibt, war in früherer Zeit Ziel von Bauernwallfahrten aus der Umgebung. Man betete hier um einen guten Viehstand, setzte sich auch einmal auf jenen Stein nächst dem Ort, auf dem sich der Legende nach der hl. Pankraz einmal ausgeruht haben soll. Vertiefungen im Felsen, fünf Fingern einer Hand ähnlich, sollen entstanden sein, als der Heilige beim Weitergehen stolperte und sich festhalten mußte.

Die Pfarrkirche in **Semriach** östlich der Mur ist 1439 dem hl. Ägydius geweiht worden, der Kirchort selbst bestand schon 1237. »Restaurierung« und Renovierungen zwischen 1882 und 1887 haben den spätgotischen Hallenbau zum Teil entstellt, doch sind im dreischiffigen Langhaus und im Chor noch unverfälschte architektonische Ausstattungsdetails der Bauzeit zu sehen. Der Marienaltar der Kirche entstand um 1650, die sonstige Einrichtung im 18. Jh. — Die *St.-Michaels-Kapelle* von Semriach, 1375 urkundlich, ist um 1700 errichtet worden, die hochgelegene Wallfahrtskirche zum *hl. Ulrich,* ein achteckiger Zentralbau, um 1710.

Die Pfarrkirche St. Philipp und St. Jakob im planmäßig angelegten Kirchweiler **Stiwoll** in Liebochtal besitzt noch eine Glocke aus dem 13. Jh. Der Chor der heutigen Kirche ist ein Bauwerk um 1422, der Turm wurde erst 1539 fertiggestellt. Als Pfarre erhielt das Stift Stiwoll im Jahre 1786 überantwortet.

Schon im 9. Jh. stand auf dem Ausläuferberg des Frauenkogels in Judendorf-**Straßengel** bei Gratwein eine kleine Kirche. Sie war über dem Grundgemäuer eines romanischen Wachtturms errichtet worden, den die slawischen Bewohner der Gegend »straželnik« genannt hatten. Konversbrüder aus dem Kloster Rein, die auf den Grangien Retz, Judendorf und Straßengel arbeiteten, hielten im Kirchlein ihre Gottesdienste. Seit sie in ihm, 1157, ein Marienbild aufgestellt hatten, wurde Straßengel als Wallfahrtskirche bekannt. Nach der Legende fand man unter Abt Rudolf von Landelier, 1246—1255, in der Nähe der Kirche an einem alten Baumstamm ein selbstgewachsenes Astkreuz, mit dem bald Gebetserhörungen und Wunder verknüpft wurden. Die heutige Kirche mit ihrem prächtigen gotischen Turm — sie werden als »Zusammenziehung des Bauprogramms« und als »einfaches Modell« der Wiener Stephanskirche beschrieben — entstand unter Abt Hartwick von Emmerberg zwischen 1346 und 1366. Dem barocken Anbau der St.-Anna-Kapelle und des Sakristeigebäudes, 1754 erbaut, fielen die gotischen Fenster der Nordseite zum Opfer. Kaiser Joseph II. befahl 1788 den Abbruch der Kirche, mußte die Order jedoch auf Drängen der Bevölkerung zurücknehmen. Neben dem Wurzelkruzifix und dem Gemälde »Maria im Ährenkleide«, Anfang des 15. Jh., verehrte man in der dreichörigen hochgotischen Kirche mit schönen reliefgeschmückten Portalen und zahlreichen Glasmalereien aus dem 14. Jh. in der barocken Seitenkapelle ein Bild der »Anna-Selbdritt«.

Die Pfarre **Thal bei Graz,** 1322 genannt, besitzt eine durch Umbauten im 18. Jh. völlig veränderte Kirche zum hl. Jakobus.

Die Pfarrkirche zum hl. Lorenz im Markt **Übelbach** nordwestlich Deutschfeistritz ist ein sehenswertes Bauwerk aus dem ersten Drittel des 16. Jh. mit spätgotischer Ausstattung, einer Marienstatue um 1430 und Altargemälden von H. A. Weißenkirchner und Seitenaltären aus dem 18. Jh. — Die Marktkapelle *zum hl. Michael* besitzt einen gotischen Chor, ein flachgedecktes Langhaus, gotische Beschläge und eine Einrichtung aus dem 18. Jh.

ROTTENMANN

Ehemaliges Augustiner-Chorherrenstift. Stmk.

Mit Zustimmung Kaiser Friedrichs III. begründete der Rottenmanner Bürger Wolfgang Dietz 1455 in der Salzburger Vorstadt von Rottenmann, an der Spitalskirche »Maria am Rain« — sie lag außerhalb der Stadtmauern und besteht noch heute —, ein Stift für Augustiner-Chorherren und überantwortete ihnen die Herrschaft Rottenmann. Über die von St. Dorothea in Wien aus besiedelte Stiftung, der die Rottenmanner Pfarrkirche inkorporiert war, hatte sich der Kaiser die Vogtei vorbehalten. Gegen den Willen der Rottenmanner übersiedelten die Chorherren wegen der drohenden Türkengefahr 1478 in die Stadt, in ein Gebäude neben der St.-Nikolaus-Kirche, die nun Konventualkirche wurde.

Dem Rottenmanner Stift war in dem schon frühzeitig lutherisch gewordenen Markt wenig Wirksamkeit beschieden. Der 25jährige Georg Walher, den die Chorherren 1555 zu ihrem Propst wählten, entwich heimlich dem Kloster, heiratete und wurde zwei Jahre später als lutherischer Praedikant installiert.

Seit 1711 mußte Rottenmann von Vorau administriert werden, seit 1736 stand nur mehr ein Dechant an der Spitze des Konvents. Am 15. Juli 1785 hob der Judenburger Kreishauptmann die Stiftung auf. Dechant Franz Ortner und die sechs Chorherren, für die dem Stift einverleibten Pfarren Rottenmann, Lassing, Liezen, Oppenberg und Irdning verantwortlich, wurden pensioniert. Nach dem Inventar besaß Rottenmann ein Reinvermögen von 159 626 Gulden. Die Gutsherrschaft erwarb der Industrielle Josef Pesendorfer, dem auch das Patronat über die säkularisierten Pfarren zufiel.

SEHENSWERTES an den noch mit Resten des barocken Verputzes versehenen alten, jetzt vernachlässigten und bewohnten Stiftsgebäuden neben der Rottenmanner Pfarrkirche gibt es nicht. In der spätgotischen St.-Nikolaus-Kirche erinnern nur die Marmorkanzel von 1513 mit dem Propsteiwappen und die Propstloge mit Patronsitz an das einstige Chorherrenstift. Die schön restaurierte kleine ehemalige Friedhofskapelle zum hl. Michael, 1432, neben ihm, mit Beinhaus, ist profaniert worden.

LAGE In Rottenmann südöstlich Liezen.
BESICHTIGUNG der Stiftskirche möglich.

SALZBURG

→ Nonnberg, Seite 144—147. → St. Peter, Seite 140—143 und Seite 234—236.

Augustiner-Chorherrenstift.

Als Bischof Virgil, 745—784, den Salzburger Dom fertiggestellt hatte, setzte er zwölf Weltpriester als Chorherren ein. Er übertrug ihnen die Verwaltungsarbeiten, während die Benediktinerabtei → St. Peter die Schulen, die Bibliothek und die Seelsorge versah. Die Chorherren waren zu einem Gemeinschaftsleben verpflichtet, nahmen jedoch erst 817 die von Bischof Chrodegang von Metz aufgestellte Regel für »Clerici canonici« an. Die »Canonici fratres S. Ruperti« bildeten das »Dom-Kapitel«. (Täglich wurden in einem Saal einige Kapitel der Ordensregel verlesen.) Den Unterhalt der Kanoniker bestritt man vorerst aus dem Kirchengut des Benediktinerklosters. Seit dem 10. Jh. verwaltete das Domkapitel Eigenbesitz, nach 987 trennte es sich wirtschaftlich von St. Peter. Jedem Domherrn stand eine Präbende, eine Pfründe, zu, Schenkungen des Königs, des bayerischen Herzogs und des Adels.

Gegen den Widerstand des Kapitels führte Erzbischof Konrad I. 1122 die Augustinerregel ein und wurde selbst Augustiner-Chorherr. Die Herren mußten das Ordenshabit anziehen. Aus dem zwölfköpfigen Domkapitel war ein Augustiner-Chorherrenstift mit 24 Kapitularen geworden. Nur Adelige konnten Angehörige dieses Stiftes sein. Es bestand Präsenz- und Residenzpflicht, und es war verboten, auswärtige Kanonate, Pfarren oder Benefizien anzunehmen. Dem Dompropst wurde der Gebrauch der Pontifikalien zugestanden, seit Erzbischof Eberhard II. der Bischofstab. 1139 erhielt das Augustiner-Domherrenstift die Stadtpfarre Salzburg und das Recht der Wahl des Erzbischofs. Dieses Recht der Metropolitenwahl und der Zwischenregierung in Zeiten der Sedisvakanz räumte den inzwischen mit reichem Besitz und Pfründen versehenen Dom- und Augustiner-Chorherren große Macht ein. Gegen den entschlossenen Widerstand des Erzbischofs Leonhard von Keutschach legten sie 1514 auf Betreiben des Kardinals und Koadjutors Matthäus Lang ihr Ordenshabit ab und wurden Weltpriester.

Mit der Umwandlung des Domkapitels in ein Augustiner-Chorherrenstift 1122 hatte Konrad I. auch ein Nonnenstift mit 24 Domfrauen errichtet, das der Leitung des Männerstiftes unterstand. Sittlicher Verfall und Mangel an Ordensdisziplin waren der Grund der Auflösung dieses Augustiner-Chorfrauenstiftes im Jahre 1462.

ST. ANDRÄ AN DER TRAISEN

Ehemaliges Augustiner-Chorherrenstift. NÖ.

Unter den Zeugen, die Markgraf Leopold III. der Heilige im Jahre 1136 zur Begründung eines Stiftes nach Klosterneuburg geladen hatte, befand sich auch Waltherus de sancto Andrea, Walter von Traisma. Der mit den Herren von Perg-Machland verwandte reichbegüterte, jedoch kinderlose Edelmann — er hatte auch die Gründung Ottos von Machland, das Kloster Säbnich, das spätere → Waldhausen bezeugt — übergab 1147 seine Andreaskapelle an der Traisen samt Zubehör dem Bischof von Passau. Nach seinem Wunsch sollte an ihr zu seinem Seelenheil ein Chorherrenstift errichtet werden. Die Ausführung seines Wunsches verzögerte sich.

Dem Plan des Bischofs Konrad von Passau, die Stiftung Walters mit dem Kloster St. Georgen an der Traisen (→ Herzogenburg) zu vereinigen, widersetzte sich Otto von Rechberg-Lengbach, ein angeheirateter Verwandter Walters, der als Vollstrecker des letzten Willens seines Schwagers fungierte. Erst als eine von Bischof Konrad gefälschte Urkunde den Propst von St. Georgen zum Verweser des Walterschen Nachlasses machte, mußte der Rechberger einwilligen. Am 30. Dezember 1160 installierte Bischof Konrad Gottschalk als den ersten Propst von St. Andrä. Gründungsgut waren die Dörfer St. Andrä, Baumgarten, Hasendorf, Moos, Waltersdorf und Weingärten in Mautern in der Wachau. Nur ein Schachzug des hintergangenen Otto von Rechberg-Lengbach verhinderte, daß Passau auch die Vogtei über St. Andrä erhielt: er übereignete das Stift dem Päpstlichen Stuhl und erhielt am 20. Juni 1185 auch wirklich einen päpstlichen Schutzbrief.

St. Andrä und St. Georgen-Herzogenburg waren durch Jahrhunderte in ständigem Streit befindliche Nachbarn, bis St. Andrä im Jahre 1783 unter Joseph II. aufgelöst und mit allen Besitzungen Herzogenburg einverleibt wurde.

Das junge Kloster St. Andrä errichtete ein Spital, seine Chorherren waren als Lehrer und Professoren tätig. Im 15. Jh. verwüsteten und brandschatzten Ungarn und Türken die Gebäude, die Dörfer und Besitzungen des Stiftes. Nach den Zerstörungen durch die Türken im Jahre 1529 lebten nur mehr zwei Chorherren, 1553 wurde St. Andrä weltliche Propstei. Den allmählichen Wiederaufstieg der Stiftung unterbrach ein Türkenüberfall im Juli 1683. Im Stiftshof und im Glockenturm der Kirche wurden Stiftsherren und Bewohner zu Dutzenden niedergemetzelt, der Meierhof und die Kirche gingen in Flammen auf.

Als am 9. April 1783 Propst Gregor Grindler starb, war die Aufhebung des Stiftes bereits beschlossen. Im September wurde der Propst von Herzogenburg zum Administrator von St. Andrä eingesetzt, 1787 die vollständige Auflösung des Stiftes verkündet. St. Andrä war jetzt eine Herzogenburg einverleibte Pfarre. Die Stiftsgüter verkaufte man, Einrichtung, Pretiosen, Paramente und Kunstobjekte wurden versteigert oder nach Wien gebracht. St. Andrä besaß bis 1787 17 untertänige Dörfer, das Gut Unterwölbling, Gülten bei Schrattenthal, Meierhöfe in St. Andrä, Unterwölbling und Etzersdorf. In den Stiftsgebäuden richtete die Militärverwaltung nach 1800 eine Kaserne ein, nach 1888 die Stadt Wien ein Versorgungshaus. Nach 1922 entstand das jetzige Altersheim.

Die ehemalige Stifts- und heutige Pfarrkirche St. Andreas ist ein Barockbau aus den Jahren 1725—1729 mit Einrichtung aus der Erbauungszeit. In dem 1698 bis 1719 errichteten, gut instand gesetzten, doch nicht zu besichtigenden ehemaligen Stiftsgebäude sind Speise- und Bibliothekssaal, Prälatur und die Gruftkapelle der Pröpste noch gut erhalten.

LAGE Nordöstlich bei Herzogenburg.
BESICHTIGUNG der Pfarrkirche möglich.

ST. ANDRÄ IM LAVANTTAL

Ehemaliges Augustiner-Chorherrenstift. Kärnten.

Um 1223/25 begründete Erzbischof Eberhard II. von Salzburg an der im östlichsten Kärnten gelegenen, schon seit dem 9. Jh. urkundlichen Andreaskirche ein Stift, das er mit Chorherren seines Domkapitels besetzte. Drei Jahre später, als der Metropolit am selben Ort das Bistum Lavant errichtete, das letzte der vier Salzburger Eigenbistümer (neben Gurk, Herrenchiemsee, Seckau), wurde

Ehemalige Stiftskirche St. Andrä im Lavanttal.

das wirtschaftlich äußerst schlecht abgesicherte, mit dem Namen Lavant versehene Chorherrenstift mit dem Domkapitel vereinigt. St. Andreas wurde Domkirche, der Stiftspropst fungierte seit 1244 als Archidiakon des Lavanter Bistums und erhielt 1625 die Pontifikalien.
Neben den bedeutenden Bischöfen von Lavant — Bischof Rudolf im 15. Jh. war ein einflußreicher Diplomat, Bischof Baumgartner ein von Theophrastus Bombastus Paracelsus gerühmter »Unterrichter«, Georg III. Stobaeus, 1584—1618, der so gewichtige wie gefürchtete Gegenreformator Innerösterreichs — kamen die Augustiner-Chorherrenpröpste kaum zu Ansehen. Im 18. Jh. war die Stiftswirtschaft so heruntergekommen, daß sie die Geistlichen nicht mehr ernähren konnte. Seit 1786 war es dem Propst verboten, neue Kandidaten aufzunehmen, 1798 säkularisierte man das jetzt völlig verwaiste Stift. 1825 richtete sich das Lavanter Domkapitel im Stiftsgebäude ein. Als der Lavanter Bischofssitz 1859 nach Marburg verlegt und der Kärntner Teil des Bistums von Gurk aus betreut wurde, verwandelte sich die Kathedrale St. Andrä wieder in eine Pfarrkirche.
Der einstige Propsteihof des Augustiner-Chorherrenstiftes im südlichen Teil der Stadt bildet einen Anbau der St.-Andreas-Kirche, die ein zweigeschossiger Gang über die Straße hinweg mit der ehemaligen Bischofsresidenz (heutigem Jesuitenkolleg) verbindet.

SEHENSWERTES in dem zweigeschossigen, um einen verwachsenen Arkadenhof gelagerten Gebäude gibt es nicht, vielleicht sind der gotische Wasserspeier, ein Steinkopf an einem Strebepfeiler der in den Hof ragenden Kirche, bemerkenswert und das spätgotische Grabsteinrelief, der Tod Mariens, um 1520, in der Vorhalle an der Kirche. — Die im 19. Jh. mit Helmen versehenen Kirchtürme von St. Andreas haben romanisches und gotisches Mauerwerk mit Drillings- und Maßwerkfenstern. In der dreischiffigen Basilika aus dem 14. und 15. Jh. finden sich in einem Raum neben dem Westturm noch Fresken des 15. und 16. Jh., im Innenraum unter den zahlreichen Bildnisgrabsteinen auch solche von einstigen Pröpsten des Chorherrenstiftes.

LAGE Südlich Wolfsberg.
BESICHTIGUNG der St.-Andreas-Kirche möglich.

ST. BERNHARD
Ehemaliges Zisterzienserinnenstift. NÖ.

Das Nonnenkloster war eine Stiftung jenes Heinrichs von Kuenring, den der Böhmenkönig Ottokar Přemysl 1255 zum Marschall von Österreich ernannt hatte. Die Stiftung entstand 1263 auf altem kuenringischem Familienbesitz, in Altmelon nächst der Burg Rappottenstein. Von diesem Frauenstift, das schon zehn Jahre nach seiner Begründung in das benachbarte Neumelon übersiedelte, berichtet um 1350 in naiven Reimen auch die »frommsinnige« Chronik eines Zisterziensers aus Zwettl. Nach ihr war der Gedanke, am einsamen Weinberger Wald ein Nonnenkloster zu gründen, dem schwäbischen Klosterbruder aus dem Zisterzienserkloster Heilbronn zu danken, der auf einer Pilgerreise in diese Wildnis des Nordwaldes gekommen war — »ein wilde, diu was geheizen Meilan«. Er habe seinen Einfall dann im Einvernehmen mit dem Zwettler Abt und dem Kuenringer in kurzer Zeit verwirklicht und sich mit päpstlicher Billigung »ettlich geistlich nunnen« aus dem Kloster Zimmern in seiner schwäbischen Heimat geholt. Bald wäre dann, von allen Seiten gefördert, im wilden Forst ein anmutiges Klosterleben entstanden:

. . . ze Maylan mit got chosen
Di roten himels rosen . . .
Ein paradeise wart die wilde
Von manig englischem pilde . . .

Auch die strengen Visitatoren, die Äbte von Heiligenkreuz, Zwettl und Lilienfeld, die über Anordnung des Generalkapitels von Citeaux den Klosterbau in der Wildnis von Altmelon inspizierten, hätten das gottgefällige Unternehmen für gut befunden.

Si schowten recht die gmerkche
Und lobten gotes sterkche
Der in der vinstern wilde
Behielt so schones pilde.
In gviel auch wohl die stat
Di got dar zue erwelet hat.

Altmelon wurde Filialkloster von Zwettl. Am 11. Februar 1269 siegelten Marschall Heinrich, Graf Heinrich von Hardegg und Gemahlin Wilwirg eine Stiftsurkunde, die das Zisterzienserinnenkloster mit reichem Landbesitz versah.
Als Heinrich II. von Kuenring-Weitra nach dem Sturz des Böhmenkönigs Ottokar am Wiener Hof in Ungnade gefallen war, mußte sich der Abt von Zwettl für seine »filia unica«, für sein einziges Tochterkloster, um einen anderen Schutzherrn umsehen. Er fand ihn in der Gestalt Stephans I. von Maissau, dem großen Erben der Kuenringer-Besitzungen. Am Kathrein-Abend des Jahres 1277 feierten die Schwäbinnen auf maissauischem Gebiet, im Dorfe »Chrueg« an der Taffa nächst Horn, ihren Einstand. Am 23. Juli 1284, als der hier neuerrichtete Klosterbau zu Ehren des hl. Bernhard geweiht wurde, vergrößerte der Maissauer die Kuenringische Stiftung mit Landbesitz in seiner Umgebung und im »Poigreich«, stattete die Nonnensiedlung mit Freiheiten und Rechten aus, auch mit dem Patronat über die Pfarre Neukirchen an der Wild. Das Kloster Chrueg wurde von nun an St. Bernhard genannt.
Den fetten Gründungsjahrzehnten folgten magere Zeiten. Der Sohn Stephans von Maissau, Ulrich, vernachlässigte die Zisterzienserinnen. Unter den fünf Klosterstiftungen seiner Familie (Pernegg, Aggsbach, Dürnstein, St. Bernhard) begünstigte er vor allem die Benediktiner in Altenburg. Im 15. Jh. plünderten Hussiten das Frauenkloster und dessen Besitzungen. Die Nonnen flüchteten nach Horn. Noch traurigere Zeiten für St. Bernhard brachen nach dem Aussterben der Maissauer an. Söldner des

Matthias Corvinus und des Georg Eitzinger hielten sich am Klosterbesitz schadlos, und als unter den Puchheimern — sie waren nach den Maissauern Schutzvögte der Zisterzienserinnen geworden — das Land rundum lutherisch wurde, ließen im Frauenkloster bei Horn auch bald Zucht und Ordnung zu wünschen übrig. 1528 entsprang Helena Enenkl den Stiftsmauern und vermählte sich mit einem Herrn von Patzenthal. Ihr folgten andere. Der Versuch, St. Bernhard mit Klosterfrauen aus St. Niclas in Wien aufzufrischen, endete in Zwistigkeiten, Streit und Zank der Nonnen untereinander. Die Frauen von St. Bernhard kamen in schlechten Ruf. Im November 1561 entsandte König Ferdinand I. eine Kommission an die Taffa. Der Visitationsbericht vermerkt: »In diesem Kloster sein alsbald nach der Comissarien Ankunft Etliche von Adl zu Ross gar wol geputzt und gerüstet zugeritten: Welche alsbald in das Convent zu denen Schwestern kommen, mit ihnen gezecht und geschwetzt, ungeachtet der Comissarien Handlung und Gegenwart. Haben sich auch die Schwestern nach vollbrachter Handlung und Reformation gegen die Comissäre mit sonderm Spott merken und vernehmen lassen, daß hiemit ebensoviel als zuvor dermassen ausgerichtet sei, sie auch nicht mehr halten wollen als soviel sie halten mögen, mit andern mehreren Unformen, so dazumal mit Worten und Werken befunden worden, derohalben die Comissarii wüßten, daß allda die Information gar unfruchtbarlich und viel anderer execution bedarf.«

Das Kloster St. Bernhard bildete in diesen Jahrzehnten keine Ausnahme. In Altenburg versagten die wenigen Mönche dem Abt den Gehorsam, Pernegg stand leer, und von Geras hieß es: »Abbas in Geras est solus — der Abt von Geras ist allein.« Als im Februar 1562 in St. Bernhard die letzte Äbtissin, Barbara Gruber — »mulier non magno natu — ein Weib ohne Herkunft« —, gewählt wurde, wohnte der Zeremonie Martin Steingaden, der (heimlich) verheiratete Abt von Zwettl, bei. Am 25. Oktober 1580 berichtete Jakob Pracher, der Zwettlersche Verwalter des »vacierenden Junghkfraw Closters Sannt Bernhard«, die Gebäude an der Taffa stünden leer. Zur gleichen Zeit waren auch die Frauenklöster Erla, Traunkirchen und Schlierbach bereits »vakant«. 1586 kam der Besitz St. Bernhard an das Wiener Jesuitenkolleg. Die Societas Jesu baute die desolaten Gebäude zu ihrer Residenz aus und erneuerte die gotische Kirche in frühbarockem Stil. Als der Heilige Stuhl in Rom 1773 den Orden verbot, wurde St. Bernhard selbständige Pfarre, 1809 verbreitete sich in der Horner Gegend das Gerücht, man beabsichtige, in den alten Klosterräumen ein Choleraspital einzurichten. Flugs riß die Bevölkerung den Großteil der Bauten nieder — auch den alten Kreuzgang. 1852 fiel der verwüstete Besitz mit dem Pfarrpatronat an das Stift Klosterneuburg.

SEHENSWERT in St. Bernhard ist nur die von Gutshof, Försterhaus, Pfarrhof und Wirtschaftsgebäuden umgebene Kirche Unserer Lieben Frau mit gotischem Turm, gotischem Chor, gotischem Portal und einer Muttergottesstatue aus dem Jahre 1470. Langhaus und Einrichtung der früheren Stifts- und jetzigen Pfarrkirche entstanden im 17. und 18. Jh. Die Ruinen der zerstörten Stiftstrakte, des Kapitelsaales und des Kreuzganges aus dem 14. Jh. sind 1961 abgetragen, nach Klosterneuburg transportiert, hier restauriert und rekonstruiert neben der Sebastianskapelle neu aufgestellt worden.

LAGE Nordwestlich Horn.
BESICHTIGUNG der Stiftskirche möglich.

ST. FLORIAN

Augustiner-Chorherrenstift. OÖ. → auch Seite 64—67.

BESITZUNGEN UND INKORPORIERTE PFARREN
Die alte Grundherrschaft St. Florian schloß das Gebiet von Volkersdorf-Tyllisburg westlich des Stiftes ein. Ausgedehnter Streubesitz des Klosters lag zwischen Donau, Enns und Traun. In der »Riedmark«, nördlich der Donau, besaßen die Chorherrn Ländereien und Zehentrechte um die Pfarren Mauthausen, Ried in der Riedmark, Katsdorf, Wartberg und Gallneukirchen. 1108 überließ Eppo von Windberg auf Burg Falkenstein im oberen Mühlviertel dem Stift die Pfarren Niederwaldkirchen, St. Peter und St. Johann mit Landbesitz von Ebersbach bei Feldkirchen a. d. Donau bis zur böhmischen Grenze. Ein Königsbrief von 1125 bestätigte St. Florian Bauernhöfe zwischen Prägarten und Gallneukirchen, Zehente an der Gusen, an der Feld- und Waldaist und die Pfarre Lasberg südlich von Freistadt. Auch um Vöcklabruck und um Wallern nördlich von Wels lagen Stiftsbesitzungen. Weingärten besaß St. Florian um Aschach a. d. Donau, um Linz und in der Wachau bestanden Weinzehente. Unterhalb der Enns war das Stift um Amstetten, Stephanshart und Aschbach begütert.

Besonders im 13. und 14. Jh. hatte sich der Stiftsbesitz durch Schenkungen, Stiftungen, durch Ankäufe und Tausch entscheidend vergrößert. Ende des 16. Jh. bestanden 14 Wirtschaftsämter, im 18. Jh. besaß St. Florian 1173 untertänige Häuser und 673 Tagwerke bewirtschaftbaren Grund und Boden. Auf Anordnung Kaiser Josephs II. mußte St. Florian 1784 die niederösterreichischen Weinbaugebiete mit vier Lesehöfen dem Religionsfond ausliefern und neun Zentner Kirchensilber abgeben. 1848, nach der Aufhebung der Untertanenverhältnisse, des Robotts und der Zehentrechte, ermöglichten es nach der Grundablöse Renten und verbliebener Grundbesitz dem Stift weiterhin uneingeschränkt zu wirtschaften. In der Zeit bis zum Ersten Weltkrieg ließen die Pröpste u. a. die meisten von den St. Florian einverleibten Pfarr- und Filialkirchen restaurieren, meist auch die mittelalterlich-barocke Einrichtung entfernen und neugotisch ausstatten.

Die 30 gegenwärtig St. Florian inkorporierten Pfarreien liegen fast ausschließlich auf Gebieten des historischen Stiftsbereiches. Ihre Betreuung, Seelsorgetätigkeit und Schuldienst gehören zu den Hauptanliegen der heutigen Chorherren. Außer einem Sängerknabenkonvikt bestand im Stift von 1846 bis 1968 eine philosophisch-theologische Lehranstalt.

Eine Pfarrkirche zum hl. Valentin in Ansfelden westlich des Stiftes — dem Geburtsort Anton Bruckners — ist schon vor dem Jahre 1100 urkundlich. Dem Stift einverleibt wurde die Pfarrei 1684. Die heutige Kirche ist ein Barockbau mit spätgotischem Turm, der im 19. Jh. erhöht wurde. Der zweigeschossige Pfarrhof mit Bogengängen und stuckierten Räumen entstand im Auftrag des Stiftes nach dem Plan Carlo Antonio Carlones.

Die Pfarre **Asten** nordöstlich St. Florian wurde dem Stift 1783 überantwortet. Die Pfarrkirche zum hl. Jakob ist ein Bau des 18. Jh.

Attnang nordöstlich Vöcklabruck erhielt St. Florian 1783 als Pfarre. Die alte Kirche zum hl. Martin außerhalb des Ortes

Stift St. Florian, OÖ. Das Sommerrefektorium im Prälatengarten.

(mit malerisch überdachtem Stiegenaufgang) ist ein barockisierter gotischer Bau mit Zwiebelturm und neugotischer Einrichtung. Die Pfarrkirche zum hl. Geist im Ort entstand nach Zerstörung im Jahre 1945 zwischen 1950 und 1953.

Die Pfarre **Ebelsberg**-Linz kam im 15. Jh. an St. Florian. Die Kirche zum hl. Johannes d. T. ist nach wiederholten Zerstörungen das letztemal nach der großen Franzosenschlacht bei Ebelsberg im Jahre 1811 wieder errichtet worden. Das Turmgemäuer des ursprünglich wahrscheinlich zweischiffigen Bauwerkes stammt noch aus dem ersten Viertel des 16. Jh.

Die alte Pfarre **Feldkirchen an der Donau** nördlich Eferding ist seit 1143 in Stiftsbesitz. Die gotische Kirche zum hl. Michael mit freistehendem Turm und dreischiffigem Langhaus wurde im 18. Jh. neu eingerichtet.

Goldwörth nordöstlich Eferding, 1783 als Pfarrort aus dem Sprengel Feldkirchen gebildet und den Chorherrn überantwortet, ist mit seiner Kirche zum hl. Alban schon um 1110 urkundlich. Das spätgotische Bauwerk des 16. Jh. ist neugotisch eingerichtet, seine Glocke, wahrscheinlich auch das Turmgemäuer stammen noch aus dem 14. Jh.

Die St.-Nikolaus-Kirche in **Grünbach** nordöstlich Freistadt, nach 1300 aufgeführt, ist ein in seiner Gestalt noch urtümlich wirkendes hochgotisches Kirchenbauwerk mit zum Teil sehenswerten architektonischen Einzelheiten aus der Entstehungszeit. Die Einrichtung jedoch stammt aus dem 19. Jh.

Die gotische Pfarrkirche zum hl. Andreas in **Hargelsberg** südöstlich von St. Florian, seit ihrer Begründung im Jahre 1145 stiftisch, ist im 19. Jh. erweitert, restauriert und neu eingerichtet worden.

Auch die gotische Kirche zum hl. Pankraz in **Herzogsdorf** nordöstlich Aschach an der Donau aus dem 14. Jh. ist 1877/78 neogotisiert und neu eingerichtet. Der Pfarrort wurde 1783 aus dem Pfarrsprengel Niederwaldkirchen geschaffen.

Der mächtige Turm der 1520/24 errichteten zweischiffigen St.-Nikolaus-Kirche in **Hofkirchen im Traunkreis** südlich St. Florian, seit 1272 urkundlich, wurde 1607/09 errichtet und erhielt im 19. Jh. sein jetziges Dach. Die Einrichtung des noch mit zwei spätgotischen Portalen und Vorhallen ausgestatteten Bauwerkes ist neugotisch.

Katsdorf südöstlich Gallneukirchen gehört mit Ried in der Riedmark, mit Mauthausen, Lasberg und Wallern zu den um 1125 dem Stift einverleibten Kirchorten. Die jetzige St.-Veit-Kirche von Katsdorf wurde 1695 errichtet, im 19. Jh. erweitert und neu eingerichtet.

Die Pfarrkirche von Linz-**Kleinmünchen** in der Zeppelinstraße entstand 1912. Die alte Kleinmünchener Pfarrkirche zum hl. Quirin, im 13. Jh. urkundlich, wurde 1930 abgetragen.

Das gotische Kirchlein zum hl. Laurentius in **Kleinzell im Mühlkreis** nordwestlich Aschach an der Donau — einem schon 1109 urkundlichen Kirchenort — ist im 17./18. Jh. barockisiert worden. Als der Pfarrer Groß von Ehrenstein, 1764 bis 1777, in dem heute noch mit dem spätgotischen Chor, gotischen Torgewänden, einer gotischen Sakramentsnische und einem schönen Barockaltar, 1650/60, versehenen Gotteshaus eine Kopie des Gnadenbildes von Maria Landshut aufstellte, wurde Kleinzell für einige Zeit Wallfahrtskirche.

Eine St.-Stephans-Kirche in **Krenglbach** südöstlich Bad Schallerbach wird bereits im Jahre 985 genannt. Die heutige Barockkirche von 1777 mit neubarocker Einrichtung ließ St. Florian erbauen, dem die Pfarre vor dem Jahre 1700 einverleibt worden war.

Im Jahre 1125 bestätigte Bischof Reginmar von Passau dem Stift mehrere Schenkungen. Neben der Pfarre von Katsdorf an der Gusen auch ecclesiam ... in Lorzperch ..., die Kirche von **Lasberg** südöstlich Freistadt, samt einem Gehöft neben ihr und Waldbesitz über Lasberg hinaus, que dicitur Nortwalt, der Nordwald genannt wird. Die St.-Veits-Kirche des in der Nachbarschaft von Kefermarkt gelegenen Marktes, 1128 geweiht, besitzt ein zum Teil noch romanisches Langhaus, einen Chor des 15. Jh. und Erweiterungsbauten aus dem 16. Jh. Die Einrichtung ist mit wenigen Ausnahmen neugotisch.

Die Pfarrkirche zum hl. Nikolaus auf dem Felsen im Markt **Mauthausen** an der Donau nordöstlich von Enns ist eine gotische Hallenkirche um 1500 mit vier Jochen, deren zweischiffiges Langhaus (ähnlich wie in der Remigiuskirche zu Ried in der Riedmark) sich im westlichen Joch dreischiffig erweitert. Gotisch und spätgotisch sind Chor, Tor, Turm, ein Kruzifix und das Weihwasserbecken. Die sonstige Einrichtung stammt aus dem 18. Jh., die Grabsteine aus dem 16. bis 18. Jh. Im Karner neben der Kirche, einem romanischen Rundbau mit gotischem Pyramidendach, finden sich großartige Fresken-Fragmente und Wandmalereien aus der Erbauungszeit, Anfang des 13. Jh. — Die *Heinrichskapelle* am östlichen Ortsende von Mauthausen ist eine zum Teil abgetragene Kirche, deren Chor aus dem 15. Jh. im 19. Jh. neugotisch restauriert und ausgestattet wurde. Der Sage nach ein von Kaiser Heinrich II., dem Heiligen, 1002—1024, erbautes Gotteshaus, das im 17./18. Jh. als Wallfahrtskirche bekannt wurde.

Niederwaldkirchen im Mühlviertel (Bahnhof Neuhaus-Niederwaldkirchen an der Mühlkreisbahn), nördlich Aschach an der Donau, wird 1109 als Pfarrort und Mutterkirche urkundlich. Der einschiffige Bau, im Gemäuer des Langhauses und des wuchtigen Turmes romanisch, in der gotischen Zeit durch den Chor erweitert, erhielt um 1710/20 eine neue Turmbedachung, Ende des 19. Jh. den Kapellenzubau. Eine gekrönte Marienstatue mit Kind und Engel — wahrscheinlich 17. Jh. — in der Mitte des Hochaltars ließ die Mariä-Himmelfahrtskirche bis in die Josephinische Zeit zu einer vielbesuchten Wallfahrtsstätte werden. Niederwaldkirchen ist die älteste Pfarre der Gegend (Gramastetten ausgenommen) und gehörte zur Schenkung Eppos von Windberg an St. Florian (1108).

An der Kirche St. Paul in **Pichling** bei Linz unterhält St. Florian eine Expositur.

Die Pfarrkirche zum hl. Petrus in **Regau** nordöstlich Vöcklabruck ist ein im 19. Jh. völlig umgebautes, ursprünglich zweischiffiges gotisches Bauwerk mit spätgotischem Chor und Turm. St. Florian erhielt Regau als neubegründete Pfarre 1783 überantwortet.

Eine passauische Urkunde von 1122 bestätigt dem Stift St. Florian, daß es zu seinen Besitzungen in der Riedmark auch ecclesiam in Riede, die Pfarre **Ried in der Riedmark** mitsamt ihrem Sprengel erhalte. Die Rieder Pfarrkirche zum hl. Remigius ist eine in ihrem Innern ähnlich wie St. Nikolaus in Mauthausen gestaltete zweischiffige gotische Hallenkirche mit romanischem Grundmauerwerk im Langhaus und einem gotischen Chor aus dem 14. Jh. Es besitzt sehenswerte Gewölbe, ist jedoch neugotisch eingerichtet. — Der Pfarrhof mit Stuckdecken könnte ein Werk Carlo Antonio Carlones sein.

Die Pfarre **St. Gotthard im Mühlkreis** nordwestlich von Ottensheim an der Donau ist dem Stift 1746 einverleibt worden. Der barockisierte spätgotische Kirchenbau mit netzrippengewölbtem Chor und Zwiebelhelm besitzt Gemälde aus der Schule des Bartolomeo Altomonte, ist jedoch neugotisch eingerichtet und ausgestattet worden.

Bereits 1151 wurde **St. Marienkirchen an der Polsenz** südwestlich Eferding Stiftsbesitz. Bauliche Veränderungen in fast allen Jahrhunderten haben die gotische Grundstruktur des dreischiffigen Gotteshauses nach außenhin fast verschwinden lassen. Das Sternrippengewölbe des Läuthauses weist möglicherweise auf das 14. Jh., die Netzrippengewölbe des Langhauses und Chores auf das 15. und 16. Jh., der Turm auf den barocken Ausbau im 18. Jh., die neugotische Einrichtung auf das 19. Jh.

St. Martin im Mühlkreis nördlich Aschach an der Donau kam 1619 an St. Florian. Nach dem Brand von 1741 ließ Propst Johann Georg II. Wiesmayr die hochgelegene zweischiffige gotische Hallenkirche barockisieren und mit einem der St. Florianer Stiftskirche ähnlichen Turm versehen. Im 19. Jh. richtete man die mit schönen Gewölben und Glasgemälden des 15. Jh. ausgestattete Kirche neugotisch ein.

Die spätgotische Kirche **St. Oswald bei Freistadt** mit Chor aus dem 15. Jh. und Langhaus aus dem 16. Jh. ist 1909/10 durch einen dreischiffigen Anbau erweitert und mit einem neuen Turm versehen worden. Unter der neugotischen Einrichtung finden sich eine St.-Oswald-Statue aus dem 15. Jh. und barocke Darstellungen der Heiligen Leonhard und Nepomuk.

Am 7. Mai 1147 weihte Bischof Regimar von Passau die Kirche **St. Peter am Wimberg** nördlich Niederwaldkirchen im Mühlkreis (Stiftsbesitz seit 1109). Der heutige gotische Bau, 1462 geweiht, 1490 zerstört und wiedergeweiht, ist im 18. Jh. barockisiert und mit barocken Seitenkapellen versehen worden; die gotischen Gewölbe des Langhauses und Chores blieben erhalten. Der Turmbau mag wie im Falle von St. Martin im Mühlkreis durch Jakob Prandtauer beeinflußt worden sein. Der prächtige Pfarrhof von 1734 mit Mittelrisalit scheint in seiner Gesamtheit nach Plänen des berühmten Stiftsbaumeisters entstanden zu sein.

Die Pfarrkirche zum hl. Nepomuk in **Timelkam** bei Vöcklabruck ist ein Saalbau von 1733 mit einem Hochaltarbild von Martin Altomonte, 1733.

1159 übergab der Passauer Bischof dem Stift das von Pilgrim von Puchheim 1143 am linken Vökla-Ufer gestiftete Spital samt der benachbarten Pfarre Schöndorf. Die Schöndorfer Mariä-Himmelfahrts-Kirche — heutige Friedhofskirche von **Vöcklabruck** nächst Attnang-Puchheim — bestand schon Anfang des 9. Jh., im Jahre 824 ist sie erweitert worden. Das sehenswerte, weithin sichtbare gotische Bauwerk des 14. Jh., in dem während Restaurationsarbeiten 1957/58 Fresken freigelegt wurden, war bis 1785 Pfarrkirche von Vöcklabruck. Die jetzige Vöcklabrucker Pfarrkirche zum hl. Ulrich, eine gotische Hallenkirche mit Chor aus dem 14. und sternrippengewölbtem Langhaus aus dem 15. Jh. ist mit Altären und einer Kanzel aus dem 18. Jh. versehen, die Empore ist frühbarock. — Die Vöcklabrucker *St.-Ägidius-Kirche* und der an sie hufeisenförmig angebaute Pfarrhof sind nach Plänen Carlo Antonio Carlones im 17. Jh. errichtet bzw. umgebaut worden. Beide Bauwerke sind reich ausgestattet und eingerichtet.

Die Pfarre **Walding** nördlich bei Ottensheim an der Donau, 1317 urkundlich, wurde dem Stift im 15. Jh. einverleibt. Die spätgotische Pfarrkirche zum hl. Martin erhielt im 15. Jh. einen Frauenaltar und war Marienwallfahrtsort, den eine Brüderschaft »Unserer Lieben Frau« betreute. An der Chorwand des im 18. Jh. barockisierten Baues ist noch ein Christophorusfresko des 15. Jh. zu sehen, die Einrichtung zum Teil barock, zum Teil neubarock und neugotisch. In der spätgotischen *Wegkapelle* in Pösting südwestlich des Weilers sind Statuen aus dem 16. und 18. Jh. zu sehen.

Wallern an der Trattnach bei Bad Schallerbach wurde pfarrlich bereits 1451 dem Stift unterstellt, der Kirchort selbst wird in einer Urkunde von 815 genannt. Die Pfarrkirche zum hl. Florian, obwohl 1411 geweiht, besitzt nach Umbauten im 18. und 19. Jh. nichts mehr von der alten Gestalt. Die Einrichtung ist neubarock.

St. Stephan in **Windhaag bei Freistadt,** nahe der Grenze zur ČSSR, wurde zwischen 1487 und 1507 errichtet und mehrmals durch Brände zerstört. Seit 1710 St. Florian unterstellt, ist die Kirche 1873 restauriert und erweitert worden. Der sechsjochige mächtige Chor des dreischiffigen Hallenbaues entstand in seiner Urgestalt um 1500. Die Einrichtung ist neugotisch.

ST. GALLUS

Benediktinerstift in Bregenz. Vlbg.

Im Jahren 1085 begründeten die Klostervögte von Grandval, die Grafen von

Pfyrt und von Froburg, Ulrich von Egisheim und Dachsburg, im Einvernehmen mit dem Bischof von Basel am Fuß des Paßzwanges im Schweizerischen Beiuwye, im Kanton Solothurn, ein Benediktinerkloster. Nach dem Dreißigjährigen Krieg, 1648, wurde die Abtei nach Mariastein bei Basel verlegt. Die Mönche vergrößerten und betreuten den vielbesuchten Wallfahrtsort, richteten in ihm eine Klosterschule ein und versorgten ihnen anvertraute sieben Propsteipfarren. Als 1874 Mariastein aufgehoben wurde, übersiedelte der Konvent über die nahe Grenze nach Delle in Frankreich in die Erzdiözese Besançon, wo er eine Latein- und Industrieschule begründete. Nach vorübergehendem Aufenthalt auf dem Dürnberg oberhalb Hallein bei Salzburg zwischen 1902 und 1906 bauten sich die unsteten Benediktinermönche den Bregenzer Ansitz Babenwohl oberhalb der ehemaligen Gallensteinkapelle als endgültige Bleibe aus. Nach der Tradition war die 1788 gesperrte, 1808 abgebrochene St.-Gallus-Kapelle auf dem Felsen unterhalb des einstigen Schlosses an jener Stelle errichtet worden, die Walafried Strabo in seiner Vita S. Galli als frühheidnische Kultstätte und Aufenthaltsort der Heiligen Kolumban und Gallus bezeichnet.

Das von den Schweizer Benediktinern bei ihrem Kloster errichtete Gotteshaus, ein neoklassizistischer Zentralbau, entstand 1913/14. 1942 entweiht, ist die Klosterkirche nach dem letzten Krieg wieder instand gesetzt worden. Sie besitzt von Schweizer Familien gestiftete wappengeschmückte Glasfenster, auf denen auch die schweizerischen Benediktinerklöster genannt sind. In der Kirche befindet sich eine Nachbildung des Gnadenbildes von Mariastein. Das (ehemalige) Hochaltarbild stellt den Alemannenapostel Gallus während einer Predigt dar.

LAGE Im südlichen Stadtteil von Bregenz.

BESICHTIGUNG Die Kirche ist frei zugänglich, das Stiftsgebäude ist nicht zu besichtigen.

ST. GEORGEN AM LÄNGSEE

Ehemaliges Benediktinerinnenstift. Ktn.

Bald nach der Jahrtausendwende, zwischen 1002 und 1023, begründete Gräfin Wichpurch, Tochter des bayerischen Pfalzgrafen Aribo, Gemahlin des Grafen Otwin von Sonnburg im Pustertal, Kärntens frühestes Kloster und stattete es mit Landbesitz und Gründungsgut aus. Mit Hilfe ihres Bruders Hartwich, Erzbischofs von Salzburg, siedelte sie Klosterfrauen vom Salzburger Nonnberg im Seekloster an und setzte ihre beiden Töchter Hiltiburg und Perchkunt als erste Äbtissinnen ein. An der Seite ihres Gemahls — er war auf einer Pilgerreise gestorben, und an seinem Grab hatten sich Wunder ereignet — und ihrer Tochter Hiltiburg wurde sie in der Stiftskirche bestattet.

Als während des Investiturstreites bei den Frauen am Längsee Klosterzucht und Disziplin zu wünschen übrig ließen, übertrug der Salzburger Erzbischof Konrad I. dem Admonter Abt Wolfold die Reorganisation des Hauses im Sinne der Reformen von Hiersau. Abt Wolfold vertrieb die nicht reformwilligen Nonnen, setzte Klosterfrauen aus Admont und eine neue Äbtissin namens Uta ein. 1171 wurde St. Georgen am Längsee Admont unterstellt und verlor alte Privilegien.

Mit Hilfe gefälschter Urkunden gelang es den St. Georgener Nonnen 1172/74 sich dem Diktat Admonts und auch Salzburgs zu entziehen. Die Klosterfrauen hatten sich selbst bestätigt, daß sie seit eh und je dem römischen Pontifikat unterstellt gewesen wären und ihrem Konvent von Anbeginn das Recht der freien Äbtissinnen- und auch der freien Vogtwahl zustünde. Papst Alexander III. bestätigte die ihm nicht ganz unwillkommenen Fälschungen, entzog Admont und Salzburg die Verfügungs- und Strafgewalt und gestand dem alten Kärntner Stift frühe Privilegien zu.

Das Verhängnis folgte für St. Georgen auf dem Fuß. Unter Admonts Führung zu Wohlstand gelangt, geriet das Frauenkloster jetzt in wirtschaftliche Schwierigkeiten. Nur mit Hilfe von Spendenaufrufen, die 1257 auch der Papst unterstüzte, gelang es den Nonnen, das baufällig gewordene Kloster vor dem Verfall zu retten. 1261 bestätigte dann Philipp der Erwählte von Salzburg dem Stift reichen Pfarrbesitz: St. Georgen, St. Peter bei Taggenbrunn, St. Johann, St. Donat, St. Sebastian (bei Oberwitz), St. Martin (unter Osterwitz) samt Zehenten und Rechten. Der wirtschaftlichen Konsolidierung des Benediktinerinnenklosters im 14. Jh. folgten Abstieg und Verfall im 15. Jh. Zwischen 1431 und 1449 befaßte sich auch das Baseler Konzil mit dem Fall St. Georgen. Eine Visitationskommission aus Göß im Jahre 1451 forderte verschärfte Klausur und ordnete an, einige Fenster des Nonnentraktes müßten zugemauert werden. Die Visitatoren wurden nach dem Bericht des Abtes Martin Zeugen eines makabren Vorfalles: Die St. Georgener Nonnen hatten ihre Äbtissin Braxedia abgesetzt und eine entlaufene Dominikanerin zu ihrer Oberin gemacht. Doch erkrankte die Gewählte bald und starb kurz vor Eintreffen der Visitationskommission. Die Klosterfrauen hatten die Verewigte in nächster Nähe des Raumes aufgebahrt, in dem sich die Kommissare zu Befragung und Verhören einrichteten. Während die Nonnen überrascht vom unangekündigten Erscheinen der hohen Kommission aufgeregt im Kloster hin und her liefen, um ihren Schmuck und verbotene Gebrauchsgegenstände wegzuräumen, fiel einer der Aufbahrungsleuchter auf das Gesicht der verstorbenen Klosteroberin. Obwohl es den Frauen, die durch den Brandgeruch alarmiert herbeieilten, bald gelang, das Feuer mit Tüchern zu ersticken, mußten sie anderntags eine halbverbrannte, völlig entstellte Leiche bestatten.

Als St. Georgen, sein Besitztum und seine Pfarren, 1473 von den Türken geplündert und verwüstet worden war, 1527 ein Brand die Stiftsgebäude fast zur Gänze vernichtete, drohte dem Frauenkloster die Auflösung. Mit Äbtissin Dorothea Rumpf, die bis 1546 den Nordtrakt des Stiftes, wie er heute noch steht, errichten hatte lassen, lebten nur mehr zwei Klosterfrauen in St. Georgen. Sie waren dem Zeitgeist erlegen und empfingen die Kommunion nach lutherischem Gebot »sub utraque specie«, in zweierlei Gestalt. Dorothea Rumpf, alt, amtsmüde und auch krank, versäumte es, sich um Nachwuchs für das Kloster zu kümmern und vernachlässigte Gottesdienst wie Wirtschaft. Auch warf man ihr vor, zwei von den drei damals in St. Georgen bestehenden Kirchen — St. Andrä und St. Spiritus — für den Abbruch freigegeben zu haben.

Tatkräftige Äbtissinnen brachten im 17. Jh. St. Georgen wieder zu Wohlstand. In der Jahrhundertmitte fielen die meisten gotischen Mauern samt dem alten Kreuzgang, und unter Peter Franz Carlone entstand zwischen 1654 und 1658 das neuzeitliche Klostergeviert um die Kirche. Mit dem klösterlichen Frieden unter den 26 Nonnen stand es allerdings nach wie vor schlecht. Ein Visitationsbericht von 1674 rügt den mangelnden Ge-

horsam und die Streitsucht der Nonnen. Vor der Kommission und dem versammelten Konvent hätten einige der Frauen der Äbtissin Maria Caecilia Rauberin — unter ihrem Regiment entstand 1676 der heutige Kirchturm — »ins Gesicht gesagt«, was sie für richtig hielten. Man halte sich in diesem Kloster, heißt es im Bericht, weder an das gebotene »Silentium« noch an die strenge Klausur. Kranke Nonnen nähmen sich Urlaub zu Kuraufenthalten im benachbarten St. Leonhard. Von Streit und Zwist in St. Georgen steht auch im Visitationsbericht des Jahres 1683 zu lesen. Die Mehrzahl des Konvents fordere die Absetzung der Priorin Francisca von Urschenbeck, einer herrischen, geschwätzigen Dame, die kleinste Vergehen mit ungebührlicher Härte ahnde und ihren Liebling, eine Laienschwester, mit unbeschränkten Vollmachten ausgestattet habe. Unter den Äbtissinnen Regina Eleonora de Baseio, 1696—1711, und Maria Antonia von Platz, 1712—1743, kam das St. Georgener Frauenstift jedoch in seine späte Blütezeit, Kirche und Stiftsgebäude erhielten ihre heutige barocke Gestalt.
1782 verfiel St. Georgen der Auflösung. 1788 erwarb es M. Th. Egger, 1934 die Marianhiller Missionskongregation. Seit 1960 ist der Besitz Eigentum des Bistums Gurk. Es beherbergt eine Haushaltungsschule und eine landwirtschaftliche Fachschule, das »Bildungsheim St. Georgen« und eine »Schloßpension«.

SEHENSWERT erscheint dem Besucher beim Eintritt in das einstige Klostergeviert schon der riesige Hof mit seinen (verglasten) Arkaden und der jüngst restaurierten Kirche. Ihr Turm mit gekuppelten Schallfenstern, die Strebepfeiler am Langhaus und der Chor, besonders jedoch das merkwürdig in der Nordecke versteckte romanische Stufenportal aus dem 13. Jh. bezeugen das einst romanisch-gotische Bauwerk. Im ganzen Stiftsbereich sind freistehend und eingemauert Römersteine zu sehen, besonders im Nordtrakt, auf dem zu lesen steht: »Frav Dorothea Rvmphin hat dises nev gepev lassen machenn 1546.« Unter den Arkaden an der südlichen Außenwand der Kirche findet man neben Wappengrabsteinen einen Gedenkstein für die Äbtissin Maria Antonia von Platz, 1721. — Auch der barockisierte Kircheninnenraum mit reich geschmücktem Hochaltar um 1706 und fünf spätbarocken Seitenaltären kann seine gotische Grundgestalt nicht verbergen. Wunderschön hier das kielbogige Portal des 14. Jh., das in den im 17. Jh. abgebrochenen Kreuzgang führte. Nicht weniger auffällig daneben das Steinepitaph der knieenden Äbtissin Afra von Staudach († 1591). Neben diesem Portal war früher ein jetzt im Pfarrhaus südöstlich des Klosters aufgestelltes kleines Steinrelief des 13. Jh. zu sehen, das vermutlich zu den drei Stiftsgräbern gehörte, die bis 1706 in der Kirche standen. Das Täfelchen ist mit Bildnissen des Stifterpaares Otwin und Wichpurch und deren Tochter Hiltipurch, der ersten Äbtissin von St. Georgen, geschmückt.

LAGE Östlich St. Veit an der Glan.
BESICHTIGUNG des Hofes und der Stiftskirche möglich.

ST. GEORGENBERG-FIECHT

Benediktinerstift. Tirol → auch Seite 154/155.

BESITZUNGEN, INKORPORIERTE PFARREN
Schon das vorbenediktinische Einsiedlerkloster im Stallental besaß im 10./11. Jh. elf zu Stans gehörige Höfe. Bäuerliche Siedlungen aus der frühen Rodungszeit sind in dieser Gegend u. a. die heutigen Weiler Heuberg und Durach. Die Verwandlung der Einsiedlergenossenschaft St. Georgenberg in eine Benediktinerabtei durch Bischof Reginbert von Brixen gründete sich auf die Schenkungen Kaiser Heinrichs IV. und mehrerer Tiroler Adeliger, der Ritter von Freundsberg, des Bischofs von Säben-Brixen, vor allem jedoch auf die Stiftung der Herren von Schlitters. Sie übergaben dem neubegründeten Kloster das schon seit dem Jahre 1000 mit Schwaighöfen besiedelte Achental bis zum Achenpaß samt See, Wäldern und allem Zubehör. Bis 1848 waren die Fiecht-St.-Georgenberger Benediktiner hier unumschränkt Grundherren und sind bis heute die größten Grundbesitzer der Gegend.
Stiftungen, Schenkungen und Ankäufe brachten das Benediktinerstift im 13. und 14. Jh. zu Grund- und Zehentbesitz, zu Privilegien und Mauten zwischen Oberbayern und Trient. Allein Heinrich IV. von Rottenburg, Hofmeister der Margarete Maultasch, der in St. Georgenberg bestattet zu werden wünschte, schenkte dem Stift im 14. Jh. 62 Kirchen, 8 Klöster, 6 Spitäler im Land.
Österreichs heute kleinste Abtei betreut zur Zeit vier Pfarren: seit dem 12. Jh. Achental, seit dem 17. Jh. Terfens und Stans mit ihren Filialkirchen, seit jüngstem auch die kleine Pfarre Viktorsberg bei Rankweil in Vorarlberg.
Der Pfarrsprengel von **Achenkirch** nördlich des Achensees umschließt das Gebiet zwischen Achensee und Landesgrenze mit Achensee, Achenkirch, Achenwald und Oberau. Die Pfarrkirche zum hl. Johannes in Achenkirch entstand zwischen 1748 und 1750, ihre Portale verweisen auf den gotischen, 1520 geweihten Vorgängerbau. Die alte Pfarrkirche zum hl. Laurentius und Ulrich in **Stans** nordöstlich von Fiecht ist 1896 entweiht worden. Trotz seiner verschiedenen Verwendungszwecke seither besitzt das 1505 bis 1510 errichtete Gotteshaus noch heute einiges von seinem barockisierten spätgotischen Aussehen. — Die neue Stanser *Pfarrkirche zum Herzen Jesu* ist ein Bau des 19. Jh. — Die Wallfahrtskapelle *Maria Tax* in 791 Metern Höhe am Hang nördlich des Ortes, eine jüngst restaurierte bäuerliche Stiftung aus dem 17. Jh., besitzt stimmungsvollen Freskenschmuck. Die Legende berichtet, daß dem Georg Nockner aus Stams bei einem Stein im Wald oberhalb der Stiftskirche, den man die »Ruhebank« nannte, die Gottesmutter erschienen sei. An der Stelle eines Bildes, das er hier an einem »Taxbaum«, einer Eibe, befestigte, entstand 1627 eine Eremitage mit hölzerner Kapelle, 1667 ließ Abt Nikolaus II. von Georgenberg eine steinerne errichten, die der Bischof von Brixen feierlich konsekrierte. — Die ehemalige Kloster- und heutige Wallfahrtskirche *St. Georgenberg* liegt auf einem steilen Felsen im Stallental nordwestlich von Stans. Von der zwischen 1200 und 1204 errichteten St.-Georgs-Kirche erhielten sich an diesem viermal von Bränden heimgesuchten Bauwerk nur das Grundgemäuer des Langhauses, ein kleiner Raum hinter dem Hochaltar und einige romanische Details an den Außenseiten. Ihre jetzige Gestalt bekam die einschiffige Kirche in den Jahren 1654/1660, nach dem Brand von 1705 und Erweiterungen im 19. Jh. Aus diesen Zeiten stammen Ausgestaltung und Einrichtung, der Rokokoaltar zeigt die Gnadenstatue, ein geschnitztes Vesperbild um 1420. — Das Pilgerhaus neben der Kirche mit stuckiertem Prälatenzimmer entstand im 17. Jh. — Die ursprüngliche Wallfahrtskirche *Unsere Liebe Frau unter der Linde* mit einem Turm aus dem 16. Jh. ist 1230 urkundlich. Das 1475 mit Chor und gotischem Gewölbe verse-

hene Langhaus besitzt noch romanisches Mauerwerk. Neugotische Umbauten und die Einrichtung des 19. Jh. haben dieser Marienkirche Würde und Ansehen genommen. Der Legende nach hatte Rathold von Aibling, der Klostergründer, von einer Wallfahrt nach Rom und Santiago di Compostela, wo er zum Priester geweiht worden war, ein Marienbild mitgebracht, das er bei einem Lindenbaum anbrachte, später in eine hier erbaute Kapelle stellte. Nach dem Brand von 1735 kam das Bild in die St.-Georgs-Kirche. Hier ersetzte man es durch die auf eine mächtige Mondsichel postierte Pietà von 1420 — eine gekrönte Schmerzensmutter hält den dornengekrönten Heiland auf ihrem Schoß. Zu einem der besuchtesten Wallfahrtsberge Tirols wurde St. Georgenberg jedoch durch das »wunderzaichliche plut«, das 1310 im Kelch eines messelesenden Ordenspriesters aufwallte, als ihm während der heiligen Handlung Zweifel über die Gegenwart Christi gekommen waren. Man bewahrte einen Teil des Blutes mit einem Stück Leinwand auf und schloß es 1719 in einem Glaszylinder einer Monstranz bei, die Gläubigen noch heute gezeigt wird. Wallfahrten auf den Georgenberg finden besonders am »schmerzhaften Freitag«, am Georgitag und an den drei Goldenen Sonntagen statt.

Der Turm und das Grundmauerwerk des Langhauses der Pfarrkirche St. Juliana in **Terfens** südwestlich von Fiecht stammen aus der Zeit um 1400. Nach 1510 erhielt der hochgotische Bau einen neuen Chor und ein größeres Langhaus, 1767 barockisierte man den Innenraum. Die gotischen Fresken beim Chorbogen stammen noch aus der Zeit, als Terfens ein durch Bergbau wohlhabend gewordenes Dorf geworden war. Die Fresken im Chor entstanden im 18. Jh. — Die Wallfahrtskirche *Maria Larch* im Wald ist ein Ende des 17. Jh. errichteter, im 18. Jh. erweiterter, in jüngster Zeit restaurierter Bau. Der Altar mit Gnadenbild in dem achteckigen Innenraum ist 1718 errichtet worden. Die kleine Brunnenkapelle am Weg mit der St.-Florian-Figur stammt aus dem 18. Jh. — Der Legende nach schenkte ein Benefiziat von St. Martin im Gnadenwald der frommen Bäuerin Magdalena Spieltennerin, geborener Pognerin aus Schlögelsbach, 1665 zu ihrer Andacht eine von ihm selbst verfertigte Marienstatue. Der Ort, wo die Bäuerin das Marienbild an einer Lärche befestigte, wurde bald durch Gebetserhörungen bekannt, 1692 entstand anstelle einer hölzernen Kapelle ein Steinbau, 1718 das Erscheinungskirchlein Maria Larch, eine bis in die Josephinische Zeit vielbesuchte, nach ihrer Schließung 1785 auf Verlangen der Bevölkerung bald wieder eröffnete Wallfahrtsstätte.

ST. LAMBRECHT

Benediktinerstift. Stmk. → auch Seite 106 bis 109.

BESITZUNGEN UND INKORPORIERTE PFARREN Zum Gründungsgut, das Herzog Heinrich III. von Kärnten in den Jahren 1102 und 1103 den Benediktinermönchen aus dem niederösterreichischen Altenburg für seine Stiftung im Thajagraben südöstlich von Murau zur Verfügung stellte, gehörten außer Landbesitz um das Kloster die Pfarre »Unserer Lieben Frau im Hof«, das heutige Mariahof, die Pfarren zu Aflenz, Adriach und Piber, Grundbesitz im Aflenztal mit allem Zubehör, der Ort Lind bei Knittelfeld mit Mühlen und Teichen samt Untertanen auf diesen Gütern.

Im Laufe der Jahrhunderte vermehrte sich dieser Besitz bedeutend. Im 15. und 16. Jh. besaß das Benediktinerkloster »St. Lambrecht im Walde« zwölf Wirtschaftsämter, zur Zeit seiner Auflösung, im März 1786, gehörten ihm u. a.: die Herrschaft Lambrecht mit Meierhöfen, Schloß, Waldungen, Rechten und Zehenten samt den Gütern Hof, Stein und mehreren Ämtern in Kärnten; die Herrschaften Lind und Feistritz im Kreis Judenburg unweit Lambrecht; die Herrschaft Zell an der niederösterreichischen Grenze (bei Aflenz) mit Meierhöfen, Waldungen, Teichen, Mühlen, Hammerwerken, einem Eisengußwerk samt einer Propstei und zugehörigen Weingärten in Ungarn; die Herrschaften Aflenz, Veitsch, Piber und Grub mit Jagd und Schlössern; die Herrschaft Gotthard und Gründe bei Graz, Gültenbesitz bei Marburg, Radkersburg, im Lungau, Weingärten mit Herrenhäusern auf dem Grazer Rosenberg und bei Rottenthurm u. a. m. Das Reinvermögen des Stiftes betrug 1 787 483 Gulden (nach heutigem Wert über 312 Millionen Schilling), der Aktivstand 2 329 773 Gulden. Dem 1802 wiedererrichteten St. Lambrecht wurden die Herrschaften Lambrecht, Lind, Aflenz und Veitsch zurückerstattet. Nach dem Ersten Weltkrieg ging Aflenz samt der gegen Piber eingetauschten Weingarten-Herrschaft Witschein im Untersteirischen verloren; doch verblieben nach dem Zusammenbruch der Monarchie dem Stift noch etwa 5000 ha Grund und Boden mit Land- und Forstwirtschaft. Von den damals 18 stiftischen Pfarren betreut St. Lambrecht heute noch acht.

An Stelle einer ehemaligen romanischen Rundkirche, deren Apsis erhalten blieb, ließ St. Lambrecht 1720 in **Laßnitz bei Murau** eine neue Pfarrkirche zum hl. Nikolaus mit saalartigem Innenraum errichten. An der Ostwand und im Dachstuhl sind noch Fresken des 13. Jh. zu sehen, auf dem barocken Hochaltar und auf einem Seitenaltar finden sich Statuen aus dem 15. Jh. — Die Kapelle zur Schmerzhaften Mutter beim Santner *(Santner-Kapelle)* mit einem Hochaltar und Seitenaltären des 18. Jh. ist ein Bau des 19. Jh.

Die lebensgroße Statue der Gottesmutter mit nacktem Kind in der Marienkirche von **Mariahof,** nordöstlich des Stiftes am Neumarkter Sattel, ist angeblich 1471 von einem St. Lambrechter Pater geschnitzt worden. Als ecclesia Grazluppa gehört die schon 1066 in einer Urkunde genannte Kirche mit ihrem reichen Besitztum zur Gründungsdotation von Stift St. Lambrecht, das in seinem Sprengel lag. Das alte Gotteshaus ist 1482 von den Türken zerstört, 1511 neu errichtet und zwischen 1679 und 1681 umgebaut worden. Chor und Sakristei der mit einem Hochaltar von Neumarkter und Judenburger Meistern, 18. Jh., ausgestatteten Kirche sind noch spätgotisch, auch der Pfarrhof. Mit der Marienkirche von Mariahof ist eine Legende verbunden, nach der sich Brotstücke, die Beatrix, Tochter Markwarts, des Stifters von St. Lambrecht, an Arme verteilte, in Rosen verwandelten. Mariahof gilt als Begräbnisstätte der Markwarttochter. — Die *Filialkirche zum hl. Nikolaus,* ebenso noch mit romanischer Apsis versehen, ist barock ausgestattet und eingerichtet. Eine Nikolausstatue um 1520 wird vom Pfarrherrn aufbewahrt.

Der berühmte Gnadenort **Mariazell** mit der Basilika Mariä Geburt, von Mönchen aus St. Lambrecht als »Zelle«, als Klosterniederlassung 1157 begründet, war 1330 bereits ein vielbesuchter Wallfahrtsort. In der Folge erhielt die Kirche Mariä Geburt durch Stiftungen des böhmischen Markgrafen Heinrich I. Wladislaw, König Ludwigs I. von Ungarn und der Habsburger vom 17. bis 20. Jh. das Ansehen eines Reichsheiligtums. Die im Barock 1644—1683 von Domenico Sciassia umgebaute und erweiterte gotische Kirche des 14. Jh. besitzt einen Hochaltar von Fischer von Erlach, der 1704 geweiht wurde. Mit seiner Aufhebung verlor das Stift St. Lambrecht die Herrschaft Mariazell, erhielt nach seiner Wiederherstellung Pfarre und Kirche jedoch zurück. Wegen Priestermangel wurde Mariazell 1954 zum selbständigen Priorat erhoben. 1966 wieder St. Lambrecht angeschlossen, übernahm Stift Kremsmünster bis auf weiteres die seelsorgische Betreuung und Verwaltung der Pfarre und des Gnadenortes. — Zu Mariazell gehören auch die *St.-Michaels-Kapelle*, ein spätgotischer Bau mit Karner, die *St.-Josefi-Kapelle* und die *Heiligenbrunn-Kapelle*, beide aus dem 18. Jh. Eine früher in der Brunnkapelle aufgestellte Marienfigur des 15. Jh., die sogenannte »Brunnenmadonna«, wird in St. Lambrecht aufbewahrt. Von Heiligenbrunn ausgehend, ist 1955 ein Kreuzweg angelegt worden.

Die Pfarrkirche zur hl. Katharina in **Neumarkt in der Steiermark** östlich von St. Lambrecht wurde im 13. Jh. stiftisch. Die dreischiffige spätgotische Hallenkirche mit Sternrippengewölbe, Chor und Details (Taufstein) aus der Bauzeit ist barock eingerichtet und erhielt 1914 einen neuen Turm.

Zur Pfarre **St. Lambrecht** gehören außer der Pfarr- und Stiftskirche und der alten Pfarrkirche St. Peter im Stiftshof (→ Seite 106—109) die Wallfahrtskirche zur Schmerzhaften Muttergottes in Schönanger, ein Bau des 19. Jh., und St. Blasen an der Techa, ein 1126 urkundlicher Wallfahrtsort, mit einer Kirche des 18. Jh.

Die Pfarre **St. Johann in der Scheiben** nordwestlich Scheifling bei Unzmarkt unterstand St. Lambrecht vom 13. Jh. bis Anfang des 18. Jh., 1813 wurde sie dem Stift neuerlich einverleibt. Der von den Benediktinern um 1200 errichtete Bau ist um 1530 durch ein spätgotisches Gotteshaus ersetzt worden, dessen Chor und Schnitzaltar noch erhalten sind. Teil der einstigen Ausstattung des Kirchleins sind in St. Lambrecht im Stiftsmuseum zu sehen.

Gleichzeitig mit der Kirche von St. Johann in der Scheiben ließ St. Lambrecht um das Jahr 1200 auch die Pfarrkirche zum hl. Thomas in **Scheifling** nordwestlich des Stiftes im Murtal erbauen. Sie besitzt noch den romanischen Chor mit frühgotischem Kreuzgewölbe. Neben ihrer barocken Einrichtung sind hier eine hölzerne Pietà und Teile eines 14-Nothelfer-Schnitzaltars aus dem 15. Jh. sehenswert. Die Pfarre **Zeutschach** östlich des Stiftes ist St. Lambrecht als Josephinische Pfarre 1786 überantwortet und 1802 inkorporiert worden.

Mariazell, Stmk., Pfarr- und Wallfahrtskirche Mariä Geburt, 1200—1704.

ST. PAUL IM LAVANTTAL

Benediktinerstift. Ktn. → auch Seite 135 bis 139.

BESITZUNGEN, SCHULEN, INKORPORIERTE PFARREN Das Benediktinerstift im Lavanttal, eine Gründung der Spanheimer um 1085, ist nicht das älteste, war jedoch das reichste und mächtigste Kloster Kärntens. Nach der großen Krise in den beiden Reformationsjahrhunderten arrondierten die Äbte des 17. und 18. Jh. den mittelalterlichen Besitz der Abtei — man zählte im 13. Jh. bereits über 1200 St. Paul eigene Besitzeinheiten (Huben, Mansen) — auf das Ausmaß eines kleinen Fürstentums. Neben dem Lavantmündner Alpengebiet hatte das Stift inne: die Herrschaft

St. Paul, einen geschlossenen großräumigen Besitz im unteren Lavanttal, die Herrschaften Unterdrauburg, Rabenstein (südlich St. Paul), Kollnitz (nordwestlich St. Paul), Mochling (östlich Klagenfurt), Markt und Herrschaft Lavamünd und Löschental, ein Kupferbergwerk am Lambrechtsberg, den Zoll von Völkermarkt, Häuser in Völkermarkt und Klagenfurt. Güter, Land, Boden und Zehente im fast gleichen Umfang besaß St. Paul im Steirischen. Auch in Krain und Friaul lag stiftischer Besitz. Es war vom Kloster meist selbst oder unter seiner Ägide kultiviertes Land. Rodungen des 11. bis 13. Jh. lichteten den Drauwald nördlich und südlich des Flusses, reichten bis zu den Höhen des Bachergebirges, schufen Siedlungen in den Windischen Bühel nördlich Marburg und im Pößnitztal. Klosterrodungen im Karawankengebiet sind bis in das ausgehende 14. Jh. nachweisbar. Das nach 1809 neubegründete Stift St. Paul übernahm den größten Teil des früheren Stiftsbesitzes in Kärnten, die Güter im Steirischen, in Krain und Friaul gingen verloren.

Seit 1809 führen die St. Pauler Benediktiner ein Gymnasium, das 1874 Öffentlichkeitsrecht erhielt. 1898/99 entstand im Markt das dreigeschossige Gymnasialgebäude. Schon vorher, 1889, hatte das Stift ein Haus für ein Studentenkonvikt errichten lassen, das 1907/09 ebenso dreigeschossig ausgebaut wurde. Heute wird die Schule als Gymnasium und als Realgymnasium geführt.

Seelsorgisch betreut St. Paul gegenwärtig vier dem Stift inkorporierte Pfarren: Pustritz, St. Georgen, St. Martin und St. Paul.

Die Pfarr- und Wallfahrtskirche Mariä Himmelfahrt in **Pustritz,** am Südosthang der Saualpe nordwestlich St. Paul, ist 1196 nachgewiesen. Die einst mit Wehranlagen versehene Bergkirche besitzt romanisches Grundmauerwerk, ist jedoch in der Hauptsache ein im Barock und im 19. Jh. veränderter spätgotischer Bau aus der Zeit um 1500. In der Sakristei und im Chor ist das Wappen des Abtes Jöbstl von Jöbstlberg, 1488—1498, zu sehen, im Langhaus befinden sich spätgotische Wandmalereien. Der schöne Hochaltar stammt aus dem 17. Jh., die sonstige Einrichtung zumeist aus dem 18. Jh.

Das 1184 als Ort, 1246 als Pfarre urkundliche Dorf **St. Georgen** (unter Stein), nordöstlich St. Paul am Fuß der Koralpe, besitzt eine im Kern romanische Pfarrkirche, an der in der Gotik gebaut und die im Barock erweitert wurde. Der Kirchturm mit Zwillingsfenstern und Spitzdach, das flachgedeckte innere Langhaus, der quadratische Chor im Turmerdgeschoß deuten auf die Bauzeit im 13. Jh., die gotischen Chorfenster auf das 14./15. Jh., die barocken Langhausfenster, der Hochaltar und die Seitenaltäre auf das 18. Jh., einzelne Statuen auf das 19. Jh. — Die jetzige *Maria-Magdalena-Kapelle* südlich der Kirche ist ein romanischer, gotisch und barock veränderter ehemaliger Karner.

St. Martin im Granitztal südwestlich St. Paul wurde dem Stift 1145 einverleibt. Die oberhalb des Ortes liegende jetzige Pfarrkirche geht auf eine um 1140 erbaute Eigenkirche des Amelbert von Kholnitz zurück. Grabsteine und ein Totenschild des 16. Jh. weisen auf St. Martin als Begräbnisstätte derer von Kholnitz. Die große gotische Kirche mit kreuzgratgewölbtem Langhaus und gotischem Chor ist im 18. Jh. barock verändert und neu eingerichtet worden.

Zur Pfarre **St. Paul im Lavanttal** gehören außer der Stiftskirche (→ Seite 135 ff.) die gotische, im Barock veränderte Filialkirche zum *hl. Erhard* südöstlich des Stiftshügels, die *Kalvarienbergkapelle* östlich von St. Paul aus dem 19. Jh., die Filialkirche *zum hl. Josef auf dem Josefsberg* im Ortsteil Löschental oberhalb des Stiftes, 18. Jh., die *Filialkirche des hl. Johannes* in Johannesberg, südöstlich über dem Stift St. Paul (barock ausgestalteter kleiner gotischer Bau), die Kirche hl. Benedikt und Scholastika in *Weinberg* jenseits der Lavant, östlich von St. Paul, 17. Jh., sowie *St. Margarethen im Lavanttal,* ebenso jenseits der Lavant, am Berghang südöstlich des Stiftes (17. Jh.).

ST. PETER

Benediktinerstift in Salzburg. → auch Seite 140—143.

BESITZUNGEN, SCHULEN, BETRIEBE, INKORPORIERTE PFARREN Neueren Forschungen nach gilt der hl. Rupertus, um 696 bis 718, heute nicht mehr mit Sicherheit als der Begründer der Abtei St. Peter. Man sieht in dem rheinfränkischen Bischof vielmehr etwas wie den Erneuerer eines in Juvavum-Salzburg wahrscheinlich seit Römerzeiten bestehenden (in der Vita Severini aus dem 5. Jh. nachgewiesenen) Klosters. Rupertus war demzufolge nicht der erste Abt von St. Peter, wohl jedoch dessen erster bischöflicher Abt. Abt und Bischof waren nach ihm in Salzburg bis 987 eine Person. Noch bis zum Jahre 1110 hatte der (Erz-)Bischof seinen Sitz im Kloster St. Peter am Mönchsbergfelsen. Die großen Dotationen der bayerischen Agilolfingerherzöge galten dem klösterlichen Missionszentrum St. Peter. Im 7. Jh. schenkte Herzog Theodo dem bischöflichen Abt Hrodpert-Rupertus das einstige römische Municipium Juvavum mit der »Salzpurch« auf dem heutigen Nonnberg, 80 zinspflichtige Höfe im Salzburggau, 20 Salzöfen in Reichenhall und verschiedene Güter im Traun- und Attergau, vor seinem Tode um 711 drei Meilen Land im Umkreis der »Maximilianszelle« im heutigen → Bischofshofen. Theodos Sohn und dessen Nachfolger bedachten die Mönche von St. Peter, die im 8. Jh. die Benediktinerregel angenommen hatten, mit weiteren Orts- und Landschenkungen: Itzling, Kuchl, Seekirchen, Thalgau, Tittmoning, Fuschl u. a. m. Abtbischof Rupertus hatte mit Hilfe seiner Nichte Erentrudis das Frauenkloster → Nonnberg begründet. Mit Bewilligung ihres Herzogs stifteten adelige bayerische Einwanderer Bisonzo, das als Benediktinerzelle begründete heutige Zell am See. Tochtergründungen von St. Peter lagen im bayerischen Otting (später → Michaelbeuern), in Au am Inn und in Gars am Inn (spätere Augustiner-Chorherrenklöster).

Im 10. Jh. erst trennte sich die reformierte Benediktinerabtei vom Bischof der Salzburger Kirche und wählte 987 in dem Benediktiner Tito aus St. Emmeran einen eigenen Abt. Kloster St. Peter blieb jedoch zunächst noch Sitz der Diözesanverwaltung, der Mission, der Schule und Schreibschule. Die Dotationen für die selbständig gewordene Abtei konnten sich jedoch mit den einstigen Zuwendungen der Agilolfinger nicht messen. Die 45 Schenkungen an Abt Tito hatten, wirtschaftlich gesehen, wenig Gewicht. Erst die großen Besitzungen um Abtenau im Lammertal, Zuwendungen des Salzburger Erzbischofs von 1124, waren von Bedeutung. 1136 erhielt St. Peter ansehnliche Güter an der Als in Dornbach bei Wien. Spätere Schenkungen lagen in der Wachau und im Lande ob der Enns. Schon 1121 hatten die Salzburger Benediktiner das (später nach St. Veit an der Rott verlegte) Kloster Elsenbach in Bayern errichtet, 1147 begründeten und besiedelten sie die Propstei Wieting in Kärnten.

St. Peter von heute fußt auf dem historischen Grund- und Waldbesitz in Stadt und Land Salzburg, in Wien-Dornbach, Wieting in Ktn., Krems in NÖ., und Breitenau in OÖ. Es unterhält in der Stadt Salzburg die Gärtnerei Aiglhof und die Salzachmühle, als Gastronomien bestehen der Peterskeller, Daxlueg am Stadtrand und ein Gastbetrieb im oberösterreichischen Hochburg nächst Burghausen am Inn. Das Druckhaus Nonntal gehört zu den vier in Salzburg bestehenden großen Druckereibetrieben. Im Stiftsgebäude besteht neben dem Institutum Liturgicum der Verlag St. Peter.

Schon um das Jahr 800, dann wieder zwischen dem 11. und 15. Jh. erhielt die Klosterschule St. Peter Ruf und Ansehen. 1617 wird sie in eine Akademie umgewandelt, 1622 entsteht aus ihr die Benediktineruniversität Salzburg. Die Alma Benedictina gewinnt Einfluß auf Wien, von ihr sind das 1736 erbaute Missionshaus Schwarzach und die Wallfahrt Maria Plain abhängig. 1810 aufgehoben, wurde diese Universität 1964 als Alma mater Paridiana neu begründet. Mit der Akademie war ein Konvikt für Ordenskleriker entstanden. Das jetzige Stift unterhält ein Knabenkonvikt und ein Juvenat. 1817 übernahmen die Salzburger und Michaelbeuerner Benediktiner das k. u. k. Gymnasium in Salzburg. Es wurde 1863 verstaatlicht. Heute besteht das Collegium Borromaeum, ein Privatgymnasium.

Im Jahre 1124 übergab Erzbischof Konrad I. von Salzburg dem Kloster St. Peter das Gebiet von **Abtenau** südöstlich von Golling, soweit es auf dem linken Lammerufer lag, das Land rechts des Flusses erhielt das Salzburger Domkapitel. Das Jahr 1138 wird als erstes Weihedatum der Abtenauer Kirche St. Blasius genannt. 1191 erhielt das Kloster die pfarrliche Betreuung des Ortes, 1533, unter Matthäus Lang, ist die Pfarre Abtenau (gegen Abtretung der Pfarre Hallein) dem Stift inkorporiert worden. Der heutige gotische Bau aus dem 14. bis 16. Jh. mit netzrippengewölbtem Chor und Sterngewölbe im Langhaus, mit barockem Zubau um 1660, ist mit einem Altar aus dem 17. Jh. versehen, der für die Wallfahrtskirche Maria Plain bestimmt war. Er trägt das Wappen des Fürsterzbischofs Maximilian Gandolf Graf Kuenburg, 1668—1687. 1939 hat man an den nördlichen Wänden des Chores und Langhauses Fresken um 1620 freigelegt. Der Pfarrhof neben der schmuck restaurierten Kirche am östlichen Ende des dreieckigen Abtenauer Marktplatzes trägt das Marmorwappen des Abtes Gottfried Kröll von St. Peter, 1751. — Zur Pfarre Abtenau gehören die Filialen *Mühlrain* (mit Exerzitienhaus), *Radochsberg, Rigaus* und *Weitenau.*

Die Kirche St. Anna in **Annaberg im Lammertal** ließ das Stift 1752 errichten, als ihm der Sprengel inkorporiert wurde. Die Inneneinrichtung stammt aus der Bauzeit.

Die Stadtrandpfarre **Grödig** südlich von Salzburg mit romanischem Turm, romanischem Grundmauerwerk des Langhauses und einem Chor aus dem 16. Jh. ist nach dem Brand von 1806 neu eingewölbt und erweitert, nach den Bombenschäden von 1944 erneuert und wiederhergestellt worden. Die Grödiger Marienkirche stellt heute eines der wenigen im 19. Jh. mit einigem Geschmack neogotisch-klassizistisch ausgestatteten Gotteshäuser dar.

Das Marienbild in der Wallfahrtskirche **Maria Plain** am nördlichen Stadtrand von Salzburg hat eine lange Wandergeschichte. Die auf Leinwand gemalte Darstellung — die Gottesmutter hüllt das nackte Kind in Windeln — war ursprünglich im Besitz eines Bäckermeisters im niederbayerischen Ort Regen. Über Hans Ludwig von Grimming, Herr auf Mülleck (beim Salzburger St.-Johannes-Spital), kam das »Wunderbild« nach Salzburg. Ein Einsiedler brachte es wieder nach Bayern, auf den Wankerberg bei Nestlwang, von hier kam es ins Augsburger Ordinariat. Inzwischen hatte man auf dem Salzburger Plainberg um eine Kopie des Bildes eine hölzerne, später eine gemauerte, 1657 eine achteckige Kapelle errichtet. Nach Berichten sollen an dieser Gnadenstätte zwischen 1657 und 1674 nicht weniger als 33 795 Messen gelesen worden sein. Unter Kardinal Erzbischof Max Gandolf Graf Kuenberg errichtete Giovanni Antonio Dario 1671—1674 den heutigen doppeltürmigen Bau. In einer eigenhändig geschriebenen Pergamenturkunde empfahl der Erzbischof sich und sein Erzstift feierlich der Gottesmutter von Plain und begründete eine »Maria-Trost-Bruderschaft«. 1676 kam das Originalbild aus Augsburg in die Salzburger Residenz. In feierlicher Prozession überführte es Erzbischof Anton Freiherr von Firmian am 8. September 1732 in die Bergkirche. Im Erbfolgekrieg, 1740 bis 1748, zur Schutzfrau von Salzburg gewählt, wurden die Plainer Maria und das Kind 1751 mit eigens vom Papst Benedikt XIV. geweihten Kronen bekrönt. Der feierliche Tag wird bis heute in der Woche vom 5. bis 6. Sonntag nach Pfingsten begangen. — Die päpstliche Basilika minor auf dem Plainer Berg, mit Werken von Th. Schwanthaler, Chr. Lederwasch, M. J. Schmidt u. a., der Einrichtung aus der Bauzeit und zahlreichen Votiven, mit dem Superioriatsgebäude um 1675 und dem Kalvarienberg mit Kapellen und Statuen (F. und Th. Schwanthaler), war der Salzburger Benediktineruniversität unterstellt. Nach deren Aufhebung, seit 1810, betreut sie das Stift St. Peter. Der Wallfahrtsort gehört zur Pfarre *Bergheim* mit der 1695 neu erbauten, 1957 restaurierten Kirche zum hl. Georg.

Im Kloster **Martinsbühel** in der Pfarre Zirl westlich von Innsbruck mit der spätgotischen St.-Martins-Kapelle unterhält St. Peter ein Superioriat.

Die Pfarre **Rußbach am Paß Gschütt** nordöstlich von Abtenau entstand im Jahre 1903. In der Pfarrkirche zum hl. Kreuz, einem Bau des 19. Jh., 1960 renoviert, befindet sich ein barocker Hochaltar aus der Veitskapelle von St. Peter.

Zur Pfarre **St. Peter** in Salzburg gehören: neben der *Stiftskirche* (→ Seite 140 bis 143) der berühmte »Denkmalfriedhof« St. Peter mit der *St.-Margarethen-Kapelle* in der Friedhofsmitte (an der Stelle einer älteren St.-Amandus-Kapelle 1485—1491 erbaut) und den sogenannten »Katakomben« mit der *Maximus-* und *Gertraudenkapelle;* die *Kreuzkapelle* am Katakombeneingang, von der man die *Ägidienkapelle* mit 1950 freigelegten Fresken des 15. Jh. erreicht. An die Stiftskirche angebaut ist die romanische *St.-Katharinen-* oder *Mariazeller-Kapelle.* Filiale von St. Peter ist die *St.-Michaels-Kapelle* auf dem Residenzplatz, die älteste, im Kern vorromanische, ins 8. Jh. zurückreichende Pfalzkapelle und ehemalige Stadtpfarrkirche, einst vom Domfriedhof umgeben. Seine heutige Gestalt erhielt das Kirchlein 1767—1776.

Die Pfarre **Dornbach** zum hl. Peter und Paul in Wien XVII ist dem Stift seit 1140 einverleibt. Die erste Kapelle am heutigen Rupertusplatz wurde 1138 geweiht, die jetzige unscheinbare Kirche ist ein nach der Zerstörung durch die Türken im 16. und 17. Jh. wiederhergestelltes, im 18. Jh. vergrößertes, 1932 durch einen Clemens-Holzmeister-Anbau erweitertes

Gotteshaus. Der Kirche gegenüber befinden sich das Pfarrhaus (mit Einrichtung des 17. und 18. Jh.) und der Wirtschaftshof des Stiftes.
Die Propstei **Wieting** in Ktn. (südöstlich Friesach bei Klein St. Paul) errichtete St. Peter 1147. Die Propsteikirche St. Margareta, eine Stiftung Gottfrieds von Wieting, im 12. Jh. urkundlich, entstand Mitte des 13. Jh. und wurde im 14. bis 16. Jh. umgebaut und verändert. Das Bauwerk mit romanischem Grundmauerwerk, flachgedecktem Langhaus, mit Stern- und Kreuzrippengewölben, einem spätgotischen Chor mit Gewölbemalereien und mit sonstiger spätgotischer Ausstattung versehen, ist im Stile des 17. und 18. Jh. eingerichtet. Während der Restaurierung, 1974, fand man im Mauerwerk der Kirche Römersteine des 2. nachchristlichen Jahrhunderts und einen frühromanischen Grabstein. — Die dreigeschossige Propstei westlich der Kirche ist ein barokkisierter spätgotischer, 1970 renovierter Bau mit barockem Wappen über dem Tor. Seelsorgisch wird die Pfarre Wieting, erst 1450 Salzburg inkorporiert, heute von Klein St. Paul betreut jedoch von St. Peter verwaltet.

ST. PÖLTEN

Ehemaliges Augustiner-Chorherrenstift. NÖ.

Neuere Grabungen erhärteten, was aus Urkunden ursprünglich nicht zweifelsfrei zu erschließen war: die beiden Brüdermönche Autchar und Adalbert aus Tegernsee hatten um 770/780 das Kloster zum hl. Hippolytus inmitten der Ruinen der Römersiedlung Aelium Caetium begründet, die unter Kaiser Hadrian im zweiten nachchristlichen Jahrhundert Stadtrecht erhielt. St. Hippolytus war das älteste Kloster in »pago Osteriche«, im Gau, in der Mark, die man im 10. Jh. »Ostarrichi« nannte. Nach der Zerstörung der Traisensiedlung durch die Ungarn bestätigte sie Kaiser Otto II. zusammen mit St. Florian und Kremsmünster 976 als »Treisma zum Kloster des hl. Hippolyt«. Im 11. Jh. wird St. Pölten als passauischer Markt urkundlich, dem das bayerische Bistum Passau 1159 das Stadtrecht verleiht. Mittelpunkt der Traisensiedlung war in all diesen Jahrhunderten das Hippolytkloster. Unter den Bischöfen Berengar und Egilbert von Passau war es mit Chorherren besiedelt und neu bestiftet worden. Bischof Altmann von Passau, 1065—1091, verwandelte es in ein Augustiner-Chorherrenstift.
Seit dem 13. Jh. bestand am St.-Hippolyt-Kloster eine Stiftsschule. Neben Klosterneuburg und Ardagger erhielt das frühe St. Pöltener Stift durch seine Schule und seine ausgedehnte Seelsorgetätigkeit (noch vor Seitenstetten und Zwettl) den größten Einfluß im östlichen Niederösterreich. Die St. Pöltener Chorherren besaßen Patronate und Rechte über elf Pfarren (St. Pölten, Mank, Obergrafendorf, St. Georgen am Steinfeld, Gerersdorf, Böheimkirchen, St. Christophen, Stössing, Brand, Kapelln, Weißenkirchen a. d. Perschling), eigene Pfarrherrschaften waren Hürm, Kasten, Retz und Bruck a. d. Leitha. Die Stiftsherrschaft St. Pölten zählte 474 untertänige Häuser, 41 davon in der Stadt. Größere Zentren unter den 15 Ortschaften waren Spratzern, Waizendorf, Kapelln, Schauching und Schrambach. Zum Stiftsmeierhof gehörten 800 Joch Grund und Wälder, Weinlesehöfe mit über 200 Vierteln Weingärten in Grinzing, Königstetten, Loiben und Joching.
Zur Zeit der Gegenreformation gab es in St. Pölten sechs Klöster. Der St. Pöltener Jakob Prandtauer und dessen Schwiegersohn Josef Munggenast machten die Stadt zu einem Zentrum des Hochbarock.
Unter Dr. Johannes Fünfleutner, 1636 bis 1661, dem bedeutendsten Chorherrenpropst, entstanden die heutigen Stiftsgebäude, kam die St.-Hippolyt-Stiftung zu größtem Ansehen und Reichtum. Michael Führer, 1715—1739, ließ die romanische Domkirche und den Stiftskomplex unter unerhörtem Aufwand nach Entwürfen von Jakob Prandtauer barockisieren und von P. Troger und D. Gran ausstatten. Der Aufwand brachte das Stift an den Rand des Ruins. Administratoren und Pröpste sanierten es bis 1755 auf erstaunliche Art. Während dreier Jahrzehnte konnte zu Ende gebaut werden, was in der ersten Jahrhunderthälfte unvollendet bleiben mußte.
Die Auflösung im Juli 1784 traf ein wirtschaftlich florierendes, durch Seelsorgetätigkeit und auch wissenschaftliche Leistungen zu hohem Ansehen gelangtes Stift, dem 32 Chorherren angehörten. Sie mußten dem in St. Pölten neuerrichteten Bistum Platz machen. Im Rahmen der Josephinischen Diözesanregelung war das St. Pöltener Chorherrenstift zur neuen Bischofsresidenz bestimmt worden.

SEHENSWERT am heutigen Bischofssitz ist der einst zweitürmige Dom, in seinem Gemäuer aus dem 12. und 13. Jh. stammend, im 14. Jh. mit dem erhöhten Mittelschiff versehen. Trotz seiner großartigen Barockausstattung durch J. Prandtauer, B. Altomonte, D. Gran u. a. läßt der Innenraum noch die ehemalige spätromanische Basilika erahnen. Den Abschluß des Südschiffes bildet die Rosenkranzkapelle aus dem 13. Jh. neben dem Priesterchor. Sie steht noch auf dem (tiefergelegenen) Niveau des frühen St.-Hippolyt-Baues. 1949 wurde ihre romanische Apsis freigelegt. In einer Fensternische befindet sich der Schmerzensmann aus dem 14. Jh., den man damals fand. Figurale Grabsteine, vor allem solche von Pröpsten, aus dem 14. bis 18. Jh. finden sich innerhalb und außerhalb der Kirche sowie im Kreuzgang. Die dreihöfigen Stiftsgebäude (mit Stiftsgarten) beherbergen außer den bischöflichen Ämtern die Diözesan-Bibliothek und das Diözesan-Museum.

LAGE Im nordwestlichen Bereich der Stadt.
BESICHTIGUNG des Domes möglich, der Stiftsgebäude nach Anmeldung.

SÄUSENSTEIN

Ehemaliges Zisterzienserstift. NÖ.

Eberhard III. von Wallsee, Landeshauptmann in Österreich ob der Enns, und sein Bruder Reinprecht dachten an Augustiner-Eremiten, als sie 1334 an der kleinen St.-Laurenz-Kirche bei Gottsdorf am rechten Donauufer ein Kloster stifteten. Doch bezogen Zisterzienser aus Zwettl die ersten Gebäude der Stiftung Sanctum Laurentium in Valle Dei — zum hl. Lorenz im Gottestal —, bevor sie dann wenig später endgültig Mönche aus Wilhering übernahmen. Reich mit Schenkungen bedacht, errichteten sie, den Ordensvorschriften entsprechend, inmitten der »Loca regularia« des Klosters eine Kirche. Die mittelalterlichen Konventsbauten zerstörte 1703 ein Brand fast zur Gänze. Was zwei Jahre danach größer und schöner wiederaufgebaut war, mußte 1858/59 mehr als zur Hälfte wieder abgerissen werden, als man die Trasse der Westbahn mitten durch das Kloster legte.
Als 1788 nach dem Tode des 41. Zisterzienserabtes von Säusenstein das Kloster unter Administration gestellt wurde, ge-

hörten dem Konvent 17 Patres an, von denen acht in den inkorporierten Pfarren tätig waren, in der Stiftspfarre Säusenstein (mit der Veitskapelle in Sarling), in Gottsdorf und Persenbeug, in Stronsdorf und Wulzeshofen bei Laa a. d. Thaya. Die Säusensteiner Stiftsherrschaft mit 229 Untertanen, über 200 Joch Grund und die Herrschaft Stronsdorf befanden sich in ausgezeichnetem Zustand. Trotzdem ließ Joseph II. den Seitenstettener Abt als Administrator bestellen. 1812 fiel der Besitz an den Staat, 1825 wurde er an den Wiener Realitätenbesitzer Jakob Bernklau verkauft.

Säusenstein war übel mitgespielt worden. Zwischen 1796 und 1800 hatte man ein Militärspital in den Stiftsgebäuden untergebracht, 1801 plünderten Franzosen den Ort und brannten die Kirche nieder. Da man an ihren Wiederaufbau nicht denken konnte, wurde die kleine Donatuskirche auf dem Berg hinter dem Stift, die kurz nach ihrer Fertigstellung auf Anordnung Josephs II. 1786 exsekriert worden war, neu geweiht. Man übertrug auf sie auch die Pfarrechte.

Die Donatuskirche bildet das heute noch SEHENSWERTE am Donauufer von Säusenstein. Das idyllische Kirchlein von 1765 mit seinem in Weiß-, Hellgrün- und Rosatönen gehaltenen prächtig stuckierten Innenraum ist von Johann Wenzel Bergl, dem bekannten Schüler Paul Trogers, mit Darstellungen aus dem Leben des hl. Donatus versehen worden. Neben der schönen Renaissancekanzel aus dem frühen 17. Jh. ist der Gedenkstein für die Stifter des Klosters Eberhard und Reinprecht von Wallsee aus dem 16. Jh. sehenswert. An das frühe Zisterzienserstift erinnert in Säusenstein die gotische kreuzrippengewölbte Theresienkapelle, die frühere »Loretokapelle« neben dem Pfarrhof. Sie bildete einen kleinen Anbau der einstigen Stiftskirche. In der heute als Kriegergedächtnisstätte eingerichteten Kapelle befinden sich schöne alte Grabsteine aus dem 14. bis 17. Jh., auf einem ist das Relief Abt Johannes VII. Adam von Säusenstein zu sehen.

LAGE Östlich Ybbs.
BESICHTIGUNG der Donatuskirche und der Theresienkapelle möglich.

SCHARNITZ
Einstiges Benediktinerstift. Tirol.

In die Zeit der frühesten kirchlichen Stiftungen fällt die Gründung des Klosters Solitudo Scaratiensis durch die bayerischen Edlen Reginbert und Irmenfried aus dem Hause Huosi im Jahre 763. Mit Bewilligung ihres Herzogs Tassilo stifteten sie in der wüsten Isar-Talenge zwischen Karwendel und Wetterstein an einer Kirche zum hl. Petrus — ob im bayerischen Scharnitz zu Klais oder im Tirolischen ist unsicher — ein Benediktinerkloster, das Bischof Josef von Freising am 29. Juni zu Ehren der Apostel Petrus und Paulus konsekrierte. Der erste Abt von Scharnitz war Aribo, späterer Bischof von Freising. Dotationsgüter dieser Familiengründung lagen in Tirol und in Bayern. Sie wurden zusammen mit dem Kloster bald Eigentum des Bistums Freising, das sich bei den Stiftern ursprünglich nur das Ernennungsrecht der Äbte ausbedungen hatte. 769 besiedelten Scharnitzer Mönche das »Frostfeld« bei Innichen in Südtirol. Hier übergab Herzog Tassilo III. dem Abt Otto von Scharnitz ein als Zentrum der Slawenmission, für die Christianisierung und Kultivierung der heidnischen Karantanen gestiftetes Kloster. Als auch Abt Otto 783 Bischof von Freising wurde, kam Innichen an das bayerische Bistum. Schon 772 jedoch hatte Bischof Aribo, der Gründerabt des Klosters Scharnitz, dessen Konvent in das oberbayerische Kloster Schlehdorf am Kochelsee übersiedelt.

SCHLÄGL
Prämonstratenserstift. OÖ. → auch Seite 71/72.

BESITZUNGEN UND INKORPORIERTE PFARREN Mit über 12 000 ha Waldbesitz und etwa 300 Beschäftigten stellt Stift Schlägl das größte wirtschaftliche Unternehmen im oberen Mühlviertel dar. Neben den Meiereibetrieben mit Saatzuchtanlage und Gärtnerei unterhalten die Prämonstratenser ein Holzspannwerk, eine Bierbrauerei, mehrere gastwirtschaftliche Betriebe und zwei Elektrizitätswerke.

Der wirtschaftliche Aufschwung des mittelalterlichen Klosters im 13./14. Jh. war durch seine Lage am Kreuzungspunkt zweier alter Handelsstraßen von der Donau zur Moldau, vor allem jedoch durch die reichlichen Schenkungen der Witigonen auf Burg Falkenstein im Jahre 1264 bedingt. Als das ursprünglich bayerische Gebiet 1290 an die Habsburger fiel, verliehen die Landesfürsten als Klostervögte dem Stift die Blutgerichtsbarkeit, statteten es mit Privilegien aus und förderten das Rodungszentrum an der böhmischen Grenze nach Kräften. In einem Freibrief Herzog Ottos aus dem Jahre 1325 an das »Gottshaus zu dem Slegel« heißt es, die »den walt, der zu dem Chloster gehoret reuten solln, und wer dar in chumt und da sizzen wil und reuten, der sol von uns und unsern pruedern freiung haben zwelf ganzen jar«.

Zu den frühen Besitzungen des Stiftes um Schlägl, Aigen, Ulrichsberg, Klaffer, Schwarzenberg, im oberen Mühlviertel und im Bayerischen Wald kamen im 14. Jh. Schenkungen der Rosenberger aus Krumau, Gebiete im Böhmerwald, im Quellgebiet und an Nebenflüssen der Moldau.

Seit dem 18. Jh. errichteten die Prämonstratenser außer Kirchen und Kapellen auch Schulgebäude, ein neues Spital, eine Kinderbewahranstalt und neue Wirtschaftsgebäude. Im 19. Jh., als die Holzwirtschaft zu florieren begann, erwarb Schlägl 1431 Joch Wald bei Kammern am Attersee, erweiterte die Meierhöfe Stollnberg, Ulrichsberg, Haag, Schwarzenberg und baute seine Nebenbetriebe aus.

Die von Schlägl heute betreuten 12 Pfarren liegen zum Großteil im Bereich der historischen und der jetzigen Stiftsbesitze.

Die Rodungspfarre **Aigen im Mühlkreis,** nördlich des Stiftes gelegen, ist den Prämonstratensern von Schlägl 1362 mit allen Rechten und Einkünften übergeben worden. Die dreischiffige neugotische Pfarrkirche zum hl. Johannes Ev. entstand nach dem letzten Brand des Ortes in den Jahren 1897/1901. Ihre einschiffige Filialkirche *zum hl. Martin* am einstigen Klosterspital mit zierlich behelmtem Dachreiter ließ Propst Martin Greysing um 1643/1644 erbauen. — Die *Spitalskirche* zum hl. Martin, 17. Jh., an das Spital angebaut, mit zwiebelbehelmtem Dachreiter, besitzt barocke Ausstattung und eine gotische Muttergottesstatue um 1410. — Die *Kalvarienbergkapelle* ist ein Rundbau aus dem 17. Jh. — Die Wallfahrtskirche *St. Wolfgang am Stein* südwestlich von Schlägl im »Mühlholz« mit barock behelmtem, noch schindelgedecktem Turm, wurde um 1500 an Stelle einer hölzernen Kapelle errichtet und unter Propst Martin Greysing 1642/44 neu aufgeführt. Der im Gemäuer noch gotische Chor besitzt barocke Fenster, der Innenraum mit gotischem Triumphbogen ist mit drei Barockaltären ausgestattet. Der Brunnen südlich der Kirche mit einer St.-Wolfgang-Statue entstand 1644/47. — Die gegenüber der Kirche 1652 errichtete *Friedenskapelle* mit 1952 freigelegten Fresken aus der Bauzeit ist dem Andenken an die Beendigung des Dreißigjährigen Krieges gewidmet. Seit 1775 gehört St. Wolfgang zur Pfarre Aigen.

Seit 1945 betreut das Stift die Pfarre **Arnreit** südlich von Rohrbach. Die hier um 1900 erbaute neugotische Kirche zum hl. Laurenz ist mit einer Kanzel aus der Aigner Kirche, um 1720, ausgestattet und besitzt auch eine Marienstatue aus dem ersten Viertel des 16. Jh.

Im Einvernehmen mit der Diözese Linz verwaltet das Stift seit 1965 die Pfarre **Aurach am Hongar** südwestlich von Attnang-Puchheim.

Die Pfarre St. Nikolaus im befestigten Markt **Haslach an der Mühl,** östlich von Rohrbach, erhielt das Stift 1642 von den St. Florianer Chorherren, die hier durch die reiche Schenkung Eppos von Windberg begütert waren. Die einst befestigte gotische Pfarrkirche am Marktplatz mit freistehendem Glockenturm (neugotisch ausgebaut), mit Chor aus dem 14. Jh. und einem sehenswerten netzgewölbten Langhaus um 1500 ist ein nach dem Brand von 1680 wiederhergestelltes, im 19. Jh. neugotisch eingerichtetes Gotteshaus. St. Nikolaus besitzt neben der schönen Empore auf Netz- und Sternrippengewölben spätgotische Portale mit Vorhallen, Türleibungen und Maßwerkfenster aus der Bauzeit.

Seit 1963 untersteht auch die Pfarre **Julbach** westlich von Aigen mit ihrer neugotischen St.-Anna-Kirche dem Stift.

Seit 1955 ist **Klaffer** nächst Ulrichsberg ein von Schwarzenberg abgetrennter eigener Pfarrsprengel. Die Kirche Mariä Himmelfahrt ließ das Stift 1949 bis 1955 errichten.

Öpping nordwestlich von Rohrbach ist dem Stift 1783 überantwortet worden. Der pfarrlich einst Rohrbach unterstellte Ort besitzt eine von Carlo Antonio Carlone 1694 errichtete und von Bartolomeo Carlone ausgestattete einschiffige Barockkirche mit barocker Einrichtung.

Erst seit 1972 untersteht Schlägl die im 14. Jh. begründete Pfarre **Peilstein im Mühlviertel** nordwestlich Öpping mit ihrer um 1770 erbauten Kirche zum hl. Ägidius und Leonhard.

Die Pfarre **Rohrbach in Oberösterreich** südlich des Stiftes wurde den Prämonstratensern 1321 vom Passauer Bischof überantwortet. Ihre 1427 von den Hussiten, Ende des 17. Jh. durch Brand zerstörte St.-Jakobs-Kirche ist zwischen 1696 und 1700 unter Verwendung des gotischen Chores und der Graf Rödernschen Gruftkapelle von Carlo Antonio Carlone neu errichtet, von seinem Bruder Bartolomeo stuckiert worden. Der aufwendig ausgestattete und eingerichtete Barockbau mit mächtigem Hochaltar und einer Totenkapelle, mit Grabmälern aus dem 16. und frühen 17. Jh. ist 1955 restauriert worden. — Die Wallfahrtskirche *Maria Trost in Berg bei Rohrbach* nächst dem Markt, eine Stiftung des Grafen Wolfgang Theodor Rödern, wurde 1655 vollendet.

Die Friedhofskirche Maria Anger gegenüber dem Stiftsportal in **Schlägl** wird 1416 als »unser fraun kapellen außerhalb des gotshaus« das erstemal genannt. Unter Propst Rieder 1444/48 neu erbaut, diente Maria Anger bis in die Josephinische Zeit als »Leutekirche« von Schlägl. Als Marienwallfahrtsstätte wurde die Kirche im 17. und im 18. Jh. neu eingerichtet, unter Joseph II. entweiht. Im 19. Jh. erhielt das noch mit einzelnen gotischen und barocken Details versehene Gotteshaus seine neugotische Einrichtung.

Die Pfarrkirche von **St. Oswald bei Haslach** an der Mühl wird 1277 genannt. Der jetzige spätgotische Bau mit Gewölbe, Chor und Portal aus der Zeit seiner Entstehung ist neugotisch eingerichtet. St. Oswald, ursprünglich dem Stift St. Florian einverleibt, kam 1642 mit der Pfarre Haslach an Schlägl. — *Die Marienkapelle zum hl. Stein* am linken Mühlufer nächst St. Oswald entstand in der Nähe eines Kultsteines.

Schwarzenberg im Mühlkreis nordwestlich Ulrichsberg unter dem Plöckenstein wurde 1785 Pfarrsprengel. Die Nepomukkirche, 1784/86 errichtet, besitzt noch ihre spätbarocke Einrichtung. Der Turm entstand 1861.

Die Rodungspfarre **Ulrichsberg** nordwestlich Aigen ist dem Stift seit 1325 einverleibt. Im 19. Jh. erweiterte und erneuerte man den alten gotischen Kirchenbau zum hl. Ulrich. Seine Einrichtung stammt aus dem 17. und 18. Jh. (mit Ergänzungen aus dem 19. Jh.).

SCHLIERBACH

Zisterzienserstift. OÖ. → auch Seite 90—93.

BESITZUNGEN / SCHULEN / BETRIEBE / INKORPORIERTE PFARREN Der Stiftsbrief des Wallseers Eberhart vom 22. Februar 1355, mit dem er sein Schloß Schlierbach zum Nonnenkloster umwidmete, dotierte die Gründung »Maria Saal« mit 200 Pfund auf bestifteten Gütern, die zu seinem Schloß Pernstein nächst Kirchdorf gehörten. Die Aussteuer, die der Hauptmann im Lande ob der Enns den 12 Nonnen und einer Äbtissin aus dem schwäbischen Zisterzienserinnen-Kloster Baindt mitgab, war nicht bedeutend. Obwohl sich diese Gründungsdotation zum Ende des Jahrhunderts — besonders durch die beiden Stiftungsbriefe von 1371 und 1395 — erweiterte, blieben die Einkünfte für das Frauenkloster auf wenig bedeutenden Land- und Zehentbesitz um einige Pfarren beschränkt: um Kirchdorf, Wartberg und Kematen a. d. Krems, Pettenbach, Vorchdorf und Kirchham bei Gmunden, Wimsbach, Atzbach und Thalheim bei Wels. Auch einige niederösterreichische Weingärten kamen an Schlierbach.

Als nach dem Aussterben des Klosters in der Reformationszeit Schlierbach seit 1620 durch Zisterzienser aus Rein neu belebt wurde, kam das Stift im 17./18. Jh. für einige Jahrzehnte in die Blüte. Schlierbach erwarb Güter und Schlösser in Messenbach, in Hochhaus bei Vorchdorf, in Mühlgrub, doch stellte man es 1815 unter Sequestration.

Erst nach dem Ersten Weltkrieg, unter dem 14. Abt von Schlierbach, unter Dr. Alois Wiesinger, 1917—1955, einem zweiten Begründer des Stiftes, entstand das Schlierbach von heute mit einer Landwirtschaftsschule (1920), einem Stiftsgymnasium (1925) und einigen Betrieben: einer Käserei, die über die Landesgrenzen hinaus bekanntgeworden ist, einem Gartenbaubetrieb und einer in Österreich führenden Werkstätte für Glasmalerei. 1928 und 1939 begründete Schlierbach zwei Töchterklöster in den USA und in Brasilien. Seelsorge betreiben die Schlierbacher Zisterzienser heute in neun inkorporierten Pfarren.

Heiligenkreuz bei Micheldorf, bis 1784 pfarrlicher Filialort von Kirchdorf an der Krems, besitzt in seiner jetzigen Pfarrkirche zur Kreuzerhöhung einen kleinen spätgotischen Bau, der noch den Chor und schöne Portale aus der ersten Hälfte des 16. Jh. besitzt, im 19. Jh jedoch neogotisch eingerichtet wurde. Das moderne Deckenfresko im Chor entstand anläßlich der Renovierung im Jahre 1954.

Die Kaplanei **Inzersdorf im Kremstal** westlich des Stiftes behütet in der 1927 aus einer Scheune entstandenen Kapelle einen Altar aus dem 18. Jh. mit einem Rokoko-Tabernakel, eine Sebastianstatue aus dem 17. Jh. und eine sehenswerte Muttergottesstatue mit Jesuskind um 1420/30.

Kirchdorf an der Krems südlich von Schlierbach erscheint historisch erst um 1140 gesichert, die Kirchsiedlung, seit 1249 Pfarre, entstand um 1200. Der ursprünglich Bambergische Besitz kam im 17. Jh. an Kremsmünster, bald danach, 1684, an Schlierbach. Die spätgotische Hallenkirche zum hl. Gregor, 1471 bis 1491, wurde nach Brand und Einsturz des Chorgewölbes im 17. und 18. Jh. neu gewölbt. Das noch mit architektonischen Einzelheiten aus der Entstehungszeit ausgestattete, zum Teil barockisierte Bauwerk ist neuromantisch eingerichtet, besitzt jedoch noch Objekte des 16. bis 18. Jh. — Die *Friedhofskapelle* ist zwischen 1767 und 1771 errichtet und eingerichtet, 1878 restauriert worden.

Die Kirche von **Klaus an der Pyhrnbahn** südlich Schlierbach, 1618 als protestantisches Bethaus errichtet, wurde erst 1674 als katholische Pfarrkirche dem hl. Johannes geweiht. Sie besitzt noch ihre alte Einrichtung und den achtsäuligen gekrönten Hochaltar. — Die *Pfarrhofkapelle zur Schmerzhaften Muttergottes* ist ein 1947/48 erweiterter spätbarocker Zentralbau.

Die Pfarrkirche von **Micheldorf in Oberösterreich** südlich Kirchdorf a. d. Krems ist ein Neubau der Jahre 1946/53, den Schlierbach mit einem Rokokoaltar aus der Stiftskirche ausstattete. — In seiner *St.-Georg-Kirche* auf dem Georgenberg besitzt Micheldorf ein im Gemäuer gotisches Gotteshaus, das über den Fundamenten von mindestens vier sakralen Vorgängerbauwerken errichtet worden ist: einem römischen Tempelbau aus dem ersten Jahrhundert nach Christus, einer frühchristlichen, einer karolingischen und einer Kirche des 11./12. Jh. Dem netzrippengewölbten gotischen Chor ist um 1610/11 ein barockes, im 18. Jh. erneuertes Langhaus angefügt worden. Die Einrichtung stammt aus dem 17./18. Jh. Die schöne netzrippengewölbte einschiffige Kirche St. Leonhard in **Nußbach** nordöstlich des Stiftes ist ein spätgotisches Bauwerk mit zwei Kapellenanbauten, mit noch zum Teil originaler Ausstattung, mit jedoch neugotischer Einrichtung. Der würdige Pfarrhof entstand, als Schlierbach die »Josephinische Pfarre« 1784 übernommen hatte.

Steinbach am Ziehberg westlich von Kirchdorf erhielt seine nüchterne St.-Florian-Kirche, als der Ort 1784 zum Pfarrort erklärt und dem Stift als solcher überantwortet wurde.

Auch **Steyrling** südwestlich von Klaus an der Pyhrnbahn ist eine Josephinische Pfarre.

Land um die Pfarre **Wartberg an der Krems** nördlich von Schlierbach gehörte zum Ausstattungsbesitz des Stiftes. Die Pfarrkirche zum hl. Kilian (schon im 11. Jh. urkundlich) ist ein sehenswerter zweischiffiger Sakralbau mit anmutig stimmungsvollem Innenraum. Neben der zum Teil originalen Ausstattung (Tor, Gewölbe, Empore) sind neben einem Marienrelief des 15. Jh. im Chor acht doppelseitige Tafelbilder vom ehemaligen gotischen St.-Kilians-Altar, um 1470, zu sehen. Die jetzigen Altäre der Kirche im Knorpelwerkstil stammen aus dem 17. Jh., barock ist auch das meiste der übrigen Ausstattung, die Vorhalle entstand im 18. Jh. — Das Beinhaus südlich der Kirche ist im 16. Jh., der Pfarrhof (mit wertvoller Einrichtung und weiteren Tafelgemälden des 15. Jh.) im 17. Jh. entstanden.

SCHOTTENSTIFT

Benediktinerabtei Unserer Lieben Frau zu den Schotten. Wien. → auch Seite 18—21.

BESITZUNGEN/SCHULEN In einer Urkunde des Jahres 1200 bestätigt Herzog Leopold VI. Schenkungen, die sein Enkel Heinrich Jasomirgott 1161 an die »Scoti« gemacht hatte. Danach waren Abt Sanctinus und seine Mönche an 31 Orten in Wien und Umgebung mit Grund, Objekten und Untertanen bedacht worden, auch mit zwei Meierhöfen, vier Hofstätten, einem Herrengut und einer Mühle. Im 14. Jh. erscheint das Schottenstift als der vermögendste unter den Wiener »Hausherren«. Nach den Urbaren besaß es von den damals etwa tausend in Wien bestehenden Häusern nicht weniger als 200. Es waren »Seelgerät-« und Meßstiftungen von Wienern, viele auf den Gründen um das Kloster, vor dem Schottentor, in der Renn- und Strauchgasse, der Alser-, Herren- und Teinfaltstraße, andere auf dem Neuen Markt, vor dem Widmer- und dem Stubentor, auf der Landstraße, in der Laimgrube, in Gumpendorf und an sonstigen Orten. Früher Stiftungsbesitz lag auch um Hollabrunn, Pulkau und im Marchfeld.

Die Erträgnisse aus den Wiener Zinshäusern waren bei weitem höher als die aus ländlichen Zehenten, höher auch als die Einkünfte aus dem Kirchen-, Kapellen- und Pfarrenbesitz, der den Schotten zu Heinrich Jasomirgotts Zeiten übergeben worden war: St. Ruprecht, St. Peter und Maria am Gestade in Wien, St. Stephan in Krems, die Heiligen-Kreuz-Kapelle in Laab im Walde, die Pfarren Pulkau und Eggendorf. In den vollen Genuß der Pfarrechte und Einkünfte an diesen Objekten kam das Stift allerdings erst im Jahre 1222 nach einem aufwendig geführten Zehentstreit mit den Grafen von Hardegg und dem Stift St. Pölten. Die Wiener Kirchen verlor das Stift wieder, Maria am Gestade im 14. Jh. (zwischen 1784 und 1805 nochmals Filialkirche des Stiftes), im 16. Jh. St. Ruprecht und St. Peter. Dafür erwarben die Schotten im 14. Jh. St. Ulrich (Maria Trost) in Wien VII, im 16. Jh. St. Ägydius in Wien-Gumpendorf. Während der Josephinischen Pfarregelung, die der Abtei sieben niederösterreichische Sprengel bescherte, fiel dem Kloster St. Laurenz (in der heutigen Wiener Westbahnstraße) zu. Die Benediktiner besaßen in dieser Gegend ausgedehnte Felder und Weinberge. Als sie die Gründe an vermögende Seidenhändler verkauften, entstand hier der Stadtteil »Schottenfeld«, den man auch den »Brillantengrund« nannte.

Der Jasomirgott-Besitz des Stiftes vermehrte sich im Laufe der Jahrhunderte um eine beträchtliche Anzahl von »Schottenhöfen«, um solche in Neuwaldegg, in der Altottakringer Sandleitengasse und um den Neudeggerhof bei St. Ulrich auf dem »Neubau«. Seit dem 16. Jh. gab es einen »Kellerhof«, neben den Gütern Stammersdorf und Breitenlee entstand in Maria Enzersdorf der Sauerburger Hof mit seinen Weinbergen und das Gut Zellerndorf bei Retz. Im 18. Jh. kamen die Schotten in den Besitz von Weinbergen bei Ofen in Ungarn (bis 1914).

Ihr großer Reichtum half der Abtei Unserer Lieben Frau zu den Schotten nicht nur über die Brandkatastrophe von 1276 hinweg, es gelang ihr auch das Reformationsjahrhundert, nach ihm die Josephinische und Napoleonische Ära, die Jahre und Ereignisse von 1848, 1918 und 1938 ziemlich unbeschadet, wenn auch mit einigen Einbußen zu überstehen. In der harten Zwischenkriegszeit, 1918 bis 1938, als der Hausbesitz entwertet wurde, erweiterte das Stift seine Weingärten in Nußdorf, Maria Enzersdorf und Pulkau um ein Beträchtliches.
Schon in den ersten Jahrzehnten seines Bestandes, errichtete der Benediktiner-Konvent nächst der Burg der Babenberger eine Lateinschule. Sie wurde nach der Gründung der Wiener Universität, 1365, deren zentrale Vorbereitungsschule. Seit dem Beginn des 16. Jh. bestanden bei den Schotten eine Musikschule und ein Konvikt für Adelige. 1807 übernahm das Stift auf Anordnung der Regierung das Wiener Anna-Gymnasium. Neben den zwei anderen damals in Wien bestehenden Gymnasien, dem der Piaristen und der Jesuiten (seit 1773 »Akademisches Gymnasium«), wurde das »Schottengymnasium« ein vorzüglich von Söhnen des Adels und des Wiener Großbürgertums frequentiertes Schulinstitut. Unter den Schottenzöglingen befanden sich Mitglieder der Adelshäuser: Liechtenstein, Schwarzenberg, Trautmannsdorf, Windisch-Graetz, Kinsky, Hohenlohe-Schillingsfürst, Montenuovo, Dietrichstein, Salm, Lanckoronski, Hardegg, Hoyos u. a. m. Schüler des Schottengymnasiums waren auch Eduard Bauernfeld, Friedrich Halm, Ferdinand Kürenberger, Robert Hamerling, Ferdinand von Saar, Johann Nestroy, Johann Strauß, Moritz Schwind, Levinsky, Jakob Minor, Wagner-Jauregg u. a. m.
Zu allen Zeiten waren Stiftspriester der Schotten Mittelschul- und Universitätsprofessoren. Im Jahre 1846 unterhielt die Abtei nicht weniger als 15 Grundschulen auf dem Lande und eine Volksschule im Schottenhof. Für weitere 13 Schulen stellte sie Einrichtung und Zins zur Verfügung. Das heutige Stift ist durch sein Gymnasium, durch seine Seminare, Kurse und Exerzitien bekannt.

INKORPORIERTE PFARREN

Eggendorf im Thale nordöstlich bei Hollabrunn gehört zum Urbesitz des Stiftes. Die Pfarre St. Afra besteht seit 1115, die heutige Kirche ist im 19. Jh. unter Benützung des alten Turmes und Mauerwerkes im neugotischen Stil errichtet und eingerichtet worden.
Auch **Enzersdorf im Thale** nächst Eggendorf besitzt eine neugotische St.-Martins-Kirche. Als Pfarre erhielt sie das Stift 1783 überantwortet.
Enzersfeld nordöstlich Korneuburg ist eine »Josephinische Pfarre« des Klosters.
Gaweinstal südlich Mistelbach, das frühere Gaunersdorf, wird als Pfarre vor 1278 genannt. Gaweinstal war im 16. Jh. bis auf den letzten Gläubigen lutherisch geworden. Erst 1603 kehrte der Ort wieder unter das Regiment der Schotten zurück. Eine Gedenktafel in der Ortskirche erinnert daran. Den mächtigen Barockbau zum hl. Georg ließ das Stift zwischen 1688 und 1690 errichten. Er ist mit einem schönen Hochaltar und wertvoller originaler Einrichtung ausgestattet.
Höbersbrunn südlich Mistelbach bei Gaweinstal kam 1783 an die Schotten.
Eine St.-Veits-Kirche in **Kleinengersdorf** östlich Korneuburg ist bereits um 1100 als ecclesia apud Engilbrehtes urkundlich. Sie war im Besitz der Formbacher und wurde im 14. Jh. vergrößert, 1777 barock erneuert. Eine Statue des hl. Veit in ihr war im 18. Jh. Ziel vieler Wallfahrten aus der Umgebung. In der jetzigen Kirche stellt ein Gemälde des J. M. Schmidt, 1775, die Marter des besonders in Böhmen verehrten Nothelfers dar.
Die Seelsorge in der Josephinischen Pfarre *Platt* südlich Retz hat das Stift in letzter Zeit abgegeben. Die Pfarrkirche zum hl. Ulrich, 1849 erbaut, besaß zwei Trogergemälde.
Martinsdorf östlich Gaweinstal ist eine der sieben Pfarren, die dem Stift 1783 in NÖ. einverleibt wurden.
Die Pfarre **Pulkau** südwestlich Retz gehört neben Eggendorf zu dem durch ein Jahrhundert umstrittenen stiftischen Urbesitz. Mit Weingärten um den Ort waren die Stifte Klosterneuburg, Zwettl, Geras, Pernegg, St. Bernhard, Hohenfurt in Böhmen, auch das bayerische Högelwörth bei Salzburg bedacht. Erst im 13. Jh. erhielt die Abtei die Pfarre inkorporiert. Die hochgelegene ursprünglich einschiffige, jetzt dreischiffige *St.-Michaels-Kirche* besitzt romanisches Grundmauerwerk mit Rundbogenfenstern, Rundbogenfries und Flecht-, Blatt-, Tierornamenten, auch Fresken um 1330, eine frühgotische Kapelle und einen gotischen Chor. Neben der im 18. Jh. barockisierten Pfarrkirche ist der zweigeschossige Karner-Quaderbau um 1260, mit einem romanischen Stufentor, mit frühgotischem Pyramidendach und figural geschmückten Giebeln und Wasserspeiern zu sehen. — 1339 stifteten die Burggrafen von Maidburg-Hardegg eine Capella, die nach dem Judenmassaker von 1338 »Blutkapelle«, später *Heilig-Blut-Kapelle* genannt wurde. Die mit Hilfe der Pulkauer 1431 vollendete spätgotische *Marktkirche* mit hohem Turm und gotischem Doppeltor besitzt den wohl schönsten spätgotischen Schnitzaltar von NÖ., 1515—1523, ein Werk des Meisters von Pulkau aus der Donauschule, mit Statuen (Schmerzensmann, St. Sebastian, St. Bartholomäus) und Darstellungen der Leidensgeschichte und Hostienschändung auf den Altarflügeln. Fresken über die Ursprungslegende der Kirche sind 1876 übertüncht worden. — Die Wallfahrt »hincz dem heiligen plut gen Pulka« war im 14. und 15. Jh. modern und belebte sich nach der Pestzeit im 17. Jh. wieder. 1702 errichtete man über einer Quelle nächst dem Ort eine hölzerne *»Mariabründl-Kapelle«*, die Schottenabt Karl 1724 durch einen Steinbau ersetzen ließ. An Stelle der alten Brunnenstatue über dem wundertätigen Quell in der Grotte unterhalb der Kirche kam im 19. Jh. eine »Lourdesdarstellung«.
Die Pfarre **Waitzendorf** südwestlich Retz kam 1720 an das Stift. Die im Kern gotische Kirche zur hl. Dreifaltigkeit, im 18. und 19. Jh. verändert und erweitert, besitzt eine zum Teil noch barocke Einrichtung.
In **Wien** betreut das Schottenstift insgesamt sechs Pfarrkirchen.
Der zweitürmige, von der Abtei errichtete, 1699 geweihte Barockbau zur hl. Anna in Wien XXII bildete den Mittelpunkt des zu Ende des 17. Jh. hier entstandenen Angerdorfes **Breitenlee.** Die Kirche besitzt noch originale Einrichtung, der ihr benachbarte Pfarrhof war der einstige Wirtschaftshof des Stiftes, 1698.
Die Pfarrkirche zum hl. Laurentius, an der Westbahnstraße in Wien VII, die **Schottenfelder Kirche,** wurde zwischen 1784 und 1786 errichtet. Sie ist im Stil des 18. und 19. Jh. eingerichtet und besitzt eine (sehr veränderte) F.-X.-Krismann-Orgel, 1790.
Schottenkirche → Seite 18 ff.

Die Pfarre zum hl. Nikolaus im XXII. Bezirk, im ehemaligen **Stammersdorf,** seit 1478 bestehend, mit Turm und Chor aus der gotischen und einem Langhaus aus der barocken Epoche, ist im 19. Jh. erweitert und mit Wandmalereien versehen worden. Hochaltar, Kanzel und ein Teil der Einrichtung sind noch barock.
Die **Ulrichskirche** in Wien VII, »Maria Trost«, tauschte das Schottenstift 1302 gegen die Pfarre Maria am Gestade (Maria Stiegen) ein. Inkorporiert wurde sie den Benediktinern 1451. Der heutige Bau entstand nach der Zerstörung von 1529 und 1683 durch die Türken 1721 bis 1724, die beiden Türme waren 1771 errichtet. Die einstigen Troger-, Maulbertsch- und Mildorfer-Gemälde wurden durch Werke anderer Künstler aus dem 17. und 18. Jh. ersetzt. Auch die Einrichtung stammt aus dieser Zeit.

SCHRATTENTHAL

Ehemaliges Augustiner-Chorherrenstift. NÖ.

Als Ulrich Eitzing, der kleine Ritter aus dem Innviertel, 1437 Berater und Hubmeister (Finanzminister) Kaiser Albrechts II. und Besitzer umfangreicher Ländereien, Herrschaften und Schlösser zwischen Donau und Thaya geworden war, baute er seinen Hauptsitz Schrattenthal aus. Unter anderem erbat er sich, um kirchlich unabhängig zu werden, für die kleine St.-Martins-Kirche, eine Filialkirche von Pulkau, die er sich in seiner Wasserburg eingerichtet hatte, von Rom einen besonderen Ablaß, errichtete neben ihr eine einschiffige Kirche, verband beide Gotteshäuser miteinander und löste die neuentstandene Pfarre aus der Pulkauer Schottenpfarre. Schrattenthal wurde ein beliebter Wallfahrtsort. Stephan Eitziger, der Bruder des durch die »Mailberger Revolte« und seine Gefangennahme berühmt gewordenen Ulrich, erwarb nach dessen Tod 1472 für das Dorf »Schretental« Stadtrecht und Stadtwappen. In der nach Hardegg heute kleinsten Stadt Österreichs, der »kleinen Weinstadt« bei Retz, begründete Freiherr Stephan von Eitzing 1476 an der Pfarrkirche zum hl. Augustin eine Propstei mit einem Kapitel von fünf Chorherren und einem Propst aus Dürnstein und St. Dorothea in Wien. Unter Propst Mellius entstand im Stift Schrattenthal um 1500 einer der ersten Privatdruckereien des Landes. Im Jahre 1522 mußte Michael von Eitzing, ein Neffe des Abenteurers Ulrich, mit Johann von Puchheim in Wiener Neustadt das Schafott besteigen. Seine Revolte gegen Kaiser Ferdinand I. war fehlgeschlagen. Der Eitzinger endete als geächteter Rebell. Zehn Jahre nach dem »Blutgericht« von Wiener Neustadt war Niederösterreich fast zur Gänze protestantisch geworden. 1533 wurden die Augustiner-Chorherren aus Schrattenthal vertrieben. Der Stiftsbesitz wurde säkularisiert. Um 1560 war die Stadt eines der Zentren des neuen Glaubens geworden.

SEHENSWERT in Schrattenthal ist das Eitzinger-Schloß mit der ehemaligen Stiftskirche, der heutigen Schloßkapelle St. Martin mit einem Wehrgang über den Maßwerkfenstern, mit Wehr- und Treppentürmchen, einer schönen spätgotischen Sakramentsnische und einem Altar mit Kruzifix um 1520.

LAGE Südlich Retz.
BESICHTIGUNG des Schlosses und der Schloßkapelle möglich.

SECKAU

Benediktinerstift. Stmk. → auch Seite 110 bis 113.

BESITZUNGEN/PFARREN In einer feierlichen Urkunde vom 10. Januar 1140 bestätigte der hochfreie Adalram von Waldeck aus dem Geschlecht derer von Traisen-Feistritz zu Friesach in Kärnten seine Stiftung für ein Augustiner-Chorherren-Kloster und übergab sie der Salzburger Kirche. Als Ausstattung hatte er dem Stift seinen Erbbesitz zu Feistritz mit der Marienkirche St. Marein samt Zubehör an Äckern, Wäldern, Weiden, Weingärten und Gewässern zugedacht. Erzbischof Konrad I. von Salzburg vermehrte die Adalramsche Stiftung um Zehente in den Windischen Büheln in der heute jugoslawischen Untersteiermark. Noch im 12. Jh. wuchsen die Dotationsgüter des auf die Seckauer Hochfläche verlegten Klosters um Besitzungen im Murtal bei Knittelfeld, in der Kärntner Mark und in Österreich ob und unter der Enns. Geschlossener Grundbesitz bestand seit dem 12. Jh. in der Umgebung der Propstei, um Feistritz-Marein und Seckau, zwischen den Seckauer und Gleintaler Alpen. Die Pfarre Kobenz war dem Stift einverleibt. Im 15. Jh. besaßen die Seckauer Chorherrn Ämter in der Obersteiermark mit 1153 Untertanen, Ämter im Oberösterreichischen und bei Wiener Neustadt, Neunkirchen, Bad Fischau, bei Petronell, Willendorf und an anderen Orten in Niederösterreich. Diese Wirtschaftsämter verwalteten zum Teil über 20 »Hofstätten«. Ein Urbar des 16. Jh. zählt als an Untertanen »vergabte« Wirtschaftsgründe und Objekte auf: 538 Huben Land, 43 Höfe, 38 Hofstätten, 15 Mühlen, 11 Sägemühlen, 19 Almen, 69 Keuschen, 8 Tavernen. Bei der Aufhebung des Stiftes im Jahre 1782 betrug das Reinvermögen 456 488 Gulden (das sind nach heutigen Werten über 100 Millionen Schilling) bei einem Aktenvermögen von 755 205 Gulden. Seckau besaß damals die Herrschaften und Schlösser Dürnberg und Hautzenbichl und die Meierei Vorwitzhof in der Gaal, die Herrschaft und Schloß Witschein bei dem heute jugoslawischen Marburg samt Bergrechten und Weingärten, herrschaftliche Bergrechte und Weingärten bei Radkersburg und den Seckauer Hof in Graz samt dazugehörigen Gülten, Bergrechten und Weingärten. Auch ein Hammerwerk in der Gaal und ein (goldführendes) Kupferbergwerk bei Knittelfeld waren in stiftischem Besitz.
Zur Zeit der Auflösung des Chorherrenstiftes gehörten zu Seckau die Pfarren: St. Jakob im Markt Seckau, St. Marein im Paradies in Feistritz, St. Rupert in Kobenz, die Stadtpfarre Knittelfeld mit einem Benefizium, St. Stefan zu Schönberg, St. Margarethen zu Knittelfeld mit der Filiale Rachau und St. Lorenzen ob Kraubath.
Die seit 1883 neu bestehende Benediktinerabtei betreut heute nur **Feistritz bei Knittelfeld,** mit der Kirche St. Marein im Paradies. Die Feistritzer Filialkirche zum hl. Johann, ein einschiffiger romanischer Bau mit Rundapsis, spätgotischem Portal und Gewölbe, Flügelaltar und einem Christophorusfresko an der Außenwand, ist im Stile des 18. Jh. eingerichtet. Die benachbarte weithin sichtbare Pfarrkirche *St. Marein im Paradies* entstand im 15. Jh. an der Stelle der Kirche, die Hartnit, der Vater des Klosterstiftes Adalram von Waldeck, hier im 11. Jh. hatte errichten lassen. Das unter Propst Ennsthaler errichtete Gotteshaus ist 1480 von den Türken verwüstet und später wiederhergestellt worden.
Es handelt sich um eine der sehenswertesten und noch interessant ausgestatteten

Stift Seckau, Stmk., Maria-Krönungs-Altar, 1500.

gotischen Kirchen der Steiermark mit romanischem Turm, romanischer Sakristei, bemalten Gewölben und dem spätgotischen Flügelaltar des Stiftspropstes Gregor Schärdinger. Am Triumphbogen steht neben dem Wappen der Habsburger zu lesen: »herzog albrecht zu Ôstreich und Kunig Friedrich zu Ôstreich 1447«, im Kirchenschiff findet sich das Wappen des Propstes Johannes Dürnberger, 1490, am Doppelportal eine Selbstdarstellung des Admonter Kirchenbaumeisters Velbacher: »Niclas von Admund maist. d. Kirchen 1445.«

SEEKIRCHEN
Kollegiatstift. Sbg.

Der Überlieferung nach hatte der hl. Rupertus, bevor er Salzburg als seinen Standort wählte, als Glaubensbote zuerst in Seekirchen gewirkt, an jener Stelle »am Wallersee, wo die Fischach aus dem See entspringt«. Auch historisch gesehen ist Seekirchen die älteste Filialgründung Salzburgs. Den Urkunden ist zu entnehmen, daß der bayerische Herzog Theodo dem rheinfränkischen Bischof, nachdem er ihm die »Salzpurch« auf dem heutigen Nonnberg und das zerstörte Juvavum überantwortet hatte, auch vier Mansen Land am Wallersee schenkte. Rupertus ließ hier eine Peterskirche erbauen. Es war seine erste Kirchengründung im Salzburgischen. Eine spätere herzogliche Schenkung von weiteren zehn Mansen und einem Wald am See, Grundübertragungen von Adeligen an St. Peter in dieser Gegend ließen in Seekirchen die früheste und reichste Wirtschaftszelle der Abtei entstehen. Während die Rupertusgründung → Bischofshofen und auch Bisonzo — Zell am See sich vornehmlich als Zentren der Christianisierung und Kultivierung entwickelten und an ihnen Klosterzellen entstanden, besaß die Filialgründung Seekirchen vor allem wirtschaftliche Bedeutung.

Der Stiftung eines Kollegiats in Seekirchen sollen öfters Besuche des jungen Kärntner Grafen Max Gandolf von Kuenburg vorausgegangen sein, der 1655, dreiunddreißigjährig, Bischof von Lavant geworden war und Anwartschaft auf den Salzburger Bischofsthron besaß. Der junge Lavanter Bischof hielt sich gerne in der Gegend auf, in der Rupertus seine erste Kirche gegründete hatte, und war auch mit dem Seekirchner Pfarrer Johann Schwab befreundet. Es heißt, Max Gandolf habe sich während einer kurzen Andacht in der Kirche vom Pfarrer das Tabernakel aufsperren lassen. Indem er ihm das Allerheiligste entnahm, soll er zu Johann Schwab gesagt haben: »Mein Herr Pfarrer, wenn Gott es fügen sollte, daß ich Erzbischof werde, dann will ich, so wahr ich jetzt meinen Erlöser in Händen habe, dieses seines Heiligen Hauses eingedenk sein!«

Als der Kuenburger am 18. August 1668 mit dreißig Kutschen und einer aufwendigen Cavalkade als neuer Fürst in Salzburg eingezogen war, hatte er auf sein Gelöbnis längst vergessen. Am Pfingstsonntag-Abend des folgenden Jahres schlug der Blitz in den Kirchturm von Seekirchen und beschädigte das Gotteshaus nachhaltig. Als man das Unglück dem Erzbischof meldete, erinnerte er sich, »woran Gott mich mahnt«.

10 Jahre nach dem Brand der Kirche standen neben ihr die jetzigen Stiftsgebäude. Erzbischof Max Gandolf erhob St. Peter von Seekirchen zur »Collegiata« mit einem Präpositus und sechs Kanonikern. 1879 erhielt der Stiftspropst von Seekirchen das Recht der Pontifikalien. Das Kollegiatstift besteht noch heute.

Die Seekirchener Kollegiats- und Stiftskirche zum hl. Petrus ist nach dem Brand von 1669 zum Großteil von Antonio Dario neuerrichtet und 1947/48 restauriert worden. Das Grundgemäuer des Chores stammt aus dem 15. Jh., auch die Krypta unter dem Chorschluß, die 1443 als »St.-Ulrichs-Gruft« konsekriert wurde.

LAGE Nördlich Salzburg.
BESICHTIGUNG der Stiftskirche möglich.

SEITENSTETTEN

Benediktinerstift. NÖ. → auch Seite 58 bis 60.

BESITZ UND SCHULE Das wirtschaftliche Fundament des frühen Kollegiats- und späteren Benediktinerstifts bildeten die Schenkungen des Udalscalc (Udalschalk) und des Erzbischofs Wichmann von Magdeburg aus den Jahren 1112 und 1116. Es waren Güter in und um Seitenstetten, Waldgebiete im mittleren und oberen Ybbstal, um das heutige Göstling, mit Eisengruben und Salzwerken, es war die Pfarre Ybbsitz, in deren ehemaligen Sprengel heute die Pfarren Allhartsberg, Aschbach, Biberbach und Krenstetten liegen. Im Kampf um diese irdischen Güter — das Bistum Freising, hier mit älteren Besitzrechten ausgestattet, machte dem Stift Aschbach, Waidhofen und Hollenstein streitig und rief die Päpste als Schiedsrichter an — wurden Abt Rudolf und einige Konventualen im 13. Jh. exkommuniziert. Seitenstetten siegte am Ende nur im Falle Aschbach.
Im 15. Jh. vergrößerte Abt Heumader den Besitz, bevor sich das Stift im 16. Jh. verschuldete und an dem Fortbestand der Abtei gezweifelt werden mußte. Doch erwarben im 17. und 18. Jh. unternehmerische Äbte ein Kupferbergwerk in Radmer, ein Messinghüttenwerk in Reichraming, kauften und tauschten Land und Höfe in Tulbing, Kirchenstetten und Birkfeld. Seit dem 18. Jh. bestanden in Wien der große und kleine Seitenstettener Stiftshof in der Seitenstettengasse und am Katzensteig. Das heutige Stift betreibt Forst- und Landwirtschaft, der Grundbesitz umfaßt ca. 1500 ha Wald und ca. 200 ha Ackerland. In diesen und in den historischen Traditionsgebieten erhalten und betreuen die Seitenstettener Benediktiner Pfarreien und deren Filialkirche.
Erste Nachrichten von einer Klosterschule in Seitenstetten finden sich zu Ende des 13. Jh., eine theologische Lehranstalt und eine Lateinschule bestanden im 18. Jh. 1737 wird ein »Gymnasium« erwähnt, das 1814 Öffentlichkeitsrecht erhielt, 1866 zum Obergymnasium erweitert wurde und heute als achtklassiges Vollgymnasium besteht. Als Seitenstettener Gymnasiasten sind u. a. zu nennen: die Gelehrten Gottfried Frieß und Anselm Salzer, die Ärzte Haberer und Guido Holzknecht, die Historiker Bauer und Kretschmayr, der Wiener Bürgermeister Cajetan Felder, Bundespräsident Miklas und Bundeskanzler Raab, die Kardinäle und Bischöfe Memelauer und Zak.

INKORPORIERTE PFARREN

Allhartsberg nordöstlich des Sonntagberges bei Waidhofen gehörte zur Pfarre Aschbach und war mit Biberbach und Krenstetten bereits dem Kollegiatstift Seitenstetten zugesprochen. Seit 1310 selbständige Pfarre, entstand in seinem Sprengel die Wallfahrtskirche Sonntagberg. In der Allhartsberger Pfarrkirche zur hl. Katharina mit Chor um 1400 und Langhaus um 1500 steht eine Marienstatue aus dieser Zeit und ein Hochaltar (1643), der sich bis 1677 in der Sonntagberger Kirche befand. — Die benachbarte Filialkirche *Wallmersdorf,* ein kleiner spätgotischer Bau mit schönem Netzrippengewölbe, zeigt noch Glasmalereien des 16. Jh. und Freskenreste an der Außenwand, ist jedoch mit einem neugotischen Altar ausgestattet.
1116 übergab Bischof Ulrich von Passau dem Kollegiatstift Seitenstetten die Pfarre **Aschbach** südwestlich von Amstetten mit ihren »Titularkirchen« Alhartsperge — Allhartsberg, mit Biberbach und Chrebestetin-Krenstetten. 1185 wurden Pfarre und Besitz auch dem Nachfolgestift der Benediktiner zuerkannt. Ungestört konnten sich die Seitenstettener Mönche dieses ihnen zugesprochenen Sprengels jedoch erst nach einem Jahrhundert Streit mit dem Bistum Freising erfreuen. Das Gebiet der Pfarre Aschbach reichte damals von Göstling bis zur Donau. Erst eine päpstliche Bulle des Jahres 1517 verfügte die Einverleibung Aschbachs (zusammen mit Wolfsbach) an das Stift. Der Akt der feierlichen Inbesitznahme der Pfarre ist urkundlich festgehalten: der Seitenstettener Abt Andreas, dem die Kirchenschlüssel ausgehändigt worden waren, öffnete die Kirchentore, betrat den Innenraum, umfing mit beiden Armen den Taufbrunnen, schloß den Tabernakel auf, umfaßte auch den Altar auf der Evangelien- und auf der Epistelseite, dann wurden ihm Meßbuch und Kelch übergeben. Vor dem Tedeum verlas ein Priester vor den anwesenden Zeugen — dem Kaiserlichen Notar und dem Vertreter des Vogtes Georg von Roggendorf, Burggraf von Steyr — die päpstliche Bulle. — Die Aschbacher Pfarrkirche zum hl. Martin, eine dreischiffige Staffelkirche mit gotischem, doch zwiebelbehelmtem Turm, Resten der einst spätgotischen Ausstattung (das zwölfeckige Taufbecken, Gewölbe, Empore und schöner Epitaph um 1520) ist im Rokoko (Orgel, Gitterwerk) und im 19. Jh. (Altäre, Chorfenster) erneuert und neu eingerichtet worden.
Biberbach östlich des Stiftes ist seit 1312 Pfarrort. Seine dreischiffige spätgotische St.-Stephans-Kirche mit dem Chor um 1400 besitzt einen barockisierten Turm und barocke Einrichtung.
Die Pfarrkirche zur hl. Familie in **Kematen an der Ybbs** nördlich Waidhofen, 1929 aus einer Notkirche entstanden, ist erst nach dem Zweiten Weltkrieg erweitert und künstlerisch ausgestattet worden.
Als die Aschbacher Bürger sahen, heißt es in einem legendären Bericht, daß sich das ursprünglich zu ihrer Pfarre gehörige **Krenstetten** (nördlich von Waidhofen) in einen blühenden Wallfahrtsort verwandelt hatte, entwendeten sie heimlich die Statue »Unserer Lieben Frau« aus der Krenstettener Kirche und stellten sie bei sich auf. Trotz aller Verehrung, die ihm die Aschbacher zuteil werden ließen, sei das Gnadenbild jedoch dreimal in die Krenstettener Kirche »Maria am Anger« zurückgekehrt. — Die sehenswerte dreischiffige Pfarrkirche von Krenstetten mit selten spielerisch phantasievollem Netzrippengewölbe aus dem 15. Jh., mit einem mächtigen Priesterchor und einem schönen Orgelchor um 1500, ist seit dem Jahre 1504 als Wallfahrtskirche bekannt. Neben den Glasmalereien (aus den Kirchen Wallmersdorf, Ybbsitz und Weyer) des 14. und 15. Jh. sind in ihr ein spätgotischer (stark überholter) Flügelaltar (Ganselaltar) und eine Vesperbild-Steinstatue um 1420/30 zu sehen. Die prächtige Kanzel ist barock, die Altäre sind neugotisch, doch mit noch alten Statuen besetzt. In der Gestalt des »Schmerzensmannes« aus dem 15. Jh., die in dieser Kirche aufbewahrt wird, ist wahrscheinlich jene Salvatorstatue zu sehen, die Abt Benedikt I. von Seitenstetten, 1437—1441, in der unter ihm errichteten Kapelle auf dem heu-

tigen Sonntagberg — dem einstigen Salvatorberg — aufstellen ließ. — Krenstetten ist heute noch eine vom Stift Seitenstetten betreute und geförderte Wallfahrtsstätte.

Die Pfarre zum hl. Wolfgang in **Öhling** südwestlich Amstetten, ursprünglich spätgotisch, ist nach einem Brand im 17. Jh. und später auch im 19. Jh. verändert und erneuert worden. 1784 wurde Öhling von Aschbach getrennt und als selbständige Pfarre dem Stift überantwortet.

Die hochgelegene Pfarrkirche zum hl. Georg in **St. Georgen in der Klaus** nordwestlich Waidhofen an der Ybbs ist eine einschiffige spätgotische Kirche mit einem massigen Kirchturm — in ihm hängt eine Glocke des 13. Jh. — und barocken Anbauten. Auch dieses Kirchlein gehörte zur Pfarre Aschbach.

St. Johann in Engstetten (St. Peter in der Au) nordwestlich des Stiftes war Filialkirche von Wolfsbach und ist erst seit 1808 selbständige Pfarre. Die zweischiffige spätgotische Kirche mit reichen Gewölben auf zwei Mittelpfeilern ist barock eingerichtet.

St. Michael am Bruckbach, südlich des Stiftes gelegen, besitzt in seiner gotischen, einst befestigten Michaelskirche aus dem 14./15. Jh. und aus dem 16. Jh. ein stimmungsvolles vom Friedhof umgebenes Gotteshaus in prächtiger Höhenlage. Unter Abt Placidus Bernhard, 1627—1648, ist St. Michael mit drei schönen Altären versehen und im Stile des 17. Jh. eingerichtet worden.

Die Wallfahrt auf den zur Pfarre Allhartsberg gehörigen »Raudnitzberg« nächst Waidhofen galt im 14. und 15. Jh. einem »Zeichen- und Wunderstein« aus heidnischer Zeit. Zwischen 1437 und 1441 ließ Abt Benedikt von Seitenstetten auf ihm eine »Salvator«-Kapelle errichten, auch in der Absicht, den Raudnitzberg in einen Salvatorberg zu verwandeln. Doch setzte sich schließlich der Name **Sonntagberg** durch. Als der Strom der Pilger zu Beginn des 17. Jh. nicht abriß und Gläubige weiterhin unter dem Gespött der Protestanten zur »Anbetung eines Steines« auf den Berg wallten, ließ Abt Kaspar Plautz, 1610—1627, unter dem Zeichen- und Wunderstein eine Kupfertafel mit einer Dreifaltigkeitsdarstellung anbringen. Auf diesem »Gnadenstuhl-Bild« in Gestalt eines Kreuzes schwebt das Symbol des Heiligen Geistes, die Taube, nicht wie üblich oberhalb, sondern unter der ersten und zweiten göttlichen Gestalt, Gottvater und Gottsohn. Der Sonntagberg war auch im Reformationsjahrhundert heilige Stätte, obwohl Wolf Straßer von Gleiß, Herr auf Burg Gleiß, die von Seitenstetten geförderte Wallfahrt mit allen Mitteln zu unterbinden trachtete, Abt Kaspar als einen »tumultierenden, rachgierigen, durchsichtigen hitzigen und kupfersüchtigen Bruder« bezeichnete, die Kapelle von Gleiß schließen ließ, den Sonntagberg mit Bewaffneten stürmte und den Zugang zu ihm eine Zeitlang sperrte. 1650, als die Türken drohten, sah man auf ihm Katholiken und einstige Protestanten wieder im Gebet vereint. In der Pestzeit wurde der Waidhofener Sonntagberg Ursprungsort der nun bald überall errichteten Dreifaltigkeits-Pestsäulen: »Als anno 1676 die Pest zu Wien graßieret«, berichtet ein Chronist, »hat diese böse Sucht augenblicklich alldorten nachgelassen und aufgehöret, als auf dem Platz, der Graben genannt, die Bildnuß der Allerheiligsten Dreifaltigkeit nach unserer Sonntagbergischen Manier und Form auf eine hohe Säulen gesetzt und mit höchster Andacht verehrt worden. Welchem löblichen Exempel andere fürnehme Städt in den Kaiserlichen Erbländern gefolget seynd.« Im Oktober 1679 hatte der Wiener Stadtrat eine hölzerne Pestsäule errichten lassen, Kaiser Leopold I., der »Türkenpoldl«, ließ sie durch die marmorne des Ludwig Burnacini und Fischer von Erlach ersetzen und sich selbst auf ihr darstellen. Alljährlich in der vierten Woche nach Pfingsten wallfahrteten seither Wiener von der Peterskirche am Graben zum Sonntagberg.

Seit 1728 krönte den Berg die zweitürmige barocke Dreifaltigkeitskirche Jakob Prandtauers und seines Vetters Josef Munggenast, mit Malereien des Antonio Tassi, Deckenfresken des Daniel Gran, Gemälden des Kremser Schmidt und dem Prachtaltar des Melchior Hefele. Bevor das Gnadenbild der Heiligsten Dreifaltigkeit im Frühsommer 1757 auf diesen Altar übertragen werden konnte, war es zu einem aufsehenerregenden Prozeß zwischen dem Bauherrn, Abt Domenicus Gußmann, und dem Architekten Melchior Hefele gekommen, der auch Maria Theresia beschäftigte. Abt Domenicus, der hinter dem Rücken des Künstlers mit einem Wiener Bildhauer vertragsschlüssig geworden war, verlor den Prozeß, mußte Hefele den Auftrag überlassen und 750 Gulden bezahlen. Den Untersberger Marmor zum Altar, ein Geschenk des Salzburger Erzbischofs, beförderte man auf 34 Wagen zu je sechs Pferden vom Donauhafen Wallsee nach Rosenau. Zur Beförderung auf den Berg benötigte man 332 Paar Ochsen. Der Altar, ein gewaltiges Zelt auf 12 Säulen, den 12 Stämmen Israels, symbolisiert die Wohnung Gottes unter den Menschen. Sie wird von den Symbolen der Unendlichkeit, der Allmacht, der Weisheit und der Allwissenheit gekrönt. Ein Marmorkegel trägt einen Teil des legendären Zeichensteins und das große silbergerahmte Gnadenbild. — Der Sonntagberg war neben Mariazell und Maria Taferl eine der größten Kultstätten des alten Reiches, zu dem Pilger aus allen Teilen der Monarchie strömten. 1756/57 zählte man 122 000 Wallfahrer. Die unzähligen Votive sind volkstümlich und topographisch von größtem Interesse. Der Sonntagberg war bis 1783 Filiale der Pfarre Allhartsberg, seither wird er vom Stift direkt betreut.

Steinakirchen am Forst südöstlich Waidhofen/Ybbs ist ein schon im 10. Jh. urkundlicher Ort, dessen Pfarre seit 1107 besteht. In der noch mit interessantem architektonischem Detail ausgestatteten spätgotischen Kirche zum hl. Michael, mit reichen Stern- und Netzrippengewölben, stehen ein Hochaltar und Statuen von M. Guggenbichler bzw. aus dessen Werkstatt. Grabsteine finden sich hier aus dem 14. bis 17. Jh. — Die Filialkirche zum hl. Nikolaus in *Pyhrafeld* ist ein schlichter Barockbau des 17. Jh., der noch gotische Pfeiler und Maßwerkfenster, auch einige spätgotische Schnitzfiguren besitzt.

Die Pfarre **Windhag** nordöstlich am Stadtrand von Waidhofen a. d. Ybbs wurde 1774 aus dem Sprengel Allhartsberg gebildet. Die einfache Landkirche zum hl. Stephan aus hochgotischer Zeit, um 1400, besitzt einen barocken Turm und Einrichtung um und nach 1700. — Die Filialkirche *St. Ägyd am Walcherberg,* früher auch »das Mesnerhäusl bei Windhaag« genannt, entstand vor 1526, wurde von den Türken zerstört, 1787 entweiht, jedoch 1791 auf Wunsch der Waidhofener wieder geöffnet. Schon im 16. Jh. betete man hier vor dem »hilzernen Bildnus des Heiligen Aegidi« um gutes Wetter und einen reichen Viehstand. Für viele war auch das »Egydibründl« unterhalb der Kirche Wallfahrtsziel.

Wolfsbach nördlich des Stiftes ist mit → Aschbach eine der Urpfarren der Gegend. Im 10. Jh. wurde der Kirchenort dem Passauer Bistum übergeben, seit 1109 Pfarre, kam Wolfsbach 1142 an Seitenstetten. Eine päpstliche Bulle sprach 1517 die Einverleibung an Seitenstetten aus. Die Pfarrkirche zum hl. Veit ist ein spätgotischer Bau mit einer dreischiffigen sternrippengewölbten Halle und malerischem Chor. Unter der neugotischen Einrichtung sind eine Marienstatue und Holzplastiken des 16., auch eine Schmerzensmutter des 18. Jh. zu finden.
Ybbsitz östlich von Waidhofen war eine Schenkung des aus Gleiß gebürtigen Magdeburger Erzbischofs Wichmann an das Stift (12. Jh.). Wichmann ist der eigentliche Begründer dieses Marktes, in dem man um 1850 noch über 60 Schmiedewerkstätten, Hämmer, Sensen- und Walzwerke zählte. In der sehenswerten St.-Johannes-Pfarrkirche, einem zwischen 1489 und 1497 errichteten Hallenbau mit barock behelmtem Turm, einem Chor um 1419, einem netzrippengewölbten Oratorium, einer Marienkapelle über der Eingangshalle, ist ein Gemälde des Erzbischofs mit Infel, Stab und Wappen zu sehen. Kilian Heumader, Pfarrer von Ybbsitz, dann Abt von Seitenstetten, ließ es Ende des 15. Jh. herstellen. »Her Weichmann Erczbischoffe zw Maidburg. hye stiffter. anno Domini MCLXXXVI« lautet die Inschrift. — Benediktiner-Pfarrherren von Seitenstetten betreuten bis in die dreißiger Jahre unseres Jahrhunderts die erst zwischen 1864 und 1872 entstandene, jetzt erloschene Wallfahrtsstätte *Maria Seesal* bei Ybbsitz, heute als Ausflugsort bekannt.

SOLBAD HALL IN TIROL
Ehemaliges Damenstift, jetzt Kloster des Sacré Coeur. Tirol.

Das 1566 von Erzherzogin Magdalena, der Schwester des Erzherzogs Ferdinand II., begründete und mit reichen Pfründen ausgestattete königliche Damenstift widmete sich der Jugenderziehung und unterhielt ein Gymnasium und ein Knabenkonvikt. Bis 1773 betreuten Jesuiten, späterhin das 1653 begründete Franziskanerkloster die Institute. 1786 fiel das Damenstift den Josephinischen Reformen zum Opfer, 1912 siedelte sich hier auf Anregung Erzherzog Franz Ferdinands das Nonnenstift Sacré Coeur an.

SEHENSWERT im Stiftskomplex mit dem Barockportal von 1691/92 ist der Arkadenhof aus dem 16. Jh. und der 1715/1716 vom Stadtbaumeister Gremblich erbaute Sommerpalast der Stiftsdamen mit Fresken von Kaspar Waldmann. Die nach außenhin gotisch wirkende hochgiebelige Stiftskirche ist 1570 geweiht, 1691 nach einem Erdbeben barockisiert, 1786 profaniert und 1912 wiederhergestellt worden. Sie besitzt einen saalartigen Innenraum aus der Renaissancezeit mit barocken Stukkaturen und störenden Wandfresken um 1920. In der Vorhalle finden sich gotische Anklänge.

SPITAL AM PYHRN
Ehemaliges Kollegiatstift. OÖ.

Das große zweitürmige Gotteshaus läßt fürs erste an eine Wallfahrtskirche denken. Doch entstand die in Kunstführern als sehenswert bezeichnete, prächtig ausgestattete Mariä-Himmelfahrts-Kirche mit anschließenden Stiftstrakten an der Stelle eines frühmittelalterlichen Hospizes und Spitals, wie man sie an Paßübergängen in den Alpen, an den alten Römerwegen, an Pilgerstraßen nach Rom und an den Heerstraßen der Kreuzzüge seit dem 10. und 11. Jh. errichtete.
Während des dritten Kreuzzuges ließ der Bamberger Bischof Otto II., Graf von Andechs, um 1190 nördlich des Pyhrn, in der Gegend des heutigen Spital am Pyhrn, wahrscheinlich an der Stelle eines älteren Hospizes, ein Spital errichten. Er stattete die Stiftung mit Gütern aus, die das Bistum in dieser Gegend besaß, und übergab sie einer Spitalsbrüderschaft. Die »Hospitaliter« der damaligen Zeit hatten die Mönchsgelübde abgelegt und sich auch zum unentgeltlichen Dienst an Armen und Kranken verpflichtet. Sie waren berechtigt, Almosen zu sammeln. 1199 wurde die von ihnen an der Stelle einer alten Kapelle neben dem Spital errichtete erste Kirche geweiht.
Der Hauptbesitz des Spitals am Pyhrn bestand aus bischöflichen und herzoglichen Schenkungen. Sie waren schon im 14. Jh., als kaum mehr Bedarf an solchen Spitälern bestand und ihre Existenz fraglich geworden war, so bedeutend, daß sich das verschuldete Bistum Bamberg den Spitalsbesitz zur Nutzung auf Zeit einverleiben ließ. Spital am Pyhrn besaß damals zwei Ämter im oberen und unteren Garstental, fünf Ämter im steirischen

Spital am Pyhrn. Pfarrkirche Mariä Himmelfahrt.

Ennstal und weiteren Streubesitz um Kirchdorf und Grieskirchen.
Im Jahre 1418 verwandelte der Bamberger Erzbischof Albrecht die überflüssig gewordene Spitalsinstitution in ein Kollegiatstift mit zehn weltlichen Chorherren und einem Dechanten. Den raschen Aufstieg und seine zunehmende Bedeutung hatte die junge Stiftung vor allem Friedrich von Aufseß zu danken. Der junge Bamberger Domscholaster war als einer der zehn ersten Chorherren nach Spital am Pyhrn gekommen und war 1421 zum Bischof von Bamberg gewählt worden. Zehn Jahre danach resignierte er als Bischof und kehrte in das Chorherrenstift am Pyhrn zurück. Unter Einsatz seiner nicht geringen Einkünfte wurde er bis zu seinem Tode der große Förderer des Stiftes. 1434 konnte die alte Kirche, eine dreischiffige Basilika, nach ihrer gotischen Erweiterung neu geweiht werden. Ein Jahr danach hatte der bischöfliche Chorherr mit dem Bau der sehenswerten St.-Leonhard-Kirche an der Pyhrnstraße beginnen lassen.
Das für das Stift unruhigste Jahrhundert seines Bestandes begann mit dem großen Brand von 1502, der Kirche und Gebäude fast zur Gänze vernichtete. Zwei Jahre später waren sie wieder aufgebaut. Dechant Wolfgang Pruggner und ein Teil seiner Chorherren huldigten damals dem

Zeitgeist und verehelichten sich. Als Gevatter des einflußreichen Helmhart von Jörger, eines der Anführer des lutherischen Adels im Land ob und unter der Enns, konnte es sich Pruggner leisten, den Gottesdienst und die Seelsorge in Spital am Pyhrn einzustellen. Der Verkauf von Stiftsgütern sicherte seine und seiner Chorherren Existenz als Familienväter. Kommissionen, die eingesetzt wurden, widersetzte sich Pruggner. Als Maximilian II. einen Administrator für Spital bestellte, ließ sich der Ex-Dechant abfertigen und eine jährliche Pension zusichern. Als ein vom Kaiser (vorerst ohne Einvernehmen mit Bamberg) eingesetzter Wiener Domherr, Johann Jakob Gienger von Grünbühel, erreichte, daß dem entsprungenen Priester die Einkünfte aus Stiftsbesitz entzogen wurden, setzte Pruggner mit Hilfe seines Schutzherrn beim Kaiser durch, daß er wieder voll in die alten Rechte eingesetzt wurde und man ihm die Bezüge weiterbezahlte. Bittgänge Giengers in Wien und Bamberg blieben vergeblich. Als Pruggner 1583 starb, traten seine Anwälte im Namen seiner Kinder mit Forderungen an das Stift heran.

Die Lage des Dechanten Gienger hatte sich inzwischen durch Bauernaufstände und Revolten besonders der Windischgarstener erheblich verschlimmert. Einen von ihm in Windischgarsten eingesetzten Pfarrer verjagten die Einwohner. Sie schlossen mit Jakob Streun, Prediger von Leonstein, einen Vertrag. Unter der Anführung des hünenhaften Praedikanten, der sich nur mit Wams, wallendem Federhut und einer Flinte, in Begleitung einer bäuerlichen Leibwache zeigte, besetzten sie die Kirchen St. Pankraz, St. Leopold in Vorderstoder und St. Leonhard am Pyhrn. Da der Praedikant die Vernichtung der katholischen Religion und die Zerstörung aller Klöster forderte, fühlte sich Gienger zunehmend bedroht und bat um seine Versetzung. Man verwies ihn in Wien jedoch auf seine Pflicht und riet zu Geduld. Die Bauernaufstände im Wald-, Mühl- und Traunviertel, 1594/95, zwangen die Regierung dann zu militärischem Einsatz, dem im Garstener Tal acht Aufständische zum Opfer fielen.

1603 gestand der Erzbischof dem Dechanten Gienger die Infel zu, 1605 wurde das Stift zur Propstei erhoben. Gegen Erlag von 15 Dukaten für das päpstliche Breve und 12 Dukaten für die Bestätigung der Statuten durften Gienger und seine Nachfolger seit 1608 Mitra, Ring, Stab und andere bischöfliche Insignien gebrauchen. Die notwendige endgültige Bewilligung dieser Pontifikalien durch den Bischof von Passau kosteten dem Stift 212 Dukaten.

In Anerkennung der Verdienste um die Seelsorge im Gebiet des Pyhrnpasses genehmigte im 18. Jh. Maria Theresia über Antrag des Passauer Fürstbischofs Joseph Dominik Graf von Lamberg, daß die Chorherren des Stiftes Spital am Pyhrn ein Kreuz oder Medaillon am blauen Bande tragen durften mit der Inschrift: De Deo et proximo bene merentibus — Für Verdienste an Gott und dem Nächsten.

Unter Propst Heinrich Fürsten, 1693 bis 1732, entstanden die heutigen Stiftsgebäude, mit deren Errichtung nach 1650 begonnen worden war. Die zwischen 1714 und 1730 errichtete Mariä-Himmelfahrts-Kirche wurde 1736 geweiht, 1724 von D. A. Carlone mit Stuck, zwischen 1737 und 1740 von Bartolomeo Altomonte mit den prachtvollen Fresken im Chor versehen.

Obwohl Spital am Pyhrn in der Josephinischen Ära als überflüssig bezeichnet wurde und sein reiches Besitztum zur Verstaatlichung des Kirchengutes geradezu herausforderte, blieb das Stift erhalten. Es veräußerte in dieser Zeit nur seine Weingärten in Joching in der Wachau. Erst eine Kommission des Jahres 1799, die auf Anordnung Kaiser Franz II. eingesetzt worden war, konstatierte, daß Stift Spital »eines der überflüssigsten und unnützesten Stifte« sei. Bei den zwölf »Individuen«, die es bewohnten, vier Pfarren betreuten und ein reines Stammvermögen von 627 985 Gulden verwalteten, sei »ein Mangel an Zucht und Ordnung« festzustellen. Man solle in Spital ein Defizientenhaus einrichten und das Stiftsvermögen anderweitig verwenden.

1807 wurde Spital am Pyhrn aufgelöst. Den aus St. Blasien im Schwarzwald vertriebenen Benediktinern, denen man die Gebäude zuwies, gefiel der Ort nicht. Klima und Gegend waren zu rauh, die Einkünfte zu gering, um einen Fürst-Abt mit vierzig Mönchen zu erhalten. Als die Mönche nach St. Paul in Kärnten übersiedelten, nahmen sie einen Großteil des Inventars, auch der Bibliothek, mit sich. Im verödeten Stift brach 1841 ein Brand aus, der Kirche und Gebäude zum Teil vernichtete. Sammlungen im ganzen Land ermöglichten den Wiederaufbau.

SEHENSWERT in Spital am Pyhrn ist vor allem die alte Stiftskirche mit Stiftsgebäuden und Schatzkammer. Die zweitürmige Mariä-Himmelfahrts-Kirche ist ein Werk Johann Michael Prunners, das 1730 im Bau vollendet war. Ihr schönes Gittertor und die berühmten Altomonte-Fresken im Chor sind vielfach gerühmt, beschrieben und abgebildet worden. Der festlichen architektonischen Ausstattung des Langhauses und Chorhauses entspricht die kostbare Einrichtung mit dem Hochaltar von 1769, den Seitenaltären mit Gemälden von Altomonte und J. M. Schmidt, überreich verziertes Chorgestühl, vergoldete Oratorien und die Kanzel. In der Schutzengelkapelle südlich des Chores, der ehemaligen Pröpstesakristei, sind die Grabsteine der Pröpste Gienger († 1609) und Fürsten († 1733) zu sehen. An der Außenseite der Kirche, hinter der Sakristei, der Grabstein des Bamberger Bischofs und Spitaler Chorherrn Friedrich von Aufseß († 1440). Eindrucksvolle Wappen-Epitaphien von Dechanten und Pröpsten aus dem 17. und 18. Jh. befinden sich auch im »Dechantenstöckl« des Stiftsgebäudes, dem jetzigen Pfarrhof. Er birgt die Schatz- und Paramentenkammer (ehemaliger Bibliothekssaal). — Von der Geschichte des Stiftes und vom kunsthistorischen Bestand her besehen nicht weniger sehenswert ist die *St.-Leonhard-Kirche* am Friedhof mit einer Unter- und einer Oberkirche. Während der Renovierungsarbeiten 1974 fand man in den Altären der Kirche die Reliquienkapseln mit schönem bischöflichem Siegel des Friedrich von Aufseß und auch Teile der Weiheurkunde. Danach hat der bischöfliche Chorherr die beiden Seitenaltäre im vorderen Teil des Langhauses der Oberkirche am 27. September 1439 konsekriert, den Hauptaltar am 27. Dezember 1439. Der Bau der Oberkirche war jedoch erst um 1487, der der Unterkirche um 1476 abgeschlossen. Die jetzt gut restaurierten Deckenfresken (mit einer Darstellung des »Himmlischen Jerusalem« als befestigter deutscher Stadt) entstanden nach 1444. In einer Vitrine neben dem Altar der Oberkirche sind eiserne Votivgaben des 15./16. Jh. dargestellt. Die einschiffige netzrippengewölbte Unterkirche dient heute als Aufbahrungsort.

LAGE Südlich Kirchdorf a. d. Krems.
BESICHTIGUNG der Kirchen möglich, der Schatzkammer nach Anmeldung.

STAINZ

Ehemaliges Chorherrenstift. Stmk. → auch Seite 101.

Stift »Stevncz« ist die Gründung Leutolds von Wildon und seiner Gemahlin Agnes von Traberg. Sie ließen an der Meßkapelle zur hl. Katharina auf dem Hügel oberhalb des Ortes erste Klostergebäude errichten, die 1229 von sechs Chorherren aus Seckau bezogen wurden. Die Stainzer Stiftung ist nach einer im 19. Jh. angelegten Pfarrchronik mit einer seit altersher vom Chorherrenkloster tradierten Sage verbunden: »Agnes, die Gemahlin des Leutold von Wildon, habe in einer Nacht im Traume eine Stimme gehört, ihr Gatte könne wegen seiner allzustrengen Gerichtsbarkeit und einigen von ihm verübten Ungerechtigkeiten nicht selig werden, wenn er nicht zu Katharina an der Pirka eine schöne Kirche erbaue. Zur selben Zeit stand nämlich auf dem gleichen Hügel, wo jetzt die schöne Pfarrkirche von Stainz sich erhebt, eine kleine Kapelle, der hl. Katharina geweiht, mitten in einem anmutigen Birkenhaine.« In einer jetzt vermauerten Gruft beim Presbyterium der Kirche ist das Stifterpaar bestattet worden. Eine Wappengrabplatte in der ersten Seitenkapelle aus dem 15. Jh. und zwei Stifterreliefs aus dem 17. Jh. erinnern an Luitold und Agnes. An ihrer Seite soll der Überlieferung nach auch Luitolds Bruder Ulrich beigesetzt worden sein, jener Wildonier, der nach dem Bericht der steirischen Reimchronik 1260 in der blutigen Schlacht bei Kroißenbrunn das steirische Banner mit dem Panther getragen haben soll,

». . . ein banier gruene als ein gras,
darinn ein pantel swebte,
blanc, als ob er lebte . . .«

Nach Berichten der Chronisten waren die Pröpste von Stainz im 13. und 14. Jh. vor allem damit beschäftigt, die ständig sich vermehrenden Güter und Ländereien zu verwalten, die dem Stift zuwuchsen. Schon der Wildonier hatte die Chorherren mit Pfarren, Dörfern und Landbesitz versehen, 1249 wurde ihnen auch der Markt Stainz überantwortet. Im Laufe der Zeit kam das Stift in den Besitz weiterer Dörfer, Wälder, Äcker, Wiesen, Güter, Gülten, Weingärten und Herrschaften. In einem Visitationsbericht von 1528 heißt es über den Stainzer Propst und seine Chorherren: »Haben im Glauben und sonst gegeneinander kein Beschwer. Ist ihnen gut Ordnung und geistlich Leben zu halten befohlen worden.«

Vierzig Jahre später hatte sich das friedliche Bild entscheidend geändert. 1586 nannte der Grazer Nuntius den Propst von Stainz, Sebastian Fuzius, einen untauglichen und unwürdigen Priester. Das Stift war unter ihm heruntergewirtschaftet worden. 1605 jedoch, danach noch einmal 1611, verfaßten Stainzer Chorherren Anklageschriften gegen ihren Propst Jakob Rosolenz, mit dem sie in ewigem Streit lebten. Sie warfen ihm Unterdrückung der Stiftsuntertanen vor, beschuldigten ihn als Zerstörer der Stiftsgebäude, als Verschwender und einen unerträglichen Besserwisser, der »vil Neuerungen angefangen, wie er auch vil kindische Gepey im Gottshaus und in der Kirchen mit grossen Schwaiss und Beschwerung der Undterthonen verrichtet«. Jakob Rosolenz, gebürtiger Kölner, Dechant von Leibnitz, den man mangels geeigneten Nachwuchses 1596 als Propst von Stainz postulierte, obwohl er nicht Chorherr war, hatte das nach Sebastian Fuzius schwer verschuldete Stift in kürzester Zeit saniert. Als er 1629 starb, war der Stiftsbesitz verdreifacht, Kirche und Stiftsgebäude waren modernisiert, zum Teil umgebaut, erweitert und neu eingerichtet worden, das Barvermögen betrug 50 000 Gulden. Freilich hatte der wackere Rheinländer beim Eintreiben der Schulden und Zehente nicht immer priesterliche Milde walten lassen und seine Robotforderungen nicht ohne Nachdruck durchgesetzt. Was seine Chorherren jedoch am meisten gegen ihn aufbrachte: der modernistische Renaissancemensch hatte die gotische St.-Jakobs-Kirche im Markt mit 13 Altären niederreißen lassen, den alten Kreuzgang des Klosters, hatte heilige Orte profaniert, die St.-Petrus- und die St.-Augustinus-Kapelle zerstört und außer dem vielen »kindischen Gebäu« wie der großen steinernen Stiege vom Stift zum Markt und dem ersten Stiftshof auch in der Kirche mit Neuerungen begonnen.

Mit dem Einverständnis der steirischen Erzherzöge Carl und Ferdinand, des Abtes von Rein und des Salzburger Erzbischofs war Jakob Rosolenz zum ersten Inhaber des in Graz geplanten Bischofssitzes bestimmt worden. Im Auftrag des Kaisers und Erzbischofs reiste der Propst »als designierter erster Bischof von Graz« auch nach Rom. Der geschlossene Widerstand des Stainzer Chorherrenkonvents brachte es mit sich, daß sich die Einrichtung des Grazer Bischofssitzes verzögerte und Propst Rosolenz am 3. März 1629 verschied, ohne ernannt zu werden. Der Nachfolger-Propst Simon Eberhard — auch dessen Bestellung zum Bischof hintertrieben die Chorherren — erwarb mit Hilfe der von Rosolenz erwirtschafteten Mittel die Herrschaft Herbersdorf mit Schloß, das Gut Lankowitz, Schloß Vasoldsberg und Burg Leonrod. Unter den Pröpsten Georg Seyfried Jöchlinger († 1683) und Bernhard Freiherr von Baumgarten († 1705) wurden von Rosolenz begonnene Umbauten der Kirche und der endgültige Ausbau der Stiftsgebäude abgeschlossen. Am 15. Juli 1782 starb der letzte Propst, am 18. Mai 1785 tagte in Stainz die Auflösungskommission. Das Reinvermögen des Stiftes betrug 709 787 Gulden.

Den späteren Staatsbesitz, bis 1826 u. a. Militärspital, erwarb 1840 Erzherzog Johann. Seine Nachkommen, die Grafen von Meran, besitzen ihn noch heute.

SEHENSWERTES Die Dekanatskirche zur hl. Katharina auf dem Hügel oberhalb des Marktes erreicht man über die breite Steintreppe (oder im Wagen auf der Zufahrtsstraße) durch den ersten Stiftshof, den Abt Rosolenz erbauen ließ. Auch das Portal, durch das man sie betritt, entstand unter dem revolutionären Rheinländer. Um den Stainzern nach Abbruch der Marktkirche den Zugang zu ihrer neuen Pfarrkirche zu erleichtern, hatte er sie um 1620 »umgedreht«, den Eingang nach Osten verlegt und an der Turmfront mit dem alten Portal den geräumigen Priesterchor errichten lassen. Der jetzige überreich stuckierte und ausgestattete Kirchensaal mit eigenartigen Raum-, Licht- und Farbenwirkungen, mit seinen Pfeilern und hohen Emporen, dem zweigeschossigen Hochaltar, den zehn Seitenkapellen und dem freskengeschmückten flachgespannten Tonnengewölbe entstand zwischen 1680 und 1720. An seiner Ausstattung und auch an den Kirchtürmen ließen jedoch noch die beiden letzten Pröpste Baumgarten und Angelis zwischen 1724 und 1782 arbeiten und ändern. Im alten Stiftsgebäude, dem jetzt vortrefflich restaurierten Schloß, sind der schöne Arkadenhof mit Stiegenaufgang bemerkenswert. Erhalten blieben das ehemalige freskengeschmückte Refektorium und der Bibliothekssaal.

Straßburg, Gurktal, Kärnten, Bischofsgrabstein, 1554.

STAMS

Zisterzienserstift. Tirol. → auch Seite 156—158.

BESITZUNG UND SCHULEN Stams ist nach St. Georgenberg-Fiecht bei Schwaz und Wilten in Innsbruck das jüngste der drei Nordtiroler Stifte. Vor nicht weniger als 38 Zeugen übergab Graf Meinhard II. von Görz und Tirol in seinem Stiftsbrief vom Jahre 1275 den Zisterziensermönchen aus Kaisheim (Kaisersheim) bei Donauwörth das Dorf Stams mit Wäldern, Äckern, Wiesen und allem Zubehör, Bebautem und Unbebautem, dazu die Rechte über die Pfarren Silz im Inntal und Mais bei Meran, drei Schwaigen auf dem Berg bei Stams, je einen Hof in Tannrain und zu Staudach mit Zubehör. Der Graf hatte für die Gründung über zwölfhundert Mark Silber aufgewendet, eine Summe, die etwa dem Jahreseinkommen eines kleinen Fürstentums entsprach. Noch zu Lebzeiten erweiterte der Meinhardinger seine Gründungsdotation um Privilegien, Patronatsrechte, Grundschenkungen (Piburger- und Mieminger-See) und verpflichtete seine Söhne, die Stiftung auch nach seinem Tode zu erweitern.

Dem Beispiel des Tiroler Grafen folgten eine Reihe Adeliger. Im 13./14. Jh. war Stams eine Großgrundherrschaft, deren Landbesitz an die 150 km² betrug, mit 800 untertänigen Familien in mehr als 300 Ortschaften und Weilern in Nord- und Südtirol, im südlichen Bayern und in Württemberg. Abt und Konvent des Meinhardiner-Stiftes waren oberste Herren eines Riesenbesitzes, der in seiner Gesamtfläche das Ausmaß des heutigen Fürstentums Liechtenstein übertraf. Geschlossener Grundbesitz bestand allerdings nur in und um Stams, nur ihn bewirtschafteten und verwalteten die Zisterzienser als Eigenbetrieb.

Hauptanliegen des gegenwärtigen Stiftes ist neben der Seelsorge die Bildungsarbeit. 1949 entstanden in Stams das »Meinhardinum«, eine Aufbaumittelschule mit Internat, eine Holzfachschule, ein Exerzitienheim, 1957 auch ein Hauptschulinternat. 1967 begründeten die Zisterzienser das inzwischen weltberühmt gewordene »Schigymnasium«, ein Realgymnasium, das auch an internationalen Bewerben teilnehmenden Schisportlern zur Reifeprüfung verhilft. Um das Stift entstanden zwei Jugendheime.

INKORPORIERTE PFARREN Seelsorglich und verwaltungsmäßig betreut die Abtei heute das Priorat Meran-Untermais mit Filialen und die Pfarren St. Peter-Gratsch und Pfelders in der Diözese Bozen-Brixen; in Nordtirol die ihr als Josephinische Pfarren 1786 unterstellten Pfarreien **Huben** im Ötztal (mit der Pfarrkirche hl. Martin, 19. Jh.), **Obsteig** nordwestlich von Stams (mit der Pfarrkirche hl. Josef, 18. Jh.) und **Sautens** am Eingang ins Ötztal (mit der Pfarrkirche Mariä Heimsuchung, 19. Jh.).

STRASSBURG

Propstei und ehemaliges Kollegiatstift. Ktn.

Nach 1330 errichtete Fürstbischof Gerold von Gurk im Schatten der Bischofsburg an der St.-Nikolaus-Kirche ein Kollegiat mit einem Propst und sechs Kanonikern. Die Propstei besteht noch heute, das Kollegiatskapitel nur dem Namen nach.

St. Nikolaus am Fuß des Burgberges, im 12. Jh. eine Kapelle, seit 1229 Pfarre, 1260 zur Kirche erweitert, war bis 1786 zweite Bischofskirche und Begräbnisstätte der Gurker Bischöfe. Die heute prächtig ausgestattete Straßburger Pfarrkirche mit sieben Kapellen, einem gotischen Chor und einer spätgotischen Sakristei ist zwischen 1432 und 1462 gotisch, zwischen 1630 und 1634 unter Fürstbischof Graf Laudon barock umgebaut worden. Sehenswert sind in St. Nikolaus neben einigen künstlerisch wertvollen Bischofsgräbern die schöne Rokokokanzel, 1772, und die Orgel von 1743.

LAGE Nordöstlich Straßburg.
BESICHTIGUNG der einstigen Stiftskirche möglich.

SUBEN

Ehemaliges Augustiner-Chorherrenstift. OÖ.

Stifterin des Klosters auf der Terrasse oberhalb des Inns war Tuta, Tochter des in der Gegend reich begüterten Grafen Heinrich von Formbach-Neuburg. Dem Beispiel ihrer Schwester Himiltrudis folgend, die kurz vorher auf dem linken Ufer des Inn das Stift Formbach gegründet hatte, legte Tuta um das Jahr 1050 auf dem rechten Flußufer den Grundstein zu einem Priesterkollegiat, das sie mit ihrem Besitz Suben dotierte. 46 Jahre später ließ Graf Ekbert von Formbach-Neuburg das Himiltrudis-Stift mit Benediktinermönchen besiedeln, die im Jahre 1094 auf Wunsch des Formbachers auch auf seinem Pittener Besitz in Niederösterreich das Kloster → Gloggnitz errichteten. 76 Jahre nach seiner Begründung nahm sich der Enkel Tutas, Bischof Altmann von Trient, 1124—1149, des Klosters an, weihte es zu Ehren des hl. Lambert und versah die Stiftung mit Gütern in Oberkärnten und in der Untersteiermark. Mit Ranshofen und Reichersberg, den beiden anderen Innklöstern, gehört Suben zu jenen Kollegiatstiftungen im Bereich des Bistums Passau, die unter Einfluß des Salzburger Metropoliten Konrad I. Augustiner-Chorherrenstifte wurden. Nach dem Willen Bischof Altmanns sollten die Pröpste des Stiftes Suben »auf ewige Zeiten« vom Augustiner-Chorherren-Konvent des Salzburger Domkapitels bestimmt werden. Obwohl dem Innstift schon 1236 das Recht der freien Propstwahl zugestanden wurde, bestimmte Salzburg noch bis 1474 die Subener Pröpste.
Über die äußere und innere Entwicklung des kleinsten unter den Innklöstern liegen uns nur spärliche Nachrichten vor. Privilegien, Stiftungen und Schenkungen (u. a. ausgedehnter Weingartenbesitz zwischen Rossatz und Mautern) sicherten den Fortbestand der Tuta-Gründung im 13. und 14. Jh. Handschriften des 12. und 13. Jh. (in der Linzer Studienbibliothek) belegen die mittelalterliche Schreibschule von Suben, 1515 wurden dem Stift die drei Pramtaler Pfarren, Taufkirchen, Raab und Zell, inkorporiert, erst 1684 erhielten die Pröpste das Recht zum Gebrauch der Pontifikalien. Inzwischen hatten Bauernkriege und Reformation die Stiftung in die Krise gestürzt. Propst Georg II. Raiffauer, 1696 bis 1720, jedoch konnte sich bereits wieder als Bauherr bewähren. Er ließ die alten Konventsgebäude mit Kapitelsaal und Kreuzgang niederreißen und die jetzigen Bauten aufführen. Die romanisch-gotische Kirche zum hl. Lambert fiel unter Propst Geibinger, 1753 bis 1755, der Spitzhacke zum Opfer.

SEHENSWERTES Dem Besucher von Suben fallen die vergitterten Fenster des ehemaligen Stiftes auf, bevor er sein Auge auf die sehenswerte ehemalige Stifts- und heutige Pfarrkirche richtet. Die Auflösungskommission des Jahres 1784 hatte Stift Suben mit einem Gesamtvermögen von 112 000 Gulden inventarisiert und neben dem »sehr schönen und gut gebauten« Meierhof die Konventsgebäude als »klein zusammengebaut mit vielen kleinen Zimmern und drei sehr guten und großen Wein- und Bierkellern« versehen geschildert. In ihnen wurde 1855 eine weibliche Haftanstalt, seit 1865 eine Männerstrafanstalt untergebracht. Seit 1932 dienen die Gebäude als Arbeitshaus für Strafgefangene.
An der Rückwand der ersten linken Seitenkapelle findet der Besucher der Kirche das Epitaph der Stifterin Tuta aus dem 15. Jh. Die lebensgroße Gestalt der Formbacherin (die in zweiter Ehe möglicherweise mit einem ungarischen König verheiratet war und deshalb Krone und Zepter trägt) hält das Modell ihrer Kirche in Händen: es ist eine romanische Pfeilerbasilika mit drei halbrunden Apsiden und einem mächtigen viereckigen Turm mit Pyramidendach. Von dieser alten Kirche St. Lambert aus der Zeit Tutas und des Bischofs Altmann sind noch die unteren Geschosse des Subener Turmes aus Steinquadern erhalten. Der übrige heutige Bau entstand nach den Plänen des Münchners Simon Frey zwischen 1766 und 1770. Die Fresken in den Gewölben sind Darstellungen aus dem Leben des hl. Augustinus (J. J. Zeiller), der Rokokostuck stammt von dem berühmten Johann Baptist Modler. Von der Rokoko-Einrichtung sind Orgel und Kanzel zu erwähnen. Die Kirche ist zwischen 1951 und 1960 restauriert worden.

LAGE Südlich Schärding.
BESICHTIGUNG der Kirche möglich.

TANZENBERG

Ehemalige Olivetaner-(Benediktiner-)Abtei. Ktn.

1898 adaptierten Olivetaner, ein (weißgekleideter) Zweig der italienischen Benediktiner, im Renaissanceschloß der Keutschacher und der Freiherren von Ankershofen ein Kloster. Sie richteten in den Räumen Zellen, Kapitelsaal und Prälatur ein, den Trakt mit dem einstigen Rittersaal bauten sie zu einer in normannisch-sizilianischem Stil nachempfundenen Kirche aus. Das 1901 zur Abtei erhobene Kloster wurde 1940 aufgelöst. Seit 1953 im Besitz des bischöflichen Ordinariats von Gurk. In Schloß Tanzenberg sind heute ein Gymnasium und ein Knabenseminar untergebracht. Die ehemalige Stiftskirche zum hl. Florian und hl. Josef, 1898—1901 entstanden, ist eine dreischiffige Emporenbasilika mit einer Freitreppe an der Hoffront, einem Radfenster und einem monumentalen Mosaik (der hl. Benedikt empfängt die Ordensregel). Im Inneren sind ein spätgotisches Kruzifix und Rokokostatuen zu sehen.

LAGE Nördlich Klagenfurt, oberhalb des Zollfeldes.

BESICHTIGUNG der Kirche und einiger Schloßräume nach Anmeldung möglich.

TRAUNKIRCHEN

Ehemaliges Benediktinerinnenstift. OÖ.
→ auch Seite 83/84.

Um 1020 ließ der (wahrscheinlich) kinderlose Graf Wilhelm von Raschenberg-Reichenhall auf der kleinen Seeinsel ein Frauenkloster errichten, das Benediktinerinnen vom Salzburger Nonnberg besiedelten. Der Graf bedachte sie mit reichem Waldbesitz um den See, mit Gütern, Rechten und Privilegien an der Traun bei Ischl und Hallstatt, zwischen Gmunden und Lambach und im Voralpenland. Als 1060 sein Geschlecht ausstarb, wurden die steirischen Otakare dessen Erben und auch Vögte des Seeklosters. Ein Urbar des 14. Jh. nennt neben dem »Hofamt« mit Besitzungen in und um Traunkirchen fünf weitere Wirtschaftsämter des Frauenstiftes (Ohlsdorf bei Gmunden, Nußdorf am Attersee, Fallsbach bei Gunskirchen, Kemating bei Ried im Innkreis und Sierning bei Steyr). Traunkirchener Besitzungen bestanden damals auch bei Trofaiach, im oberen Ennstal, in Obertraun, im Ischlland, um Gmunden und in der Viechtau, die Weingärten

lagen in Niederösterreich. Der Stiftsbesitz erscheint bereits im 12. Jh. von jeder Untervogtei befreit. Kaiser Friedrich III. erweiterte 1453 die Immunitätsrechte des Klosters und befreite sämtliche Stiftsuntertanen von der Landesgerichtsbarkeit.
Wie fast sämtliche Frauenklöster fiel auch Traunkirchen der Reformation zum Opfer, 1573 wurde es aufgelöst. Als verschiedene Wiederbesiedlungsversuche mißglückt waren, übergab Erzherzog Leopold V., Bischof von Passau, Kloster und Güter 1620 dem Passauer Jesuitenkollegium. Ihm bestätigte Kaiser Ferdinand II. sämtliche alten Rechte und erweiterte sie zeitgemäß.
Die nach Um- und Ausbauten in Traunkirchen entstandene Jesuitenresidenz löste sich nach dem Verbot des Ordens, 1773, auf. Damals gehörten der Herrschaft Traunkirchen noch siebenhundert Untertanen an. Sie wurden mit dem übrigen Besitztum dem kaiserlichen Kammergut einverleibt, dem Salzamt Gmunden unterstellt und in der Folge als Teil der Herrschaft Ort verwaltet. Vom einstigen großen Stiftsbesitz blieben die Waldungen um den See, heute in ihrem ganzen Umfang Eigentum der Bundesforste.

VIKTRING

Ehemaliges Zisterzienserstift. Ktn. → auch Seite 133/134.

Als Graf Bernhard von Spanheim-Marburg um 1140 nächst der Glanfurt ein Kloster zu gründen beabsichtigte, wandte er sich an seinen Neffen Heinrich, den er einst an Sohnes Statt angenommen hatte. Heinrich, frühverwaister Sproß des Herzogs Engelbert von Kärnten, war um 1129 in das französische Kloster Morimond eingetreten (der Legende nach, als ihn die Gottesmutter in Paris aus einem Löwenkäfig gerettet hatte). Der 1132 zum ersten Abt des lothringischen Klosters Weiler-(Villers-)Bettnach gewählte Abt erschien auf Ersuchen seines Onkels mit lothringischen Zisterziensern in Kärnten. An einem Maitag 1142 überreichten ihm Graf Bernhard und seine Gemahlin, die Markgrafentochter Kunigunde, in Gegenwart zahlreicher Zeugen in der Viktringer Kirche zu St. Donat die dem neuen Kloster zugedachten Besitzungen und Privilegien.
Bereits im 13./14. Jh. war Viktring eines der reichsten Stifte Kärntens. Neben der Herrschaft Viktring mit den Wirtschaften Ebenau und Perlingshof geboten Abt und Konvent über zahlreiche Wirtschaftsämter: das Amt an der Glanfurt verwaltete Landbesitz zwischen Maria Saal und der Gurkmündung, ein zweites die Güter (auf der Sattnitz) nördlich der Drau, ein nächstes jene südlich des Flusses. Weitere Ämter befanden sich in Villach, auf dem Krappfeld und auch außerhalb Kärntens, im Steirischen und in Krain. In Klagenfurt bestand ein Stiftshaus, die Güter um Marburg wurden von einem »Hof« aus verwaltet, Weingärten gab es in Oberkötsch. Auch der ausgedehnte Pfarrbesitz, den Viktring im Laufe der Jahrhunderte an sich brachte, wurde zum Großteil dem Stift einverleibt: die benachbarte Wallfahrtspfarre Maria Rain und St. Florian am Krappfeld, die Pfarren St. Zeno in Kappel an der Drau (mit der das Archidiakonat im Unteren Rosental verbunden war), St. Johann in Gansdorf, St. Johann in Kranzelhofen und die St.-Georgs-Pfarren in Keutschach, Köttmannsdorf und Silberegg, St. Leonhard am Loibl, St. Margarethen in Waitschach u. a. m. Schon 1274/75 besiedelte Viktring das Kloster »Insel des heiligen Jakob« zu Landstraß in Krain.
Durch seinen großen Abt Johannes II., 1312—1345, Verfasser des Liber certarum historiarum und bedeutendsten Geschichtsschreiber des 14. Jh., erlangte das Stift Ansehen und Bedeutung. Seine Abt- und Konventswirren während der Türken- und Ungarnkriege jedoch verhalfen ihm zu trauriger Berühmtheit. Schon Abt Matthäus, ein Kärntner, konnte sich gegen seinen aus Lothringern, Rheinländern, Flamen und Pikarden bestehenden Konvent nicht durchsetzen. Unter Anführung der beiden Konventualen Johann Tutz und Heinrich Flandrensis verschworen sich die Mönche gegen den Abt, schlugen ihn im September 1481 während einer Auseinandersetzung, daß er wenig später an den Verletzungen starb. Auch den Nachfolger Johann VI. versuchten die Mönche durch Schläge zur Resignation zu zwingen. Als der Abt sich weigerte zu verzichten, zettelten Tutz und Flandrensis einen Aufstand der Klosteruntertanen an, dingten Bauern, die sie nächtlicherweise ins Kloster einließen, als Mörder. Als Johann VI. dem Anschlag entkam, ließen sie ihn ins Gefängnis werfen. Man wählte Johannes Tutz zum Abt. Er wirtschaftete das bereits schwerverschuldete Stift völlig zugrunde.
Als Johann VI. auf kaiserlichen Befehl 1491 wieder in seine Ämter eingesetzt wurde, sich jedoch neuerlich nicht durchsetzen konnte, trug Kaiser Maximilian I. sich mit dem Gedanken, Viktring aufzuheben, und schon längst hatte der St.-Georgs-Ritterorden in Millstatt ein Auge auf den fetten Viktringer Besitz geworfen, sich 1494 auch die Einverleibung des Stiftes zu verschaffen gewußt. Sie mußte rückgängig gemacht werden, da der Kaiser seinen Günstling Matthäus Lang — den er bereits zum »Propst« von Maria Saal gemacht hatte — als »Kommendatarabt« von Viktring bestimmte. Erst als der zum Salzburger Erzbischof avancierte Kardinal 1520 auf die Viktringer Leiterstelle verzichtete, erhielt das Stift in Polydor de Bressan wieder einen regulären Abt.
Zum Ende des 16. Jh. war Viktring wieder wohlhabend. Die seit 1446 vom Baseler Konzil mit den Pontifikalien ausgestatteten Viktringer Äbte maßten sich in ihrer Stellung als Archidiakone im Rosental bischöfliche Rechte an. Im 18. Jh. fielen die mittelalterlichen Mauern ihres Stiftes, unter den Äbten Johannes Moser, Edmund Kampertzer und Benedikt Mulz entstanden zwischen 1702 und 1763 die heutigen Monumentalbauten. In ihnen richteten nach der Auflösung des Stiftes im Jahre 1784 die Brüder Moro eine Tuchfabrik ein, bevor man 1843 über die Hälfte des Langhauses der im gesamten deutschen Sprachgebiet einzigartigen romanischen Zisterzienserbasilika abtrug.

VÖLKERMARKT

Kollegiatstift. Ktn.

Die Anfänge des Priester-Kollegiats, das heute noch besteht, gehen wahrscheinlich ins 8. Jh. zurück, als der vom Salzburger Metropoliten Virgil, 745—784, entsandte Bischof Modestus um 760 in dieser Gegend nördlich der Drau eine St.-Ruprechts-Kirche begründete. Ein Erzpriester (Archidiakon), Wilhelm von Volkermarht, der 1148 urkundlich wird, bezeugt, daß der Ort zumindest schon ein halbes Jahrhundert Sitz eines Archidiakonates war, als Erzbischof Eberhard II. von Salzburg im Jahre 1231 an der seit 1043 genannten St.-Ruprechts-Kirche ein Kapitel für 13 Kanoniker stiftete.

Die Ruprechtskirche lag damals südlich eines von den Spanheimern um 1100 begründeten »Volkenmarkth«. Das heutige Völkermarkt entstand, als der Abt von St. Paul mit königlicher Erlaubnis an der Stelle der jetzigen Stadt einen Markt anlegen und um 1240 mit der Errichtung der Maria-Magdalena-Kirche beginnen ließ. An sie wurde 1248 das Kollegiatstift übertragen. Die Dorfsiedlung um die abseits gelegene St.-Ruprechts-Kirche wurde verlassen und verfiel.

Die meisten Völkermarkter Pröpste, denen bald der Gebrauch der Pontifikalien erlaubt wurde, waren als Archidiakone für Unterkärnten an der Wahl des Bischofs von Gurk beteiligt, administrierten auch öfters bei Sedisvakanzen. Als sich das kirchliche Verwaltungsgebiet zu groß erwies, wurde die Völkermarkt benachbarte Urpfarre Tainach Sitz für den südlichen Abschnitt des Dekanates, die Pfarre Kappel am Krappfeld für den nördlichen.

Der erzbischöfliche Stifter hatte dem Kollegiat zur wirtschaftlichen Absicherung einige Güter dotiert und für jeden Kanoniker eine ausreichende Praebende geschaffen. Hauptanliegen der Priester sollte neben Chorgebet und feierlichen Messen die Seelsorge an den Kirchen in Völkermarkt und seiner Umgebung sein, über die das Stift Patronatsrechte besaß: der Urpfarre St. Ruprecht, 1043 urkundlich, waren ursprünglich die beiden Hemmagründungen St. Margarethen ob Töllerberg und St. Georgen am Weinberge (beide 1043 urkundlich) unterstellt und neben der Spitalskirche im 12. bis 14. Jh. auch St. Ulrich zu Neudenstein. Nach der Übersiedlung des Kapitels waren die Pfarrechte von St. Ruprecht an die St.-Maria-Magdalena-Kirche übergegangen. Die Chorherren betreuten von ihr aus St. Martin bei Niedertrixen (am Diex) aus dem 12. Jh. (mit St. Michael am Graben), die Kirche von Grafenbach, 1309 genannt, St. Stephan bei Niedertrixen, 1339 gegründet, und St. Agnes nächst Völkermarkt, 1332 urkundlich.

SEHENSWERT ist zuerst die nordwestlich außerhalb der Stadt gelegene Kirche St. Ruprecht. Aus der Erbauungszeit im 11. Jh. erhielt sich das Turmmauerwerk mit seinen Friesen, Blendarkaden und Lisenen. Nur Glockenstube und Dach stammen aus dem 18./19. Jh. Gotisch an dem sonst im Stile des 18./19. Jh. ausgestatteten und eingerichteten Bauwerks ist die am südlichen Langhaus angefügte Kapelle mit Strebepfeilern und die Sakristei mit spätgotischer Malerei. Den Blick auf den als Aufbahrungshalle ausgestatteten Karner des 13. Jh. mit frühgotischem Chor verstellt ein modernes slowenisches Gedenkmal. — *St. Maria-Magdalena* in der Völkermarkter Kirchengasse ist eine im 15. Jh. veränderte zweitürmige, dreischiffige spätromanische Staffelkirche (1240/70), die im 19. Jh. zum Teil dekorativ »restauriert« wurde. Die Lichtsäule, 1477, auf dem kleinen Platz vor ihr, der Ölberg, um 1480, neben dem Portal, sternrippengewölbte Seitenschiffe, gotische Wandmalereien, Wappengrabsteine des 16. bis 18. Jh. u. a. m. machen sie sehenswert. — Die mit Wehranlagen umgebene Propsteikirche Mariä Himmelfahrt und hl. Valentin ebenso wie der mächtige Propsteihof aus dem 17. Jh. am Abhang des Berghanges bestimmen das Ortsbild des südwestlich von Völkermarkt gelegenen, bereits 1202 urkundlichen Dorfes *Tainach* noch heute. Der gotische Kirchenbau des frühen 15. Jh. ist nach Bränden im 17. und 19. Jh. verändert worden, besitzt jedoch noch gotisches Detail und Wandmalereien des 15. Jh. im Chor.

VORAU

Augustiner-Chorherrenstift. Stmk. → auch Seite 94—97.

BESITZUNGEN/INKORPORIERTE PFARREN

Es soll die Freude über die Geburt eines Stammhalters gewesen sein — des späteren ersten Herzogs der Steiermark —, die den Markgrafen Otakar III. von Steyr bewog, in den Waldgebieten um den Masenberg ein Kloster zu stiften. Im Dezember 1163 verbriefte der Traungauer den »geistlichen Mannen, dy leben nach der Regel Sand augustin« und von nun an um Nachlaß seiner und der »Vorvorderen Sündt an Underlas singen und petten« sollten, sein »Eigen Voraw« mit allem Zubehör. Es geschah das in feierlicher Zeremonie in (Bad) Fischau am Steinfeld vor einer Versammlung von Adelsleuten, Rittern und dem Bischof von Gurk, dem Abt von Seckau, dem Propst von Klosterneuburg und Propst Gerhoch von Reichersberg als Zeugen. Einen Monat danach bestätigte der Salzburger Erzbischof Konrad II. von Babenberg, dem die Stiftung als kirchlichem Oberherrn überantwortet worden war, zwölf Chorherren seines Domkapitels, die mit einem Propst an der Spitze zur Besiedlung des steirischen Waldgebietes ausersehen waren, auch den Besitz der beiden großen Pfarren St. Thomas im Walde in Vorau und Dechantskirchen mit allem Zubehör, Rechten an Gründen und Zehenten.

Vorau war im 12./13. Jh. kein reicher, trotzdem jedoch kein unumstrittener Stiftsbesitz. Ihre ersten Rodungspfarren St. Jakob im Walde und Wenigzell machten den Chorherren das Kloster Formbach streitig, das vor ihnen in die riesigen Waldgebiete gekommen war und in seiner Pfarre Mönichwald gerne für alle in der Waldregion noch zu gründenden Kirchen die Urpfarre hätte sehen wollen. Erst als die Stiftsherren nach Tausch und Kauf neuen Besitz um Friedberg erworben hatten, die Ämter Schwaighof, Mülldorf, Starchau geschaffen worden waren und man in Goldberg bei Vorau reiche Edelmetallager entdeckt zu haben glaubte, erschien die wirtschaftliche Lage ihrer Siedlung im steirischen Joglland gesichert. Nach der kurzen Blüte unter Propst Andreas von Pranpeck, 1433 bis 1453, kamen die harten Jahrzehnte der Ungarn- und Türkenstürme, der Türkensteuern, des Glaubensverfalles und die Krise des klösterlichen Selbstverständnisses. Wie die meisten Ordensstifte sah sich auch Vorau gegen Ende des 16. Jh. an einem Ende. Doch wurde schon das erste Jahrzehnt des neuen Jahrhunderts für das Chorherrenstift am Masenberg der Beginn eines Neuanfanges von ungeahntem Ausmaß. Unter den Pröpsten Benedikt († 1615) und Daniel († 1649), während des Dreißigjährigen Krieges und in seiner Folge, erhielt Vorau den größten Gebiets- und Machtzuwachs seiner Geschichte. 1607 erwarb das Stift den Edelmannssitz Klaffenau bei Hartberg, 1616 Schloß und Herrschaft Festenburg, 1620 das Gut Vatersdorf bei Graz, 1635 Schloß und Herrschaft Friedberg, 1637 das Dörersche Haus, den späteren Vorauerhof in Graz, und weiterhin Weingärten zu Hartberg, Pöllau, Neuberg, Leibnitz, Luttenberg im Südsteirischen. 1654 fielen dem Stift Festung und Herrschaft Peggau ob Graz zu, 1656 weitere Weinberge.

Der Wirtschaftsfaktor Vorau war in diesen Jahrzehnten unumstritten. Ihm anvertraute, mit drei Prozent verzinste Kapitalien — die das Stift mit vier Prozent an den Staat weiterverlieh — galten als absolut sichere Anlage. Weitreichende Verkäufe brachten Vorau über die Josephinische Ära. Zur Zeit der Grundablöse, der Aufhebung des Zehentbesitzes und des Robots, 1848, zählte das Stift in seinen Ämtern noch etwa tausend Untertanen. Die Zinsen aus dem Entschädigungskapital, Einkünfte aus dem verbliebenen Grundbesitz und den Pfarren erlaubten ein auskömmliches Wirtschaften bis zur Geldentwertung nach 1918. Über den Ersten Weltkrieg hinweg rettete sich das Stift 3311 ha Grundstücke: 173 ha Äcker, 119 ha Wiesen, 11 ha Gärten, 4 ha Weingärten, 286 ha Alpen, 2718 ha Waldungen um Vorau, Klaffenau und Peggau. Land-, vor allem jedoch Forstwirtschaft sicherten den Bestand und das Leistungsvermögen der Chorherrenstiftung auch nach den Katastrophenjahren 1940—1945.

Die neun heute von Vorau aus betreuten Pfarreien liegen innerhalb der Sprengel der einstigen Pfarren Vorau und Dechantskirchen.

Schon vor 1155, so wird berichtet, hatte der »Erzdechant« (Erzdiakon) Ottokar von Fischau am Steinfeld mitten im unbesiedelten Waldgebiet zwischen Lafnitz und Tauchen ein Kirchlein zum hl. Stephan erbaut, das 1161 Mittelpunkt der Salzburg zugehörigen Pfarre **Dechantskirchen** wurde. 1168 machte Erzbischof Konrad II. das große Pfarrgebiet dem jungen Stift zum Geschenk. Vom östlich gelegenen Vorauer Pfarrsprengel war Dechantskirchen durch die Formbacher Enklave Mönichwald getrennt. Das Dechantskirchner Gotteshaus zum hl. Stephan von heute ist ein im Kern gotisches Bauwerk, das im 18. Jh. ausgebaut, mit vier Barockaltären und einer »Lorettokapelle« versehen wurde.

Als Vorau unter Propst Daniel im Jahre 1616 die nördlich des Stiftes gelegene Schloßherrschaft **Festenburg** erwarb, bestand im einsamen Waldschloß die mit Meßlizenz versehene Katharinenkapelle. Aus ihr entstand zwischen 1707 und 1723 eine von Cyriak Hackhofer mit illusionistischer Architekturmalerei in spätbarocker Manier ausgestattete Schloßkirche samt einem originellen Kalvarienberg mit mehreren interessanten Kapellen. 1786 wurde Festenberg Sitz einer Pfarre, die vorerst durch einen »Lokalkuraten« aus der Pfarre St. Lorenzen, von 1892 bis 1928 durch den Chorherrn und Dichterpriester Dr. Ottokar Kernstock betreut wurde.

Das um 1193/94 unter Herzog Leopold V. begründete Städtchen **Friedberg** südlich des Wechselpasses erhielt bald nach seiner Gründung eine Stadtkirche, die 1344 als Mutterkirche von Dechantskirchen und St. Lorenzen am Walde aufscheint. Erst 1443 erhielt Vorau die Pfarre einverleibt, 1532 und 1682 zerstörten die Türken und eine Feuersbrunst die zweischiffige Kirche zum hl. Jakob aus dem 15. Jh. Sie ist um 1710 umgebaut worden, besitzt jedoch noch teilweise erhaltene wertvolle spätgotische Ausstattung, die Einrichtung stammt aus dem 18. Jh.

Die Wallfahrtskirche »Maria Hasel« in **Pinggau** bei Friedberg entstand zwischen 1717 und 1736 an der Stelle eines gotischen Vorgängerbaues. Hackhofer und seine Schüler statteten sie mit Fresken aus. An der seit der zweiten Hälfte des 18. Jh. vielbesuchten Maria-Hasel-Kirche waren zuzeiten 16 Beichtväter beschäftigt. Kultgegenstand für die Pilger bildete eine nach der Legende unter einer Haselstaude gefundene Vesperdarstellung aus dem 16. Jh.: Christus zu Füßen Mariens gesunken, von Johannes und Maria Magdalena umgeben. Unter der 1696 errichteten *Brunnenkapelle* nördlich der Kirche, von Hackhofer illusionistisch ausgestattet, entspringt eine Quelle, von den Wallfahrern als wundertätig und heilend deklariert.

Der kleine Pfarrort **St. Jakob im Walde,** »die Hauptstadt im Jogelland«, dreieinhalb Stunden nordwestlich von Vorau, erhielt seine erste Kirche wahrscheinlich im 12. Jh. Sie wurde im 13. Jh. Pfarrkirche. Die dreischiffige romanische Pfeilerbasilika, die im 15. und 17. Jh. umgebaut worden war, brannte 1945 aus. Wiedererrichtet und restauriert, mit neuem Zwiebelturm versehen, wurde sie zum Teil mit Objekten aus dem aufgelassenen Judenburger Jesuitenkloster eingerichtet, mit Gemälden und Statuen des 17./18. Jh.

Das Pfarrgebiet von **St. Lorenzen am Wechsel,** zweieinhalb Stunden nordöstlich des Stiftes gelegen, gehörte zur Pfarre Dechantskirchen. Die Kirche »S. Lawrenzen innehalb der Lauentz ... bey Vestenburch« entstand um 1300 und wurde 1443 dem Stift als selbständige Pfarre einverleibt. Die heutige Kirche, um 1700 erbaut, mit dem Wappen des Propstes Ph. Leisl geschmückt, ist barock eingerichtet und mit Hackhofer-Gemälden ausgestattet.

Zur Pfarre **Vorau,** in deren Sprengel St. Jakob im Walde, Wenigzell und Waldbach lagen, gehören außer der Stifts-Pfarrkirche St. Thomas (→ Seite 94 ff.) die *Markt-(Filial-)Kirche zum hl. Ägydius,* ein Bau des 13. Jh. mit romanischem Chorquadrat und gotischem Chor. Er ist Anfang des 18. Jh. im Inneren verbreitert und verändert worden, besitzt jedoch noch Fresken und Reliefs aus dem 14. und 15. Jh., ein Christophorus-Fragment aus dem 16. Jh. Die prächtige Kanzel und der Taufstein stammen aus dem 17. Jh., der Hauptaltar und die sonstige Ausstattung aus dem 18. Jh. Die *St.-Johann-d.-T.-Kapelle* »unter den Linden« im Stiftsfriedhof ist ein romanischer Bau, der im 17. und 18. Jh. verändert wurde. Die an ihm angebrachten Hackhofer-Fresken sind durch moderne ersetzt worden. — Die *Friedhofskapelle* zum hl. Kreuz, 1445 geweiht, 1635 und 1711 umgebaut, besitzt Altäre und Kanzel aus dem 18. Jh. Die Sakramentsnische verweist auf die Spätgotik, zwei Seitenaltäre auf das 16. Jh.

Der im Lafnitztal gelegene Pfarrort **Waldbach,** zwei Stunden nordwestlich von Vorau, im 13. Jh. als Siedlung, Anfang des 15. Jh. als Kirchenort genannt, war Filiale von St. Jakob im Walde. Seit 1701 ist Waldbach eine selbständige, dem Stift einverleibte Pfarre. Die kleine Georgskirche, 1464, noch mit netzrippengewölbtem Chor aus dem 15. Jh., war kleiner Wallfahrtsort, zu dem man aus der Umgebung am 4. Mai, dem Tage des hl. Florian, pilgerte. Der Altar des 18. Jh. besitzt eine (stark überarbeitete) Marienstatue aus der Entstehungszeit und Fresken von 1701.

Wenigzell, zwei Stunden westlich von Vorau, ist 1945 zum Teil zerstört worden, auch seine Pfarrkirche zur hl. Margareta, ein Bau, der 1730—1735 anstelle eines früheren errichtet wurde. Restauriert, besitzt die Kirche heute wieder ihre schöne hochbarocke Einrichtung. Der Ort war seit dem 17. Jh. bis zum Ersten Weltkrieg eine zuzeiten vielbesuchte Wallfahrtsstätte, an der sich 1692 eine »Bruderschaft zum hl. Patricius« bildete und 1716 während einer Prozession eine Person im Gedränge getötet worden sein soll.

WALDHAUSEN

Ehemaliges Augustiner-Chorherrenstift. OÖ.

Zwei Jahre vor seinem Tod überließ Otto von Machland, Begründer der Klöster → Baumgartenberg und → Erla, auch seine Burg Saebnich oberhalb des Donauufers dem Bischof von Passau zu einer Klostergründung. Den Augustiner-Chorherren, die das »castrum« besiedelten, überantwortete der Machländer 100 Mansen seiner Besitzungen nördlich der Donau zwischen Sarmingstein und Dimbach, Teile des Beinwaldes an der Landesgrenze, auch Besitz im Lungau. Nach Berichten verzichtete der kinderlos gebliebene Graf auch auf alle sonstigen Besitztümer und übertrug den Saebnicher Chorherren testamentarisch die Aufteilung seiner restlichen Habe. Um dieses Erbe kam es zwischen den Begünstigten und den Zisterziensern von → Baumgartenberg in der Folge zu jahrzehntelangen Streitigkeiten.
Die unbequeme Lage der Burg am steilen Donauufer zwang die Chorherren bald, sich sarmingbachaufwärts ein zweites »Silvia domus«, ein »Haus im Walde«, zu errichten. Es wurde als »Waldhausen« nach 1161 ihr Hauptsitz. Das Burgkloster Saebnich überließ man dem Verfall.
1428 und 1432 machten die Hussiten Kloster und Siedlung am Sarmingbach dem Erdboden gleich, metzelten Chorherren wie Dorfbewohner nieder. Schon in der Reformationszeit jedoch, im Laufe des 16. Jh., erwarb das nicht allzureiche Rodungsstift Verfügungsgewalt über einen geschlossenen Landgerichtsbezirk, über Waldhausen, Sarmingstein, Dimbach, St. Nikola, erhielt Landesgerichtshoheit über die eigenen Untertanen auch in den Pfarren St. Georgen a. d. Wild, Pabneukirchen und Kreuzen. Damals waren dem Stift bereits insgesamt 15 Pfarren einverleibt.
Unter Propst Hermann Partenreuther entstand zwischen 1610 und 1612 die Marktkirche zum hl. Johannes d. T., 1630 erwarb das Stift die Herrschaft Klingenberg. Zwischen 1650 und 1680, auf dem Höhepunkt seiner Entfaltung, entstand nach Plänen des Carlo Canevale die neue Stiftskirche. Dem Aufstieg folgte ein rascher Sturz. Unter Graf Augustin Ochs von Sonnau wirtschaftete Stift Waldhausen ab. 1786 übergab Joseph II. die Vermögensverwaltung St. Florian, 1792 wurde der Konvent aufgelöst. Kaiser Franz, der für den Bau seines romantischen Rittergutes in Laxenburg Material benötigte, ließ den Großteil der Stiftsgebäude abtragen. Die Stiftskirche blieb verschont, doch verwendeten sie 1809 Franzosen als Stall und Schießstätte.
Mit Waldhausen verbunden bleibt der Name des Chorherrn Konrad, dem man in jüngster Zeit am stehengebliebenen Toreingang des einstigen Stiftes einen Gedenkstein setzte: »Augustiner Chorherr Konrad von Waldhausen, von Kaiser Karl IV. nach Prag berufen, entzündete in den Menschen das Feuer der Liebe zum armen und demütigen Christus. † 1369. a. D. 1969.« Es ist erwiesen, daß Jan Hus in einigen Werken ganze Abschnitte, Gedanken und Auslegungen des Augustiner-Chorherrn Konrad aus Waldhausen verwendete und Konrad somit am Anfang jener religiösen Bewegung stand, die durch den böhmischen Reformator zu europäischer Bedeutung kam und in den fürchterlichen Blutbädern der Hussitenkriege endete. 1343 zum Priester geweiht, 1350 in Rom (wie 51 Jahre später Martin Luther), seit 1358 in Prag, 1363 Pfarrer in Leitmeritz, predigte und schrieb Konrad von Waldhausen im Namen des niederen Volkes und der revolutionären Jugend als »Sprachrohr« und »Posaune Gottes« gegen den Adel, die hohe Geistlichkeit und die begüterten Stände, gegen das üppige Leben und den Mißbrauch der Gewalt. In seinem Hauptwerk »Postilla studentium universitas pragensis« hatte er auf Wunsch der Prager Studenten 72 seiner Predigten gesammelt.

SEHENSWERT im einsamen Tal unter dem Königswald ist die 1962—1970 hervorragend restaurierte ehemalige Stiftskirche Mariä Himmelfahrt, ein zwischen 1650 und 1693 nach Plänen von Carlo Canevale (oder Christof Colomba) entstandener äußerst prunkvoller, in Weiß, Gold und Schwarz stuckierter, ausgestatteter und prächtig (um 1670/80) eingerichteter Barockbau. — Sehenswert ist auch die von Kunsthistorikern als eines der schönsten Beispiele der »Nachgotik« bezeichnete *Marktkirche zum hl. Johannes d. T.* in Waldhausen. Eine Staffelkirche, das Werk eines Linzer Baumeisters aus den Jahren 1610/12, mit netzrippengewölbtem Chor, kreuzrippengewölbtem Langhaus, einem Sakramentshäuschen im Renaissancestil und figuralen Fresken um 1610.

LAGE Nordöstlich Grein.
BESICHTIGUNG der beiden Kirchen möglich.

WIEN

Camaldulenser-(Benediktiner-)Stift auf dem Kahlenberg.
In einem Fundationsbrief vom 10. Juli 1628 wies Kaiser Ferdinand II. Ordensbrüdern der »Camaldulenser-Eremiten vom Kronenberge« den »gewöhnlich Schweineberg genannten und unweit Klosterneuburg gelegenen Berg zugleich mit den dortigen Wäldern und Weinbergen zur Errichtung eines Eremitoriums« an. Ein Jahr später, am 10. August 1629, erschien der Kaiser mit seiner Familie auf diesem Schweineberg, dem jetzigen Kahlenberg, und legte den Grundstein zu einer Stiftskirche. Es war jene Kirche, in deren Trümmern der Kapuzinerprediger Marco d'Aviano unter Assistenz des Polenkönigs Sobieski am 12. September 1683 um 4 Uhr früh eine Messe las, bevor die versammelten Heere der Verbündeten vom Schweineberg aus gegen Wien stürmten und die Stadt von ihren Belagerern befreiten. Die weißgekleideten Camaldulenser-Mönche, ein Zweig des Benediktinerordens, der sich nach Camaldoli, einem Hochtal der etrurischen Alpen, nannte, befolgten eine eigentümlich verschärfte Regel des hl. Benedikt. Nach der Zerstörung von 1683 bauten sie sich ihre Zellen, kleine Häuschen, die sie dorfartig anlegten, und die Kirche mit Unterstützung des Kaiserhauses und des Adels neu auf. Doch erhielt sich die Klosterniederlassung trotz großzügiger Schenkungen und Stiftungen nicht mehr. Ein Handbillett Kaiser Josephs II. ordnete am 12. Januar 1782 ihre Auflösung an.

St. Agnes zur Himmelfahrtspforte. Ehemaliges Prämonstratenserinnen- und Augustiner-Chorfrauenstift. Wien I, Himmelpfortgasse.
Das im alten Wien berühmte Kloster entstand aus einer Gemeinschaft von Inclusen (in Klausur lebenden Frauen), die sich unter Königin Constantia, Gemahlin Přzemysl Ottokars I., Tochter des Ungarnkönigs Bela III., um 1230 zusammengeschlossen hatten. Als die Königinwitwe 1240 nach Ungarn zurückkehrte, nahm sich der Pfarrer Gerhard von St. Stephan, Gründer des Siechenhauses »Zum Klagbaum« auf der Wieden, der ersten urkundlich beglaubigten humanitären Stiftung in Wien, des Klosters an, schenkte ihm ein Haus in der Weihburggasse sowie mehrere Weingärten und ver-

pflichtete die Frauen zur Annahme der Regel des hl. Norbert. Das Stift wurde den Prämonstratensern von Geras, später dem Wiener Erzbischof unterstellt. Im 14. Jh. förderte Königin Agnes, die Tochter Albrechts I. und Gemahlin des Ungarnkönigs Andreas III., das Kloster. Die 1331 von den Prämonstratenserinnen erbaute Kirche wurde der Namenspatronin der Königin geweiht. Mit St. Agnes verband sich jedoch bald eine Sage, nach der die Himmelsmutter an diesem Kloster lange Zeit anstelle einer entwichenen Nonne Pförtnerdienste versah, ohne daß jemand das gemerkt hätte, solange, bis die Entwichene wieder zurückkehrte. Mit dem Namen »Himmelspforte«, porta coeli, wurde im Mittelalter allerdings das Westportal jeder Kirche bezeichnet.

1586 starben sämtliche Klosterinsassinnen an der Pest. Das leerstehende Stiftsgebäude übernahmen die »Jakobinerinnen«, die Augustiner-Chorfrauen von → St. Jakob auf der Hülben. St. Agnes wurde die »Lieblingsstiftung« des Kardinals, Bischofs und Staatsministers Klesl. Die Stiftung sollte ein Musterkloster mit einer Erziehungsanstalt für Mädchen werden. Der Wiener Oberhirte bedachte das Kloster mit reichen Schenkungen, finanzierte zwischen 1607 und 1617 auch den Neubau der Stiftsgebäude und stellte einen neuen Stiftsbrief aus. Im Jahre der Auflösung, 1783, besaß St. Agnes: Häuser in der Wiener Innenstadt, an der Landstraße und bei den Weißgärbern, einen Teil des heutigen 9. Wiener Gemeindebezirkes, neben einer Anzahl von Keuschen auch das (von den Türken zerstörte) Bauerndorf Sporkenbühel, die Herrschaft Pötzleinsdorf und einen Großteil der Herrschaft Simmering. Nach 1783 wurden die Güter verkauft, die Klostergebäude als Wohnungen adaptiert, die Kirche (Ecke Rauhensteingasse/Himmelpfortgasse) abgetragen.

St. Dorothea. Ehemaliges Augustiner-Chorherrenstift. Wien I, Dorotheer-/Planken-/Spiegelgasse.

An der Dorotheenkapelle, die Herzog Albrecht II., der Lahme, 1357 in der Lader- und Färbergasse (der heutigen Dorotheer- und Spiegelgasse) gestiftet hatte, errichtete der Wiener Bürger und spätere Kanzler Albrechts V., Andreas Plank, 1410 eine Propstei und ließ ein Gebäude für Augustiner-Chorherren errichten. 1421, als das neubegründete Stift bezogen wurde, war auch die Kapelle zu einer ansehnlichen Kirche ausgebaut worden. Zahlreiche Stiftungen Adeliger, die sich das Kloster als Begräbnisstätte ausgewählt hatten, ermöglichten den Um- und Ausbau der Stiftsgebäude und der Kirche im 15. und 18. Jh. Nach dem Tode des letzten Propstes, Ignaz Miller, als Freund van Swietens überzeugter Jansenist und erklärter Gegner der Staatskirche, wurde St. Dorothea mit Klosterneuburg vereint. 1787 befahl Joseph II., die Kirche zu entweihen, die Grüfte zu räumen, Epitaphien und Gedenksteine zu entfernen, das Inventar zu versteigern. Mit dem Grabmal des Verteidigers von Wien, Graf Niklas Salm — die Familie bewahrte es vor der Vernichtung —, verschwanden Dutzende ehrwürdiger Grabstätten von Altwiener Familien, ein Massengrab auf dem Marxer Friedhof vereinigte die sterblichen Überreste. 1788 übernahm das Wiener Versatzamt die leerstehenden Gebäude, der Kirchenraum wurde Magazin. Auf einem Teil des Klosterareals entstanden die Klosterneuburger Höfe. Heute ist die Dorotheerkirche Sitz der evangelischen Pfarrgemeinde von Wien.

St. Jakob auf der Hülben. Ehemaliges Augustiner-Chorfrauenstift. Wien I, Riemergasse/Schulerstraße.

Der Legende nach stiftete der hl. Leopold im 13. Jh. an der Stelle, an der man eine vom Wienfluß angeschwemmte St.-Jakobs-Statue fand, eine Kapelle. An ihr entstand im sumpfigen Gelände (an den »Hülben«) in der Nähe des heutigen Stubenringes ein Frauenkloster, das der Bischof von Passau am 26. Mai 1301 dem Propst von Klosterneuburg unterstellte. Die Chorfrauen erzogen adelige Mädchen und verrichteten Handarbeiten. Nach dem großen Stadtbrand 1525 und dem Türkensturm 1529 erhielten die inzwischen zur Kirche ausgebaute Kapelle und die Klostergebäude an der Stadtmauer, zwischen Stubentor und Bastei, eine neue Gestalt. 1629 brannte der Gebäudekomplex aus, 1683 mußte er der Türken wegen geräumt werden. Nach 1684 erhielt er seine barocke Ausgestaltung und eine neue Bibliothek. Hundert Jahre danach, 1783, wurde das inzwischen vermögend gewordene Stift St. Jakob an der Hülben aufgelöst.

St. Laurenz. Augustiner-Chorfrauenstift. Wien I, Fleischmarkt/Laurenzergasse.

Gründungsurkunden für das Frauenkloster, dessen Gebäude sich einst vom Laurenzerberg bis an die Donau erstreckten, fehlen. Es ist anzunehmen, daß das 1303 erstmals urkundliche Stift in Zusammenhang mit dem Dominikanerkloster (auf der späteren Dominikanerbastei) entstand, die Nonnen vorerst nach der Regel des hl. Dominikus lebten und noch im 14. Jh. die Augustiner-Regel annahmen. 1529, als das → St.-Magdalenen-Kloster vor dem Schottentor ausbrannte, nahm St. Laurenz die obdachlosen Nonnen auf. Schon Visitationsberichte des 15. Jh. hatten kein besonders günstiges Bild von den Zuständen in diesem Frauenkloster gezeichnet. In der Reformationszeit wurde St. Laurenz Ziel der Wiener Spottlust. Eine Visitationskommission von 1566 hielt fest: Nonnen verkaufen Äcker, Weinberge, Silber und Gold, sind bezecht und feiern mit Studenten Gelage. Erst gegen Ende des 17. Jh., als zahlreiche Damen von Adel zu St. Laurenz den Schleier nahmen, besserte sich der Ruf des Klosters. Unter Polixena von Muschinger entstanden vor 1660 Kirche und Gebäude in neuer Gestalt. Auf Anordnung Maria Theresias wurde 1776 zu St. Laurenz eine Mädchenschule mit Unterricht in Fremdsprachen, Korrespondenz und Handarbeit begründet. Lady Montague berichtet in ihren »Reisebriefen«, 1716/18: »... Der Überfluß und die Ordnung dieses Hauses erscheinen mir erbaulicher als die Bußübungen und die Unsauberkeit in den strengen Orden. Alle Nonnen sind adelig ... sie tragen weißes Kleid, gleichfarbigen Kopfputz mit einem kleinen schwarzen Schleier ... Eine Art dienender Nonnen wartet bei ihnen als Kammermädchen auf ... Sie empfangen Damenbesuche ... in den Zimmern wird L'hombre gespielt ... Süßigkeiten im Überfluß ...« In diesem St.-Laurenz-Stift entdeckte Lady Montague auch »... das einzige schöne Mädchen, das ich in Wien sah«.

Die Wiener haben die Auflösung dieses Klosters durch Joseph II. am 24. September 1783 nie recht verstanden und begründeten sie im nachhinein mit legendären Ausschweifungen der Stiftsfrauen. 1816 wurden Kirche und Kloster abgebrochen, an ihrer Stelle entstand das große Areal »Laurenzergelände«, in dem vorerst die Zensurbehörde, später Steuer- und Finanzbehörden und die Post Unterkunft fanden. Vom alten Bau blieb eine freskengeschmückte Krypta bestehen, ein Teil der wertvollen Einrichtung wurde in der Pfarrkirche Schottenfeld aufgestellt.

St. Maria Magdalena vor dem Schottentor. Ehemaliges Zisterzienserinnen- und Augustiner-Chorfrauenstift.
Das 1231 erstmals erwähnte Kloster lag nach einer Urkunde »pei den Zigelöfen vor dem Schottentore«, wahrscheinlich am Beginn der heutigen Liechtensteinstraße. Nach 1234 nahmen die »Magdalenerinnen« die Augustiner-Regel an und bildeten ein Augustiner-Chorfrauenstift. Als 1529 die Gebäude den Türken zum Opfer fielen, wurde der Konvent mit seinen reichen Besitzungen im »Magdalenengrund« und um den »Magdalenenhof« auf dem Bisamberg mit dem Kloster St. Laurenz vereinigt.

St. Niklas. Ehem. Zisterzienserinnenkloster. Wien III, Landstraßer Hauptstraße.
Das Frauenkloster an der heutigen Landstraßer Hauptstraße (wahrscheinlich in der Nähe der Salmgasse) wird um 1200 das erstemal als Gründung von Heiligenkreuz erwähnt. Es wurde 1529, vor der ersten Türkenbelagerung, zerstört. Die Nonnen übersiedelten in das Zisterzienserinnenkloster in der Singerstraße.

St. Niklas. Wien I, Singerstraße.
Ist eine Gründung vor dem Jahre 1228. Wahrscheinlich entstand es als Tochterkloster der Zisterzienserinnen St. Niklas an der Landstraße. Die »Nikolaerinnen« hatten gemeinsamen Besitz und unterstanden beide dem Abt von Heiligenkreuz. Als Herzog Albrecht 1385 das Niklaskloster in der Singerstraße kaufte und eine theologische Lehranstalt für Zisterzienser, das Collegium Bernardinum, in ihm begründete, übersiedelten die Zisterzienserinnen in ihr Mutterkloster an der Landstraße, behielten sich jedoch, falls die Gebäude in der Stadt nicht mehr benötigt würden, das Heimfallrecht vor. Als 1480 der Ungarnkrieg das Collegium in der Singerstraße stillgelegt hatte und 1529 das Kloster an der Landstraße dem Türkenkrieg zum Opfer fiel, wurde die Singerstraße Zufluchtsort der »Nikolaerinnen« und »Magdalenerinnen« vor dem Schottentor. Einen Teil des Gebäudekomplexes hatte inzwischen der St.-Georgs-Orden erworben. Das Zisterzienserinnenkloster fiel der Reformation zum Opfer. Die Gebäude wurden als Studentenheim benützt, 1545 bezogen sie Franziskaner, 1589 richtete man in ihnen ein Waisenhaus ein, 1623 bis 1782 bewohnten sie Frauen des Klarissenordens.

Schwarzspanierstift. Wien IX, Schwarzspanierstraße.
Nach der Schlacht bei Lützen, 1632, stiftete Kaiser Ferdinand I. auf Anregung seiner spanischen Gemahlin für die schwarzgekleideten Benediktinermönche aus dem spanischen Kloster Montserrat in Wien ein Priorat. Am Leopolditag 1633 legte man vor dem Schottentor den Grundstein zum Bau eines »Schwarzspanierklosters«, 1636 wurde es mit Hilfe von Melk und Emmaus in Prag besiedelt, 1683 mußten die Gebäude vor dem Anrücken der Türken abgebrannt werden. Ein neuer Stiftsbau entstand 1690 auf dem Glacis in der Alservorstadt. Eine von Kaiser Leopold I. dem Kloster geschenkte Kapelle mit der Nachbildung der Mariazeller Muttergottes war nach 1704 eine beliebte Wiener Andachtsstätte. 1773, nach der Auflösung des Jesuitenordens, übersiedelten die Schwarzspanier in das Akademische Kollegium, 1783 löste Joseph II. die Stiftung auf. Die Klostergebäude wurden Zinshäuser, die ehemalige Stiftskirche Garnisonskirche der alten Alser-Kaserne, seit 1861 Garnisonskirche der evangelischen Pfarrgemeinde.

Schottenstift. → Seite 18—21 und Seite 239—241.

WIENER NEUSTADT

Ehemaliges Kollegiat- und Augustiner-Chorherrenstift.
1444 stiftete Kaiser Friedrich III. in der für ihn »allzeit-getreuen« Stadt an der St.-Georgs-Kapelle in der Burg eine Propstei weltlicher Chorherren. Als 1459 die Umbauten an der großen Wiener Neustädter Frauenkirche vollendet waren, verlegte er die Propstei in sie und berief an die Burgkapelle Augustiner-Chorherren. 1469, als man auf Betreiben des Kaisers in Wiener Neustadt — zugleich mit Wien — nach Loslösung von Passau ein Bistum errichtete, wurde die Kollegiatskirche Unserer Lieben Frau Domkirche, das Kollegiatskapitel Domkapitel. Im selben Jahr kam das 1459 an der Burgkapelle begründete Augustiner-Chorherrenstift an die Kirche St. Ulrich. Nach einem kurzen Zwischenspiel (1491 bis 1508) als Teil des Domkapitels,

Wiener Neustadt, Eleonorengrab, Detail.

löste sich die Chorherrenstiftung 1528 auf, ein Jahr bevor St. Ulrich zerstört wurde.

Neukloster. Zisterzienserstift.
1444 berief Friedrich III. Zisterziensermönche aus Rein in der Steiermark nach Wiener Neustadt und wies ihnen die Räume des alten Dominikanerklosters bei der Burg als Sitz seiner Stiftung Neukloster an. Noch im selben Jahr verlieh der Kaiser den Reiner Mönchen nicht weniger als zehn Privilegien, der Besitz des Klosters allerdings ließ zu wünschen übrig. Neukloster blieb durch alle Jahrhunderte arm, konnte nach Bränden im 17. Jh. nur mit fremder Hilfe wiedererrichtet werden und wurde nach seinem wirtschaftlichen Zusammenbruch im 19. Jh. auf Anordnung Kaiser Franz Josephs I. 1880 mitsamt seinen inkorporierten Kirchen dem Kloster → Heiligenkreuz einverleibt.

Stiftskirche und Stiftsgebäude bergen zahlreiche SEHENSWERTE Erinnerungen an den kaiserlichen Stifter. Der Ostchor der Stiftskirche mit seinem Wehrgang verweist auf die Bauzeit um 1300, das Netzgewölbe des Hauptschiffes der Hallenkirche mit dem AEIOU-Wappen auf Umbauten in der Friedrichszeit. Hinter dem barocken Hochaltar — mit Zugang vom Stiftsgebäude aus — ist der Marmordeckel des einstigen Tumbagrabes der

Kaisergemahlin Eleonora von Portugal, Mutter Kaiser Maximilians I. (ein Werk des Nikolaus Gerhart von Leyen?), aufgestellt. Auch die Inschrifttafel um die Barbarakapelle beim Kirchenportal, ebenso wie das Portal des (barocken) Stiftsgebäudes erinnern an den steirischen Friedrich, jene kaiserliche »Schlafmütze«, die das Land in Kriege und Wirrnisse stürzte, der Österreich jedoch auch seine spätere Größe verdankte. Das heutige Stift besitzt einen zur Kapelle verwandelten Kapitelsaal, ein Refektorium mit Berglfresken und einen Bibliotheksaal mit ca. 20 000 Bänden, 80 Handschriften und 40 Inkunabeln. Im alten (nach 1945 erneuerten) Kreuzgang erinnern Gedenktafeln an Ereignisse und Menschen: am 14. Dezember 1793 erklang in der Stiftskirche unter der Stabführung des Grafen Franz von Walsegg zum erstenmal Mozarts Requiem; 1945 erschossen russische Soldaten in der Kirche den Prior Alberich Rabensteiner; mit den Worten: »Ruh hot jetzt der Harfamon, on 's Lied a End« gedenken vertriebene Schlesier auf einer Inschrifttafel ihres 1946 hier verstorbenen Landsmannes und Dichterpaters Meinhard Alexander Nossek S. O. Cist.

WILHERING

Zisterzienserstift. OÖ. → auch Seite 68—70.

BESITZUNGEN/INKORPORIERTE PFARREN

Die Brüder Ulrich und Cholo von Waxenberg-Wilhering hatten ihre Stiftung aus dem Jahre 1146 mit umfangreichen Gütern und Rechten ausgestattet. Das Dotationsgut umfaßte den Ort Wilhering und Teile des Kürenberges, die Hälfte des Marktes Ottensheim, Rechte an der Donauüberfuhr, auch Augebiete an der Donau, die Orte Eidenberg und Gröbling nordöstlich Gramastetten, die östliche Hälfte des Eidenberger Waldes und die Hälfte der Hochfläche von Leonfelden. Nach dem Tode seines Bruders Ulrich während des Kreuzzuges überließ Cholo die übrigen großen Besitzungen der Familie dem Bistum Bamberg, dem auch die neubegründete Zisterze Wilhering unterstellt war.

Weitere Schenkungen des Bistums Bamberg und der Herren von Schaunberg bei Eferding machten das Stift wohlhabend. Zuwendungen so gut wie aller obderennsischen Adelsfamilien im 13. und 14. Jh., Schenkungen auch des Kaiserhauses ließen Wilhering zu einem kleinen Klosterreich anwachsen. Der Stiftsbesitz nördlich der Donau lag in den Gerichtsbezirken Ottensheim, Urfahr und Perg, südlich der Donau um Eferding, Waizenkirchen, Grieskirchen, Wels und Linz und im Attergau. Neben Häusern in Enns besaßen die Zisterzienser nicht unbedeutende Ländereien und Güter im Land unter der Enns, vor allem Weingärten um Krems, Gföhl, Stockerau, Oberhollabrunn, Ravelsbach, Kirchberg am Wagram und bei Wien.

Das Zentralgebiet unterstand fünf Ämtern: das Amt »beim Kloster« mit den Untertanen in Wilhering und in den Orten am Kürnberg; das Amt »ob der Inn« (einem Bach bei Eferding) mit Untertanen im Becken von Eferding; das große Amt »drüber der Donau« mit Untertanen in den Pfarren Ottensheim und Gramastetten; das »Kammeramt« mit Untertanen in fünf ausgedehnten Pfarrsprengeln; das »Amtl« in der Riedmark mit Untertanen um Gallneukirchen. Am 20. Februar 1749 kaufte das Stift den kaiserlichen Forst am Kürnberg und war damit im Besitz des gesamten Kürnberges.

Seine Tradition als Rodungskloster hat sich Wilhering bis heute erhalten. Es betreibt Forstwirtschaft und eine Großgärtnerei. Auf seinen historischen (zum Großteil noch heutigen) Besitzungen betreut es dreizehn Pfarren. 1928 begründete die Abtei das Kloster Immaculata Conceptio Beatae Mariae Virginis in Apolo in Bolivien.

In Wilhering besteht ein achtklassiges Gymnasium mit Internat.

Die Pfarre **Bad Leonfelden** westlich Freistadt, eine Gründung an der »Hochstraß«, die durch das Rodungsgebiet der Herren von Lobenstein, über das »Lobenveld campus«, das »Lobenfeld« führte, ist seit 1292 selbständig und dem Stift einverleibt. Die einschiffige Kirche St. Bartholomäus, um 1480 errichtet, mit spätgotischen Statuen an der südlichen Außenseite, wurde im 19. Jh. völlig verändert, umgestaltet und neugotisch eingerichtet. — Als Wilhering die protestantisch gewordenen Leonfeldner wieder zum katholischen Glauben bekehrt hatte, entstand um 1760 die dann bald erweiterte Kirche *Maria Schutz beim Bründl*. Das »Bründl« entspringt unter dem spätbarocken Hauptaltar des im Stil des 18. Jh. eingerichteten, mit Fresken geschmückten Gotteshauses.

An der Gramastettener Filialkirche zum Göttlichen Heiland in **Eidenberg** unterhält das Stift eine Kooperator-Expositur. Eidenberg und der Eidenberger Wald gehören zum ursprünglichen Schenkungsgut des Stiftes. Das an das Wilheringer Forsthaus zwischen 1740 und 1748 angebaute einschiffige Kirchengebäude ist spätbarock eingerichtet, Hochaltar und Kanzel sind rokokohaft verziert.

Die Pfarre **Gramastetten** nordwestlich Linz ist eine Rodungspfarre Ulrichs von Waxenberg und dessen Gemahlin Ottilie aus dem Jahre 1110, über die Wilhering 1240 das Patronat erhielt. 1400 wurde sie dem Stift einverleibt. 1444 begannen die Zisterzienser mit der Errichtung der Pfarrkirche zum hl. Laurentius. Das heute zur Gänze neugotisch eingerichtete dreischiffige Bauwerk besitzt schöne Netz- und Sternrippengewölbe, Maßwerkfenster im Chor und eine barock ausgestattete Krypta unter dem Chorschluß.

Großheinrichschlag nordwestlich Weißenkirchen in der Wachau nächst Weinzirl im Walde gehörte ursprünglich zum Pfarrsprengel von Weißenkirchen. 1734 trat St. Florian das ihm einverleibte Gebiet der Pfarrkirche St. Johann zwischen Klein- und Großheinrichschlag an Wilhering ab.

Der Ort **Obermixnitz** nordwestlich des niederösterreichischen Pulkau, auf altem Wilheringer Besitz gelegen, wurde 1786 zur Pfarre erklärt und dem Stift einverleibt, war jedoch im 19. Jh. eine Zeitlang mit der Pfarre Theras vereinigt. Die Kirche zum hl. Petrus entstand 1790 und besitzt neben ihren zwei neubarocken Altären auch altbarocke Einrichtung.

Oberneukirchen südlich Bad Leonfelden, als Markt und Pfarre im 14. Jh. urkundlich, besitzt eine spätgotische zweischiffige, 1901 erweiterte und neugotisch eingerichtete Kirche. Taufbecken und Glocke der St.-Jakobs-Kirche stammen aus dem 14. und 15. Jh.

Die St.-Ägydius-Kirche in **Ottensheim** am Nordufer der Donau unweit des Stiftes ist zwischen 1462 und 1467 errichtet, um 1520 jedoch erst in ihrer jetzigen Gestalt vollendet worden. Die noch mit gotisch-spätgotischen Elementen und Reliefs versehene, mit einem gotischen Taufstein, mit Wappen- und Grabsteinen des 14. bis 18. Jh. ausgestattete Kirche ist neugotisch eingerichtet.

Puchenau westlich Linz mit seiner modernen Wohnsiedlung, eine der ältesten

Pfarren nördlich der Donau, bereits 827 urkundlich, ist seit 1625 dem Stift einverleibt. Die spätgotische einschiffige Kirche zum hl. Andreas mit schönen Gewölben wurde im 19. Jh. neugotisch verändert und eingerichtet.

Die alte Pfarrkirche zur Kreuzerhöhung in **Theras** nordwestlich Pulkau bei Obermixnitz in NÖ., seit 1291 stiftisch, besitzt noch den romanischen Turm und ein gotisches Langhaus. An dem im 16. und 17. Jh. veränderten und erweiterten Kirchenbau sind die schönen Portale des 16. Jh. bemerkenswert, im Innenraum befinden sich eine Muttergottesstatue des 15. Jh., ein Taufbecken und eine Steinkanzel, schöne Grabsteine des 16. Jh., Skulpturen und Bilder des 18. Jh.

Die Pfarre **Traberg** (Großtraberg) westlich Bad Leonfelden entstand 1786. Damals wurde auch die Pfarrkirche zum hl. Josef errichtet.

Vorderweißenbach nordwestlich Bad Leonfelden untersteht als Pfarre seit 1292 dem Stift. Von der gotischen St.-Peter-und-Paul-Kirche blieben nach der Errichtung eines Langhauses in den Jahren 1947/48 Turm, Chor und ein Seitenschiff erhalten. Die Einrichtung stammt aus dem 19. und 20. Jh.

Weinzirl am Walde nordwestlich Weißenkirchen kam 1784 als »Josephinische Pfarre« an Wilhering.

WILTEN

Prämonstratenserstift in Innsbruck. Tirol.
→ auch Seite 152/153.

BESITZUNGEN/INKORPORIERTE PFARREN

Der seelsorgerische Einsatz des weltpriesterlichen Kollegiats der St.-Laurenz-Kirche mag dem glaubenseifrigen, missionarisch gesinnten Bischof Reginbert von Brixen, 1125—1140, nicht genügt haben. Unmittelbar nach seiner Inthronisation, 1128, berief er Angehörige des eben erst gegründeten Ordens der Prämonstratenser aus dem Schwabenkloster Rott. Er widmete den gebets- und arbeitsfreudigen Jüngern des hl. Norbert Brixener Landbesitz um das kleine Inntalstift und übertrug ihnen die niedere Gerichtsbarkeit über die Hofmark Wilten. Erträgnisse aus der Eigenwirtschaft, die sie hier aufrichteten, Grundzinse der hörigen Bauern ermöglichten es ihnen schon 1167 Kloster und Kirche neu zu errichten. Als Rodungs- und Missionsgebiet erhielten die Prämonstratenser das hintere Sellraintal mit den jetzigen Gemeinden St. Siegmund und dem Weiler Praxmar. Seelsorgisches Hauptgebiet blieb für sie jedoch die große Pfarre Wilten, an der sie im 13. Jh. die Pfarrkirche, bald eine berühmte Wallfahrtsstätte, begründeten. 1256 und 1259 übergab ihnen Bischof Norbert von Brixen die großen Altpfarren Ampaß und Patsch. Auf deren Gebiet entwickelten sich jene Seelsorgepfarren, die Stift Wilten noch heute betreut.

Hartnäckig wehrte sich das Stift gegen die Ansiedlungsbestrebungen des neuen Marktes, für den es 1180 dem Grafen Bertold von Andechs Gebiete am Innufer zur Verfügung gestellt hatte. Erst 1453 gelang es dem längst zur Stadt gewordenen »Innspruck« die St.-Jakobs-Kirche aus dem Sprengel der Großpfarre Wilten zu lösen. Ihre Erhebung zur selbständigen Pfarrei gelang erst im Jahre 1643.

Die Pfarrkirche zum hl. Johannes d. T. in **Ampaß** südöstlich von Innsbruck ist ein barockisierter, in seiner jetzigen Gestalt 1574 nach einem Brand wiederhergestellter Kirchenbau mit Einrichtung aus der Entstehungszeit. Der einzelstehende Kampanile oberhalb der Kirche entstand 1739, der Pfarrhof, teilweise noch von einer Wehrmauer umgeben, besitzt ein spätgotisches Tor und ist teilweise im Stil des 17. und 18. Jh. ausgestattet. — Die *Filialkirche zum hl. Veit* geht auf eine frühe Kapelle des 15. Jh. zurück und ist 1521 geweiht worden. Die schöne Einrichtung stammt aus dem 17. und 18. Jh. Zu einer Statue des hl. Veit auf dem freistehenden Altar wallfahrtete man bei Anfällen von Fraisen, Veitstanz und Epilepsie. Eine Kirchenrechnung von 1590 verzeichnet 19 Paar »verehrte« und 14 Paar »erkaufte« Hühner: man opferte an der St.-Veits-Kirche Hühner, die man mitbrachte oder beim Kirchenpropst kaufen konnte. Für einen Teil des Erlöses aus dem Huhnopfer wurden Armenbrote gekauft.

Die Filialkirche zum hl. Andreas in *Aldrans* nächst Ampaß wird im 14. Jh. erwähnt, der jetzige Kirchenbau entstand im 15. Jh. Der barockisierte Innenraum ist modern eingerichtet.

Die Pfarrkirche Mariä Himmelfahrt in **Amras** ist ein im 18. Jh. rokokohaft ausgestattetes Bauwerk des 15. Jh. mit noch spätgotisch erscheinendem Äußeren. Auch die Totenkapelle auf dem Friedhof, das jetzige Kriegerdenkmal, ist ein spätgotischer Bau mit einer Jüngsten-Gericht-Darstellung um 1600.

Ellbögen südlich Innsbruck ist eine im 13. Jh. urkundliche Pfarre mit einer spätgotischen, im 18. Jh. barockisierten St.-Peters-Kirche. Sie besitzt Fresken und Portale aus der Erbauungszeit, Altäre und Einrichtung stammen aus dem 18. Jh.

Die Pfarrkirche zum hl. Martin in **Gries im Sellrain** ist 1735 geweiht und 1880 restauriert worden, die Einrichtung entstand in der Erbauungszeit.

Hötting-Innsbruck besitzt eine alte und neue Pfarrkirche. Die spätgotische Hl.-Ingenuin-und-Albuin-Kirche in der Steinbruchgasse aus dem 15. Jh. ist im 18. Jh. erweitert und 1911 entweiht worden. Sie besitzt noch ihre Rokokoeinrichtung. Die benachbarte dreischiffige neue Pfarrkirche, 1909—1911, ist mit neugotischen Altären ausgestattet.

Die spätgotische Pfarrkirche zum hl. Ägidius und zum hl. Martin in **Igls** südlich Innsbruck, um 1700 barockisiert, besitzt Deckengemälde von Josef Schmutzer aus dem 18. und Leopold Kupelwieser aus dem 19. Jh. In der Totenkapelle neben der Kirche befinden sich Fresken des 15. Jh. — Von Igls aus versehen wird auch die benachbarte St.-Martins-Kirche in dem Innsbruck eingemeindeten Dorf *Vill*. Es ist eine im 18. Jh. erweiterte und umgebaute gotische Kirche mit einem barockisierten Turm aus der Entstehungszeit und Rokoko-Einrichtung.

Lans südlich Innsbruck besitzt in seiner St.-Lambert-Kirche einen nach außenhin spätgotischen Bau, der 1722 zum Teil barockisiert wurde und eine schöne Rokoko-Ausstattung und -Einrichtung besitzt.

St. Nikolaus in **Mutters** südlich Innsbruck ist 1327 urkundlich; die jetzige Kirche wurde 1469 geweiht, 1510 vergrößert, 1759 barockisiert und ist mit Stukkaturen und Deckenbildern versehen. Die Altäre der 1951 restaurierten Kirche stammen aus der Zeit um 1790, ebenso die Kanzel und die Betstühle.

Die Michaelskirche im benachbarten **Natters,** ebenso im 15. Jh. entstanden und im 18. Jh. barockisiert, ist 1909 neugotisch restauriert und mit neuer Einrichtung versehen worden. Eine Kreuzgruppe beim Hochaltar und ein Marmorepitaph stammen noch aus dem 15. und 16. Jh.

In der Pfarre **Patsch** südlich Innsbruck wurde 1479 die neue Kirche zum hl. Donatus geweiht, die man neben dem alten romanischen Turm des Vorgängerbaues aus dem 13. Jh. errichtet hatte. Als die

Kirche 1767 erweitert werden mußte, ließ man den Chorschluß, das Haupt- und das Sakristeiportal, den Portalvorbau und den Treppenaufgang unberührt. Die Einrichtung von 1767, auch ein spätgotischer Altarflügel haben sich erhalten.

Die Pfarrkirche Unserer Lieben Frau Mariä Empfängnis in **Pradl** auf dem Pradler Platz in Innsbruck ist ein romanisch nachempfundenes Bauwerk von 1905.

Die Pfarre zum hl. Thomas und Andreas in **Rinn** südöstlich Innsbruck besteht seit dem 14. Jh. Der heutige Kirchenbau von 1776/80 ist im Stil des Rokoko ausgestattet und eingerichtet.

St. Norbert in Innsbruck ist eine in jüngster Zeit aus dem Sprengel von Pradl gebildete neue Pfarre mit einem nach 1970 entstandenen Gotteshaus.

St. Sigmund im Sellrain südwestlich Innsbruck ist ein gotisches Kirchlein, das wahrscheinlich Herzog Sigmund 1490 errichten ließ. Im einschiffigen Bau mit gotischem Turm sind ein spätgotisches Reliquienkästchen und neben der Einrichtung des 18. und 19. Jh. auch Reste von Fresken aus der Entstehungszeit zu sehen.

Die Pfarrkirche St. Gertraud in **Sistrans** südöstlich Innsbruck bei Lans, im 14. Jh. urkundlich, besitzt mit ihrem spitzhelmigen Turm (mit Schallfenstern) und hochgiebeligen Chor noch gotisches Aussehen. Ihre barock-rokokohafte Ausstattung und Einrichtung erhielt sie nach 1727.

Die spätgotische St.-Thomas- und Andreas-Pfarrkirche in **Tulfes** südöstlich Innsbruck ist in der zweiten Hälfte des 18. Jh. barockisiert worden. Das Christophorusfresko des 16. Jh. an seiner Außenwand wurde mehrfach überholt und restauriert.

Der gotische Chor, Gewölbe und Portale weisen die Pfarrkirche von **Völs**, dem hl. Jodok und der hl. Lucia geweiht, als Bau des späten 15. Jh. aus. Auch die Fragmente eines Weltgerichtsfresko an der inneren Chorwand bestätigen die spätgotische Kirche. Sie erhielt um 1785 ihre spätbarocke Ausstattung und Einrichtung. — Die heutige Wallfahrtskirche *St. Blasienberg* aus dem 18. Jh. steht an der Stelle einer gotischen Kirche, von der jedoch bekannt ist, daß ihr schon 1286 ein erster Ablaß erteilt wurde. Man wallfahrtete (besonders bei Halsleiden und Viehkrankheiten) hier zum hl. Blasius, dessen Gestalt heute in neuer Fassung auf dem barocken Hochaltar steht. Doch war auch das sogenannte »Schwarze Kreuz«, auf dem Nebenaltar, ein sechs Zentner schweres Bronzekruzifix, das der 1522 verstorbene Blasius Hölzl gegossen hat, Ziel vieler Wallfahrten. Der Legende nach hatte ein während eines Unwetters in einen Morast geratener Ritter gelobt, ein Kreuz anfertigen zu lassen, das so schwer wie er und sein Pferd war.

YBBS

Ehemaliges Zisterzienserinnenstift. NÖ.

Als Stifterin des vermutlich von → St. Bernhard aus im 13. Jh. besiedelten, außerhalb der Stadtmauer gelegenen Zisterzienserinnenklosters wird die Ybbser Stadtbürgerin Adelheid Gottschalk angeführt. Eine Urkunde vom 27. Mai 1291 bestätigt, daß das Frauenkloster zu Ehren des hl. Geistes konsekriert wurde, eine andere, daß dem Stift 1305 ein ihm gegenüberliegendes Spital und die Patronatsrechte der Pfarre Kirchbach bei Großgerungs mit der Filiale Griesbach geschenkt wurden. Schon 1572 stand das Kloster leer. 1598 übergab Kaiser Rudolf II. den Besitz (statt eines Heiratsgutes) an das Wiener Königinkloster des Klarissenordens, in dem seine natürliche Tochter Maria Konstantia als Nonne lebte. 1631 bezogen das Ybbser Gebäude Franziskaner. Nach der Aufhebung 1788 wurde es abgebrochen und an seiner Stelle das Wiener Versorgungshaus errichtet.

ZWETTL

Zisterzienserstift. NÖ. → auch Seite 54—57.

Die Schenkung des kinderlosen Hadmar I. von Kuenring an Abt Hermann von Heiligenkreuz, der mit 12 Mönchen in die »Waldlichtung«, nach »Zwettl« gekommen war, reichte nur für eine kleine Klostergemeinschaft. Die in Forst- und Gartenwirtschaft, Bienen- und Fischzucht, vor allem in der Rodungsarbeit einschlägig erfahrenen grauen Mönche stellten jedoch die Neugründung — obwohl ihnen der Besitz von Grund und Boden, von Dörfern, Zehenten und Untertanen verboten war — bald auf sicheren Boden. In kürzester Zeit waren kleine Dörfer auf dem Schenkungsgebiet wie Geisruck und Pötzles als »Grangien«, als Eigenwirtschaftsbetriebe eingerichtet, in Edelhof, Ritzmannshof, Dürnhof entstanden neue. Auch Großhaslau, Oberhof, Unterrabenthan erscheinen als Gründungen des Stiftes, ebenso wie Kleinzwettl bei Waidhofen und Zwettlern bei Strobnitz.

Das 14. Jh. brachte weitgehende Lockerungen der ursprünglich strengen Ordensvorschriften mit sich. Stiftungen und Privilegien Adeliger, Schenkungen, die Novizen bei ihrem Eintritt dem Kloster machten, versahen das Stift bald mit weit über das Waldviertel hinausreichendem Streubesitz. Sobald sich zusammenhängende Landstriche ergaben, gründeten die Zisterzienser neue Grangien — nach zeitgemäßer Messung im 13./14. Jh. betrugen sie eine Doppelhufe oder 60 Tagwerke Äcker und Wiesen. (Die Zwettlschen Wirtschaften waren allerdings meist größer. So besaß die größte Grangie Ratschenhof 2000 Schafe, 60 Kühe, 24 Pferde, 40 Ochsen, 100 Schweine, Ziegen, junge Lämmer u. a. Angebaut wurden Hafer, Korn, Gerste, Rüben und Mohn.) Durch solche Zusammenlegungen entstandene stiftische Wirtschaften waren Neunzen bei Edelbach, Kammern bei Hadersdorf, Weinzierl bei Krems, Rafing bei Pulkau, Heubach bei Sallingberg. Auch bei Eggenburg und Guntramsdorf lagen zwei Zwettler Grangien.

Frühzeitig sorgten die Zisterzienser für Besitz — besonders von Weingärten, Häusern und Höfen — in und um Städte wie Eggenburg, Krems, Zistersdorf und Wien. Nicht zuletzt war auch Pfarrbesitz für die Zisterzienser erstrebenswert, obwohl sie ihn im Mittelalter meist von Weltgeistlichen betreuen lassen mußten. Auf Schenkungen des 12., 13. und 14. Jh. gehen die Pfarren Zistersdorf, Edelbach und Windigsteig zurück. Käuflich erwarb das Stift im 14. und 15. Jh. die Pfarren Windigsteig und Großschönau. Die Pfarre Gobelsburg wurde gegen die käuflich erworbene Pfarre Waldenstein eingetauscht. In der Josephinischen Zeit erhielt Zwettl die Pfarren: Etzen, Groß-Inzersdorf, Sallingstadt, Siebenlinden, Oberstrahlbach und Wurmbrand.

Als Pfarre ist **Etzel** südwestlich von Zwettl im 14. Jh. nachgewiesen, die Pfarrkirche St. Lorenz besitzt eine Apsis, wahrscheinlich aus dem 13. Jh., und einen flachgedeckten, barock ausgestatteten Innenraum.

Die Pfarre **Gobelsburg,** auch Gobatsburg, nordöstlich von Krems ist 1219 urkundlich und kam 1745 an das Stift.

Bald darauf wurde die Pfarrkirche Mariä Geburt, eine spätgotische dreischiffige Pfeilerbasilika, barockisiert. Im kreuzrippengewölbten, mit einer Flachkuppel versehenen Innenraum sind Steinreliefs aus dem 12. Jh. und ein Weihwasserbecken von 1514 zu sehen. Die übrige Einrichtung stammt zum Großteil aus dem 18. Jh.

Die Pfarrkirche zur hl. Rosalia in **Großinzersdorf** südlich Zistersdorf entstand in den Jahren 1731—1733 und besitzt zum Teil noch barocke Einrichtung. Das Hochaltarbild um 1736 ist die Schöpfung eines Fraters aus Stift Zwettl, einige Holzschnitzarbeiten und Fresken entstanden erst zwischen 1924 und 1930.

Die Pfarre **Großschönau** südöstlich von Weitra, seit 1449 urkundlich, kam 1456 an Zwettl. Die dreischiffige Hallenkirche zum hl. Leonhard, im Grund und Turmmauerwerk romanisch, besitzt einen dreischiffigen Innenraum mit achteckigen Pfeilern und Maßwerkfenstern. Die Altäre sind barock, das Hochaltarbild um 1780 stammt von J. M. Schmidt.

Erst 1901 übernahm das Stift **Jagenbach** nordwestlich Zwettl als Pfarre. Das Gotteshaus zum hl. Anton entstand um 1740.

Die Pfarrkirche zur hl. Dreifaltigkeit in **Oberstrahlbach** nordwestlich Zwettl ist zwischen 1700 und 1706 entstanden und im 19. Jh. erweitert worden. In stiftischer Betreuung ist die Pfarre seit 1784.

Auch **Sallingstadt** nordwestlich Zwettl bei Schweiggers mit seiner romanischen Martinskirche aus dem 13. Jh. — sie wurde im 15. Jh. zur zweischiffigen Pfeiler-Hallenkirche umgebaut und im 17. Jh. erweitert — kam 1784 an das Stift. An der Orgelempore sind gotische Fresken freigelegt worden.

St. Wolfgang südlich Weitra nächst Schloß Engelstein, 1406 begründet, 1408 geweiht, ist seit 1765 Pfarre und Zisterzienserbesitz. Die Glasmalereien aus den Maßwerkfenstern der einstigen Wallfahrtskirche sind im Stift zu sehen. Die zum Teil wertvolle Einrichtung stammt aus dem 15.—18. Jh. (gotische Heiligenfiguren, spätgotischer Orgelchor, barocker Totenschild etc.).

Auch **Siebenlinden** södöstlich Weitra mit seiner im Grundmauerwerk romanischen, 1662 barockisierten Kirche zum hl. Jakobus d. Ä. mit spätgotischen Toren, Rochus- und Sebastianstatuen aus dem 18. Jh. war eine von der Zwettler Sebastian-Bruderschaft seit dem 17. Jh. geförderte Wallfahrtsstätte, vornehmlich in Pestzeiten. Inkorporiert erhielt das Stift die Pfarre erst 1783.

Windigsteig südlich Waidhofen an der Thaya ist seit 1330 dem Stift als Pfarrort einverleibt. Der gotische Baukörper der Pfarrkirche zum hl. Lorenz mit achteckigem Turm und Zwiebelhelm um 1640 ist vielfach verändert worden. St. Lorenz besitzt ein Marienbild aus dem 15. Jh., das Hochaltar-Gnadenbild ist um 1510 datiert, die anderen Bildwerke sind barock, einige Wappengrabsteine spätgotisch.

Die Kirche zum hl. Pankraz in **Wurmbrand** östlich des Schlosses Rosenau ließ das Stift errichten, als ihm der Pfarrort 1786 überantwortet wurde. Die Pankrazkapelle von Wurmbrand stammt aus dem 13. Jh., besitzt frühgotische Einbauten und wurde eine Zeitlang als Wohnhaus benützt.

Die Pfarre der Stadt **Zistersdorf** im Erdölgebiet ist seit 1160 als Stiftspfarre urkundlich. Die *Pfarrkirche zur Kreuzerhöhung*, ehemals Klosterkirche der Franziskaner, mit barocker Giebelfassade und mächtig gewölbtem Innenraum entstand 1620. Die *Wallfahrtskirche Maria Moos* außerhalb der Stadt diente von 1160 bis 1811 als Pfarrkirche. Der ursprünglich einschiffige romanische Bau, im 13./14. Jh. dreischiffig erweitert, im 17. Jh. barockisiert, im 18. Jh. unter Abt Rainer Kollmann neu ausgestattet, besitzt ein Hochaltarbild von Martin Altomonte, 1730. Das Mirakelbuch dieser Gnadenstätte, bis 1774 geführt, weist 236 verschiedene Gebetserhörungen und Wunder aus.

Die Kirche Mariae Himmelfahrt der Stadt **Zwettl** ist seit dem 12. Jh. nachzuweisen. Es ist eine im Kern spätromanische dreischiffige Basilika aus dem 13. Jh., die seit 1483 als Pfarrkirche dient und um diese Zeit auch mit Netzgewölbe, Sternrippengewölben und dem Chor versehen wurde. Einrichtung und Ausstattung stammen aus dem 17. und 18., zum Teil aus dem 19. Jh. 1854 regotisierte man den Oberteil des achteckigen Turmes. Die dreischiffige *Spitalskirche zum hl. Martin*, 1448 vollendet, ist 1600 neu eingewölbt worden.

Ehemaliges Kollegiatstift Zwettl

An der Kirche zum hl. Johannes dem Täufer auf dem Berg oberhalb der Stadt, eine Kuenringergründung, die Zwettl als erste Pfarrkirche diente, wurde 1483 ein Kollegiat errichtet. An das Stift erinnert heute u. a. das Propsteigebäude, um 1710, ein Sandsteintor mit dem Wappen des Propstes Ferdinand von Albrechtsberg, 1706—1730, zwei gotische Lichtsäulen um 1500 und eine Kreuzigungsgruppe um 1740. Die Propsteikirche aus dem 11./12. Jh. mit quadratischem Chor und halbkreisförmiger Apsis wurde barock erweitert, 1967/68 ist der 1945 seiner Einrichtung beraubte Innenraum würdig restauriert worden. Eine Inschrift auf dem Triumphbogen der kreuzrippengewölbten *St.-Michaels-Kapelle* mit schönen Fresken hält fest, daß dieses kleine Heiligtum 1587 unter dem Propst Georgio Ursylvano restauriert wurde. Der romanische *Karner* aus dem 13. Jh., im Friedhofsbereich neben der Kirche, besitzt ein neueres Kegeldach. — 1751 ist der Besitz des Kollegiatstiftes dem Stiftungskapital des Wiener Theresianums einverleibt worden. Der Propsttitel erhielt sich bis heute.

Erklärung der Fachausdrücke

Abt (Abbas = Vater) Klostervorstand (später auch Propst, Prior, Rektor)
Administrator Verwalter, Sachverwalter
Archidiakon Erzdiakon. Im 11./12. Jh. zum Teil mit bischöflicher Gewalt ausgestattet, später Ehrentitel
Begine (Beghine, Beguine) Angehörige einer kirchlichen Frauengemeinschaft ohne Ordensgelübde
Beneficium Mit einer Pfründe verbundenes Kirchenamt
Bischof (Gr. episcopus, d. i. »Aufseher«) Nachfolger der Apostel, mit Weihe- und Regierungsgewalt ausgestattetes Oberhaupt eines Kirchenbezirkes. → Diözese, Bistum
Bistum (Diözese) Wirkungsbereich eines Bischofs
Breve Schriftlicher Kurzerlaß des Päpstlichen Stuhles
Bruderschaft Kirchliche Vereinigung (besonders im Mittelalter und Nachmittelalter) zur Mehrung der Gottesdienste, Wallfahrten und guter Werke
Bulle Ursprünglich Kapsel für ein Siegel, später Bezeichnung für Siegel und von Königen oder Päpsten gesiegelte Schriftstücke
Chorherr Mitglied des Augustiner-Chorherren-Ordens, auch eines Domkapitels
Dechant (Dekan) Ursprünglich Vorsteher (decanus). Innerhalb der Diözese vom Bischof ernannter Würdenträger. Ehrentitel
Defizientenhaus Versorgungshaus
Dekanat Untergliederung der Diözese. Verwaltungsstelle für mehrere Pfarreien
Diakon In der frühen Kirche Diener, Armenpfleger. Heute Weihegrad vor dem Priesterstand
Diözese Wirkungsbereich eines Bischofs
Domäne Machtbereich. Land- und forstwirtschaftlich genützte Staatsgüter
Dominikalbesitz Grundherreneigentum
Domkapitel Geistliche Körperschaft an einer bischöflichen Domkirche
Dotation Ausstattung, Schenkung
Erbvogtei → Vogt
Erzstift Bezeichnung für Erzbistum
Evangeliar Evangelienbuch
Exemt Von der bischöflichen Jurisdiktion befreit
Exkurrens Nebenamtlich
Filialkirche Tochterkirche
Generalkapitel Versammlung der Ordensoberen
Grangie Landwirtschaftlicher Eigenbetrieb der Zisterzienser
Gülten Naturalzinsen
Holden (Klosterholden) Abhängige, zum Besitz gehörende Untertanen
Immunität Unantastbarkeit
Inclusen In Zellen eingeschlossene (eingemauerte) Ordensangehörige
Inful Bischöfliche Kopfbedeckung (Mitra)
Inkorporation Einverleibung von Besitz und Pfründen (bis 1848)
Inkunabel Wiegendruck, Erstdruck
Investiturstreit Kampf um Einsetzung geistlicher Würdenträger durch weltliche Herrscher (Laieninvestitur)
Kanonie Vereinigung von Kanonikern
Kanoniker Nach Ordensregeln lebende Geistliche
Kanonissen Nach kirchlichen Anordnungen gemeinsam lebende »gottgeweihte Jungfrauen«
Kapitel Versammlung von Geistlichen, Ordensangehörigen (ursprünglich zur Lesung eines Kapitels aus der Heiligen Schrift)
Kapitular Angehöriger eines Kollegiats (Domkapitels)
Kaplan Ursprünglich Priester an einer Kapelle, später Hilfe des Pfarrers (→ Vikar, Kooperator)
Kartause Niederlassung des Kartäuserordens
Kasel Mittelalterliches Meßgewand
Klausur Nur für Ordensangehörige betretbare Klosterräume
Koadjutor Stellvertreter von geistlichen Amtsinhabern
Kollegiatstift Vereinigung kanonisch lebender Geistlicher
Kommendatarabt Abt, dem das Einkommen eines Abtes zufließt, ohne Amtspflicht
Konvent Versammlung der Mönche
Konversbrüder Laienbrüder (dem Mönchsleben »zugewendete«)
Lokalie Seelsorgestation
Manse Bauernwirtschaft, Hof, Hufe
Meierhof Von einem Meier für den Herrn verwaltete Landwirtschaft
Mendikanten Angehörige von Bettelorden
Mensalpfarre »Tafelpfarre«, Pfarre für den persönlichen Unterhalt des Bischofs
Metropolit Regierender Erzbischof
Ministeriale Im Dienst von Fürsten und Königen stehende Adelige
Mirakelbücher Verzeichnisse von Wundern (an Wallfahrtsorten
Monasterium Kloster
Mutterpfarre Ursprungspfarre bestimmter Gebiete
Nekrolog Nachruf auf Verstorbene
Novize Mönchsanwärter
Officina Werkstatt
Paramente Für den Gottesdienst bestimmte Gewänder, Decken und Ausstattungsstücke
Patriarchat Ehrentitel für bestimmte Bischofssitze
Patronat Schirmherrschaft
Patrozinium Schutzheiligtum. Festtag des Schutzheiligen einer Pfarre, Diözese oder eines Landes
Pfründe Einkünfte aus einem Kirchenamt
Plebanus Leutpriester
Poenitentiarhaus Haus des Bußpriesters
Pontifikalien Bischöfliche Insignien und Funktionen
Präbende → Pfründe
Praedikant Protestantischer Prediger
Prälat Würdenträger, der bischöfliche Rechte ausübt. Titel

Präpositus Vorgesetzter → Propst

Primissarius (Primicerius) Erster unter Amtsgenossen

Prior (lat. Oberer) In einigen Orden Titel der Vorgesetzten oder deren Stellvertreter

Profeß Feierliches Ordensgelübde

Propst Vorgesetzter eines Stiftes (Abt). Titel

Religionsfonds Unter Kaiser Josef II. geschaffener Fond für kirchliches Vermögen

Resignieren Abdanken, verzichten

Säkularisieren Einziehen von Kirchengut zu weltlichen Zwecken

Säkularpfarre Weltpriesterpfarre

Sedisvakanz Unbesetzter Bischofssitz

Seelgerät Stiftung zum Seelenheil eines Gläubigen (Messen, fromme Werke, Vermögen etc.) an die Kirche und ihre Institutionen

Sequestration Zwangsverwaltung

Sinekure → Pfründe ohne geistliches Amtsgeschäft

Stift Geistliche Körperschaften mit Grundbesitz

Suffraganbistum Einem Erzbischof unterstelltes Bistum

Superior Vorsteher. Titel von Klosteroberen

Titularpfarre Pfarre ohne Amtssitz

Tochterkirche → Filialkirche

Urbar Grundbuch. Aufzeichnungen über Grundbesitz, Einkünfte, Rechte

Urfehde Zusicherung, sich nach Beendigung einer Fehde nicht zu rächen

Urpfarre Ursprungspfarre, → Mutterpfarre

Verweser Verwalter

Vikar Stellvertreter. Inhaber eines kirchlichen Hilfsamtes

Visitation Überprüfung von Klöstern und kirchlichen Institutionen durch aufsichtsberechtigte Kirchenobere

Vogt Von Kirche und Klöstern bestellter Adeliger, der sie in weltlichen Geschäften (Krieg, Gericht etc.) vertrat

Zehent Abgabe eines Zehntels oder Bruchteils von Naturalien durch Untertanen an die Kirche

Ortsregister

Quellen- und Literaturverzeichnis

Allgemeine Werke

Die Augustiner-Chorherren der österreichischen Kongregationen. Dokumentation, 1973; Brunner, S., Ein Benediktinerbuch, o. J.; Dehio, K., Handbuch der deutschen Kunstdenkmäler, 1933 ff. (Wien, Bgld., NÖ., OÖ., Stmk., Ktn., Sbg., Tirol, Vlbg.); Feuchtmüller, R., Kunst in Österreich, 2 Bde., 1972; Frass, O., Quellenbuch zur österreichischen Geschichte, 4 Bde., 1956 ff.; Ginhart, K., Die Kunstdenkmäler Kärntens, 1928—1933; Gugitz, G., Österreichische Gnadenstätten in Kult und Brauch, 5 Bde., 1955; Gutkas, K., Geschichte Niederösterreichs, 1974; Hallinger, K., Gorze — Cluny, 2 Bde., 1950; Hantsch, H., Die Geschichte Österreichs, 3 Bde., 1959/1962; Heimbucher, M., Orden und Kongregationen der katholischen Kirche, 1933; Historischer Atlas der Alpenländer, Abt. II, 1951 ff.; Hittmair, R., Der Josefinische Klostersturm im Land ob der Enns, 1907; In Unum Congregati. Mitteilungen der österreichischen Augustiner-Chorherren, 1954 ff.; Koberberg, G., Kurzgefaßte Geschichte der Augustiner-Chorherren, 1961; Kohlbach, R., Die Stifte Steiermarks, o. J.; Lechner, K., Die Babenberger, 1976; Lechner, K., Handbuch der historischen Stätten Österreichs, 2 Bde., 1961/1970; Lohse, B., Askese und Mönchtum in der Antike und in der alten Kirche, 1969; Luger, W., Stifte in Oberösterreich, 1969; Oettinger, K., Festschrift für Bernhard von Clairvaux, 1954; Ordens-Personalstand Österreichs, Bd. 1, 1975; Österreichische Kunsttopographie, 1889 ff.; Österreichische Ordensstifte. Notring-Jahrbuch 1961; Pichler, A. M. — Böhm, W., Wege zur Hoffnung und Gnade. Österreichische Gnadenorte und Wallfahrten, 1953; Reclams Kunstführer Österreich, 2 Bde., 1961; Reischl, F., Erloschene Klöster in Österreich, 1918; Ritter, C., Kaiser Joseph II. und seine kirchlichen Reformen, 1867; Röhrig, F., Alte Stifte in Österreich, 2 Bde., 1966; Röhrig, F., Der Babenberger Stammbaum, 1975; Schaffran, E., Die niederösterreichischen Klöster, 1926; Schmeller-Kitt, A., Klöster in Österreich, 1965; Schmitz, Ph., Geschichte des Benediktinerordens, 4 Bde., 1955/1960; Schneider, A., Die Zisterzienser, 1974; Steidle, B., Die Benediktiner-Regel, 1975; Studien und Mitteilungen des Benediktiner- und Cistercienserordens, 1880 ff.; Tausch, H. (Hrsg.), Benediktinisches Mönchtum in Österreich, 1949; Tomek, E., Kirchengeschichte Österreichs, 1935; Vieböck, F., Die Frauenorden und Frauenkongregationen in Österreich, 1950; Winner, G., Die Klosteraufhebungen in Niederösterreich und Wien, 1967; Wodka, J., Kirche in Österreich, 1959; Wolf, A., Die Aufhebung der Klöster in Innerösterreich, 1871 und 1971; Zak, A., Österreichisches Klösterbuch, 1911; Zimmermann, G., Ordensleben und Lebensstandard, 1973; Die Zisterzienser. Eine Dokumentation, 1976; Zöllner, E., Geschichte Österreichs, 1974.

Zu einzelnen Stiften

Die in den meisten Stiften angebotenen Führer aus den Reihen »Christliche Kunststätten«, Salzburg, und »Schnell, Kunstführer«, München, bzw. von einzelnen Klöstern im Selbstverlag herausgegebene Broschüren sind hier nicht angeführt.

Admont: List, R., Stift Admont, 1974. *Altenburg:* Burger, H., Geschichtliche Darstellung des Benediktinerstiftes St. Lambert, 1862/1869; Schweighofer, P., Stift Altenburg, 1957/1975. *Ardagger:* Landlinger, J., Stift Ardagger, 1949 und 1976. *Fiecht/St. Georgenberg:* Weiß, G., Beitrag zur Geschichte der Benediktinerabtei St. Georgen, 1969. *Göß:* Appelt, H., Ebner u. a., Stift Göß. Kunst und Geschichte, 1961. *Göttweig:* Der heilige Altmann. Festschrift, 1965. *Gurk:* Schnerich, A., Der Dom zu Gurk, 1925; Hartwanger, S., Der Dom zu Gurk, 1973. *Heiligenkreuz:* Koll, M., Das Stift Heiligenkreuz, dazugehörige Pfarren und Besitz, 1834; Watzl, H., Das Stift Heiligenkreuz, 1967. *Herzogenburg:* Feuchtmüller, R. — Weber, F., Das Stift Herzogenburg und seine Kunstschätze, 1964. *Klosterneuburg:* Cernik, B., Das Stift Klosterneuburg und seine Pfarren, 1914; Röhrig, F., Stift Klosterneuburg, 1972; Röhrig, F., Klosterneuburg, 1972; Röhrig, F., Der Verduner Altar, 1965. *Kremsmünster:* 1200 Jahre Benediktinerstift Kremsmünster, 1976. *Lambach:* Luger, W., Das Benediktinerstift Lambach, 1966 und 1973. *Lilienfeld:* Mussbacher, N., Das Stift Lilienfeld, 1975; 1000 Jahre Babenberger in Österreich. Ausstellungskatalog, 1976. *Melk:* Keiblinger, J. F., Geschichte des Benediktinerstiftes Melk, 6 Bde., 1851/1869. *Michaelbeuern:* Filz, M., Geschichte des Salzburger Benediktinerstiftes Michaelbeuern, 1833. *Millstatt:* Weinzierl-Fischer, E., Geschichte des Benediktinerstiftes Millstatt, 1951. *Mondsee:* Awecker, H., Mondsee, 1952. *Nonnberg:* Mitteilungen der Salzburger Landeskunde, Bd. LXXIX. *Pöllau:* Pirchegger, H., Pöllau, 1930. *Reichersberg:* Weiß, G., Das Chorherrenstift Reichersberg, 1934; Danecker, O. (Hrsg.), Gerhoch von Reichersberg, o. J. *St. Florian:* Linninger, F., St. Florian, 1958; Neumüller, W., Sie gaben Zeugnis, o. J. *St. Lambrecht:* Plank, B., Geschichte der Abtei St. Lambrecht, 1976. *St. Paul:* Ginhart, K., Das Stift St. Paul, 1968. *St. Peter:* Martin, F., Salzburg, 1964. *Schlägl:* Reischl, F., Stift Schlägl, 1973. *Schottenstift Wien:* Berger, W., Die Wiener Schotten, 1962. *Seckau:* Roth, B., Benediktinerabtei Seckau, 1976. *Seitenstetten:* Ortmayr, P. — Decker, A., Das Benediktinerstift Seitenstetten, 1955. *Stams:* 700 Jahre Stams. Festschrift, 1973. *Traunkirchen:* Nürnberger, E., Traunkirchens heilige Stätten, 1972. *Viktring:* Ginhart, K., Viktring, 1962. *Vorau:* Fank, P., Das Chorherrenstift Vorau, 1959. *Wilten:* Steinegger, F., Das Stift Wilten, 1958. *Zwettl:* Özelt, H., Stift Zwettl, 1963.

Bildnachweis

Archiv 22, 27 links, 30, 36/37, 38, 39, 51 rechts, 62/63, 80 links, 95, 130 links, 134, 154, Schutzumschlag-Rückseite; Beckel 23, 27 rechts, 35, 42, 46 rechts, 51 links, 54/55, 59, 66 links, 71, 74, 82, 83, 90, 94, 98, 99, 102, 103, 106, 110 links, 114, 126 links, 130 rechts, 135, 150/151, 155, Schutzumschlag-Vorderseite; Bundesdenkmalamt 20 oben, 20/21, 24 oben, 45, 72, 112 links, 168, 255; Fasching 54, 89; Feith 41 rechts, 121, 123, 209; Gächter 160; Gottfried 41 links, 48 links, 52, 53, 68, 86 links, 122, 153, 245; Grossauer 46 links, 84; Hofstetter 67, 127, 138, 139; Kirsch 40, 43, 94/95, 118, 119, 142, 146; Kristöfl 225; Löbl 25 unten, 29 links, 31, 33, 50 rechts, 58, 65 links, 75, 78/79, 85, 87, 88/89, 91, 105, 108, 110 rechts, 111, 115, 117, 120 links, 126 rechts, 131, 137, 143, 144 links, 144/145, 156, 158, 233; Meyer 26 links, 86 rechts; Muhr 2, 26 rechts, 29 rechts, 32 rechts, 36 oben, 37 oben, 44, 48 rechts, 49, 57 links, 64, 65 rechts, 66 rechts, 69, 70, 73, 76/77, 79, 80 rechts, 81, 92, 93, 100 rechts, 101, 104, 107, 112 rechts, 116, 120 rechts, 125 oben, 132, 133, 140 links, 141 rechts, 157, 173, 187, 194, 217, 242, 248; NÖ. Landesregierung/Bildstelle 207; Österr. Nationalbibliothek 24 unten, 28, 109, 178, 182, 221; Schmiedbauer 140 rechts, 147, 150 links; Schottenstift Wien (Foto Adler) 18/19; Stift Altenburg 47, 50 links; Stiftsmuseum Klosterneuburg 25 oben; Steiner, Millstatt 124, 125; Steiner, München 113, 148, 149; Swoboda 32 links, 56, 57 rechts, 60, 61, 96, 97, 100 links, 136, 145 rechts, 159, 191, 198, 211, 218, 220, 228; Tollinger 128/129, 129; Verlag St. Peter, Salzburg 141 links.